拉美研究丛书
Latin American Studies Series

全球拉美研究智库概览

A Panorama of Global Think Tanks for Latin American Issues

（上册）

中国社会科学院拉丁美洲研究所　编

中国社会科学院
拉丁美洲研究所
INSTITUTO DE AMÉRICA LATINA
ACADEMIA DE CHINA DE CIENCIAS SOCIALES

当代世界出版社

图书在版编目（CIP）数据

全球拉美研究智库概览／中国社会科学院拉丁美洲研究所编．—北京：当代世界出版社，2012.4
ISBN 978－7－5090－0817－1

Ⅰ．①全… Ⅱ．①中… Ⅲ．①咨询机构—研究—世界 Ⅳ．①C932.8

中国版本图书馆 CIP 数据核字（2012）第 045054 号

书　　名：	全球拉美研究智库概览
出版发行：	当代世界出版社
地　　址：	北京市复兴路4号（100860）
网　　址：	http://www.worldpress.com.cn
编务电话：	（010）83908403
发行电话：	（010）83908410（传真）
	（010）83908408
	（010）83908409
	（010）83908423（邮购）
经　　销：	新华书店
印　　刷：	北京凯达印务有限公司
开　　本：	880 毫米×1230 毫米　1/32
印　　张：	26.375
字　　数：	670 千字
版　　次：	2012 年 4 月第 1 版
印　　次：	2012 年 4 月第 1 次
书　　号：	ISBN 978－7－5090－0817－1
定　　价：	78.00 元（上下册）

如发现印装质量问题，请与承印厂联系调换。
版权所有，翻印必究；未经许可，不得转载！

《拉美研究丛书》编委会名单

名誉主编：成思危

顾　　问（按姓氏笔画为序）：
苏振兴　李北海　李金章　陈凤翔　洪国起
原　焘　蒋光化　裘援平　蔡　武

主　　编：郑秉文

编　　委（按姓氏笔画为序）：
王　华　王宏强　王晓德　刘纪新　刘承军
杨万明　吴白乙　吴志华　吴国平　吴洪英
沈　安　宋晓平　张　凡　陈笃庆　林被甸
郑秉文　赵雪梅　贺双荣　袁东振　柴　瑜
徐世澄　徐迎真　康学同　曾　钢　韩　琦

学术秘书：刘东山

《拉美研究丛书》总序

拉美和加勒比地区共有33个国家,总人口5亿多,经济总量高达1.8万亿美元,在世界政治和经济中发挥着越来越重要的作用。中国与拉美和加勒比地区虽然相距遥远,但友好交往源远流长,在政治、经济、文化等方面的交流与合作具有广阔的发展前景。拉美和加勒比地区是我国实施和平外交政策的重要对象,也是共同构筑和谐世界的重要伙伴。

我国历代领导人都十分重视发展与拉美和加勒比地区国家的关系。早在1988年,邓小平以其深邃的战略家的眼光,对世界发展的前景作出了这样的预言:"人们常讲21世纪是太平洋时代……我坚信,那时也会出现一个拉美时代。我希望太平洋时代、大西洋时代和拉美时代同时出现。"他还指出:"中国的政策是要同拉美国家建立和发展良好的关系,使中拉关系成为南南合作的范例。"2004年,胡锦涛总书记提出了要从战略高度认识拉美的重要指示。2004年11月12日,胡锦涛主席在巴西国会作演讲时指出,中拉关系在不远的将来能够实现如下发展目标:(1)政治上相互支持,成为可信赖的全天候朋友;(2)经济上优势互补,成为在新的起点上互利共赢的合作伙伴;(3)文化上密切交流,成为不同文明积极对话的典范。

我国与拉丁美洲和加勒比地区国家在争取民族解放、捍卫国家独立、建设自己国家的事业中有着相似的经历,双方在许多重大国际问题上有着相同或相似的立场。我国高度重视拉美在维护世界和平、促进共同发展方面所发挥的积极作用;越来越多的拉美国家领导人也认识到中国的重要性，对与中国的交往及合作持积极态度。

作为中国—拉丁美洲友好协会的会长，我非常高兴地看到近年来中拉关系发展迅速。许多拉美国家的国家元首、政府首脑纷纷到中国来访问，中国国家领导人也曾多次访问拉美。特别是2004年11月胡锦涛主席访问了阿根廷、巴西、智利和古巴四国；2005年1月，曾庆红副主席访问了墨西哥、秘鲁、委内瑞拉、特立尼达和多巴哥以及牙买加。至今中国与委内瑞拉建立了"共同发展的战略伙伴关系"，与巴西、墨西哥和阿根廷建立了"战略伙伴关系"，与智利建立了"全面合作伙伴关系"。我国全国人民代表大会与许多拉美国家的议会都保持着较密切的交往，中国现在已经成为美洲国家组织和拉美议会的观察员，与里约集团、安第斯共同体、加勒比共同体、南方共同市场都有联系。中国与拉美国家在经贸领域中的合作也已全面展开。在1993~2003年的十年中，中拉贸易额增长了近六倍。2005年，中拉贸易额首次超过500亿美元。

中国社会科学院拉丁美洲研究所是国内唯一专门从事拉丁美洲研究的科研机构，成立于1961年。长期以来，该所科研人员完成了大量科研成果，为党和国家的决策作出了一定的贡献。从2006年开始，他们在这些研究成果的基础上，出版一套《拉美研究丛书》，以满足我国外交部门、企业界、高等院校、科研机构、媒体以及公众对拉美知识的需求。我深愿这套丛书的出版能增进中国各界对拉美的了解，也将对促进中国与拉美和加勒比地区的友谊及合作作出应有的贡献。

成思危

2006年5月2日

风雨送春归
飞雪迎春到
已是悬崖百丈冰
犹有花枝俏
俏也不争春
只把春来报
待到山花烂漫时
她在丛中笑

陈建元

二〇一一年七月二日

贺　　词

值此中国社会科学院拉丁美洲研究所建所50周年之际，向全所同志表示热烈祝贺。

半个世纪的艰辛创业，几代人的艰辛努力，中国拉美研究事业不断发展。未来中拉关系前程似锦，中国拉美研究任重道远。

希望拉美所再接再厉，当好党中央和国务院思想库和智囊团，为中国的拉美研究事业再创辉煌，为促进中拉关系做出更多的贡献。

2011年6月20日

（成思危先生为经济学教授，著名经济学家，全国人大第九、十届常委会副委员长，中国一拉丁美洲友好协会会长，《拉丁美洲研究》杂志名誉主编，《拉美研究丛书》名誉主席）

誌賀中國社科院拉美所成立五十週年

五十年碩果累累
新時期再創輝煌

二零二二年七月楊潔篪書於北京

目录

《拉美研究丛书》总序 …………………………… 成思危（1）

上 册

代序：拉美智库的一些"故事"和中国智库的
　　一点"解读" ………………………………… 郑秉文（1）

中国社会科学院拉丁美洲研究所 ……………………（1）

国际组织和地区组织

联合国拉丁美洲和加勒比经济委员会 ……………（19）
拉丁美洲社会科学学院 ……………………………（37）
拉丁美洲社会科学学院阿根廷分院 ………………（47）
拉丁美洲社会科学学院巴西分院 …………………（56）
拉丁美洲社会科学学院智利分院 …………………（61）
拉丁美洲社会科学学院哥斯达黎加分院 …………（68）
拉丁美洲社会科学学院厄瓜多尔分院 ……………（73）
拉丁美洲社会科学学院危地马拉分院 ……………（78）
拉丁美洲社会科学学院墨西哥分院 ………………（82）

拉丁美洲社会科学理事会 …………………………………（86）
拉丁美洲和加勒比经济体系 ………………………………（99）
拉丁美洲发展管理中心 ……………………………………（113）
拉丁美洲货币研究中心 ……………………………………（124）
拉丁美洲及加勒比研究国际联合会 ………………………（131）
地区经济和社会研究协调组织 ……………………………（137）
美洲开发银行 ………………………………………………（148）
美洲开发银行拉丁美洲和加勒比一体化研究所 …………（161）
美洲统计协会 ………………………………………………（168）
拉丁美洲和加勒比经济与社会规划研究所 ………………（173）

拉丁美洲和加勒比地区

阿根廷布宜诺斯艾利斯大学拉丁美洲跨学科研究所 ……（181）
阿根廷国立人类学和拉丁美洲思想研究所 ………………（185）
阿根廷拉丁美洲经济研究基金会 …………………………（190）
地中海基金会—阿根廷和拉美现实研究所 ………………（197）
胡斯托·阿罗塞梅纳拉丁美洲研究中心 …………………（204）
拉美教育高级研究中心 ……………………………………（208）
巴西历史地理学会 …………………………………………（210）
热图利奥·瓦加斯基金会 …………………………………（218）
圣保罗大学国际关系研究所 ………………………………（227）
巴西应用经济研究所 ………………………………………（234）
德国艾伯特基金会厄瓜多尔拉丁美洲社会研究所 ………（239）
哥斯达黎加大学中美洲史研究中心 ………………………（244）
哥斯达黎加大学拉美认同和文化研究中心 ………………（248）
古巴美洲研究中心 …………………………………………（253）
古巴美洲之家 ………………………………………………（258）

马蒂研究中心 ………………………………………（264）
秘鲁和拉丁美洲思想研究所 ………………………（269）
秘鲁研究所 …………………………………………（272）
墨西哥国立自治大学拉丁美洲和加勒比研究中心 …（276）
墨西哥学院 …………………………………………（285）
墨西哥经济研究和教学中心 ………………………（295）
"罗慕洛·加列戈斯"拉美研究中心 ………………（301）
委内瑞拉中央大学发展研究中心 …………………（307）
智利大学国际问题研究所 …………………………（315）
智利大学哲学与人文科学系拉丁美洲文化研究中心 …（320）
哥伦比亚纳利诺大学拉丁美洲研究中心 …………（326）

下 册

北美洲地区

美国拉丁美洲研究协会 ……………………………（333）
约克大学拉丁美洲和加勒比研究中心 ……………（346）
西半球事务委员会 …………………………………（352）
北卡罗来纳大学（查珀尔希尔）美洲研究所 ……（357）
布朗大学拉丁美洲研究中心 ………………………（362）
得克萨斯大学奥斯汀分校特·洛·朗拉丁美洲研究所 …（367）
范德比尔特大学拉丁美洲研究中心 ………………（372）
佛罗里达大学拉丁美洲研究中心 …………………（382）
佛罗里达国际大学拉丁美洲和加勒比中心 ………（389）
哥伦比亚大学拉丁美洲研究所 ……………………（395）
哈佛大学洛克菲勒拉丁美洲研究中心 ……………（400）

华盛顿拉丁美洲办事处 ………………………………………（406）
加利福尼亚大学洛杉矶分校拉丁美洲研究所 ………………（411）
加利福尼亚大学圣迭戈分校美国—墨西哥研究中心 ………（417）
加利福尼亚大学圣迭戈分校伊比利亚和拉丁美洲研究中心
 ………………………………………………………………（422）
美洲研究所 ………………………………………………………（427）
马里兰大学拉丁美洲研究中心 …………………………………（434）
迈阿密大学半球政策研究中心 …………………………………（438）
迈阿密大学拉丁美洲研究中心 …………………………………（443）
美洲对话组织 ……………………………………………………（447）
美洲委员会 ………………………………………………………（457）
密歇根州立大学拉丁美洲和加勒比研究中心 ………………（463）
纽约大学拉丁美洲和加勒比研究中心 ………………………（469）
匹兹堡大学拉丁美洲研究中心 …………………………………（473）
乔治大学拉丁美洲研究中心 ……………………………………（482）
圣母大学拉丁美洲人研究所 ……………………………………（491）
斯坦福大学拉丁美洲研究中心 …………………………………（496）
威斯康星大学密尔沃基分校拉丁美洲和加勒比研究中心
 ………………………………………………………………（501）
伍德罗·威尔逊国际学者中心拉丁美洲项目 ………………（506）
亚利桑那大学拉丁美洲研究中心 ………………………………（516）
耶鲁大学拉丁美洲及伊比利亚研究委员会 …………………（521）
伊利诺伊大学拉丁美洲和加勒比研究中心 …………………（525）
芝加哥大学拉丁美洲研究中心 …………………………………（529）

欧洲地区

奥地利拉丁美洲研究所 …………………………………………（539）

奥格斯堡大学拉丁美洲研究所 …………………（547）
柏林自由大学拉丁美洲研究所 …………………（552）
不来梅大学拉丁美洲研究所 ……………………（558）
普鲁士文化区伊比利亚美洲研究所 ……………（564）
德国全球和地区研究所拉丁美洲研究中心 ……（570）
天主教艾希施泰特大学拉美研究中心 …………（578）
俄罗斯科学院拉丁美洲研究所 …………………（583）
巴黎第三大学拉丁美洲文献研究中心 …………（591）
法国安第斯研究所 ………………………………（596）
荷兰皇家东南亚与加勒比地区研究所 …………（601）
拉美研究与文献中心 ……………………………（608）
卡罗利娜基金会拉丁美洲和国际合作研究中心 …（615）
马德里大学拉丁美洲和非洲政治研究院 ………（622）
王家埃尔卡诺研究所 ……………………………（627）
西班牙阿卡拉大学拉丁美洲研究所 ……………（638）
奥尔特加拉丁美洲研究中心 ……………………（645）
西班牙美洲研究学院 ……………………………（651）
意大利—拉丁美洲协会 …………………………（656）
英国拉丁美洲研究学会 …………………………（660）
剑桥大学拉丁美洲研究中心 ……………………（669）
利物浦大学拉丁美洲研究所 ……………………（673）
伦敦大学高等研究院美洲研究所 ………………（678）
牛津大学拉丁美洲研究中心 ……………………（682）
葡萄牙战略和国际研究所 ………………………（686）
斯德哥尔摩大学拉丁美洲研究所 ………………（691）

大洋洲地区

伊比利亚与拉丁美洲研究协会 ……………………………（701）
澳大利亚国立拉丁美洲研究中心 …………………………（708）
拉特罗布大学拉丁美洲研究所 ……………………………（716）
莫纳什大学西班牙语和拉丁美洲研究项目 ………………（722）
奥克兰大学拉丁美洲研究中心 ……………………………（728）

非洲地区

南非大学拉美研究中心 ……………………………………（737）

亚洲地区

韩国对外经济政策研究院 …………………………………（745）
韩国拉丁美洲和加勒比协会 ………………………………（749）
韩国外国语大学中南美研究所 ……………………………（756）
韩国檀国大学亚洲和美洲研究所 …………………………（761）
日本南山大学拉丁美洲研究中心 …………………………（766）
日本上智大学伊比利亚美洲研究所 ………………………（770）
尼赫鲁大学加拿大、美国和拉美研究中心 ………………（774）
淡江大学拉丁美洲研究所 …………………………………（777）

代 序：
拉美智库的一些"故事"和中国智库的一点"解读"①

一、全球智库分布与拉美智库数据：现状与概况
二、拉美智库起源：类型与排名
三、拉美智库参与政府决策：过程与贡献
四、美国智库的巨大影响力：对拉美政策和对本土政策
五、拉美智库国际网络的形成：左右轮回与多元共存
六、智库作为产业链的影响力：新自由主义盛行拉美的另类解读
七、中国智库的现状：中国社会科学院及其"三个定位"
八、拉美所50年：继往开来，迎接挑战

一、全球智库分布与拉美智库数据：现状与概况

美国宾州大学国际关系研究计划的"智库与公民社会项目"每年出版一本全球智库年度报告。在2010年全球思想库的排名遴选过程中，全球来自169个国家的6480个智库作为候选者参加了此次评选，有1500多名学者、决策者、记者、区域研究专家和项目研究专家组成评审组，经过复杂的多个程序，历时数月，评选出了2010年度全球智库排行榜。

---

① 本文初稿征求了中国社会科学院的学部委员苏振兴研究员、荣誉学部委员徐世澄研究员、中国社科院拉美所副所长吴白乙研究员和所长助理吴国平研究员的意见，他们做了很好的评论，匡正了一些西文译名。拉美所的房连泉博士和齐传钧博士通读了全文，修正了一些笔误，润色了一些文字。笔者对上述同志的帮助表示衷心感谢。

据这本刚刚出炉的《2010年全球思想库排名》,在全球智库分布中,北美有1913个,占全球的近三分之一;其次是欧洲,达1757个,占全球的四分之一强;再次是亚洲,1200个,占全球的18%;拉美位居第四,有智库690个,占11%;非洲有548个,占全球的8%;中东北非有333个,占5%;大洋洲仅占全球的1%,数量为39个(见图1)。

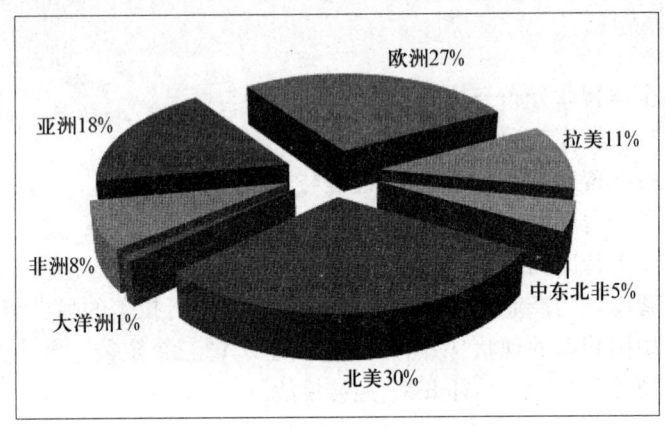

图1　2010年全球智库数量分布

资料来源:*The Global "Go-To Think Tanks 2010"*, University of Pennsylvania, Philadelphia, p. 15.

在"智库数量最多的前25经济体排名"评比项目中(见表1),美国智库的数量遥遥领先,位居第一,是位居第二的中国的4倍半;印度名列第三,英、德、法分别位居第四、五、六。阿根廷名列第七。

包括阿根廷在内,拉美共有四个国家榜上有名:其中位居第七名的阿根廷有131个智库;巴西排名13,有智库81个;墨西哥第16,有智库57个;玻利维亚第24,有智库51个。从表1和拉美国家的情况看,一般而言,人口多和版图大的国家拥有智库的数量就多。但在阿根廷和巴西之间,阿根廷的人口和版图远不如巴西,但智库数量却将巴西远远甩在后面。

表1 智库数量最多的前25个经济体

排名	经济体	智库数量(个)
1	美国	1816
2	中国	425
3	印度	292
4	英国	278
5	德国	191
6	法国	176
7	阿根廷	131
8	俄罗斯	112
9	日本	103
10	加拿大	97
11	意大利	90
12	南非	85
13	巴西	81
14	瑞士	66
15	瑞典	65
16	墨西哥	57
17	西班牙	55
18	罗马尼亚	54
19	以色列	54
20	肯尼亚	53
21	荷兰	53
22	中国台湾	52
23	比利时	52
24	玻利维亚	51
25	乌克兰	47

资料来源:*The Global "Go-To Think Tanks 2010"*, University of Pennsylvania, Philadelphia, p. 18.

拉美地区智库总计690个(见表2),其中前5个智库最多的国家就包揽了一半以上,达362个,他们依次是阿根廷、巴西、墨西哥、玻利维亚和智利。智库超过20个以上的国家还有4个,他们是哥伦比亚、哥斯达黎加、秘鲁和巴拉圭,即排名前9个国家的智库达494个,占拉美全部智库数量的72%。

表2 拉美国家和地区智库分布

排名	国家和地区	智库数量(个)
1	阿根廷	131
2	巴西	81
3	墨西哥	57
4	玻利维亚	51
5	智利	42
6	哥伦比亚	40
7	哥斯达黎加	33
8	秘鲁	32
9	巴拉圭	27
10	古巴	18
11	厄瓜多尔	18
12	乌拉圭	17
13	委内瑞拉	17
14	多米尼加	15
15	萨尔瓦多	13
16	巴拿马	12
17	危地马拉	11
18	尼加拉瓜	10
19	特立尼达和多巴哥	10

续表

排名	国家和地区	智库数量(个)
20	洪都拉斯	9
21	巴巴多斯	7
22	牙买加	7
23	波多黎各	5
24	瓜德鲁普	4
25	伯利兹	4
26	圭亚那	3
27	百慕大	3
28	多米尼克	3
29	海地	2
30	苏里南	2
31	巴哈马	1
32	格林纳达	1
33	圣基茨和尼维斯	1
34	圣卢西亚	1
35	圣文森特和格林纳丁斯	1
总计		690

资料来源:*The Global "Go-To Think Tanks 2010"*, University of Pennsylvania, Philadelphia, p. 21.

注:上述拉美国家和地区的数量与排比原文如此。

二、拉美智库起源:类型与排名

据拉美学者的考察①,虽然"智库"(think tank)一词的首次出

---

① Adolfo Garce and Gerardo Una edited, *Think Tanks and Public Policies in Latin America*, Fundacion Siena and CIPPEC, Buenos Aires, Argentina, 2010, p. 107 – 108.

现和使用,是在第二次世界大战中的美国,但实际上,类似政策研究中心等智囊机构早在1910年之前就已在美国出现了。

拉美国家的智库出现于20世纪60年代,那时,拉美一些国家,特别是南椎体国家,他们的智库主要是由独裁政府驱逐的一些著名大学的著名学者创建的。这些学者创建智库的目的是为了建立知识分子的保护伞。例如,拉美最著名的"巴西计划分析研究中心"(CEBRAP)就是于20世纪70年代初由卡多佐(Cardoso)建立的。再如,智利的拉美研究公司(CIEPLAN)集中了很多著名知识分子领袖,他们后来在80年代末为智利建立联合政府和还政于民的历史进程发挥了重要作用。后来,一直到20世纪90年代,拉美才开始出现大规模创建智库的浪潮,例如,阿根廷28个主要智库中就有19个创建于那个年代[1]。

正如一些研究智库的拉美学者所分析的,拉美地区的智库与其特殊的历史进程紧密相连。例如,哥伦比亚和乌拉圭一些智库的诞生源自于个人或政党的需要;还有的智库与政治体制转型密切相关。例如,在智利,有的智库起初为其右翼服务,后来又为中左翼服务;有的智库在融资方面有其明显的特色。例如,秘鲁的智库融资渠道既有内部融资渠道,也有外部的;有的国家的智库明显体现了政权体制的基本特点。例如,阿根廷的分散化政治体制导致其智库也具有类似特点;还有的智库在其政党和政治体制更迭中带有不可避免的个性。例如,近年来玻利维亚NGO的智库开始崛起,等等。

与欧美相比,拉美国家的智库在如下一些方面存在自己的特点,或说存在较大差距:智库与政府的互动、智库对立法的影响力、

---

[1] Adolfo Garce and Gerardo Una edited, *Think Tanks and Public Policies in Latin America*, Fundacion Siena and CIPPEC, Buenos Aires, Argentina, 2010, p. 49, pp. 107 - 108.

智库与政党的关系、智库对政策(经济政策、社会政策、公共政策、外交政策等)的影响力、智库影响力的测度、媒体对智库的评价体系的作用、智库之间的相互竞争与合作、智库的竞争力、知识与智库的转换,等等。

秘鲁一位研究智库的著名学者恩里克先生在其专著《思考政治:拉美的智库与政党》中讲述了这样一个小故事,以试图解释拉美智库落后于欧美的内在因素①:在达喀尔举行的一次"全球发展网络"研讨会上,一个阿根廷与会者用英文发言,在"公共政策发展"这个议题的讨论阶段,当说到"决策者"这个概念时,他使用了politician(政治家)这个词。坐在旁边的一个印度学者纠正他说,他指代的实际上是 policymaker(决策者),不是 politician(政治家)。但这个阿根廷人看着他,感到迷茫,重复地向他解释说,他讲的这个人确实就是一个 politician(政治家)。"是 policymaker",这个印度学者再次纠正他。但这位阿根廷学者还是说,"哦,是一回事。"该书作者恩里克先生接着分析道:"这场交流不仅意味着语言是其中的一个原因,即在西班牙语里很难分清职业政治家和决策者;还意味着,在拉丁美洲,技术领域和政治领域并存,但如果将学术与政治这两个不同圈子的概念加以界定,那就很难了。"接着这位学者对拉美智库不发达的情况做了进一步分析,并与欧美做了比较。

在拉美国家和地区中,如表 2 所示,阿根廷拥有智库 131 个,就数量而言位居拉美第一,占 35 个国家和地区智库数量总和的 19%。但是,在《2010 年全球思想库排名》的"拉美智库 25 强"中(见表 3),阿根廷却屈居第四。排名位居第一的是巴西的瓦加斯

---

① Enrique Mendizabal, Kristen Sample co-edited, *Thinking Politics: Think Tanks and Political Parties in Latin America*, International Institute for Democracy and Electoral Assistance(IIDEA) 2009; Overseas Development Institute(ODI) 2009, p.9.

基金会(FGV),第二的是智利的公共研究中心(CEP),排名第三位的还是巴西的智库,即巴西的国际关系研究中心(CEBRI)。

进入25强的智库属巴西最多,为6个,占巴西智库数量的7.4%。智利和阿根廷各有5个进入25强,分别占其各自智库数量的11.9%和3.8%。乌拉圭进入25强的智库有3个,占其智库数量的17.6%。哥伦比亚、秘鲁、厄瓜多尔各有2个,分别占其各自智库数量的5.0%,6.3%和11.1%。从这些数据看,就本国智库进入前25强的数量比重而言,阿根廷的比重是最小的。

表3 拉美智库25强

排名	智库名称	缩写	国家
1	瓦加斯基金会	FGV	巴西
2	公共研究中心	CEP	智利
3	巴西国际关系研究中心	CEBRI	巴西
4	阿根廷平等和增长公共政策中心	CIPPEC	阿根廷
5	卡多佐研究所	-	巴西
6	发展研究基金会	-	哥伦比亚
7	国家与社会研究中心	CEDES	阿根廷
8	拉美经委会	ECLAC	智利
9	自由与发展研究所	-	智利
10	应用经济研究所	IPEA	巴西
11	拉美经济研究基金会	-	阿根廷
12	国际关系研究会	CARI	巴西
13	社会与现实经济研究中心	CERES	乌拉圭
14	巴西计划分析研究中心	CEBRAP	巴西
15	民主与自由研究所	ILD	秘鲁

续表

排名	智库名称	缩写	国家
16	经济思想传播中心	CEDICE	委内瑞拉
17	拉美研究公司	CIEPLAN	智利
18	社会与经济现实研究所	CERES	乌拉圭
19	拉美人文经济研究所	CLAEH	乌拉圭
20	拉美社会科学理事会	CLACSO	阿根廷
21	自由基金会	–	阿根廷
22	和平思想基金会	–	哥伦比亚
23	拉美社会科学院	FLACSO	哥斯达黎加,智利,厄瓜多尔
24	发展分析集团	GRADE	秘鲁
25	厄瓜多尔政治经济研究所	IEEP	厄瓜多尔

资料来源:*The Global "Go-To Think Tanks 2010"*, University of Pennsylvania, Philadelphia, p.29.

注:第23位的"拉美社会科学院"的三个国家排名情况,原文如此。

三、拉美智库参与政府决策:过程与贡献

自20世纪80年代拉美实行改革以来,拉美国家的智库发挥了较大作用[①]。例如,20世纪90年代初秘鲁总统藤森(Alberto Fujimori)刚上台时,秘鲁的民主与自由研究所(ILD)对其内政外交都产生过很大影响,对藤森治下的秘鲁做出过很大贡献,它的一项政策建议曾直接创造了50万个就业岗位。再例如,智利前总统皮诺切特(A. José R. Pinochet Ugarte)由于接受了若干智库的政策

---

① 除有注释以外,以下这一小节的资料数据均引自 Adolfo Garce and Gerardo Una edited, *Think Tanks and Public Policies in Latin America*, Fundacion Siena and CIPPEC, Buenos Aires, Argentina, 2010, p.49, pp.115-116,133-160.

建议,他本人才得以在总统位置上多待了八年之久。再例如,智利首位民选总统帕特里西奥·艾尔文·阿索卡尔(Patricio Aylwin Azócar),之所以能在1990年顺利当选,其中重要原因之一也是接受了智库的政策建议。

拉美国家智库参与政府决策的过程可分为五个阶段:一是发现问题和介入公共议程;二是政策设计;三是进行决策;四是执行政策;五是对公共政策可持续性的评估与监测。据统计,在经济政策的咨询、制定和执行方面,拉美国家参与的智库多达20个。在社会政策方面,拉美国家智库参与的数量、深度和广度都有过之而无不及。拉美智库参与社会政策的制定和执行是从20世纪90年代开始的,其中一个典型案例是减困行动。例如,在墨西哥、阿根廷和智利三国的减困行动中,这些国家的智库除第一阶段没有参与之外,其他四个阶段几乎全程参加,共涉及智库16个,其中墨西哥有5个,阿根廷7个,智利4个;全程跟踪参与的智库专家为7人,其中墨西哥有2人,阿根廷3人,智利2人。在减困行动中,拉美国家首创的"有条件现金转移"(CCTs)计划是一个典型案例,目前已为世界其他一些国家所效法,被誉为是对世界减困行动的一个贡献。

拉美地区的贫困发生率居全球之首,1990年曾高达48.3%[①]。众所周知,拉美各国实行的社保制度是典型的"俾斯麦模式"。充分发挥社保制度对贫困发生率的抑制作用是各国政府共同的努力方向。但在发达国家,由于他们实行的社保制度大多为"贝弗里奇模式",所以,他们采取的减困措施多为"无条件"救助方式,其本质带有明显的"国家分红性质"。这种普享式的最低收入维持方式无疑将为财政带来较大负担。20世纪90年代诞生于拉美的

---

① ECLAC, *Social Panorama of Latin America* 2007, Santiago, Chile, UN, May 2008, p.52.

"有条件现金转移"(CCTs)则是对"无条件"救助方式的一个替代性方案,它通过与受助人签订"共同责任书"的方式,既可相对减少财政负担,又可提高受助人的激励性,还可提高贫困家庭的人力资本投入和教育培训效果。在"有条件现金转移"的政策设计和执行中,墨西哥的"机遇计划",阿根廷的"家庭失业主妇与失业丈夫计划"和智利的"团结计划"是智库大规模参与和卷入社会政策全过程的三个重要例证:

——墨西哥的"机遇计划"(Oportunidades)由社会发展部负责,是目前墨西哥反贫困的主要手段和措施,每年预算支出已超过30亿美元。该计划的覆盖范围从农村开始起步,到2002年扩大到城镇,在全国25万个基层单位里已经覆盖了8.6万个,覆盖家庭已超过500万个,相当于2500万人,占总人口的四分之一强;

——阿根廷的"家庭失业主妇与失业丈夫计划"(PJyJHD)由劳动和社会保障部负责,社会保障署支持,目前已有近300万个家庭受益,受益人口已超过全国人口的四分之一,是阿根廷最重要的社会计划;

——智利的"团结计划"(Chile Solidario)由计划与合作部负责,团结和社会投资基金(FOSIS)具体执行,覆盖29万个家庭和100万人口,约占总人口10%以上,预算已超过700万智利比索,约占GDP的2%左右。

在拉美,智利被视为智库普遍参与政府决策的一个典范,其"团结计划"的政策设计和执行效果广受称赞。其中,一个广为称道的智库参与政府决策的案例是,2007年巴切莱特总统召集了48个不同智库的专家,与其他相关人士一起,共同组建了"总统公平与劳动咨询委员会",委员会主席是拉美研究公司(CIEPLAN)的总裁。该咨询委员会的宗旨是就社会问题向总统提出政策建议。墨西哥的特点是,智库在监测和评估的阶段做得比较好,2004年建立了"社会发展政策全国评估委员会"(CONEVAL),其战略目标是通过监测和评估,对全国所有社会发展政策账户的效率和效果进行评估。阿根廷的特点是,智库参与第二和第三阶段的工作比较多。墨西哥和智利的决策层与知识界的互动比阿根廷更明显一些,专家的流动性也好一些,智库专家离政策面也更近一些,而阿根廷的智库与公共服务之间的联系更为间接一些,影响也小一些。

四、美国智库的巨大影响力:对拉美政策和对本土政策

由于门罗主义和地缘政治等原因,拉美历来被美国视为其"后院",于是,在外国语的学习中,学习西班牙语的人数最多;在全球研究拉美的智库中,美国研究拉美的智库数量最多,研究的领域最广泛,力量最雄厚,发表的研究报告在数量和质量上位居全球之首,任何国家难以望其项背。总部位于宾州匹兹堡大学的美国"拉丁美洲研究协会"(LASA)就是一个例证,其注册个人会员和机构会员达6000多人(居住在美国以外的个人与机构占45%)[①],分会多达31个;自1968年召开第一届年会以来,每一年半召开一次规模盛大且影响深远的年会,截至2010年已召开29届。参加2009年第28届年会的人数达5823人,其中美国居民(机构)占42%。因此,与其他国家相比,美国在其对拉美外交政策制订过程中,受到美国智库的影响也最大。

在美国,影响较大的拉美研究智库是卡图研究所(CATO)和传统基金会(Heritage Foundation)等,他们不仅对美国的拉美政策影响很大,而且在历史上曾多次起到某种决定性作用。例如,2005年美国南部遭受卡特里娜飓风的袭击,古巴和委内瑞拉是最早提出援助的国家,他们主动提出支援美国100万美元、1100个医生、若干移动医院、水处理工厂、罐头食品、取暖油和26吨药品等。美

---

① 见该机构的网站,http://lasa.international.pitt.edu/

国政府最初打算接受这两个"眼中钉"国家的援助,但是,传统基金会提出了一份研究报告,对此表示坚决反对,最终美国政府采取了传统基金会的政策建议,没有接受古巴和委内瑞拉的任何援助①。再例如,美国20世纪80年代对尼加拉瓜和洪都拉斯和在90年代对海地等一些中美洲国家的干预过程中所采取的军事和非军事行动,都有传统基金会等智库的影响发挥作用②。再例如,美国对古巴实施了长达半个世纪的严厉的经济封锁,这与卡图研究所一些研究报告提出的一贯政策主张不无较大关系③。

美国智库与美国驻拉美国家大使馆有着广泛的联系,甚至很多智库的项目负责人曾长期驻拉美国家任外交官和大使。2006年6月我访问美国时,曾去K街专程拜访国际战略研究中心(CSIS)美洲项目主任彼得·德谢佐(Peter DeShazo)先生,他在拉美国家使馆工作长达28年,曾在多个国家任大使,不但对拉美国家的情况非常熟悉,而且由于长期任外交官,在美国务院的渠道也非常畅通,他们的研究报告经常直达政策面,应对突发事件的效率非常高。

反过来,拉美与美国毗邻,对美国的影响也非常大。拉美各国各个领域的改革动态和一举一动,都会迅速反映到美国各个领域的改革第一线。尤其是,20世纪80年代以来,拉美地区各领域改革进程既有独特的经验,也有沉痛的教训。对于一些改革经验,美国智库均"为我所用,不拘一格",通过其各自的影响力及其他"院外集团"等多种渠道,很快会反映到立法层面,供决策部门参考,有的改革建议坚持多年,多次提交到国会做证词,"险些"成为美

---

① Johnson, *Thanks, But No Thanks for Aid From Self-Serving Autocrats*. Heritage, 2005, http://www.heritage.org.
② Wilson, *Haiti's Continuing Challenge to US Policy Makers*, Heritage, 1990, http://www.heritage.org/.
③ Cato Handbook on Policy, Cato, 2005, http://www.cato.org.

国的立法。

我对社会保障情况了解的稍微多一些,接触的国外学者也稍多一些,知道在圈子里有一个广为流传的故事。智利1980年社会保障制度私有化改革立法正式通过,并于次年建立了社保制度的一个崭新模式,成为世界上第一个"吃螃蟹"的国家,至今已有三十多个国家予以效法,在其社保制度改革中不同程度地引入了"智利因素";十几年前,中国建立社保制度时引进了个人账户,在一定程度上也受到了智利改革的影响;为了深入了解智利的社保制度,中国各种代表团访问智利十分频繁,智利方面应接不暇,最后不得不制作了中文讲解录音。

当时推动智利这场私有化改革的,是智利的劳动与社会保障部部长何塞·皮涅拉(José Piñera)。何塞·皮涅拉的父亲在20世纪60年代曾任智利驻联合国大使。何塞·皮涅拉为长兄,有三个弟弟和两个妹妹,其中,塞巴斯蒂安·皮涅拉(Sebasitián Piñera)于2010年当选为智利总统,另外两个弟弟中,一个是智利前央行董事,一个是音乐家。何塞·皮涅拉1993年竞选智利总统失利之后移居美国,1994年在美国著名的右翼智库卡图研究所(CATO)创建了"养老金改革国际中心",1995年任该研究所社会保障项目的双主席之一。

在何塞·皮涅拉的推动下,以卡图研究所为首的养老金改革派得到了改革派的大力支持,使养老金账户改革的宣传开始逐渐深入人心;经过无数次国会听证会和连续五、六年的不断推动,2001年5月美国布什总统终于成立了"加强社会保障总统委员会",并于当年12月提交了一份《总统委员会报告》。这份题为《加强社会保障、为全体美国人民创造个人福祉》的报告效法智利模式,有限地引入了一个账户,设计了账户规模依次不等的三个改革方案呈送给国会予以审读。这份改革报告后因种种原因搁浅,但它"险些"被国会立法通过的事实使卡图研究所成为养老金账户改革的一面旗帜。2005年3月3日的《华尔街日报》曾载文称赞皮涅拉为"养老金改革的吹鼓手"。多年来,卡图研究所为推动社保体制改革做了大量研究工作,为此还专门设立了一个养老金账户改革工作论文系列,系统地发表了大量著述,为"总统委员会"设计改革方案奠定了理论基础,为美国社保体制改革方案走向国会铺平了道路①。

上述美国社会保障制度改革的这段惊心动魄的历史虽然只有短短的几年,但却牵动了美国学界甚至世界同行的神经。关于皮涅拉本人和卡图研究所推动改革的影响力,在多年之后我见到美国两位著名社保专家并与她们交流这段历史的时候,她们既有感慨万千的惆怅,又有弹指挥间的洒脱。这两位著名教授都是《总统委员会报告》的撰写者(共由16位成员组成,其中8位来自共和党,8位来自民主党):一位是"偏右"的奥利维亚教授(Olivia),她是著名的宾州大学沃顿商学院的教授;另一位是"偏左"的艾斯戴尔教授(Estelle),她长期在世界银行工作,是名著《防止老龄危机》的主要执笔者之一。当然,这两位著名的女性教授又都是皮涅拉的好朋友。在先后与艾斯戴尔(在斯德哥尔摩)和奥利维亚(在悉尼)的席间闲聊中,我深深感到,智利改革及其对美国的震撼、美国智库及其对决策的影响,就此次社保账户改革事件而言,都已统统载入史册。也许,在未来的某一天,当美国再次掀起账户改革的浪潮时,1995—2000年美国智库的研究成果与传播推动、2001—2005年美国社保改革蓝图的制定与推广、大小皮涅拉和小老布什等所有这些大大小小的人物和故事,肯定会再次成为美谈和热点,甚至会成为再次改革的起点。那时,历史轮回将还是从他

---

① President's Commission to Strengthen Social Security (21, Dec. 2001), *Strengthening Social Security and Creating Personal Wealth for All Americans*, President's Commission to Strengthen Social Security.

们开始,他们将重新成为历史的起点。

五、拉美智库国际网络的形成:左右轮回与多元共存

多年来,拉美国家一些智库与欧美智库形成了若干国际网络①。由于与美国的传统关系等原因,他们与美国智库网络的联系更多一些。拉美智库与美国智库形成的这些网络基本奠定了目前和未来相当长一段时期内的智库布局,政策取向相似和同一流派下的智库之间也基本建立了相对制度化的合作机制,甚至形成一个"市场"。比如,阿根廷的平等和增长公共政策中心(CIPPEC)与传统基金会的联系比较多,而与卡图研究所则没有什么联系,据称,这是因为,阿根廷的平等和增长公共政策中心(CIPPEC)追求的主要是建立一个"公平的国家",而不是一个"有效率的国家"。再例如,巴西的"千年研究所"也与传统基金会建立了合作关系。

总部设在秘鲁、由 2010 年诺贝尔文学奖获得者、拥有秘鲁和西班牙双重国籍的著名作家及诗人马里奥·巴尔加斯·略萨(Mario Vargas Llosa)任理事长的"国际自由基金会"(FIL)是一个重要的横跨欧美的智库国际网络。这个智库网络共由 21 个拉美、北美、欧洲的智库组成,其中有 16 个智库来自拉美国家,例如,阿根廷有 5 个,秘鲁 2 个,智利 2 个,巴西 2 个,委内瑞拉、玻利维亚、哥伦比亚、厄瓜多尔、墨西哥等国各 1 个;在欧洲的智库中,西班牙有 4 个、瑞典 1 个,其余均来自美国,包括卡图研究所、传统基金会、城市研究所等均囊括其中。国际自由基金会的宗旨是促进自由、民主和法治,自称是对拉美现代化进程中出现的新民粹主义的一个

---

① 以下资料和引言部分引自如下文献:Adolfo Garce and Gerardo Una edited, *Think Tanks and Public Policies in Latin America*, Fundacion Siena and CIPPEC, Buenos Aires, Argentina, 2010, p.192.

回应①,认为新民粹主义的传播是拉美缺少自由民主的执行力的结果,还认为新民粹主义浪潮的获胜是伊比利亚—美洲现代化进程中的一次大倒退②。国际自由基金会在欧洲、北美和拉美的影响较大,尤其是理事长略萨 2010 年获诺贝尔文学奖之后,这位早年曾与舅妈的妹妹结婚、离婚后又与表妹结婚并生子的令人眼花缭乱的婚恋,曾参加竞选秘鲁总统、失败后又马上加入西班牙国籍的令人费解的行为等③,都大大提高了国际自由基金会的国际知名度。略萨于 2011 年 6 月 17 日访问中国社会科学院,被授予名誉研究员并做了"一个作家的证词"的演讲④。

百年来,拉美地区始终是自由主义和保守主义、民粹主义和精英主义(军政府包括在内)的角力场⑤;进入 20 世纪 90 年代,民粹主义开始退潮,拉美又成为新自由主义的实验场;但当历史迈进 21 世纪,中左派政府在很多国家开始重新当政,民粹主义卷土重来,新自由主义受到严厉批判。毫无疑问,国际自由基金会这个国际智库网络属于保守主义或新自由主义,可是有意思的是,他的总部设在秘鲁这个中左派政府治下的安第斯国家,这个有趣现象在一定程度上可解释为,民粹主义与精英主义、自由主义与新自由主义(保守主义),他们轮回也好,并存也罢;实验场也好,理念使然

---

① 在国内,研究拉美的学者一般习惯将 populism 译为"民众主义"。
② 以上资料引自国际自由基金会的网站:http://www.fundacionfil.org
③ 陈众议:《关于略萨》,载《中国社会科学报》,2010 年 11 月 16 日,第 8 版。
④ 杨雪梅:《略萨:写作也许是一辈子的宿命》,载《人民日报》,2011 年 6 月 20 日,第 12 版。
⑤ 就笔者的理解,自由主义(liberalism)的对立概念是国家主义(statist),后者与本文论述无关。在此之外,还有几个范畴需要说明一下:自由主义一词的对立概念的用法在欧洲和美国之间存在着较大的区别:在欧洲,自由主义用来与保守主义(conservative)、社会民主主义(social democracy)和社会主义(socialism)作对比;而在美国,自由主义通常被用来与保守主义作对比,或说人们常常用自由主义来形容民主党,保守主义为共和党。本文作者使用的是美国的用法。"新自由主义"(neo-liberalism)是一种经济意识形态而不是一种广义上的政治意识形态。保守主义认为新自由主义对社会主义退让过多,而新自由主义则抱怨保守主义墨守陈规。

也罢,拉美地区确确实实是多元化的,丰富多彩的:比如,一方面社会保障私有化改革、住房政策改革等都受到极端保守主义的巨大影响,甚至引领全世界的私有化改革潮流(20世纪70年代末和80年代初,美国芝加哥学派经济学大师弗里德曼的弟子来到军政府治下的智利,成为智利社保私有化改革的设计师),但另一方面,中左派执政党或民粹主义政府上台之后却基本又与这些改革长期共存,相安无事,并没有出现较大的"倒退"。再例如,长达半个多世纪以来,准确地讲从20世纪40年代的庇隆主义(Peronism)开始,阿根廷占主导地位基本是民粹主义(梅内姆时期等除外),但它在拉美却拥有数量最多的保守主义智库,且与美国保守主义智库保持着最密切的关系——这也是一个非常有意思的多元化现象。

六、智库作为产业链的影响力:新自由主义盛行拉美的另类解读

近几十年来,智库作为一个产业链正在崛起,影响越来越大。其中,美国的阿特拉斯经济研究基金会(Atlas Economic Research Foundation)就是一个重要案例:阿特拉斯基金会既是全球范围内极端保守主义思想库的大本营,也是90年代新自由主义在拉美得以泛滥的一个意识形态输出通道,同时,还是培训新自由主义思想库的思想库。

阿特拉斯研究基金会上述三个特点使之名副其实地成为一个产业链。

首先,之所以说"阿特拉斯基金会"(Atlas)是全球范围内极端保守主义(新自由主义)的大本营,是因为阿特拉斯基金会创始人是哈耶克的学生、极端保守主义传播者安东尼·费雪(Antony Fisher)。费雪是英国人,在第二次世界大战中是英国皇家空军军官,在战争中其胞弟被德国纳粹所杀,此事使费雪成为极权主义的坚决反对者。战后,英国工党获胜之后,工业国有化、中央经济计划

因素等"社会主义因素"不断扩大等,费雪对此感到非常困惑。就在他感到迷茫无助之时,偶然间他阅读了哈耶克(Friedrich A. Hayek)的世界名著《通向奴役之路》。这本书对他产生了巨大影响,甚至改变了他的后半生,他最终成为哈耶克的忠实追随者。他专程到伦敦经济学院找到哈耶克当面请教治国之道,并表示从政的强烈愿望,以拯救英国。但哈耶克则表示反对。哈耶克建议他说,从政的影响只是一时的,而建立一个思想库的影响则是永久的,它比从政更能改变社会,更能改变思想。后来,他实现了这一理想:他利用在美国学到的最先进的流水线式养鸡场的方法,在英国举办了现代化养鸡场;养鸡场使他成为百万富翁,他信守对哈耶克的承诺,用这些资金于1955年在伦敦建立了"经济事务研究所"(IEA);这个研究所以保守主义为其出发点,坚决主张自由市场经济制度,创造性地将这些思想传播开来,影响力与日俱增,成为一个重要思想流派,受到社会的极大关注,影响了一代人,甚至成为后来"撒切尔革命"的思想基础。费雪由此名声大振,享誉国内外;经济事务所也声名鹊起,在很多人的邀请下参与咨询如何建立智库的事业,随即便帮助他人在美国先后建立起几个智库。1981年,费雪来到美国,在旧金山成立了"阿特拉斯研究基金会",试图将帮助别人建立智库作为该基金会的主要业务,实际上是想建立一个自由经济思想库的思想库。对此,弗里德曼(Milton Friedman)、哈耶克和撒切尔(Margaret H. Thatcher)这三位保守主义先驱都给予高度赞赏,鼓励他将经济事务研究所(IEA)的模式在世界各地进行复制。于是,费雪逐渐将阿特拉斯基金会办成一个智库"连锁店":在美国的几个州、在土耳其、印度、意大利、智利、阿根廷、秘鲁等国都先后开始建立起智库。目前,阿特拉斯基金会在30多个国家建立了400多个市场经济制度的思想库,对推动市场经济改革发挥了重大推动作用。1988年费雪逝世之后,英国保守党议员奥利弗(Oliver)在1994年的《泰晤士报》上载文这样高度评价他："没有费雪，就没有经济事务研究所；没有经济事务研究所及其所属机构，就没有撒切尔，甚至很可能就没有里根；没有里根，就没有星球大战；没有星球大战，就没有苏联的经济垮台。所以，这就是一个养鸡场企业家的因果关系链啊！①"也许奥利弗这个"因果链"的评价有些夸张：费雪1981年才登陆美国建立阿特莱斯基金会，而里根（Ronald W. Reagan）早在这一年的1月就已当选为美国总统。但就费雪与撒切尔革命的关系而言，其作为养鸡场企业家的"鸡生蛋、蛋生鸡"的"因果链"似乎已经得到破解：在我的记忆中，当有人说到撒切尔主义（Thatcherism）的理论基础是弗里德曼的货币主义时，撒切尔夫人曾多次断然否认，并坚决否认她本人是弗里德曼的信徒——尽管弗里德曼在撒切尔首相雄踞英国政坛11年中始终是她的经济顾问。但是，撒切尔首相却从未否认费雪及其智库（因果链）对她本人的巨大影响，反而对费雪及其创建的这些思想库给予高度评价，甚至说它"拯救了英国"。尽管里根被置于费雪智库这个"因果链"上似有些勉强，但不可否认的是，奉行供给学派的里根经济学（Reaganomics）与以货币主义为其理论基础的撒切尔主义如出一辙，在流派渊源上都可追溯到费雪及其创建的极端保守主义的智库上。

其次，之所以说阿特拉斯基金会是90年代新自由主义在拉美得以泛滥的一个意识形态输出通道，是因为这个产业链对输出新自由主义发挥了难以替代的作用。这与该基金会的领导人有很大关系。长期以来，该基金会的CEO是一个阿根廷人查富恩（Alejandro Chafuen）。查富恩博士1985年进入阿特拉斯，对费雪极为崇拜，不久就成为费雪的忠实追随者，1991年担任该基金会主席，同时，还是"西班牙美洲经济研究中心"（HACER）的创始人和主席。阿特拉斯基金会的社会声誉和他本人保守主义的坚定信念以

---

① 见阿特拉斯基金会网站：http://atlasnetwork.org/

及作为阿根廷人的客观条件,使他逐渐成为自由经济思想在拉美与美国之间跨国流动的一个中枢[①],而由查富恩领导的这几个智库就事实上成为这个中枢的关键行为者。查富恩领导的阿特拉斯基金会为新自由主义经济思想在拉美的广泛传播起到了重要作用,此外,他还是前述"国际自由基金会"(FIL)的理事会成员,与"西班牙美洲经济研究中心"(HACER)一起,这些智库被公认是新自由主义思想"通向"拉美的一个重要管道,是拉美地区在90年代新自由主义泛滥的一个主要思想发源地和传播者。查富恩本人的研究主要集中在拉美地区的经济自由主义和经济腐败等方面,他的研究成果经常被包括卡图研究所和传统基金会等在内的美国智库学者所引用,传统基金会常常将这些研究报告直接报送布什总统,对美国政府援助拉美各国的分配布局曾发挥较大作用。此外,阿特拉斯基金会作为一个平台,对智利的"公共研究中心"(CEP)等拉美国家智库的研究倾向和研究方法也产生过较大影响,对一些拉美国家的政客和官员的"亲市场倾向"也产生较大影响。

最后,之所以说阿特拉斯基金会是自由经济思想培训人才的庞大产业链,是因为阿特拉斯基金会不仅本身是一个思想库,他的另一个重要功能是"生产"思想库的思想库,是一个"智慧生产商"(查富恩语),是一所大学校。该基金会每年向世界各国提供智库专业的 MBA 硕士学位(TT-MBA),为拉美国家保守主义智库培养了大批研究人员,很多获得该学位的毕业生来自拉美各国,在拉美有很大的影响。当然,也有一些学员来自其他发展中国家,2010年毕业生中还有一位来自中国,甚至每年有很多学员来自发达国

[①] 以下资料引自 Adolfo Garce and Gerardo Una edited, *Think Tanks and Public Policies in Latin America*, Fundacion Siena and CIPPEC, Buenos Aires, Argentina, 2010, p. 196-197.

家。在每年的培训中,还有一个培训项目是"全球智库领袖培训班",每期一周,每次培训班均有上百人参加,他们来自世界各地,很多拉美智库领袖都是这个项目的忠实参与者。该基金会的另一项重要功能是为各国建立智库提供技术服务。此外,该基金会每年出版大量学术著作。

如同费雪建立的保守主义智库深深地影响了保守党和撒切尔并导致产生"撒切尔革命",在撒切尔之后英国向"第三条道路"的转型中,英国的其他很多"中左翼"智库也同样发挥了重要作用[1],例如,布莱尔对工党的改革、"新工党"的产生、1997—2007年长达10年布莱尔首相的三次当选连任以及布莱尔主义的形成和"第三条道路"的选择等等,背后都有智库的影子。上述英国智库的资料足以说明这样一个事实:思想库确实是非常重要的,其影响力确实是巨大的,它能影响社会、影响国家、影响世界;它常常决定了著名政治家的诞生、重大政治事件的发生、重要政党的改革走向及其生死存亡,甚至还常常决定了资本主义国家的左右轮回和政权更迭。

很显然,20世纪90年代新自由主义在拉美地区的传播和盛行在一定程度上受到了本土和域外一些智库的较大影响;再往前追溯,半个多世纪以来,拉美很多国家的经济战略选择和社会政策调整都受到一些思想库的极大影响,例如联合国拉美经委会对拉美国家就产生了重大影响。

七、中国智库的现状:中国社会科学院及其"三个定位"

中国实行改革开放以来,经济高速发展,硬实力有了根本性的改变,经济总量 2010 年一举超过日本,成为仅次于美国的世界第

---

[1] Robert Carl Blank, *From Thatcher to the Third Way: Think-Tanks, Intellectuals and the Blair-Project*, Ibidem-Verlag, 2003.

二大经济体。在硬件设施方面,中国的财政投入及其取得的成就举世瞩目,公路桥梁建设和交通运输等基础设施都获得了长足发展,在"金砖五国"中排名第一,甚至业已超过了很多发达国家。在城市市政建设方面,北京、上海、深圳、广州等一线城市更是突飞猛进,日新月异,很多方面已超过发达国家,令一些到访的外宾游客刮目相看。

但是,在软实力方面,中国始终存在较大差距。这个"软实力"显然应包括思想库和智囊团的因素。美国有一个华尔街,中国没用几年很快就建立了北京金融街,因为这是"硬实力"。美国还有世界著名的智库一条街"K街",但"中国版的 K 街"却始终无人问津,个中原因,很可能它被认为与 GDP 比较遥远。美国首都华盛顿的 K 街世人皆知,那里集中和吸引了全美最著名的思想库,对美国公共政策和外交政策的影响巨大,人们戏称,不了解 K 街,就不了解美国政治的本质,为此,K 街已成为除了行政、立法、司法和媒体之外的"第五权力中心"。美国 K 街毗邻国会山和白宫,从这个街头到那个街头,相隔只有十几分钟的路程,在地理上拉近了智库与决策之间的距离,而华尔街则远在几百公里之外的纽约。相比之下,金融街坐落在黄金地段,与天安门近在咫尺,这也可看出,金融离 GDP 更为接近、甚至就直接被视为 GDP 的重要性。

几年前开始兴建的北京房山区"良乡高教园区"目前已升级为"FUN HILL 智汇城",据说欲打造成"中国智库大本营",现已入驻的包括中国社会科学院研究生院在内共有四所大学①。且不说入驻的研究教学机构的数量太少,仅就地理位置而言,据我的博士生说,他们从良乡到我们研究所,单程就需要两个小时以上。

---

① 见北京良乡高教园区管理委员会网站:http://www.univercity.org.cn/index/text.aspx?newid=135;参见新华网:《良乡打造 FunHill 智汇城 中美专家对话高教园区》,http://news.xinhuanet.com/house/2011-06/02/c_121486269_2.htm

加大对人文社会科学研究的支持力度,加强软实力建设,这已形成社会共识。中国古来就有"轻商重士"的传统,但是,这些传统已被多年来呼吁的走出"轻文重工"误区的各种声音所淹没得无影无踪。

美国《2010 年全球思想库排名》显示,中国有智库 425 个,就数量而言,全球排名第二,仅次于拥有 1816 个智库的美国[1];但据中国学者的统计[2],目前中国有各类智库 2000 个左右,早已超过美国。但无论如何,我们基本可以这样认为,中国的智库系统已初具规模。这个智库系统主要可分为四、五类:隶属教育系统的高等院校和科研机构;属于各级政府干部培训系统的党校与行政管理学院;属于各级政府事业单位序列的社会科学院;隶属于各级政府序列的"发展研究中心"。如果还有第五类的话,那就是类似 2009年建立的"中国国际经济交流中心"(简称"国经中心")和政府各部门下辖的研究机构,再加上为数不多的民间研究机构。我推想,2000 多个智库大概主要就是由这五类构成。但毫无疑问,这些智库在隶属管理体制、财务筹资机制、单位用人制度、研究激励机制、职级科层结构、成果表达与评价机制、会计与税收制度等,都存在很多问题和障碍,远不适应中国经济社会快速发展对智库的巨大需求。从这个角度看,真正意义上的智库在中国还为数不多,智库在中国还依然属于一个新生事物,处于起步阶段,由此形成的软实力还存在很大差距,难以与发达国家的智库系统媲美。

中国的改革开放始于经济特区的建立。在特区中,其税收政策、产业政策和进出口政策等都是享有特殊优惠条件,从而成为中

---

[1] The Global "Go-To Think Tanks 2010", University of Pennsylvania, Philadelphia, pp. 18 – 19.
[2] 很多学者认为中国目前有智库 2000 多个,例如,俞可平:《智库的影响力从何而来》,载《思想政治工作研究》,2010 年第 2 期,第 63 页;再例如,许共城:《欧美智库比较及对中国智库发展的启示》,载《经济社会体制比较》,2010 年第 2 期,第 82 页。

国经济体制改革的突破口,推动了全国范围的经济体制改革。据报道①,美国智库免交所得税和财产税,私人或企业对智库的捐赠也从应税额中扣除。中国要大力发展智库系统,从根本上讲,要从鼓励民间资金的进入开始入手;从目前阶段看,要从整合现有科研力量,改革现有科研管理体制,加大财政投入等方面着手。

早在2007年,胡锦涛总书记在十七大报告中就指出,"繁荣发展哲学社会科学,推进学科体系、学术观点、科研方法创新,鼓励哲学社会科学界为党和人民事业发挥思想库作用,推动我国哲学社会科学优秀成果和优秀人才走向世界"②。2011年7月2日,李长春同志在中央组织部、中央宣传部、中央党校、中央文献研究室、中央党史研究室、教育部、中国社会科学院、解放军总政治部联合召开的"纪念中国共产党成立90周年理论研讨会"上的讲话中指出,"努力在破解发展难题、健全推动科学发展的体制机制中发挥思想库、智囊团作用"③。

中央领导同志的指示充分说明,科学发展观需要智库的智力支持,科学发展离不开智库的决策参与,其中,破解发展难题尤需发挥思想库、智囊团的作用,智库从后台走向前台的时代已经到来。智库时代到来的重要标志之一是2009年成立了中国国际经济交流中心。这个被称之为"中国最高级别智库"于当年7月3日在北京组织召开了第一届全球智库峰会"全球金融危机与世界经济展望"④,30多家全球顶级智库、150多名各国前政要、诺贝尔奖得主,以及中外企业代表共900多人齐聚北京;2011年6月25-26日在北京召开了第二届全球智库峰会"全球经济治理:共同责

---

① 《欧美"智库"影响力从何而来 我国智库发展瓶颈何》,载《北京日报》,见网站:http://news.xinhuanet.com/politics/2010-03/22/content_13221550.htm
② http://politics.people.com.cn/GB/1024/6429094.html
③ http://cpc.people.com.cn/90nian/GB/224164/15081433.html
④ http://www.cciee.org.cn/

任"，来自海内外知名智库及学术界、企业界和国际组织、政府部门的500多名代表与会。李克强副总理两次参加了全球智库峰会，这说明，中央政府日益重视智库的作用。

中国智库发展正进入一个关键时期，高速发展的社会经济正为发展"智库业"创造了一个极好的历史时机。虽然中国智库发展起步既晚于欧美，又落后于拉美，但我们既可吸取欧美的良好经验，又可借鉴拉美的有益探索，以尽快赶上拉美和欧美智库的发展水平。这就需要我们高度重视对策研究和基础研究，加强智库专业化建设，充分运用构建智库市场化运行机制的优点，打造具有中国特色的智库网络体系建设。

早在2007年，中央对中国社会科学院的战略定位就非常明确地提出了"三个定位"的要求，即成为马克思主义的坚强阵地，党中央国务院重要的思想库和智囊团，中国哲学社会科学的最高殿堂①。在这"三个定位"中，"坚强阵地"实际是指世界观方法论，是指中国学派、中国气派、中国特色和马克思主义的本土化，这是中国智库发展的兴盛之道和必由之路，是与国外智库的保守主义/自由主义、新自由主义/保守主义的利益争斗、左右倾轧和流派繁杂的本质区别之所在；"思想库和智囊团"是指为党中央国务院服好务、为人民事业服好务的重任和天职；"最高殿堂"显然是指哲学社会科学的学术性和崇高性，是指传承中华文明和传统文化的历史使命和现实责任，这是中国社会科学院的立院之本，是党和人民赋予的最高荣誉。其中，"坚强阵地"是"思想库智囊团"和"最高殿堂"的工作指针；"思想库和智囊团"是"坚强阵地"的必然要求和"最高殿堂"的表现形式；"最高殿堂"是"坚强阵地"的载体

---

① 王伟光在中国社会科学院2011年度工作会议上的报告《加强管理，深化改革，加快推进哲学社会科学创新体系建设》，载《中国社会科学报（社科院专刊）》，2011年3月24日，第2版。

与"思想库和智囊团"的基础。三个定位,三位一体,他们相得益彰,相辅相成,是中国社会科学院的不可替代性和客观性之所在。近年来,中国社会科学院实施的"三大强院措施"(科研强院、人才强院、管理强院)既是贯彻落实"三个定位"的重要举措,也是完善现行中国智库管理体制(指"管理强院"的具体措施)的有益探索。这个探索正日益显示出积极效果。

李长春同志2011年初考察中国社会科学院时进一步指出①:"中国社会科学院认真贯彻中央决策部署,坚持正确办院方针,积极履行中央赋予的三项主要职能,在党的创新理论研究阐释、哲学社会科学研究以及发挥党中央国务院思想库和智囊团作用等方面,取得了显著成绩。"

中央领导同志之所以赋予中国社会科学院三项主要职能,主要是因为中国社会科学院"三个定位"具有一定的不可替代性和相当的客观性,它主要体现在三个方面:首先表现在规模上。例如,在美国1816个智库中,华盛顿特区大约有350个,其中坐落在K街的约不到一半,且大多数智库也就是十几个人的规模,据此推算,研究人员大约不到4000人。这个规模与中国社会科学院目前的规模大体相当(如果算上退休的科研人员则要大大超过);其次,从智库的研究类型看,美国的智库有政策研究型、政党代言型、政府代理型、学术型、行动型等五类,而中国社会科学院毫无疑问兼具这五个类型的全部特征,且在人文研究方面要远远超出美国智库这五个类型的涵盖范围;再其次,从智库的研究领域看,美国华盛顿K街的智库分属不同专业领域,从外交到内政,从经济政策到社会政策,从宏观的发展战略到中观的城市规划,从健康政策

---

① 王伟光在中国社会科学院哲学社会科学创新工程专题工作会议上的讲话《继续实施三大强院战略 全力启动哲学社会科学创新工程》,载《中国社会科学报(社科院专刊)》,2011年7月26日,第2—3版。

到减困政策,等等,可谓无所不包,而中国社会科学院的专业领域跨度完全可以将其全部覆盖。

表4 美国9个智库雇员数量与预算(美元)

智 库	雇员数量	年度预算
兰德公司(RAND)	640名专职研究员,460名兼职研究员	1.69亿美元
传统基金会(HF)	45名专职研究员,43名兼职研究员,5名访问研究员	3348.1万美元
布鲁金斯研究所(BI)	98名专职研究员,173名兼职研究员,48访问研究员	3022.8万美元
对外关系委员会(CFR)	65名专职研究员,100名兼职研究员,20名访问研究员	2572.0万美元
卡耐基国际和平基金会(CEIP)	140名研究员	2079.9万美元
国际战略研究中心(CSIS)	126名专职研究员,54名兼职研究员	1689.6万美元
卡图研究所	37名专职研究员,31名兼职研究员	1404.5万美元

资料来源:James McGann, *Responding to 9/11: Are Think Tanks Thinking Outside the Box*? Foreign Policy Research Institute, Think Tanks and Civil Societies Program, July 31, 2003, p. 11.

因此,仅就中国社会科学院的总体规模和研究范围而言,它大体可与被称之为美国"影子政府"和"政府大脑"的华盛顿K街相媲美。如果再从地理位置上看,建国门的社科院和复兴门的金融街,他们一左一右,一软一硬,构成了"中国版K街"和"中国版华尔街"的客观存在。当然,如表4所示,美国智库的经费来源非常充足,例如,雇员总数1100人的美国兰德公司年度预算为1.69亿美元,而中国的智库的经费预算相比之下则少得很,例如,中国社会科学院发放工资的名单多达7000多人(含3000名退休人员),但经费预算仅为1亿美元多一点而已。

实际上,根据《2010年全球思想库排名》①,中国社会科学院在一些评比项目中不仅榜上有名,而且有的还名列前茅,这从一个侧面说明,中国社会科学院的智库地位已有相当的国际知名度,尤其经过这几年实施"三大强院措施"的"打拼",国际声誉逐年提高,排名逐渐靠前;有理由相信,一旦"创新工程"开始实施并显现出实际应有的效果,"建国门"在全球智库排名中就会更为名至实归。在《2010年全球思想库排名》中,中国社会科学院的各项排名如下:

——在"全球智库50强(不含美国)"的评比项目中,中国(大陆,下同)有3个智库榜上有名,其中,中国社会科学院(CASS)排名第15位,中国现代国际关系学院(CICIR)排名第38位,中国国际问题研究所(CIIS)排名第49位;

——在"全球智库25强(含美国)"的评比项目中,中国只有一个智库囊括其中,即中国社会科学院,排名第24位;

——在"亚洲智库25强"评比项目中,中国社会科学院排名第一,另外2个榜上有名的中国智库分别是排名第5的中国现代国际关系研究院和排名第7的上海国际问题研究院(SIIS);

——在"全球政府官方智库20强"评比项目中,中国社会科学院排名第四,紧随世界银行研究院(WBI)、美国国会研究处(CRS)和英国皇家联合军种国防安全研究所(RUSIDSS)之后。还有3个中国智库列入其中,他们是排名第10位的中国现代国际关系研究院,第11位的上海国际问题研究院,第15位的中国国际问题研究所;

——在"全球国际经济政策智库25强"项目中,中国只有一个智库囊括其中,那就是中国社会科学院世界经济与政治研究所(IWEP. CASS),位居第14名,在兰德公司(第10位)之后。

---

① *The Global "Go-To Think Tanks 2010"*, University of Pennsylvania, Philadelphia, pp. 25 - 27, p. 33, 38, pp. 46 - 47.

只要稍微往前追溯几年，我们就会发现，中国社会科学院的排名是非常稳定且稳中有升：

在《2007年全球思想库排名》中①，设定的评比项目很少，其中涉及到中国的只有2个项目；在"全球智库10强"中，中国只有上海国际问题研究院位列其中（按字母排序）；在"全球智库30强"中，中国有2个榜上有名：中国社会科学院和上海国际问题研究院（按字母排序）。

在《2008年全球思想库排名》中②，设定的评比项目开始有所增加，其中，在"全球智库10强"中，中国智库全军覆没，上海国际问题研究院也消失了；在"全球智库50强"中，中国智库只有中国社会科学院和上海国际问题研究院挤入名单，其中中国社会科学院排名第25位，上海国际问题研究院第34位；在"亚洲智库25强"中，中国社会科学院排名第1，还有5个智库榜上有名，他们依次是上海国际问题研究院（第6名）、中国现代国际关系研究院（第9名）、中国国际问题研究所（第13名）、九鼎公共事务研究所（Cathay，第15名）、天则经济研究所（Unirule，第22名）；在包括"全球国际经济政策智库25强"在内的所有其他排名评比项目中，中国智库均榜上无名。

在《2009年全球思想库排名》中③，"全球智库50强（不含美国）"的评比项目只有2个中国智库入选：中国社会科学院排名第15，上海国际问题研究院第34；在"全球智库25强（含美国）"项目中，中国没有智库入选，中国社会科学院榜上无名；在"亚洲智库

---

① *The Global "Go-To Think Tanks 2007"*, University of Pennsylvania, Philadelphia, pp. 25–27, p. 16–17.

② *The Global "Go-To Think Tanks 2008"*, University of Pennsylvania, Philadelphia, pp. 27–35.

③ *The Global "Go-To Think Tanks 2009"*, University of Pennsylvania, Philadelphia, pp. 30–41.

40强"评比项目中,中国社会科学院排名第2,另有3个入围:上海国际问题研究院(第8名)、中国国际问题研究所(第14)、九鼎公共事务研究所(第24)。

上述四年来的评比结果显示,在2010年评比中,中国社会科学院在"全球智库50强(不含美国)"中连续两年排名第15位;在2010年"全球智库25强(含美国)"中,中国社会科学院首次入选并跃至第24位;在亚洲智库排名中,中国社会科学院连续三年来的排名情况是第1、第2和第1;在2010年首次设立"全球政府官方智库20强"评比项目中,中国社会科学院一跃为第4;在2010年首次设立"全球国际经济政策智库25强"项目中,中国社会科学院世界经济与政治研究所入选。相比之下,除上海国际问题研究院以外,中国的其他智库排名稳定性较差,而中国社会科学院在各项评比排名中基本是稳定的,且稳中有升。

当然,美国宾州大学的这个排名评比并不能完全说明问题,它仅是一家之言,甚至它们根本不应进入我们的评价体系,但毕竟从一个侧面可看出中国智库在世界智库整体排名中的基本位置,同时也说明中国社会科学院的基本实力和国际知名度。

八、拉美所50年:继往开来,迎接挑战

拉丁美洲研究所(下简称"拉美所")是中国社会科学院历史最悠久的研究所之一。

50年前的7月4日,在毛泽东主席重要指示和周恩来总理的亲切关怀下,拉美所正式成立。50年来,拉美所的发展与共和国的命运息息相关,与中国拉美关系的"累积—跨越式"发展一脉相承[①]。

---

① 关于中国与拉美关系的"累积-跨越式"发展的论述,见郑秉文、孙洪波、岳云霞:《中国与拉美关系60年:总结与思考》,载《拉丁美洲研究》杂志,2009年增刊2(双月刊),第3-17页。

50年来,尤其近年来,拉美研究方法论的逐渐学科化,学科建设的逐渐范例化,案例研究的逐渐典型化,基础研究的逐渐层次化,动态跟踪的逐渐对策化,研究选题的逐渐自主化等,已成为拉美所不断发展的一个趋势,正逐渐与国外拉美研究机构相衔接。由于拉美研究的需求不断扩大,近50年来,拉美所作为"中国唯一"拉美研究机构的状况开始出现变化:2009年中国现代国际关系研究院创建了拉美研究所,2010年西南科技大学创建了拉美研究院,2011年浙江外国语学院创建了拉美研究所。三年增加了三个拉美研究机构,形势喜人,形势逼人。尽管离党和人民的要求、离社科院的要求、甚至离社会经济发展的要求还有很大距离,但拉美所迎接时代挑战、保持"中国第一"拉美研究的智库地位的信心没变。

50年来,尤其近些年来,除上述研究工作之外,拉美所作为一个思想库,在公共外交方面日益显示出其独特作用。思想库与公共外交作为两个专业词汇,最早都诞生于美国。据研究,公共外交作为一个专业术语是1965年由美国塔弗兹大学一位教授首次提出的[1],是指那些"在外交政策形成和执行问题上影响公众态度"的做法,具体可体现在推行"二轨"外交等几个方面。"二轨"外交是1982年美国一外交官提出的一个概念,后被广泛使用。拉美所一方面与拉美地区十几个驻华外交使团建立了广泛和友好的联系机制,甚至成为朋友,另一方面与中国外交部拉美司和中联部拉美局也建立了相对固定和长期的联系机制,甚至与拉美局还建立了年终联系机制。在这个框架下,拉美所一方面多次承担了中国方面这两个部门下达的有关学术活动和研究项目,还主动设计并走出国门参与组织了类似"金砖四国"学术峰会等相关大型多边活

---

[1] 王莉丽:《美国思想库在公共外交中的角色和功能》,载《红旗文稿》,2011年第1期,第33页。

动,在公共外交或"二轨"外交方面发挥了积极作用,为有关部门提供了及时准确的信息,为有利于中国国家利益的外事工作做出了一些努力;另一方面,拉美所还几乎每年都举办若干由拉美驻华使团出面协调或联合举办的带有"二轨"外交色彩的学术活动。公共外交与学术研究的相互促进,为拉美所的发展注入了生机与活力。

50年来,无论在人员规模上,还是在学科布局上,拉美所始终位居"中国第一";在20世纪90年代,拉美所的工作人员总数曾一度超过120人,即使目前也是全国乃至亚洲最大的拉美研究机构。从全球范围内来看,不包括协会或学会,仅就研究实体来讲,剔除拉美地区本土的智库,再剔除位于智利的联合国拉美经委会(ECLAC)和位于华盛顿的美洲开发银行(IDB),在雇佣全职职员的数量方面,拉美所的排名应该在前10位以内;比拉美所规模稍大一些的研究实体有美国的美洲对话组织(IAD)、伊利诺伊大学的拉丁美洲和加勒比研究中心(CLACS)、俄罗斯科学院拉丁美洲研究所(ИЛА РАН)等,德国和西班牙等几个欧洲国家的拉美研究机构的规模稍比拉美所大一些。

50年来,中国的拉美研究从无到有,拉美所的研究从小到大,取得了令人瞩目的成就。尤其是进入本世纪以来,中国经济高速增长拉动中拉经贸关系突飞猛进,拉美的丰富资源和巨大市场对中国经济增长的重要性日益凸显,中拉双方高层领导密集互访;中拉关系的"累积—跨越式"发展为拉美研究带来了空前的生机。目前,作为中国拉美研究的重镇,拉美所每年初召开的拉美形势论坛云集几百人,从2005年3月开始至今已连续召开了七届,日益成为学术界与政策面、科研与外交、拉美所与拉美驻华使团相互交流的一个平台,成为中国拉美研究的一个重要学术研讨会和信息发布会,其国际影响力越来越大,吸引的国内外学术资源也越来越多样化,甚至为拉美所发展和拉美所文化带来了新的元素。于是,在这个大背景下,拉美研究方法论的逐渐学科化、学科建设的逐渐范例化、案例研究的逐渐典型化、基础研究的逐渐层次化、动态跟踪的逐渐对策化、研究选题的逐渐自主化,正悄悄发生在每一天。

就在这个时刻,拉美所迎来了建所50周年。

在拉美所纪念成立50周年之际,领导同志十分重视拉美所的工作,为拉美所赠送题词或贺词。在领导同志赠送的题词中,全国政协副主席兼中国社会科学院院长陈奎元同志的题词是:"研究拉美更知世界多样,振兴中华岂能亦步亦趋";外交部部长杨洁篪同志的题词是:"五十年硕果累累,新时期再创辉煌"。

在赠送贺词的领导同志中,前全国人大常委会副委员长、中国拉美友好协会会长成思危同志赠送的贺词是:"半个世纪的艰辛创业,几代人的艰辛努力,中国拉美研究事业不断发展。未来中拉关系前程似锦,中国拉美研究任重道远。希望拉美所再接再厉,当好党中央国务院思想库和智囊团,为中国的拉美研究事业再创辉煌,为促进中拉关系做出更多的贡献"。

领导同志为拉美所50年所庆赠送题词和贺词,这是对中国拉美研究的高度重视的具体体现,是对拉美所几代学者同仁的极大鼓励,也是对建立中国拉美研究智库网络的有力推动。拉美所全体同志对领导同志的鼓励表示衷心感谢。

全国政协副主席、中国社会科学院党组书记兼任院长陈奎元同志在2011年3月23日中国社会科学院2011年度工作会议上的重要讲话《关于当前科研工作的任务和实施创新工程的意见》中指出[①],"实施创新工程的根本要求是更加有利于发挥研究团队的整体功能,激发研究人员的创新精神,为人才发展提供更好的条件","现在大环境不存在问题,需要我们营造、优化、强化自己的

---

① 陈奎元在中国社会科学院2011年度工作会议上的讲话《关于当前科研工作的任务和实施创新工程的意见》,载《中国社会科学报》,2011年3月31日,第1版。

小环境、小气候。"常务副院长王伟光在其做的《加强管理，深化改革，加快推进哲学社会科学创新体系建设》的年度工作报告中指出①，中国社会科学院要"全面打造党和国家的重要思想库"，"抢占理论学术制高点"。

客观地讲，与其他所有公立研究机构一样，拉美所在科研体制机制等很多方面还很不适应时代的发展需要，离院党组的要求和社会的评价还存在较大差距，例如，她的产出质量与数量与国际上小于拉美所的研究机构相比还存在很大差距。在中央"三个定位"的指导下和"三大强院措施"的实施过程中，随着中国社会科学院正在积极制订的创新工程的全面展开，借着建所50周年的东风和领导同志题词的契机，拉美所站在新的历史起点上，继往开来，乘势而上，迎接挑战，必将做出更大的贡献。

最后，在即将结束这个"代序"之前，我再讲几句编撰这本《全球拉美研究智库概览》的一些初衷和想法。

作为中国唯一的拉美问题综合研究的重要智库，拉美所向中国同行们献上这本《全球拉美研究智库概览》，既是为拉美所建所50周年献上的一份厚礼，也是为推动国内智库网络发展和提升中国拉美研究学术水平应尽的一份义务，同时，还可成为相关政府决策部门案头的一部拉美研究的工具书。

在拉美所建所50周年之际，在本书付梓之前，作为拉美所所长，我花费一些时间和精力，以"代序"的形式对全球智库的基本情况和拉美智库的一些"故事"做一点介绍和分析，阐发自己在中国社会科学院学习工作28年的体会以及对她和中国智库现状与

---

① 王伟光在中国社会科学院2011年度工作会议上的报告《加强管理，深化改革，加快推进哲学社会科学创新体系建设》，载《中国社会科学报（社科院专刊）》，2011年3月24日，第2版。

前景的一些"解读",一是为了增加这本工具书的可读性,二是为了更多地介绍和传播一些拉美及其智库的相关知识,三是强调拉美研究和智库工作在中国的重要性,以期引起相关决策部门对拉美研究的高度重视,最后,也是"逼着"自己多读一点拉美的一个做法。

在编写该书过程中,所内外众多作者都付出了辛苦,做出了贡献:中国社会科学院国际学部委员、拉美所前所长苏振兴研究员为该书撰写了三个范例,确定了目录和体例;《拉丁美洲研究》编辑部的全体同志包揽了所有稿件的责编工作,主任蔡同昌同志负责众多作者的协调组织工作和统稿工作,张颖同志在前期曾负责过作者的协调组织工作。

虽然本书初稿曾打印成册分别征求意见,但肯定存在挂一漏万之处,尤其是,由于资料和其他客观条件的限制,有些重要的智库还没有尽收囊中,实在遗憾,敬请读者批评指正。

中国社会科学院拉美所 郑秉文
2011 年 7 月 4 日初稿,7 月 29 日定稿于北戴河

主要参考文献:

陈众议:《关于略萨》,载《中国社会科学报》,2010 年 11 月 16 日,第 8 版。

许共城:《欧美智库比较及对中国智库发展的启示》,载《经济社会体制比较》杂志(双月刊),2010 年第 2 期,第 82 页。

杨雪梅:《略萨:写作也许是一辈子的宿命》,载《人民日报》,2011 年 6 月 20 日,第 12 版。

俞可平:《智库的影响力从何而来》,载《思想政治工作研究》杂志(月刊),2010 年第 2 期,第 63 页。

黄江松:《欧美"智库"影响力从何而来 我国智库发展瓶颈何

在》,载《北京日报》,见网站:http://news. xinhuanet. com/politics/ 2010 - 03/22/content_13221550. htm

王莉丽:《美国思想库在公共外交中的角色和功能》,载《红旗文稿》杂志(月刊),2011 年第 1 期,第 33 页。

郑秉文、孙洪波、岳云霞:《中国与拉美关系 60 年:总结与思考》,载《拉丁美洲研究》杂志(双月刊),2009 年增刊 2,第 3 - 17 页。

Adolfo Garce and Gerardo Una edited, *Think Tanks and Public Policies in Latin America*, Fundacion Siena and CIPPEC, Buenos Aires, Argentina, 2010.

Cato Handbook on Policy, Cato, 2005, http://www.cato.org/

ECLAC, *Social Panorama of Latin America* 2007, Santiago, Chile, UN, May 2008.

Enrique Mendizabal, Kristen Sample co-edited, *Thinking Politics: Think Tanks and Political Parties in Latin America*, International Institute for Democracy and Electoral Assistance(IIDEA) 2009; Overseas Development Institute(ODI) 2009.

The Global "Go-To Think Tanks 2007", University of Pennsylvania, Philadelphia.

The Global "Go-To Think Tanks 2008", University of Pennsylvania, Philadelphia.

The Global "Go-To Think Tanks 2009", University of Pennsylvania, Philadelphia.

The Global "Go-To Think Tanks 2010", University of Pennsylvania, Philadelphia.

James McGann, *Responding to 9/11: Are Think Tanks Thinking Outside the Box*? Foreign Policy Research Institute, Think Tanks and Civil Societies Program, July 31, 2003.

Johnson, *Thanks, But No Thanks for Aid From Self-Serving Autocrats. Heritage*, 2005, http://www.heritage.org/

President's Commission to Strengthen Social Security (21, Dec. 2001), *Strengthening Social Security and Creating Personal Wealth for All Americans*, President's Commission to Strengthen Social Security.

Wilson, *Haiti's Continuing Challenge to US Policy Makers*, Heritage, 1990, http://www.heritage.org/

上 册

中国社会科学院拉丁美洲研究所

Institute of Latin American Studies(ILAS)
Chinese Academy of Social Sciences(CASS)

地址:北京市东城区张自忠路3号
邮编:100007
电话:86 – 10 – 64039010
传真:86 – 10 – 64014011
网址:http://ilas.cass.cn
E-mail:wang_sf@cass.org.cn

历史沿革与现状简介

中国社会科学院拉丁美洲研究所成立于1961年7月4日,成立初期由中国科学院哲学社会科学部和中共中央对外联络部双重领导,从1964年9月起改由中联部统一领导。"文革"期间研究工作中断。1976年全面恢复工作。1981年1月1日起隶属中国社会科学院领导。2011年7月5日,正值拉美所成立50周年之际,中国社会科学院院长陈奎元为该所题词"研究拉美更知世界多样,振兴中华岂能亦步亦趋";国务委员戴秉国为该所题词"大力加强拉美研究,为二十一世纪中拉关系大发展提供有力有效的智力支撑";全国人大第九、第十届常委会副委员长成思危为该所题词"值此中国社会科学院拉丁美洲研究所50周年之际,向全所同志表示热烈祝贺。半个世纪的艰辛创业,几代人的艰辛努力,中国拉美研究事业不断发展。未来中拉关系前程似锦,中国拉美研究任重道远。希望拉美所再接再厉,当好党中央和国务院思想库和智囊团,为中国的拉美研究事业再创辉煌,为促进中拉关系做出更多的贡献。"；外交部长杨洁篪为该所题词"五十年硕果累累,新时期再创辉煌"。

拉丁美洲研究所是国内最大的拉丁美洲和加勒比地区综合性研究机构,研究范围涵盖政治、经济、社会文化和国际关系等领域,研究队伍中既有一批国内外知名的资深专家,又有年富力强、专业训练程度较高的中青年学者。

组织机构、主要负责人及研究人员概况

拉丁美洲研究所组织机构包括所领导、学术委员会、科研部门和科研辅助部门等,现有工作人员54人,其中研究员10人(含中国社会科学院学部委员1人),副研究员19人。

现任领导:所长郑秉文,经济学博士、研究员；副所长吴白乙,政治学博士、研究员；副所长王立峰；所长助理吴国平,经济学硕士、研究员；所长助理、经济室主任柴瑜,经济学博士、研究员。

研究重点与学术活动

学术委员会由11人组成,主任吴白乙。

科研部门有:经济研究室,现有研究人员9人,其中研究员4人(含中国社会科学院学部委员1人),副研究员4人,助理研究员1人；政治研究室,现有研究人员5人,其中研究员1人,副研究员2人,助理研究员2人；社会文化研究室现有研究人员8人,其中研究员1人,副研究员2人,助理研究员4人,研究实习员1人；国际关系研究室,现有研究人员7人,其中研究员1人,副研究员2人,助理研究员3人,研究实习员1人；综合理论研究室,现有研究人员4人,其中研究员1人,副研究员2人,研究实习员1人。

科研辅助部门有:《拉丁美洲研究》编辑部、文献信息室和行

政办公室。

为了落实2005年5月19日中央政治局常委会议关于"办好中国社会科学院,繁荣发展我国哲学社会科学工作"的意见和胡锦涛总书记关于"要从战略高度认识拉美"的重要指示,拉美所将"十一五"规划期间的主要科研任务和重点研究领域确定为拉美政治、拉美经济、拉美社会问题和拉美外交;鉴于文化因素在政治、经济和社会发展中的重要作用,继续支持社会文化研究室将拉美文化作为研究工作的重点之一。

经济研究的重点是拉美地区相关理论与思潮,发展模式的选择及其演变,各国经济改革的举措与成效,区域经济合作的动向,金融与债务问题,通货膨胀,对外经济关系,中拉经济合作等。近年来,经济研究室联系中国改革开放的现实,对拉美经济改革的理论选择,拉美金融、汇率、财政政策的改革,可持续发展进程中中国与拉美面临的挑战,中国与拉美的经贸合作等问题进行了专题研究。

经济研究领域的主要成果有《拉丁美洲的经济发展》、《拉美国家现代化进程研究》、《巴西现代化研究》、《拉美发展模式研究》、《西半球区域经济一体化研究》、《21世纪拉丁美洲经济发展的大趋势》等。

政治研究以当代拉美政治发展的重大理论和现实问题为研究的主要方向,重点研究拉美的政治体制及其变革,国内政治思潮和政局变化,拉美地区的社会主义运动,中国与拉美各国的政治关系等,范围涵盖拉美政治制度、拉美政治组织、拉美政治思潮、拉美政治发展理论、拉美国家比较政治研究、拉美政党制度、拉美选举制度、拉美国家的法治与政治、拉美社会阶层、拉美非政府组织、拉美社会运动与社会组织、拉美政府制度,政治民主化等。

政治研究领域的主要成果有《拉丁美洲国家政治制度研究》、《拉丁美洲政治》、《拉丁美洲的共产主义运动》、《墨西哥政治经济改革和模式的转换》、《墨西哥现代化：新千年初墨西哥政治经济模式的变化》、《帝国霸权与拉丁美洲：战后美国对拉美的干预》、《拉丁美洲思想史述略》、《古巴社会主义研究》、《卡斯特罗评传》、《拉美国家的可治理性问题研究》等。

社会文化研究涵盖拉美社会研究和文化研究两个领域。社会研究以当代拉美国家社会发展的重大理论问题和现实问题为主要研究方向，重点研究拉美国家的社会变迁及其引发的社会问题，以及政府的社会政策理念和制度构成，范围涉及拉美社会保障、社会政策、社会运动、社会弱势群体（妇女、青年、儿童、土著人）、贫困问题、劳动市场和就业、收入分配等广泛领域。文化研究以拉美现代化进程中的文化问题为研究的主要方向，重点研究拉美思想史、拉美影视传媒与社会、拉美与亚洲的文化联系等。

社会文化研究领域的主要成果有：《经济发展与社会公正：拉美国家的理论、实践、经验与教训》、《发展模式与社会冲突：拉美国家社会问题透视》、《拉美国家养老金制度改革研究》、《社会凝聚：拉丁美洲的启示》、《丰饶的苦难》、《彼岸潮涌》、《把我的心染棕》等专著，以及"拉美社会保障制度研究"、"拉美社会政策研究"、"拉美反腐制度和反腐绩效研究"等系列论文。

国际关系研究的重点是巴西、墨西哥、阿根廷等拉美主要大国的外交政策及外交理论，拉美国家与美国、欧洲、俄罗斯、亚洲及世界其他地区和国家的关系，拉美国家一体化合作及地区关系、中国与拉美国家的关系、拉美国家的能源安全与对外合作、拉美国家在气候变化、联合国改革等问题上的立场等。

国际关系研究领域的主要成果有《中国和拉丁美洲关系简史》、《拉丁美洲和中拉关系——现在与未来》、《美国和拉丁美洲关系史》、《帝国霸权与拉丁美洲——美国对拉美的干涉》，等等。

综合理论研究的重点是拉丁美洲社会、经济和政治发展中的重大理论问题和现实问题，特别关注对中国经济社会发展有重大启示作用的现象及其学术争论,研究工作注重长期性、理论性和综合性"三位一体"的特点,同时还参与社科院马克思理论学科建设和研究创新工程,是社科院第一批该工程重点研究室之一,承担交办任务和应急课题。

拉美所还承担了大量国家社科基金项目和院重点项目,出版了大量研究成果。据不完全统计,2005~2010年,拉美所学者共发表学术成果3358万字,其中专著36部、1226万字,论文576篇、638万字,研究报告443篇、314万字。其中不少成果获得国家和中国社科院的奖项,不仅为中国的拉美研究做出了重要贡献,而且也为繁荣中国的哲学社会科学做出了应有的贡献。

近年来,拉美所举办的具有较大影响的学术会议有:"拉美政治民主化进程"(2004年3月);"拉美国家现代化进程"(2005年3月);与中国社科院科研局合办的中国社科院第十届国际问题论坛"执政党建设:国际经验与教训"(2005年5月);与复旦大学国际问题研究院合办的"全球化时代的南北关系:美国与拉美的合作与对抗"(2005年6月);"当前拉美研究领域中的重大理论问题和现实问题座谈会"(2005年11月);"中国对拉丁美洲贸易和经济合作的若干问题"(2006年2月);"拉美政党的变化与政治改革"(2006年3月);与美洲开发银行主办、西班牙对外银行集团和亚洲开发银行协办的"中国与拉美的金融改革国际研讨会"(2007年6月);"拉美文化和中国文化:交流、理解、合作"(2006年8月);"拉美国家中左派上台对国际关系的影响"(2008年1月);"《中国对拉丁美洲和加勒比政策文件》与中拉关系未来"座谈会(2008年11月);与美洲开发银行联合举办"拉美社会排斥与社会凝聚"国际研讨会(2008年11月);与西班牙对外银行联合主办"中国与拉美:贸易与投资机会"大型研讨会(2008年12月);与中国拉丁美洲学会、中国拉美史学会、外交部拉美司、中联部拉美局共同主办的"中拉关系60年:回顾与思考"学术研讨会(2009

年8月);"'哥本哈根进程'与拉美国家对策"研讨会(2009年12月);由中国社会科学院国际合作局和国际学部以及经济合作与发展组织主办,中国社会科学院拉丁美洲研究所承办,"中国社会科学院国际学术论坛:2009~2010年拉丁美洲和加勒比"主题为"后危机时期——金融与技术创新"(2010年3月);由中国社会科学院拉丁美洲研究所、中国社会科学院世界社保中心和西班牙对外银行共同发起并举办的"中国与拉美和加勒比养老金制度国际研讨会"(2010年7月);由中国社会科学院国际学部主办,中国社会科学院拉丁美洲研究所、美国美洲协会和院研究生院国际能源安全研究中心共同承办的中国社会科学院国际论坛"从哥本哈根到坎昆:新挑战、新选择、新机遇"(2010年10月);由中国社会科学院主办,中国社会科学院拉丁美洲研究所、安第斯发展集团、中国进出口银行经济研究部以及经合组织发展中心联合承办,中国社会科学院研究生院协办的中国社会科学论坛(2011国际问题)"中国和拉美可持续发展的挑战:基础设施和城市化"(2011年4月);由中国社会科学院拉丁美洲研究所和中国拉丁美洲学会共同举办的中国社会科学院拉丁美洲研究所成立50周年纪念大会暨"拉美现代化进程及其启示"(2011年7月)。

拉美所一直十分重视人才培养,除举办各类业务培训班、派送多人到国外留学和进修,还设立了隶属于中国社会科学院研究生院的拉美系,具有硕士和博士学位授予权,每年面向全国招收硕士生和博士生,为国家培养了很多拉美专业研究人才。截至目前,拉美所拉美系共有91人获得学位,其中博士39人,硕士52人。目前拉美系在读硕士生和博士生23人。并已建立世界经济博士后流动站。

拉美所文献信息室目前有馆藏中外文图书、过期期刊、剪报资料合订本等近4.6万册,其中中外文图书近3.6万册,中外文过期期刊和中文剪报资料合订本近1万册。订购中外文报刊180余种,其中外文报刊 80 种。机编中外文书目数据 3 万余条。建有各类专题的拉美文献数据库 17 个,拥有数据近 12.5 万条,其中 9 万余条为全文数据。文献信息室与国内外近 50 个研究机构建立了书刊交换关系。

作为全国性拉美研究的专业社团,中国拉丁美洲学会挂靠拉美所。1984 年 1 月 10 日,中国社会科学院批复同意成立拉丁美洲学会。由拉美所与国内有关单位联合发起并成立的该学会,对团结国内拉美研究学者和推动中国的拉美研究发挥了重要作用。自成立以来,拉美学会共召开 20 多次学术年会。学会现有会员 300 多人,分布于国内各学术研究机构、大学等教育机构及政府机构。名誉会长为第十届全国人大副委员长成思危教授。现任会长为苏振兴教授,常务副会长为郑秉文教授、秘书长为王立峰。

主要拉美问题研究专家

拉美所目前在职的主要拉美问题研究专家有:

苏振兴,研究员,中国社会科学院国际学部委员,博士生导师。毕业于北京大学。曾任中国社会科学院拉丁美洲研究所副所长(1982～1985)、所长(1985～1996)、《拉丁美洲研究》杂志主编、第九届全国政协委员。现任中国拉丁美洲学会会长等。研究领域为拉美宏观经济,拉美经济史,拉美现代化,拉美政治。主要论著有《拉丁美洲的经济发展》、《拉美国家现代化进程研究》、《拉美国家探索现代化道路的若干启示》、《拉丁美洲:新自由主义退潮,本土发展理论复兴》、《拉美国家经济改革的回顾与评估》、《拉美国家社会转型期的困惑》以及《苏振兴文集》。

郑秉文,研究员,博士生导师。毕业于辽宁大学获学士学位,后毕业于中国社会科学院研究生院,先后获硕士学位和博士学位。现任拉美所党委书记、所长,《拉丁美洲研究》杂志主编,拉美学会常务副会长。曾任中国社会科学院研究生院副院长。研究领域为西方经济学,社会保障制度比较,拉美社会保障制度。主要论著有《经济理论中的福利国家》、《养老保险"名义账户"制的制度渊源与理论基础》、《拉美"增长性贫困"与社会保障的减困功能》、《中国与拉美社会保障比较:传统文化与制度安排》、《阿根廷私有化社保制度"国有化再改革"的过程、内容与动因》等。

吴白乙,研究员。毕业于北京外国语学院,获文学学士。后获美国艾奥瓦州立大学政治学硕士和中国社会科学院研究生院法学博士学位。现任拉美所副所长,学术委员会主任,拉美学会副会长。曾在中国国际战略研究基金会、中国社会科学院欧洲研究所任国际政治研究室主任、基金部主任、研究员、副所长等职。研究领域为国际关系理论、大国关系、危机管理和中国外交。主要论著有《21世纪回顾丛书》,(《公共外交:中国外交变革的重要一环》、《对中国与发展中国家政治关系的再思考》、《欧盟国际危机管理的转变与理论视角》、《中国经济外交:与外部接轨的持续转变》、《中国对'炸馆事件'的危机管理》、《观念转变与内生动力——后冷战时期中欧关系本源初探》、《后冷战国际体系变动与中欧关系》、《中国的安全观念及其历史演变》等。

吴国平,研究员,博士生导师。毕业于北京大学和墨西哥经济研究和教学中心,获经济和国际政治硕士学位。现任拉美所所长助理、拉美所学术委员会副主任。研究领域为拉美经济(拉美宏观经济、拉美经济政策)、拉美金融和拉美国际贸易。主要论著有《21世纪拉丁美洲经济发展大趋势》、《效率与公正:拉美国家国有企业转制的启示》、《阿根廷危机的思考》、《全球化背景下拉美国家竞争力的国际比较》、《中拉经贸合作:在经济增长中实现良性互动》、《在全球化框架下探索中拉多元合作模式》、《后危机时期中国企业投资拉美加勒比地区的机遇与挑战》、《从卢拉到罗塞夫,巴西外交的特点与政策调整》等。

宋晓平,研究员,博士生导师。毕业于中国社会科学院研究生院和古巴哈瓦那大学,获哈瓦那大学经济学硕士学位。研究领域为拉美经济,区域经济一体化,古巴、阿根廷等国别研究。主要论著有《西半球区域经济一体化研究》《从"走出去"战略高度研究拉美市场开发》、《经济全球化与拉美国家国际参与的启示》、《古巴谨慎探索经济和社会发展道路》、《阿根廷的经济、政治和社会危机》、《格瓦拉的伦理价值观及其现实意义》、《从马蒂到卡斯特罗:古巴革命的实践与思想轨迹》等。

袁东振,研究员,博士生导师,现任政治研究室主任。先后毕业于中国人民大学、中国社会科学院研究生院,获政治学硕士学位、博士学位。研究领域为拉美政治和社会问题,主要论著有《经济发展与社会公正:拉美的理论、实践、经验与教训》、《拉美国家政治制度研究》(合著)、《拉美国家建立失业保险的设想与尝试》、《委内瑞拉"21世纪的社会主义"发展动向及其国际评价》、《拉美国家社会发展战略的变化及其启示》、《拉美国家维护政治社会稳定的基本经验》、《拉美国家的可治理性问题研究》等。

刘纪新,研究员,博士生导师。毕业于中国人民大学,获政治学硕士学位。现任社会文化室主任。研究领域为拉美社会政策,拉美社会保障,拉美腐败问题等。主要论著有《拉美国家养老金制度改革研究》、《拉美国家社会政策调整评析》、《拉美国家的腐败问题与反腐败斗争》、《阿根廷正义党如何应对社会危机》、《智利反腐倡廉的经验与启示》、《智利的社会救助制度》、《从拉美实践看政府在社会保障改革中的职责》、《对阿根廷腐败问题与反腐体制建设的初步分析》,等等。

柴瑜,研究员,硕士生导师。现任拉美所所长助理、经济研究室主任。毕业于南开大学国际经济研究所,获经济学博士学位。研究领域为国际贸易与外国直接投资、区域经济一体化、拉美及亚太地区经济。主要论著有《大湄公河次区域经济合作研究》、《以劳动力密集型为主——中国吸引外资的性质分析》、《金融危机与亚洲太平洋经济合作的发展》、《APEC贸易自由化的发展与评价》、《外汇储备与结构升级》、《在经济危机中负重前行－2009年拉美经济述评》、《拉美国家贸易开放度研究》等。

贺双荣，研究员，硕士生导师，现任国际关系研究室主任。先毕业于北京大学，获法学学士学位。后毕业于中国社会科学院研究生院，获法学学士、硕士学位。主要研究领域为拉美国际关系，巴西外交政策及对外关系，美拉关系等。主要论著有《本世纪初巴西与美国的关系》、《巴西为何不愿加入北美自由贸易区》、《欧盟与拉美国家的关系》、《布什总统执政以来的美拉关系》、《拉美左派执政对国际关系的影响》、《委内瑞拉与古巴的战略联盟及其政治影响》，等等。

张凡，研究员，博士生导师，综合理论研究室主任。毕业于中国社会科学院研究生院，获法学博士学位。研究领域为拉丁美洲政治和国际关系、巴西政治与外交。主要论著有《当代拉丁美洲政治研究》、《拉丁美洲：政治发展与社会凝聚》、《拉丁美洲民主化与可治理性分析》、《欧洲联盟与拉丁美洲的对话》、《发展中大国国际战略初探：巴西个案》、《巴西政党和政党制度剖析》等。

对外合作

拉美所国际学术交流活跃，每年召开重要的国际学术会议有三至四次，其中包括国际学术论坛和驻华大使论坛。为了贯彻党中央领导人关于加强拉美研究的重要指示，加强对拉美热点问题和形势的跟踪和研究，并为我国政府、企业界、学术界和媒体搭建一个分析、了解和把握拉美形势、宣传我国对拉美外交政策的平台。自2005年起，拉美所与院内外、国内外的一些知名机构和组织联合举办一年一度的拉美形势和热点的"国际学术论坛"。截止2011年，论坛已经连续举办了七届，其规模不断扩大，内容不断丰富，影响力不断提高，已成为拉美所和中国社会科学院国际学术交流活动的重要品牌之一。尤其是在经济合作与发展组织和安第斯发展集团先后参与该论坛的主办后,该论坛的国内外知名度进一步提高。2011年,在安第斯发展集团和中国进出口银行的赞助下,该论坛的规模进一步扩大,现已形成研究机构、国际组织、政府部门和企业等多层次参与的高端国际学术交流的新模式。

近年来,拉美所与美国美洲国家协会于每年10月联合主办年度"拉美和中国能源研讨会",来自国内外的学术机构、能源企业和金融机构等参会,从而形成了拉美所另一个重要的、面向经济发展战略领域的国内外学术交流平台,其影响力涵盖整个美洲地区。目前,该研讨会已经成为拉美所国际学术交流的另一个重要品牌。

此外,拉美所还经常与一些国外研究机构、银行、拉美国家驻华使馆等就拉美地区的重要议题不定期地联合举办各类国际研讨会。现今拉美所每年接待国外学者、官员、记者等来访达100多批次;每年有10多人次应邀到国外参加各类国际会议、讲学、访问或进修。

自20世纪90年代后期起,拉美所先后与多个国际组织、大学、学术机构签订了各种学术交流合作协议,主要有经济合作与发展组织(OECD)、安第斯发展集团(CAF)、美国美洲协会、秘鲁太平洋大学、阿根廷拉普拉塔大学、墨西哥学院、智利大学国际问题研究所、智利发展大学、西班牙加利西亚国际文献研究所、巴西应用经济研究所、哥斯达黎加大学、巴西圣保罗州立大学、哥伦比亚北方大学等。这些协议的签署使拉美所对外学术交流更加规范、为双边合作以及实现"走出去"战略、争取更多的"话语权"打下良好的基础。

为了促进对外学术交流,拉美所还出版外文版非正式刊物《拉丁美洲研究所通讯》,对外报道拉美所的学术活动和国际学术交流活动。

主要出版物

拉美所主办的期刊《拉丁美洲研究》,1979年创刊,原名《拉丁美洲丛刊》,双月刊(逢双月出版),是目前中国唯一向国内外公开发行的专门研究拉美地区重大现实问题和基本情况的综合性学术刊物,已成为全国拉美学者发表学术成果和开展学术讨论的主要园地,成为社会各界和广大群众了解拉美情况不可或缺的重要刊物,为推动中国拉美研究的发展,为中国改革开放和现代化建设事业做出了历史性贡献。现任主编为郑秉文。

《拉美调研》,为内部刊物,1994年3月创刊,不定期出版,发行对象为党政机关和有关教学及科研单位。它主要登载介绍、分析拉美当前情况及热点问题的文章和对策建议,供党和国家领导人了解情况、作决策时参考。

"中国拉丁美洲研究网"是拉美所的门户网站,刊载所内及国内外有关拉美研究的成果和信息,为目前国内最大的专门学术网站。设有本所动态、个人主页、学术交流、学术论坛、拉美概览、科研工作、科研成果等栏目。网站还设有英文和西班牙文混编的外文网页,主要内容有拉美所基本情况介绍、刊物介绍、主要研究成果介绍、所内通讯等。网站还设有与国际上主要的拉美问题研究网站的链接。网址为:http://ilas.cass.cn

2000年以来机构的主要代表性文章和论著

1. 曾昭耀主编:《现代化战略选择与国际关系》,北京,中国社会科学文献出版社,2000年。
2. 苏振兴主编:《拉丁美洲的经济发展》,北京,经济管理出版社,2000年。
3. 苏振兴、袁东振著:《发展模式与社会冲突——拉美国家社会问题透视》,北京,当代世界出版社,2001年。

4. 李明德主编:《拉丁美洲和中拉关系——现在与未来》,北京,时事出版社,2001年。
5. 李明德主编:《简明拉丁美洲百科全书》,北京,中国社会科学出版社,2001年。
6. 宋晓平等著:《西半球区域经济一体化研究》北京,世界知识出版社,2001年。
7. 祝文驰等著:《拉丁美洲的共产主义运动》,北京,当代世界出版社,2002年。
8. 吴国平主编:《21世纪拉美经济发展大趋势》,北京,世界知识出版社,2002年。
9. 张宝宇著:《巴西现代化研究》,北京,世界知识出版社,2002年。
10. 徐世澄主编:《帝国霸权与拉丁美洲——战后美国对拉美的干涉》,北京,世界知识出版社,2002年。
11. 索萨著:《拉丁美洲思想史述略》,昆明,云南人民出版社,2003年。
12. 吴德明著:《拉丁美洲民族问题研究》,北京,世界知识出版社,2004年。
13. 徐世澄著:《墨西哥政治经济改革及模式转换》,北京,世界知识出版社,2004年。
14. 袁东振、徐世澄著:《拉丁美洲国家政治制度研究》,北京,世界知识出版社,2004年。
15. 刘纪新著:《拉美国家养老金制度改革研究》,北京,中国劳动社会保障出版社,2004年。
16. 毛相麟著:《古巴社会主义研究》,北京,社会科学文献出版社,2005年。
17. 苏振兴主编:《拉美国家现代化进程研究》,北京,社会科学文献出版社,2006年。

18. 李明德主编:《拉丁美洲科学技术》北京,世界知识出版社,2006年。
19. 徐世澄著:《墨西哥革命制度党的兴衰》,北京,世界知识出版社,2009年。
20. 张凡著:《当代拉丁美洲政治研究》,北京,当代世界出版社,2009年。
21. 苏振兴主编:《中拉关系60年:回顾与思考》,北京,当代世界出版社,2010年。
22. 郑秉文主编:《社会凝聚:拉丁美洲的启示》,北京,当代世界出版社,2010年。
23. 吴国平主编:《全球金融危机:挑战与选择》,北京,当代世界出版社,2010年。
24. 苏振兴主编:《拉美国家社会转型期的困惑》,北京,当代世界出版社,2010年。
25. 徐世澄主编:《拉丁美洲现代思潮》,北京,当代世界出版社,2010年。
26. 袁东振主编:《拉美国家的可治理性问题研究》,北京,当代世界出版社,2010年。
27. 赵丽红著:《"资源诅咒"与拉美国家初级产品出口型发展模式》,北京,当代世界出版社,2010年。
28. 张勇著:《拉美劳动力流动与就业研究》,北京,当代世界出版社,2010年。
29. 赵丽红等译:经合组织发展中心的《2011年拉丁美洲经济展望》,北京,当代世界出版社,2011年。
30. 郑秉文主编:《拉丁美洲城市化:经验与教训》,北京,当代世界出版社,2011年。
31. 李婕等译:安第斯发展集团的《未来之路:拉丁美洲基础设施管理——经济和发展报告》,北京,当代世界出版社,2011年。

32. 陈笃庆等译:《巨人时代的巴西挑战》,北京,当代世界出版社,2011年。

33. 拉美地区列国志:徐世澄编著:《古巴》,徐宝华编著:《哥伦比亚》,王晓燕编著:《智利》,吕银春、周俊南编著:《巴西》,宋晓平编著:《阿根廷》,曾昭耀编著:《玻利维亚》,杨建民编著:《巴拉圭》,焦震衡编著:《委内瑞拉》,贺双荣编著:《乌拉圭》,白凤森编著:《秘鲁》,张颖、宋晓平编著:《厄瓜多尔》,吴德明编著:《苏里南》《圭亚那》,汤小棣、张凡编著:《尼加拉瓜 巴拿马》,赵重阳、范蕾编著:《海地 多米尼加》,林华、王鹏、张育媛编著:《拉丁美洲和加勒比地区国际组织》,谌园庭编著:《墨西哥》,杨志敏、方旭飞编著:《洪都拉斯 哥斯达黎加》,王锡华、周志伟编著:《危地马拉 牙买加 巴巴多斯》

34. 国际形势黄皮书:《2002～2003年拉丁美洲和加勒比发展报告——拉美经济改革》(2003年)、《2004～2005年拉丁美洲和加勒比发展报告——人均GDP达到1000美元:机遇与挑战》(2005年)、《2005年:拉丁美洲和加勒比发展报告——中国与拉丁美洲关系的回顾与展望》(2006年)、《2006～2007年拉丁美洲和加勒比发展报告——拉美左派东山再起》(2007年)、《2007～2008年拉丁美洲和加勒比发展报告——社会和谐:拉美国家的经验教训》(2008年)、《2008～2009年拉丁美洲和加勒比发展报告——拉丁美洲的能源》(2009年)、《2009～2010年拉丁美洲和加勒比发展报告——拉美的信息产业》(2010年)、《2010～2011年拉丁美洲和加勒比发展报告——智利:即将走出"中等收入陷阱"的首个南美国家——还政于民20年及其启示》(2011年)。

(作者:高川生,中国社会科学院拉丁美洲研究所;责任编辑:郑秉文)

国际组织和地区组织

联合国拉丁美洲和加勒比经济委员会
La Comisión Económica para América Latina y el Caribe, CEPAL

地址：Av. Dag Hammarskjöld 3477, Vitacura, Santiago de Chile
电话：56—2—2085051
传真：56—2—2080252
网址：http://www.cepal.org
E-mail：webmaster@eclac.cl

历史沿革与现状简介

根据联合国经济及社会理事会106号决议，联合国拉丁美洲经济委员会（以下简称联合国拉美经委会）于1948年2月25日宣告成立，与非洲经济委员会、亚洲及太平洋经济社会委员会、欧洲经济委员会和西亚经济社会委员会共同构成联合国经济及社会理事会的五大区域委员会。在此之前，拉美和加勒比地区一直缺乏一个地区性的权威研究机构，联合国拉美经委会的成立弥补了这一空白。

1951年6月，联合国拉美经委会在墨西哥城设立次地区分部，服务于墨西哥和中美洲地区事务；1966年12月，它在特立尼达和多巴哥首都西班牙港设立次地区分部，服务于加勒比各岛国以及与伯利兹、圭亚那和苏里南相关的事务。此外，它在布宜诺斯艾利斯、巴西利亚、蒙得维的亚和波哥大设立了办事处，在华盛顿设立了联络办公室。

随着越来越多加勒比国家的加入，联合国拉美经委会于1984年7月27日通过1984/67号决议，将联合国拉美经委会更名为联合国拉丁美洲和加勒比经济委员会,但其西班牙文缩写仍为 CE-PAL。

到2009年为止,联合国拉美经委会有44个成员国,包括:安提瓜和巴布达、阿根廷、巴哈马、巴巴多斯、伯利兹、玻利维亚、巴西、加拿大、智利、哥伦比亚、哥斯达黎加、古巴、多米尼克、多米尼加、厄瓜多尔、萨尔瓦多、法国、德国、格林纳达、危地马拉、圭亚那、海地、洪都拉斯、意大利、牙买加、日本、墨西哥、荷兰、尼加拉瓜、巴拿马、巴拉圭、秘鲁、葡萄牙、圣基茨和尼维斯、圣卢西亚、圣文森特和格林纳丁斯、西班牙、苏里南、特立尼达和多巴哥、英国、美国、乌拉圭、委内瑞拉和韩国。

此外,至2009年,联合国拉美经委会有9个联系成员,包括:安圭拉、阿鲁巴、英属维尔京群岛、蒙特塞拉特、特克斯和凯科斯群岛、荷属安的列斯、波多黎各、美属维尔京群岛和开曼群岛。

组织机构、主要负责人及研究人员概况

联合国拉美经委会每两年举行一次全体成员国部长级代表大会,讨论有关地区经济和社会发展的重要问题,回顾联合国拉美经委会在过去两年中的工作成绩,确定此后两年的工作计划。每次大会由某一成员国政府负责主持。联合国拉美经委会自成立以来,共召开了32届代表大会。1948年,首届部长级代表大会在智利首都圣地亚哥举行。第四届代表大会之后,部长级代表大会每两年举行一次。最近一次部长级代表大会于2008年6月在多米尼加首都圣多明各举行。

联合国拉美经委会的常设性管理机构是秘书处,其主要职责包括:向联合国拉美经委会及其辅助机构提供日常服务和文件资料;就与联合国拉美经委会事务相关的主题展开研究;推动地区和次地区合作与一体化,以促进全地区经济和社会发展;搜集、整理、研究和发布与地区经济和社会发展有关的数据;根据地区各国政

府的要求提供咨询服务,筹划、组织和实施各类合作项目;为满足经济和社会发展的需求而制定和推动地区或次地区级别的合作计划,同时发挥计划执行机构的作用;组织各类政府间会议、专家会议以及各类研讨会;帮助地区各国就全球问题形成地区性意见,同时使全球关注拉美和加勒比的地区与次地区层面的问题;协调联合国拉美经委会与联合国其他部门及机构的合作。

联合国拉美经委会秘书处位于智利首都圣地亚哥。共设十个主要业务部门:经济发展处,社会发展处,生产和企业发展计划和经营处,可持续发展和人力安置处,自然资源和基础设施处,统计和经济规划处,人口处(即拉美和加勒比人口问题研究中心),国际贸易和一体化处,计划和经营处,性别事务处。

秘书处最高领导人为执行秘书。执行秘书接受联合国秘书长的直接领导,向其汇报工作,接受其委派的任务。迄今共有十人先后担任联合国拉美经委会的执行秘书。现任执行秘书是墨西哥人阿莉西亚·巴尔塞那(Alicia Bárcena),2008年7月1日上任。

联合国拉美经委会的下属机构包括:美洲统计大会、人口与发展特别委员会、南南合作委员会、加勒比发展与合作委员会、拉美和加勒比经济与社会规划学会、拉美和加勒比地区妇女大会。

联合国拉美经委会的经费有两大来源:一是联合国从其日常开支中拨付的资金;二是成员国、各类基金会、联合国其他机构提供的资金,此类资助通常用于完成特定任务。

研究重点与学术活动

联合国拉美经委会的研究重点集中在以下三个方面:一是拉美国家参与世界经济的特定方式,即单一化结构和资本不稳定流动产生的依附性所发挥的中心作用;二是创新知识的国家向拉美进行的技术转移,如果缺少国家干预,其中的欠缺将不利于发展水平的趋同;三是公正及其与全球发展进程的关系,因为生产方式以及生产和所有制结构都将影响发展成果的分配,而后者又会对经济结构和繁荣程度产生影响。

联合国拉美经委会不断调整自身的研究工作,在长期的实践中构建了一套有关拉美和加勒比中长期经济与社会发展的思想体系。这些思想和理论对拉美和加勒比地区的经济和社会发展产生了深远影响。20 世纪五六十年代,联合国拉美经委会提出的工业化理论被拉美国家广泛应用于经济决策中;20 世纪七八十年代,联合国拉美经委会对通胀以及惯性通胀展开深入讨论和研究,其研究成果成为拉美各国采取一系列有效措施应对通胀问题的重要基础。联合国拉美经委会对可持续发展、债务危机、宏观经济调整模式、社会公正等问题进行的研究,为拉美国家经济和社会政策的制定提供了极有参考价值的依据。

联合国拉美经委会成立后,向拉美各国派出顾问,帮助其制定经济发展政策;举办各类讲座与研讨会,邀请地区各国政府官员参与;设置专题培训课程,为地区各国培训专业技术人员。这些受训者中的许多人在拉美各国的经济部门中担任重要职务,对于传播联合国拉美经委会的思想和主张发挥了重要作用。

20 世纪 60 年代,联合国拉美经委会在推动地区一体化、参与创建联合国贸易与发展会议、为拉美国家政府的指标规划提供技术支持等方面发挥了积极作用。

20 世纪 70 年代,拉美经济界普遍对现行发展模式的功效产生怀疑。在联合国拉美经委会的主持下,拉美经济界人士对现行发展模式进行多次评估,寻找其中的问题与症结。

20 世纪 80 年代,联合国拉美经委会组织了一系列国际研讨会,围绕拉美国家面临的高通胀、债务危机等问题展开了广泛讨论,力求找到可行的解决办法。

20 世纪 90 年代,联合国拉美经委会在总结拉美国家自 20 世纪 50 年代以来实行进口替代战略和 80 年代遭遇的严重经济危机的基础上,提出"生产变革与公正相结合"、"开放的地区主义"等重要思想,并展开了积极讨论。

进入21世纪以后,联合国拉美经委会对社会问题的研究比以往更加广泛和全面,并以"千年发展目标"为契机,开展了对拉美贫困、饥饿、家庭、妇女、青少年、移民、教育等诸多问题的讨论。

对重大国际问题的观点

在20世纪五六十年代倡导"进口替代"战略的过程中,联合国拉美经委会强调通过经济一体化解决拉美各国国内市场狭小问题。它认为,实行一体化、借助共同关税对外构筑贸易壁垒,有助于保护地区内部市场,实现工业生产的规模效益,帮助拉美各国依靠"集体自力更生"抵御外部竞争。1949年,普雷维什在代表联合国拉美经委会起草的一份报告中率先提出实现区域一体化的主张。20世纪50年代中期,联合国拉美经委会开始把地区一体化作为关注重点,加快了对地区一体化理论的研究,向美洲国家组织提出削减关税、加强地区内部贸易的提案。1959年,在巴拿马举行的联合国拉美经委会第八届代表大会上,成员国就未来将要建设的拉美自由贸易区的原则与结构达成共识。普雷维什在会上所作的题为《拉美共同市场》的报告成为拉美一体化理论形成的重要标志。

20世纪90年代以来,随着全球化进程的加速发展,拉美国家逐渐放弃以往封闭的发展模式,走上一条日益开放的经济发展道路。在这种形势下,联合国拉美经委会力图重振拉美的地区一体化进程,积极探索新的合作模式。它在总结过去30年经验教训的基础上,借鉴其他国家与地区促进经济发展的成功经验,于20世纪90年代中期提出实行"开放的地区主义"。它于1994年发表的《调整参与世界经济的政策》和《拉丁美洲开放的地区主义》是其"开放的地区主义"理论形成的主要标志。"开放的地区主义"

注重推动拉美地区的一体化进程，要求地区各国之间相互开放，减少区域经济交往中的障碍；同时，它还重视保持对国际市场竞争的开放性，改变拉美以往奉行的封闭的一体化模式，以便适应经济全球化加速发展的时代背景。拉美"开放的地区主义"思想从根本上打破了以往地区主义的封闭框架，力求通过地区一体化来提高地区各国的竞争力，促进它们的经济发展，使之更加有效地参与国际竞争。简言之，开放的地区主义是地区主义与多边贸易体制的结合，是对日益全球化的世界经济的一种反应。

在全球化问题上，联合国拉美经委会认为，经济全球化将是今后的发展趋势，拉美各国应积极应对，与发达国家一道努力使全球化更加公正合理。全球化已对拉美和加勒比国家产生了深远影响。在全球化迅猛发展的影响下，拉美国家急需找到一条有利于自身发展的全球化道路。拉美地区的发展需要各国增强竞争力，提高各生产环节中的技术水平，应对全球化的挑战。为此，拉美国家应调整生产结构，建立高质量的基础设施，通过公共部门和私营部门的共同努力，提高技术创新水平和技术管理水平。拉美国家的科技实力薄弱，在科技方面的投资不足。拉美地区的因特网在近些年发展迅速，但其覆盖面仅限于较高社会阶层。高昂的费用使许多低收入家庭无法接触因特网。联合国拉美经委会担心拉美与发达国家的"数字鸿沟"会越来越大，因而呼吁寻找一条能使大众融入信息社会的便利途径。

在如何抵御国际金融资本对拉美经济发展的冲击问题上，联合国拉美经委会认为，拉美各国必须建立有效的金融监管体制，使外部资金真正能起到对拉美国家实现生产结构调整、提高参与世界经济能力的推动作用，既要鼓励中长期外国资本的流入，也要限制其投机行为。联合国拉美经委会第29届代表大会提出，拉美各国应高度重视经济稳定发展，削减公共赤字，控制通胀，减少经济不稳定的源头，建立防范性的宏观经济监督机制。联合国拉美经委会认为,一国投资的增长应伴随内部储蓄的扩大,以使外来资金的大量流失所造成的脆弱性不至于太过于严重。这不仅是各国企业的职责,也是家庭和政府的职责。它希望国际社会建立一种金融机制,防范金融风险的过度积累,并在国际金融稳定受到威胁时作出快速反应,制止金融危机的大规模扩散。

拉美研究概况

联合国拉美经委会成立近60年来,与成员国以及地区内外的国际机构进行合作,对拉美和加勒比地区的经济和社会发展进程进行紧密跟踪与全面研究,发布了大量统计数据和分析报告,既包括对以往经济发展成绩与教训的总结,也有对未来经济发展趋势的预测。其研究成果涉及工业、农业、科技、金融、可持续发展、人口、经济规划、跨国公司、地区合作等各种主题,既是拉美和加勒比国家政府的重要决策依据,也成为世界其他地区国家的政府、学界和商界的重要信息来源。联合国拉美经委会每年独立出版和与其他机构合作出版的学术书籍多达几十种。

联合国拉美经委会用六个阶段划分自身的理论研究工作。第一,工业化阶段(成立至20世纪50年代);第二,推动工业化的改革阶段(20世纪60年代);第三,再定位阶段(20世纪70年代),强调以注重社会同质性和用多样化的手段促进出口为导向的经济发展"风格";第四,通过"增长性调整"克服外债危机的阶段(20世纪80年代);第五,转向注重社会公平的生产模式阶段(20世纪90年代);第六,新生产模式阶段(21世纪以来)。

(一)20世纪40年代末至50年代

联合国拉美经委会成立后,一直注重对拉美国家经济发展政策进行全面研究。它的一批资深经济学家在深入研究拉美历史和现实的基础上,提出了一整套有关拉美经济发展的路线、方针和政策,从而形成一个重要的经济学派——联合国拉美经委会学派,又称发展主义思想或结构主义思想。

1949～1954年,该学派的代表人物、第二任执行秘书劳尔·普雷维什先后发表了《拉美的经济发展及其主要问题》《1949年拉美经济概览》《经济增长的理论和实践问题》《经济发展规划技术的初步研究》等论文,提出和阐述了该学派的许多重要观点。其中既有对外围经济体参与世界经济的分析,也有对外围国家内部不利结构条件的分析。同时还提出了国家干预的命题,认为在外围结构条件下,市场无法自发地解决问题,主张采取有计划的国家行动。

在普雷维什的领导下,联合国拉美经委会不仅为拉美国家提供了重要的理论参照,而且也形成了自身的理论体系,提出了外围—中心关系、贸易条件恶化、国际收支结构性不平衡、结构性通胀、结构性失业、拉美发展的计划化、地区一体化等一系列新概念。在联合国拉美经委会的推动下,发展主义思想被拉美国家广泛接受,并应用于经济发展决策中,因此对拉美的社会经济发展产生了深远影响。

(二) 20世纪60年代

这一时期,以联合国拉美经委会为代表的拉美学术界针对20世纪50年代后半期拉美国家普遍出现的经济发展不稳定、通胀压力增大、工业化进程受阻、城市化进程加快等问题,围绕三个重点展开了热烈讨论:一是为什么工业化进程没能使大多数人享受到现代化和技术进步的成果;二是为什么工业化没能消除外部脆弱性和依附性;三是外部脆弱性和依附性如何阻碍经济发展和社会发展。

1963年,普雷维什发表了《为了拉丁美洲发展的勃勃生机》一文,再次分析了外围国家经济增长和吸收劳动力的困难所在,强调有必要改变社会结构,通过农村改革等手段对收入进行再分配。他提出,如果达不到上述目标,拉美经济"活力不足"的问题将难以解决。同时，文章再次承认了在工业化进程中生产效率低和出口不足的问题。

除"活力不足"这一观点以外，联合国拉美经委会还对"依附性"和"结构异质性"两个命题展开了讨论。1969年，在联合国拉美经委会专家何塞·梅迪纳·埃恰瓦里亚发展社会学思想的影响下，恩里克·卡多佐和恩佐·法莱托撰写了《拉丁美洲的依附与发展》一书，提出不发达状况的历史特征与中心—外围关系有关，强调依附性的国内结构并注重依附性国家中的阶级关系。

在联合国拉美经委会学派的经济学家中，奥斯瓦尔多·森克尔对依附论的分析最有代表性。他假设世界由一个资本主义经济体组成，技术体系和消费体系通过跨国公司完全一体化。不发达的主要原因是在中心国家中，大多数劳动者融入了现代社会；而在外围国家，只有少数人能享受到这种好处。更严重的是，这种积累模式造成了社会分化。

在联合国拉美经委会对依附论展开讨论的同时，阿尼瓦尔·平托于1965年提出了"结构异质性"的命题。他认为，技术进步的果实趋于集中，这表现在一国社会阶级之间、阶层之间和地区之间的收入分配上。1970年，他还提出了拉美经济增长进程中将重新导致在农产品出口时期占主导地位的旧有结构异质性问题。

通过对"活力不足"、"依附性"、"结构异质性"等命题的探讨，联合国拉美经委会得出以下结论：经济发展模式必须通过收入分配的改善和农业、金融、税收、教育、技术等方面的深刻变革才能得到改变。为了实现这些目标，有必要进行政策调整，其中心任务是在那些实行军事独裁的国家恢复民主。

（三）20世纪70年代

1973年石油危机的爆发，强化了联合国拉美经委会有关将工业化模式与刺激内部市场和扩大工业品出口相结合的主张，并促使它比以往任何时候更加重视对宏观经济、债务和出口多样化等问题的分析。这一时期,联合国拉美经委会内部展开了一系列有关增长"风格"或增长"模式"的讨论。

这方面最有代表性的文献是 1976 年阿尼瓦尔·平托发表的《关于拉丁美洲发展风格的评论》。作者在文中引用了豪尔赫·格拉西亚雷纳对"风格"的定义:指特定范围内和某一历史时期中一种制度采用的具体而有活力的方式;从严格的经济学角度来看,可将风格理解为某种制度组织和分配人力、物力资源的方式,其目的在于回答"生产了何种产品和服务"、"为谁生产"、"如何生产"等问题。根据平托的观点,一种风格的活力应该在于生产结构与收入分配之间的相互作用上。

联合国拉美经委会有关增长"风格"的讨论主要有两大类:一类是作为联合国机构所进行的官方研究。这方面最重要的文献是联合国拉美经委会于 1975 年发表的《基多评估》。文章提出了"全面发展"或"人文发展"的一系列标准,认为有必要对土地所有制结构和自然资源的控制及开采进行改革,强调模式或风格不仅应由国家计划来确定,而且需要各阶层民众的参与。另一类是联合国拉美经委会专家所做的更为深刻的分析,但不在官方文件之列。其中较有代表性的是豪尔赫·格拉西亚雷纳和马歇尔·沃尔夫两位社会学家从社会学角度对增长"风格"所进行的跨学科研究。

20 世纪 70 年代,联合国拉美经委会研究工作的另一个重点是对将国内市场与出口相结合的新工业化模式的探讨。早在 20 世纪 60 年代,联合国拉美经委会就认为工业化进程出现了扭曲,应该对其进行调整,使之向出口多样化方向发展。1971 年出版的《拉美经济概览》提出了解决依附性和外部脆弱性的两条出路:一是扩大工业品的出口,二是警惕金融和外债风险。1975 年,《拉美经济概览》再次指出,出口困难和不恰当的借债将阻碍拉美经济的长期增长。此后,联合国拉美经委会还建议各国巩固工业化和增加出口,以应对在参与世界经济的过程中所遇到的困难。同时,联合国拉美经委会不断对本地区普遍存在的大举借债和南锥体国家不顾一切推行贸易和金融开放的风险提出警告。联合国拉美经委会指出,利用国内市场与扩大出口不仅不矛盾,而且是工业化战略中的两个互补因素。

(四) 20 世纪 80 年代

自 20 世纪 70 年代后半期起,自由主义思想逐渐被一些拉美国家所接受,这促使联合国拉美经委会对发展主义和改革思想进行重新思考和细化。进入 20 世纪 80 年代以后,随着债务危机的爆发,新自由主义学说在拉美得到进一步扩散。国际货币基金组织提出了紧缩性调整计划,认为拉美国家在两年之内就可战胜困难,恢复增长。对此,联合国拉美经委会持反对意见。1984 年,时任执行秘书恩里克·伊格莱西亚斯在利马召开的会议上预言,拉美将出现"失去的 10 年",这也成为后来拉美学术界用于形容 20 世纪 80 年代拉美国家经济发展特点的经典表述。

这一时期联合国拉美经委会最具代表性的文献是 1984 年发表的《拉丁美洲的调整政策与外债的重新谈判》。文章提出了用扩张性调整政策取代紧缩性调整政策的建议,认为从社会角度来看,唯一的解决办法是在经济增长的背景下克服外部不平衡,因为经济增长有助于刺激出口部门的投资,扩大出口的增长和多样化。为实现上述目标,一方面应对债务进行重新谈判,另一方面也需要中心国家降低贸易保护程度,同时拉美国家应采取较灵活和务实的经济政策。在稳定经济方面,文章认可巴西学者和阿根廷学者对"惯性"通胀所进行的研究,认为应该采取措施避免紧缩性的货币和财政政策过于持久和严厉。

虽然经济调整问题在联合国拉美经委会的文献中占据了重要地位,但它并未放弃对原有思想的讨论。1985 年,联合国拉美经委会撰文指出,生产进程正日益从属于金融体系的利益。自 20 世纪 80 年代中期起,联合国拉美经委会陆续发表文章,重新对长期增长进程问题进行讨论。费尔南多·范兹尔珀撰写的《拉丁美洲未完成的工业化》(1983)和《拉丁美洲的工业化:从"黑匣子"到"空柜子":对工业化的当代模式进行的比较》(1990)是两篇重要的代表性文献。前者对拉美工业化进程进行了全面分析,提出了"新工业化"的概念;后者为20世纪90年代联合国拉美经委会倡导的"生产改造与公正相结合"的思想提供了概念基础。这两篇文献是代表联合国拉美经委会思想发生转化的重要标志:一方面,它们继承了普雷维什思想中的精华;另一方面,也为20世纪90年代联合国拉美经委会提出的新思想提供了概念参照。

(五)20世纪90年代

自20世纪80年代末期起,拉美国家陆续实施了经济改革,并受到金融机构、当地媒体和国际组织的一致支持。在这一过程中也出现了反对的呼声,但影响甚微。联合国拉美经委会对这两种观点采取了折中的态度:一方面,没有与改革的潮流相对立,在理论上还给予一定的支持;另一方面,仍坚持改革战略的标准应是在中长期内使其利益最大化、缺陷最小化的观点。

1990年,联合国拉美经委会提出了"生产改造与公正相结合"的思想,并在其发表的文献中对该思想进行了全面阐述。在"生产改造与公正相结合"的思想中,增长、就业和公平三者之间的关系无疑是最重要的。在这方面最有影响的文献之一是1992年发表的《公正与生产改造:整体聚焦》。文章力求解释技术进步所带来的经济增长与公正之间互补性的存在,同时指出,20世纪90年代非充分就业的增多、技术进步对正规就业和收入分配不均的消极影响是真正值得担忧的问题。

这一时期,联合国拉美经委会对"生产改造与公正相结合"的思想进行了全方位的讨论,发表了多篇与此相关的论著,内容主要涉及开放的地区主义、金融脆弱性、财政和可持续发展四个方面。1995年,当新自由主义思想盛行拉美的时候,联合国拉美经委会出版了《拉丁美洲：参与世界经济的优化政策》。书中不仅对资本的不稳定性提出了警告，还提出如果资本的进入没有生产性投资和出口竞争力的提高作依托，就会产生一系列负面后果；强调将引进资本作为稳定物价的手段是极其危险的；指出有必要采取措施整顿银行，特别是在金融自由化的时期。

对"生产改造与公正相结合"思想的不断探讨，既是联合国拉美经委会顺应潮流、进行理论创新的过程，也是对以往的结构主义思想和新自由主义改革进行反思和扬弃的过程。因此，这一时期联合国拉美经委会提出的思想后来被称为"新结构主义思想"。

（六）21世纪以来

自20世纪90年代末起，联合国拉美经委会一直强调全球秩序的极端不合理性，认为拉美和加勒比地区参与世界经济的条件在生产和金融领域对其产生了消极影响，造成宏观经济极不稳定、经济活力减退和社会危机等后果。同时，联合国拉美经委会还对改革给地区经济造成的潜在和实际影响提出警告和批评，认为有必要建立一种更加平衡的全球化，并对原先的改革进行改革。

联合国拉美经委会的文献在纠正宏观经济和国际金融体系不平衡、加强制度建设、制定生产性发展战略、制定全面的社会政策、实现环境的可持续性、发挥地区空间的关键作用等方面，为拉美国家提供了重要的对策参考。

近几年来，拉美的各种社会问题虽有所缓解，但仍未得到有效解决。在这种情况下，联合国拉美经委会继续不断探索，希望确立一种能适应全球化的发展观。自2006年起，联合国拉美经委会在其报告中多次提到"社会凝聚"的概念，认为拉美各国可将这一起源于欧洲国家的理念运用于公共政策的制定过程中。为此，联合国拉美经委会对"社会凝聚"进行了较系统全面的研究和分析，发表了题为《社会凝聚：拉丁美洲和加勒比的包容和归属感》的报告，为拉美国家认识、了解和接受这一政策理念提供了参考。

主要拉美问题研究专家

在联合国拉美经委会成立后的60年时间里,为其工作过的知名专家和学者为数众多。他们敢于创新,提出的很多观点都具有前瞻性和独到之处。其中包括智利的阿尼瓦尔·平托、豪尔赫·阿乌马达和佩德罗·布斯科比克,阿根廷的阿尔多·费雷尔,墨西哥的胡安·诺约拉·巴斯克斯和维克托·乌尔基迪,巴西的塞尔索·富尔塔多,等等。

联合国拉美经委会历任执行秘书均是拉美知名的经济学家,并具有在经济领域长期工作的丰富经验。其中最著名的是阿根廷经济学家劳尔·普雷维什(Raul Prebisch,1901～1986)。1950年5月至1963年7月他在担任联合国拉美经委会执行秘书期间,发表了大量极有价值的论文和研究报告,形成了在第二次世界大战结束后对拉美国家经济和社会发展产生深远影响的"中心—外围论"思想。1981年他出版的重要著作《外围资本主义:危机与改造》,集中反映了他的有关发展问题的理论观点。普雷维什一生致力于拉美研究,撰写的论文、研究报告、书稿多达几百篇。1982年,他在联合国拉美经委会工作期间发表的成果被结集出版。

对外合作

联合国拉美经委会除了与联合国及其各下属机构保持紧密合作以外,还与世界上其他主要多边机构保持合作关系,包括世界银行、美洲开发银行、拉普拉塔河流域开发金融基金会(FONPLATA)、拉丁美洲开发银行(CAF)、欧盟、拉美储备基金(FLAR)、拉美和加勒比土著居民发展基金、全球水合作组织(GWP)、伊比利亚美洲青年组织(OIJ)、中美洲一体化体系秘书处(SG-SICA)、美洲国家组织(OEA)、伊比利亚美洲首脑会议常设秘书处(SEGIB),等等。此外,它还与德国、阿根廷、智利、哥伦比亚、西班牙、墨西哥和瑞士等国的基金会和非政府组织建立了广泛联系。

对中国的研究

联合国拉美经委会对中国的关注始于20世纪90年代中期。1994年,中国社会科学院世界经济与政治研究所的学者李琮撰写的文章《中国改革开放的发展和前景》发表在《拉美经委会评论》第53期上,标志着中国这个庞大经济体的发展开始进入联合国拉美经委会的视野。

1995年8月,《拉美经委会评论》第56期发表了《中国经济趋势:对拉美和加勒比贸易的重要性》一文,指出中国经济的快速增长将对世界经济产生重要影响,拉美国家应予以足够重视。

进入21世纪后,联合国拉美经委会愈来愈重视中国对拉美经济的影响。它认为中国拥有庞大的经济规模和人口规模,将是极有潜力的拉美产品的出口市场。它建议拉美国家调整自身的对外贸易战略,以便充分利用中国巨大的市场潜力,增加对它的出口。同时,联合国拉美经委会认为,中国将是拉美实现投资来源多元化的一个重要选择。尽管目前中国在该地区的投资活动并不突出,但在未来很可能为保证资源供给而向拉美的某些行业投入巨额资金。

近年来,联合国拉美经委会有关中国问题的研究成果不断问世,为拉美国家扩大与中国的经贸往来提供了有益的参考。

2001年8月,《拉美经委会评论》第74期发表了哥斯达黎加学者撰写的文章《中国加入WTO及对加勒比盆地国家的影响》。

2003年12月,联合国拉美经委会发表题为《中国与拉美和加勒比经济关系的机遇和挑战》的研究报告,对中国加入WTO后中拉经贸关系的发展前景进行了全面分析。

2004年2月,联合国拉美经委会发表了阿根廷学者撰写的报告《中国:对阿根廷农产品的挑战和机遇》。

2004年9月,联合国拉美经委会墨西哥分部完成了题为《中国对墨西哥和中美洲的经济机遇和挑战》的报告,对中国纺织业和个人电脑制造业的发展现状进行了回顾,并分析了这两个行业对第三方市场产生的机遇和挑战。

2005年3月,联合国拉美经委会与巴西研究机构共同发表了研究报告《中国的对外贸易及其对巴西出口的影响》。

2005年12月,联合国拉美经委会发表了题为《美国与中国:成熟资本主义和新兴资本主义的经济和政治周期》的研究报告,对中美两国对世界经济发展的影响和作用进行了比较。

2006年12月,《拉美经委会评论》第90期发表了西班牙学者的文章《天使还是魔鬼:中国贸易对拉美国家的影响》,指出中国与世界经济的融合有利于拉美的发展。

2007年10月,联合国拉美经委会与墨西哥外交部、墨西哥议会亚太对外关系委员会共同出版了以《中国与墨西哥经济和贸易机遇》为题的论文集,从多角度全面分析了中国与墨西哥经贸关系的发展进程。

2007年12月,《拉美经委会评论》第93期发表了题为《拉丁美洲与中国和印度的碰撞:贸易和投资前景和挑战》的文章,指出大多数拉美国家还没能充分利用中国和印度两国巨大的贸易潜力。

2008年10月,拉美经委会向在中国哈尔滨举行的第二届中拉企业界峰会提交了专题报告——《拉丁美洲与亚太地区的经济和贸易关系:与中国的联系》。

2005年11月,联合国拉美经委会举办了有关拉美与中国经贸关系的专题研讨会,对拉中经贸关系进行战略分析。联合国拉美经委会的官员认为,拉美国家既要把中国视为经贸领域的战略伙伴,又要留意与中国发展经贸关系过程中出现的挑战和风险。拉美国家在发展同中国贸易交流的同时,也需要开展投资和旅游方面的合作,注意把中国纳入拉美一体化计划和多国项目的合作对象,以深化和加强拉中之间的战略关系。

主要出版物

联合国拉美经委会作为拉美和加勒比地区最重要的研究机构,每年出版大量研究成果。其中,每年用英语和西语两种语言定期出版一次的研究报告包括:《拉美和加勒比统计年鉴》《拉美和加勒比经济初步总结》《拉美和加勒比经济概览》《拉美和加勒比的外国投资》《拉美社会形势》和《世界经济中的拉美和加勒比》。

《拉美经委会评论》(*La Revista de la CEPAL*)是联合国拉美经委会最重要的学术期刊,创办于1976年,每年以英语和西班牙语两种语言出版3期,截至2009年12月已出版99期。其他定期刊物还有:《人口观察》(*Observatorio Demográfico*),即原《人口简报》,创办于1968年,每年出版两期;《人口简讯》(*Notas de Población*),创办于1973年,每年出版两期,截至2009年12月已出版87期;《拉美经委会简讯》(*Notas de la CEPAL*),创办于1998年,截至2009年12月已出版62期;《拉美贸易和运输简报》(*Boletín Fal*),月刊,截至2009年12月已出版280期。

2000年以来机构的主要代表性文章和论著

1. José Antonio Ocampo, András Uthoff (compiladores), *Gobernabilidad e integración financiera: ámbito global y regional*, 2004.
2. CEPAL, *Una década de desarrollo social en América Latina, 1990–1999*, 2004.
3. Ricardo Jordán, Daniela Simioni (compiladores), *Gestión urbana para el desarrollo sostenible en América Latina y el Caribe*, 2004.
4. CEPAL, *Desarrollo productivo en economías abiertas*, 2004.
5. Irma Arriagada (editora), *Aprender de la experiencia, El capital*

social en la superación de la pobreza,2005.
6. Jean Acquatella, Alicia Bárcena(editores), *Política fiscal y medio ambiente,Bases para una agenda común*,2005.
7. Barbara Stallings, con la colaboración de Rogério Studart, *Financiamiento para el desarrollo：América Latina desde una perspectiva comparada*,2006.
8. CEPAL,*La protección social de cara al futuro：Acceso,financiamiento y solidaridad*,2006.
9. Oscar Cetrángolo, Juan CarlosGómez-Sabaini (compiladores), *Tributación en América Latina. En busca de una nueva agenda de reformas*,2007.
10. Jorge Rodríguez y Gustavo Busso,*Migración interna y desarrollo en América Latina entre 1980 y 2005. Un estudio comparativo con perspective regional basado en siete países*, abril de 2009.
* 资料来源：http://www.cepal.org
（作者：林华，中国社会科学院拉丁美洲研究所；责任编辑：黄念）

拉丁美洲社会科学学院

Facultad Latinoamericana de Ciencias Sociales, FLACSO

地址：200 Sur y 75 Este de la Mac Donald Plaza del Sol, Curridabat, San José, Costa Rica
电话：506—2530082
传真：506—2346696
网址：http://www.flacso.org
E-mail：info@flacso.org

历史沿革与现状简介

拉丁美洲社会科学学院是拉美和加勒比地区的区域性、自治性科研与教学机构，1975年根据联合国教科文组织的倡议在智利首都圣地亚哥成立，有正式签约会员国16个：阿根廷、玻利维亚、巴西、哥斯达黎加、古巴、智利、厄瓜多尔、洪都拉斯、危地马拉、墨西哥、尼加拉瓜、巴拿马、巴拉圭、多米尼加、苏里南和乌拉圭。主要宗旨是促进本地区社会科学领域的科研和教学工作。初期的工作重点是培养社会学和政治学两个学科的研究生。

1973年9月智利发生军事政变后，拉丁美洲社会科学学院的工作被迫中断。1974年，联合国教科文组织提议对学院的组织结构进行调整，实行分散化，以确保其持续、正常运转。1975年，在厄瓜多尔首都基多举行的学院代表大会通过了上述提议，决定在会员国分别建立下属学术机构，通过它们各自的学术计划推动学术活动的开展，同时确定哥斯达黎加为总部秘书处所在地。此后，拉丁美洲社会科学学院陆续在阿根廷、巴西、智利、哥斯达黎加、厄瓜多尔、危地马拉、墨西哥、萨尔瓦多、多米尼加、古巴、巴拉圭和乌拉圭 12 个国家建立了分支机构，前 7 个为分院，后 5 个称为"学术计划"或"学术项目"。

组织机构、主要负责人及研究人员概况

拉丁美洲社会科学学院的组织机构分为领导机构、管理机构和下属学术单位三级。

领导机构包括代表大会、高级委员会、领导委员会和各学术单位学术委员会。代表大会是拉丁美洲社会科学学院的最高领导机构，由所有会员国的代表组成；每两年召开一次会议，负责确定学院的总体方针政策。截至 2008 年，代表大会已开过 18 次。高级委员会由七名设有分院的会员国代表和六名以个人名义当选的会员国知名学者组成，负责两次代表大会之间的领导工作，每年召开一次会议。弗朗西斯科·罗恩（Francisco Rohn）目前担任高级委员会临时主席。领导委员会由各学术单位负责人、秘书长和学院在教学方面的一名代表组成，负责规划和实施学院的各项活动，每年召开两次会议。各学术单位的学术委员会由单位负责人、各研究领域的协调人、一名教师代表和一名学生代表组成，负责对本单位的学术活动进行规划和评估。

秘书处是学院的行政管理部门，由秘书长和四名分别负责学术工作、研究与国际合作、财务工作、减灾与风险管理研究工作的协调员组成。总部设在哥斯达黎加首都圣何塞。现任秘书长是弗朗西斯科·罗哈斯（Francisco Rojas）。秘书处的职责是负责组织和协调整个学院的科研和教学工作。

学院下属的学术单位分为三级：分院、学术计划和学术项目。其中分院要通过学院与有关国家的政府签署协议才可成立。学术计划是学院在某一国家开展的一系列高水平学术活动。学术项目则是在一定时间内进行的特定学术活动。

研究重点与学术活动

拉丁美洲社会科学学院致力于在拉美和加勒比地区社会科学思想与公共政策之间架起一座桥梁,为政府、议会、国际组织、市民社会和非政府组织提供一个对话空间,促使它们在公共政策方面取得基本的共识。基本任务是通过研究生教育计划,培养拉美社会科学领域的新一代人才;通过社会科学及公共政策领域的研究工作,加深对拉美社会和政治生活的了解和分析。

拉丁美洲社会科学学院的工作重点包括:推动对拉美社会各种现实问题的研究,研究对象是具体的社会进程;通过研究生课程和短期培训课程,确保拉美社会科学领域和公共管理领域高级人才的培养,为学生提供最先进的理论、方法论和技术工具,以及学习所需的必要信息;通过各种途径,在政府和有关机构的协助下,本着服务和合作的原则,推广社会科学知识,特别是自身的研究成果;为本地区各国政府、研究机构和教育机构提供社会科学咨询。与其他教育和研究机构开展合作,推动各种规模的政府和非政府组织之间的交流与协作;开展各种与社会科学相关的、并有助于拉美各国发展和一体化的学术活动。

学院自成立以来,一直把培养社会科学各专业的研究生作为一项中心工作。目前,学院各分支机构共实施了几十项研究生培养计划,其中7项为博士生计划,47项为硕士生计划,27项为专业培训计划。近年来,学院的招生规模不断扩大,2004~2005年度,共授予各级各类学位722个。由学院直接管理的教学项目是"中美洲社会科学研究生计划",其目的是为中美洲国家培养社会科学专业的研究生,提高中美洲社会科学研究的整体水平。

学院在50年的发展过程中,通过每年出版和发行大量学术专著、论文集、杂志等科研成果,为丰富和活跃拉美社会思想作出了重要贡献。为了促进学术交流,学院每年举行各种形式、各种规模的讲座、研讨会、论坛等学术活动,并与欧美和拉美国家的知名大学共同制定了多种学生交换计划,这些活动主要由下属各学术单位来承担,它们根据自身规模、资金实力、地理位置等因素确定各自的教学和研究计划。因此,拉丁美洲社会科学学院的活动具有较强的分散性。

2007年10月,为庆祝建院50周年,拉丁美洲社会科学学院在厄瓜多尔召开了"拉丁美洲和加勒比社会科学"大会,来自拉美、欧洲、美国、亚洲和非洲的1700多名研究人员和学生参加了为期三天的会议,从16个方面对拉美一体化面临的挑战进行了广泛的讨论,并分析了拉美政治、经济和社会问题的研究现状。

对重大国际问题的观点

拉丁美洲社会科学学院重点关注本地区发展面临的内外环境变化和地区内部合作面临的挑战等,现将其相关的观点归纳如下。

关于拉美、加勒比地区当前形势的十个特点。(1)拉美国家实现了民主,但近年来不平等的加剧和社会凝聚力的缺乏,导致民众对民主的支持在下降。(2)拉美地区存在着大量边缘人群,导致社会对抗性和社会分化加剧,其重要表现就是民主体制的削弱和民众对民主的厌倦。(3)由于缺少战略协调,拉美地区在很多重大国际问题上发挥不了重要作用。事实上,拉美完全可以利用能源、矿业资源、生物多样性和水资源等四大潜能,争取更多的发言权。(4)拉美国家之间差异巨大,导致各国在全球化进程、对美国的政策、发展模式等诸多问题上观点不一致。(5)自2003年以来,拉美国家经济保持了较高的增长率。(6)近年来拉美国家在政治和经济政策的制定上出现明显差别。争论的焦点是应实行"外向型"模式还是"内向型"模式。目前拉美地区存在着关于发展模式的三种主张:一是与市场发展密切联系的模式,二是在国家与市场之间寻求更大平衡的模式,三是更强调国家作用的模式。(7)拉美国家缺乏有效解决冲突和争端的地区性机制。(8)拉美缺乏有效的地区领导力量,这不利于拉美成为国际体系中的主角。(9)拉美国家人与人之间缺乏足够的相互信任,难以形成一个团结的集体。(10)拉美国家在全球化进程中缺乏战略方向。

拉美、加勒比地区一体化组织之间存在着四个需要解决的矛盾。(1)各国首脑的会议负担过于沉重。(2)相互之间缺乏协调,各组织提出的倡议有所重复,在同类倡议下又没能开展合作,使拉美地区失去了制定地区性战略规划的机会。(3)在融资方面存在竞争。(4)近期提出的一体化计划缺乏健全的组织机构。

拉美、加勒比地区一体化进程面临的主要挑战。(1)结构性挑战,包括经济增长、贫困和不平等、缺乏社会凝聚、新旧冲突交织、国际影响力不足、国际有组织犯罪,等等。(2)政治挑战,包括民主的巩固、左派政治力量的崛起、民众认同感和归属感的建立。(3)制度挑战,例如一体化制度的设计、运行和效能存在缺陷。

拉美、加勒比地区一体化进程中需要加强的工作。(1)关注环境、自然灾害、气候变暖、贩毒、艾滋病等世界性问题。(2)建立合作和多边机制,反对分裂和单边主义。(3)加强国家的能力。(4)以大多数人的利益为目标。(5)加强经验交流。(6)提高公共政策的质量和管理水平。(7)建立统一的贸易制度框架。(8)重点考虑基础设施和能源一体化的问题。(9)为改善地区安全进行合作。(10)推动参与式民主。

拉美研究概况

拉丁美洲社会科学学院目前正在推进以下四个科研项目。

一是对自然灾害和风险管理的地区性研究。1999年正式启动,已出版了两部论文集,搜集了大量信息资料,建立了相关的数据库,举办了多次大型研讨活动。未来将主要围绕三大目标展开工作:制订一个城市风险观测计划,为高等院校中有关风险和灾害管理的专业提供咨询与合作,为致力于减灾工作的各种组织提供咨询。

二是拉美与美国在控制和预防使用武力方面的合作。重点关注两个方面的问题:一是美拉关系,二是轻型武器的生产、销售、非法买卖、转移、持有和使用。在这个项目下共有两个研究课题:"小型和轻型武器:对西半球安全的严重威胁"和"面对布什第二任期的拉丁美洲:在敏感问题上的预防行动"。这两个课题均由福特基金会资助。其中第一个课题的研究成果《小型和轻型武器:对西半球安全的威胁》一书于2007年出版,书中详细介绍了西半球地区小型和轻型武器的非法买卖、严重失控以及对社会的消极影响等问题。第二个课题从安全、移民和贸易三个角度对布什第二任期内美拉关系的发展进行了全面分析,并于2008年出版了三部研究成果。

三是拉美和加勒比研究地区小组计划。包括12个方面的内容:民主可治理性、政府与地方发展、教育政策与管理、社会运动与公民权、移民、地区一体化、贫困与社会不公、劳动、性别、人口与自然资源、公民安全、风险和自然灾害管理。这些课题主要由学院下属学术单位负责实施。为了鼓励研究人员做出高水平的学术成果,学院秘书处于2006年启动了评奖制度。

四是拉美青年集体计划。主要目标是增进青年对社会的了解,加强他们与拉美各国公共政策和社会计划的联系。该项目成立了一个委员会,由伊比利亚美洲青年组织、联合国人口基金会、拉丁美洲社会科学学院、联合国拉美经委会等国际组织的代表和来自危地马拉、巴西、乌拉圭、秘鲁四国的青年代表组成。主要活动包括:各国青年讨论小组开展研讨,利用网络互动平台进行交流,提供奖学金和编辑、发行出版物。

随着2006年一些拉美国家进行大选和政府更替,拉丁美洲社会科学学院认为,拉美一体化的进程和模式将会发生重要变化。因此,学院于2006年12月与联合国拉美经委会共同举办了题为"拉丁美洲一体化困境"的国际研讨会。会后,在卡洛琳娜基金会资助下,学院组织专家撰写了一系列与一体化热点问题相关的研究报告,并于2007年和2008年分别出版了《拉美一体化:地区和次地区视角》和《拉美与欧盟:既充满希望又不易实现的一体化》两本学术专著。

主要拉美问题研究专家

拉丁美洲社会科学学院现任秘书长弗朗西斯科·罗哈斯,在荷兰乌得勒支大学获政治学博士学位,是国际关系和国际安全问题专家。1996~2004年,曾任拉丁美洲社会科学学院智利分院院长。从事过教学和咨询等工作。2004年当选拉丁美洲社会科学学院秘书长,任期四年,2008年获得连任。他撰写和主编了10多部著作,包括《美洲的国际合作与安全》(1999)、《阿根廷、巴西和智利:一体化与安全》(1999)、《人类安全、冲突预防与和平》(2002)、《"9·11"后的拉美安全》(2003)、《全球范围内的恐怖主义:对拉美和加勒比的影响和预防机制》(2003),等等。

对外合作

拉丁美洲社会科学学院作为拉美地区最大的社会科学研究机构之一,历来十分重视与本地区及世界其他地区的高等学府、研究机构、国际组织的合作与交流。一方面,它通过秘书处与相关机构建立联系,然后组织各下属学术单位参加合作与交流项目;另一方面,由于各学术单位具有较强的独立性,可根据自身的条件和需要直接与本国、本地区和世界其他地区的大学和研究机构建立合作关系,共同开展研究和教学活动。一些较大的学术单位在对外学术交流方面表现得十分活跃。

学院与其他机构的合作形式主要如下。(1)共同撰写一些形势评估报告和政策建议,为政府机构和国际组织提供咨询。(2)与本国、拉美、北美和欧洲的高等院校、教育机构和科研单位合作办学:一方面,这些学校为各分院的课程设置出谋划策;另一方面,各分院聘请知名教授参与教学。此外,一些分院还与国外大学签署协定,为这些学校的在校生和教师组织短期培训,为学生提供实习机会,或互换教师。(3)获得本国和国外一些基金会的资助。(4)根据研究方向,独立或与其他机构联合组织各类国际研讨会、论坛、讲座等,邀请国内外专家学者参加。(5)与国外研究机构和出版社合作出版书籍。(6)派遣本机构的学者参加国内外其他机构组织的研讨会、学术活动、教学工作和培训。(7)利用各类图书博览会和国际学术会议,展示学术著作,扩大对外影响。

主要出版物

《拉丁美洲一体化纪要》(*Cuadernos Integración en América Latina*)是拉丁美洲社会科学学院的系列出版物,目前已出版10期,题目分别为《2006年拉美和加勒比经济初步总结》、《对外政策与一体化——机遇和挑战》、《一体化的新舞台和新问题》、《拉美和加勒比的多边主义和一体化》、《里约集团》、《普埃布拉—巴拿马计划》、《南美国家共同体》、《美洲玻利瓦尔替代计划》、《亚马孙合作条约组织》和《加勒比国家联盟》。

自2005年起,秘书处每年发表秘书长年度报告,主题分别是《拉丁美洲的可治理性》(2005)、《国际有组织犯罪:拉美和加勒比民主的新威胁》(2006)、《地区一体化:政治战略计划》(2007)、《拉丁美洲的一体化:行动与疏忽,冲突与合作》(2009)、《金融危机:构建拉美的政策应答》(2009)。

2000年以来机构的主要代表性文章和论著

1. Juany Guzmán León, *Estado Democrático y Compromiso con el Bienestar: Avances y Tareas Pendientes con la Ciudadanía*, 2004.
2. Allan Lavell, *Los Conceptos, Estudios y Práctica en Torno al Tema de los Riesgos y Desastre en América Latina: Evolución y Cambio, 1980 - 2004: El Rol de la Red, Sus Miembros y Sus Instituciones de Apoyo*, 2005.
3. Francisco Rojas, *La Gobernabilidad en América Latina: Balance Recientes y Tendencias de Futuro, I Informe del Secretatio General de FLACSO*, Chile, 2005.
4. Francisco Rojas, *El Crimen Organizado Internacional: Una Grave Amenaza a la Democracia en América Latina, II Informe del Secretatio General de FLACSO*, Costa Rica, 2006.
5. Wilhelm Hofmeister, et alli (org.), *La Percepción de Brasil en el Contexto Internacional: Perspectivas y Desafíos*, Tomo I y II, Rio de Janeiro, 2007.
6. Luis Guillermo Solís Rivera (coordinador), *Pandillas Juveniles y Gobernabilidad Democrática en América Latina y el Caribe*, Madrid, 2006.
7. Francisco Rojas, *La Integración Regional: Un Proyecto Político Estratégico, III Informe del Secretatio General de FLACSO*, Costa Rica, 2007.
8. Stella Sáenz Breckenridge (editora), *Armas Pequeñas y Livianas: Una amenaza a la Seguridad Hemisférica*, Costa Rica, 2007.
9. Doris Osterlof Obregón (editora), *América Latina y la Unión Europea: una integración esperanzadora pero esquiva*, Costa Rica, 2008.
10. Francisco Rojas, *Crisis Financiera. Construyendo una respuesta Política Latinoamericana, V Informe del Secretatio General de*

FLACSO, Costa Rica, 2009.

* 资料来源：http://www.flacso.org

（作者：林华，中国社会科学院拉丁美洲研究所；责任编辑：刘维广）

拉丁美洲社会科学学院阿根廷分院
La Sede Académica Argentina de La Facultad Latinoamericana de Ciencias Sociales, FLACSO-Argentina

地址:Ayacucho 551(C1026AAC), Ciudad Autónoma de Buenos Aires, Argentina.
电话:54—11—5238—9300
传真:54—11—4375—1373
网址:http://www.flacso.org.ar/
E-mail:academica@flacso.org.ar

历史沿革与现状简介

拉丁美洲社会科学学院下设三级学术单位，分别为分院、学术计划和学术项目。拉丁美洲社会科学学院阿根廷分院作为学术计划创建于1974年。1992年，阿根廷政府与拉丁美洲社会科学学院签订了在阿根廷建立下属学术机构的协定。1994年1月，该协定正式生效，"阿根廷学术计划"从此升级为阿根廷分院。

在30多年的发展过程中，阿根廷分院秉承严谨治学、百家争鸣、服务社会的理念，积极开展社会科学领域的研究、教学、技术合作等活动。在研究领域，阿根廷分院不断有新的科研项目启动，至今已出版了800多种学术书籍和工作文件；在教学领域，除了博士生和硕士生的培养工作以外，分院还常年开设各类专业培训班。目前，阿根廷分院已成为拉丁美洲社会科学学院最重要的学术机构之一。

2006年，阿根廷分院的预算经费为600万美元。

组织机构、主要负责人及研究人员概况

拉丁美洲社会科学学院阿根廷分院拥有庞大的组织机构和力量雄厚的研究人员队伍。

阿根廷分院院长是米格尔·兰耶尔(Miguel Lengyel)。

阿根廷分院学术委员会共有八名成员,除院长米格尔·兰耶尔以外,还有爱德华多·巴苏阿尔多(Eduardo Basualdo)、西尔维亚·菲诺其奥(Silvia Finocchio)、丹尼尔·宾卡斯(Daniel Pinkasz)、路易斯·阿尔贝托·凯维多(Luis Alberto Quevedo)、卡洛斯·斯克里亚尔(Carlos Skliar)、卡洛斯·斯特拉瑟(Carlos Strasser)、迪亚娜·图西埃(Diana Tussie)。

阿根廷分院学术秘书处成立于1998年。其主要职责是参与分院内部活动的管理,负责拉丁美洲社会科学学院各项活动在阿根廷的开展、协调和推广,推动与其他机构的联系。因此,其主要任务是:对内,要确保研究与教学计划之间的联系;对外,要优化知识向整个社会和其他教育机构的转移,为有需求的公共部门和私人机构提供更多的信息。学术秘书处负责人是丹尼尔·宾卡斯。

阿根廷分院下设五个研究和教学部门:经济和技术研究部建于1984年,协调人爱德华多·巴苏阿尔多;教育研究部建于1982年,协调人卡洛斯·斯克里亚尔;政治研究部,协调人卡洛斯·斯特拉瑟;对外关系研究部建于1984年,协调人迪亚娜·图西埃;性别、社会和政策研究部建于2001年,协调人格洛丽亚·邦德尔(Gloria Bonder)。每个部门的人员构成还包括若干不同级别的研究人员、技术人员、研究生课程协调人、出版物负责人和行政管理人员等。

阿根廷分院研究生事务协调人是卡洛斯·斯特拉瑟,社会科学博士生计划协调人是巴勃罗·克雷梅尔(Pablo Kreimer)。

到2006年为止,阿根廷分院共有研究人员125名,其中75名专职人员,其余为兼职或外聘。另外还有20多名奖学金获得者参加学术项目的研究工作。

阿根廷分院还设有行政管理、财务、人力资源、图书馆、网络等科研辅助部门。

阿根廷分院图书馆现有馆藏图书1.2万册,杂志400种,论文、研究报告、一般文章等工作文件4000篇,内容以教育、历史、社会学、政治学、心理学、社会管理为主,也包括人类学、环境、妇女、青年、生物伦理学、公共政策等方面,资料来源于采购、交换和捐赠三种渠道。

研究重点与学术活动

拉丁美洲社会科学学院阿根廷分院的主要活动包括学术研究、研究生培养、技术合作以及科研成果的推广。阿根廷分院经常举办国际研讨会、小型讨论会、讲座、论坛、新书推介会等。

阿根廷分院的研究工作主要由下设的五个部门完成。

经济和技术研究部重点研究阿根廷不同时期经济发展的特点和问题。研究工作从三个角度展开。一是专题研究,包括经济和技术发展、所有制结构、资本集中化进程、外债、资本转移、收入分配、失业、经济政策、社会政策、国际经济形势、参与外部市场等问题。二是产业研究,包括工业、潘帕斯地区的农业、国有企业私有化、次地区一体化等。三是经济发展阶段研究,包括农业出口繁荣时期和进口替代工业化时期。

教育研究部重点研究教育改革及其影响、教育不公和歧视、学生和教师的学习方法、新教材的制定等。

政治研究部是阿根廷分院最早成立的研究机构,研究重点是民主化进程。

对外关系研究部重点研究国际贸易问题。

性别、社会和政策研究部重点研究地区和世界的两性关系,以及推动性别平等的战略和政策，主要活动以教学和培训为主。

在教学方面，阿根廷分院开设了1个博士专业和11个硕士专业课程。这些专业主要是围绕着上述五个研究领域设置的。博士专业为社会科学，每年招生。博士生培养计划始于2001年，2002年开始招收首批学生。硕士专业包括政治学与社会学，社会政策和计划，国际关系，政治经济学，社会科学与健康，农村社会研究，认知心理学，教育学，性别、社会和政策。2006年和2007年新开设了社会和政治人类学及知识产权硕士专业。硕士各专业根据需要，不定期招生。此外，阿根廷分院还开办了研究生短训班、专业培训班和高级证书研修班。2006年，在阿根廷分院注册的各类学生总数为7634人，其中通过网络渠道学习的学生占73%。

对重大国际问题的观点

拉丁美洲社会科学学院阿根廷分院认为，2008年爆发的全球性金融危机将产生七个重要趋势。一是世界政治、经济、金融和货币格局将由单边性向多边性发展；二是国家和公共政策的作用将有所恢复；三是20国集团将成为全球治理的重要机制；四是气候变化将成为全球重要的讨论议题；五是美国力量的削弱将使其加强对拉美国家的控制；六是拉美国家与中国、印度等发展中国家的贸易与合作将得到加强；七是巴西的地位将得到提高，有可能成为地区发展的领导者。

拉美研究概况

拉丁美洲社会科学学院阿根廷分院五个研究部门都制定了学术研究计划。

经济和技术研究部的研究项目有外债和资本外逃，收入分配、劳动力市场和社会政策，以经济一体化进程为重点的国际经济，经济发展和资本积累模式,阿根廷工业化,国有企业私有化以及私有化后的公共服务业,潘帕斯地区农业所有制和生产。其主要的学术专著有《阿根廷的再工业化与技术倒退:1976～1982》、《阿根廷的外债和经济权力》(1986)、《经济集团的正反两面:国家危机和工业促进》(1989)、《布宜诺斯艾利斯省的农牧业所有制:现状、发展和财政状况》(1992)、《私有化调整过程中的阿根廷钢铁工业与南方共同市场》(1995)、《市场的无政府状态:新自由主义政策的典范和不公》(1999)、《美洲自由贸易区、新自由主义和新的殖民条约》(2001)、《工业与国家:当代阿根廷的经济权力、新自由主义和再工业化替代》(2004)、《阿根廷经济史研究:从20世纪中叶至今》(2006),等等。

自1994年以来教育研究部共完成了31项研究课题,内容涉及教育歧视、教育不公、教育政策、教育改革、信息社会中的教育、教师待遇、教育管理等诸多方面。主要学术专著有:《拉美的教师工团主义与改革》(2001)、《90年代的教育现代化:终结还是解放的梦想?》(2001)、《独裁与教育(第二卷):阿根廷公立大学的净化和监管》(2003)、《观念更新的新前景》(2004)、《教育不公的大网:中学的新变化》(2004)、《拉丁美洲教育信息的用途和影响》(2005)、《观念更新与教育》(2006)、《性别公正与教育改革》(2006)、《发展动荡中的特定教育需要》(2007)、《教育、知识和政治:阿根廷1983～2003》(2007),等等。

政治研究部目前正在进行的课题是"民主和民主化理论"。

性别、社会和政策研究部目前开展的学术计划共有两项:一是2001年起实施的联合国教科文组织拉美地区妇女和科学技术讲坛;二是在欧盟支持下制定的性别与公共政策培训计划。这两项计划主要通过教学和培训活动来实施。

国际关系研究部的教学和研究活动是通过1998年建立的"国际经济制度研究"和"拉丁美洲贸易网"两项计划开展起来

的。实施的研究课题以国际贸易为主要内容,包括贸易谈判、贸易框架、国际贸易的影响等。目前正在进行的课题共有八项。主要学术专著有:《世界经济中的拉丁美洲:新的前景》(1984)、《欠发达国家与国际贸易体系》(1988)、《贸易与增长:贸易政策中的新困境》(1993)、《环境与国际贸易谈判:发展中国家的筹码》(1999)、《拉丁美洲的贸易谈判:问题与前景》(2003)、《美洲自由贸易区与美洲国家首脑会议:是一种新的公私关系吗?》(2005)、《南美洲能源与基础设施:一体化的政治经济学》(2007)、《拉丁美洲的认识与政策:国际贸易谈判中的知识运用》(2008),等等。

除了各个研究部门的科研计划以外,还有一批由分院直接管辖的项目,内容涉及生物伦理,通讯,社会和政治人类学,法律和公共财产,全球化研究,外国学生社会科学高级研究交流,外国语言和文化,以信息和知识为基础的发展、劳工和性别问题,社会政策和计划的制定与管理,发展、创新和社会,社会政策,老龄化和社会,国家与公共政策,农业研究,艺术史和文化研究,创新,政治制度与民主可治理性,青年,参与式规划与联合管理。这些项目与五个研究部门的项目一样,通过教学和培训活动、研讨会、课题研究等形式得以具体实施。

主要拉美问题研究专家

米格尔·兰耶尔,阿根廷分院院长,政治学博士,主要致力于工业政策和贸易问题的研究。自 1984 年起,参加过拉丁美洲社会科学学院、美国哈佛大学、阿根廷教育部等组织的多项研究课题。曾为美洲开发银行、联合国开发计划署、世界银行等国际组织提供咨询。近期成果有《拉丁美洲的贸易政策:多边作用与国内机制》(联合主编,2004)。

爱德华多·巴苏阿尔多,阿根廷分院经济和技术研究部协调人、学术委员会成员,经济学学士,担任国际劳工组织和联合国拉美经委会顾问。他多次担任课题负责人,近期主要学术成果有:《关于外债的特点和政治政策的确定》(2000)、《90年代阿根廷的资本集中化》(2000)、《阿根廷的积累模式和政治体制》(2001)、《阿根廷经济史研究:从20世纪中叶至今》(2006),等等。

对外合作

为了实现科研目标,推动地区一体化进程,近年来拉丁美洲社会科学学院阿根廷分院一直致力于加强同其他国内外学术机构的联系与合作。阿根廷分院认为,这种交流与合作为相互学习和借鉴提供了有利的机会。目前,阿根廷分院与下述五类机构建立了合作关系:第一类是国内的公立和私立大学,第二类是国外的大学和学术机构,第三类是国内的研究中心,第四类是政府机构,第五类是基金会和非政府组织。阿根廷分院与这些机构的合作不仅限于科研领域,还包括学生交换、联合办学等。

此外,阿根廷分院还吸收不同国家的研究人员参与一系列学术项目,既扩大了研究视角,同时也促进了各国学者间的交流。

对中国的研究

拉丁美洲社会科学学院阿根廷分院没有开展对中国问题的专门性研究,但在对2008年全球性金融危机的分析和研究中对中国有所提及。它认为包括中国在内的"金砖四国"将成为全球经济增长的重要带动力量,中国与拉美国家的商品和服务贸易,以及人员和思想文化的交流将得到加强,中拉关系将成为世界多极化格局的亮点。

主要出版物

《生物伦理前景》(*Perspectivas Bioéticas*),每年出版两期,西班

牙文。到 2008 年为止已出版 25 期。《教育建议》(*Propuesta Educativa*),创刊于 1989 年,西班牙文,2000 年以前基本上每年出版两期,2001～2003 年,每年出版一期。此后停刊。2007 年复刊。到 2008 年为止已出版 30 期。

2000 年以来机构的主要代表性文章和论著

1. Eduardo Basualdo, *Concentración y Centralización del Capital en la Argentina Dulante la Década de los Noventa. Una Aproximación a Través de la Reestructuración Económica y el Comportamiento de los Grupos Económicos y los Capitales Extranjeros*, Buenos Aires, 2000.
2. Enrique Arceo, *Argentina en la Periferia Próspera. Renta Internacional, Dominación Oligárquica y Modo de Acumulación*, Buenos Aires, 2003.
3. Daniel Azpiazu, *Las Privatizaciones en la Argentina. Diagnóstico y Propuestas para Una Mayor Equidad Social*, Buenos Aires, 2003.
4. Carlos Skliar, *¿Y si el Otro no Estuviera ahí? Notas para Una Pedagogía (improbable) de la Diferencia*, 2005.
5. Daniel García Delgado, *Cambios Actuales en el Mundo del Trabajo y la Nueva Cuestión Social en América Latina*, Buenos Aires, 2006.
6. Eduardo Basualdo, *Estudios de Historia Económica Argentina – Desde Mediados del Siglo XX a la Actualidad*, Buenos Aires, 2006.
7. Daniel Valdez, *Necesidades Educativas Especiales en Trastornos del Desarrollo*, Buenos Aires, 2007.
8. Alejandro Isla (compilador), *En los Margenes de la Ley: Inseguridad y Violencia en el Cono Sur*, Buenos Aires, 2007.
9. Guillermina Tiramonti, Sandra Ziegler, *La Educación de las Elites. Aspiraciones, Estrategias y Oportunidade*, 2008.
10. Daniel Arroyo, *Políticas sociales: Ideas para un debate necesario*,

Buenos Aires, 2009.

* 资料来源:*http://www.flacso.org.ar/*

(作者:林华,中国社会科学院拉丁美洲研究所;责任编辑:张颖)

拉丁美洲社会科学学院巴西分院
Faculdade Latino-Americada de Ciências Sociais no Brasil

地址:SCN Quadra 6,Sala 602,Ed. Venăncio 3000,CEP 70716 - 900 Brasília-DF(Brasil)
电话:55—61—33286341
传真:55—61—33281369
网址:http://www.flacso.org.br
E-mail:flacsobr@flacso.org.br

历史沿革与现状简介

经巴西国会通过并得到政府的认可,1989 年拉丁美洲社会科学学院在巴西利亚成立了分院。

拉丁美洲社会科学学院巴西分院致力于扩大社会科学领域的交流,开辟交流渠道,加强硕士生培养、研究、科学合作和技术支持,以促进拉美国家间社科领域的横向合作,为拉美国家的发展和一体化作出贡献。通过这些措施,开辟巴西与拉美其他国家交流与合作的途径,尤其在社会科学领域,消除地区一体化进程中的障碍。

组织机构、主要负责人及研究人员概况

拉丁美洲社会科学学院巴西分院设理事会、总部学术委员会、研究生和博士生学术委员会、劳动与工资政策专修班学术委员会和咨询委员会。全院有 39 名教师和研究员。

主要负责人包括总部学术委员会主任艾尔顿·福斯托(Ayrton

Fausto)教授,教学协调员德西戴·克雷姆灵·戈麦斯(Desider Kremling Gomez)教授,科技合作和技术支持协调员乔治·扎鲁(George Zarur)教授,研究协调员若泽·卡洛斯·布兰迪·阿莱绍(José Carlos Brandi Aleixo),行政主任丽塔·德卡西亚·赞(Rita de Cássia Zan)。

研究重点与学术活动

拉丁美洲社会科学学院巴西分院在公共部门参与管理培训与规划方面已有25年的历史。它拥有一个完整的研究生培养体系,主要培养社会科学博士生。1987年与巴西利亚大学共同创立了拉丁美洲和加勒比比较研究博士项目,以促进本地区科学家以及研究拉美问题的学生和教师之间的交流。这一项目持续了10多年时间(1987~1999),培养了来自8个国家的25位博士。目前正在重新部署与巴西利亚大学和罗赖马州联邦大学的研究生合作培养项目。此外,还设有培养专科和硕士的公共政策课程,包括环境政策、健康政策和劳动政策等方面的课程。巴西分院还提供免费的公共政策课程,开设了劳动与工资政策专修班。

此外,巴西分院还建立了一个拉丁美洲教学和研究的专家交流体系,它包括从事教学交流的菲尔马尔·法里亚拉丁美洲研究讲堂(Cátedra Vilmar Faria de Estudos Latino-Americanos)和从事研究交流的地区比较项目。为了加强巴西、拉美其他国家及加勒比国家教学和研究人员的联络,深化战略性课题的比较研究,从2002年起实施巴西同其他拉美国家和加勒比国家的科学交流项目,这一项目得到国家科技发展委员会和巴西高等教育人才促进会的大力支持。

拉美研究概况

从 2003 年起,与联邦政府就国内和国际议题以及未来几年中的优先合作事项进行了探讨。研究的国内议题包括发展与社会公平、深化民主参与、反对排斥与歧视;国际议题包括深化拉美和加勒比国家的一体化,如何在南美洲为世界的和平、民主与正义所需的必要条件作出贡献。参与了多个领域的研究工作(如巴西劳动与工资政策的创建和比较研究,劳动就业和收入政策的监测和支持工作,南共市,拉美和加勒比一体化进程中南美洲的建设,与北美自由贸易协议、欧盟、美洲自由贸易区的关系,世贸组织和国际劳工组织等)。

目前正在进行的研究主要有南美洲一体化观察,基础教育资金,巴西的乌托邦——人民和精英,世界新秩序中的拉丁美洲。

主要拉美问题研究专家

若泽·卡洛斯·布兰地·阿莱绍(José Carlos Brandi Aleixo),美国乔治敦大学政治学硕士和博士。现于巴西利亚大学任教,国际关系和政治系主任。发表过 160 余篇学术文章,出访过 17 个国家。研究的领域主要涉及巴西的对外政策、拉丁美洲一体化、中美洲、萨尔瓦多——洪都拉斯冲突等。

儒亚雷斯·鲁本斯·布兰当·洛佩斯(Juarez Rubens Brandão Lopes),1950 年本科毕业于圣保罗社会和政治学院的社会和政治系,芝加哥大学艺术系硕士,随后在圣保罗大学完成博士学位。曾在圣保罗多所高等教育院校任职,包括社会和政治学院、瓦加斯基金会企业管理学院、圣保罗大学经济管理学院、城市建筑学院等。曾任巴西分析与规划中心(CEBRAP)主任,全国科学和技术发展委员会(CNPq)主任,总统府规划秘书处助理,经济和社会研究所(IPEA)副所长,劳动部特别顾问等。研究领域是政治学、经济学和社会学。

此外,拉美问题研究专家还有拉丁美洲社会科学学院巴西分院的主任阿亚顿·福斯托(Ayrton Fausto)以及学者赫克特尔·阿尔贝托·阿莱蒙达(Héctor Alberto Alimonda)和若泽·阿尔瓦罗·莫伊塞斯(José Álvaro Moisés),等等。

对外合作

拉丁美洲社会科学学院巴西分院主要与联邦、州和市级政府,高等院校,社会代表机构和其他政府间机构进行合作。合作内容主要是关于社会范畴内的公共政策,超国家一体化进程(尤其是南锥体和亚马孙地区)。

主要出版物

拉丁美洲社会科学学院巴西分院目前最主要的出版物是《劳动与工资政策论文集》。

2000年以来机构的主要代表性文章和论著

1. Ayrton Fausto (organizador), *A Relação Estados Unidos-América Latina na Ordem Mundial Hoje(Uma Perspectiva Sul-Americana)*, Brasília, FLACSO-Brasil, 2006.
2. Clélia Parreira, Héctor Alimonda (organizadores), *As Instituições Financeiras Públicas e o Meio Ambiente no Brasil e na América Latina*, Brasília, FLACSO-Brasil, Abaré 2005.
3. Clélia Parreira, Héctor Alimonda(organizadores), *Políticas Públicas Ambientais Latino-Americanas*, Brasília:FLACSO-Brasil, Abaré 2005.
4. Ayrton Fausto(organizador), *Desenvolvimento e integração na América Latina e Caribe:A contribuição das Ciências Sociais*, Brasília, IPRI, FUNAG, FLACSO.

5. George Cerqueira Leite Zarur (organizador) , *Região e Nação na América-Latina* , Brasília , Editora Universidade de Brasília/FLACSO; São Paulo, Imprensa Oficial do Estado, 2000.
* 资料来源:http://www.flacso.org.br

（作者:李慧,中国社会科学院拉丁美洲研究所;责任编辑:黄念）

拉丁美洲社会科学学院智利分院
Facultad Latinoamericana de Ciencias Sociales,
Sede Chile, FLACSO-Chile

地址: Av. Dag Hammarskjold 3269, Vitacura, Santiago de Chile.
电话: 562—2900200
传真: 562—2900263
网址: http://www.flacso.cl/flacso/index.php
E-mail: flacso@flacso.cl

历史沿革与现状简介

1957年,拉美和加勒比地区各国政府联合创建拉丁美洲社会科学学院,总部设在智利首都圣地亚哥。此后一直到1973年,圣地亚哥是拉丁美洲社会科学学院的总部所在地。后来因智利发生军事政变,拉丁美洲社会科学学院的工作被迫中断。1974年拉丁美洲社会科学学院进行分散化调整,在各个会员国陆续成立了分院。1994年智利政府与拉丁美洲社会科学学院签署协议,正式在该国设立拉丁美洲社会科学学院智利分院。

拉丁美洲社会科学学院智利分院的宗旨是通过建立在国际合作基础上的科研和教学活动,促进拉美和加勒比地区各国的社会经济、民主政治和社会公正的发展。其战略目标是成为研究智利和拉美地区社会科学的中心机构、按照拉丁美洲社会科学学院的有关宗旨培养学术人才、成为政府公共政策制定的重要咨询机构等。为此,拉丁美洲社会科学学院智利分院提出以下工作指导方针:积极与智利国内外有关机构建立合作关系、加强内部建设、制定科研人员激励机制，争取形成人员稳定的科研团队。

组织机构、主要负责人及研究人员概况

拉丁美洲社会科学学院智利分院的人员构成包括领导层、科研人员和科辅人员等。何塞·哈拉（José Jara）为代理院长，豪尔赫·乌卢蒂亚（Jorge Urrutia）主管行政事务。科研人员24名，分布在七个研究项目中。科辅人员3名，负责图书馆管理和编辑出版事务。

研究重点与学术活动

拉丁美洲社会科学学院智利分院的科研和教学活动围绕七个项目进行。

1. 性别问题研究与性别平等。研究智利和拉美地区的性别关系演变和现状，以期为制定相关公共政策、推动性别平等作出贡献。有生殖健康与艾滋病、实现性别平等的障碍、公民与权利等三个研究方向。围绕"从性别的角度看国家和国际公共政策"、"性与人权"等主题举办了多次培训与教学活动。2007年10月举办了第一届"伊比利亚美洲性别与社会凝聚大会"。

2. 可治理性项目。这是拉丁美洲社会科学学院智利分院的传统研究课题，致力于在更广泛的层面研究民主、治理、政治等问题。包括民主体制的质量和作用、政治制度的完善、公民参与与代议民主制、人权问题、文化传媒与政治等五个研究方向。该课题组参与了智利选举制度改革、公共机构中的性别比重、智利近代民主发展史研究等项目。

3. 社会管理与公共政策。通过培养研究生和培训公共管理专业人才、评估公共政策等方式为公共政策特别是社会政策的完善作出贡献。

4. 政府与公共事务。主要内容有国家治理的现代化、重塑政府职能、政府与公民社会、市场和私有部门的关系、国家政治体制面临的挑战、政策与政府的关系、政府运用公共政策解决现实问题的能力等。2004年开设了"政策与政府"研究生专业课程,并计划通过与有关大学合作的方式将其推广至拉美其他地区。

5. 公共安全与公民权。研究智利和拉美的社会问题。主要内容包括暴力和犯罪研究、公共安全相关课程培训、帮助有关公共机构制定安全政策等。

6. 拉美青年集体项目。拉丁美洲社会科学学院各分院联合开展的项目,其宗旨是为拉美地区的青年人参与公共政策设计提供平台。活动内容包括全国青年研讨会、青年奖学金竞赛、互联网交流平台、国际理事会建设、出版活动等。

7. 安第斯地区民主领导项目。拉丁美洲社会科学学院智利分院联合秘鲁法律保护研究所和玻利维亚多学科研究中心共同开展的项目。其宗旨是通过培训秘鲁、玻利维亚和智利等国的女性领导人提高其在社会公共事务中的参与度。培训活动分为三个阶段:参与能力训练、具体战略实施训练和结合地区特点的实际参与训练等。该项目得到联合国民主基金的资助。

对重大国际问题的观点

关于国际核裁军问题,拉丁美洲社会科学学院智利分院的有关专家认为,作为世界上第一个宣布无核地区的人口密集地区,拉美应在此进程中扮演无核区协调者的角色,推动其他地区的核裁军进程。拉美各国政府和有关组织在此问题上应有更大的作为;关于"9·11"以后美国对拉美的政策,拉丁美洲社会科学学院智利分院的研究人员认为,美国对拉美国家日益增长的军事援助是美国军事、外交政策中"后'9·11'时代"机会主义的表现,这种做法不仅达不到美国预期的"巩固后院"的目的,而且正在减弱美国对拉美的影响力。

拉美研究概况

拉丁美洲社会科学学院智利分院出版了大量拉美社科专著和工作论文，主要成果包括托马斯·莫里安（Tomás Moulián）的《智利的民主与社会主义》（1983）；罗德里格·巴纽（Rodrigo Baño）的《社会与政治：群众运动的关键矛盾》（1985）；奥古斯托·巴拉斯（Augusto Varas）的《拉美与苏联：全新关系》（1987）；伊萨克·卡洛（Isaac Caro）的《军事世界中的拉美和加勒比》（1988）；克里斯蒂安·克克斯（Cristian Cox）的《政府在高等教育中的形式：新观点》（1990）；曼努埃尔·安东尼奥·加莱东（Manuel Antonio Garretón）的《90年代初期的政党：拉美六国情况》（1992）；卡洛斯·马丁（Carlos Martín）的《环境安全：环境的破坏与冲突》（1996）；弗朗西斯科·罗哈斯（Francisco Rojas）的《全球化、拉美和峰会外交》（1998）和《多边主义：拉美视角》（2000）；豪尔赫·多明戈斯（Jorge Domínguez）的《拉美的领土冲突与外交》（2003）；克劳迪奥·富恩特斯（Claudio Fuentes）的《民主的挑战》（2006），等等。

拉丁美洲社会科学学院智利分院的"欧亨尼奥·路易斯·塔格雷电子数据库"保存了有关智利1964~1989年历史的文献记录，成为了解智利"人民团结"政府（1970~1973）和独裁军政府（1973~1990）历史的最详尽的资料库，对理解智利经济、政治、文化现实具有重要意义。

主要拉美问题研究专家

拉丁美洲社会科学学院智利分院代院长何塞·哈拉（José Jara），国际公共事务学硕士，拉丁美洲社会科学学院智利分院、圣地亚哥大学政治与政府专业教授。曾在美洲开发银行（2002）、智利财政部（1997~2001）等机构任职。

安德烈斯·帕尔玛(Andrés Palma),拉丁美洲社会科学学院智利分院社会管理与公共政策项目负责人,经济学硕士。曾任智利计划与合作部部长,1990~2002年期间三次担任国会议员,并任国会财政与预算综合常设委员会主席、国防常设委员会成员(1994~1996)、人权、民族与公民权常设委员会成员(1998~2002)。

对外合作

拉丁美洲社会科学学院智利分院通过签订协议、接受捐赠、财政拨款等方式从下述机构和组织获得资金支持:美洲开发银行、联合国民主基金、联合国人口基金、福特基金会、联合国提高妇女地位国际研究训练所、挪威政府、危地马拉政府反排斥斗争项目、伊比利亚美洲秘书处、欧盟、伯明翰大学、伍德罗·威尔逊国际学者中心等。此外,拉丁美洲社会科学学院智利分院还与迈阿密大学、普林斯顿大学保持联合培养和互换奖学金项目合作。

对中国的研究

拉丁美洲社会科学学院智利分院的涉华研究主要集中在对华贸易领域。分院经常举办国际贸易方面的研讨会,学者们一致认为,应继续加深拉美和中国的贸易联系。拉美的能源、矿产、原材料和农产品等在亚洲有广阔的市场,在此背景下,智利应优先发展同中国的关系,发挥连接南美洲和亚太地区的桥梁作用。同时,智利应同巴西建立共同面向中国市场的合作关系,并推动建立智利—中国—亚太地区其他贸易伙伴的三方核心,提高智利在国际贸易中的地位和作用。

主要出版物

《武装力量与社会》(*Fuerzas Armadas y Sociedad*),季刊。《拉

美和加勒比地区社会和政治形势年度报告》(*Anuario social y político de América Latina y El Caribe*)。

2000 年以来机构的主要代表性文章和论著

1. Oscar Muñoz, *Estrategias de desarrollo en economías emergentes. Lecciones de la experiencias Latinoamericana*, FLACSO-Chile, Santiago de Chile, 2001.
2. Francisco Rojas, Coral Pey, *Participación de la sociedad civil en el ALCA, Caso Chile*, FLACSO-Chile, Santiago de Chile, 2002.
3. Carolina Stefoni Espinoza, *Inmigración peruana en Chile, Una oportunidad a la integración*, FLACSO-Chile/Editorial Universitaria, Santiago de Chile, 2003.
4. Francisco Rojas Aravena, *La seguridad en América Latina pos 11 de septiembre*, FLACSO-Chile, Santiago de Chile, 2003.
5. Raúl Sanhueza Carvajal, *Las Cumbres Iberoamericanas ¿Comunidad de naciones o diplomacia clientelar?* FLACSO-Chile/Editorial Universitaria, Santiago de Chile, 2003.
6. Teresa Valdés, Gabriel Guajardo, *Hacia una Agenda Sobre Sexualidad y Derechos Humanos*, FLACSO-Chile, Santiago de Chile, 2004.
7. Carlos Basombrío, *Activistas e intelectuales de sociedad civil en la función pública en América Latina*, FLACSO-Chile, Santiago de Chile, 2005.
8. Claudio Fuentes, *La transición de los militares*, LOM Ediciones, Santiago de Chile, 2006.
9. Enzo Faletto, *Dimensiones sociales, políticas y culturales del desarrollo, Antología de Enzo Faletto*, FLACSO-Chile, Santiago de Chile, 2007.
10. Rodrigo Álvarez Valdés, *Armas nucleares: la incertidumbre de la*

noproliferación y el desarme, FLACSO-Chile, Santiago de Chile, 2008.
* 资料来源:http://www.flacso.cl/flacso/index.php

(作者:袁琳,中国社会科学院拉丁美洲研究所;责任编辑:张颖)

拉丁美洲社会科学学院哥斯达黎加分院
La Sede Académica Costa Rica de La Facultad Latinoamericana de Ciencias Sociales, FLACSO-Costa Rica

地址：De Plaza del Sol en Curridabat 200 metros sur y 25 metros este.
电话：506—22248059
传真：506—22534289
网址：http://www.flacso.or.cr/
E-mail：asalguero@flacso.or.cr

历史沿革与现状简介

拉丁美洲社会科学学院哥斯达黎加分院成立于 1997 年，是拉丁美洲和加勒比地区性国际机构——拉丁美洲社会科学学院的成员。拉丁美洲社会科学学院哥斯达黎加分院致力于拉美地区社会科学领域的研究、教学、学术交流与合作等工作。

目前，哥斯达黎分院积极开展有关社会、政治、经济、环境等问题的研究工作，其优秀研究成果直接影响国家公共政策的制定。同时，哥斯达黎分院注重培养社会科学方面的人才，开设硕士学位课程和相关专业课程。此外，哥斯达黎加分院积极加强同国内各大学科研机构及其他国内外政府或私人机构的合作关系，旨在通过学术交流推动和促进社会科学的发展。

组织机构、主要负责人及研究人员概况

拉丁美洲社会科学学院哥斯达黎加分院目前共有 24 名成员，其中科研人员 11 人，包括 7 位教授、研究员。哥斯达黎分院设科

研、教学、对外联络、资料中心、图书馆和出版社等部门。

自2008年7月起,社会学家豪尔赫·莫拉(Jorge Mora)教授任哥斯达黎加分院负责人,并担任哥斯达黎加大学中美洲社会学项目负责人,民族大学秘书长、校长。此外,他还是哥斯达黎加国家学位评定委员会主席,并担任中美洲大学高等委员会主席等职。豪尔赫·莫拉教授开设"农村发展、新目标及新方法"课程。出版了多部著作,内容涉及拉丁美洲和加勒比地区的社会、经济、国家政策、地区发展和农村发展等问题。

研究重点与学术活动

拉丁美洲社会科学学院哥斯达黎加分院致力于专业化的研究和常规的教学活动,分院开展的各种活动力求突出前瞻性。哥斯达黎加分院共有以下八个研究项目:社会发展与公共政策,地区经济发展,地方分权与城市管理,民主执政与政策机构,可持续发展的旅游业,人口与土地,社会运动,全球化、劳动力市场与不平等。

此外,哥斯达黎加分院还致力于培养社会科学方面的专业人才,开设了多门学科的硕士学位课程。

哥斯达黎加分院在重视发展科研和教学工作的同时,也注重在哥斯达黎加国内和中美洲地区的学术交流。

拉美研究概况

拉丁美洲社会科学学院哥斯达黎加分院主要进行以下几个方面的研究。

1. 关于社会发展问题的研究。着力探讨如何使公共政策与相关社会部门的发展相适应,努力拓宽社会发展研究领域的涵盖面;把社会发展和政府的社会政策及多边机构的有关行为视为广泛的研究领域,高度重视这方面的研究;在社会发展研究中,超越政治、经济政策与社会发展相分离的传统观点,探索经济增长与社会发展之间的关系,寻求实现经济和社会的平衡发展。研究专题包括政府的社会发展政策和教育政策,克服贫困及社会矛盾等问题。

2. 关于地区经济发展的研究。由于不少拉美国家开始从发展战略的角度重视地区经济发展,哥斯达黎加分院不仅研究拉美各国的宏观经济政策的作用和其他宏观的经济调控作用,还注重研究各国政府、私营部门及地区集团对地区资源的合理使用;同时,坚持消除贫困和社会融合的战略研究,以增加就业及收入为根本,力求将经济增长转化为对最贫困人口的福利;重视本地区逐步增强的经济竞争力研究,深入探讨如何发挥本地区自身的优势,以便融入全球贸易市场。

3. 关于中美洲地区政治权力分散化问题的研究。中美洲地区政治权力分散化已成为地区政治发展中存在的重要现象,因此成为哥斯达黎加分院研究的重要内容。在这方面,分院发表了不少研究报告,组织了有中美洲地区各国或地方官员与专家参与的地区性论坛。

4. 关于民主执政与政策机构方面的研究。主要关注中美洲地区各国的政治发展进程,深入进行相关分析,促进中美洲地区各国的政治民主化和政治体制改革。尤其关注政治进程对提升或降低民主执政所产生的影响。在有关研究中,采用新的视野,即在本地区乃至整个国际社会的背景下,对政治民主化进程进行更广泛的研究。

5. 关于可持续旅游业的研究。中美洲地区尤其是哥斯达黎加,旅游业已成为所有经济活动中最为重要的部门之一。由于对就业的直接或间接引导作用,旅游业对社会、经济发展的重要性日益突出。可持续旅游业的研究将直接影响哥斯达黎加乃至中美洲整个地区的发展。

6. 关于社会运动的研究。随着拉美政治经济形势的发展,各种社会运动兴起,反对全球化的呼声日益增强。特别是近几年来,哥斯达黎加出现了不同的社会运动。哥斯达黎加分院十分注重研究新兴的社会运动,着重分析这些运动兴起的原因、特点、社会作用、对政治和经济发展的影响以及新兴社会运动的发展前景。

7. 关于全球化、劳动力市场与不平等问题的研究。着重就中美洲地区融入全球化的过程中该地区劳动力市场的变化进行分析。相关研究突出两方面：地区劳动力市场日益显现出劳动力排斥的发展趋势；劳动力市场与全球化接轨、劳动力融入全球化进程中产生的问题。

主要拉美问题研究专家

曼努埃尔·罗哈斯·博拉尼奥(Dr. Manuel Rojas Bolaños)教授,哥斯达黎加分院研究员,政治社会学问题(包括政治理论、国家与社会政策、政党体系、工会组织及相关问题)专家。他毕业于墨西哥国立自治大学社会学系,获博士学位;1974～1978年任哥斯达黎加大学硕士生导师。他的最新研究成果涉及政治学、政府管理、民众参与等领域。

对外合作

拉丁美洲社会科学学院哥斯达黎加分院十分重视国际学术交流,为此制定了国际合作战略,目标是扩大与其他国家的教育机构和国际研究机构的合作关系,特别是在拉美地区社会科学发展方面的国际学术合作,推动拉丁美洲社会科学学院各分院间的学术合作及资源共享。目前,哥斯达黎加分院与国内外很多官方、私人、非政府机构开展了广泛的合作项目,其中包括世界银行、拉丁美洲社会科学学院在中南美洲其他国家的分院、哥斯达黎加最著名高等学府哥斯达黎加大学等,目标是在注重研究哥斯达黎加本国国情的同时,推动中美洲地区的社会科学研究以及拉美地区的政治、经济、社会等问题的研究。

主要出版物

《中美洲社会科学杂志》(*Revista Centroamericana de Ciencias Sociales*),2004年7月创刊,双年刊,由拉丁美洲社会科学学院中美洲社会科学研究生部同哥斯达黎加国立大学、萨尔瓦多大学共同创办,刊物宗旨是为开展中美洲地区社会科学研究提供一个交流平台,促进对中美洲地区的社会科学研究。《记事簿》(*Cuaderno*),刊登中美洲地区形势、社会思想、学术信息等。致力于服务教学工作,推广中美洲地区社会科学研究和教学成果。

2000年以来机构的主要代表性文章和论著

1. Manuel Rojas Bolaños, "La Representación Política:¿En Crisis o en Transición?", Ponencia Presentada en el Ciclo de Mesas Redondas Organizado por el Instituto de Investigaciones Sociales de la Universidad de Costa Rica, II Semestre 2005.
2. Benedicte Bull, *Globalización, Estado Y Privatización, Proceso político de las reformas de telecomunicaciones en Centroamérica*, Edward Elgar Publishing, 2005.
3. Carlos Sojo, "Cohesión Social y Exclusión. Una Mirada desde Centroamérica", *Revista Quórum*, No. 18, 2007.
4. Carlos Sojo, "La Reforma Democrática del Estado en Centroamerica", *Revista Nueva Sociedad*, No 210, julio – agosto de 2007.
5. Allen Cordero Ulate, "El Paradigma Inconcluso, Kuhn y la Sociología en América Latina", FLACSO Guatemala, 2008.
6. Eduardo Baumeister & Edgar Fernández & Guillermo Acuña, *Estudio sobre las Migraciones Regionales de los Nicaragüenses*, Guatemala, Editorial de Ciencias Sociales, 2008.

* 资料来源:http://www.flacso.or.cr/

(作者:韩晗,中国社会科学院拉丁美洲研究所;责任编辑:张颖)

拉丁美洲社会科学学院厄瓜多尔分院
Facultad Latinoamericana de Ciencias Sociales Sede Ecuador

地址:La Pradera E7—174 y Av. Diego de Almagro, Quito, Ecuador
电话:593—2—3238888
传真:593—2—3237960
网址:http://www.flacso.org.ec/
E-mail:flacso@flacso.org.ec

历史沿革与现状简介

拉丁美洲社会科学学院厄瓜多尔分院成立于 1975 年,是厄瓜多尔大学的教育机构。厄瓜多尔分院成立的主要宗旨是通过科研和教学工作,研究和传播社会科学知识,促进拉美思想的发展和推进社会公正。

组织机构、主要负责人及研究人员概况

拉丁美洲社会科学学院厄瓜多尔分院的组织机构包括院领导、科研部门和科研辅助部门。现任院长阿德里安·博尼利亚(Adrián Bonilla),国际关系学博士。主管学术活动的副院长胡安·庞塞(Juan Ponce),社会学博士。学术负责人梅塞德斯·普列托(Mercedes Prieto),哲学博士。研究负责人纪尧姆·方丹(Guillaume Fontaine)。

科研部门有研究人员 21 人,各研究项目负责人有爱德华多·金曼(Eduardo Kingman),政治学博士生项目负责人。特奥多罗·布斯塔曼特·庞塞(Teodoro Bustamante Ponce),社会环境学项目负

责人。费尔南多·卡里翁（Fernando Carrión），城市研究项目负责人。卢西亚诺·马丁内斯（Luciano Martínez），公共管理学项目负责人。费尔南多·马丁（Fernando Martin），经济研究项目负责人。西蒙·帕查诺（Simón Pachano），政治学项目负责人。格雷斯·哈拉米略（Grace Jaramillo），国际关系项目负责人。玛丽亚·贝伦·阿尔沃诺斯（María Belén Albornoz），交流学项目负责人。哈维尔·安德拉德（Xavier Andrade），人类学项目负责人。安娜·玛丽亚·戈奇尔（Ana María Goetschel），性别学项目负责人。

科研辅助部门包括出版中心、图书馆、继续教育管理处、跨所合作联络处、财务处和学生处，共有行政人员 42 人。

厄瓜多尔分院的图书馆有藏书 58599 册，这些藏书同时属于拉丁美洲社会科学学院和拉丁美洲社会研究所的图书资料。

研究重点与学术活动

拉丁美洲社会科学学院厄瓜多尔分院的研究领域涉及政治、经济、国际关系、人类学、城市学、社会环境学、公共管理学、性别学和交流学。

政治领域的研究重点是文明社会与政治参与、政治文化和制度的民主。经济研究的重点是发展经济学。国际关系的研究重点是拉美与美国、安第斯地区的关系。性别学的研究重点是跨国移民。人类学的研究重点是历史与人类学、种族主义与公民权利。社会环境学的研究重点是国际合作和国家治理。公共管理学的研究重点是本地经济发展、本地发展与地域、非集中化与公共政策。交流学的研究重点是青年问题、信息交流、科技和媒体。城市学的研究重点是城市、安全与暴力。

厄瓜多尔分院经常举办国际学术会议、专题研讨会和圆桌会议等。近几年举办的主要学术会议有"美国与拉美的关系"（2007 年 1 月），"拉美的左派"（2007 年 1 月），"全球化与国家在经济发展中扮演的角色"(2007年9月),"厄瓜多尔的国家发展战略和参与全球经济所面临的挑战"(2007年12月),"政治稳定与经济发展"(2008年4月),"米歇尔·福柯和1968年五月运动的遗产"(2008年6月)。

拉美研究概况

拉丁美洲社会科学学院厄瓜多尔分院正在从事的科研项目有"厄瓜多尔的文明社会、公共空间和民主"、"民众主义、民主和政治文化"、"玻利维亚、秘鲁和厄瓜多尔的民主质量和政治否决"、"安第斯地区的毒品走私"、"南美地区主义的内部决定因素"、"安第斯地区的治理"、"移民的区域观察"、"历史的重建和卡尼亚尔省持续的移民潮"、"种族政策研究:1970年以来厄瓜多尔人类学研究"、"厄瓜多尔基础教育体制中的种族主义和公民权利"、"为了持续发展的合作"、"厄瓜多尔环境的状况和前景"、"外债观察"、"如何提高农村教育质量和增加受教育机会"、"稳定经济的解释与合作"、"社会资本和地区发展"、"青年科技中心"、"媒体集中化和文化产业"、"城市安全犯罪与暴力观察"、"城市中的性别暴力",等等。

主要拉美问题研究专家

现任院长阿德里安·博尼利亚研究员,获迈阿密大学国际研究博士学位,1996~2004年任拉丁美洲社会科学学院副院长,政治研究专家。其主要成果有《厄瓜多尔的外交政策:不堪一击的25年》(2006)、《美国与安第斯地区:距离与差异》(2006)、《安第斯地区的冲突与预防》(2005)、《拉美的民众主义》(2004)、《安第斯地区的冲突:哥伦比亚的政治不稳定和危机》(2003),等等。

对外合作

拉丁美洲社会科学学院厄瓜多尔分院与一系列国内外机构和大学建立合作关系。这些机构和大学包括国际劳工组织、厄瓜多尔国际关怀协会、厄瓜多尔国际合作署、西班牙国际合作署、玻利维亚跨学科研究中心、巴塞罗那自治大学、马德里自治大学、墨西哥国立自治大学、佛罗里达大学等。

主要出版物

《标志》(Iconos)杂志,1997年创刊,月刊,以分析国内外局势,探讨政治、经济、文化和社会领域的重点问题,推动学术理论与社会现实相结合。

2000年以来机构的主要代表性文章和论著

1. FLACSO, *Un mil Cuatrocientos Sesenta Días (y sus noches)*, FLACSO, 2004 – 2008, Quito, Ecuador, 2008.
2. Fredy Rivera Vélez, *Seguridad Nultidimensional en América Latina*, 2008.
3. Marco Córdova Montúfar (coordinador), *Lo Urbano en su Complejidad. Una Lectura desde América Latina*, 2008.
4. Grace Jaramillo (compiladora), *Los Nuevos Enfoques de la Integración: más allá del Regionalismo*, 2008.
5. Gioconda Herrera y Jacques Ramírez (editores), *América Latina Migrante: Estado, Familia, Identidades*, 2008.
6. Kathya Araujo y Mercedes Prieto (editoras), *Estudios sobre Sexualidades en América Latina*, 2008.
7. Betty Espinosa y William Waters (editores), *Transformaciones Sociales y Sistemas de Salud en América Latina*, 2008.

8. Lydia Andrés, *Imaginarios en Formación. Aprendiendo a Pensar al Otro en un Colegio de Élite de Quito*, 2008.
9. Alicia Torres y Jésús Carrasco (coordinadores), *Al Filo de la Identidad. Migración Indígena en América Latina*, 2008.

* 资料来源:http://www.flacso.org.ec/

(作者:李菡,中国社会科学院拉丁美洲研究所;责任编辑:张颖)

拉丁美洲社会科学学院危地马拉分院
Facultad Latinoamericana de Ciencias Sociales Sede académica Guatemala, FLACSO-Guatemala

地址:3a. calle 4—44 zona 10 Torre 4—44 Guatemala
电话:502—24147444
传真:502—24147440
网址:http://www.flacso.edu.gt
E-mail:flacsoguate@flacso.edu.gt

历史沿革与现状简介

1987年,借危地马拉从军事独裁向民主过渡的契机,拉丁美洲社会科学学院在危地马拉创建了一个学术项目;1989年8月,这一项目升格为学术计划;1998年,拉丁美洲社会科学学院危地马拉分院成立。

危地马拉分院以促进构建更加公平正义、现代化、更加包容的社会为己任,冀望在这样的社会里,所有人都能实现自身发展并能和睦相处,超越并克服社会差异和历史上屡见不鲜的对抗。

组织机构、主要负责人及研究人员概况

拉丁美洲社会科学学院危地马拉分院现有各类工作人员约60人,其中科研人员近40人。

其组织机构可分为领导机构、行政机构和协调机构三类。

领导机构为学术理事会。除了学术协调委员会,学术理事会还直接领导出版理事会、法律咨询处、财务管理处等机构。作为协调机构,学术协调委员会下辖教育,贫困,社会政治,社会运动,人

口、环境和农村发展,跨种族文化以及中美洲社会学科研究生等七个部门,还领导负责行政事务的行政委员会。

现任分院院长为比尔希略·阿瓦雷斯博士,并兼任由10人组成的学术理事会主席。

教学也是分院的一项重要工作。分院可授予社会科学硕士和博士学位。

研究重点与学术活动

拉丁美洲社会科学学院危地马拉分院的主要学术研究领域包括:教育,贫困,社会政治,社会运动,人口、环境和农村发展,跨种族文化以及中美洲社会学科研究等。

对重大国际问题的观点

拉丁美洲社会科学学院危地马拉分院的研究视野主要局限于危地马拉本国和中美洲地区,认为危地马拉社会仍有军事独裁的残余;危地马拉要实现经济社会发展、达到同拉美其他国家相近的现代化水平,实现民主、全国和解和社会和谐,仍面临诸多挑战。

拉美研究概况

拉丁美洲社会科学学院危地马拉分院目前正在进行的科研项目有:(1)关于危地马拉的政治改革、民主发展过程的社会政治学跟踪研究;(2)社会运动与国家政权、民主、政党以及新自由主义全球化之间的关系;(3)21世纪初的工作情况:对农业工业和工业劳动者日常生活的社会学刻画和初探。

主要拉美问题研究专家

现任院长比尔希略·阿瓦雷斯(Virgilio Álvarez)曾获巴西利亚大学社会学和拉丁美洲社会科学学院巴西分院拉丁美洲比较研究

博士学位。后执教于巴西利亚大学及拉丁美洲社会科学学院墨西哥分院。近年有《赞成和反对：传媒、教师运动和教育》《战后危地马拉的消除贫困和扫盲战略》《幻想和不快：危地马拉教师现状》等研究著作和论文出版。

对外合作

拉丁美洲社会科学学院危地马拉分院与本国和国际高等学府、研究机构、政府间机构和非政府组织保持密切合作与交流。近年来，危地马拉分院与智利分院、联合国妇女发展基金、福特基金会、牛津大学以及荷兰、挪威等国官方机构签署了多项合作协议。

主要出版物

《对话》(*Diálogo*)是拉丁美洲社会科学学院危地马拉分院的期刊类出版物，2001年起作为《报纸》(*Periódico*)副刊发行，每月发行3.05万份。

2000年以来机构的主要代表性文章和论著

1. Jorge Solares (coordinador), *Pluralidad jurídica en el umbral del siglo*, Editorial de Ciencias Sociales, Ciudad de Guatemala, 2000.
2. Claudia Dary (coordinadora), *Género y biodiversidad en comunidades indígenas de Centroamérica*, Editorial de Ciencias Sociales, Ciudad de Guatemala, 2002.
3. Gisela Gellert (coordinadora), *Gestión de riesgos en Centroamérica Iniciativas, actores y experiencias locales en El Salvador, Guatemala, Honduras y Nicaragua*, Editorial de Ciencias Sociales, Ciudad de Guatemala, 2003.
4. Irene Palma et al. s, *Después de Nuestro Señor, Estados Unidos*, Editorial de Ciencias Sociales, Ciudad de Guatemala, 2005.

5. Juan Hernández Pico, *Otra historia es posible¿Dónde está Dios en la globalización?*, Editorial de Ciencias Sociales, Ciudad de Guatemala, 2006.
6. Anthony Bebbington(editor), *Investigación y cambio social:Desafíos para las ONG en Centroamérica y México*, Editorial de Ciencias Sociales, Ciudad de Guatemala, 2007.

* 资料来源:http://www.flacso.edu.gt

(作者:袁琳,中国社会科学院拉丁美洲研究所;责任编辑:张颖)

拉丁美洲社会科学学院墨西哥分院
Facultad Latinoamericana de Ciencias Sociales, FLACSO-Mexico

地址:Carretera al Ajusco 377, Col. Héroes de Padierna, C. P. 14200
　　 México D. F. ,20021
电话:52—55—30000200
传真:52—55—30000284
网址:http://www.flacso.edu.mx
E-mail:flacso@flacso.edu.mx

历史沿革与现状简介

根据墨西哥政府与拉丁美洲社会科学学院(FLACSO)签订的协议,拉丁美洲社会科学学院墨西哥分院(FLACSO-México)于1975年成立,1976年起开始其学术活动。

该分院有良好的科研和教学条件,能组织各种学术活动。例如,这里有九个教室,另有礼堂、大教室、学术厅、联网电脑、投影仪和电话会议系统等设施。这些科研和教学设施提供了优良的教学和学术条件。

该分院非常重视环境保护领域的研究,并以积极有效的行动促进当地的环境保护。它坐落在墨西哥国家环保森林区,周围绿树环抱,空气清新。

该分院拥有一个专业图书馆——伊比利亚美洲图书馆,专门收藏社科图书,特别是有关拉美社会科学的书刊。

组织机构、主要负责人及研究人员概况

拉丁美洲社会科学学院(FLACSO)现有 10 个分支机构,分布在不同的拉美国家,拉丁美洲社会科学学院墨西哥分院即为其中之一。FLACSO 成员大会是最高行政机构,下属所有成员都与成员大会签有协议。FLACSO 每两年定期举行一次会议,每次会议选择在不同的国家举行。FLACSO 高级委员会由大会选出的成员国代表组成,每年召开一次会议。FLACSO 指导委员会由 FLACSO 秘书长和各成员学术机构的领导组成,一般每年召开两次会议,分别在两个不同的国家举行。拉丁美洲社会科学学院墨西哥分院是 FLACSO 高级委员会和指导委员会的成员。

分院现任院长是焦万纳·瓦伦蒂·尼格里尼(Giovanna Valenti Nigrini),有 40 多名教学科研人员。

研究重点与学术活动

该分院以多样化的理论视角和方法开展社会科学研究。它注重从拉美的现实探索拉美当代社会,重视理论研究和实证研究,使教学与科研相结合,致力于传授和传播拉美的社会科学知识,并为解决墨西哥和整个拉美地区面临的共同问题作出贡献。目前,它主要研究拉美地区当代社会所面临的问题、挑战和机遇,同时也研究人们感兴趣的拉美国家和地区,并系统地研究全球问题。此外,该分院还重视社会科学和公共政策的研究。

拉美研究概况

该分院的拉美研究范围广泛,包括拉美与加勒比的话语与认同,法治、人权和民主状况,教育、公共政策与劳工世界,家庭、性别、年龄和健康状况,制度、公共政策和集体行为,一体化与拉美社会、经济动态,人口、环境与移民,政治进程、代表性与民主,机构改

革、劳工福利公共政策,拉美与加勒比的公民社会、多样性和多元文化,知识社会、创新与网络。

对外合作

拉丁美洲社会科学学院墨西哥分院是一家独立的国际性学术机构,它与高等教育机构、公共和私人机构、特别是与 FLACSO 有着密切联系。它积极开展与 FLACSO 各成员间的学术交流,促进跨学科研究;进行教师和学生的交换,鼓励技术创新;有效利用跨学科研究的优势,充分发挥机构成员的能力,开展联合研究;促进个人和集体的科研成果的传播。

主要拉美问题研究专家

圣地亚哥·卡拉萨莱(Santiago Carassale)博士,国家一级研究员,研究方向为拉美的话语和认同、法治、人权与民主。

主要出版物

《拉美概览》(*Perfiles Latinoamericanos*),半年刊,主要刊载有关拉美地区与世界范围内的重大问题的学术论文,诸如国家改革、政治转型、地区一体化进程、公共政策、技术革新、人口动态、知识社会和全球化,等等。自 1997 年起,《拉美概览》入选墨西哥国家科学技术委员会的"墨西哥科学技术研究杂志索引"期刊。经过多年的努力,《拉美概览》已成为讨论和加深社会科学和公共政策研究的开放论坛,是墨西哥及拉美地区重要的学术争鸣阵地之一。该刊的主编是本杰明·特姆金(Benjamín Temkin)博士。

2000 年以来机构的主要代表性文章和论著

1. Aníbal Omar Viguera, *La Trama Política de la Apertura Económica en la Argentina*, (1987 – 1996), La Plata, Ediciones Al Margen, 2000.

2. Julio Labastida, Antonio Camou y Noemí Lujan (coords.), *Transición Democrática Y Gobernabilidad*, *México y América Latina*, UNAM, Instituto de Investigaciones Sociales/Plaza y Valdés/FLACSO, México, 2001.
3. Manuel Alcántara y Elena M. Barahona, *Política*, *Dinero e Institucionalización Partidista en América Latina*, Editorial Flacso México, 2003.
4. Diego Reynoso, *Votos Ponderados: Sistemas Electorales y Sobrerrepresentación Distrital*, Flacso México, 2004.
5. Alicia Puyana y José Romero, *Diez Años con el TLCAN: Las Experiencias del Sector Agropecuario Mexicano*, Flacso México/CM, 2004.
6. Víctor Hugo Martínez González, *Fisiones y Fusiones*, *Divorcios y Reconciliaciones: La Dirigencia del Partido de la Revolución Democrática (PRD)*, *1989 - 2004*, Editorial Flacso México, 2005.
7. Irma Méndez De Hoyos, *Transición a la Democracia en México: Competencia Partidista y Reformas Electorales 1977 - 2003*, Editorial Flacso, 2006.
8. Giovanna Valenti, Mónica Casalet y Dante Avaro (coordinadores), *Instituciones*, *Sociedad del Conocimiento y Mundo del Trabajo*, Flacso - México/Plaza y Valdés, 2007.
9. Martín Puchet, Nora Rabotnikof, Francisco Valdés Ugalde y Gisela Zaremberg, *Justicia y Libertad: Tres Debates entre Liberalismo y Colectivismo*, Flacso México/IIS - UNAM, 2008.
10. Luis Daniel Vázquez Valencia, *Democracia y Mercado / Viejas Disputas*, *Nuevas Soluciones: El Caso Argentino*, Flacso México, 2009.

* 资料来源: http://www.flacso.edu.mx

(作者: 刘维广, 中国社会科学院拉丁美洲研究所; 责任编辑: 黄念)

拉丁美洲社会科学理事会
Consejo Latinoamericano de Ciencias Sociales, CLACSO

地址: Avenida Callao 875 3er piso dpto e, Ciudad de Buenos Aires, Argentina
电话: 54—11—48116588
传真: 54—11—48128459
网址: http://www.clacso.org.ar
E-mail: se-webpage@clacso.edu.ar

历史沿革与现状简介

20世纪五六十年代,社会科学在拉美地区得到了很大发展,一批重要的研究成果相继问世。但是,拉美学术界内部的联系不够紧密,缺乏一个既能起到巩固和推动社会科学研究,又能促进拉美地区文化、科学和学术研究领域的一体化和国际交流的协调性质的机构。

在这种情况下,美国社会科学工作者率先提出,应把拉美地区的学者组织起来,建立一个类似于美国社会科学理事会的地区性社会科学理事会或联合会,对学术活动加以有效的协调。这一倡议得到拉美地区社会科学工作者的积极响应。他们认为,这样一个机构的成立,符合拉美社会科学发展进程的需要和特点,因为当时只有一些拉美国家建立了社会科学研究协会,涉及的学科也十分有限。

1964年,托尔夸托·迪特加(Torcuato di Tella)学院与国际社会科学理事会和联合国教科文组织(以下简称教科文组织)共同举办了以"比较社会学"为主题的研讨会。与会者通过一项决议,希望托尔夸托·迪特加学院能组织力量,成立一个拉美社会科学研究的常设性协调机构。为此,托尔夸托·迪特加学院对拉美地区已有的各类研究机构的历史和现状进行了分析总结,并结合实地考察,于1966年提出了对新机构的初步设想。

1966年10月,第一届拉美社会科学研究中心和机构领导人会议在委内瑞拉中央大学举行,会上成立了组织委员会,对新机构的性质和作用达成了共识。1967年10月14日,第二届拉美社会科学研究中心和机构领导人会议在哥伦比亚的安第斯大学召开,宣布正式成立拉丁美洲社会科学理事会(以下简称拉美社科理事会)。会议通过了理事会章程,选出了第一届领导委员会,并推选阿尔多·费雷尔(Aldo Ferrer)为第一任执行秘书。

在成立后的几年时间里拉美社科理事会迅速发展,会员由最初的30多个增加到100多个。一批专门性的委员会和工作小组陆续成立,研究生培养、研究资助和国际合作等各项计划也顺利开展起来。经过40多年的发展,拉美社科理事会已在拉美地区建立起庞大的社会科学研究网络,成为该地区最重要的学术协调和组织机构。

组织机构、主要负责人及研究人员概况

根据拉丁美洲社会科学理事会2009年确立的新章程,其组织机构由代表大会、领导委员会、执行秘书处组成。代表大会是理事会的最高决策机构,每2~3年召开一次会议,负责审议领导委员会的提案、财务报告和收支预算,选举领导委员会成员,批准新会员,讨论理事会的学术计划和方针,等等。

领导委员会由八名享有较高学术声誉的拉美籍专家组成,任期三年。其职责主要是指导理事会的工作,监督工作计划的执行。新一届(任期从2009年12月起)领导委员会的正式委员包括:阿根廷的胡利奥·塞萨尔·甘比纳(Julio César Gambina)、玻利维亚的路易斯·塔比亚(Luis Tapia)、巴西的何塞·文森特·塔瓦雷斯(José Vicente Tavares)、哥斯达黎加的卡门·卡马尼奥·莫鲁阿(Carmen Caamaño Morua)、智利的赫苏斯·雷东多·罗霍(Jesús Redondo Rojo)、哥伦比亚的加夫列尔·米萨斯·阿兰科(Gabriel Misas Arango)、海地的苏西·卡斯托尔·皮埃尔-查尔斯(Suzy Castor Pierre-Charles)、墨西哥的弗朗西斯科·卢西亚诺·孔切罗·博尔克斯(Francisco Luciano Concheiro Borquez)。每名领导委员会委员各配有一名候补委员。

执行秘书处负责理事会的日常管理、组织和服务工作。现任执行秘书长为巴西人埃米尔·萨德(Emir Sader),任期从2006年开始。

到2009年6月为止,拉美社科理事会共有259个正式会员,包括研究中心、研究所、大学的院系、研究生的培养机构以及从事研究工作的基金会和工作室等,汇集了几千名专职研究人员。正式会员分属于下列25个国家:阿根廷、玻利维亚、巴西、智利、哥伦比亚、哥斯达黎加、古巴、厄瓜多尔、萨尔瓦多、危地马拉、海地、洪都拉斯、墨西哥、尼加拉瓜、巴拿马、巴拉圭、秘鲁、波多黎各、多米尼加、乌拉圭、委内瑞拉、德国、美国、西班牙和葡萄牙。正式会员每年向理事会缴纳会费,但古巴、海地、洪都拉斯和尼加拉瓜的研究机构可免交会费。

正式会员可分享理事会的科研资助,有权进入理事会的电子图书馆和数据库获取信息,参加各种科研活动,接受远程培训。拉美地区以外的研究机构可作为伙伴会员加入理事会。

拉美社科理事会的经费主要来自两个渠道:一是会员缴纳的会费;二是基金会的资助。近年来,由于经费紧张问题日益突出,理事会提出了建立一个信托基金的设想。

自20世纪90年代末以来,理事会电子图书馆的建设取得了很大发展。目前,图书馆的虚拟阅览室共收录了近两万篇(册)全文信息。每年有100多个国家的几十万读者点击查询。

研究重点与学术活动

拉美社科理事会是不以营利为目的的非政府组织。它的宗旨是通过加强会员的机构发展和网络建设,促进地区性研究、比较研究、国别研究和产业研究,加强对拉美社会科学工作者的培训和知识更新,加强拉美学术界与世界其他地区的学术和信息交流等活动,推动拉美和加勒比地区社会科学的发展。把社会科学应用于拉美经济和社会发展的现实,解决拉美国家存在的实际问题,是拉美社科理事会的重要任务。

拉美社科理事会的职责如下:制定并推动研究和教学计划的开展,确保研究工作的独立性;推动会员之间在研究和培训计划等方面的信息交流,成为研究人员在重要发展问题上的信息交流中心;促进拉美社会科学工作者之间的相互了解,为会员之间的学术合作搭建平台;为会员的研究和教学计划提供咨询服务,在必要时还可为其寻求资助;调动会员的积极性和学术兴趣,推动地区内部的人才流动,鼓励研究人员更好地服务于本地区的社科事业,防止人才流失;支持和帮助会员举办各类专题讨论会;完善工作人员培养、数据库、出版体系的配套建设,使之更好地服务于研究工作;把拉美的社会科学研究工作与其他国家和地区的社会科学研究工作结合起来;重视与基础研究机构和国际研究机构的关系;鼓励对拉美一体化问题的研究;支持通过奖学金、奖金和其他资助开展个体项目和集体项目的研究。

拉美社科理事会的活动主要包括:学术研究,提供文献信息、培训、咨询、出版,科研成果推介,与其他机构和组织开展合作,等等。

到2009年为止,拉美社科理事会共召开了23次代表大会。

最近的两次分别于2006年10月和2009年10月在巴西的里约热内卢和玻利维亚的科恰班巴举行。代表大会的主要议程包括：举行换届选举，讨论和批准会员的入会和退会，听取执行秘书处的科研管理工作报告和财务工作报告，制定下一阶段的工作计划和活动安排。

2007年10月，正值拉美社科理事会成立40周年，为此，它在哥伦比亚的波哥大召开主题为"拉丁美洲批判思想现状"的庆祝大会。

对重大国际问题的观点

拉美社科理事会认为，拉美学者应对新自由主义等西方国家提出的思想展开学术争论，主张更多具有"替代选择"倾向或更具有知识分子使命感的学者加入到研究队伍中。理事会鼓励拉美学者对本地区重大问题展开广泛的、深刻的和有组织的讨论，主张通过集体的力量为拉美探索一种更科学的模式，以替代国际金融机构在拉美推行的霸权主义政策。

拉美研究概况

拉美社科理事会的研究范围十分广泛，涉及社会科学的各个领域。自成立以来，理事会每年出版大量书籍和论文。出版物的编辑、校对和印刷等工作全部由执行秘书处负责。近几年来，理事会每年出版的学术书籍约20~30本，其中包括与其他出版社合作出版的作品。理事会定期将出版物汇集制作成光盘，以方便读者查阅。

近年来，拉美社科理事会的科研和教学工作主要通过以下几个计划实施。

（一）工作小组计划（Programa de Grupos de Trabajo）

工作小组计划一直是拉美社科理事会在成立后的40多年时

间里最重要的科研活动,其目的是推动对拉美地区重大社会问题的比较研究和合作研究。工作小组由理事会会员机构中的3000多名研究人员组成,负责对某一社会、经济和政治问题进行专题研究。2008~2009年,理事会共设有28个工作小组,它们的研究领域包括:科学、技术和社会;媒体化通信、信息资本和公共政策;文化与权力;权利与解放;农村发展;城市发展;政治生态学;世界经济、跨国公司与国别经济;教育、政治与社会运动;拉丁美洲200年:两个世纪的革命;美国研究;家庭与儿童;政治哲学;性别、全球化与发展;霸权与解放;近代史;一体化与拉美联盟;青年与新政治实践;移民、文化与政策;拉美的印第安人运动;拉美和加勒比的历史评论思想;贫困与社会政策;拉美的主导产业;安全与民主;宗教与社会;劳动、就业、职业评定、劳动关系与劳工认同;大学与社会。

　　工作小组的研究在拉美社会科学领域影响很大。除了一大批知名学者参加工作小组以外,一些学者型的政界要人(如巴西前总统卡多佐和智利前总统拉各斯)也都曾是工作小组的成员。

　　每个工作小组的活动分为两部分。一是每18个月举行一次会议,小组成员要向协调人(组长)提交一份正规的讨论文件;二是在理事会的虚拟大学为每个小组建立的平台上进行交流和讨论。工作小组成员的成果经匿名评审后将以论文集形式出版,并被收录到理事会的电子图书馆中。

　　此外,工作小组还积极组织内容广泛的学术研讨会,扩大交流。

　　(二)地区奖学金计划(Programa Regional de Becas)

　　地区奖学金计划是拉美社科理事会于1998年着手开展的学术活动,它的目的是推动社会科学的培训工作,加强社会研究,确保研究成果的传播,鼓励各国研究人员之间的学术交流,开展对拉美社会问题的深入讨论和思考,扩大拉美社科理事会的影响力,推动青年学者积极参与研究和讨论。

地区奖学金计划包括向研究项目提供资助和向论文提供资助两项内容。瑞典国际发展署(Agencia Sueca de Desarrollo Internacional, ASDI)、挪威合作开发署(Agencia Noruega de Cooperación para el Desarrollo, NORAD)、联合国教科文组织(UNESCO)、"贫困比较研究计划"(Comparative Research Programme on Poverty, CROP)等多个机构参与了对该计划的资助。地区奖学金计划对所资助项目的申请、批准、经费的使用、成果的评估、研讨会的组织都有严格和完善的规定。

1998~2003年,16个拉美国家的228名研究人员通过地区奖学金计划获得研究资助。

(三)虚拟大学

拉美社科理事会对信息技术的应用十分重视,近年来一直致力于网络建设和数字化管理,以适应新形势,最大限度地满足拉美社会科学工作者的需要。1998年它创办了虚拟大学,主要任务是为理事会管理的学术计划提供网络和通信服务,并开展远程教学工作。虚拟大学的课程由权威的地区性或国际学术机构组织,内容十分广泛。学员在虚拟课堂上与导师和同学进行交流和讨论,利用虚拟大学的电子图书馆查阅信息。1998~2004年,32个国家的4000多名学员通过网络接受了虚拟大学的培训,其中包括理事会的会员和地区奖学金计划的受益者。

在虚拟大学开展的远程教育中,一项重要的教学工作就是创立了以巴西著名社会学家弗洛雷斯坦·费尔南德斯(Florestan Fernandes)的名字命名的讲坛,以纪念这位知名和多产的学者。这项教学计划的目的是推动拉美地区评论思想的发展,加强对拉美社会结构变革的理论研究,鼓励理论创新。该讲坛于2000年建立,2001年起正式授课,每年开设五门课程,供学员选修,并聘请知名教授和学者授课。到2004年为止,约400名学员参加了"弗洛雷斯坦·费尔南德斯"讲坛的学习。

虚拟大学除完成自身的远程教学工作以外,还配合理事会开展各类研究计划,提供网络支持,搭建电子平台,帮助研究人员在网络上开展学术活动。

(四)"拉美社会观察"计划(el Programa del Observatorio Social de América Latina)

这是拉美社科理事会于 2000 年 2 月启动的一项特别计划。其任务是推动对实行新自由主义政策以来拉美资本主义新现实的深刻思考和分析,不同形式的社会对抗和社会运动的特点是关注和跟踪的重点。理事会希望通过对相关问题的研究来活跃拉美社会思潮,加强对社会运动的研究,促进学者与社会运动之间的联系。

"拉美社会观察"计划有定期出版物,还经常组织一些讨论会,搜集和制作关于社会冲突的影像资料,在理事会的虚拟大学中开设关于社会运动的课程,出版有关学术著作,鼓励研究人员参加世界社会论坛等一些反全球化或与反对新自由主义政策相关的活动。

主要拉美问题研究专家

拉美社科理事会前任执行秘书长阿蒂略·博龙(Atilio Borón)博士是拉美政治和社会学领域的知名学者。1976 年他在哈佛大学获政治学博士学位,曾在拉丁美洲社会科学学院智利分院、阿根廷布宜诺斯艾利斯大学社会学系任教。其研究领域是拉美和西欧新自由主义改革过程中的国际关系、市场和民主。他撰写了大量论文和著作,近期出版的专著主要有:《帝国和帝国主义》(2002)、《马克思主义政治哲学》(2003)、《拉丁美洲的国家、资本主义和民主》(2003)、《新的世界霸权》(2004,主编)、《现代政治哲学》(2006,主编),等等。

现任执行秘书长埃米尔·萨德也是一位拉美问题的著名学者,

已在各类学术期刊上发表100多篇论文。1990年在巴西圣保罗大学获政治学博士学位。曾任拉美社会学协会会长、拉美社科理事会领导委员会成员。长期从事教学和研究工作。1984~2005年,共参与撰写或主编了43部学术书籍。近期作品主要有:《拉美结构调整:社会代价和替代》(2001,主编)、《古巴:建设中的社会主义》(2002)、《历史的复仇》(2004)、《前景》(2005)、《批判与解放》(2008,主编),等等。

对外合作

拉美社科理事会十分重视对外交往与合作。近年来,理事会与世界各国、各地区研究机构和组织之间的友好关系得到很大发展。

理事会在教科文组织中享有咨询地位,是其正式承认的国际学术研究机构。教科文组织委托理事会成立一个研究拉美大学问题的工作小组,以便为教科文组织提供建议。理事会为此专门组织"工作小组"中从事拉美教育研究的专家,为教科文组织提供一切必要的信息。理事会的会员也经常应邀出席教科文组织举办的各种活动。

理事会与北欧一些基金会和政府机构的关系十分密切,并且得到了大量资助。瑞典国际发展署和挪威合作开发署是理事会最重要的合作伙伴。很多计划和项目都得到了这两个基金会的大力支持和赞助。此外,理事会还尽可能扩大资金来源,争取更多的资助。在它的努力下,加拿大和比利时的基金会也相继成为理事会科研计划的赞助者。

在对外学术交流方面,理事会与欧美一些研究机构建立联系,开展合作。比如,加拿大的科研机构参加了理事会两个工作小组的研究工作。在"拉美社会观察"计划中,理事会也与加拿大和巴西的一些机构签订了协议,由它们负责整理相关的信息。近年来,随着影响力的扩大，理事会还不断受到南方共同市场成员国政府、世界社会论坛、世界教育论坛的委托，组织一些学术研讨会。欧洲和北美地区的大学要求入会的申请也越来越多。

在南南合作方面，理事会制订了拉丁美洲、加勒比与非洲、亚洲学术交流南南计划，目的在于推动拉美和亚非地区社会科学工作者之间的交流与合作，鼓励学者从整个南半球的视角分析、研究社会和历史问题。该计划得到了墨西哥、巴西、古巴、哥伦比亚等国一些亚非问题研究中心的响应和支持。在这项计划的推动下，理事会与津巴布韦、塞内加尔、埃塞俄比亚等非洲国家的研究机构签订了合作协议。比利时、荷兰和西班牙的一些研究中心也为该计划的实施提供了帮助。

与"贫困比较研究计划"的合作也是理事会重要的学术交流活动之一。该计划由国际社会科学理事会（Consejo Internacional de Ciencias Sociales）于1992年建立，专门从事对发达国家和发展中国家贫困问题的比较研究和跨学科研究。秘书处设在挪威的卑尔根。双方的合作始于2002年，主要目的在于开展对拉美贫困问题的研究，举办专题讨论会，从学术的角度帮助拉美国家消除和减少贫困。研究对象起初以中美洲和加勒比国家为主，后来扩展到玻利维亚、巴拉圭和厄瓜多尔。这项合作计划的内容分为奖学金、国际研讨会和培训班三个部分。至今已在安提瓜和巴布达、尼加拉瓜、玻利维亚、巴西、古巴等国举办了多次国际研讨会。

拉美社科理事会与拉美地区另外一个重要的学术机构——拉丁美洲社会科学学院保持着良好的合作关系，并从各自不同的侧重点和目标出发，在拉美社会科学研究领域互为补充，共同发挥着重要作用。拉美社科理事会的很多创建者和领导委员会成员曾在拉丁美洲社会科学学院或下属的研究中心接受过培训；而拉丁美洲社会科学学院的10个下属学术单位都是拉美社科理事会的会员，很多教学工作由理事会的研究人员承担。

拉美社科理事会与中国社会科学界的关系是近几年才建立并发展起来的。2003年中国学者应邀参加了理事会第21次代表大会和随后举办的第三届拉美和加勒比社会科学研讨会,并在大会上发言。此后,中国学者多次访问理事会秘书处。2008年12月,拉美社科理事会执行秘书长埃米尔·萨德尔应中国社会科学院的邀请来华参加了"改革开放30周年国际学术研讨会"。

对中国的研究

在拉美社科理事会进行的全球性问题研究中,包括对中国的研究。

2005年,拉美社科理事会的"全球化、世界经济和国别经济"工作小组出版了学术专著《世界经济与拉丁美洲:趋势、问题与挑战》。其中对中国和美国能否成为世界经济周期性危机及其复苏的发动机、中国与东盟的关系等两个问题进行了分析和论述。

2006年,拉美社科理事会出版了题为《民主与独裁的交替:亚非拉国家的实例分析》的专著。其中墨西哥学院亚非研究中心研究员罗梅尔·科尔内霍(Romer Cornejo)撰写了"中国的基层政治与民主参与"一文。

2006年,在拉美社科理事会的著作《霸权世界中的政治与社会运动:亚非拉国家的教训》中,收录了南非学者关于中国与非洲关系问题的论文"中国、非洲与南非:向南南合作迈进"。

2008年,罗梅尔·科尔内霍在拉美社科理事会的《全球化与华盛顿共识:对南方国家的民主和发展之影响》一书中,撰写了以"新民主的政治参与和挑战:中国和台湾纪要"为题的文章。

主要出版物

拉美社科理事会的定期出版物是《拉丁美洲社会观察》杂志(Observatorio Social de América Latina),2000年6月创刊,每四个月出版一期,专门面向研究人员、社会运动和政治组织的有关人士。《拉丁美洲社会观察》杂志通过大事记的形式,对拉美地区发生的主要社会冲突事件进行跟踪介绍,也包括一些由拉美知名学者和工作小组成员撰写的对重大事件的分析和对前景的评估。2000~2009年,该杂志共出版了26期。第26期于2009年10月出版。自2007年10月起,拉美社科理事会与拉美一些重要的出版社合作,每月出版一期由拉美著名社会思潮评论家撰写的《拉丁美洲批判思想纪要》(Cuadernos de Pensamiento Crítico Latinoamericano)。

2000年以来机构的主要代表性文章和论著

1. Enrique de la Garza Toledo(compilador), *Reestructuración Productiva, Mercado de Trabajo y Sindicatos en América Latina*, Buenos Aires, agosto de 2000.
2. Emir Sader(compilador), *El Ajuste Estructural en América Latina. Costos Sociales y Alternativas*, Buenos Aires, marzo de 2001.
3. Bettina Levy (compilador), *Crisis y Conflicto en el Capitalismo Latinoamericano*, Buenos Aires, octubre de 2002.
4. José María Gómez(compilador), *América Latina y el (Des) orden Global Neoliberal*, Buenos Aires, abril de 2004.
5. Sonia Alvarez Leguizamón(compilador), *Trabajo y Producción de la Pobreza en Latinoamérica y el Caribe*, Buenos Aires, agosto de 2005.
6. Alicia Girón, *Confrontaciones mometarias: marxistas y post-keynesianos en América Latina*, Buenos Aires, junio de 2006.
7. Atilio A. Borón, Javier Amadeo, Sabrina González(compiladores), *La Teoría Marxista hoy*, Buenos Aires, agosto de 2006.
8. Ana Wortman, *Construcción Imaginaria de la Desigualdad Social*,

Buenos Aires, julio de 2007.
9. Emir Sader (coordinador), *Crítica y Emancipación*, Buenos Aires, junio de 2008.
10. Julio César Neffa, Enrique de la Garza Toledo y Leticia Muñiz Terra (compiladores), *Trabajo, empleo, calificaciones profesio-nales, relaciones de trabajo e identidades laborales*, Vol. I, II, Buenos Aires, Octubre de 2009.

* 资料来源:http://www.clacso.org.ar

(作者:林华,中国社会科学院拉丁美洲研究所;责任编辑:张颖)

拉丁美洲和加勒比经济体系

Sistema Económico Latinoamericano y del Caribe, SELA

地址: Av. Francisco de Miranda, Torre Europa, Piso 4, Urb. Campo Alegre, Caracas 1060, Venezuela
电话: 58—212—9557111
传真: 58—212—9515292
网址: http://www.sela.org
E-mail: sela@sela.org

历史沿革与现状简介

20世纪60年代以来,美国因自身经济条件的恶化而表现出越来越强烈的贸易保护主义倾向,墨西哥对美国的出口因此遭受严重打击。为扩大商品的出口和资金与技术来源,墨西哥政府开始重视推动与拉美其他国家的区域合作。1974年7~8月,墨西哥总统埃切维里亚连续访问厄瓜多尔、秘鲁、阿根廷、巴西、委内瑞拉、哥斯达黎加等国,并在访问过程中提出建立一个拉美地区经济合作和协调体系的设想。他认为这个机构的作用是深化地区一体化进程,保障拉美国家的出口产品价格和出口市场;提升拉美国家的整体谈判力量,能在处理与国际机构、其他地区国家或国家集团的关系时进行有效磋商和协调。这一主张得到委内瑞拉佩雷斯总统的有力响应,但巴西和阿根廷对此反应冷淡。

1975年年初,墨西哥和委内瑞拉的代表团走访拉美各国,为这一设想进行广泛的宣传和游说。同年3月,埃切维里亚和佩雷斯在墨西哥共同发表《委内瑞拉和墨西哥总统关于拉丁美洲经济体系的联合公报》。两国总统致信拉美各国首脑,希望他们能派代表参加将于当年举行的关于成立拉美经济体系的筹备会议。

1975年7月31日至8月2日,25个拉美国家的代表在巴拿马举行会议,就成立拉美经济体系达成共识。他们认为,这既是拉美国家确保自身在国际社会适当地位的必要举措,也是对各拉美一体化组织的加强和补充。

1975年10月,23个拉美国家的政府代表签署《巴拿马协议》,宣告拉丁美洲和加勒比经济体系(以下简称拉美经济体系)正式成立。此后又有四个国家陆续加入其中。到2009年为止,拉美经济体系共有成员国27个:阿根廷、巴哈马、巴巴多斯、伯利兹、玻利维亚、巴西、哥伦比亚、哥斯达黎加、古巴、智利、厄瓜多尔、格林纳达、危地马拉、圭亚那、海地、洪都拉斯、牙买加、墨西哥、尼加拉瓜、巴拿马、巴拉圭、秘鲁、多米尼加、苏里南、特立尼达和多巴哥、乌拉圭、委内瑞拉。此外,拉美经济体系还有42个观察员组织,包括拉美和加勒比地区各一体化组织、联合国下属机构、WTO,等等。

30多年来,拉美经济体系已发展成为磋商、协调地区经济和社会事务的常设机构,在为拉美国家提供政策指导、推动拉美国家在各领域的团结合作和一体化进程、捍卫本地区国家经济和贸易利益、促进南南合作和南北对话、解决外债问题和金融危机、反对外来干涉等方面发挥了重要作用。作为拉美地区唯一的部长级论坛,它关注拉美地区在经济和社会领域发生的重大变化,积极推动地区一体化进程,不断整合拉美国家的谈判能力,帮助它们以共同立场应对全球经济的挑战。

近年来,拉美经济体系的发展受到经费严重不足的影响。大多数成员国未能按照它们的份额缴纳会费,导致该体系的预算赤字多达1000万美元。资金的捉襟见肘使它无法有效开展更多的活动。

组织机构、主要负责人及研究人员概况

拉丁美洲理事会是拉丁美洲和加勒比经济体系的主要决策机构,由各成员国政府任命一名全权代表组成,每年举行一次会议。拉丁美洲理事会的主要职责是确定拉美经济体系的总体政策;批准自身以及拉美经济体系其他常设机构的程序规则;审议和批准常设秘书处呈交的年度工作报告;批准拉美经济体系的预算和财政报告,确定各成员国的资金配额;审议和批准拉美经济体系工作纲要;审议各行动委员会的工作报告;评估、指导和批准拉美经济体系各机构的活动;协调拉美和加勒比国家在处理与国际机构、其他地区国家或国家集团的经济和社会事务时所奉行的共同立场或共同战略;审议常设秘书处递交的建议和报告,等等。到2009年为止,拉丁美洲理事会已召开了35次年会。最近一次年会于2009年10月在委内瑞拉举行。

行动委员会是一种灵活的合作机制。当两个以上的成员国对联合推动某一计划产生兴趣时,可共同组建一个行动委员会,其他成员国可自由选择加入或退出。每个行动委员会设有自己的秘书处,资金由其成员筹措。既定目标实现之后,行动委员会可以解散,或转为拉美经济体系的常设机构。各行动委员会必须遵循拉美经济体系的宗旨和原则,每年向拉美理事会递交工作报告。

常设秘书处是拉美经济体系的执行机构,负责处理日常事务。常务秘书由拉丁美洲理事会选举产生,任期四年,主要职责是履行拉美理事会赋予的职责,执行其作出的决定;鼓励和进行基础研究,采取必要措施确定和推动两个或两个以上成员国感兴趣的计划;为行动委员会的工作提供便利,推动它们之间的协调与配合;向拉丁美洲理事会提出各方均感兴趣的工作计划;制定预算草案和工作计划;在得到拉美理事会批准的情况下,与国际组织、成员国或其他国家的政府机构进行合作;召集拉美经济体系各机构的会议;接收各成员国上缴的会费,对资金进行管理,等等。

常设秘书处位于委内瑞拉首都加拉加斯。正式工作语言为西班牙语、英语、法语和葡萄牙语。1975~2008年,拉美经济体系先后有八位常务秘书领导秘书处的工作,任期均为四年。他们分别来自厄瓜多尔、秘鲁、委内瑞拉、乌拉圭、墨西哥、阿根廷和智利;他们有的是资深经济学家,有的是职业外交官。现任常务秘书为墨西哥经济学家何塞·里维拉·巴努艾特(José Rivera Banuet),任期为2008~2012年。

拉美经济体系的"地区合作与一体化信息和知识数字中心"建有三个数据库,分别涉及有关全球化、国际贸易、一体化、国际合作、技术合作、外资、经济和社会政策、移民和侨汇、社会不公、平等和社会凝聚等方面的大量信息。

研究重点与学术活动

拉丁美洲和加勒比经济体系的一切活动都将遵循国家平等、主权至上、国家独立、团结、互不干涉内政的原则,尊重各国在政治制度、经济制度和社会制度的差异,尊重各地区和次地区一体化进程及其基本机制和司法机构。

1996年,拉美经济体系内部出现危机,要求重新确定整体行动的方向。在这种情况下,拉丁美洲理事会通过了机构改革方案,对工作计划进行重新部署,对行动方式进行了调整。自此,拉美经济体系将其工作重点集中在促进成员国与国际接轨、提高竞争力和扩大经验交流以推动地区合作等三个方面。具体的工作范围包括:分析全球化进程及其对地区发展的影响;分析本地区国家与其经济和贸易伙伴的关系;探讨地区、西半球和多边贸易问题;协调建立美洲自由贸易区和WTO框架内的谈判立场;分析发展融资和地区金融体系改革问题;协调拉美和加勒比地区现存的一体化框架;分析经济与社会政策之间的关系,推动私有化、权力下放、知识产权、工业发展政策和技术更新等方面的经验交流;促进多边贸易人力资源培训等地区合作。1998年,拉丁美洲理事会第26次年会通过了旨在使拉美经济体系的目标和职责更加适应国际环境变化,并能根据成员国需要确立工作重点的改革方案。

拉美经济体系新的工作计划主要集中在以下三大领域。

1. 在地区对外关系领域,为拉美和加勒比国家提供商业合作建议;系统分析全球重大经济决策和经济发展进程对拉美和加勒比地区的影响;评估国际商业、经济和金融谈判进程及其对拉美和加勒比地区经济发展与一体化的影响;在尊重成员国谈判抉择的前提下向其提供帮助。

2. 在地区内部关系领域,促进拉美和加勒比次地区一体化进程的发展;系统分析相关因素,确保本地区一体化进程的均衡发展;帮助人们认可推动地区经济一体化进程的各种努力;制定旨在创建一体化制度框架的工作计划。

3. 在经济和技术合作领域,促进国际机构和资金捐助国与本地区进行多边和双边合作,在发展中国家经济和技术合作中发挥枢纽作用;鼓励本地区各国就宏观经济协调、消除贫困、社会团结、国际合作等问题交流经验和信息。

拉美经济体系的学术活动主要集中在以下三个方面:一是组织召开有成员国高级官员参加的地区性协商和协调会议,就共同感兴趣的话题展开讨论;二是组织专家对本地区和世界经济问题进行研讨,举办政府和非政府代表参加的各类论坛;三是以政府官员、企业家、议员、学者和普通劳动者为对象,组织各种与拉美经济和社会问题相关的研讨会和培训班。近几年来,拉美经济体系组织的研讨活动主要涉及中小企业发展、欧盟与拉美的经济关系、国际合作和一体化等方面。

对重大国际问题的观点

拉丁美洲和加勒比经济体系关于经济、贸易、一体化和国际经济技术合作等问题的主要观点如下。

1. 维护地区经济稳定，支持一体化进程。20世纪90年代，为消除金融危机带来的负面影响，拉丁美洲理事会在1998年通过了《哈瓦那声明》，呼吁拉美国家加快金融体制改革，推进地区一体化进程，共同应对全球化挑战。声明还呼吁发达国家和国际金融机构负起责任，采取积极措施缓解金融危机给发展中国家带来的冲击。针对墨西哥金融危机对拉美地区的冲击，拉美经济体系认为，拉美国家有必要进行经济结构调整，建议成员国加强国内储蓄机制，鼓励外国长期投资，尽可能降低资本流动不稳定性带来的风险。

2000年10月发表的《拉丁美洲和加勒比经济体系成立25周年的声明》指出，拉美各国应加强相互协调、支持与合作，积极参与制定相关的国际经济规则，推进拉美地区的一体化进程，巩固地区和平与民主，努力实现经济增长、社会公正和消除贫困等共同目标。

针对2008年发生的全球性经济危机，拉美经济体系主张拉美各国应采取贸易、经济和金融一体化的政策，以稳定本地区的市场。它反对国际贸易中不断加剧的保护主义倾向，呼吁对国际金融结构进行改革，建立更加透明高效、包含预警系统和预防能力的机制。

2. 捍卫拉美国家的经济和贸易利益。拉美经济体系一直坚决维护成员国的经济利益，认为国际贸易的不平衡严重地削弱了拉美国家的支付能力，反对发达国家阻碍发展中国家独立发展自身工业的做法，批评西方发达国家奉行的贸易保护主义和贸易歧视政策，支持拉美国家捍卫200海里经济专属区的立场，反对发达国家无视拉美国家立场的做法。

20世纪80年代,拉美经济体系认为,国际市场初级产品价格的大幅下跌使拉美国家损失巨额外汇收入,因此拉美国家遭遇严重的经济困难。拉丁美洲和加勒比经济体系主张,拉美各国制定共同行动纲领,维护国际市场上的初级产品价格,为初级产品出口开拓新的市场,实现出口产品多元化。1987年1月,拉丁美洲理事会发表《危地马拉声明》,呼吁加强拉美国家间的贸易往来,扩大拉美经济体系成员国对初级产品加工和贸易的参与能力,拒绝执行发达国家强加给拉美和加勒比国家的歧视性、惩罚性的经济和财政措施,共同应对初级产品价格下跌问题。

20世纪90年代以来,面对发展中国家在世界贸易体制中的不利地位,拉美经济体系不断呼吁建立开放、非歧视的世界贸易新体制,要求WTO成员、特别是发达成员履行承诺,不再给发展中国家设置贸易障碍。1993年10月,拉美理事会第19次会议发表《关于乌拉圭回合多边贸易谈判的声明》,要求发达国家在乌拉圭回合谈判中根据多边制度的原则行事,顾及发展中国家的利益,使谈判能够取得令各方满意的进展。会议发表的《关于北美自由贸易区的声明》表示,拉美国家支持墨西哥、美国和加拿大建立北美自由贸易区的进程,认为北美自由贸易区有助于推动美洲大陆的自由贸易。

拉美经济体系反对美国在2002年通过的"农业补贴法",认为它不仅可能引发美国与欧盟之间的一场贸易战,而且还将给全球贸易带来消极影响,尤其会损害拉美国家的经济利益。拉美经济体系认为,避免爆发贸易战的唯一出路是通过世界各国的共同努力争取WTO裁决美国取消农业补贴法。在这一努力失败的情况下,拉美和加勒比国家只有团结起来,通过更坚定地实施一体化政策来加强自我保护,应对欧美贸易保护主义的挑战。

3. 妥善解决债务问题。拉美经济体系认为,债务问题不仅是一个经济问题,还关系到拉美国家的政治和社会制度稳定;债务问题是由发展中国家与发达国家贸易不平衡导致的,拉美国家无法在偿还巨额外债的同时实现经济的正常发展。

拉美经济体系呼吁寻找一种更为合理地解决拉美外债的途径,避免这些国家靠牺牲本国的经济发展和社会发展来偿还债务。拉美经济体系认为,在拉美国家认真履行偿债义务的前提下,债权国应适当地向债务国提供偿债的便利条件;国际社会有必要建立一种能把债务国的需求与国际金融货币体系的需求相结合的机制。它主张拉美国家尽快建立一项拉美地区的经济援助基金,将其作为帮助地区各国克服金融危机的合作机制。一旦某个拉美国家发生类似阿根廷的金融危机,该基金将迅速提供财政支援。

4. 主张南南合作与南北对话。拉美经济体系从一开始就强调加强拉美国家与其他第三世界国家的团结与合作,积极推动南北对话。拉美经济体系认为,西方发达国家不能只对发展中国家技术含量低、资本集中程度低的工业领域给予优惠;迫切希望拉美的制造业能够实现多元化,结束不公正的国际分工,提高拉美在世界经济中的地位。拉美经济体系注重加强与发达国家的联系,主张通过协商和谈判为拉美国家争取更多的经济利益。

20世纪90年代以来,随着亚太地区经济重要性的凸显,拉美经济体系意识到扩大与亚太国家交往的重要性。1993年10月,拉丁美洲理事会第19次会议提出,拉美对外经济战略应向太平洋地区转移,把加强拉美与亚太地区联系作为拉美国家未来对外政策的重点之一。

5. 反对西方大国对拉美国家内部事务的干预。20世纪80年代初,针对中美洲危机,拉美经济体系表示反对大国干涉拉美国家的内部事务,支持孔塔多拉集团为和平解决中美洲问题进行斡旋,认为美国对尼加拉瓜实施的贸易禁运及其他经济制裁措施违背了国际法准则,加剧了中美洲的紧张局势。

在英国与阿根廷之间爆发马尔维纳斯群岛战争之后,拉美经济体系谴责英国、美国和某些欧共体国家对阿根廷实行的制裁,认为这种做法是对拉美国家经济安全的一种严重威胁。拉美经济体系呼吁成员国向阿根廷提供贸易优惠,在关税方面给予让步,发展陆海空运输等方面的合作,在国际场合支持阿根廷。

在冷战时期,拉美经济体系打破意识形态的束缚,吸收古巴为成员国。20世纪90年代以来,它一直呼吁美国停止对古巴的经济封锁,反对美国所有旨在加强和扩大对古巴封锁以及使封锁国际化的政策,认为这些做法违背了尊重别国主权的基本原则。1994年6月,拉丁美洲理事会第20次会议通过一项决议,要求美国停止对古巴实施经济封锁。拉美经济体系反对美国国会通过的旨在强化对古巴封锁的"赫尔姆斯—伯顿法",认为该法严重损害包括古巴在内的广大拉美和加勒比国家的合法权益。自1995年起举行的历次拉丁美洲理事会会议都通过决议,对"赫尔姆斯—伯顿法"表示强烈反对,要求美国立即解除对古巴的经济、贸易和金融封锁。

拉美研究概况

拉丁美洲和加勒比经济体系发表了大量的研究报告、论文和学术专著。自1996年以来,拉美经济体系研究工作的重点是民主可治理性,贸易与发展,国际移民,国际合作,WTO与美洲自由贸易区,美洲自由贸易区的机遇与风险,一体化,金融、投资与贸易,金融危机,拉美和加勒比地区在新千年的发展,欧元对拉美的影响,全球化与对外关系,增长与就业,工业政策中的战略变化,拉美经济体系的贸易问题,工业、技术与竞争力,等等。在贸易和一体化方面包括国际合作、宏观经济协调、智利与南共市的关系、贸易谈判、美洲自由贸易区、亚太地区的发展、服务贸易、外资待遇、欧元、可持续发展、私有化、世界贸易体系、贸易政策、欧盟与拉美的关系,等等。

2002~2003年,拉美经济体系陆续发表了10篇形势报告,集中分析了这一时期拉美和加勒比国家经济发展面临的种种问题和机遇,内容涉及拉美经济前景、美国的贸易措施对拉美的影响、智利经济前景、欧元与美洲自由贸易区、欧盟与拉美的合作、全球化对拉美的影响、拉美国家在世界贸易中的地位、拉美经济调整的理论依据、拉美国家在美洲自由贸易区谈判中的问题和对策、委内瑞拉的经济和社会形势。

2004年7月,拉美经济体系在委内瑞拉召开了以"侨汇是拉丁美洲和加勒比的一种选择吗"为主题的研讨会。这是拉美学术界关于侨汇问题的一次重要会议。2005年拉美经济体系出版了此次研讨会的论文集。

针对2008年发生的全球性金融危机,拉美经济体系在2009年5月发布题为《全球经济危机的恶化:当前形势及其对拉美和加勒比的影响》的研究报告,认为拉美国家在实施自身反危机措施的同时,必须大力加强地区各国之间的协调、合作和一体化。拉美经济体系还在同期发布题为《全球衰退、移民和汇款:对拉美和加勒比经济体的影响》的报告。

主要拉美问题研究专家

罗伯托·瓜尔涅里(Roberto Guarnieri),委内瑞拉经济学家,前任常务秘书,曾在耶鲁大学和哈佛大学学习,获经济学博士学位;曾在世界银行、国际货币基金组织、拉丁美洲开发银行等国际金融机构任职。他经常参与委内瑞拉政府与多边机构的谈判,并曾任委内瑞拉中央银行高级顾问等重要职务。他撰写了大量学术论文,并多次应邀参加国际组织举办的各类研讨会。

何塞·里维拉·巴努艾特,现任常务秘书,曾在联合国和美洲国家组织等机构担任经济顾问,长期参与墨西哥经济领域的领导工作。其近期的研究成果是《新兴的世界秩序：21世纪的墨西哥》（合著）。

对外合作

自成立以来，拉丁美洲和加勒比经济体系与其他国际组织和政府机构开展了广泛合作，共同组织了大量活动。与该体系建立合作关系的组织中，既有联合国的下属机构、世界银行、世界卫生组织等全球性国际组织，也有美洲开发银行、安第斯共同体、欧盟、拉丁美洲议会等区域性国际组织。

拉美经济体系与联合国的下属机构，特别是与联合国拉美经委会展开了广泛合作。近年来，双方的合作得到不断加强，不仅合作领域更加多样化，而且参与合作的下属机构数量也有所增多。双方的合作包括共同举办活动和会议。1995～2001年，拉美经济体系与联合国拉美经委会墨西哥分会每年都在中美洲国家举办中美洲一体化问题讲习班。2000年3月，拉丁美洲和加勒比经济体系、联合国拉美经委会和拉丁美洲一体化协会在智利圣地亚哥举行会议，对拉美国家负责贸易政策的政府官员会议的成效进行评估。三方认为，这类会议有助于拉美各国在制定政策过程中紧跟国际形势，并同意将继续举行此类会议。2001年5月31日，联合国拉美经委会生产力和管理司官员参与了拉美经济体系在布宜诺斯艾利斯举办的工业政策区域论坛，与会代表讨论了拉美国家进行结构改革后的生产力改组情况，并审查了各项提高竞争力的公共政策备选办法。

拉美经济体系与联合国粮农组织也保持着紧密合作。1998～2001年，联合国粮农组织参与了拉美经济体系举办的拉丁美洲理事会第25次和第26次年会、国际技术合作负责人第14届会议、自然灾害紧急情况技术合作区域机制第一次会议。1999～2000年，拉美经济体系成员国参加了联合国粮农组织围绕乌拉圭回合农业谈判举办的三次研讨会。

拉美经济体系与世界银行展开合作,彼此派代表参加对方举办的会议。世界银行于 1999 年和 2001 年邀请拉美经济体系参与它为拉美国家和加勒比国家举办的关于权力下放和经济保障的区域会议。世界银行参加了拉美经济体系举办的题为"农业和 WTO 的新主题:拉丁美洲和加勒比的利益备选办法和战略"讨论会。

拉美经济体系还与联合国教科文组织和联合国工业发展组织开展合作研究,定期交换信息和研究成果,举办政府间会议和专家会议。

1998 年第八届伊比利亚美洲国家和政府首脑会议确立了"伊比利亚美洲中小企业计划"项目。该项目由拉美经济体系负责管理,经费来自西班牙外交部国际合作署和伊比利亚美洲国家的捐赠。拉美经济体系围绕项目主题组织了一系列论坛、座谈会、企业洽谈会、企业互访等活动,内容涉及企业合作、生产力和竞争力、中小企业国际化、信息和通讯技术、中小企业政策、微型企业发展等诸多方面,目的是提高政府机构和工会组织扶植中小企业的能力,增强中小企业的竞争力和国际化水平。

对中国的研究

1996 年,拉丁美洲和加勒比经济体系第 46 期《议题》杂志发表了由米利亚姆·费尔南德斯(Miriam Fernández)撰写的"增进拉美和加勒比与中国关系的可能性"一文。作者在文章中分析了中国经历的变化,提出了扩大中国与拉美国家之间贸易和投资机遇的种种可能,认为拉美国家应确立三个基本战略:一是建立有关中国问题的长效信息系统,二是推动交流与咨询工作,三是制定中长期贸易战略。

1999 年 6 月,拉美经济体系与中国国际贸易促进委员会在北京共同举办了中拉经贸关系研讨会。同年 10 月,拉美经济体系常设秘书处向拉丁美洲理事会第 25 次会议提交了一份报告,题为"拉美和加勒比国家在危机后与亚太地区的关系",内容涉及中国的经济形势以及扩大外贸的潜力。

2000 年,拉美经济体系在第 37 期《一体化公报》上发表了哥斯达黎加国立大学国际经济政策研究中心的学者撰写的题为"中国加入 WTO:对加勒比盆地国家的风险和机遇"的文章。文章认为,中国加入 WTO 后,将对加勒比和中美洲国家对美国的出口产生重大威胁,但同时也指出,中国因拥有巨大的市场而很可能成为这一地区重要的贸易伙伴。

2005 年,拉美经济体系第 88 期《一体化公报》发表了"中国与安第斯共同体对话的成效"一文。

2009 年,拉美经济体系在加拉加斯召开了关于"中国、印度和俄罗斯与拉美和加勒比国家对外经济关系"的地区性会议。会后发布了题为"拉美和加勒比国家与中国经济关系地区性会议的结论与建议"的报告。

主要出版物

《议题》(Revista Capítulos)杂志,1983 年创刊,2003 年停刊,20 年内共出版 65 期,汇集了与拉美一体化进程、合作与发展等问题相关的重要思想。《一体化公报》(Boletín de Integración),月刊,英、西双语。《战略纪要》(Notas Estratégicas)不定期,英、西双语。《拉美经济体系之美国报道》(Antena del SELA en los Estados Unidos),不定期,英、西双语,到 2007 年第三季度为止已出版 86 期。《拉丁美洲和加勒比经济体系国际合作简报》(Boletín EN-LACE de Cooperación Internacional del SELA),电子季刊,2008 年创办,西班牙语。

2000 年以来机构的主要代表性文章和论著

1. SELA, "Acerca del Ingreso de China a la OMC: Riesgos y Oportunidades para la Cuenca del Caribe", *Boletín de Integración*, No. 37, julio-agosto de 2000.
2. SELA, "El ALCA, ¿Pasaporte a la Globalización o el Ocaso de la Integración?", *Notas Estratégicas*, octubre de 2001.
3. SELA, "Negociaciones sobre Agricultura: Una Encrucijada", *Notas Estratégicas*, febrero de 2002.
4. SELA, "¿Es Suficiente la Actual Coorperación Internacional? Algunas Propuestas de SELA", *Notas Estratégicas*, agosto 2003.
5. SELA, "Libre Comercio en las Américas: ¿Un Mecanismo o Varios?", *Antena del SELA*, julio-septiembre 2003.
6. SELA, "De qué Manera Afectarán las Elecciones del 2004 la Política Comercial de EE. UU", *Antena del SELA*, abril-junio 2004.
7. Secretaría Permanente del SELA, *Las Remesas de Migrantes en América Latina y el Caribe: ¿Una Alternativa de Desarrollo?*, Caracas, 2005.
8. SELA, "Política Comercial y las Elecciones Presidenciales", *Antena del SELA en Estados Unidos*, Trimestre de 2007.
9. SELA, *Relaciones América Latina y el Caribe-Unión Europea: Análisis y Perspectivas*, Caracas, 2008.
10. Secretaría Permanente del SELA, *La Acentuación de la Crisis Económica Global: Situación e Impacto en América Latina y el Caribe*, Caracas, abril de 2009.

* 资料来源：http://www.sela.org

（作者：林华，中国社会科学院拉丁美洲研究所；责任编辑：张颖）

拉丁美洲发展管理中心

Centro Latinoamericano de Administración para el Desarrollo, CLAD

地址: Calle Herrera Toro, Quinta CLAD, Sector Los Naranjos, Las Mercedes, Apartado Postal 4181, Caracas 1010—A Venezuela.

电话: 58—212—9924064　9923297　9925953　9937277　9939104

传真: 58—212—9918427

网址: http://www.clad.org.ve

E-mail: clad@clad.org.ve　clad@reacciun.ve

历史沿革与现状简介

拉丁美洲发展管理中心(以下简称发展管理中心)是在墨西哥、秘鲁和委内瑞拉三国政府的倡议和联合国大会支持下,于1972年成立的国际性政府间公共机构。其任务是通过组织国际会议、提供文献和信息服务、进行研究和调查活动、发表科研成果、在成员国之间开展技术合作等方式,促进各国对国家改革和公共管理现代化问题的分析研究和经验交流。

发展管理中心现有成员22个,包括阿根廷内阁主席部长办公室及其公共管理秘书处,玻利维亚财政部,巴西计划、组织和管理部,智利总统府秘书处,哥伦比亚公共职能管理局,哥伦比亚公共管理高等学校,哥斯达黎加国家规划和经济政策部,古巴外国投资和经济合作部,厄瓜多尔公共管理秘书处,萨尔瓦多总统府技术秘书处,西班牙首相府部,危地马拉全国公共管理研究所,洪都拉斯总统办公室国家事务秘书处,墨西哥公共职能秘书处,尼加拉瓜总统府秘书处,巴拿马经济和财政部,巴拉圭公共职能秘书处,秘鲁部长委员会主席团,葡萄牙财政和公共管理部,多米尼加公共管理部,乌拉圭总统府全国民间事务办公室,委内瑞拉规划和机构发展部。

组织机构、主要负责人及研究人员概况

发展管理中心下设领导委员会、领导小组和教学与评估委员会。领导委员会是中心的最高决策机构,由每个成员国各指定一名正式代表和一名候补代表组成。其主要职责是制定政策,并对中心各项活动进行指导和评估。

领导小组由主席、副主席和秘书长组成:现任主席是阿根廷内阁首席部长阿尼瓦尔·多明各·费尔南德斯(Aníbal Domingo Fernández),第一副主席是巴西计划、组织和管理部执行秘书若昂·贝尔纳多·德阿塞维多·布林赫尔(Joao Bernardo De Azevedo Bringel),第二副主席是多米尼加公共管理部部长拉蒙·本图拉·卡梅霍(Ramón Ventura Camejo),第三副主席是西班牙第一副首府兼首相府部部长玛丽亚·特雷莎·费尔南德斯·德拉维加(María Teresa Fernández de la Vega),秘书长是发展管理中心的胡利奥·塞萨尔·费尔南德斯·托罗(Julio César Fernández Toro)。

教学与评估委员会是领导委员会的咨询机构,其成员除领导小组主席、副主席和秘书长外,还包括成员国的三名代表。他们是玻利维亚经济与公共财政部部长路易斯·阿尔韦托·阿尔塞·卡塔科拉(Luis Alberto Arce Catacora)、智利总统府秘书长克里斯蒂安·帕特里西奥·拉罗乌雷特·比格纳乌(Cristián Patricio Larroulet Vignau)、巴拉圭公共职能秘书处秘书长利利安·苏珊娜·索托·巴达乌依(Lilian Susana Soto Badaui)。

秘书处是发展管理中心的技术部门,负责各项计划的执行和管理,所在地是委内瑞拉首都加拉加斯。秘书处由秘书长、两名项目主管、一名行政主管、十名办事人员、四名技术人员和四名特别顾问组成。

1998年发展管理中心还成立了科学理事会,负责为中心提供国家改革和公共管理方面的议题。科学理事会由一名主席和四名成员组成:主席是路易斯·卡洛斯·布雷塞尔·佩雷拉(Luiz Carlos Bresser Pereira);成员是莱昂纳多·加尼耶·里莫洛(Leonardo Garnier Rimolo)、奥斯卡·奥斯拉克(Oscar Oszlak)、亚当·普热沃斯基(Adam Przeworski)和发展管理中心秘书处的代表努里亚·库尼尔·格劳(Nuria Cunill Grau)。

发展管理中心拥有完备的资料信息系统,全称为"国家改革、管理和公共政策信息综合和分析系统(SIARE)"。它建于1985年,至今已收录八个数据库,内容涉及国家组织和管理现代化的经验,国家、管理和社会图书信息,公共事务的培训和研究活动,国家统计,公共管理的创新和趋势,国家结构和机构性质,公共制度的相关法律,公共管理入门等。数据库的资料来自世界各地研究机构,大部分资料均有内容摘要,以方便学者查找。其中"国家、管理和社会图书信息"数据库,共搜集了包括图书、文献和文章在内的39500多种参考资料,其中4730篇为全文,内容涉及国家改革、公共管理现代化和公共政策,主要是提交给国家改革和公共管理国际大会的论文和管理发展中心出版的各类文献。

研究重点与学术活动

发展管理中心的研究方向比较专一,重点是国家改革和公共管理现代化。它组织的各类学术和培训活动,以及出版物均与此相关。

发展管理中心组织的重要学术活动之一是组织召开各种规模的国际会议、论坛、研讨会等。

国家改革和公共管理国际大会是发展管理中心定期举办的重要活动。自1996年起,大会每年召开一次,至今已成为伊比利亚美洲各国在国家改革和公共管理方面进行沟通交流和学术研讨的重要场所。参加会议的包括各国主管公共政策的部长和国务秘书、议员、学者、大学教授、顾问和政府官员等。会议的宗旨是推动伊比利亚美洲和加勒比各国之间在国家改革、管理现代化和公共事务管理等方面进行经验教训和研究成果的交流,以提升它们对这些问题的认知。到 2009 年为止,国家改革和公共管理国际大会已举行了 14 届。

一年一度的伊比利亚美洲公共管理和国家改革部长会议也是发展管理中心国际会议计划中重要的组成部分,一般在伊比利亚美洲国家和政府首脑会议之前召开。主要任务是讨论和分析各国遇到的各种问题,然后提出必要的解决办法和政策建议,并提交伊比利亚美洲国家和政府首脑会议予以考虑。1998~2009 年,发展管理中心共组织召开了 11 届伊比利亚美洲公共管理和国家改革部长会议,2009 年的会议在葡萄牙举行。

发展管理中心还组织召开大量重要的国际研讨会和学术论坛,讨论的内容涉及公共管理的很多方面(如公共管理研究和教学机构面临的挑战、可治理性与国际改革、市民社会参与社会计划、公共职能现代化、经济与社会政策的关系、管理信息交流、议会管理、公务员的就业形势、社会政策分散化、医疗卫生体系管理、反腐败、公务员培训、公共管理评估、电子政务,等等)。

近年来,发展管理中心为拉美各国的公务员组织了大量培训活动,其中较重要的是 20 世纪 90 年代中期实施的欧拉公共管理培训计划。该计划得到了当时的欧洲共同体和里约集团的支持,分别于 1994 年、1996 年和 1997 年举办了三期培训班,内容涉及公共医疗、中央政府与地方政府的关系,以及公务员培训机构的作用,等等。另一项重要活动是与联合国教科文组织共同开办的网络课堂。1999~2002 年,网络课堂共举办了三期培训,内容包括国家改革、组织间的关系及对公共管理的作用、反腐败,等等。

为推动培训和教学工作,发展管理中心还建立了专门的培训机构。2005年10月,西班牙公共管理部部长、发展管理中心前主席霍尔迪·塞维利亚(Jordi Sevilla)在国家改革和公共管理国际大会上提议,成立伊比利亚美洲公共管理和政策学院。该倡议在2006年6月举行的第八届伊比利亚美洲公共管理和国家改革部长会议上获得通过,并且得到伊比利亚美洲国家和政府首脑会议的大力支持。伊比利亚美洲公共管理和政策学院由各国从事公务员培训工作的公办机构和学校组成,在互补、互相支持和协作的原则下开展教学合作,发展管理中心秘书处作为该学院的常设秘书处。

此外,发展管理中心还建立了"政府公共事务学校和学院"(REIGAP)、"管理学和公共政策研究生"和"反腐败及拯救公共道德机构"(RICOREP)三个专门的研究人员网络系统,组织成员参加各种培训和研讨活动。

为推动学术研究,发展管理中心每年还举行评奖活动,以奖励和推广与国家改革和公共管理相关的研究成果。

发展管理中心在几十年研究工作中积累的经验和成果已得到拉美各国政府的承认和信任。在1993年召开的第三届伊比利亚美洲首脑会议上,由发展管理中心推动的国家改革和公共部门管理现代化计划得到了与会各国的大力支持。此后,发展管理中心组织的各类专门会议所提出的结论和建议一直受到伊比利亚美洲首脑议会的关注和重视。

对重大国际问题的观点

发展管理中心在国家改革和管理现代化方面的重要观点在历年召开的伊比利亚美洲公共管理和国家改革部长会议和其他一些重要学术会议的最后文件中都有所体现。

1998年,发展管理中心领导委员会通过了一份题为《拉丁美洲新的公共管理》的重要文件。文件指出,结构改革削弱了国家的作用,没有解决拉美国家面临的种种问题。因此,国家应继续发挥在经济、政治和社会发展中的根本作用。在国家机器重建的过程中,最大的挑战是全球化所带来的国际竞争。为此,国家应放弃以往的保护主义政策,取而代之以旨在增强企业竞争力、推动其参与世界经济的措施,同时要对公共和私人资金进行战略性的引导,以保证教育和科技的发展。在经济领域,国家应充分发挥调控职能;在社会领域,国家的中心作用是制定和资助各种公共政策,直接的国家干预是必要的。巩固民主、经济增长和社会公正是实现上述目标的前提条件。

2003年第五届伊比利亚美洲公共管理和国家改革部长会议通过了《伊比利亚美洲公共职能宪章》,提出了公共职能的五项基本原则:保证全体公民的平等,杜绝性别、种族、区域、政治信仰等一切形式的歧视;将业绩、作用和能力作为评价人力资源的标准;增强就业和人事管理政策的效率和效果;保持透明、客观和公正性;恪守法律。

2008年第十届伊比利亚美洲公共管理和国家改革部长会议通过了《伊比利亚美洲公共管理质量宪章》,将公共管理的质量与民主政府的两大基本目标联系在一起:一是公共管理应满足所有公民的需要;二是公共管理必须注重实效。宪章提出只有最终实现了公正、平等的福利社会,公共管理才有意义。宪章明确了高质量的公共管理应遵循公共服务、民主合法性、透明度与公民参与、协调与合作、公共道德、普遍享受等17项原则。

拉美研究概况

作为拉美地区权威的研究机构,发展管理中心自成立以来进行了大量有关国家改革和公共管理方面的研究。在这些研究工作中,既有发展管理中心独立组织专家学者完成的成果,也有与其他研究机构和国际组织合作完成的项目；既有对某个城市或部门的微观研究，也有对整个国家和地区的宏观研究。经过30多年的发展，发展管理中心在对公共管理部门的研究上已形成了规模。

1990年，发展管理中心对巴塞罗那、蒙特雷、麦德林、布宜诺斯艾利斯和加拉加斯的城市管理进行了详细研究。1991年，中心对委内瑞拉、西班牙和玻利维亚三国实施的国家改革加以系统研究，并分别撰写了研究报告。1992年，中心进行的主要研究包括：城市公共服务业的问题和改进、墨西哥分散化政策的影响评估、布宜诺斯艾利斯省公共管理中的市民参与，等等。1993年，中心的研究项目以国别研究为主，内容比较广泛，如巴西的总统制、哥伦比亚的国家改革和现代化进程、乌拉圭公共部门的欠缺、巴西公共部门的开支政策、牙买加的公共管理改革、里约热内卢的公共计划管理、阿根廷霍乱时期医疗体系的分散化、阿根廷航空货运的私有化，等等。1994年，中心的研究重点一是国家改革，涉及的国家有委内瑞拉、墨西哥、智利、秘鲁、巴拿马、萨尔瓦多、哥斯达黎加和危地马拉；二是拉美国家的总统制。1995年，拉美城市公共管理的分散化是中心主要的研究项目。1996年，中心对阿根廷、哥伦比亚、厄瓜多尔、墨西哥、委内瑞拉五个国家公共管理的变化和趋势分别进行了研究。1997年，中心的研究项目是《从社会角度对公共部门的重新思考：公共管理和社会代表的新形式》。1997～1998年，发展管理中心与美洲开发银行合作，共同展开了公共管理现代化项目的研究，并于1998年出版论文集《调整中还有什么？拉美的电讯和水电业》和《国家改革中的非国家公共部门》。1999年，发展管理中心科学理事会在美洲开发银行的资助下，开展了《拉美新公共管理中的责任化》课题的研究，并于2000年出版了论文集。1999年，中心在美洲开发银行的帮助下，启动《拉美的新公共管理和调整：总结和挑战》课题，发表了一系列个案研究报告,并于2000年出版了论文集。2001年11月至2002年1月,发展管理中心组织专家,以阿根廷、哥斯达黎加、墨西哥和秘鲁为例,完成了对拉美公共管理中劳资关系的比较分析。2002年,中心在西班牙有关组织和机构的协助下,开展了对新公共管理框架下公共职能专业化的研究,并于2003年出版了论文集。2001~2002年,中心进行了《现代和民主公共管理评估:拉美的经验》课题的研究,于2003年出版了论文集。2003年,中心在联合国经济与社会事务部的资助下,完成了《以电子政务为手段促进国家与民众关系》的课题。同年,中心还与美洲开发银行合作开展了《公共部门高级官员工资水平研究》的课题,涉及拉美和加勒比地区12个国家、西班牙、美国和英国。从2001年起,中心还陆续对智利、哥斯达黎加、哥伦比亚、乌拉圭、阿根廷、玻利维亚、巴西、墨西哥等国的公共管理评估进行了研究。2006年,中心与美洲开发银行合作完成了对公共机构管理能力分析方法的研究。2006年12月,中心与世界银行共同开展了《通过南南交流与学习推动拉美和加勒比监督和评估体系》的课题。

主要拉美问题研究专家

发展管理中心成立30多年来,吸收许多拉美地区的知名学者参加由它组织的学术研究工作,其中绝大多数专家隶属于拉美各国的研究机构、高等院校或国际组织。近年来比较活跃的是智利学者努里亚·库尼尔·格劳。她自1985年起任发展管理中心的国际专家,不仅多次作为课题负责人或协调人参与该中心的多项研究课题,而且还是中心信息系统和学术期刊的主管。其主要著作包括:《公共管理、规划和发展》(1979,合著)、《管理改革》(1984,合著)、《公民参与:拉美国家民主化的困境与前景》(1991)、《从社会角度对公共部门的重新思考:公共管理和社会代表的新形式》(1997)、《国家改革中的非国家公共部门》(1998,联合主编)、《拉美新公共管理中的责任化》(2000,联合主编)、《现代和民主公共管理评估:拉美的经验》(2003,联合主编)、《政治与公共管理》(2004,联合主编),等等。

对外合作

发展管理中心自成立以来,陆续与其他研究机构建立并发展了合作关系。目前,与中心签订了技术合作和资助协定的机构包括:西班牙国际合作署,美洲公共管理协会,拉丁美洲一体化协会,美洲开发银行,世界银行,联合国拉美经委会,拉丁美洲社会科学理事会,拉丁美洲开发银行,联合国儿童基金会,德国国际发展基金会,伊比利亚美洲公共管理和政策国际基金会,拉丁美洲和加勒比经济和社会计划研究所,加拿大国际发展研究中心,泛美卫生组织,伊比利亚美洲国家教育、科学和文化组织,国际劳工组织,联合国工业发展组织,拉丁美洲议会,联合国开发计划署,联合国经济与社会事务部等。

1994年以来,发展管理中心与上述组织,以及各国研究机构、高等院校、政府机关、国际组织、基金会等积极合作,组织召开了各种规模的国际研讨会和论坛,还共同举办培训活动,开展学术研究。

为促进伊比利亚美洲国家之间的信息交流,发展管理中心创建了一个信息共享系统,名为"拉丁美洲公共管理文献和信息网"。拉美国家和西班牙的19个信息和文献资料中心加入该网络,在发展管理中心的组织下定期进行文献和信息交流,实现资源共享。

主要出版物

发展管理中心最重要的定期出版物是学术期刊《改革与民主》(*Reforma y Democracia*),每四个月出版一期,由秘书处负责出版工作。该杂志的办刊宗旨是促进学者对国家与社会关系的认识和研究,宣传并推广公共管理改革方面的建议和对策选择。1994~2009 年,该杂志共出版了 45 期。

2000 年以来机构的主要代表性文章和论著

1. Consejo Científico del CLAD(coordinador), *La Responsabilización en la Nueva Gestión Pública Latinoamericana*, Buenos Aires, 2000.
2. Peter Spink, Francisco Longo, Koldo Echebarria, Carlos Stark, *Nueva Gestión Pública y Regulación en América Latina, Balances y Desafíos*, Caracas, 2001.
3. David Arellano, Rodrigo Egaña, Oscar Oszlak, Regina Pacheco, *Retos de la Profesionalización de la Función Pública*, Caracas, 2003.
4. Nuria Cunill Grau, Sonia Ospina Bozzi (editoras), *Evaluación de Resultados para una Gestión Pública Moderna y Democrática: Experiencias Latinoamericanas*, Caracas, 2003.
5. Luiz Carlos Bresser Pereira, Nuria Cunill Grau, Leonardo Garnier, Oscar Oszlak, Adam Przeworski, *Política y Gestión pública*, Buenos Aires, 2004.
6. Koldo Echebarria, Joan Subirats, Francisco Longo, Eduardo Zapico, Luis Babino, Diego Dequino, Jorge Hintze, Regina Pacheco, Oscar Oszlak, Paulo Roberto Motta, Mariana Lima Bandeira, *Responsabilización y Evaluación de la Gestión Pública*, Caracas, 2005.
7. Luciana Tatagiba y Ana Claudia Chaves Teixeira, Mariana Siqueira de Carvalho Oliveira, Felipe José Hevia de la Jara, Germán Stalker, *Contraloría y Participación Social en la Gestión pública, XIX Concurso del CLAD, Ensayos Ganadores 2006*, Caracas, 2007.
8. Marta Mena, Emma Barrios y Laura Ruiz, *La educación virtual como instrumento de la profesionalización de la función pública en América*

Latina y el Caribe, Caracas, 2009.

* 资料来源:http://www.clad.org.ve

(作者:林华,中国社会科学院拉丁美洲研究所;责任编辑:张颖)

拉丁美洲货币研究中心
Centro de Estudios Monetarios Latinoamericanos, CEMLA

地址：Durango 54, Col. Roma, México, D. F., México, 06700
电话：52—55—50616640　50616641　50616643
传真：52—55—50616695
网址：http://www.cemla.org/
E-mail：direccion@cemla.org

历史沿革与现状简介

拉丁美洲货币研究中心是拉丁美洲和加勒比地区中央银行的联合会,成立于1952年,其宗旨是加强各国中央银行之间的合作,促进它们更好地了解和研究地区货币和金融问题。

1949年12月在智利圣地亚哥举行的美洲大陆第二届中央银行专家会议通过了一项有关成立一个拉美货币研究和教学机构的建议,其宗旨是促进货币当局之间的信息交流,会议成立了一个筹备委员会。1952年2~3月,在古巴哈瓦那举行了美洲大陆第三届中央银行专家会议。会上,筹备委员会提出的有关成立拉丁美洲货币研究中心的建议及其章程、宗旨得到通过。1952年9月,拉丁美洲货币研究中心正式成立。

拉丁美洲货币研究中心的宗旨是:(1)促进更多地了解拉美和加勒比货币和银行问题以及财政和汇率政策;(2)通过组织研讨会和专业培训班以及出版研究报告,提高中央银行和其他金融机构人员的专业能力;(3)指导研究并将有关研究成果系统化;(4)向其成员银行提供有关国际和拉美地区货币和金融政策方面的信息。

目前共有50家银行加入了拉丁美洲货币研究中心,其中有30家是正式成员,在中心代表大会上拥有发言权和投票权。

(1) 30家成员银行是: Banco Central de la República Argentina、Centrale Bank van Aruba、Central Bank of the Bahamas、Central Bank of Barbados、Central Bank of Belize、Banco Central de Bolivia、Banco Central do Brasil、Eastern Caribbean Central Bank、Cayman Islands Monetary Authority、Banco Central de Chile、Banco de la República(Colombia)、Banco Central de Costa Rica、Banco Central de Cuba、Banco Central del Ecuador、Banco Central de Reserva de El Salvador、Banco de Guatemala、Bank of Guyana、Banque de la République d'Haňti、Banco Central de Honduras、Bank of Jamaica、Banco de México、Bank van de Nederlandse Antillen、Banco Central de Nicaragua、Banco Central del Paraguay、Banco Central de Reserva del Perú、Banco Central de la República Dominicana、Centrale Bank van Suriname、Central Bank of Trinidad and Tobago、Banco Central del Uruguay、Banco Central de Venezuela。

(2) 20家合作银行中,有10家中央银行: Deutsche Bundesbank(Alemania)、Bank of Canada、Banco de España、Federal Reserve System(Estados Unidos)、Banque de France、Banca d'Italia、De Nederlandsche Bank(Países Bajos)、Bangko Sentral ng Pilipinas、Banco de Portugal、European Central Bank。

(3) 其他10家机构是: Superintendencia de Bancos y Seguros(Ecuador)、Superintendencia del Sistema Financiero(El Salvador)、Superintendencia de Bancos(Guatemala)、Comisión Nacional de Bancos y Seguros(Honduras)、Superintendencia de Bancos(Panamá)、Superintendencia de Bancos(República Dominicana)、Banco Centroamericano de Integración Económica、Banco Latino-

americano de Exportaciones, S. A.、Deutscher Genossenschafts-und Raiffeisenverband e. V.（Confederación Alemana de Cooperativas）、Fondo Latinoamericano de Reservas。

拉丁美洲货币研究中心的预算来自成员银行和合作银行和机构。自成立以来，中心在国际货币基金组织、美洲开发银行、福特基金会、美国国际开发署、洛克菲勒基金会的资助下，完成了各项专门计划。除成员银行和合作银行以外，其他一些银行和多边金融机构（如国际支付银行、英国银行、世界银行、联合国拉美经委会）的专家和学者也同中心合作，为中心作报告或当顾问。

组织机构、主要负责人及研究人员概况

中心的总部设在墨西哥首都墨西哥城墨西哥银行。

代表大会由所有成员银行组成，每年举行两次例会，或根据需要临时召开会议。

董事会（Junta de Gobierno）由代表大会选举产生，任期两年。

董事会主席由代表大会选举产生，任期五年。现任主席是秘鲁中央储备银行的胡利奥·贝拉尔德·弗洛雷斯（Julio Velarde Flores）。

现任董事会（2007~2009）成员是：阿根廷共和国中央银行的马丁·雷德拉多（Martín Redrado）；巴西中央银行的恩里克·德坎波斯·梅伊莱斯（Henrique de Campos Meirelles）；洪都拉斯中央银行的加夫里埃拉·努涅斯·雷耶斯（Gabriela Núñez de Reyes）；牙买加银行的德里克·拉蒂皮迪埃尔（Derick Latibeaudiere）；墨西哥银行的吉列尔莫·奥迪斯（Guillermo Ortiz）；委内瑞拉中央银行的加斯通·路易斯·帕拉·卢萨尔多（Gastón Luis Parra Luzardo）。

拉丁美洲货币研究中心的主任由成员银行向董事会主席提名，董事会主持召开代表大会，通过投票选举产生中心主任，任期五年。现任中心主任（Director General）是哈维尔·古斯曼·卡拉费

利(Javier Guzmán Calafell),中心副主任(Subdirector General)由主任提名,现任副主任是路易斯·巴尔沃萨(Luiz Barbosa),执行秘书是玛丽娅·路易莎·古铁雷斯·梅伦德斯(María Luisa Gutiérrez Meléndez)。

中心下设培训部(Gerencia de Capacitación)、信息服务部(Gerencia de Servicios de Información)、中央银行专业会议部(Gerencia de Reuniones Técnicas de Banca Central)、行政管理和金融部(Gerencia de Administración y Finanzas),等等。

研究重点与学术活动

中心研究的重点:根据中心章程第四条规定,中心的研究工作重点是与拉美各国中央银行有关的货币稳定及其相关的问题(如货币体系、现金的管理、汇率、货币政策等);有关金融稳定及其相关的问题(如储蓄保障、最后贷款人的作用、支付体系的设计和运作、银行的管理等);地区和国际银行在货币稳定和金融稳定等方面的协调(如国际金融体系、债务和国际储备的管理、统计数字和银行实践方面的协调等)。

中心实施的计划有:多年的计划(Programas Plurianuales)、改进债务管理的 DRI 计划(Programa DRI)、在拉美和非洲地区实施的加强资产和投资管理的 DFI 计划(Programa DFI)、支付系统计划(Programa Sistemas de Pagos)、贷款信息系统计划(Coordinación de Programa Sistema de Información Crediticia)、侨汇问题计划(Programa de Remesas),等等。

中心组织成员银行就共同的问题开展讨论,中心可进行战略性研究,并提交研究报告,协调中心本身以及外部的资料提供和传播信息;搜集有关资料和经验教训以进行交流和讲学;培训专业人才,提高其专业水平。中心组织的主要活动有:(1)开设各种专业培训班和讲座;(2)举办各种与货币、金融、财政等问题的国际研讨会;(3)制定并执行研究计划和提供专业援助。

2008年上半年的主要学术活动有:2月5日至3月14日在墨西哥城和纽约举办现代中央银行培训班;3月27至28日在智利圣地亚哥召开第四届货币政策顾问会议;3月31日至4月4日在巴巴多斯首都布里奇敦举办市场开放业务培训班;3月31日至4月1日在乌拉圭蒙得维的亚举办 XBRL(el eXtensible Business Reporting Language)讲座;4月7~18日在墨西哥城举办国家簿记培训班;5月7~9日,在西班牙马德里举办中央银行簿记培训班;5月8~9日在加拿大渥太华召开第45届美洲大陆中央银行行长会议,第85届拉美和西班牙中央银行行长会议和拉丁美洲货币研究中心董事会会议和代表大会;5月14~15日,在厄瓜多尔基多举行通过拉美储蓄和贷款合作社支付侨汇的讲座。

对重大国际问题的观点

拉丁美洲货币研究中心主张拉美各国采取金融和财政稳定的政策,控制各国的通货膨胀,注意及时调整本国货币的汇率,应对国际金融危机。

拉美研究概况

拉丁美洲货币研究中心主要研究拉美各国的货币汇率、侨汇、通货膨胀、外债等与金融、货币相关的问题。

主要拉美问题研究专家

哈维尔·古斯曼·卡拉费利(Javier Guzmán Calafell),现任中心主任,墨西哥金融专家,曾任墨西哥银行国家合作局局长、国际货币基金会执行主席等职。

对外合作

拉丁美洲货币研究中心与拉美各国、西班牙、美国、加拿大等国银行和金融机构有着密切合作,经常与它们一起举办与货币和金融问题相关的一体化、培训班等。

对中国的研究

拉丁美洲货币研究中心不研究中国问题,但对中国的货币和金融政策感兴趣。

主要出版物

拉丁美洲货币研究中心每年出版 20 种出版物,其中包括定期出版的刊物《通讯》(*Boletín*)、季刊《货币》(*Monetaria*)和半年刊《货币事务》(*Money Affairs*,英文),以及不定期出版的论文集、研究报告集和专著等。此外,还在中心的网站上出版电子版双月刊《通讯》。

2000 年以来机构的主要代表性文章和论著

1. Miguel Dorta, José Guerra y Gustavo Sánchez, *Credibilidad y persistencia de la inflación en Venezuela*, Cuaderno, Vol. 51, enero, 2000.
2. Alberto Cano-Alva Pueyo, *Administradoras de Fondos de Pensiones Peruanas: Análisis y Evaluación de Desempeño (1994 – 1998)*, Cuaderno, Vol. 52, marzo, 2000.
3. Carlos Acevedo y Thania Magaña, *Estudio sobre el Margen de Intermediación Financiera en El Salvador*, Cuaderno, Vol. 54, julio, 2000.
4. Calderón Cifuentes, Gustavo Adolfo, *Determinantes del Margen de*

Intermediación Financiero en Guatemala, Cuaderno, Vol. 55, noviembre, 2000.
5. Lorenza Martínez Trigueros, *Efecto de la Inflación en la Desigualdad Económica*, Serie Estudios, Premio de Banca Central "Rodrigo Gómez 1999", mayo, 2000.
6. Ricardo N. Bebczuk, *Financiamiento Empresario, Desarrollo Financiero y Crecimiento*, Serie: Estudios, Premio de Banca Central "Rodrigo Gómez 2000", diciembre 2001.
7. Alberto Torres García, *Reglas de Política Monetaria como Ancla Nominal: Evidencia de Economía Mexicana*, Serie Estudios, Premio de Banca Central "Rodrigo Gómez 2002", mayo, 2003.
8. Alfredo A. Hernández Arroyo, *Ensayos de Banca: Consideraciones Teóricas y Evidencia del Caso Mexicano*, Serie Estudios, Premio de Banca Central "Rodrigo Gómez 2003", diciembre 2004.
9. Grupo de Comunicación de Banca Central, *Código de Principios y Buenas Prácticas Comunicacionales para la Banca Central*, CEMLA, marzo de 2004.
10. Marco Vega y Diego Winkelried, *El Efecto Arrastre de la Inflación Mundial en Economías Pequeñas y Abiertas*, Premio de Banca Central "Rodrigo Gómez 2004", 2006.

* 资料来源：http://www.cemla.org/

（作者：徐世澄，中国社会科学院拉丁美洲研究所；责任编辑：刘维广）

拉丁美洲及加勒比研究国际联合会
Federación Internacional de Estudios sobre América Latina y el Caribe, FIEALC

地址: Torre I de Humanidades, 2do. Piso, C. U., 04510, Mexico, D. F.
电话: 52—55—5221902
传真: 52—55—6162515
网址: http://www.fiealc2007.org/
E-mail: zea@servidor.unam.mx

历史沿革与现状简介

拉丁美洲及加勒比研究国际联合会是一个非营利性的国际组织,1978年在联合国教科文组织建议下成立,总部设在墨西哥首都墨西哥城。其宗旨是发展和深化世界各国对拉美的研究,促进拉美人民同世界人民的交流,通过各国人民之间的互相理解促进世界和平。

1976年联合国教科文组织邀请墨西哥哲学家莱奥波尔多·塞亚(Leopoldo Zea)博士参加在巴黎召开的一次会议,会上讨论了有关成立一个整合世界各国拉美研究组织及推动和传播各国拉美研究组织的可能性。在会上,塞亚这位知名的拉美问题专家欣然采纳了这一建议。1978年年底,墨西哥国立自治大学接受了联合国教科文组织的上述建议,在墨西哥城主持召开了第一届拉美研究协调和传播研讨会。会上决定成立拉丁美洲和加勒比研究学会(SOLAR)和拉丁美洲及加勒比研究国际联合会(FIEALC)。1982年,在里约热内卢联邦大学举行的第三届拉丁美洲研究协调及传播研讨会上,修订并通过了上述两个学术团体的章程。

目前来自亚洲、非洲、欧洲和美洲地区的 33 个国家的 200 多个拉美研究机构加入了联合会,其中包括已加入拉丁美洲和加勒比研究学会(SOLAR)的 60 个拉美国家的研究机构。

联合会的首任主席是巴西坎迪多·门德斯大学校长坎迪多·门德斯·德阿尔梅达(Cândido Mendes de Almeida)博士。

组织机构、主要负责人及研究人员概况

根据拉丁美洲及加勒比研究国际联合会的有关章程,联合会的领导机构是执行委员会,由主席、总协调员和若干名委员组成。执行委员会主席由承办和主持召开本届代表大会的主办国家的主办单位负责人担任,为期两年。根据联合会章程规定,总协调员任期为四年,可连任两届。

联合会的现任总协调员是墨西哥国立自治大学拉丁美洲和加勒比研究中心主任埃斯特拉·莫拉莱斯·坎波斯(Estela Morales Campos)。坎波斯 1981 年获墨西哥国立自治大学图书馆学硕士,1998 年获墨西哥国立自治大学拉美研究博士。曾任墨西哥国会图书馆馆长、墨西哥国立自治大学图书馆学研究所所长、墨西哥国立自治大学人文科学协调员、图书馆学教授及哲学和文学系研究生教授。2002 年 4 月起任墨西哥国立自治大学拉美研究协调和传播中心(2007 年改名为拉丁美洲和加勒比研究中心)主任,2004 年塞亚去世后继任拉丁美洲及加勒比研究国际联合会协调员。2007 年曾应中国社会科学院拉美所邀请访华。著有 30 多部著作,主要有:《有关拉美的信息》、《全球化和信息多元化》、《信息政策》,等等。

研究重点与学术活动

根据拉丁美洲及加勒比研究国际联合会的章程,联合会举办下列活动:(1)在成员组织中进行有关拉美研究的知识和经验的

广泛交流;(2)在尊重各成员组织的成果和观点的前提下促进成员组织之间的学术交流;(3)通过举办会议、大会、研讨会、圆桌会议和讲座,开展信息和人员的交流;(4)通过活动丰富各学科的知识,促进跨学科的研究和信息交流;(5)创建并扩大拉美研究专业图书馆和信息中心,并加强它们之间的合作。

联合会最重大的学术活动是每两年一次的代表大会兼研讨会,通过研讨会使来自世界各地从事拉美研究的各成员组织和机构之间进行广泛的交流,在会议期间还举行有关拉美研究的成果和图书展览。主办会议的东道主(研究机构)负责出版会议论文集,联合会本身不出版论文集或其他论著。

自 1983 年召开第一届联合会代表大会兼研讨会起,到 2009 年共举行了十四届代表大会,每次大会都在一个不同国家和地区的不同城市举行。第十三届代表大会于 2007 年 9 月 25~28 日在中国澳门举行,主办单位是澳门亚太拉美交流促进会(Mapeal)。会议主题为"21 世纪的拉美、加勒比及亚太地区"。来自南美洲、中美洲、北美洲、亚洲、欧洲和大洋洲 30 多个国家和地区的 400 多名学者参加。代表们就拉美、加勒比及亚太地区的经济合作交流等主题展开研讨,并研究推广澳门作为中国与拉美国家之间的桥梁作用。第十四届代表大会在希腊雅典举行,会议的主题是《拉丁美洲与地中海:思想的接触》。第一届至第十二届代表大会召开情况如下。第一届代表大会于 1983 年在委内瑞拉首都加拉加斯举行,主办单位是罗慕洛·加列戈斯拉美研究中心(Centro de Estudos Latino-americanos Rómulo Gallegos),主持人是莱尔·巴尔塞洛(Lyll Barceló);第二届代表大会于 1985 年在西班牙塞戈维亚市举行,主办单位是伊比利亚美洲合作委员会,主持人是何塞·科尔登(José Luis Rubio Cordón)博士;第三届代表大会于 1987 年在美国布法罗市举行;第四届代表大会于 1989 年在法国巴黎举行,主办单位是法国拉美社会科学研究学会(AFFSAL),主持人是法国图卢兹大学校长罗曼·盖纳德（Romain Gainard）博士；第五届代表大会于 1991 年在西班牙埃斯特雷马杜拉自治区的卡塞雷斯市举行，主持人是托马斯·卡尔沃·布埃萨斯（Tomás Calvo Buezas）博士；第六届代表大会于 1993 年在波兰举行，主办人是安杰伊·登比茨（Andrzej Dembicz）博士；第七届代表大会于 1995 年在台湾台北市举行，主办单位是淡江大学，主持人是熊建成博士；第八届代表大会于 1997 年在智利塔尔卡大学举行，主持人是爱德华多·德维斯·瓦尔德斯（Eduardo Devés Valdes）博士；第九届代表大会于 1999 年在以色列首都特拉维夫举行，主持人是察维·梅丹（Tzvi Medin）博士；第十届代表大会于 2001 年在俄罗斯莫斯科举行，主办单位是俄罗斯科学院拉美所，主持人是所长弗拉基米尔·达维多夫（Vladimir Davydov）博士，会议讨论的主题是"拉丁美洲对 21 世纪人类文明的贡献"；第十一届代表大会于 2003 年在日本大阪举行，由日本地区研究中心等多个学术机构组成的委员会主办，会议在国家民族学博物馆及大阪大学千里校园举行，并由山田睦男博士担任大会主席；第十二届代表大会于 2005 年在意大利首都罗马举行，主办单位是意大利拉美研究会，主持人是里卡多·坎帕（Ricardo Campa）博士；第十三届代表大会于 2007 年在中国澳门举行，由澳门亚太拉美交流促进会主办；第十四届代表大会于 2009 年在希腊雅典举行，主办单位是国立大学哲学系。

对重大国际问题的观点

拉丁美洲及加勒比研究国际联合会主要研究和讨论与拉美有关的问题，如拉美的政治、经济、一体化、社会、历史、文化、拉美与其他地区的对外关系等。加入联合国的拉美各国研究机构各自有着自己的观点，但联合会的协调者墨西哥国立自治大学拉丁美洲和加勒比研究中心主张拉美和加勒比各国之间、拉美与世界各国加强团结和合作，共同应对所面临的政治、经济、社会等问题。

拉美研究概况

拉丁美洲及加勒比研究国际联合会本身不是一个研究机构，而是一个拉美以及世界各国拉美研究机构的联合会。它的宗旨是通过举办各种研讨会、会议和讲座，促进成员组织之间的学术交流等。

主要拉美问题研究专家

莱奥波尔多·塞亚，拉美著名哲学家，1912年生于墨西哥城。1939年塞亚认识了从西班牙流亡到墨西哥的哲学家何塞·高斯。高斯十分赏识这个出身贫苦、勤奋好学的学生，帮助塞亚在墨西哥学院争取到一份全额奖学金，使塞亚能师从高斯全力从事哲学研究和学习。1942年塞亚在同年创刊的《美洲纪要》上发表了《关于美洲哲学》一文。1943年塞亚在墨大哲学系获硕士学位，他的硕士论文《墨西哥的实证主义》于同年在墨西哥学院发表。1944年塞亚获墨大哲学博士学位，其博士论文《墨西哥实证主义的高潮和衰落》于同年在墨西哥学院发表。同年，塞亚在墨大讲授历史哲学课。

1945～1946年，塞亚获洛克菲勒基金会的资助，先后到美国和拉美国家考察，历时一年半之久。他广泛结识拉美各国的哲学思想家，并深入研究拉美各国的文化和哲学思想。1947年塞亚在墨大哲学系开设美洲思想史课，1954年任墨大哲学研究中心研究员，1959～1961年任《美洲思想史》杂志主编。1960～1965年任墨西哥外交部文化关系司司长，任内曾出访非洲和亚洲很多国家，这对他哲学思想的形成起重要作用。1966～1970年任墨大哲学文学系主任，1970年任墨大文化传播部主任和全国文化传播委员会代主任，1970～1976年任墨大校刊主编。1978年参与创建拉丁美洲及加勒比研究国际联合会。1980～1986年任《我们的美洲》杂志主编，1982～1995年任墨大拉美研究协调和传播中心主任。1982～2004年任拉丁美洲及加勒比研究国际联合会总协调员和拉丁美洲和加勒比研究学会总协调员。1985年任泛美哲学学会会长。1986~2004年任《美洲纪要》杂志主编。1995年应邀访问中国社会科学院拉美所。2004年因病去世。

塞亚著述甚丰,主要有:《西班牙美洲思想的两个阶段》(1949)、《美洲的意识》(1953)、《历史上的美洲》(1957)、《拉丁美洲思想》(1965)、《美洲哲学是独树一帜的哲学》(1969)、《美洲意识的辩证法》(1975)、《美洲史的哲学》(1976)、《处在历史十字路口的拉丁美洲》(1981)、《美洲的哲学》(1983)、《来自边缘和野蛮的话语》(1988)、《拉丁美洲的发现和特征》(1990)、《以人的水准为高度的哲学》(1993)、《20世纪末的思考:这是荒废的100年吗?》(1996)、《千年之末:边缘者的崛起》(2000),等等。

对外合作

拉丁美洲及加勒比研究国际联合会同拉美各国和世界其他地区各国的研究拉美与加勒比地区的机构有着广泛的联系和合作。目前,来自亚洲、非洲、欧洲和美洲地区的33个国家的200多个拉美研究机构加入了联合会,其中包括已加入拉丁美洲和加勒比研究学会(SOLAR)的60个拉美国家的研究机构。

对中国的研究

拉丁美洲及加勒比研究国际联合会一般不研究中国问题,但近年来,对中国与拉美关系的发展予以密切关注,在该联合会举行的研讨会上常常把中拉关系作为讨论的问题之一。

* 资料来源:http://www.fiealc2007.org/

(作者:徐世澄,中国社会科学院拉丁美洲研究所;责任编辑:黄念)

地区经济和社会研究协调组织
Coordinadora Regional de Investigaciones Económicas y Sociales, CRIES

地址：Lavalle 1619 9[#] A Buenos Aires 1048 Buenos Aires Argentina
电话：54—11—43728351
传真：54—11—43728351
网址：http://www.cries.org
E-mail：info@cries.org

历史沿革与现状简介

地区经济和社会研究协调组织1982年成立于尼加拉瓜马那瓜市，是拉美地区经济和社会研究机构、非官方组织和各种基金会的协调组织，目前总部设在阿根廷首都布宜诺斯艾利斯，宗旨是以公民社会的参与为基础促进拉美各国对经济和社会问题的研究，工作的基本原则是机构和民主的巩固需要监督和积极的保证。

地区经济和社会研究协调组织支持公民社会参与拉美地区的一体化进程和公共政策的制定，不仅促进地区贸易一体化，而且还促进地区社会、政治和文化的一体化进程。

目前，共有80个拉美国家和地区的机构加入了地区经济和社会研究协调组织，参加了小地区和全拉美地区的各种研究项目，研究的重点是创造一个面向新千年的参与性和持续性的公正的社会发展模式。

地区经济和社会研究协调组织得到欧洲和北美洲的官方和非官方的基金会和机构以及双边和多边合作机构的资助，并将获得的资助用于所属研究机构的研究项目和计划。

地区经济和社会研究协调组织为大加勒比公民社会永久性论坛的创建作出了贡献，积极支持小地区一些机构和组织的建立，如加勒比政策发展中心（Caribbean Policy Development Center, CPDC）、中美洲一体化公民倡议组织（Iniciativa Civil para la Integración Centroamericana, ICIC）、智利参与公司（La Corporación PARTICIPA）、公民外交论坛（Foro de Diplomacia Ciudadana, FDC）。2004~2006年公民外交论坛的秘书处就设在地区经济和社会研究协调组织。

近年来，地区经济和社会研究协调组织重点研究了公民社会的作用、民主治理和公民安全、民主安全，拉美地区的和平和安全问题，完成了《公民社会在预防拉美和加勒比地区武装冲突中的作用》等课题，受到好评，并得到加拿大、荷兰和美国一些基金会和机构的资助。

组织机构、主要负责人及研究人员概况

地区经济和社会研究协调组织的成员组织包括：官方或非官方研究机构、非官方组织、专业学会、基金会等。自1997年起，地区经济和社会研究协调组织成立了领导委员会（Junta Directiva），成员由协调组织的成员组织代表选举产生，任期四年。此外，还有执行委员会，由加勒比计划主任、地区研究主任和协调组织主任组成。

地区经济和社会研究协调组织的课题由成员组织完成或由领导委员会直接主持。协调组织有网站，每季度定期出版通讯，每年出版两期学术刊物《自己的思想》（半年刊）。目前，地区经济和社会研究协调组织的总部设在阿根廷布宜诺斯艾利斯贝尔格拉诺大学的全球和地区研究中心（Centro de Estudios Globales y Regionales, CEGRE）。此外，地区经济和社会研究协调组织在尼加拉瓜首都马那瓜、委内瑞拉首都加拉加斯的社会和政治研究中心（El

Instituto Venezolano de Estudios Sociales y Políticos, INVESP)、古巴首都哈瓦那的安东尼奥·努涅斯·希门内斯自然和人基金会（Fundación Antonio Núñez Jiménez de la Naturaleza y el Hombre）和巴拿马研究和社会行动中心（Centro de Estudios y Acción Social Panameño, CEASPA）设有分部（即小地区协调机构），负责协调小地区的研究活动。领导委员会和执行委员会每年召开两次例会，通过同成员组织经常性的协商推动和发展小地区和地区的研究计划和项目。领导委员会和执行委员会及其主任通过通讯或电子邮件定期向成员组织汇报工作，并通过电子邮件接收成员组织来的文章和研究成果。地区经济和社会研究协调组织每四年召开一次代表大会。此外，还设有学术委员会，负责提出研究计划和评估研究成果；设有资金审计委员会，负责监督经费和资助费的使用情况。

领导委员会共七名成员，主任是安德烈斯·塞尔宾博士（Andrés Serbin），其他六名委员分别来自巴西、古巴、危地马拉、多米尼加、牙买加和哥伦比亚。

主任安德烈斯·塞尔宾博士，阿根廷人，1973年毕业于阿根廷拉普拉塔大学社会人类学系，1979年获委内瑞拉西蒙·玻利瓦尔大学社会心理学硕士学位，1987年获委内瑞拉中央大学政治学博士学位。现兼任委内瑞拉社会和政治研究中心主任和阿根廷全球和地区研究中心主任，委内瑞拉中央大学教授，委内瑞拉国家科委研究员。曾在美国、英国、法国和一些拉美国家的大学讲学。曾任委内瑞拉外交部顾问、拉丁美洲经济体系加勒比事务主任和联合国教科文组织、美洲开发银行顾问。出版了30多部专著，发表了200多篇论文。主要专著有：《拉丁美洲和加勒比和平、冲突与公民社会》《全球视野下的拉丁美洲、加勒比和古巴》《冲突与对话：公民外交与地区一体化》，等等。

执行委员会共四人，主任由安德烈斯·塞尔宾博士兼任，另外三名成员是：协助科研的安娜·布瑟硕士，主任秘书塞莱斯特尔·龙萨诺硕士，出版协调员鲁道夫·弗拉斯休克硕士。

地区经济和社会研究协调组织的成员组织主要有：

阿根廷的全球和地区研究中心（Centro de Estudios Globales y Regionales，CEGRE），国立科技大学圣拉斐尔地区跨学科地区研究中心（CIDER-Universidad Tecnológica Nacional-Fac. Regional San Rafael）。

巴西的坎迪多·门德斯大学美洲研究中心（Centro de Estudos das Américas，CEAS-Universidade Candido Mendes），圣保罗州立大学（UNESP），坎皮纳斯州立大学（Unicamp）和圣保罗天主教大学（PUC/SP）国际关系研究生计划。

巴巴多斯的加勒比政治发展研究中心（Caribbean Policy Development Centre，CPDC），妇女与发展中心（Women & Development Unit，WAND）。

伯利兹的促进教育和研究社（Society for the Promotion of Education & Research，SPEAR）。

哥伦比亚的生态基金会（ECOFONDO），哥伦比亚国立大学加勒比研究中心（Instituto de Estudios Caribeños，IEC-Universidad Nacional de Colombia），哥伦比亚国立大学政治和国际关系研究中心（Instituto de Estudios Políticos y Relaciones Internacionales，IEPRI-Universidad Nacional de Colombia），哈维里亚纳天主教大学国际关系系（Dept. de Relaciones Internacionales，Pontificia Universidad Javeriana，PUJ），巴兰基亚加勒比自治大学（Universidad Autónoma del Caribe Barranquilla），一体化研究中心（Centro de Estudios sobre Integración，CESI）。

哥斯达黎加的发展培训中心（Centro de Capacitación para el Desarrollo，CECADE），拉丁美洲民主研究中心（Centro de Estudios Democráticos de América Latina，CEDAL），普世教会研究中心

(Departamento Ecuménico de Investigaciones, DEI)、中美洲一体化基金会(Fundación Centroamericana por la Integración, FCI)、和平和民主外交基金会(Fundación del Servicio Exterior para la Paz y la Democracia, FUNPADEM)、哥斯达黎加经济研究所(Instituto de Investigaciones en Ciencias Económicas, IICE-Universidad de Costa Rica)。

古巴的我们的美洲研究学会(Asociación por la Unidad de Nuestra América, AUNA)、哈瓦那大学加勒比研究讲台(Cátedra de Estudios del Caribe de la Universidad de La Habana)、哈瓦那大学人口研究中心(Centro de Estudios Demográficos, CEDEM, Universidad de La Habana)、美洲研究中心(Centro de Estudios sobre América, CEA)、世界经济研究中心(Centro de Investigaciones de la Economía Mundial, CIEM)、心理学和社会学研究中心(Centro de Investigaciones Psicológicas y Sociológicas, CIPS)、费利克斯·巴雷拉中心(Centro Félix Varela, CFV)、胡安·马里内略古巴文化研究和发展研究中心(Centro de Investigación y Desarrollo de la Cultura Cubana Juan Marinello)、哈瓦那大学国际经济研究中心(Centro de Investigaciones de Economía Internacional, CIEI-Universidad de La Habana)、安东尼奥·努涅斯·希门内斯自然和人基金会(Fundación Antonio Núñez Jiménez de la Naturaleza y el Hombre)、国际关系高等学院(Instituto Superior de Relaciones Internacionales, ISRI)、哈瓦那大学国际移民研究中心(Centro de Estudios de Migraciones Internacionales, CEMI, Unversidad de La Habana)。

萨尔瓦多的全国发展基金会(Fundación Nacional para el Desarrollo, FUNDE)、萨尔瓦多促进社会和经济发展基金会(FUNSAL PRODESE)、萨尔瓦多经济和社会发展研究所(Instituto para el Desarrollo Económico y Social de El Salvador, IDESES)、萨尔瓦多生态学会(Unidad Ecológica Salvadoreña, UNES)、趋势组织

(Tendencias)。

危地马拉的社会科学学会(Asociación para el Avance de las Ciencias Sociales, AVANCSO),持续发展教育研究所(Instituto de Enseñanza para el Desarrollo Sostenible, IEPADES),危地马拉人种和社会基金会(GESO, Fundación Género y Sociedad, Guatemala),国际关系和和平研究所(IRIPAZ)。

海地的经济、社会和发展研究中心(Centre de Recherche et Formation Economique et Sociales our le Développement, CRESFED),海地教育研究和行动小组(Group Haitien des Recherches & D'Actions Pedagogiques, GHRAP)。

洪都拉斯的洪都拉斯文献中心(Centro de Documentación de Honduras, CEDOH),国家研究中心(Centro de Investigación y Estudios Nacionales, CIEN),思考、研究和交流小组(Equipo de Reflexión, Investigación y Comunicación, ERIC)。

牙买加的加勒比经济学家学会(ACE),西印度大学莫纳分校拉丁美洲和加勒比中心(Latin American-Caribbean Centre, LACC-University of the West Indies, Mona),西印度大学阿瑟·刘易斯先生社会和经济研究所(Sir. Arthur Lewis Institute of Social and Economic Studies, SALISES-University of the West Indies)。

墨西哥的墨西哥加勒比研究学会(Asociación Mexicana de Estudios del Caribe, AMEC),墨西哥国立自治大学拉丁美洲和加勒比研究中心(Centro de Estudios Latinoamericanos, CELA-Univ. Nacional Autónoma de México),瓜达拉哈拉大学伊比利亚和拉丁美洲研究系(Departamento de Estudios Ibéricos y Latinoamericanos, DEILA-Univ. de Guadalajara),互相支持论坛(Foro de Apoyo Mutuo, FAM),墨西哥反对自由贸易行动网(Red Mexicana de Acción Frente al Libre Comercio, RMALC)。

尼加拉瓜的大西洋沿岸研究中心(Centro de Investigaciones de

la Costa Atlántica, CIDCA),尼加拉瓜国立自治大学经济系经济和技术研究中心(Centro de Investigaciones Económicas y Tecnológicas, CINET-Facultad de Ciencias Económicas UNAN-Managua),持续发展研究所(Instituto para el Desarrollo Sostenible, INDES),中美洲大学应用研究和促进地方发展研究所(NITLAPAN, Universidad Centroamericana, UCA),战略研究中心(Centro de Estudios Estratégicos)。

巴拿马的培训和社会发展中心(Centro de Capacitación y Desarrollo Social, CECADES),巴拿马研究和社会行动中心(Centro de Estudios y Acción Social Panameño, CEASPA),胡斯托·阿罗塞梅纳拉丁美洲研究中心(Centro de Estudios Latinoamericanos Justo Arosemena, CELA),巴拿马研究和教学中心(Centro de Investigación y Docencia de Panamá, CIDPA)。

波多黎各的波多黎各现实研究中心(Centro de Estudios de la Realidad Puertorriqueña, CEREP),波多黎各大学阿特兰特亚项目(Proyecto Atlantea-Universidad de Puerto Rico, UPR)。

多米尼加的加勒比经济研究中心(Centro de Investigaciones Económicas para el Caribe, CIECA),妇女行动研究中心(Centro de Investigación para la Acción Femenina, CIPAF),研究和社会促进中心(Centro de Investigación y Promoción Social, CIPROS),拉丁美洲社会科学学院多米尼加分院(FLACSO-República Dominicana)。

特立尼达和多巴哥的加勒比农村一体化发展网(Caribbean Network for Integrated Rural Development, CNIRD),西印度大学国际关系研究所(Institute of International Relations, University of the West Indies WINAD)。

委内瑞拉的委内瑞拉加勒比研究学会(Asociación Venezolana de Estudios del Caribe, AVECA),委内瑞拉中央大学环境综合研究中心(Centro de Estudios Integrales del Ambiente, CENAMB-Univ.

Central de Venezuela),委内瑞拉社会和政治研究中心(Instituto Venezolano de Estudios Sociales y Políticos, INVESP)。

其他中心和中心网:公民外交论坛布宜诺斯艾利斯秘书处(Foro de Diplomacia Ciudadana, Secretaría en Buenos Aires),透明社会论坛(Foro Social para la Transparencia),拉丁美洲和加勒比非政府组织各国联合会和联网协调组织(Mesa de Articulación de Asociaciones Nacionales y Redes de ONGs de América Latina y el Caribe),预防武装冲突全球联合会(Global Partnership for the Prevention of Armed Conflict, GPPAC),回归组织(Reintegración),南北网(Red Sur Norte)。

研究重点与学术活动

地区经济和社会研究协调组织的研究重点是:中美洲自由贸易协定的跟踪研究、外债与公民社会、公民社会和地区一体化、拉丁美洲和加勒比不实现一体化的代价、中美洲的民主治理和公民安全、中美洲民主安全条约跟踪研究、关于美洲自由贸易协定的公民社会调查、公民社会在避免拉美和加勒比武装冲突方面的作用、大加勒比认知和文化建设、自然灾害和环境灾害管理,等等。

地区经济和社会研究协调组织的学术活动有:围绕上述研究重点,主持或参加一系列研讨会、报告会、座谈会等。如以2007年的学术活动为例。2007年4月,在多米尼加首都圣多明各召开地区经济和社会研究协调组织第九届代表大会暨"拉丁美洲和加勒比一体化新模式"研讨会;6月,在古巴哈瓦那举行"大加勒比合作战略思想"研讨会;12月,在巴西圣保罗举行"地区防止武装冲突能力和公民外交"研讨会。

地区经济和社会研究协调组织的研究成果和学术活动得到联合国、美洲国家组织、伊比利亚美洲首脑会议等国际组织和拉美各国政府和非政府组织的重视,为促进拉丁美洲一体化、防止拉丁美洲的武装冲突、协调政府和非政府组织之间的关系起了积极作用。

对重大国际问题的观点

主张通过对话避免和解决地区与全球冲突,实现地区和世界和平;主张促进拉美地区一体化和加强地区合作;反对恐怖主义;主张加强环境保护,减少二氧化碳排放,提倡发展低碳经济;主张公民社会参与政治,监督民主治理。

拉美研究概况

地区经济和社会研究协调组织主要研究拉美政治、经济和社会问题,包括发展模式、一体化、全球化、外债、金融危机、公民社会、安全、拉美各国之间的关系等问题。地区经济和社会研究协调组织的刊物之一《时局分析》最近出版的与拉丁美洲有关的分析报告有:1.《古巴的延续性和变革:快速分析最新的事件》;2.《海地危机:历史与前景》;3.《玻利维亚2006年:埃沃·莫拉莱斯执政一周年》;4.《哥伦比亚冲突的行为者和最新的活力》。

主要拉美问题研究专家

劳尔·温贝托·莱斯(Raul Humberto Leis),巴拿马人,地区经济和社会研究协调组织创始人和领导委员会成员之一。1947年生。社会学家、政治学家、作家。巴拿马大学社会学教授。曾任巴拿马研究和社会行动中心主任、透明国际顾问委员会委员。重点研究拉美各国人类的发展。代表作有:《巴拿马:走向21世纪的光明与黑暗》、《城市与穷人》、《权力下放政策和城市的发展》、《政党概览》,等等。

帕韦尔·伊萨·孔特雷拉斯(Pavel Isa Contreras),多米尼加经济学家。1988年毕业于圣多明各大学经济系,1989年在圣多明各拉丁美洲社会科学学院获国际关系学硕士,1994年在哥斯达黎加大学获经济学硕士,2003 年获美国麻省大学经济学博士。多米尼加加勒比经济研究中心主任、地区经济和社会研究协调组织领导委员会成员之一。著有多部有关拉美和加勒比经济、一体化的著作。

对外合作

地区经济和社会研究协调组织本身的成员组织分布在拉美和加勒比各国,所以对外合作与交流十分繁和密切。除同成员国所在的国家交往外,还同联合国一些组织、美洲国家组织、美洲开发银行、美国和欧盟一些国家的研究机构、世界社会论坛、透明国际等一些国际组织保持经常的联系,联合举行学术研讨会、论坛、会见等活动。

主要出版物

地区经济和社会研究协调组织的主要出版物包括专著、定期刊物《自己的思想》(*Revista Pensamiento Propio*)、《通讯》(*Boletin*)、《地区经济和社会研究协调组织笔记》(*Cuadernos CRIES*)、《时局分析》(*Analisis de Coyuntura*)、论文集(*Documentos CRIES*),等等。刊物《自己的思想》,半年刊,用西班牙语和英语两种文字出版。到 2007 年 12 月,已出版 26 期。主要分析拉美和加勒比地区,特别是大加勒比地区的社会和经济形势。内容包括可治理性、公民安全、公民社会,关注地区一体化进程、全球化和发展模式的变化等。

2000 年以来机构的主要代表性文章和论著

1. Paz, *Conflicto y Sociedad Civil en América Latina y el Caribe*, Icaria Editorial/IDRC Canadá/Coordinadora Regional de Investigaciones Económicas y Sociales.

2. Andrés Serbin y José Manuel Ugarte, *Prevención de Conflictos Armados y Sociedad Civil en América Latina y el Caribe*.
3. Centroamérica Gabriel Aguilera Peralta, *Sísifo Revisado: Conflictos y Conflictividad*.
4. Conflictos, *Prevención y Sociedad Civil en el Caribe* Isabel Jaramillo.
5. los Andes Adrián Bonilla y Hernán Moreano, *Conflicto Internacional y Prevención*.
6. Estudio Subregional sobre Prevención de Conflictos y Rol de las Organizaciones de la Sociedad Civil en Dicha Materia, en el Cono Sur José Manuel Ugarte.
7. Condiciones Estructurales, Inequidad y Exclusión como Fuente de Conflicto en Centroamérica: Explorando los Vínculos Daniel Matul.
8. Conflictos en los Países Andinos: Evaluando los Riesgos Francisco Gutiérrez Sanín.
9. Conflictos, Vulnerabilidad y Manejo de Recursos Naturales y Energía en la Región del Caribe Armando Fernández.
10. Innovación y Construcción de Institucional: Latinoamérica y el Este de Asia, CRIES e Icaria Editorial, 2007.

* 资料来源:地区经济和社会研究协调组织网站:http://www.cries.org

(作者:徐世澄,中国社会科学院拉丁美洲研究所;责任编辑:高川)

美洲开发银行
Banco Interamericano de Desarrollo, BID

地址：1300 New York Avenue N. W. Washington D. C. 20577 Estados Unidos de América
电话：202—6231000
传真：202—6233096
网址：http://www.iadb.org
E-mail：webmaster@iadb.org

历史沿革与现状简介

美洲开发银行是世界上成立最早的地区性开发银行，是1959年12月30日由美洲国家组织建立的面向拉美国家的地区性金融机构，其他地区国家也可加入。非拉美国家不能使用美洲开发银行的资金，但可参加银行组织的投资项目。总行设在美国首都华盛顿。

1959年4月8日，20个拉美国家和美国的代表在华盛顿签订了关于建立美洲开发银行的协议，同年12月30日协议生效。除古巴外，美洲国家组织的其他成员都批准了该协议。1960年10月1日，美洲开发银行正式开业。此后，又有7个拉美国家陆续加入。1972年5月，加拿大加入。1976年以后，一些欧洲和亚洲国家也陆续加入。拉美地区以外的国家要成为美洲开发银行的成员国，前提条件是必须先加入国际货币基金组织。

到2009年为止，美洲开发银行共有成员国48个，其中26个拉美和加勒比国家：阿根廷、巴哈马、巴巴多斯、玻利维亚、巴西、伯利兹、智利、哥伦比亚、哥斯达黎加、多米尼加、厄瓜多尔、萨尔瓦多、危地马拉、圭亚那、海地、洪都拉斯、牙买加、墨西哥、尼加拉瓜、巴拿马、巴拉圭、秘鲁、苏里南、特立尼达和多巴哥、乌拉圭和委内瑞拉;两个北美洲国家:加拿大和美国;16个欧洲国家:奥地利、比利时、丹麦、德国、法国、芬兰、荷兰、挪威、葡萄牙、瑞典、瑞士、西班牙、意大利、英国、克罗地亚和斯洛文尼亚;4个亚洲国家:日本、以色列、韩国和中国。

经过50年的发展,美洲开发银行不仅成为美洲地区规模最大和最有影响力的多边金融机构,而且也建立起庞大的研究体系。研究工作的主要目的是为银行的贷款和融资活动提供必要的信息支持和依据,并为拉美国家政府制定政策提供指导和参考。

组织机构、主要负责人及研究人员概况

美洲开发银行的管理机构分为三级:理事会、执行董事会、行长和执行副行长。理事会为最高权力和决策机构,代表所有的成员国,是银行和各国政府间的联系纽带,由各成员国委派一名理事组成,任期五年。理事通常由各国的财政部长或经济部长担任。理事会每年召开一次年会,即理事会年会。年会的任务是评审银行的业务活动,讨论和决定银行的重大方针政策。必要时可随时召开特别会议。各种决议的通过采取投票形式。理事会的投票权分为两种:一是基本投票权,即每个成员国都有相同的投票权;二是按认缴资本额分配,认缴资本越多,投票权也越多。拉美国家作为一个集团,是最大的股东,约占50%的投票权;美国的投票权占30%,是最大的单个股东;欧洲和以色列的投票权占11%,日本占5%,加拿大占4%。理事会年会休会期间,由理事委员会处理问题。

执行董事会是理事会领导下的常设机构,负责领导银行的日常业务工作,行使理事会授予的权力。执行董事会由14名董事组

成,董事由成员国任命或选举,其中拉美国家 9 名,美国、加拿大和日本各 1 名,其他地区的国家 2 名,任期三年。每位董事指定一名副董事在其缺席时作为全权代表。美洲开发银行的经营效益由一个独立的机构——外部考察和审评办公室考核,以保障业务活动不偏离宗旨。

行长在执行董事会领导下主持日常工作,由理事会选举产生,任期五年。副行长由行长提名,执行董事会任命。行长负责主持执行董事会的会议,但只在票数过半时才投票参与表决。美洲开发银行现任行长是哥伦比亚的路易斯·阿尔贝托·莫雷诺(Luis Alberto Moreno),2005 年上任。

美洲开发银行在拉美国家设有办事处,帮助审定项目、管理贷款,并监督项目的执行。美洲开发银行在巴黎和东京也设有办事处,负责银行与非本地区成员国、其他国际机构和金融市场的联系,并对银行资助的项目进行监督。

除银行外,美洲开发银行集团还设有两个投资机构:美洲投资公司和多边投资基金会。美洲投资公司是美洲开发银行的一个自治性附属机构,成立于 1989 年,以向中小型私人企业提供资金的方式促进地区的经济发展。多边投资基金会成立于 1992 年,目的是促进投资改革,刺激私营部门的发展。

2006 年美洲开发银行决定改组其组织机构。同年 12 月执行董事会批准了改组方案,于 2007 年 7 月 1 日正式实施。新的组织机构的设计基于对美洲开发银行的三个基本定位:机构导向、国家导向、支持性服务。机构导向是指美洲开发银行作为金融机构,要有清晰的战略和目标;国家导向则围绕银行和国家间关系展开,旨在通过对话、设定战略、实施项目、提高效率等方式推动银行与国家间的互动,等等。

此次改组的主要目标是加强监管,使美洲开发银行的决策机制变得更为高效、透明,同时强化银行的领导力和适应性。改组后的组织结构是：由行长、一名行政副行长和四名分别主管国家事务、部门和知识事项、私营领域和非政府项目、财务和行政事项的副行长共同组成银行的行政机关。副行长分管的领域进一步划分为若干个分支部门。在行长之下，设立五个直属办公室，分别负责审计、对外关系、战略联盟、风险管理、战略规划和发展效率。

美洲开发银行的资金主要来自三个渠道：成员国认缴的股份，称为普通资金；特别业务资金，由成员国另行自愿捐助；其他一些基金和外部筹资。美洲开发银行也有自己的储备资金，主要源于贷款和投资收入。

美洲开发银行下属的研究机构是成立于1965年的设在阿根廷首都布宜诺斯艾利斯的拉丁美洲一体化研究中心(INTAL)和设在华盛顿的美洲社会发展学院(INDES)，任务是培养高级技术人才，研究有关经济、法律和社会等重大问题，为成员国提供咨询。

美洲开发银行自身的研究工作主要由创办于1994年的首席经济学家和研究处(RES)来承担，其前身是首席经济学家办公室。目前，首席经济学家和研究处拥有一支学术造诣深厚、经验丰富的研究人员队伍，由18名经济学家和16名助理研究人员组成。哥伦比亚学者爱德华多·洛拉(Eduardo Lora)担任首席经济学家兼临时处长。此外，研究处还外聘了12名专家，他们均来自美国知名大学。

以美洲开发银行的奠基人、首任行长、智利人费利佩·埃雷拉(Felipe Herrera)的名字命名的美洲开发银行图书馆，是一个以经济和社会发展类图书资料为主的大型信息中心，可进行网络检索。

研究重点与学术活动

美洲开发银行的研究工作和学术活动主要围绕以下三个目标展开。1. 战略和政策。指研究工作应有助于美洲开发银行和拉美各国制定战略、政策和经营方向。2. 分析和评估。指评估活动应有助于银行分析和验证所资助的项目、开发目标、战略、政策、公司计划和预算收益,使股东掌握有关银行效益方面的信息,并提供值得借鉴的经验。3. 知识创新和传播。指研究工作不仅应起到为拉美各国提供信息和咨询的作用,还要为将来的分析奠定基础,同时包括对行政管理人员的培训和技术支持。

围绕以上三大目标,美洲开发银行每年都组织和举办几十次大大小小的国际会议和论坛。其中既有政府间会议,也有学术研讨会。自 2003 年以来,仅首席经济学家和研究处就举办了 100 多次学术会议。

1999 年,为推动和深化拉美和加勒比国家之间的对话,促进经验交流,以应对全球化的挑战和加快地区合作进程,美洲开发银行创办了地区政治对话网。它通过举办各种会议的方式,为各国之间思想观点、经验教训的深入交流提供了一个有益的平台,也为政府官员间的对话创造了机会。目前,对话网共建立了八个对话领域:贸易和一体化、贫困和社会保护、教育和人力资源培养、宏观经济政策和金融政策、公共政策的管理和透明度、自然灾害防治、环境、科学技术和创新。

美洲开发银行自成立后,定期发布各类统计数据,逐渐建立起完善的统计系统和指标体系。目前共有九个数据库,可查寻 1000多项统计数据,涉及宏观经济、国际贸易、金融、一体化、居民生活水平、劳动力市场、社会发展等诸多方面。

当进口替代工业化战略逐渐被拉美国家扬弃时,美洲开发银行在拉美经济发展进程中的作用逐渐显现出来,它不仅从事融资和贷款等金融活动,还以此对拉美国家的经济决策产生影响。特别是 20 世纪 90 年代以来,美洲开发银行在推动私有化、金融开放、美洲自由贸易区、社会发展等方面发挥了重要作用。

对重大国际问题的观点

1. 美洲开发银行对拉美经济改革的评价。20 世纪 90 年代拉美地区的经济和社会状况虽然不尽如人意,但经济改革的成效值得肯定(如加速了经济增长、增强了经济的稳定性、恢复了生产率等)。改革之所以没有使经济增长率超越历史水平,主要原因不是进行了改革,而是改革进行得不彻底。如果不进行改革,情况会更糟。拉美国家在贸易和金融方面的改革比较深入,对经济增长的作用也最大。未能处理好税收的管理和征收、金融体制缺乏有效的监管、私有化和劳工改革不够彻底,是改革中存在的主要问题。经济改革最大的不足之处在于未能有效地改善劳动力形势,未能降低贫困水平,但改革不是这些问题的根源。改革之所以未能纠正分配状况的下滑,是因为教育水平和分配的欠缺。总之,拉美国家如果推行进一步的改革,同时改善教育,加速人力资本的积累,就有可能获得持续、稳定和经济增长和社会平等。

2. 美洲开发银行对建立美洲自由贸易区的态度。在 34 个经济发展水平和利益诉求截然不同的国家之间进行的美洲自由贸易区谈判虽然困难重重,但一旦建立,就有可能成为推动改革和自由化的发动机,也能为那些失去竞争优势的部门提供更多的机会。因此,拉美国家不应放弃建立美洲自由贸易区的计划。在美洲自由贸易区倡议中,市场准入发挥着战略核心作用,是拉美国家最主要的目标。如果在这方面未能获得实质性进展,美洲自由贸易区的好处将大打折扣。目前美国与拉美国家之间签订的一系列双边贸易协定有助于推动美洲自由贸易区进程,但能否最终建成、建成后的深度和广度如何,均是未知数。

3. 美洲开发银行对拉美国家债务问题的看法。拉美国家债务增减的最主要原因不是财政赤字,而是汇率、不确定债务和预算外项目的变动。因此,债务结构隐含的风险比债务水平本身更大。

为了控制债务风险,拉美国家不仅需要采取谨慎的财政政策,还应改善债务管理,发展国内债券市场。国际金融机构在改善国际金融秩序方面应发挥以下作用:创造快速兑现的流通手段,减轻融资活动突然中断带来的影响,并避免连锁反应;推动拉美国家建立联合储备机制,以提高自我保护战略的效果;促进本币债券和各类新型债券市场的发展。

拉美研究概况

美洲开发银行各部门根据各自主管事务和项目的需要,均开展了不同形式、不同内容的研究活动,包括举办研讨会、讲座、培训等。研究成果以书籍、研究报告、统计数据、工作论文、信息简报、专题报告、会议资料汇编等多种形式体现。美洲开发银行每年出版的学术论著约 20 部。2000~2007 年,以英语和西班牙语出版的学术论著达 170 多部,工作论文近 1700 篇。研究内容涉及农业和农村发展、供水和环境卫生、文化、私营部门发展和竞争力、社会发展和贫困、城市发展、教育、能源、伦理、金融、管理、政府和公共机关、社会融合、儿童和青少年、一体化和贸易、宏观经济、环境和自然资源、健康、市民社会、信息技术和通讯、劳动和培训、运输等诸多主题。

作为美洲开发银行最主要的研究力量,首席经济学家和研究处的任务是对拉美地区的重大问题进行比较研究,使更多创新的知识能对各成员国的战略决策产生影响,帮助它们获得可持续的和平等的发展。研究范围集中于与经济和发展密切相关的问题上,研究专长主要体现在以下五个方面:金融危机和宏观经济的不稳定性,预算制度和财政政策,拉美国家结构性改革的影响,就业,贫困和收入分配不均。

首席经济学家和研究处每年进行的学术活动包括:对本地区感兴趣的发展问题进行比较研究;支持和帮助各国研究机构的研

究工作；每年出版一份专题性的社会经济比较分析《经济和社会进步报告》(IPES)；协调和组织一个由各国中央银行和财政部参加的高级论坛，商讨宏观经济战略和金融管理问题；协调和组织一个由各国资本市场管理机构参加的论坛，以推动宏观经济和金融方面的思想交流；组织各国劳动部开展对劳工市场的讨论和相关活动；通过战略对话和咨询活动为各国政府提供帮助；管理和实施与地区发展相关的研究课题，重点研究领域集中于宏观经济与贸易、金融、劳工市场、贫困和收入分配、国家和机构改革、人口和国内经济、社会服务等七个方面；向学术界和决策者推广研究成果。

首席经济学家和研究处的定期出版物除《经济和社会进步报告》以外，还有简报《美洲发展思想》、电子版的《美洲发展思想号外》，以及用图表形式反映七个主要拉美国家劳动力市场形势的《劳工指南》。其他科研成果包括学术著作、工作论文、会议资料、数据库等。其中每年撰写的工作论文有50篇左右。

主要拉美问题研究专家

爱德华多·洛拉，美洲开发银行首席经济学家，1982年在伦敦经济学院获经济学硕士学位，1996年进入美洲开发银行工作。主要研究领域是经济和社会政策。近期专著包括：《改革是可能的：拉丁美洲制度改革政策的战略》(1999，合著)、《未来取决于地理吗？——拉丁美洲的教训》(2003，合著)、《经济计量的技术——在哥伦比亚的方法和应用》(2005)、《拉丁美洲国家改革形势》(2006)。

圣地亚哥·莱维·阿尔加西(Santiago Levy Algazi)，美洲开发银行首席经济学家和研究处前任处长，在美国波士顿大学获经济学博士学位，随后在英国剑桥大学从事博士后研究。1994～2000年任墨西哥财政和公共信贷部副部长，是"机遇计划"的主要制定者。曾撰写70多篇论文和书稿，内容涉及贫困、竞争力、汇率政策、贸易逆差、价格、微观经济和能源等问题。1992年,其研究成果《墨西哥贫困》获墨西哥银行全国经济学研究奖。2008年3月调任美洲开发银行负责部门和知识事项的副行长。近期专著有:《墨西哥经济和社会发展文集》(2004)、《消除贫困的遗传》(2005,合著)、《反贫困的进步:坚持墨西哥"机遇计划"》(2006)、《墨西哥的生产力、增长和贫困——"机遇计划"后还有什么?》(2007)。

对外合作

美洲开发银行同联合国和美洲国家组织及其下属机构保持友好关系,在联合国经济及社会理事会享有观察员地位,同联合国拉美经委会订有合作协议。在联合国拉美经委会的下属部门中,与美洲开发银行开展合作项目较多的是人口处。

美洲开发银行通过研究课题和学术交流网,与成员国的大学、研究中心和其他学术机构保持密切联系。为了加强与教育部门的合作,美洲开发银行为那些有意了解银行工作和积累工作经验的大学生提供寒暑假实习的机会。另外,在日本政府的资助下,美洲开发银行还开展了向有借贷权的成员国大学生提供硕士奖学金的计划。受助者可到成员国的任意一所大学攻读硕士学位。

美洲开发银行首席经济学家和研究处积极开展对外合作,目前共管理着七个地区性的学术交流网。其中最主要的有以下三个:1. 拉丁美洲中央银行和财政部网。创办于1995年,由隶属于拉美各国中央银行和财政部的人员组成。主要活动是每年举行两次会议,讨论和交流货币和汇率政策、财政政策、外资银行和国有银行的作用、美元化等有关宏观经济和金融问题的思想观点。2. 拉丁美洲和加勒比研究中心网。创办于1991年,由约300个研究单位和近500名经济和社会发展问题的专家组成。首席经济学家和研究处采用竞争招标的方式,为其中一些成员提供资金支持,以促进拉美各国开展对当前经济和社会问题的研究。3. 拉丁美洲金融网。由拉美各国金融领域的研究人员、政策设计者和政府官员组成。主要活动是组织年度论坛,目的是为各成员提供一个展示和交流研究成果的机会,以便更好地应对拉美各国在金融部门发展过程中面临的问题、机遇和挑战。

对中国的研究

自1991年起,中国应邀以观察员身份参加了美洲开发银行的历届年会。1993年9月,中国政府正式向美洲开发银行提出加入该行的申请。2007年3月,中国人民银行行长同美洲开发银行行长签署了谅解备忘录,为中国加入美洲开发银行的谈判建立了正式框架。2008年10月,中国被批准正式加入美洲开发银行,成为其第48个成员国。

在此背景下,美洲开发银行对中国的研究从2004年起逐渐活跃起来,一批关于中国问题的工作论文相继发表,其中2004年有13篇,包括:《中国私营部门的发展》、《中国的崛起:从中美洲的角度认识》、《中国的增长是如何影响亚洲和拉丁美洲贫困减少的?》、《巴西和中国的农业:挑战和机遇》、《振兴中国东北》、《中国会对拉丁美洲的外国直接投资产生影响吗?》、《东亚和亚太地区贸易自由化:中国的作用》、《中国的技术能力》、《中国未来的发展和与亚洲及拉丁美洲的经济关系》、《中国与拉丁美洲的竞争:1990~2002年分析》、《亚洲和拉丁美洲小额信贷交付方式:对中国的教训》、《对中国的恐惧:拉丁美洲制造业有未来吗?》、《进出中国的外国直接投资:规模、原因和意义》。

2005年3月,首席经济学家和研究处出版了题为《中国的崛起:对拉丁美洲和加勒比的机遇和挑战》的学术专著,对中国近年来的政策和形势进行了全面总结,并与拉丁美洲的情况进行了对比。书中分析了中国竞争力提升背后的因素和中国崛起对拉美发展的战略意义,提出拉丁美洲面对中国的成功应该重新制定发展战略。

2005年5月,爱德华多·洛拉发表了题为《拉丁美洲应该惧怕中国吗?》的工作论文,文章对中国与拉丁美洲的增长条件进行了对比,指出中国的强大包括经济规模的扩大、宏观经济的稳定、大量低成本的劳动力、基础设施的快速完善和创新能力的增强,认为中国的不足之处是国家还没有同市场完全分离。

其他以中国为主要研究对象的工作论文还包括:《信息通讯技术和中小企业:意大利和中国的经验》(2005)、《中国对美国出口的显性相对竞争力与其他亚洲国家、拉丁美洲和加勒比国家、经合组织国家的比较研究》(2006)、《中国与多边贸易体系》(2006)。

2007年6月,美洲开发银行在北京与中国社会科学院拉丁美洲研究所共同举办了题为"中国与拉美金融改革"的国际研讨会。

主要出版物

美洲开发银行的定期出版物十分丰富,大部分可通过网络订阅。

其中简报类有四种:《伦理和发展》(*Ética y Desarrollo*),主要提供有关伦理、社会资本、企业的社会责任、志愿行为等方面的信息,以英语、西班牙语、葡萄牙语和法语四种语言每周出版一期;《美洲发展思想》(*Ideas para el Desarrollo en las Américas*),包括对影响拉美和加勒比地区发展的经济和社会问题的最新研究,以英语和西班牙语每年出版三期;《拉丁美洲和加勒比一体化研究》(*Instituto para la Integración de América Latina y el Caribe*),以地区贸易和一体化方面的文章为主,每月出版一期;《美洲微型企业》(*Revista Microempresa Américas*),主要提供与微型企业发展相关的信息和深度分析,以英语和西班牙语每年出版一期。

工作报告类有两种:《年度报告》(Informe Anual),是美洲开发银行对地区经济形势、该行金融收支和证券交易状况,以及机构其他工作情况进行的总结和分析;《新闻公报》(Comunicados de Prensa),主要是对美洲开发银行工作和活动的报道,一般情况下以英语和西班牙语每周出版七期。

其他定期出版物还有:《电子商务报告》(Informe de Comercio Electrónico),主要内容是信息技术服务,包括电子商务、网络银行等,以英语每季度出版一期;《美洲》(BIDAmérica),是关于拉美发展问题的论坛性电子刊物,一般情况下以英语和西班牙语每周更新七次。

美洲开发银行最重要的学术类定期出版物是首席经济学家和研究处主编的《经济和社会进步报告》(Informe de Progreso Económico y Social),每年出版一期。近年来该报告涉及的主题有:公共债务、银行体系、公共政策、劳工市场、国际贸易、竞争力等。2008年《经济和社会进步报告》以《局外人》为题,重点讨论社会排斥问题。

2000年以来机构的主要代表性文章和论著

1. Guillermo Calvo, *Desencadenar el Crédito: Cómo Ampliar y Estabilizar la Banca*, enero de 2004.
2. Mayra Buvinic Jacqueline Mazza, Juliana Pungiluppi, Ruthanne Deutsch (editores), *Inclusión Social y Desarrollo Económico en América Latina*, enero de 2004.
3. Marcos S. Jank (editor), *Agricultural Trade Liberalization: Policies and Implications for Latin America*, nov. 2004.
4. Robert Devlin, Antoni Estevadeordal, Andrés Rodríguez-Clare, *The Emergence of China: Oopportunities and Challenges for Latin America and the Caribbean*, march 2005.

5. Alberto Chong, Florencio López de Sinales, *La Privatización en América Latina：Mitos y Realidad*, octubre de 2005.
6. Santiago Levy, Evelyne Rodriguez (editores), *Sin Herencia de Pobreza, El Programa Progresa-Oportunidades de México*, nov. de 2005.
7. Carolin Crabbe (editor), *A Quarter Century of Pension Reform in Latin America and the Caribbean：Lessons Learned and Next Steps*, dec. 2005.
8. Luis R. Tejerina, Edgardo Demaestri César Bouillon, *Financial Services and Poverty Reduction in Latin America and the Caribbean*, dec. 2006.
9. Carlos Cordovez (editor), *Justicia-un Vínculo Pendiente entre Estado, Ciudadanía y Desarrollo*, abril de 2007.
10. Rojas, Eduardo (editor), *Construir ciudades, Mejoramiento de barrios y calidad de vida urbana*, novimbre de 2009.

＊ 资料来源：http：//www. iadb. org

（作者：林华，中国社会科学院拉丁美洲研究所；责任编辑：高川）

美洲开发银行拉丁美洲和加勒比一体化研究所

Instituto para la Integración de América Latina y el Caribe(INTAL), Banco Interamericano de Desarrollo(BID)

地址：Esmeralda 130 piso 16 – (C1035ABD) Buenos Aires, República Argentina
电话：54—11—3232350
传真：54—11—43232365
网址：http://www.iadb.org
E-mail：intal@iadb.org

历史沿革与现状简介

在联合国拉美经委会的促进和推动下，1960年10月1日，美洲开发银行正式开业。同年6月和12月，先后成立了拉丁美洲自由贸易协会和中美洲共同市场两个拉丁美洲一体化组织。1963年在墨西哥城召开的拉丁美洲自由贸易协会第一次会议上，时任美洲开发银行行长的费利佩·埃雷拉(Felipe Herrera)首次提出成立一家研究机构来研究和协调拉美各种一体化组织的建议。这一建议得到拉美国家的积极响应。1964年12月3日，美洲开发银行执行委员会通过一项决议，批准成立拉丁美洲和加勒比一体化研究所。1965年8月24日，拉丁美洲和加勒比一体化研究所正式成立。

拉丁美洲和加勒比一体化研究所是美洲开发银行的一个机构，其资金主要来自美洲开发银行及其成员国认交的份额资金。

自成立起，拉丁美洲和加勒比一体化研究所一直致力于推动拉美地区一体化进程的战略方针，主要活动集中于贸易、合作和区域一体化；为加强一体化进程提供技术帮助；同公民社会和私人部门进行对话等。拉丁美洲和加勒比一体化研究所既从事对拉美一体化的研究，也开展有关拉美一体化的教学，通过举办研讨会、报告会宣传拉美一体化，通过开设培训班、研究生班培养一体化的人才。同许多国际机构和各国的大学、研究机构进行广泛合作，为促进拉美地区和世界其他地区的一体化作出了积极贡献。

组织机构、主要负责人及研究人员概况

所长为里卡多·卡尔西奥菲（Ricardo Carciofi）；首席一体化和贸易经济学家为乌齐埃尔·巴蒂斯塔·诺盖拉（Uziel Batista Nogueira）；所长助理为伊利斯·埃莱娜·卡瓦利多（Iris Elena Carballido）；行政助理为伊格纳西奥·曼努埃尔·埃斯特韦斯（Ignacio Manuel Estévez）；学术活动和出版协调员为苏珊娜·马贝尔·菲利帕（Susana Mabel Filippa）；科研计划助理为玛丽娅·德拉帕斯·科瓦鲁维亚斯（Ma. de la Paz Covarrubias）。研究所的研究人员大多是兼职的。

研究重点与学术活动

拉丁美洲和加勒比一体化研究所研究的重点是一体化和贸易。具体课题有：基础设施的发展；一体化协定的法律方面；协调和宏观经济汇合；拉丁美洲和加勒比一体化和生产结构的变化；小地区的社会问题；一体化与边境地区；拉美国家准备加入美洲自由贸易协定的程度；拉美国家准备同欧盟和亚太经合组织会议联系的程度；一体化协定带来的小地区之间直接投资的趋势和经济的互补性；劳务市场规则的协调；小地区信息系统的发展。

从 2001 年起，拉丁美洲和加勒比一体化研究所还是南美洲地

区基础设施一体化倡议计划（La Iniciativa para la Integración de la Infraestructura Regional Suramericana, IIRSA）技术协调委员会的秘书处。委员会由美洲开发银行、拉丁美洲开发银行和拉普拉塔流域组织开发基金会组成。

目前研究所做的具体工作是：加强贸易和一体化的能力，为政府官员和公民社会代表举办贸易和一体化问题的培训班；为政府部门和公民社会提供技术帮助；支持建立有关一体化和贸易的研究中心和专家网络以进行政策改革；组织讲座、论坛、研讨会，请专家向公民社会宣传一体化政策并听取公众的意见和建议，出版有关一体化和贸易的书刊，建立数据库和网站，提供文献资料。目前已建立了文献中心（Centro de Documentación INTAL, CDI）、外贸数据库（Bases de Estadísticas de Comercio Exterior DATAINTAL），南方共同市场数据库（Base INTAL - MERCOSUR, BIM），一体化协定数据库（Base de Tratados e Instrumentos jurídicos de la integración）。

2007年拉丁美洲和加勒比一体化研究所开展的主要活动有：5月23～24日在墨西哥城墨西哥学院举行第七届拉丁美洲和加勒比亚太研究网会议；6月25～29日WTO与该所在阿根廷布宜诺斯艾利斯联合举办有关WTO贸易谈判研讨会；7月31日至8月2日在牙买加金斯敦举办加勒比卫生与防疫协定研讨会；8月22日在墨西哥城召开欧拉拉丁美洲一体化和贸易网拉美地区会议；9月3～14日在乌拉圭蒙得维的亚举办贸易政策短训班；9月11～12日在乌拉圭蒙得维的亚举办南方共同市场一体化机制形成研讨会；10月26～27日在西班牙巴塞罗那参与主办第五届欧拉一体化和贸易网年会。

对重大国际问题的观点

拉丁美洲和加勒比一体化研究所在对待国际金融危机问题上，主张发达国家与发展中国家加强合作，共同克服金融危机；在对待海地和智利地震问题上,主张国际社会大力提供援助;在能源问题上,主张发展可替代的、可再生的能源;在发展问题上,主张持续发展;在气候变化问题上,主张国际社会减少二氧化碳排放,发展低碳经济。

拉美研究概况

拉丁美洲和加勒比一体化研究所主要研究拉美一体化和贸易问题,包括一体化理论、拉美一体化进程、拉丁美洲自由贸易区、拉丁美洲与欧盟、拉丁美洲与亚太、拉丁美洲与非洲的经贸关系等。研究所的大多数研究成果,包括专著、研究报告、论文、刊物都是与拉美一体化和贸易问题相关的。如研究所所刊《一体化和贸易》(*Revista Integración y Comercio*)2007 年 1~6 月号第 26 期主题是拉丁美洲新地区主义,2007 年 7~12 月号第 27 期是拉丁美洲移民和侨汇问题的专刊。

主要拉美问题研究专家

里卡多·卡尔西奥菲(Ricardo Carciofi),拉丁美洲和加勒比一体化研究所所长(2005 年至今),阿根廷布宜诺斯艾利斯大学经济学硕士、英国苏塞克斯大学(University of Sussex)哲学博士,曾任布宜诺斯艾利斯大学经济系教授、阿根廷财政部负责预算的副国务秘书(1984~1989)、美洲开发银行负责阿根廷和海地的主任(2000~2003)、联合国拉美经委会执行秘书的顾问兼经济发展部协调员(2003~2005)。

罗伯特·博萨斯(Roberto Bouzas),阿根廷人,拉丁美洲和加勒比一体化研究所兼职研究员,阿根廷圣安德烈斯大学教授、阿根廷全国科技理事会研究员、拉美社会科学院阿根廷分部研究生院国际关系系主任。

对外合作

拉丁美洲和加勒比一体化研究所与拉美和加勒比各国有着密切的合作,与联合国拉美经委会、国际货币基金组织、世界银行等国际金融机构保持经常的联系和合作,经常召开有关拉美一体化的研讨会和工作会议,邀请拉美各国或拉美地区外的其他国家的代表参加;拉丁美洲和加勒比一体化研究所还帮助拉美和加勒比各国培训技术人才,提供咨询服务。

对中国的研究

拉丁美洲和加勒比一体化研究所所刊《一体化和贸易》2006年1~6月号第24期是中国和拉丁美洲关系专刊,刊登了多篇分析中国经济增长对阿根廷、巴西、墨西哥和智利的影响。

2005年拉丁美洲和加勒比一体化研究所出版了由拉丁美洲经济体系前执行秘书卡洛斯·莫内达和阿根廷中国问题专家塞尔希奥·塞萨林主编的专题报告集:《中国和拉丁美洲之间合作和发展的新分析:新的丝绸之路?》。报告集共分两部分,第一部分"中国的政治经济改革",共有五篇报告,分别介绍和分析了中国的政治、经济改革、能源、外交、中国加入WTO后的发展等情况;第二部分"中国和拉丁美洲合作议程的关键",共有五篇报告,题目分别是:《中国和亚太地区的一体化新进程对阿根廷、南共市和拉丁美洲的影响》、《中国对拉丁美洲的投资》、《墨西哥和中国的竞争》、《巴西和中国:21世纪的合作关系》和《互联网在中国的发展对拉丁美洲的启示》。拉丁美洲和加勒比一体化研究所所长里卡多·卡尔西奥非在报告集的序言中说:"中国通过经济改革和开放的持续进程的崛起是21世纪重要事件之一","中国利用全球化扩大了在美国、欧洲、亚洲和拉丁美洲的市场","对发展中国家来说,中国历史性地展示了同其他国家进行发展合作的准备","拉丁美洲国家同中国建立了政治、经济和社会文化联系,以利用中国经济迅速增长的活力。在中国强国的鼓励下,中国同拉丁美洲的贸易、中国对拉丁美洲的投资、拉美国家同中国做生意的企业不断增加,使拉丁美洲和中国有可能在中期内建立联盟和积极的伙伴关系。"

主要出版物

定期刊物有:《一体化和贸易》(*Revista Integración y Comercio*),半年刊,主要刊登与拉美一体化与贸易以及世界其他地区一体化与贸易相关的文章;《拉丁美洲和加勒比一体化研究所月通讯》(*Carta Mensual INTAL*),月刊,用西班牙语、英语和葡萄牙语出版。

小地区一体化组织的系列报告(*Serie Informes Subregionales de Integración*)分《南方共同市场报告》、《安第斯共同体报告》、《中美洲共同市场报告》和《加勒比共同市场报告》。

专题报告有:Paolo Giordano, César Falconi y José María Sumpsi, *Desarrollo Rural y Comercio Agropecuario en América Latina y el Caribe*, 2007; Raúl Prebisch, *el Poder, Los Principios y la Ética del Desarrollo BID-INTAL*, 2006; Sergio M. Cesarin, Carlos Moneta, *China y América Latina, Nuevos Enfoques sobre Cooperación y Desarrollo:¿Una Segunda Ruta de la Seda?* 2005; Jaime Granados Julio, *Solución de Controversias Comerciales e Inter-Gubernamentales: Enfoques Regionales y Multilaterales Lacarte*, 2004.

2000 年以来的主要代表性文章和论著

1. Mauricio Mesquita Morerira y Juan Blyde, *Chile's Integration Strategy: Is There Room for Improvement?* 2006.
2. Ernesto López-Córdova, *Globalization, Migration and Development*:

The Role of Mexican Migrant Remittances, 2006.
3. Jaime Granados, Paolo Giordano, José E. López Córdova, Ziga Vodusek y Alberto Barreix, *Honduras: Desafíos de la Inserción en la Economía Internacional*, 2007.
4. Mauricio Mesquita Moreira and Eduardo Mendoza, *Regional Integration, What is in it for CARICOM?* 2007.
5. Gordon H. Hanson, *Emigration, Remittances and Labor Force Participation in Mexico*, 2007.
6. Antonio Bonet Madurga, *La Cooperación al Desarrollo como Instrumento de la Política Comercial de la Unión Europea, Aplicaciones al Caso de América Latina*, 2007.
7. Christopher Woodruff, *Mexican Microenterprise Investment and Employment*, 2007.
8. Catalina Amuedo-Dorantes, Tania Sainz and Susan Pozo, *Remittances and Healthcare Expenditure Patterns of Populations in Origin Communities: Evidence from Mexico*, 2007.
9. Alberto Barreix, Jaime Granados, Ziga Vodusek y Erick Zeballos, *Nicaragua: Inserción Internacional en Beneficio de la Mayoría*, 2007.
10. Jaime Granados, Ziga Vodusek, Alberto Barreix, José Ernesto López Córdova y Christian Volpe, *Costa Rica: Ante Un Nuevo Escenario en el Comercio Internacional*, 2007.

* 资料来源：http://www.iadb.org/intal

（作者：徐世澄，中国社会科学院拉丁美洲研究所；责任编辑：高川）

美洲统计协会
Instituto Interamericano de Estadística

地址：Balcarce 184, 2° piso, Oficina 211, 1327 Buenos Aires, Argentina
电话：54—11—43495777 43495772
传真：54—11—43495778
网址：http://www.indec.mecon.ar/iasi/iasi/IASI.htm
E-mail：efabb@indec.mecon.gov.ar

历史沿革与现状简介

美洲统计协会是一个专业组织，其宗旨是促进美洲统计学的发展。美洲统计协会成立于 1940 年 5 月 12 日，是在国际统计协会（Instituto Internacional de Estadística）一些成员的倡议下成立的，最初的宗旨是在美洲地区恢复和发展因第二次世界大战而中断的国际统计协会的活动和计划。

然而，美洲统计协会成立后不久，其活动范围已远远超出最初的设想。1943 年美洲统计协会开始发行《统计杂志》（*Revista Estadística*），直至今天仍继续发行；开设统计人才培训班；1947 年和 1950 年主持召开了泛美统计学代表大会（Congresos Interamericanas de Estadística）；随后，泛美统计学代表大会被美洲国家组织正式纳入该组织的议程，并改名为泛美统计学大会（Conferencias Interamericanas de Estadística）。美洲统计协会在 20 世纪 50 年代还首次在美洲进行了人口普查。1948 年美洲统计协会在阿根廷国立海岸大学（Universidad Nacional del Litoral）首次开设专门培养统计学人才的数学统计专业。1950年4月11日,美洲统计协会同美洲国家组织签署一项协议,正式建立密切的合作关系。自那时起,双方的合作和协调关系不断得到加强。

目前,美洲统计协会的宗旨是:发展和加强统计学这一职业;推动和普及统计学理论和方法;改进和完善官方和非官方的统计方法;促进和改善西半球各国统计学的发展和利用的措施;同本国和国际组织合作,改进地区统计工作。

组织机构、主要负责人及研究人员概况

美洲统计协会的领导机构是国际执行委员会,其成员任期两年。美洲统计协会的计划由常务秘书处实施,设有两个秘书处,一个在阿根廷,另一个在巴拿马。美洲统计协会还拥有地区和各国的代表。

2008～2010年的国际执行委员会主席是阿根廷原国家统计和人口普查局局长克莱德·沙雷·德特拉布奇(Clyde Charre de Trabuchi);2006～2008年的国际执行委员会主席是墨西哥自治理工学院(Instituto Tecnológico Autónomo de México,ITAM)统计系的维克托·曼努埃尔·格雷罗·古斯曼(Víctor Manuel Guerrero Guzmán)博士。

国际执行委员会有三名副主席,第一副主席是美国路易斯安那州州立大学试验统计学路易斯·A.埃斯科瓦尔(Luis A. Escobar)教授;第二副主席是墨西哥国立自治大学应用数学研究所的伊格纳西奥·门德斯·拉米雷斯(Ignacio Méndez Ramírez)教授;第三副主席是巴西圣保罗大学统计系的佩德罗·A.莫莱丁(Pedro A. Morettin)教授。

现任秘书处技术秘书是埃韦利奥·O.法布罗尼(Evelio O. Fabbroni)教授;助理技术秘书是罗伯托·D.穆伊尼奥斯(Roberto D. Muiños)硕士;另一位助理技术秘书是罗伯托·卡斯蒂略·G.

(Roberto Castillo G.)。

研究重点与学术活动

美洲统计协会研究的重点是美洲地区和世界的统计问题。主要学术活动有：同美洲各国的大学、统计局和有关机构一起主办应用统计学研讨会、培训班。自 2000 年以来，美洲统计协会主办了以下几次应用统计学研讨会：2001 年 7 月，第八届应用统计学研讨会在巴拿马城举行，主题是"质量和生产率的统计方法"；2003 年，在巴西里约热内卢举行第九届应用统计学研讨会，主题是"教育的统计与统计的教育"；2006 年 10 月，在阿根廷罗萨里奥市举行第 10 届应用统计学研讨会，主题是"用微观统计看经济模式"；2007 年 10 月，在墨西哥格雷塔罗市举行第 11 届应用统计学研讨会，主题是"时间序列分析"。

自 1998 年以来，美洲统计协会同美洲各国统计局一起召开了下列公共统计会议：第一届公共统计会议于 1998 年 6 月在阿根廷布宜诺斯艾利斯举行；第二届于 2000 年 10 月在阿根廷布宜诺斯艾利斯举行；第三届于 2001 年 6 月在巴西里约热内卢举行；第四届于 2003 年 10 月在智利瓦尔迪维亚举行，第五届于 2003 年 11 月在阿根廷布宜诺斯艾利斯举行；第六届于 2005 年 9 月在乌拉圭蒙得维的亚举行；第七届于 2005 年 11~12 月在巴西里约热内卢举行。此外，美洲统计协会还同美洲各国大学、学会和其他组织一起举办统计学培训班，开设统计学专业本科和研究生班。

对重大国际问题的观点

美洲统计协会主张促进拉美各国经济和社会的发展，主张拉美实现地区一体化。由于美洲统计协会是一个专业组织，对其他国际重大问题，一般不发表意见。

拉美研究概况

美洲统计协会研究的重点是美洲地区的统计问题,通过对统计的研究,分析拉美的经济模式、经济、社会、文化教育的发展。

主要拉美问题研究专家

维克托·曼努埃尔·格雷罗·古斯曼(Víctor Manuel Guerrero Guzmán)博士,美洲统计协会的领导机构——国际执行委员会主席(2006~2008),墨西哥国立自治大学科学系毕业,后在美国威斯康星大学统计学系进修,获硕士和博士学位;墨西哥自治理工学院统计学教授,曾先后任墨西哥教育部统计部主任、墨西哥银行统计研究部主任、墨西哥国家统计局研究部协调员等职。著有《统计模式》、《经济学学生统计学基础》,等等。

对外合作

美洲统计协会经常同美洲国家组织,美洲各国国家统计局、大学和研究机构一起组织研讨会和报告会,举办各种培训班,开设统计学专业课程,进行人口普查,等等。

主要出版物

美洲统计协会出版的主要刊物是《统计学杂志》(Revista Estadística),半年刊。此外,协会还出版《通讯》(Boletín Informativo del IASI),季刊,主要报道协会组织的会议、报告会和其他活动以及研究计划的执行情况。

美洲统计协会的其他出版物有:《应用统计学研讨会纪要》(Memorias de los Seminarios de Estadística Aplicada)、《公共统计会议总结报告》(Informes Finales de las Reuniones sobre Estadística

Pública),等等。

* 资料来源:http://www.indec.mecon.ar/iasi/iasi/IASI.htm

(作者:徐世澄,中国社会科学院拉丁美洲研究所;责任编辑:张颖)

拉丁美洲和加勒比经济与社会规划研究所

Instituto Latinoamericano y del Caribe de Planificación
Económica y Social

地址：Av. Dag Hammarskjöld 3477, Vitacura, Casilla 179 – D, Santiago, Chile
电话：56—2—2102507
传真：56—2—2066104
网址：http://www.ilpes.cl
E-mail：alejandra. naser@ cepal. org

历史沿革与现状简介

拉丁美洲和加勒比经济与社会规划研究所是联合国拉美经委会下属的常设独立机构，成立于1962年，旨在为拉美和加勒比地区各国政府的规划和公共管理工作提供培训、咨询和研究服务。成立40多年来，在专业领域中发表了众多论文、手稿和其他文章，并出版60多本专著，其中多部专著多次再版。

研究所还是联合国拉美经委会的主要培训机构，迄今为止1.5万余人参加过各类培训。此外，还主持召开主题广泛的大会、研讨会或专家会议，并与本地区各国开展技术合作。研究所的研究和培训活动为本地区各国政府的规划及经济和社会发展提供了大力支持。

研究所经费主要来自美洲开发银行和联合国开发署。从1983年起，拉美和加勒比地区协调研究计划的成员国政府根据协议,也为研究所提供部分资金,这笔资金为研究所与协调研究计划各成员国政府保持密切联系发挥了重要作用。

组织机构、主要负责人及研究人员概况

拉丁美洲和加勒比经济与社会规划研究所成立的最初 10 年,所长由阿根廷人劳尔·普雷维什(Raúl Prebisch)担任。历任所长包括哥伦比亚人豪尔赫·门德斯(Jorge Méndez);巴西人阿尔弗雷多·小科斯塔(Alfredo Costa – Filho);玻利维亚人阿图罗·努涅斯·德尔·普拉多(Arturo Núñez del Prado);联合国拉美经委会执行秘书、哥伦比亚人何塞·安东尼奥·奥坎波(José Antonio Ocampo);秘鲁人费尔南多·桑切斯—阿尔瓦维拉(Fernando Sánchez – Albavera);新任联合国拉美经委会执行秘书、阿根廷人何塞·路易斯·马奇内阿(José Luis Machinea);现任所长为哥伦比亚人胡安·卡洛斯·拉米雷斯(Juan Carlos Ramírez),2005 年 9 月 1 日就任。

研究所组织机构包括行政管理部门、培训部门、预算和公共管理政策研究部、地方及地区管理研究部等四个部门。研究所主要负责人包括所长胡安·卡洛斯·拉米雷斯,培训部主任保罗·德科克(Paul Dekock),预算和公共管理政策研究部主任里卡多·马特奈尔(Ricardo Martner),地方及地区管理研究部主任伊万·席尔瓦(Iván Silva)。

研究重点与学术活动

目前,拉丁美洲和加勒比经济与社会规划研究所主要致力于公共管理方面的研究,分以下三大主题:一是在发展政策的实践经验和公私合作框架的基础上,提出策略性建议和观点,以巩固和加强规划的机构性特征,使之成为政府的工具;二是公共部门行为的规划和评估,包括宏观财政规范、多年期规划、公共投资和国家合作项目管理、公共管理的跟踪和评估等;三是分权化进程和地方及

地区发展的规划及管理,尤其是财政分权化和竞争力的研究。

研究所重点研究内容包括拉美国家的贸易自由化、经济一体化、开放外资、价格自由化、金融市场的放松监管、劳务市场的灵活化、公有企业的私有化和资本化、财政分权化、政府职能转变、教育及医疗福利等结构性改革等。研究成果主要发表在研究所刊物《公共管理概览》上。

研究所主持召开三类重要的政府间论坛,包括地区规划理事会、地区规划理事会决策会议、拉美和加勒比规划部长大会。地区规划理事会是研究所活动的指导性政府间论坛,每四年举行一次例会,有40个成员国政府的规划部部长或负责人参加,形成的决议在联合国拉美经委会开会期间进行修订。地区规划理事会决策会议几乎每年举行一次例会,从2003年起有11国的代表参加。拉美和加勒比规划部部长大会旨在成员国间交流国家规划和公共政策方面的经验和研究成果,每四年举行一次例会。

研究所每年还在主要研究领域开办培训课程,主要包括预算和公共管理政策研究、地方与地区管理研究等两方面。在预算和公共管理政策研究方面,2007年开办了智利圣地亚哥的环境和自然资源管理与评估课程、预算和公共管理政策课程、宏观经济政策和公共金融课程、公共投资项目与管理等课程;阿根廷布宜诺斯艾利斯的税收课程;墨西哥瓜达拉哈拉的预算和公共管理政策课程;巴西利亚的交通运输项目课程;巴拿马城的公共管理课程;玻利维亚的预算和公共管理政策课程;2008年开办了墨西哥阿卡普尔科市、库利亚坎的预算和公共管理政策课程;2009年开办了墨西哥巴亚尔塔港的预算和公共管理政策课程。在地方与地区管理研究方面,2006年开办了危地马拉的地方发展与竞争力课程,2007年开办了厄瓜多尔基多市的地方与地区发展的策略管理课程,2008年开办了巴西五座城市的地方与地区发展的策略管理课程,等等。

主要拉美问题研究专家

预算和公共管理政策领域的专家和研究人员有：里卡多·马特奈尔（Ricardo Martner），爱德华多·阿尔杜纳特（Eduardo Aldunate），玛丽亚奈拉·阿尔米霍（Marianela Armijo），胡安·弗朗西斯科·帕切科（Juan Francisco Pacheco），伊沃奈·冈萨雷斯（Ivonne González），路易莎·玛丽亚·马丁内斯（Luisa Maria Martinez），杰西卡·夸特罗斯（Jessica Cuadros）。地方及地区管理领域的专家和研究人员有：伊万·席尔瓦（Iván Silva），路易斯·马乌里西奥·库埃尔沃（Luis Mauricio Cuervo），卡洛斯·桑多瓦尔（Carlos Sandoval），路易斯·里弗（Luis Riffo）。

对外合作

研究所每年都组织拉美及加勒比地区或国际性的论坛或研讨会。如2010年1月在智利圣地亚哥举行的"财政政策"地区研讨会，2009年5月在秘鲁举行的"拉美公共投资国家体系及其对经济增长和减贫的作用"国际研讨会，2009年10月在秘鲁举行的"公共投资国家体系"国际论坛，2009年11月在巴西举行的"成功经验交流会"和在墨西哥举行的"公共投资的规划与管理"国际研讨会，等等。

主要出版物

根据第22届地区规划理事会决议，决定出杂志《公共管理概览》(Panorama de la Gestión Pública)。它是拉丁美洲和加勒比经济与社会规划研究所的单独出版物，每年一期，第一期于2004年5月出版。《工作手册系列》(Serie Manuales)，与联合国拉美经委会联合出版。《研讨会和会议系列》(Serie Seminarios y Conferencias)，与联合国拉美经委会联合出版，主要刊登会议综述、摘要、备忘录等。

此外，还出版《公共管理系列论文》(Serie Gestión Pública)、《研究所简报》(Boletines del Instituto)、《研究所书籍系列》(Libros del Instituto)、《研究所专题系列》(Series Cuadernos del ILPES)、《研究所项目评估信息一览》(Notas Informativas del ILPES sobre Evaluación)、《工作文献》(Documentos de Trabajo)，等等。

2000 年以来机构的主要代表性文章和论著

1. *Panorama de la Gestión Pública*, mayo de 2004.
2. *Las Visiones de País Importan: Lecciones de Experiencias Exitosas de Desarrollo*, junio de 2005.
3. Hugo Navarro, "Manual para la Evaluación de Impacto de Proyectos y Programas de Lucha contra la Pobreza", No. 41 de *Serie Manuales*, junio de 2005.
4. Ricardo Martner, Varinia Tromben, "Opciones para Enfrentar el Sesgo Anti-inversión Pública", No. 50 de *Serie Gestión Pública*, julio de 2005.
5. Edgar Ordegon, Juan Francisco, "Metodología del Marco Lógico para la Planificación, el Seguimiento y la Evaluación de Proyectos y Programas", No. 42 de *Serie Manuales*, julio de 2005.
6. Juan Martin, "Funciones Básicas de la Planificación Económica y Social", No. 51 de *Serie Gestión Pública*, agosto de 2005.
7. Edgar Ordegon, Juan Francisco, "Metodología General de Identificación, Preparación y Evaluación de Proyectos de Inversión Pública", No. 39 de *Serie Manuales*, agosto de 2005.
8. Ricardo Martner, "Política Fiscal y Protección Social", No. 53 de *Serie Gestión Pública*, Enero de 2006.
9. Luis Lira, "Revalorización de la Planificación del Desarrollo", No.

59 de *Serie Gestión Pública*, agosto de 2006.
10. Javier Medina Vasquez, Edgar Ordegon, "Manual de Prospectiva y Decisión Estratégica: Bases Teóricas e Instrumentos para América Latina y el Caribe", No. 51 de *Serie Manuales*, septiembre de 2006.

* 资料来源:http://www.ilpes.cl

(作者:范蕾,中国社会科学院拉丁美洲研究所;责任编辑:蔡同昌)

拉丁美洲和加勒比地区

阿根廷布宜诺斯艾利斯大学拉丁美洲跨学科研究所

Instituto Interdisciplinario de Estudios e Investigaciones de América Latina

地址:25 de Mayo 221 – 5° Piso(1002),Ciudad de Buenos Aires, República Argentina

电话:51—011—44320606

传真:51—011—44320606

网址:http://www.filo.uba.ar/contenidos/investigacion/institutos/indeal

E-mail:indeal@filo.uba.ar

历史沿革与现状简介

阿根廷布宜诺斯艾利斯大学拉丁美洲跨学科研究所是由布宜诺斯艾利斯大学哲学系和社会科学系联合成立的,其宗旨是推动美洲以共同行动应对全球化带来的挑战,弥补阿根廷国内研究领域的空白;通过指导和开展学术研究,更加具体和全面地了解拉美国家各方面的情况;通过综合研究拉美的多样性和独特性,更充分地揭示和展现拉美的特质。

拉丁美洲跨学科研究所力求将自身打造为一个集学术讨论、分析和思考以及发表学术作品的平台,试图为拉美国家各方面政策提出建议;综合社会实践,探索注重实际的跨学科研究,以推动文化、语言、思想、社会科学等领域的学术交流。研究所希望加强人类学、艺术、教育、哲学、地理、历史、文学等学科的相互合作和联系，在此基础上共同进行学术研究、培养研究生和开展学术交流，从拉美的角度对世界事务进行观察与思考。基于上述目的，研究所聚集一批国内外学者、专家和学生，共同对阿根廷和拉美地区问题进行研究。

组织机构、主要负责人及研究人员概况

阿根廷布宜诺斯艾利斯大学拉丁美洲跨学科研究所现有工作人员13人。现任所长为费利克斯·古斯塔沃·舒斯特（Félix Gustavo Schuster），政治经济学教授。研究人员10人：埃尔维拉·阿尔努（Elvira Arnoux），语言学教授；阿尔西拉·博尼利亚（Alcira Bonilla），哲学教授；卡洛斯·库连·索里亚诺（Carlos Cullen Soriano），心理学教授；格拉谢拉·德拉戈斯基（Graciela Dragoski），艺术史教授；塞西莉亚·伊达尔戈（Cecilia Hidalgo），认识论学家；玛丽亚·罗莎·纽菲尔德（María Rosa Neufeld），社会人类学教授；埃克托尔·乌戈·特林切罗（Héctor Hugo Trinchero），人类学教授；安娜·玛丽亚·苏维塔（Ana María Zubieta），文学教授；克劳迪奥·格瓦拉（Claudio Guevara）教授和西尔维亚·略摩瓦特（Silvia Llomovatte）教授。

研究重点与学术活动

阿根廷布宜诺斯艾利斯大学拉丁美洲跨学科研究所的日常工作包括：管理研究项目，为国家机构和国际机构提供评定标准和程序；培养研究生，为教师和学者提供进修培训；开展文化活动，与拉美国家的一些大学和机构建立学术联系，与其他研究机构进行共同研究。

主要拉美问题研究专家

费利克斯·古斯塔沃·舒斯特，哲学家和认识论学家，现任布宜

诺斯艾利斯大学哲学系主任和哲学系教授、拉丁美洲社会科学学院研究生导师、阿根廷国家科学技术研究委员会(CONICET)研究员,并在拉美和欧洲多所高校担任客座教授。主要从事当今世界的人类学研究,主要成果有《科学发现和创造》、《现今的人类学》、《哲学的发现和论证》、《政治演讲和科学实践》、《方法论的多元主义》,等等。

2000 年以来机构的主要代表性文章和论著

1. Ana María Zubieta, *Cultura Popular y Cultura de Masas*, Bs. As., Paidós, 2000.
2. Ana María Zubieta, "Otros tiempos, Otro Espacio", María Celia Vázquez y Sergio Pastormerlo, *Literatura Argentina, Perspectivas de Fin de Siglo*, Buenos Aires, Eudeba, 2001.
3. Ana María Zubieta, "El Lujo, lo Popular y el Humor: Sinuosidades de un Camino", A. De Toro y S. Regazzoni (eds.), *Homenaje a Adolfo Bioy Casares*, Frankfurt-Madrid, Vervuert-Iberoame-ricana, 2002.
4. Ana María Zubieta, "Entre el Secreto y el Silencio. La Literatura y la Experiencia de la Dictadura Militar Argentina", *Mémoire et Culture en Amérique Latine*, Presses de la Sorbonne Nouvelle, Université de la Sorbonne Nouvelle-Paris III, 2003.
5. Ana María Zubieta, "El Secreto como Clave. Los Relatos del Horror", Actas de las II Jornadas Patagónicas de Estudios Latinoamericanos, Edición Digital, Facultad de Humanidades, Universidad Nacional del Comahue, abr. 2004.
6. Ana María Zubieta, "Las Tramas del Presente", Cd Rom, Departamento de Letras, FFyL, UBA, 2005.
7. Ana María Zubieta, "Desde el Presente: Historia del Ocio, el

Tiempo Libre y el Trabajo", *Les Modeles et Leur Lirculation en Amérique Latine*, Paris, Presses de la Sorbonne Nouvelle, 2006.

* 资料来源:http://www.filo.uba.ar/contenidos/investigacion/institutos/indeal

(作者:李菡,中国社会科学院拉丁美洲研究所;责任编辑:张颖)

阿根廷国立人类学和拉丁美洲思想研究所

Instituto Nacional de Antropologia y Pensamiento Latinoamericano

地址:3 de Febrero 1378 – C1426BJN, Ciudad de Buenos Aires, República Argentina

电话:54—114—7827251

传真:54—114—7836554

网址:http://www.inapl.gov.ar/inicio.htm

E-mail:postmast@ bibapl. edu. ar

历史沿革与现状简介

阿根廷国立人类学和拉丁美洲思想研究所创建于1943年12月20日。成立之初名为国家传统研究所(Instituto Nacional de la Tradición),第一任所长胡安·阿方索·卡里索(Juan Alfonso Carrizo)。1973年,研究所迁至目前所在地,并增建博物馆、图书馆和研究实验室。1991年改为现名。

自成立之日起研究所一直致力于社会人类学、民俗学和考古学领域的研究。目前正在进行的研究项目有20多个,旨在修复、记录和保护物质性及非物质性文化遗产。同时,研究所也为拉美地区的社会文化发展和经济发展提供可行性建议。研究所的主要任务包括:研究和积累过去和现在生活方式方面的知识;研究、修复、保留、记录和保护陆地和水下考古发现及岩画艺术;评估大众的文化需求和要求;唤醒和加强民众对本国文化的意识及对文化和种族多元性的尊重;把本国陆地和水下的考古发现及其保存程度记录在案；研究和普及传统文化、土著文化和克里奥尔文化；激发民众对本国历史和文化财富的重视；呼吁保护文化遗产，并为其提供建议；推动和传播本国传统手工艺术；参与创建文化信息网络。

研究所在国内外学术界享有较高知名度，许多著名外国教授在此讲学。研究所开设各种学习班，包括面向研究人员的研究生课程和初级培训课程，覆盖面约占阿根廷全国学生的70%。研究所的科研人员参加国内外学术会议、研讨会和座谈会，就专业研究领域发表论文或做主题发言。建所60多年来，研究成果颇多，多次得到国内外组织和机构的资助。研究所编辑出版一份专业学术刊物及若干领域的专业刊物和普及性出版物，每季度还出版一份人类学最新动态。

研究所的文献中心藏书超过2.5万册，涵盖人类学、社会人类学（城市人类学、法律、饮食、政治、经济、医药等）、文化人类学、考古学、岩画艺术、民俗学（民间信仰、民间手工艺术、传说、民间医药、风俗习惯等）、种族志、无文字语言研究、种族历史、种族、音乐、宗教、神话、文化及考古遗产保存、美洲征服史、殖民史、阿根廷历史、欧洲史、文学、地理、非洲化美洲文化等领域。文献中心分为总图书馆、收藏1900~1960年古籍的胡安·阿方索·卡里索图书馆、收藏非洲化美洲文化专业书籍的内斯托尔·奥尔蒂斯·奥德里戈（Néstor Ortiz Oderigo）图书馆、研究生专用图书馆、1921年民俗调查图书馆、报刊室和图册档案室。

研究所的国家人类博物馆收藏国内外5000多件考古、种族志、传统手工艺术类展品，主要有阿根廷和拉美的纺织品、玩具、面具、耶稣诞生情景模型、非洲种族志、波兰手工艺品、阿根廷手工艺品和种族志等。博物馆长期举办"从过去走向今天的阿根廷土著人"展览，还不定期举办人类学领域的各类展览，公众可免费参观。

研究所的音像图书馆收藏800多件人类学领域的音像资料。它的诞生得益于阿根廷文化部发起的、从1991年起每年度由研究所举办的国家人类学及社会纪录电影和录像展。

组织机构、主要负责人及研究人员概况

现任所长迪亚娜·罗兰蒂（Diana Rolandi）。在编科研人员20名，技术助理3名。阿根廷国家科学和技术研究委员会在编的科研人员7名，技术人员3名，奖学金人员8名。布宜诺斯艾利斯大学奖学金人员1名。火炬基金奖学金人员1名。

研究所文献中心有工作人员7名；国家人类博物馆工作人员5名；音像图书馆工作人员1名；考古资料搜集及记录人员5名；行政管理人员5名和后勤人员1名。

研究重点与学术活动

阿根廷国立人类学和拉丁美洲思想研究所的研究重点为考古与文化遗产、印第安民族、城市和农村社区的社会文化人类学、社会文化一体化进程等领域。

在考古与文化遗产领域，主要研究内容包括帕塔哥尼亚史前文化拯救（帕塔哥尼亚地区打猎和食物搜集群体的时空可变性）；历史考古学；阿根廷南部高原地区考古学；水下考古学；阿根廷岩画艺术的文献记录和保存；潘帕斯中部地区的居民和殖民化；阿根廷纺织品的研究、评估和保存。在考古与文化遗产领域发表了众多文章和论著。

在印第安民族研究领域，主要研究阿根廷种族重组化过程及国家印第安人政策；阿根廷西班牙语与土著语言交汇地区；双语文化教育；阿根廷土著人图片和数码影像文献的保留和创建；内乌肯省马普切人居住区开展旅游业的社会影响。

在城市和农村社区的社会文化人类学领域，主要研究内容

包括卡塔马卡省和阿根廷南部高原地区社会文化人类学；21世纪初阿根廷传统主义运动（首都和布宜诺斯艾利斯省）；21世纪初阿根廷传统主义运动（首都和布宜诺斯艾利斯省）；布宜诺斯艾利斯狂欢节歌手（布宜诺斯艾利斯市）；通过劳动实践口述故事流传的手工业职业民俗（内乌肯省、科尔多瓦省和圣胡安省）；拉普拉塔地区民间歌手的口述传统诗歌的作用及全球化背景下的变革（布宜诺斯艾利斯省、市）；布宜诺斯艾利斯犹太戏剧（布宜诺斯艾利斯市）；手工艺活动的系统化进程（阿根廷内乌肯省和科尔多瓦省，智利）；世界划时代的文化实践和主体（阿根廷全国，乌拉圭）；布宜诺斯艾利斯省灾害研究（布宜诺斯艾利斯省）；阿根廷民宅方面的社会文化和社会政策；阿根廷饮食文化遗产；阿根廷手工艺术——文化多样性的可持续性发展与巩固；阿根廷手工活动的可持续性发展——卡塔马卡西部山谷地区手工业研究。

在社会文化一体化进程领域，主要研究南方共同市场内部的文化边界问题。

主要拉美问题研究专家

多洛雷斯·埃尔金（Dolores Elkin），研究所水下考古部主任，"Swift 项目"主持人，布宜诺斯艾利斯大学博士，考古学家，国家科学技术研究委员会研究员，曾获专业潜水员证。

迪亚娜·罗兰蒂（Diana Rolandi），所长，政治和文化管理硕士，国立拉普拉塔大学自然科学和博物馆系自然科学人类学博士，考古学家，阿根廷岩画艺术家，社会人类学研究生部主任。

对外合作

与阿根廷国立人类学和拉丁美洲思想研究所签有交流协议的机构有：布宜诺斯艾利斯大学哲学和文学系、瑞典斯德哥尔摩大学、经济与社会发展研究所、国家航空治安局、丘布特省政府、科连特斯省圣托梅博尔赫斯学校、国立罗萨利奥大学人类和艺术系、阿根廷文化部、布宜诺斯艾利斯文化部博物馆,等等。

主要出版物

《系列报告》(*Cuadernos*),人类学和考古学专业杂志,年刊。1960年出版第一期,共320页,现已出版20期。

《人类学最新动态:国立人类学和拉丁美洲思想研究所信息报告》(*Novedades de Antropología: Boletín Informativo del Instituto Nacional de Antropología y Pensamiento Latinoamericano*),搜集研究所最新的人类学领域的学术研究动态和成果,季刊。

研究所曾出版《国家传统研究所杂志》、《系列简报》和《系列技术报告》,现已停刊。

2000年以来机构的主要代表性文章和论著

1. María Mercedes Podestá, María de Hoyos, *Arte en las Rocas: Arte Rupestre, Menhires y Piedras de Colores en Argentina*, SAA-AINA, Buenos Aires, 2000.
2. Silvia P. García, Diana Rolandi, *Cuentos de las Tres Abuelas: Narrativa de Antofagasta de la Sierra*, UNESCO, Buenos Aires, 2000.
3. Charles E. Orser Jr., *Introducción a la Arqueología Histórica*, AINA, Buenos Aires, 2000.
4. Silvia P. García, Diana Rolandi, Daniel E. Olivera, *Puna e His-toria: Antofagasta de la Sierra, Catamarca*, AINA, Buenos Aires, 2000.
5. Diana Rolandi, Cecilia Pérez de Micou, Silvia P. García, *Tramas del Monte Catamarqueño*, AINA, Buenos Aires, 2006.

* 资料来源:http://www.inapl.gov.ar/inicio.htm

(作者:范蕾,中国社会科学院拉丁美洲研究所;责任编辑:蔡同昌)

阿根廷拉丁美洲经济研究基金会
Fundación de Investigaciones Económicas Latinoamericanas, FIEL

地址: Córdoba 637 4to piso, (C1054AAF) Capital Federal, Argentina
电话: 54—11—43141990
传真: 54—11—43148648
网址: http://www.fiel.org/locale.do? locale = es
E-mail: postmaster@ fiel.org.ar

历史沿革与现状简介

阿根廷拉丁美洲经济研究基金会于1964年由布宜诺斯艾利斯商品交易所、阿根廷商会、阿根廷农村协会和阿根廷工业联合会创建,是独立的、非营利性的机构,也是研究阿根廷经济问题和社会问题的最重要机构。长期以来,基金会为阿根廷企业界提供了广泛而有价值的咨询服务。

基金会是阿根廷政治经济学会(1957年创建,拥有约450位阿根廷理论经济学和应用经济学方面的科研人员)秘书处总部所在地,与阿根廷主要经济培训和研究中心均保持密切联系,与阿根廷宏观经济研究中心(CEMA)、陶库阿托迪特拉大学、拉普拉塔国立大学及圣安的列斯大学等签署研究生培养协议,选拔上述机构和大学的优秀研究生在基金会进行科研并提供奖学金使其完成论文。

基金会不接受政府资助,其主要财政来源有:会员企业定期缴纳的会费、各公共机构或私立机构交办的专项课题经费、出版物销售及有偿咨询服务等。其中,咨询服务包括统计数据库服务

（DATAFIEL）、阿根廷工业各部门研究报告、宏观经济预测报告（FMF）以及调控和劳动力研究报告等。

组织机构、主要负责人及研究人员概况

阿根廷拉丁美洲经济研究基金会的领导机构是由企业领导人组成的理事会。理事会在制定年度工作计划时要听取顾问委员会的意见。顾问委员会由来自阿根廷国内各经济部门的代表组成，他们从企业活动的需要出发向理事会提出研究项目需求。由三名经济学家组成的学术委员会负责为理事会制定中长期科研计划、提供咨询并领导基金会的科研活动。

理事会设主席1名、副主席2名、秘书和财务主管各1名。现任主席为胡安·佩德罗·蒙罗（Juan Pedro Munro），副主席为胡安·马斯约恩（Juan Masjoan）和维克多·路易斯·萨万迪（Víctor Luis Savanti），现有委员17名。顾问委员会现有委员27名。学术委员会成员包括：曼努埃尔·阿尔贝托·索拉内特（Manuel Alberto Solanet），经济学硕士，曾任世界银行顾问；马里奥·德伊赫伊洛（Mario Teijeiro），经济学硕士，曾任世界银行顾问、国际货币基金组织轮值执行主席；米格尔·基戈尔（Miguel Kiguel）。

目前共有科研人员25名，其中首席经济学家4名：丹尼尔·阿尔贝托·阿尔塔纳（Daniel Alberto Artana），经济学博士；胡安·路易斯·布尔（Juan Luis Bour），经济学博士；费尔南多·纳瓦哈斯（Fernando Navajas），经济学博士；圣地亚哥·乌尔比斯东多（Santiago Urbiztondo），经济学博士。另有经济学家9名、助理研究员1名、访问学者4名、助理统计员7名。

研究重点与学术活动

阿根廷拉丁美洲经济研究基金会通过科研项目、学术报告会、研讨会和成果出版以及联合企业界和媒体召开经济形势分析会等方式,对阿根廷经济问题和社会问题进行深入研究和探讨。其科研活动包括依照相关企业或机构的需求展开的专项研究和经理事会批准的、由学术委员会提出的课题研究。目前,已形成两大专业研究室开展经济专题研究,即教育经济学研究室和控制学研究室。其中后者兴起较晚(1998),主要致力于公共服务管理和提高竞争力的研究。

基金会的研究课题涉及有关经济形势、公共政策及国际经济的方方面面(如工业、农业、商业和服务业发展现状、对外贸易与国际经贸谈判、各省份与城市公共政策、金融研究、货币政策、收入分配与贫困问题、中小企业研究、环境问题、法律与经济的关系、社会政策研究,等等)。

基金会有三个常设科研项目:部门研究报告,从32个经济部门中选取若干部门进行研究,考察其发展情况,每半年更新一次;宏观经济预测报告(FMF),通过考察100多项经济指标对阿根廷经济发展前景及其在世界经济中的地位进行预测;统计数据库服务(DATAFIEL),提供关于阿根廷经济的最为完备的数据信息。

除科研外,基金会还开展教学和培训活动,为阿根廷多所大学的经济学研究生提供奖学金,并对其进行培训。同时开设了面向各种社会团体的相关专业进修班。

拉美研究概况

除上述的部门研究报告、宏观经济预测报告和统计数据库服务等三个常设科研项目外,近两年来阿根廷拉丁美洲经济研究基金会还增设了能源与经济报告和消费者价格指数报告等两项科研项目。能源与经济报告始于2007年9月,每三个月出版一期,分析阿根廷的能源问题,其科研团队包括基金会的宏观经济研究人员、能源问题专家、控制学专家和工业经济专家等。该报告与其他现有的科研报告的不同之处在于,其目的不是公布有关阿根廷能源部门的各种统计数据,而是运用其科研团队独创的一套计量方案对阿根廷能源部门存在的问题进行深入分析。消费者价格指数报告始于2008年8月,按照国际惯用方法进行分析计算。

近年来基金会承担的科研课题主要有"经济增长时期的劳动生产率:阿根廷面临的挑战",涉及的题目包括决定阿根廷劳动生产率的主要因素及与世界其他地区的比较、失业、能力与职业选择之间的不对称、劳动力市场的效率与推动经济增长的关系、商业环境以及相关中期政策的制定等;"阿根廷的机会平等问题:2000年以来各代人口的流动性",通过分析各代人口的流动性及其收入差异评估近年来阿根廷在机会平等方面的进步;"2007~2008年物流业发展计划",为国家物流战略的制定提供咨询;"阿根廷通货膨胀问题研究",等等。

主要拉美问题研究专家

丹尼尔·阿尔贝托·阿尔塔纳(Daniel Alberto Artana),阿根廷拉丁美洲经济研究基金会首席经济学家,经济学博士。曾于1980~1987年任阿根廷经济部财政司监察员。现任拉普拉塔国立大学政治经济学教授、陶库阿托迪特拉大学税收政策专业教授。主要研究成果有《阿根廷的收入分配》(1999)、《生产率、竞争力与企业——经济增长的齿轮》(2002)(与他人合著)、《国际金融危机:政府应扮演何种角色》(2004)(与他人合编)、《制度危机与经济增长》(2004),等等。

胡安·路易斯·布尔(Juan Luis Bour),阿根廷拉丁美洲经济研究基金会首席经济学家,经济学博士。曾任多个国际组织的顾问。主要研究成果有《社会保障体系的改革建议》(1995)、《阿根廷中小企业》(1996)、《阿根廷的隐性经济》(2000)、《阿根廷的退休金制度:改革评估与拖欠的影响》(2005),等等。

费尔南多·纳瓦哈斯(Fernando Navajas),阿根廷拉丁美洲经济研究基金会首席经济学家,经济学博士。曾于1986~1994年任联合国拉美经委会高级经济学家。主要研究成果有《拉丁美洲经济危机、贸易和劳动力》(2003)、《什么使自然资源有所不同》(2005),等等。

圣地亚哥·乌尔比斯东多(Santiago Urbiztondo),阿根廷拉丁美洲经济研究基金会首席经济学家,经济学博士。研究领域为工业组织、对公共服务的管理及竞争力问题等。主要研究成果有《对竞争力和公共服务的控制:阿根廷最新的理论与实践》(1999)、《拉丁美洲控制体制研究》(2001),等等。

对外合作

阿根廷拉丁美洲经济研究基金会从1968年起成为德国慕尼黑经济研究所(IFO)的会员单位,并加入总部设在巴拿马和圣弗朗西斯科的国际经济发展中心(CINDE)的研究网络。基金会在不同机构和组织的支持下开展研究工作。这些机构和组织主要有:世界银行、美洲开发银行、联合国开发计划署、康拉德·阿登纳基金会、德意志银行、德国央行、法国经济研究所,等等。

对中国的研究

2004年9月阿根廷拉丁美洲经济研究基金会与阿根廷外交部共同主办中国问题研讨会"中国向市场经济过渡"。来自世界银行、斯坦福国际发展中心、智利太平洋基金会、巴西—中国商会以及阿根廷外交部的多位学者和官员就中国市场经济发展现状及挑战、中国的改革进程、中国可持续发展面临的挑战、与中国贸易关系的优势与不足、从第三国的视角看与中国的经贸发展、发展拉美与中国的经济关系等问题进行了探讨。

主要出版物

《论文汇编》(Documentos de Trabajo),季刊,刊登分析社会、经济问题的研究论文,迄今已出版70多期。

《形势报告》杂志(Indicadores de Coyuntura),月刊,1966年创刊。内容涉及阿根廷经济发展形势的各个方面,如财政、货币状况、劳动力市场、工业活动、市场规范、竞争力的维护、农牧市场及对外贸易等,提供有关阿根廷经济的主要统计数据。

《报刊文章汇编》(Artículos en Diarios),汇总在阿根廷国内外各种媒体上发表的、由阿根廷拉丁美洲经济研究基金会的学者撰写的文章。

《FIEL新闻简报》(FIEL News),每月出版一期,刊登最新学术文章并发布最新出版动向、学术活动预告等。

2000年以来机构的主要代表性文章和论著

1. FIEL, *Una educación para el siglo XXI: propuesta de reforma*, Buenos Aires, 2000.
2. FIEL, *Crecimiento y equidad en la Argentina: bases de una política económica para la década*, Buenos Aires, 2001.
3. Santiago Urbiztondo, "Institutional design and regulatory stability in Argentina: what makes the telecomm sector so different?", in *Effective Institutions for Efficient Markets: A Survey of Regulatory Institutions in Latin America*, University of California, San Diego, 2001.
4. Daniel Artana, James A. Dorn (comp.), *Crisis financieras internacionales: ¿qué rol le corresponde al gobierno?*, FIEL, Buenos Aires, 2004.
5. Marcela Cristini, *China: la transición hacia una economía de mercado*, FIEL, Buenos Aires, 2004.

6. Santiago Urbiztondo, Sebastián Auguste, *La reforma previsional en Argentina y en América Latina: Un diagnóstico alternativo de sus aspectos más críticos*, FIEL, Buenos Aires, 2004.
7. FIEL, *La presión tributaria sobre el sector formal de la economía*, Buenos Aires, 2006.
8. Juan Luis Bourn, Sebastián Auguste, *Instituciones laborales y políticas activas de promoción del empleo en la Argentina*, FIEL, Buenos Aires, 2007.
9. Fernando H. Navajas, "Hydrocarbons Policy, Shocks and Collective Imagination: What Went Wrong in Bolivia", in *Populism and Natural Resources*, MIT Press, USA, 2008.

* 资料来源:http://www.fiel.org/locale.do? locale = es

（作者:袁琳,中国社会科学院拉丁美洲研究所;责任编辑:张颖）

地中海基金会—阿根廷和拉美现实研究所

Instituto de Estudios sobre la Realidad Argentina y Latinoamericana, IERAL de Fundación Mediterránea

基金会地址(科尔多瓦总部)：Ituzaingó 1368（5000），Córdoba, República Argentina
电话和传真：054—0351—4603412
基金会网址：http://www.fundmediterranea.org.ar
研究所(布宜诺斯艾利斯)地址：Esmeralda 1320, 5A—C1007 ABT, Buenos Aires, Argentina
电话：054—11—43124114
E-mail：info@ieral.org
研究所网址：http://www.ieral.org

历史沿革与现状简介

地中海基金会是一个非营利性的民间机构。1977年在佩德罗·阿斯托里(Pedro Astori)的倡议下，由阿根廷科尔多瓦省的34家企业创建。基金会的主要目的和宗旨是：推进对阿根廷和拉美国家经济和公共政策问题的研究，加深对拉美经济问题的认识，探索解决拉美经济问题的对策，为政府决策提供政策性建议。基金会的指导原则是支持建立市场经济和推进社会进步。除科尔多瓦总部和布宜诺斯艾利斯分部外，基金会还在门多萨、里奥内格罗、圣菲、米西奥内斯、萨尔塔等地设有分支机构。基金会设主席，第一和第二副主席，副主席，行政经理和秘书，以及基金会委员会和监督委员会。基金会主席是塞尔希奥·奥斯卡（Sergio Oscar Roggio），第一副主席是路易斯·贝特纳萨（Luis Betnaza），第二副主席是富尔维奥·拉斐尔（Fulvio Rafael Pagani），每个地区机构设副主席一名和候补副主席一名。基金会成员已从最初的 30 多家企业增加到目前的 260 多家，成员由科尔多瓦省扩展到全国各省。

为保证上述目标和宗旨的实现，地中海基金会在成立的同时就创建了阿根廷和拉美现实研究所；研究所的资金由基金会提供，研究所隶属于地中海基金会，拥有由专职经济学家组成的研究团队，从事专职的研究工作。研究所是一个非营利性的组织，是一个非党派性的思想库，致力于拉美和阿根廷公共政策问题的研究。

作为有影响的思想库，阿根廷和拉美现实研究所对阿根廷各级政府的决策发挥着一定影响，研究所的许多研究人员曾在联邦政府、省政府和国际机构中任要职。例如，研究所前所长（1977～1982 年任职）多明戈·F. 卡瓦略（Domingo F. Cavallo），于 1991 年被梅内姆总统任命为经济部长，成为阿根廷经济改革的主要设计师；1999～2000 年，研究所前主席胡安·J. 利亚奇（Juan J. Llach）出任联邦政府教育部长。

组织机构、主要负责人及研究人员概况

阿根廷和拉美现实研究所最初成立于科尔多瓦省，后在阿根廷其他地区设立了研究部。目前，共有下列七个研究部：科尔多瓦研究部、布宜诺斯艾利斯研究部、中西部地区（Cuyo）研究部、中东部地区（Litoral）研究部、中南部地区（Comahue）研究部、东北部地区（NEA）研究部和西北部地区（NOA）研究部。

研究所总裁加布列尔·桑切斯（Gabriel Sánchez）；负责科研工作的所长纳丁·阿加尼亚斯（Nadín F. Argañaraz），秘书卡洛斯·桑切斯（Carlos Sánchez）；财务负责人图利奥·塞克尼（Tulio Ceconi）；行政主管何塞·桑塔诺塞托（José Santanoceto）。

研究所下属各研究部有人数不等的专职研究人员。目前各研究部研究人员的情况如下：科尔多瓦研究部八人，布宜诺斯艾利斯研究部六人，中南部地区研究部四人，中东部地区研究部（又称圣菲研究部）三人，中西部地区和东北部地区研究部各两人，西北部地区研究部一人。一些研究部有奖学金生，还有些研究部有访问学者。

研究重点与学术活动

阿根廷和拉美现实研究所的研究主要有以下四个方面。1. 经济研究。研究范围包括：阿根廷宏观经济、区域经济、国内经济与国际经济、微观经济研究，关键部门经济发展、经济政策研究，改革问题研究。2. 增长、体制和发展问题研究。研究范围包括：南方共同市场、基础设施、区域竞争性问题、技术、研发与增长、政府干预问题、税收和财政联邦主义、工业政策、自然资源、能源和环境、金融政策、银行和资本市场。3. 社会政策问题研究。研究范围包括：教育、卫生、收入分配和贫困、劳动市场、失业与就业等问题研究。4. 治理问题研究。研究范围包括：司法、犯罪、公共管理和政府组织等问题研究。

除研究工作以外，研究所还开展其他学术活动。1. 举办论坛。研究人员、企业家和商人、学生、决策部门和其他感兴趣者，就政策和现实问题交流观点，展开辩论，一般公众也可参加。2. 举办工作午餐讲座（Presentaciones de Almuerzo de Trabajo）。主讲人是研究所及各个研究分支机构的资深研究人员，主要内容是推介自己的研究成果，探讨热点问题。3. 研究所还经常组织有关公共政策问题的公开辩论。

拉美研究概况

阿根廷和拉美现实研究所的研究重点是阿根廷及各省的经济

和社会问题,拉美问题和世界问题不是研究所的研究重点。在对阿根廷经济产生较大影响的时期,科研人员也会涉及对巴西、拉美和国际经济问题的研究。但一般而言,研究的出发点和着眼点是上述问题对阿根廷经济发展的影响。

主要拉美问题研究专家

阿根廷和拉美现实研究所(包括各研究部)拥有一批有影响的高级研究人员。其中较重要的有:加布列尔·卡萨布里(Gabriel Casaburi),美国耶鲁大学政治经济学博士,主要研究竞争性、外贸和企业发展政策问题。曾任阿根廷联邦政府财政部中小企业课题组组长,工业部企业发展局负责人,世界银行、美洲开发银行、联合国拉美经委会和国际劳工组织的顾问,目前在阿根廷托尔夸托·迪特拉大学(Torcuato Di Tella University)开设课程。

图利奥·塞克尼(Tulio Ceconi),圣菲研究部首席经济学家,美国密歇根大学硕士和博士,圣菲银行总裁,联合国开发署和阿根廷联邦政府财政部顾问,发表过一系列经济问题的论文,目前在阿根廷罗萨利奥大学为本科生和研究生授课。

安德烈斯·钱布莱隆(Andrés Chambouleyron),美国得克萨斯大学经济学硕士和博士,主要研究阿根廷公共事业管理问题。发表过许多有关阿根廷通讯、天然气、电力等问题的文章,曾任财政部部长的顾问,在阿根廷数所大学为本科生和研究生讲授工业组织和管理经济学课程。

吉列尔莫·蒙迪诺(Guillermo Mondino),美国耶鲁大学硕士和博士,曾在芝加哥大学管理学院任教,曾任厄瓜多尔政府顾问,以及国际货币基金组织、世界银行、乌克兰中央银行等机构的顾问,曾任阿根廷财政部首席经济学家和经济政策局局长。

克劳迪亚·佩拉诺(Claudia Peirano),东北部地区研究部首席经济学家,美国普林斯顿大学硕士,曾任世界银行、美洲开发银行、联合国开发署在阿根廷的项目顾问,主要研究区域市场、竞争力和发展问题。

卡洛斯·桑切斯(Carlos Sánchez),美国科罗拉多大学硕士,阿根廷科尔多瓦大学博士,曾任阿根廷财政部副部长、阿根廷税务局局长、布宜诺斯艾利斯省银行主席等职,曾任美洲国家组织、国际劳工组织、世界银行和联合国开发署的顾问。现为阿根廷21世纪大学的校长,主要研究经济政策问题。

豪尔赫·巴斯孔塞洛斯(Jorge Vasconcelos),主要从事阿根廷经济问题研究,曾在美国哥伦比亚大学学习,曾任阿根廷财政部长的顾问,曾与吉列尔莫·蒙迪诺一起,任厄瓜多尔政府顾问,是厄瓜多尔改革和美元化政策的智囊。

阿纳伊·塔帕塔(Anahí de Tappatá),中南部地区研究部的首席经济学家,阿根廷南方大学毕业,主要研究阿根廷经济规划和税收问题,曾任阿根廷联邦政府财政部、科技部和农业部顾问。

胡安·安东尼奥·萨帕塔(Juan Antonio Zapata),美国芝加哥大学博士和硕士,现为中西部地区研究部首席经济学家,曾任世界银行和美洲开发银行的顾问。主要研究财政政策和公共政策。

主要出版物

《经济报告》(*Informe Conyutura*),是阿根廷经济形势的系列研究报告(包括年度、月度和周度报告),以及巴西经济、拉美经济和世界经济及其对阿根廷经济发展影响的分析报告。《经济报道杂志》(*Revista Novedades Económicas*),1979年创刊,主要刊载研究所研究人员有关阿根廷、阿根廷各省以及国际重大事件及政策问题的成果。过去是纸质杂志,现已成为一份电子杂志。研究所还出版专著、专题研究报告等其他研究成果。多数成果可实现网络在线阅读。

2000 年以来机构的主要代表性文章和论著

1. Jorge Vasconcelos,"La Argentina debería aprovechar el 'talón de Aquiles' de Brasil", *Revista Novedades*, 26 de abril de 2010.
2. Eliana Miranda, "Las Lecciones del Autoabastecimiento Petrolero de Brasil", *Revista Novedades*, 7 de mayo de 2008.
3. Jorge Vasconcelos, "Economía Argentina: Situación y Perspectivas a la Luz de la Crisis Externa", *Presentaciones Almuerzo de Trabajo*, 3 de abril de 2008.
4. Lic. Gerardo Alonso Schwarz, "Tendencias y Desafíos de la Economía Regional: ¿Qué Podemos Esperar Este Año?", *Presentaciones Almuerzo de Trabajo*, 3 de abril de 2008.
5. Gabriel Sánchez, "Enfermedad Holandesa o Gripe Holando-Argentina?", *Revista Novedades*, 21 de julio de 2008.
6. Gabriel Sánchez, "La Inversión en Argentina: Evolución Reciente y Perspectivas", *Presentaciones Almuerzo de Trabajo*, Córdoba, 2 de julio de 2007.
7. Tulio Ceconi, "La Estrategia de Crecimiento de la Argentina", *Serie Competitividad Sistémica*, 28 de diciembre de 2006.
8. Gabriel Sánchez e Inés Butler, "Inversión en Argentina: Evolución Reciente y Perspectivas", *Serie Competitividad Sistémica*, 21 de julio de 2007.
9. Tulio Alberto Ceconi, Ma. Fernanda Ghilardi, Silvia Adriana Castro y Ma. Lorena Picapietra, "Factores Estructurales Que Inciden en los Fletes Marítimos Internacionales y las Políticas Públicas", *Competitividad Sistémica*, 15 de diciembre de 2005.
10. Pablo Brassiolo, "Persistencia en la Pobreza y Riesgo de Exclusión", Presentación XXVIII Aniversario de Fundación Mediterránea, Córdoba, 16 de septiembre de 2005.

* 资料来源:http://www. fundmediterranea. org. ar http://www. ieral. org

(作者:袁东振,中国社会科学院拉丁美洲研究所;责任编辑:刘维广)

胡斯托·阿罗塞梅纳拉丁美洲研究中心

Centro de Estudios Latinoamericanos Justo Arosemena, CELA

地址：Calle 55 Nro. 23 Apto. 1 El Cangrejo(Bella Vista), Ciudad de Panamá Apartado 87-1918, Panamá 7, Rep. De Panamá
电话：507—223—0028
传真：507—269—2032
网址：http://www.salacela.net/celageneral.html
E-mail：cela@ cableonda.net

历史沿革与现状简介

胡斯托·阿罗塞梅纳拉丁美洲研究中心是巴拿马一些社会科学学者于1976年创办的，宗旨是促进巴拿马和拉丁美洲社会科学的发展。此前，巴拿马没有任何一家公立或私立的社会科学研究中心。创办该中心的另一目的是促进同其他类似学术机构的交流。中心现有研究人员近20人。

组织机构、主要负责人及研究人员概况

胡斯托·阿罗塞梅纳拉丁美洲研究中心的众多研究人员与特约专家一道参与项目研究。中心有独立的行政机构，负责协调学术团队的研究工作等所有管理活动。中心指导委员会成员为：马科·A.甘达塞吉，卡门·A.米罗(Carmen A. Miró G.)，吉列尔莫·卡斯特罗(H. Guillermo Castro)和米格尔·A.坎达内多(Miguel A. Candanedo)。

作为巴拿马经济与财政部认可的一家非政府实体,胡斯托·阿罗塞梅纳拉丁美洲研究中心是投资基金的咨询公司,同时也是美洲开发银行的咨询公司。它是拉丁美洲社会科学理事会的成员。胡斯托·阿罗塞梅纳拉丁美洲研究中心注册登记为"非营利的非政府组织",注册时间是1978年4月24日;法人代表是马科·A.甘达塞吉(H. Marco A. Gandásegui)。

研究重点与学术活动

胡斯托·阿罗塞梅纳拉丁美洲研究中心的主要研究领域是拉美地区研究和国别研究,特别是对巴拿马国内问题的研究。其研究领域较广泛,包括社会学、人口学、城市规划、哲学、历史、政治、民族问题等。

主要拉美问题研究专家

马科·A.甘达塞吉,毕业于纽约州立大学,社会学博士,主要研究领域是拉美地区和巴拿马的社会、政治;卡门·A.米罗,毕业于伦敦经济学院,人口统计学博士,主要研究领域是人口统计学和社会学。

对外合作

胡斯托·阿罗塞梅纳拉丁美洲研究中心的成立使巴拿马加强了与其他国家,特别是拉美国家类似学术机构的联系。其研究经费得到一些国际机构的支持,包括世界银行、美洲开发银行、联合国教科文组织、联合国儿童基金会(UNICEF)、国际劳工组织、联合国难民专员办事处(ACNUR)和国际发展署等。此外,中心还与联合国拉美经委会、拉丁美洲社会科学学院、墨西哥国立自治大学拉丁美洲和加勒比研究中心、委内瑞拉中央大学发展研究中心等联系密切。例如,中心于2004年参加了美洲开发银行的研究项目

"20世纪90年代巴拿马妇女状况研究",具体内容包括巴拿马妇女的社会地位与政治参与、妇女受教育状况、妇女对巴拿马社会进步的贡献等。

中心的刊物《塔雷亚斯》(*Tareas*)同世界上约100个学术机构签订了刊物交换协议,通过交换获得的社会科学书刊收藏在巴拿马大学的西蒙·玻利瓦尔图书馆拉丁美洲研究阅览室(Latin American Studies Hall),中心与巴拿马大学签有相关工作协议。

主要出版物

胡斯托·阿罗塞梅纳拉丁美洲研究中心主办的杂志《塔雷亚斯》,每年出版三期,公开发行。《塔雷亚斯》是一批巴拿马青年知识分子在里卡特·索莱尔(Ricaurte Soler)的领导下于1960年创办的。索莱尔是历史学家、哲学家,到1994年去世前一直是该杂志的编者。自1983年起,该杂志由胡斯托·阿罗塞梅纳拉丁美洲研究中心负责出版。杂志现任编委会成员是:马科·A.甘达塞吉、卡门·A.米罗、吉列尔莫·卡斯特罗、埃诺奇·阿达梅斯(Enoch Adames M.)、乔治·普里斯特利(George Priestley)和迪迪莫·卡斯蒂洛(Dídimo Castillo)。《塔雷亚斯》每一期都选定一个主题,常设几个重要栏目如"我们的美洲"等。作者大多为拉美地区、美国和欧洲以及巴拿马本国的学者。

2000年以来机构的主要代表性文章和论著

1. H. Marco, A. Gandásegui, "Procesos Electorales y Movimientos Sociales", *TAREAS*, Número 109, 2001.
2. H. Marco, A. Gandásegui, "El Sistema-Mundo y la Transición", *TAREAS*, Número 112, septiembre-diciembre 2002.
3. H. Marco, A. Gandásegui, "Los Retos Que Enfrentan el País y el Canal de Panamá", *TAREAS*, Número 113, enero-abril 2003.

4. M. Enoch Adames, "Del Saber Ambiental a la Ecología Política: Problemas y Perspectivas", *TAREAS*, Número 114, mayo-agosto 2003.
5. H. Guillermo Castro, "Panamá: Agua y Desarrollo en Vísperas del Segundo Siglo", *TAREAS*, Número 114, mayo-agosto 2003.
6. H. Marco, A. Gandásegui, "Democracia y movimientos sociales en Panamá", *TAREAS*, Número 115, septiembre-diciembre 2003.
7. A. Carmen, G. Miró, "Demography in the 21st Century in Latin America", CIEAP/UAEM, *Papeles de Población*, No. 50, October-December 2006.

* 资料来源 http://www.salacela.net/celageneral.html

(作者:刘维广,中国社会科学院拉丁美洲研究所;责任编辑:高川)

拉美教育高级研究中心
O Instituto Superior de Educação da América Latina, ISAL

地址: Rua Antonio Escorsin, 1650-Cjto 10-São Braz-Curitiba-PR., CEP:82.300.490
电话:55—41—30161234
传真:55—41—30161234
网址:http://www.isal.com.br
E-mail:isal@isal.com.br

历史沿革与现状简介

当今世界的发展趋势有一个新的特点,就是知识产品以前所未有的速度涌现出来。各个知识领域都取得了快速的发展,新技术、新产品、新服务正在改变人类的生活方式。随着这种趋势的发展,人类也越来越关注教育问题。如何保障教育的质量,怎样培养一个具有人文思想的公民,成为世界教育界普遍关心的热点问题。为了适应这种世界性的潮流,为培养高素质的教师队伍奠定坚实的基础,2002年拉美教育高级研究中心在巴西圣保罗成立。

研究重点与学术活动

拉美教育高级研究中心的早期活动主要是同当地的一些高等院校建立合作教学的机制。在此基础上,拉美教育高级研究中心制订了自己的硕士后培养计划。

为了落实这一计划,研究中心组建了一支拥有硕士学位和博士学位的教师队伍,通过技术投资开发出"数字化的学术培训课程",使未来的师资人员能与研究中心的在职教师、技术管理人员建立起一种互动的教学模式。

中心倡导以人为本的教学模式,中心的教师大多是专家型的教授、硕士和博士,他们具有基础教育、高等教育和博士后教育的丰富经验。

中心的宗旨是:将所学知识运用于社会实践中去,制定和落实硕士课程,培训各个知识领域的师资人才,促进和推广教育的科学研究,同其他高等院校合作,为教育方面的咨询提供帮助。

对外合作

目前,拉美教育高级研究中心同巴西圣保罗南方海岸学院(Faculdade do Litoral Sul Paulista—FALS)、拉帕学院(Faculdade Educacional Da Lapa—FAEL)、巴拉那沿海高等学院(Instituto Superior do paraná—ISULPAR)和曼盖利纳教育基金会(Fundação de Ensino Superior de Manqueirinha—UNILAGOS)等签署了交流合作协议。

* 资料来源:http://www.isal.com.br　isal@isal.com.br

(作者:吴志华,人民日报社国际部;责任编辑:刘维广)

巴西历史地理学会

Instituto Histórico e Geográfico Brasileiro, IHGB

地　址: Endereço, Av. Augusto Severo, n° 8, 9/13° andar-Glória,
　　　　20021-040-Rio de Janeiro-RJ-Brasil
电话: 55—21—22524430
传真: 55—21—25095107
网址: http://www.ihgb.org.br/
E-mail: info@ihgb.org.br

历史沿革与现状简介

　　巴西历史地理学会(IHGB)创建于1838年,是拉丁美洲最早从事社会科学研究的机构。

　　1822年,巴西摆脱了葡萄牙长达300多年的殖民统治,取得国家的独立。19世纪30年代,新生的国家政权已经逐步成熟起来,国内政局趋于稳定,经济发展,巴西人的"本土意识"和"国家意识"增强。但巴西仍面临着一个重大挑战,即如何确立巴西作为一个国家的"身份",这就涉及地理和历史两个方面。首先是通过谈判划定巴西与邻国的边界,确定国家主权下的领土范围,其次是通过对历史的研究,确立起巴西民族的特征和国家发展的历史进程。确立国家的"身份",既有利于维护国家的独立和主权,也有利于加强国家内部的团结。为此,里约热内卢的一批政治精英提出,可以仿照当时法国巴黎历史学会的模式,成立巴西历史地理学会,作为全国历史和地理研究的最高学术机构。这一倡议随即得到巴西帝国政府和知识界的积极支持。

1838年8月18日,教士会成员雅努阿里奥·巴尔博扎和托里斯元帅向帝国政府摄政委员会递交了建立巴西历史地理学会的提案并很快获得一致通过。10月21日,27名创始会员在巴西历史地理学会的报告厅举行第一次会员大会。托里斯元帅主持会议,宣布巴西历史地理学会成立。大会通过了巴西历史地理学会章程,选举圣·莱奥波尔多(São Leopoldo)为学会第一届会长,巴尔博扎为首席秘书长。12月1日,巴西历史地理学会举行第一次全体会员大会,通过会员的提名名单。巴尔博扎向会员大会提出三项建议:授予巴西皇帝佩德罗二世为学会"保护神"的称号;建立同国内外会员交流历史信息的制度;讨论如何确立巴西历史的不同阶段。这三项建议均获会员大会的通过。

巴西历史地理学会章程的第一条开宗明义地阐述了学会的宗旨:搜集、整理、发表和保存一切有关巴西历史和地理的文献资料,并推动公立学校传授历史和地理方面的知识。后来,学会章程几经修改,学会的工作范围也逐步涉及其他社会科学领域。

学会创办以后,巴西皇帝佩德罗二世给予了大力支持和鼓励。他不仅将皇宫的部分地方腾出来作为学会的会址,而且亲自主持过506场学会的会议,向学会捐赠了自己一半的藏书。在佩德罗二世的影响下,巴西社会各界对该学会提供了大量的捐款和捐物,支持学会开展历史和地理方面的研究工作。

1840年,巴西历史地理学会向全国发出"怎样写巴西历史"的专题论文竞赛活动。该学会通讯会员、德国自然主义学者卡尔·马蒂乌斯写的论文获竞赛第一名。他在论文中指出,尽管葡萄牙人对巴西历史进程作出过重要贡献,如建立了巴西的封建王朝等,但巴西历史的主要特征是白人、黑人和印第安人之间的种族融合。白人、黑人、印第安人和混血人种对巴西的历史进程和国家的形成都作出过不同的重要贡献。应当从这一角度去考察、分析和撰写巴西的历史。1854年,时任首席秘书长的弗朗西斯科·瓦恩哈根发表巴西第一本历史著作《巴西通史》。为了撰写这本历史书,瓦恩哈根参阅了大量的历史文献,甚至到欧洲国家的档案馆查找和复制了许多重要的历史文献,为巴西历史研究作出了巨大贡献。

从学会创建至今的170年中,巴西历史地理学会主持出版了500多部有关巴西历史和地理方面的专著、历史人物传记、回忆录、档案目录、学术年报等,其中有两卷本的《巴西100年印刷史》、《废除奴隶制及其经济后果》、《独立之年》、两卷本的《巴西历史、地理和人种学辞典》、两卷本的《帝国外交政策》、《巴西历史》等。巴西历史地理学会还搜集、整理和收藏了大量国内外学术著作、历史地图和文献资料,举办过许多重要的学术研讨会和涉及巴西历史地理的纪念会和博览会。

组织机构、主要负责人及研究人员概况

巴西历史地理学会是一个公共机构,学会资金主要源于政府拨款和出租办公楼的收入。20世纪70年代,巴西历史地理学会搬迁到现址,这是一栋13层的办公大楼,学会只用了5层,另外8层向社会出租。巴西文化部每年为学会拨出一部分研究经费。为解决经费不足问题,学会同巴西大专院校签署合作研究协议,分担部分研究选题,从中得到研究经费的补充。

学会现有工作人员25人。学会领导班子由会长1人、副会长3人、秘书长2人、司库1人和报告人1人组成。会长每两年改选一次,可连选连任。现任会长是阿尔诺·韦林(Arno Wehling),他于2008年1月9日当选,第七次就任该学会的会长。按照学会的章程,学会的名誉会长由巴西国家元首担任。

学会下设以下六个常设委员会:研究人员委员会,社会科学委员会,章程委员会,地理委员会,历史委员会和遗产委员会。另设咨询委员会,由10名成员组成,其中1人为终身成员。

学会的会员来自巴西历史和地理研究领域有卓越建树的大学

教授、政界名人、文学艺术家或大法官。除学会领导班子成员外，所有会员都是社会兼职。会员分以下几个级别：荣誉会员、名誉会员、正式会员、通讯会员和机构会员。要成为正式会员必须经学会会员大会审议批准。

荣誉会员（Sócios Eméritos）是指曾担任过该学会会员，现已离职但仍保留该学会头衔的资深研究人员。目前巴西历史地理学会共有17名荣誉会员，其中3人是有突出贡献的荣誉会员。

名誉会员（Sócios Honorários）一般都由巴西社会名流组成，现有43人。其中有巴西前总统卡多佐，前外交部长兰普雷亚和塞尔索·拉费尔、前司法部长保罗·布罗萨，等等。

正式会员（Sócios Titulares）目前共有35人，他们分别是巴西各地公立或私立大学的教授和各种学术机构的研究人员，在研究历史和地理方面有突出的成就。现任会员中任职时间最早是在1974年被吸收为会员的，最晚的则是在2004年。

通讯会员（Sócios Correspondentes）目前共有102人，其中55人是巴西国内的通讯会员，47人是外国通讯会员。通讯会员实际上是兼职研究员，主要来自国内外从事历史和地理教学和研究的教授以及从事历史和地理方面写作的作家，等等。

机构会员（Sócios Institulares）现有三人，他们分别是来自巴西国家档案馆、国家图书馆基金会和巴西国家历史文化遗产局的兼职研究员。

学会图书馆于1838年建立，是收藏有关巴西历史书籍最多的图书馆之一。该馆有图书50多万册，其中有珍贵的手抄本、珍稀古籍、历史文献、历史地图、名人绘画以及老照片，等等。在珍稀图书中，有葡萄牙诗人路易斯·卡蒙的叙事长诗《卢济塔尼亚人》首版书，还有一本有关伊斯兰的早期图书。此外，还设有巴西历史上100位名人的人物专案资料，如巴西前总统莫拉雷斯和阿尔维斯等捐献的个人图书和文献等。图书馆全年免费对社会公众开放。

各地学生、教师、研究人员都可以到这个图书馆查阅有关历史文献资料和图书。巴西影视界在拍摄电影和电视剧中所需要的相关历史背景资料、有关历史上用过的服装和器具等资料,都可以到这个学会的图书馆查询或借用。

研究重点与学术活动

巴西历史地理学会是巴西在历史和地理研究领域的最高学术机构。它的研究范围主要是巴西本国的历史和地理,包括巴西被"发现"之前的历史、巴西殖民地时期的历史、巴西近代史、巴西历史地理以及巴西民族的形成和发展等。巴西历史地理学会每年都出版若干部重要的学术著作,在巴西历史和地理研究上具有最高的权威性。

该学会举办多种多样的学术活动,大致分为三种:第一种是学会本身的学术活动,如每年召开的若干次学术讨论会、每年一次的学会年会、学会应邀组织会员到大学进行某些学术专题讲座等;第二种是举办社会性的学术活动,如结合某些重要的历史纪念日组织的专题学术研讨会,就某些历史和地理方面的学术问题组织专题研讨会,就某些新书的出版组织学术评价会等;第三种是面向社会的学术活动,如接受巴西国内的电视台、报刊杂志等媒体的邀请就某些历史事件和地理问题从学术方面进行介绍,在国内重大历史事件纪念日举办或参与大型纪念活动,如 2000 年巴西被"发现"500 年之际,巴西历史地理学会就参与了巴西大型纪念展览活动的组织和布展工作。此外,学会会员经常受邀接受巴西电视台和报刊的采访,讲述有关巴西历史和地理方面的知识,回答观众或读者提出的问题。

巴西历史地理学会的会员都是国内一流的专家和学者,学会所主持出版的历史著作在国内具有很高的权威性,学会对巴西地理问题作出的结论性学术评价得到国内外广泛的重视或认可,成为巴西政府部门制定政策时的重要参考依据。巴西历史地理学会和巴西文学院分别成为巴西社会科学领域和文学领域两个最重要的学术机构。

该学会同全国23个州的历史地理研究机构保持密切联系,相互交流信息和资料,定期组织研讨会。该学会还与世界上的一些研究机构建立学术合作与交流机制。目前,已同玻利维亚、智利、哥伦比亚、哥斯达黎加、危地马拉、多米尼加、墨西哥、厄瓜多尔、秘鲁、委内瑞拉、阿根廷、巴拿马、巴拉圭、乌拉圭、葡萄牙、波多黎各、萨尔瓦多、西班牙等国的历史与地理研究机构建立了交流与合作机制。

主要拉美问题研究专家

阿尔诺·韦林(Arno Wehling),现任巴西历史地理学会会长,1968年获里约热内卢联邦大学历史学硕士学位,1991年获圣塔乌尔苏拉大学法律硕士学位,1972年获圣保罗大学经济史专业博士学位,1995年获葡萄牙波尔图大学博士后学位,1999年获葡萄牙恩里克王子大学博士后学位。从1970年起在里约热内卢的加马·菲略私立大学任教,2005年当选该校校长。他还是里约热内卢联邦大学的终身教授,巴西文化部顾问以及巴西多家杂志社的编委。发表过许多重要的著作和文章,其中主要著作有:《巴西殖民地时期的权力与司法》、《殖民地巴西的形成》、《1750~1850年巴西国家的决裂与延续》,等等。他在近40年的学术生涯中非常重视理论与方法相结合的研究思路。他长期从事教学、研究和学术机构的行政管理工作。他认为,学者应将研究和教学结合起来,教学相长,反对单纯学究式的研究工作。他的研究课题主要集中于巴西殖民地时期的国家特点和发展进程以及当时的司法和法律制度。

路易斯·M.班代拉(Luiz M. Bandeira),大学教授,主要教授巴西和葡萄牙历史、政治学等课程。他的研究领域主要是巴西对外政策和对外关系,特别是巴西和美国、阿根廷的关系。从 1996 年 12 月 18 日起,被聘为巴西历史地理学会通讯会员。1935 年他出生于巴西萨尔瓦多市,青年时期是在里约热内卢读书学习,曾发表过第一部诗集《垂直线》和第一部政论性著作《夸德罗斯的 8 月 24 日》。20 世纪 60 年代加入巴西社会党,开始从事政治活动。1964 年巴西发生军事政变后,随古拉特总统流亡乌拉圭,1967 年秘密回到巴西,1969～1973 年遭巴西海军情报部监禁。尽管如此,他从未放弃学术研究,先后发表了《红色的年代——俄罗斯革命和在巴西的反应》《美国在巴西的存在:200 年的历史》等书籍,后一本书成为国际关系研究领域的经典著作,被译成俄文在前苏联出版。1973 年被军政府释放后,他在圣保罗大学政治系获博士学位,其博士论文《巴西银矿在巴伊亚的作用》以《巴西的扩张和巴伊亚州的形成》为名出版。他随后得到福特基金会的奖学金,赴阿根廷、乌拉圭和巴拉圭的档案馆研究拉普拉塔河流域的历史。之后还得到国外资助,赴巴黎、伦敦、华盛顿等地从事学术研究,发表了《若奥·古拉特政府——巴西的社会斗争(1961～1964)》(2001)一书。1979 年回国后,他在里约热内卢天主教大学任教,创办了该校国际关系研究所。1987 年,他迁居首都巴西利亚,获巴西利亚大学外交政策史的终身教授职位,先后发表了一些著作,如《巴西和美国:新兴的竞争对手(1955～1980)》(1999)等。1996 年退休移居德国,被巴西驻法兰克福总领馆聘为编外文化专员。他退休后仍笔耕不辍,发表了很多专著,如《从马蒂到卡斯特罗:古巴革命和拉丁美洲》(1998)、《巴西、阿根廷与美国:从三角联盟到南共市》(2003)、《危险的关系:巴西和美国(从科洛尔到卢拉)》(2004)、《美洲帝国的形成:从反对西班牙战争到伊拉克战争》(2005),等等。先后被海德堡大学、德国哥伦比亚大学、瑞典斯德哥尔摩大学、巴西乌贝兰蒂亚联邦大学、布宜诺斯艾利斯大学和阿根廷国立科尔多瓦大学、里斯本理工大学等院校聘为客座教授。

主要出版物

《巴西历史地理学会杂志》(*Revista do Instituto Histórico e Geográfico Brasileiro*),季刊,1839 年创刊,至今已出版 439 期。这份杂志主要刊登学会会员最新的研究论文、新发现的历史地理文献资料等。《巴西历史地理学会通讯》(*Jornal do Instituto Histórico e Geográfico Brasileiro*),不定期出版,主要刊登学会的学术动态,学会领导人或会员接受国内媒体采访时的讲话摘要,国内研究信息,学会吸收的新会员简介以及就职时的讲话等。

2000 年以来机构的主要代表性文章和论著

1. *Homenagem a Pedro II*, em 2 v.
2. Frei Jaboatão, *Novo Orbe Serafico Brasílico*.
3. *Centenário da Imprensa no Brasil*, 2 v.
4. Afonso Taunay, *A Missão Artística de* 1816.
5. Agenor de Roure, *A Abolição e Seus Efeitos Econômicos*.
6. Barão do Rio Branco, *Efemérides Brasileiras*.
7. *O Ano da Independência*.
8. *Dicionário Histórico*, Geográfico e Etnográfico do Brasil em 2 v.
9. Pandiá Calógeras, *A Política Exterior do Império*, de, em 2 v.
10. Handelmann, *História do Brasil*.

* 资料来源:http://www.ihgb.org.br/

(作者:吴志华,人民日报社国际部;责任编辑:黄念)

热图利奥·瓦加斯基金会
Fundação Getulio Vargas, FGV

地址: Praia de Botafogo, 190 - Botafogo, CEP22250 - 900 - Rio de Janeiro, RJ
电话: 55—21—25596000
传真: 55—21—25595996
网址: http://www.fgv.br/
E-mail: faleconosco@fgv.br

历史沿革与现状简介

巴西热图利奥·瓦加斯基金会(以下简称瓦加斯基金会)成立于1944年12月20日,是巴西著名的经济智囊团。联邦参议员加斯托内·里吉(Gastone Righi)首先提出倡议成立基金会;这一倡议得到瓦加斯总统批准并为创建基金会拨付资金,因此,基金会以瓦加斯总统的名字命名。基金会的宗旨是为国家的公共部门和私营部门培养人才,以适应当时经济建设的需要。随着巴西现代化进程的蓬勃发展,瓦加斯基金会预见一个新时期即将到来,因而决定把工作重心从行政管理拓展到更广泛的社会科学领域。目前,它重点关注与巴西发展进程相关问题的学术研究,并且用这种特殊的方式对与瓦加斯总统有关的历史遗产进行保护。

瓦加斯基金会是拉丁美洲第一个开设企业管理和公共管理本科生课程的机构。1950年它旗下的巴西公共行政管理学校和圣保罗企业行政管理学校培养出了第一批毕业生。它兴办的学校遍布巴西各地,并以教学质量优异在国内外著称。学校的教师来自巴西和国外，具有丰富的教学、研究、咨询和企业管理经验，有机会与世界知名院校开展广泛的研究合作。瓦加斯基金会在经济学、心理学、会计学、教育、法律、社会科学、信息技术管理等领域开设硕士研究生课程；提供内容广泛的远程教育和在线教育；在全国200多座城市有授课中心，讲授管理学课程。此外，它还向巴西联邦储蓄银行、巴西银行、伊塔乌银行、巴西联邦电力公司、联邦铁路公司等有特殊需求的企业提供有针对性的服务。

瓦加斯基金会在巴西的经济发展进程中发挥了重要的推动作用。它培养了大批现代化事业亟需的专业人才，加强了民众对本国经济和社会的了解，提高了巴西企业的竞争力，尤其是推动了联邦和各州公共机构的完善与发展。因此，瓦加斯基金会长期在巴西国内享有盛誉。它下属的里约热内卢法律学校曾被教育部和巴西律师协会授予最高奖励。

瓦加斯基金会在学术研究领域投入大量资金，并取得一系列重要成果。它资助的研究课题涉及经济、金融、法律、医学、社会福利、贫困与就业、可持续性发展、历史、教育、司法和政治。它还接受政府、私营部门和国际机构（如世界银行、中美洲开发银行）的委托，开展一些研究性工作。它的主要研究成果之一是经济分析。基金会与圣保罗企业行政管理学校、巴西经济研究所、经济学硕士学校的专家和教授进行合作研究。基金会另一重点研究项目是分析经济行情指数，为投资者和学者提供巴西经济和企业的数据。

近年来，瓦加斯基金会不断开设新的项目，以适应全球化进程和巴西经济对外开放程度的提高带来的新需求和新挑战。它与企业合作委员会共同设立了一个世界经济中心（CCE-CEM），以便对国际重大问题进行深入的探讨和研究。此外，它还设立职业资格项目（ProFGV）、国际可持续发展中心（CIDS）、社会管理研究中心（PEGS）和第三部门研究中心（CETS）。

瓦加斯基金会下属的出版社负责出版发行基金会的学术成果

以及国内外社会科学、经济学和行政管理学方面的书籍。现在,它已出版各类著作 200 多种。基金会还出版期刊和发行电视节目。它的主要期刊有《经济形势》、《巴西经济》、《公共行政管理》和《企业行政管理》。

组织机构、主要负责人及研究人员概况

瓦加斯基金会总部设在里约热内卢,在其他多座城市拥有小学、学院、出版社、研究所等 11 个单位和 2 个直属机构,包括巴西公共和企业行政管理学校(EBAPE)、里约热内卢瓦加斯基金会法律学校(Direito Rio)、巴西现代历史研究和文献中心(CPDOC)、瓦加斯基金会经济学硕士学校(EPGE)和巴西经济研究所(IBRE);位于圣保罗的圣保罗企业管理学校(EAESP)、瓦加斯基金会圣保罗经济学校(EESP)、瓦加斯基金会圣保罗法律学校(Direito SP)。此外还有瓦加斯基金会出版社、瓦加斯基金会教育发展研究所(IDE)和瓦加斯基金会项目。两个直属机构分别是世界经济中心和瓦加斯基金会商会。

瓦加斯基金会的研究中心众多,研究领域广泛,除经济研究中心和巴西现代历史研究和文献中心以外,其他各所学校也分别拥有多个研究中心。如圣保罗经济学校有三个研究中心:瓦加斯基金会农业贸易中心、公共部门经济政策研究中心、应用宏观经济中心。圣保罗企业行政管理学校设有文化和消费研究中心、行政管理和生活环境研究中心、广告贸易研究中心、第三部门研究中心、公共行政管理和政府研究中心、金融研究中心、政府信息技术研究中心、国际战略研究中心、健康计划与管理研究中心、旅游和娱乐研究中心、应用信息技术中心、微观金融研究中心和战略与竞争研究中心,等等。因此,瓦加斯基金会的研究队伍十分庞大。

瓦加斯基金会是全国权威性的资料中心,拥有电子计算机中心、一家出版社和两个图书馆。电子计算机中心成立于 1970 年,

专门搜集、处理、储存资料。其出版社每年约出版 100 部著作，发行有《经济行情》等 10 种杂志。两个图书馆分别是西蒙森图书馆（Biblioteca Mario Henrique Simonsen）和柏戴克图书馆（Biblioteca Karl A. Boedecker）。西蒙森图书馆是社会科学专业图书馆，馆藏涉及经济、行政管理、金融、政治学、巴西历史、社会学、法律等领域，藏有 13.6 万册书籍、论文和报告等，2000 种国内外期刊。除视频资料、CD-ROM 和电子文档以外，图书馆还提供国内基本资料和国外期刊的查询服务。柏戴克图书馆建于 1954 年，其初衷是为圣保罗瓦加斯基金会的学术团体提供研究资料。现在，它为基金会的各种研究需求提供服务，包括圣保罗企业行政管理学校、瓦加斯基金会圣保罗经济学校和瓦加斯基金会圣保罗法律学校。该馆藏有 6.5 万册书籍和论文，上千种国内外期刊，6500 份简报，6000 种连载出版物，数据资料 CD－ROM，国内外课程目录，企业和行政管理报告，经济及社会科学领域每年的统计数据。此外，巴西现代历史研究和文献中心藏有大量的历史图书资料，拥有国内公众人物的个人文件收藏。读者可免费在中心的门户网站查找上百万份手记文档、印刷品、照片等。它还拥有上千份历史采访口述收藏，总计 4000 多小时。

瓦加斯基金会的主席是卡洛斯·伊万·西蒙森·莱亚尔（Carlos Ivan Simonsen Leal），副主席是弗朗西斯科·奥斯瓦尔多·内维斯·多内莱斯（Francisco Oswaldo Neves Dornelles）、塞尔吉奥·F.金特拉（Sergio F. Quintella）和马科斯·辛特拉·卡瓦尔坎蒂·德阿尔布克基（Marcos Cintra Cavalcanti de Albuquerque），执行主管是马里奥·罗沙·索萨（Mario Rocha Souza）和卡洛斯·罗伯托·科比亚（Carlos Roberto Copia），理事会主席是卡洛斯·伊万·西蒙森·莱亚尔，监事会主席是卡洛斯·阿尔贝托·伦斯·塞萨尔·普罗塔西欧（Carlos Alberto Lenz César Protásio），监事会副主席是佩德罗·若泽·达玛塔·马沙多（Pedro José da Matta Machado）。

研究重点与学术活动

瓦加斯基金会的研究重点是经济领域，涵盖宏观经济、卫生和社会福利体系等领域，其研究人员主要是巴西经济研究所、经济研究生学校和圣保罗经济学校的教授。基金会每年与政府各级部门及巴西公共和私营企业签订技术合作协议，为它们提出可行性方案。

巴西经济研究所是基金会的思想库，负责为国家物价指数的计算进行数据搜集与分析，巴西第一个国内生产总值数据就来自该所。巴西经济研究所下设数据管理室和社会政策中心。数据管理室在全国12座主要城市设有办事处，每月发布30多万种有关巴西的价格和原始经济数据，合计1.7万多条信息，为公共和私营贸易提供可靠的、内容丰富的数据平台。数据管理室公布的经济指数在巴西国内是最权威的，起着至关重要的作用。数据管理室的主要研究项目有两个。一是家庭预算调查。这项调查从1947年开始实行，以家庭为消费单位，通过抽样的形式对巴西民众的收入和开销展开调查，推算出消费价格指数。二是消费者期望调查。这项调查源自美国及其他多个工业化国家的消费者信任指数调查。在巴西12座主要大城市，它以不同收入水平的家庭为对象，每三个月得出一次产品质量调查结果。调查内容有国家经济情况、家庭经济金融情况、国内预算、劳动市场与求职的难度等。社会政策中心是经济所的另一个重要部门，它的工作重点是研究社会政策，分析国内、地区和国际的公共项目和私营项目，制定社会信贷合同和界标体系，在公共部门以及公民社会进行实地调查和人员培训，建立论坛，等等。社会政策中心的研究项目有：消除饥饿计划、社会目标、消除贫困的可持续性斗争、小额信贷、民众消费、社会网络、最低收入、人寿保险的社会性、贫困与收入分配不公、教育与就业、改革的人性化，等等。

瓦加斯基金会在巴西的经济发展中发挥了较大的作用。1981年年初，巴西政府提出要在年内消灭外贸逆差的目标。为了协助政府达到这一目标，瓦加斯基金会进行了大量调查研究，并很快发表了调查报告，用大量数据说明巴西传统商品（如可可、咖啡、蔗糖）在国际市场上的价格将继续下降，如果要消灭外贸逆差就必须增加制成品出口，并提出了具体建议。巴西政府采纳了瓦加斯基金会的建议，经过努力使外贸逆差大幅度减少。

拉美研究概况

瓦加斯基金会以研究巴西国内问题为主，每年在经济发展、管理状况、社会心理和教育情况等方面进行全局性、专题性调查，发表关于国民生产、国民收入、对外贸易、国际收支、市场、通货膨胀、劳动力市场、教育工作等方面状况的调查报告和统计资料。这些调查研究往往通过"调查网"进行，其中一项内容就是每月对全国各地500个家庭进行关于生活费用和物价调查。调查搜集到的情况由总部进行综合分析，然后定期向全国公布。除世界经济中心外，基金会没有专门研究拉美其他国家的研究所或研究中心。世界经济中心的主要任务是跟踪调查国际政治经济形势，并对因全球化现象引发的人民生活、企业和国家的变化进行分析和深入研究。

主要拉美问题研究专家

马科斯·辛特拉·卡瓦尔坎蒂·德阿尔布克基，毕业于美国哈佛大学，1968年经济系本科毕业，1972年地区规划硕士研究生毕业，1974年经济学硕士研究生毕业，1985年获经济学博士学位。1969年在瓦加斯基金会圣保罗企业行政管理学校任教，教授微观经济、宏观经济、公共金融、农业经济、经济发展等课程。1985~1987年，任企业行政管理学校经济系主任。1997年被选为瓦加斯基金会副主席，并任职至今。1993年任圣保罗市规划、私有化及合作秘书。1993~1996年任圣保罗市议会议员。1998年他以132266张的选票被推举为联邦议员,任职至2003年。他曾是众议院金融、税收及税制改革委员会的成员,经济、工业和贸易委员会的主席。2003~2006年任圣保罗伯尔南多德坎普市金融秘书。目前,他是《圣保罗页报》的专栏作家,还是《商报》、《巴西利亚邮报》、《经济价值报》、《商业日报》等报纸和出版物的特约撰稿人。他在国内外出版了大量关于公共金融、经济理论、农业经济等方面的著作。他的近期著作有《单一税制的实情》和《巴西和美洲经济自由贸易区》。

若热·维亚纳·蒙泰罗(Jorge Vianna Monteiro),教授,1964年毕业于里约热内卢联邦大学经济系。自1969年起在里约天主教大学经济系任教,同时任国家科学技术发展委员会特邀顾问和项目分析员。他在经济领域卓有成就,尤其是宪政经济。他的主要研究课题有公共选择、经济政策、代议制民主和政府发展。1993年他开始主编半月刊《宏观经济战略》。1986~1998年,任葡萄牙国家行政管理学院访问教授。2002年在美国伊利诺大学香槟分校作访问学者。1993~2005年任瓦加斯基金会公共和企业行政管理学校教授兼研究员。1970~1990年,任巴西国家科学统计学校教授。1989年任巴西发展管理基金会顾问。目前,他是《巴西创新杂志》编审。他近期的著作有《公立与私立伙伴关系:公共管理的新挑战》和《冲突和解决:预算选择的政治意义》。

对外合作

瓦加斯基金会圣保罗法律学校与西班牙马德里企业研究所、法国多菲纳—巴黎第九大学、荷兰蒂尔堡大学和阿根廷托库托底德拉大学建立了合作项目。里约法律学校与哈佛大学法学院伯克曼因特网与社会中心、哈佛大学法律学校和斯坦福大学建立了合作项目。圣保罗企业管理学校和巴西企业和公共行政管理学校与非洲、德国、阿根廷、澳大利亚、奥地利、比利时、加拿大、智利、哥伦比亚、丹麦、西班牙、美国、芬兰、法国、荷属安的列斯、匈牙利、英国、意大利、日本、墨西哥、挪威、新西兰、秘鲁、波兰、葡萄牙、捷克、瑞士、瑞典和委内瑞拉的学校及研究中心保持教学和学术交流关系。

主要出版物

《巴西经济杂志》(Revista Brasileira de Economia-RBE)，季刊；《政治管理杂志》(Revista de Administração Pública-RAP)，双月刊；《历史研究杂志》(Revista Estudos Históricos-REH)，半年刊。此外，瓦加斯基金会出版社每年出版约 100 部著作。

2000 年以来机构的主要代表性文章和论著

1. Jorge Vianna Monteiro, *As Regras do Jogo-O Plano Real：1997 – 2000 – 3ª edição*, Rio de Janeiro, 2002.
2. Fernando Rezende, Armando Cunha (coordenadores), *Contribuintes e Cidadãos Compreendendo o Orçamento Federal*, Rio de Janeiro, 2002.
3. Vera Schattan P. Coelho (organizadora), *A Reforma da Previdência Social na América Latina*, Rio de Janeiro, 2003.
4. Yoshiaki Nakano, José Marcio Rego, Lilian Furquim (organizadores), *Em Busca do Novo-O Brasil e o Desenvolvimento na Obra de Bresser-Pereira*, Rio de Janeiro, 2004.
5. Marco Antônio Cesar Bonomo (organizador), *Finanças Aplicadas ao Brasil – 2ª Edição*, Rio de Janeiro, 2004.
6. Jorge Vianna Monteiro, *Lições de economia constitucional brasileira*, Rio de Janeiro, 2004.
7. Rogério Sobreira, Marco Aurélio Ruediger (organizadores), *Desen-

volvimento e Construção Nacional:*Política Econômica*, Rio de Janeiro, 2005.
8. Carlos Geraldo Langoni, *Distribuição de Renda e Desenvolvimento Econômico do Brasil* − 3ª edição, Rio de Janeiro, 2005.
9. Luiz Carlos Bresser-Pereira(organizador), *A Economia Brasileira na Encruzilhada*, Rio de Janeiro, 2006.
10. Fernando Rezende(coordenador), *Desafios do Federalismo Fiscal*, Rio de Janeiro, 2006.

* 资料来源: http://www.fgv.br/

（作者:李慧,中国社会科学院拉丁美洲研究所;责任编辑:张颖）

圣保罗大学国际关系研究所

Instituto de Relações Internacionais, Universidade de São Paulo

地址: Av. Prof. Luciano Gualberto, 908-FEA 5-sala 1, Cidade Universitária-São Paulo-SP-05508-010, Brasil
电话: 55—11—30911898
传真: 55—11—30915942
网址: http://www.iri.usp.br/
E-mail: diretoria.iri@usp.br

历史沿革与现状简介

圣保罗大学国际关系研究所成立于2004年,位于圣保罗大学奥利韦拉大学城。建所目的是为了促进国际关系研究、教育和知识传播,加强与国内外学术机构之间的联系,增进对国际事务的了解并促进国际问题的跨学科交流。研究领域涵盖法律、政治科学、经济和历史等,成员包括圣保罗大学国际关系研究所的教授和其他相关学科的教授。

目前,研究所属于圣保罗大学商业技术学院。近期,校长批准专门为国际关系研究所建造一栋2000~2400平方米的办公楼,新楼于2010年开始施工。

组织机构、主要负责人及研究人员概况

圣保罗大学国际关系研究所有16名专职教授和研究员,另有来自圣保罗大学各院系的知名教授和学者担任客座研究员。圣保罗大学国际关系研究所的研究领域广泛,涉及政治科学、国际关

系、法律、文学、行政管理、社会科学、经济、人文科学，等等。开设有国际关系本科专业，授予国际关系研究生、博士生学位。研究所还设有一个国际形势分析小组。

研究所的行政机构包括审议会、所领导、本科委员会和硕士研究生委员会。审议会负责管理该所，以所长为首，成员包括副所长和来自其他院系的三名教授，本科委员会主任，硕士委员会主任，一位国际关系专业的学生代表，一位圣保罗大学校长任命的教授，一位圣保罗大学国际关系领域的专家等。

所长沃尔特·科利（Walter Colli），1962 年圣保罗大学医学系本科毕业，1971 年取得圣保罗大学化学研究所博士学位，1980 年起任圣保罗大学教授。曾任国家科技发展委员会成员、圣保罗州研究保护基金会成员、圣保罗科学院院长。现任圣保罗大学国际关系研究所所长、国家生物安全技术委员会主席和圣保罗研究保护基金会科技办公室副协调员。

副所长玛丽亚·H. T. 阿尔梅达（Maria H. T. Almeida），1969 年圣保罗大学社会科学本科毕业，1979 年获圣保罗大学社会科学博士学位，1984 年在美国加州大学伯克利分校完成博士后研究。精通英语、法语和西班牙语。现为圣保罗大学哲学、文学和人文科学学院的政治学教授，负责国际关系本科和政治科学研究生专业。她对公共政策和政治体制颇有研究，主要研究公共政策、联邦制和社会政策。代表性著作有《经济危机和组织利益》，代表性文章为《私有化：通过谈判进行改革》。1992 年在伦敦大学拉丁美洲研究所做访问学者，1996 年在斯坦福大学做访问学者，1999～2001 年在马德里康普斯顿大学做访问教授。现任巴西政治科学协会主席（2006～2008）、威尔逊国际学者中心巴西研究所咨询委员会成员、国际政治科学协会执行委员。2007 年获国家科学人才评比奖项。在国内外报纸刊杂志上曾发表过 300 多篇文章，撰写及主编了 10 部著作。

研究所主要负责人包括审议会主席沃尔特·科利,副主席玛丽亚·H. T. 阿尔梅达,所长沃尔特·科利,副所长玛丽亚·H. T. 阿尔梅达,秘书玛丽亚·萨尔蒂(Maria Cristina Bonavita Sarti),本科委员会主席玛丽亚·H. T. 阿尔梅达,硕士研究生委员会主席阿曼西奥·奥里韦拉(Amâncio Jorge Silva Nunes de Oliveira)。

研究重点与学术活动

圣保罗大学国际关系研究所的成员大多是来自圣保罗大学各个院系的教授和学者,他们有着各自不同的专业及擅长研究的领域。所内的专职研究人员在国际关系、巴西及拉美其他国家的行政管理和法律方面有比较深入的研究,在国内外报纸和杂志上发表过大量论文和报告,出版了多部专著,取得了一定的研究成果。

研究所的国际形势分析小组平均每半个月举行一次专家评析性质的学术活动。该小组创建于1989年,最早隶属于圣保罗大学高等教育学院和商业技术学院,2005年起归属国际关系研究所。小组专家们就当前的国际形势进行不同角度的分析,就国际政治与国际战略、对外政策、国际机构和国内机构的作用、投资活动、商业和技术、军事和国防问题、国际贸易和国际安全、全球化及其对经济和政治的影响等问题展开研讨,关注区域涵盖亚洲、拉美、美国、欧洲以及中东。会议结论最终以文章的形式刊登在《国际形势概况》杂志中,可以在网站上阅读。

目前进行的研究项目有"用批判原理透视知识产权"、"南美国家对外政策比较"、"国防部:一个当代国际安全框架下的多元化探讨"、"伊拉克宪法:现行伊拉克宪法与伊拉克的民主进程"。

对重大国际问题的观点

在每半月举行一次的国际形势分析小组会议上,学术界的各位专家就新近发生的重大国际问题进行探讨。2009年度报告中涉及的议题有"奥巴马新政府和全球危机"、"国际金融危机"、"哥本哈根气候大会",等等。

拉美研究概况

圣保罗大学国际关系研究所有数位专门从事拉美研究的专家,如拉斐尔·维拉(Rafael Antônio Duarte Villa)、小皮奥·佩纳(Pio Penna Filho)和雅尼娜·大贯(Janina Onuki)等,他们分别从事各自的研究课题。业已完成或仍在进行中的课题涉及美国对拉政策、巴西的气候变化、南美洲一体化和南锥体发展史等。

主要拉美问题研究专家

若昂·维加(João Paulo Cândia Veiga),1983年毕业于瓦加斯基金会的企业行政管理专业,1987年在圣保罗大学社会科学本科毕业,1994年和1999年在圣保罗大学政治科学先后获硕士和博士学位。目前是国际贸易研究中心的研究员,哲学、文学和人文科学院教授。在政治科学领域有丰富的资历,重点研究国际关系中的双边和多边关系。主要研究课题有国际关系、国际关系理论、巴西国际关系和对外政策、南共市和地区一体化、国际一体化、战争与和平,巴西对外政策,国际双边和多边关系、国际政治经济学、国际经济、微观经济、工业经济、汽车工业、工作关系和企业社会责任。在各种杂志报刊上发表40多篇文章,主编并撰写三部著作《企业的千年承诺》、《拉丁美洲一体化及同欧洲共同体的关系》和《童工问题》。

拉斐尔·维拉(Rafael Antônio Duarte Villa),1988年毕业于哥伦比亚安第斯大学政治科学系,1992年和1997年先后在圣保罗大学获政治科学硕士学位和博士学位。现任圣保罗大学哲学、文学和人文科学院政治科学系教授。从事国际关系、国际安全、国际体制等专业的研究和教学工作。研究的课题有国际安全、美拉关系、拉丁美洲和巴西对外政策等。

此外，研究所还有阿曼西奥·乔治·德奥利韦拉（Amâncio Jorge de Oliveira）、黛西·德利马·文图拉（Deisy de Lima Ventura）、雅尼娜·大贯（Janina Onuki）、玛丽亚·埃米尼亚·塔瓦雷斯·阿尔梅达（Maria Hermínia Tavares de Almeida）、小皮奥·佩纳（Pio Penna Filho）等专家。

对外合作

国际关系研究所十分重视与国内外学术研究机构的交流。现阶段各项合作项目正在起步。目前已与巴黎政治学院的国家政治学科基金会、韩国基金会和联合国贸易与发展论坛签署合作协议，其他对外合作项目也在洽谈中。研究所还鼓励学生通过圣保罗大学的国际合作委员会出国留学交流。

对中国的研究

国际形势分析小组于2009年6月就"当前的中巴关系"进行了探讨。

主要出版物

该所出版《国际形势概况》（Panorama da Conjuntura Internacional），季刊，主要发表国际形势分析小组的专题评析结果和小组成员的文章。杂志全文也可通过国际研究所的网站阅读。

2000年以来机构的主要代表性文章和论著

1. Mary Anne Junqueira, *Independência dos Estados Unidos da América* (no prelo), São Paulo, Editora Lazuli, 2007; *A Consolidação da Nação*, São Paulo, Contexto, Vol. 1, 2001.
2. Pedro Bohomoletz de Abreu Dallari, *Temas Contemporâneos de*

Relações Internacionais, 1ª. ed., São Paulo, Edições Aduaneiras, Vol. 1, 2006; *Relações Internacionais: Múltiplas Dimensões*, São Paulo, Aduaneiras, Vol. 1, 2004; *Constituição e Tratados Internacionais*, São Paulo, Saraiva, Vol. 1, 2003; *Constituição e Relações Exteriores*, São Paulo, Saraiva, Vol. 1, 2002.

3. Jacques Marcovitch, *Crescimento Econômico e Distribuição de Renda-Prioridades para Ação*, São Paulo, EDUSP & Editora SENAC, Vol. 1, 2007; *A Saga do Desenvolvimento no Brasil*-Vol. 3, São Paulo, Editora da Universidade de São Paulo & Editora Saraiva, Vol. 1, 2007; *A Saga do Desenvolvimento no Brasil*, Vol. 2, São Paulo-SP, Editora da Universidade de São Paulo-EDUSP, Vol. 1, 2005; *A Saga do Desenvolvimento no Brasil*, São Paulo, Editora da Universidade de São Paulo-EDUSP, Vol. 1, 2003.

4. Marcos Sawaya Jank, *O Brasil e os Grandes Temas do Comércio Internacional*, Editora Aduaneiras, Vol. 1, 2005; *Policies and Implications for Latin America*, Washington, Inter – American Development Bank (IDB), 2004; *Agricultural Liberalization in Multilateral and Regional Trade Negotiations*, Buenos Aires, INTAL-ITD-Institute for the Integration of Latin America and the Caribbean, Vol. 1, 2003.

5. Miriam Dolhnikoff, *Independência: História e Historiografia*, São Paulo, Hucitec, 2005, *Elites Regionais e a Construção do Estado naciona*, In István Jancsó (org.), Brasil, a formação do Estado e da nação, São Paulo, Hucitec, 2003.

6. Rafael Antonio Duarte Villa, *Ensaios Latino-Americanos de Política Internacional*, Editora Hucitec, 2007; *A. Antártida no Sistema Internacional: Análise das Relações entre Atores Estatais e Não-Estatais com Base na Perspectiva da Questão Ambiental*, São Paulo, Editora Hucitec, 2004.

7. João Paulo Cândia Veiga, *O Compromisso das Empresas com as Metas do Milênio*, São Paulo, Instituto Ethos, Vol. 5, 2004.
8. Amõncio Jorge Silva Nunes de Oliveira, *Coalizões Sul-Sul e as Negociações Multilaterais*, *Países Intermediários e o Caso IBSA*, São Paulo, Mídia Alternativa Editora, Vol. 1, 2007.
9. Rossana Rocha Reis, Cenas do Brasil Migrante, 1. ed., São Paulo, Boitempo, Vol. 1, 1999; *Regionalismos*, *Democracia e Desenvolvimento*, São Paulo, Humanitas, 2007.

* 资料来源:http://www.iri.usp.br/

(作者:李慧,中国社会科学院拉丁美洲研究所;责任编辑:黄念)

巴西应用经济研究所

Instituto de Pesquisa Econômica Aplicada, IPEA

地址: Ipea-Brasília SBS-Quadra 1-Bloco J-Ed. BNDES 70076–900– Brasília-DF-Brasil Ipea-Rio de Janeiro Av. Presidente Antônio Carlos 51 20020–010– Rio de Janeiro-RJ-Brasil

电话: 55—61—33155276（巴西利亚总部）

　　　55—21—35158670（里约热内卢分部）

传真: 55—61—3321—1597

网址: http://www.ipea.gov.br

E-mail: faleconosco@ipea.gov.br

历史沿革与现状简介

巴西应用经济研究所成立于1964年，初期为研究室，1967年改为研究所后归属于国家计划部，现归属于总统府战略事务部。主要职责是通过对经济和社会领域的应用研究，为政府制定公共政策和中长期发展规划提供技术性和制度性支持；通过出版、研讨会和电视、广播，向公众普及经济和社会基本常识，对相关社会问题和发展过程中的挑战提出相应的解决方案。

组织机构、主要负责人及研究人员概况

巴西应用经济研究所现任所长马修·布希曼（Marcio Pochmann），博士，2007年就任。在编人员560人，设六个研究室。

管理与金融研究室，主任西娜拉·玛丽亚·丰塞卡·德利马（Cinara Maria Fonseca de Lima）。宏观经济研究室，主任若昂·西苏

(João Sicsú)。协调与发展研究室,主任马里奥·里斯本·特奥多罗(Mário Lisboa Theodoro)。社会研究室,主任若热·阿布拉伊昂·德卡斯特罗(Jorge Abrahão de Castro)。产业部门研究室,主任马修·沃勒斯·德阿尔梅达(Marcio Wohlers de Almeida)。区域与城市研究室,主任丽安娜·玛丽亚·达弗洛塔·卡尔雷亚尔(Liana Maria da Frota Carleial)。

总部(巴西利亚)和分部(里约热内卢)均有图书馆,共计6万多册书籍、论文、档案,600多种期刊和报纸,近10万张经济统计、社会发展数据光盘。

2004年,与巴西联邦储备银行(Caixa Econômica Federal)等机构合作,创立"巴西应用经济研究年度学术奖"(Prêmio IPEA – CAIXA),是巴西社会科学领域权威奖项之一。

研究重点与学术活动

巴西应用经济研究所的研究重点如下。1. 研究与巴西社会经济进程紧密相关的课题。2. 对巴西经济、社会领域出现的结构性和时局性问题进行分析。3. 对中长期问题的前瞻性研究。4. 为公共政策的制定与完善、为政府规划和政府项目的筹备工作提供权威性技术支持。5. 对公共政策、政府规划和政府行为进行分析和评估。6. 为提升计划、评估、调控等方面的执行能力提供技术性和制度性培训。7. 传播相关领域的知识,参与相关领域的高层次对话。

对重大国际问题的观点

巴西应用经济研究所呼吁国际社会为南半球和亚洲地区提供更多的发展空间;支持巴西、俄罗斯、印度、中国作为"金砖四国"(BRICs)在国际政治、经济格局中发挥更大作用;关注第三世界国家的贫困问题,主张把单个国家的贫困问题放到国际经济发展的框架中进行审视和应对,是国际贫困研究中心的主要合作方之一。

拉美研究概况

巴西应用经济研究所建立的 Ipea 数据库是巴西宏观经济、金融、区域发展等方面的统计数据和分析数据的一个电子资料平台,免费向公众开放,提供经济和社会发展类的文献目录、资料来源索引、经济思潮和经济术语的电子词典、巴西货币变迁的历史记录等,目前拥有 170 万组、540 万套参考数据;到 2005 年为止,日均注册用户达 1440 个。

20 世纪 60 年代以来就开始承担国家中长期经济计划研究。1999 年南美金融风暴之后,出于对新自由主义经济的疑虑,应用经济研究所再度强化了在国际和区域经济环境、国家宏观调控、国家长远经济规划等方面的研究。为解决贫富悬殊这一巴西痼疾,应用经济研究所在贫困、劳动力市场与低收入家庭经济状况、劳动者的种族和性别结构、劳工权利与工会主义、区域经济不平衡等方面展开了跨学科研究。

主要拉美问题研究专家

若昂·保罗·多斯雷耶斯·维罗佐(João Paulo dos Reis Veloso),著名经济学家,1964~1968 年任巴西应用经济研究室主任、研究所所长,1968 年任巴西计划部秘书长,1969~1979 年任计划部部长。目前仍在应用经济研究所从事研究工作,并主持"国家论坛"(Forum Nacional)。代表作有《巴西就业问题解决方案探寻》、《巴西 500 年:未来、现在、过去》,等等。

现任所长马修·布希曼,著名经济学家,重点研究劳动经济、劳资关系和工团主义。主要著作有《巴西劳资关系和工会组织的基本模式》等。

对外合作

巴西应用经济研究所与美国加州大学伯克利分校签有长期合作协议;与伦敦大学、美洲开发银行、联合国拉美经委会、中国国务院发展研究中心、韩国发展研究所、日本发展经济研究所等保持合作关系。

对中国的研究

巴西应用经济研究所前任所长阿尔比斯(Glauco Antônio Truzzi Arbix)和现任所长马修·布希曼分别于2005年和2008年访华。2004年,成立中国研究小组,研究课题包括:承认中国市场经济地位对巴西的影响,巴中两国签订自由贸易协定的可行性,巴中战略伙伴关系的机遇和挑战,中国经济发展的动力等。主要成果有:蒙特罗·内托(Aristides Monteiro Neto)的《中国发展的困境:高速增长与区域不平衡》以及雷耶斯·维罗佐的《面对中国和印度的挑战:巴西的回应》,等等。

主要出版物

《经济研究与规划》(*Pesquisa e Planejamento Econômico*),每年出三期,侧重于对经济问题的理论性和经验性的分析。《规划与公共政策》(*Planejamento e Políticas Públicas*),半年刊,侧重于公共政策的方法论和评估。《发展的挑战》(*Desafios do Desenvolvimento*),月刊,以杂文和时评为主,受众面较广。国情年鉴《巴西:国家现状》(*Brasil: O Estado de Uma Nação*),2005年出版。

2000年以来机构的主要代表性文章和论著

1. João Alberto De Negri e Bruno César Pino Oliveira de Araújo, *As Empresas Brasileiras e o Comércio Internacional*, Editora Ipea, Brasília, 2007.

2. Frederico A. Barbosa da Silva, *Cadernos de Políticas Culturais-Economia e Política Cultural*: *Acesso, Emprego e Financiamento*, Vol. 2 – 3, Editora Ipea, Brasília, 2007.
3. Paulo Tafner e Fabio Giambiagi (organizadores), *Previdência no Brasil*: *Debates, Dilemas e Escolhas*, Rio de Janeiro, 2007.
4. João alberto De Negri e Luis Claudio Kubota (Editores), *Políticas de Incentivo à Inovação Tecnológica*, Brasília, 2008.
5. Mário Theodoro (org.), Luciana Jaccoud Rafael Guerreiro e Osório Sergei Soares, *As Políticas Públicas e a Desigualdade Racial no Brasil 120 Anos Após a Abolição*, Brasília, 2009.
6. Luciana Jaccoud (organizadora), *A Construção de uma Política de Promoção da Igualdade Racial*: *Uma Análise dos Últimos 20 Anos*, Brasília, 2009.
7. José Celso Cardoso Jr. (organizador), *A Constituição Brasileira de 1988 Revisitada*: *Recuperação Histórica e Desafios Atuais das Políticas Públicas nas Àreas Econômica e Social*, Brasília, 2009.
8. Tarcisio Patricio de Araújo; Salvador Teixeira Werneck Vianna e Júnior Macambira (organizadores), *50 Anos de Formação Econômica do Brasil-Ensaios sobre a Obra Clássica de Celso Furtado*, Rio de Janeiro, 2009.
9. Roberto Simonsen e Eugenio Gudin, *A Controvérsia do Planejamento na Economia Brasileira*, 3ª edição, Brasília, 2010.
10. Marcos Antonio Macedo Cintra, Giorgio Romano Schutte e André Rego Viana (organizadores), *Globalização para Todos*: *Taxação Solidária sobre os Fluxos Financeiros Internacionais*, Brasília, 2010.

* 资料来源：http://www.ipea.gov.br；faleconosco@ipea.gov.br

（作者：胡旭东，北京大学巴西中心；周志伟，中国社会科学院拉丁美洲研究所。责任编辑：高川）

德国艾伯特基金会
厄瓜多尔拉丁美洲社会研究所
Instituto Latinoamericano de Investigaciones Sociales(ILDIS),
Ecuador la Fundación Friedrich Ebert(FES)de Alemania

地址:Av. República 500 y Diego de Almagro,Edif. Pucará,4to. Piso, Of. 404,Casilla,17 - 03 - 367,Quito-Ecuador
电话:593—2—2562103
传真:593—2—2504337
网址:http://www.ildis.org.ec
E-mail:ildis1@ildis.org.ec

历史沿革与现状简介

德国艾伯特基金会厄瓜多尔拉丁美洲社会研究所隶属于德国弗里德里希·艾伯特基金会(Fundación Friedrich Ebert,FES),具有私人法人地位,是一个国际性非营利性机构,总部位于德国波恩市。艾伯特基金会厄瓜多尔拉美社会研究所设立于1974年4月30日,主要从事政治、经济和社会领域的研究,与相关机构(如政府机构、国际组织、非政府组织、社会组织、学术机构及各类合作机构)合作开展培训活动。

艾伯特基金会厄瓜多尔拉美社会研究所具体从事如下活动:1. 就国内和国际问题举行全国性和地区性会议、研讨会和讨论会;2. 就相关政治、经济和社会问题开展研究;3. 出版刊物;4. 提供咨询服务;5. 提供信息服务。

研究所的图书馆设在拉丁美洲社会科学学院厄瓜多尔分院,

馆藏图书8000多册,期刊4000多种,文献4000多种。

组织机构、主要负责人及研究人员概况

德国艾伯特基金会厄瓜多尔拉丁美洲社会研究所的组织结构与艾伯特基金会设在全球各国的代表处、研究所的组织模式一致,即在基金会代表处内设研究所,基金会的代表同时兼任研究所的负责人。除个别管理人员外,代表处、研究所不设正式员工职位,所需工作人员一般在当地聘请。研究所不设固定研究人员,根据工作的具体需要临时招聘。

现任厄瓜多尔拉美社会研究所主任兼艾伯特基金会厄瓜多尔代表处代表为麦克·兰格尔(Michael Langer)。

研究重点与学术活动

德国艾伯特基金会厄瓜多尔拉美社会研究所的研究重点包括:侧重厄瓜多尔乃至拉美的重大理论和现实问题,包括制宪大会、劳动者权利、分权、外债、民主对话、能源与环境、性别平等、宏观经济、移民问题等。当前的主要学术活动:为推进多元民主框架内的全国共识,配合全国制宪大会的行动,研究所举办了以下一系列学术活动。

1. "关于厄瓜多尔未来的对话"项目。由艾伯特基金会厄瓜多尔拉美社会研究所同《趋势杂志》共同实施,2007年2月启动,吸纳了中、左派提出的有关宪法内容的主张,成果收纳在《左翼力量和制宪派:宪法规划》(*Las Izquierdas y la Constituyente: Programa Constitucional*)一书中。

2. 民主建设项目。这一项目由艾伯特基金会厄瓜多尔拉美社会研究所同《趋势杂志》共同实施,是"关于厄瓜多尔未来的对话"项目的延续,旨在加强厄瓜多尔的民主制度,在厄瓜多尔国内培育和平对话文化。为此,项目同全国制宪大会成员建立联系,商谈与项目有关的具体细节;设立专门的社会工作小组,协调与厄瓜多尔

社会、市民组织相关的市民间的联系,并对它们提出的宪法建议进行讨论,支持其参加全国制宪大会推动的社会对话;设立社会技术、法律工作小组,对制宪中需要考虑的重点问题提出建议,并向与项目有关的全国制宪大会的成员就纯粹理论和组织问题提供咨询服务。在此基础上,项目组织了第一次国际专家研讨会,就国际上一些国家即将采用的新宪法范式交流看法。研讨会涉及的内容还包括:权力的民主、社会国家、宪法权利及其保障、代表和参与民主、领土管理和计划体制、公民参与机制、权利和公共政策等。

3. "新宪法中的国家和制度"论坛。2008年1月,艾伯特基金会厄瓜多尔拉美社会研究所和《趋势杂志》与厄瓜多尔全国制宪大会和"瓜亚基尔50年2000网络"("Jubileo 2000 – Red Guayaquil")共同举办题为"新宪法中的国家和制度"论坛,讨论与国家改革相关的公众意见。

4. "新宪法中的发展模式"论坛。2008年1月17日,艾伯特基金会厄瓜多尔拉美社会研究所同《趋势杂志》在基多共同举办题为"新宪法中的发展模式"论坛。与会者一致认为,厄瓜多尔迫切需要一个包含民众经济(economías polulares)、微型金融、新的金融制度、平等以及社会包容因素在内的发展模式。

5. "关于地区发展领土管理创新中的挑战:放权、竞争力和参与"第二届拉美会议。艾伯特基金会厄瓜多尔拉美社会研究所同《趋势杂志》将于2008年11月下旬举办。

主要出版物

1.《左翼力量和制宪派:宪法方案》,2007年10月出版,是"厄瓜多尔民主建设项目"的成果之一。从2007年年初起,项目在厄瓜多尔昆卡、基多、瓜亚基尔等城市举办了由社会各界参加的研讨会和大会,并就玻利维亚、哥伦比亚和委内瑞拉的制宪经验举行了一次国际会议。本书实际上是一个宪法大纲草案,包括了对所有重要的宪法性规定,如经济管理模式、政治模式、计划体制、权利和公共政策、领土组织模式、公民参与制度以及宪法管理等的建议。

2.《安第斯次区域:一体化、安全和冲突》(*Integración, seguridad y conflictos en la subregión andina*)。艾伯特基金会和艾伯特基金会厄瓜多尔拉美社会研究所会同艾伯特基金会地区安全合作项目组于 2006 年 9 月 19 日在基多举行了题为"南美洲的安全趋势及其对安第斯地区的影响"国际研讨会,主办者将会上发表的重要演讲和论文编纂成《安第斯次区域:一体化、安全和冲突》一书,于 2007 年 11 月出版。

3.《趋势杂志》(*Revista la Tendencia*),创办于 2004 年,旨在通过厄瓜多尔左派内部各种观点的公开性争鸣,促进厄瓜多尔左派联盟(Unidad de la Izquierda Ecuadoriana)的建立。该杂志在创刊号上声明:"刊物的问世表明,必须深化旨在分析现实、现实中的矛盾及其解决方案的意识形态及政治争鸣活动,从而使思想界为克服危机作出贡献。""刊物希望能反映思想和理论界的如下见解:全球化背景下厄瓜多尔国内、拉丁美洲以及世界范围内的新情况,怎样建立能为各民族和各国人民的平等、公平创造条件的治理方式等。"到目前为止共出版六期,每期都围绕一个主题展开。六期的主题分别为:第一期,放权;第二期,民粹厄瓜多尔主义(Eduadoriarismo populista);第三期,政治改革;第四期,当前形势和展望;第五期,左翼力量和宪法;第六期,厄瓜多尔的政治改革、制宪进程以及克雷亚政府的政策。

4.《政治改革手册》(*Cartilla reforma política*),政治改革是近年来厄瓜多尔研究的热点。2005 年 4 月爆发的厄瓜多尔政治危机表明,必须进行政治改革。在这一问题上,研究所在其网站上公开发表《政治改革手册》系列,传播各社会组织、团体以及阶层关于政治改革的主张和观点,增进有关政治改革方案的社会共识。

5.《移民手册》(*Cartilla de migración*),与厄瓜多尔、西班牙等

机构合作,发表有关厄瓜多尔移民问题的观点,从各个角度观察、分析和描述移民进程。

此外,艾伯特基金会厄瓜多尔拉美社会研究所还创办厄瓜多尔经济研究期刊:《经济形势》(*Coyuntura Económica*)、《1976~2006年厄瓜多尔经济数据》(*Economía Ecuadoriana en cifras 1974–2006*)和《经济政策》(*Políticas Económicas*)。

* 资料来源:http://www.ildis.org.ec/

(作者:高静,中国社会科学院拉丁美洲研究所;责任编辑:蔡同昌)

哥斯达黎加大学中美洲史研究中心
Centro de Investigaciones Históricas de América Central, CIHAC

地址:De la Fuente de la Hispanidad, 100 mts. Este, 100 mts. Norte y 100 mts. Este, Contiguo a Escuela para Todos (ICECU), San Pedro, Montes de Oca. San José, Costa Rica
电话:506—2253166 2833126
传真:506—2346701
网址:http://www.cihac.fcs.ucr.ac.cr
E-mail:cihac@cariari.ucr.ac.cr

历史沿革与现状简介

哥斯达黎加大学中美洲史研究中心成立于1979年,是哥斯达黎加大学的研究中心之一,直接由行政副校长管理。1977年哥斯达黎加大学前任校长卡洛斯·阿尔法罗任哥斯达黎加历史项目负责人,在他的积极推动下,历史研究中心(Centro de Investigaciones Históricas, CIH)于1979年12月成立,目的是整合该领域的研究力量。最初,中心侧重于编写哥斯达黎加历史。1994年更名为中美洲史研究中心,研究重点是中美洲历史,并兼顾中美洲历史学院的教学。中美洲史研究中心科学理事会(El Consejo Científico del CIHAC)注重把发展目标与研究工作相结合,制定了长期发展规划。中心通过开展学术活动、出版研究刊物以及加强与历史学院的合作,不断推动和深化中美洲历史和现状研究,在立足中美洲研究的基础上关注拉丁美洲,深入研究国家和地区历史,并分析哥斯达黎加、中美洲和拉丁美洲的现实问题。同时,一贯注重培养研究生,努力为专家学者提供研究和学习机会。中美洲史研究中心与哥斯达黎加国内外大学和研究中心建立了良好的学术关系,合作伙伴遍布拉丁美洲、欧洲、亚洲和美国。研究领域包括经济史、社会史、人口统计学史、非洲散居史、文化史、种族史和殖民主义史以及国家和民族认同。中美洲史研究中心拥有文献资料中心(El Centro de Documentación del Centro de Investigaciones Históricas de América Central, CEDOCIHAC)和图书馆。文献资料中心和图书馆藏有大量有关中美洲历史方面的书籍和资料,为国内外从事历史领域研究的机构提供服务。图书馆藏书500多册,还有种类丰富的期刊、报纸和影音资料。

组织机构、主要负责人及研究人员概况

中美洲史研究中心主任:胡安·何塞·马丁·赫尔南德斯(Juan José Marín Hernández);中美洲史研究生系主任:索伊里·布斯卡(Soili Buska)

研究重点与学术活动

中美洲史研究中心的主要研究项目有"经济史和社会史"、"种族史和殖民主义"、"中美洲的国家和民族及其认同"、"哥斯达黎加和尼加拉瓜太平洋沿岸历史研究"、"哥斯达黎加、中美洲和加勒比区域历史比较"。2008年7月21~25日举行了中美洲历史第九次大会。

拉美研究概况

中美洲史研究中心主要研究本国以及拉美历史,并从历史学的角度研究拉美的政治、经济和社会问题,如历史对中美洲和加勒比一体化的作用、比较欧洲和拉美的历史分析经济和劳动力市场的不平等。

主要拉美问题研究专家

胡安·何塞·马丁·赫尔南德斯,哥斯达黎加大学历史学院教授、中美洲中心主任、研究员、历史学家,巴塞罗那自治大学历史学博士。主要研究哥斯达黎加历史、中美洲和加勒比历史。

对外合作

中美洲史研究中心与哥斯达黎加大学以及其他国立大学的研究机构建立战略联盟关系,同时与拉美、欧洲、亚洲、美国的相关机构合作共同研究课题。

主要出版物

《历史期刊》(*Revista de Historia*),半年刊;《中部美洲》(*Mesoamérica*);《研究进展系列》(*Ingresos Recientes*);《哥斯达黎加大学中美洲史研究中心简报》(*Boletín de CIHAC*),月刊;《哥斯达黎加历史丛书》(*Historia de Costa Rica*);《方法论论文集》(*Trabajos Metodológicos*)。

2000 年以来机构的主要代表性文章和论著

1. Viales H., Ronny, "Las Migraciones Internacionales: Reflexiones Teóricas y Algunas Perspectivas de Análisis desde la Historia", *Cuadernos Digitales*, No. 1, Universidad de Costa Rica, Escuela de Historia, 2000.
2. Iván Molina Jiménez, "De la Historia Local a la Historia Social, Algunas Notas Metodológicas", *Cuadernos Digitales*, No. 3, Universidad de Costa Rica, Escuela de Historia, 2000.
3. "La Política Detrás de las Cifras, Las Estadísticas Electorales de Costa Rica 1897 – 1948", *Cuadernos Digitales*, No. 22, Universidad

de Costa Rica,Escuela de Historia,2003.
4. Mercedes Muñoz,"La Democracia Costarricense Frente a la Guerra Fría", *Cuadernos Digitales*, No. 11, Universidad de Costa Rica, Escuela de Historia,2001.
5. Margarita Torres Hernández, Norman Durán Barrantes, "Metodología Utilizada para la Elaboración de Una Zonificación Agroecológica y Una Tipología de Productores en el Cantón de Grecia 1955: Un Ejemplo del Empleo Integrado de Fuentes Cartográficas y Censales en la Historia Agraria Costarricense", *Cuadernos Digitales*,No. 12,Universidad de Costa Rica,Escuela de Historia,2001.
6. Juan José Marín Hernández, "Perspectivas y Problemas para Una Historia Social de la Prostitución", *Cuadernos Digitales*, No. 13, Universidad de Costa Rica,Escuela de Historia,2001.
7. Manuel Calderón H. ,"La Historiografía y la Sociedad Contemporánea en Costa Rica", *Cuadernos Digitales*,No. 14, Universidad de Costa Rica Escuela de Historia,2001.
8. MSc. José Bernal Rivas Fernández,"Los Archivos de la Oralidad", *Cuadernos Digitales*,No. 8,Universidad de Costa Rica, Escuela de Historia,2001.

* 资料来源:http://www. cihac. fcs. ucr. ac. cr;cihac@ cariari. ucr. ac. cr

(作者:李菡,中国社会科学院拉丁美洲研究所;责任编辑:高川)

哥斯达黎加大学
拉美认同和文化研究中心
Centro de Investigación en Identidad y
Cultura Latinoamericanas de la Universidad de Costa Rica

地址:CIICLA. UCR. Campus Rodrigo Facio, San Pedro, Costa Rica, América Central
电话:506—2—207—5433
传真:506—2—207—4535
网址:http://www.ciicla.ucr.ac.cr/
E-mail:ciicla@ucr.ac.cr

历史沿革与现状简介

哥斯达黎加大学拉美认同和文化研究中心成立于1988年,主要从事拉美文化认同研究,尤其是中美洲和加勒比地区文化和社会领域的研究;将研究成果和搜集整理的文献资料通过图书资料中心、博物馆或其他社会活动推广到大学、国内外研究机构以及中美洲和加勒比地区其他国家;开展社会活动,推动相关领域的教学和理论研究。

组织机构、主要负责人及研究人员概况

哥斯达黎加大学拉美认同和文化研究中心的10多位教授从事研究工作,研究领域涉及中美洲和加勒比地区文化认同观念的形成、相关历史等。

研究中心主要由三个部门组成:研究部、中美洲文化与认同博

物馆及中美洲和加勒比地区信息文献中心。

研究部的任务是开展学术研究,主要以跨学科和多学科研究为主,重点进行认同、文化和社会方面的研究。

1993年6月22日,经哥斯达黎加大学委员会审议,决定成立中美洲文化与认同博物馆。博物馆是一所非营利性机构,旨在服务社会并推动社会进步。博物馆作为科研、教学和社会活动的平台,展示和推介拉美认同和文化研究的成果,开展相关活动。

中美洲和加勒比地区信息文献中心旨在搜集、保存有关中美洲和加勒比地区文化、认同方面的各种书籍、文献和信息资料等。信息文献中心的图书馆馆藏丰富,拥有多种有关中美洲和加勒比地区政治、经济、文化、历史等领域的书籍、文献资料、哥斯达黎加艺术作品数字档案等,为读者提供各类信息服务。

研究重点与学术活动

哥斯达黎加拉美认同和文化研究中心研究部目前有以下研究项目:中美洲和加勒比文化产品研究、中美洲文学史研究、性别与文化认同研究、藏品的保存与管理技术更新和培训等。

中美洲和加勒比文化作品研究项目的研究重点是就中美洲和加勒比地区各国的认同、文化与社会问题开展比较研究,以便更准确地把握各国文化发展的不同进程和特点。该项目的协调员为利吉亚·博拉尼奥斯·巴雷拉(Ligia Bolaños Varela)博士。中美洲和加勒比文化产品研究项目包括的课题有20世纪30年代中美洲绘画艺术比较分析,21世纪初哥斯达黎加种族心理分析和老龄化问题,19世纪洪都拉斯的政治精英和社会网络等。中美洲文学史研究项目致力于对中美洲历史上的文化作品进行比较研究。项目协调员为维尔纳·梅肯巴赫(Werner Makenbach)博士和利吉亚·博拉尼奥斯·巴雷拉博士。在研课题有中美洲的印第安人叙事小说,美洲文学中的中美洲诗歌和中美洲文学史等。性别与文化认同项目包括的研究课题有1900~1953年女性的民主,哥斯达黎加里蒙地区1880~1930年种族与暴力问题等。

中美洲文化与认同博物馆围绕研究中心的科研项目开展一系列学术活动,内容涵盖多个不同领域与不同学科。

中美洲和加勒比地区文献信息中心与对中美洲和加勒比地区研究感兴趣的组织与机构建立联系,利用自身丰富的信息资源优势,积极开展中美洲文化领域(包括文学、政治、历史、社会学等)多个学科的文献信息交流。

拉美研究概况

研究中心目前主要的拉丁美洲研究项目有:中美洲文学史、种族认同、政治与文化认同等课题。

中美洲文学史项目旨在促进对中美洲地区的相关研究,搜集并整理相关研究成果,加强该领域研究机构的学术交流与成果共享,同时促进中美洲文学发展,为该地区文学发展建立基础,并计划出版关于中美洲文学史研究的专著。

种族认同项目主要以拉丁美洲为研究重点,从不同学科和视角就种族间的相互作用、对话等进行研究,分析其对整体文化认同的作用,以方法论、基础理论为辅助,关注种族的前景问题和发展文化认识论的研究。

政治与文化认同项目以拉丁美洲为背景,重点研究中美洲政治与文化认同过程中的问题。

此外,研究中心设有中美洲文学与文化研究数字图书馆项目,旨在国际范围推广中美洲和加勒比地区文学与文化研究成果。

主要拉美问题研究专家

埃特尔·加西亚(Ethel García)博士,拉美认同和文化研究中心主任,主要从事学术研究、教学和社会活动,促进有关拉美认同理论的建设与推广。加西亚博士主持多个研究项目,以加深拉美社会间关系为目的,增进拉美社会的和谐与相互理解。

对外合作

研究中心与墨西哥国立自治大学拉丁美洲与加勒比研究中心、拉丁美洲移民研究中心、拉丁美洲大学合作网络等机构有学术合作联系。

主要出版物

《交流》(Intercambio)杂志于 2002 年创刊,年刊。主要刊登该研究中心学者的文章,包括在研课题的相关研究成果。主要内容为中美洲和加勒比地区认同和文化研究以及与伊比利亚美洲其他地区文化的比较研究。《交流》杂志的主编是马乌里西欧·门西瓦·欧乔阿(Mauricio Menjívar Ochoa)。

2000 年以来机构的主要代表性文章和论著

1. Isabel Vega Robles,"Factores Psicosociales de los Padres Divorciados que Influyen en el Pago de la Pensión Alimentaria para sus Hijos(as)",*Intercambio*,2006.
2. María Amoretti,"Desencuentro y Reencuentro con la Identidad:A Propósito de Billo Zeledón. Ese Famoso Desconocido",*Intercambio*,2006.
3. Alexandra Ortiz W.,"Literatura Centroamericana:Construyendo con Palabras",*Intercambio*, 2006.
4. Patricia Alvarenga Venutolo,"Voces Disonantes. Las Propuestas Feministas de las Décadas de 1910 y 1920 en Costa Rica",*Intercambio*, 2006.
5. Herminia Casanueva López, *Cocina Tradicional Costarricense*, *El*

Manejo de Alimentos, la Editorial Costa Rica, 2008.
* 资料来源:http://www.ciicla.ucr.ac.cr/

(作者:韩晗,中国社会科学院拉丁美洲研究所;责任编辑:张颖)

古巴美洲研究中心

Centro de Estudios sobre América(CEA),Cuba

地址:Calle 18 No. 316 e/ 3ª y 5ª,Miramar,Playa,CP. 11300,Ciudad de La Habana,Cuba
电话:53—7—2096688 2096745
传真:53—7—2042716
E-mail:cea@ cea. org. cu

历史沿革与现状简介

古巴美洲研究中心(Centro de Estudios sobre América)位于古巴首都哈瓦那西郊,是古共中央直接领导的研究机构。古共中央自 1964 年起成立了几个研究中心,目的是为中央决策提供智力支持,向国际社会表达、宣传古巴的观点和看法,并加强与国际上一些著名学术机构的联系,古巴美洲研究中心就是在这一背景下于 1977 年成立的。

古巴美洲研究中心成立之初,研究方向是西半球国家以及古巴与这些国家的关系。20 世纪 80 年代,中心的一些学者开始研究古巴国内问题。90 年代,研究中心成为国际知名的研究机构,一些学者撰写的报告被古巴外交部等重要机构采用,一些学者频繁出现在国家电视台上。1993 年古巴全国法学会组织了一场关于古巴政治体制的讨论会,古巴美洲研究中心的学者应邀在会上发言。1996 年,古巴美洲研究中心更换了领导人,一些研究项目被中止,研究中心的一些学者被改组到其他研究机构,一些学者离开了古巴。

古巴美洲研究中心的研究计划是根据古巴党中央和古巴外交部的需要而制定的。由于古巴是一个小国，其党中央、外交部不可能有很多人从事研究工作，因此，研究任务常常交付相关研究机构来完成。

组织机构、主要负责人及研究人员概况

古巴美洲研究中心现任主任为阿达尔韦托·龙达·巴罗纳（Adalberto Ronda Varona）博士。副主任编制为两人，现只有一人：西尔维奥·普拉特罗·巴罗纳（Silvio Platero Varona）博士。研究中心下设领导委员会、学术委员会和出版委员会、两个研究室和一个信息与传播室。两个研究室是：美洲关系研究室，经济、政治和社会研究室。研究中心曾有一个美国研究室，后根据上级指示取消了，因为哈瓦那大学已有美国研究中心专门研究美国问题，因此，美洲研究中心的研究重点是拉丁美洲和加勒比地区。

目前，美洲研究中心约有50位工作人员，其中研究人员只有10多人。

研究重点与学术活动

古巴美洲研究中心的研究重点是美洲大陆、特别是拉丁美洲和加勒比地区的经济、政治、社会、文化等社会科学领域。近期主要研究课题是"哥伦比亚计划"及其影响、巴西的领导作用、南方共同市场等。

古巴美洲关系研究室的研究领域主要涉及美国对拉美的政策（包括理论和个案研究）；国家安全、西半球安全和人的安全问题；泛美体系；民主宪章问题；经济关系；一体化问题（包括美洲自由贸易区、南方共同市场、中美洲一体化、北美自由贸易区）；古美关系，等等。

经济、政治和社会研究室的研究领域主要涉及全球化对拉美

政治、社会和经济的影响；拉美教育问题；环保政策；民主化问题；可治理性问题；政党和政党改革；政治参与问题；社会运动；左派；新宗教运动；欧盟与拉美的关系；国别问题，重点研究对象包括墨西哥、哥伦比亚、委内瑞拉、巴西、阿根廷、智利、中美洲和加勒比地区等。

2007年7月，古巴美洲研究中心举办了成立30周年纪念会。中心主任阿达尔韦托·龙达·巴罗纳在会上阐述了中心成立30年来的成就。他认为，在拉美形势发生巨大变化和古巴面临严峻考验的背景下，古巴美洲研究中心在历史、政治和社会领域的研究涵盖了20世纪以来美洲和拉美发生的重大事件，取得了显著的成就。中心刊物《我们的美洲笔记》对拉美研究的传承、推动和总结作出了巨大贡献，最新出版的一期介绍了杂志创办24年来的主要成果。出席纪念会的还有古共中央国际关系部负责人罗伯托·雷加拉多(Roberto Regalado)和对外关系部副秘书长亚历杭德罗·冈萨雷斯(Alejandro González)。

主要拉美问题研究专家

中心主任阿达尔韦托·龙达·巴罗纳教授研究领域十分广泛，研究重点是马蒂思想、全球化和拉美一体化。

拉斐尔·M.埃尔南德斯·罗德里格斯(Rafael M. Hernández Rodríguez)是古巴美洲研究中心教授，古巴美洲研究中心杂志《我们的美洲笔记》的编者和开创者，古巴胡安·马里内略(Juan Marinello)文化发展与研究中心的资深研究员，哈瓦那大学教授，古巴赖尔·罗亚·加西亚(Rael Roa García)国际关系高级学院(IS-RI)教授，古巴社会科学杂志 TEMAS(季刊)的名誉主编，他还是诗人和剧作家。埃尔南德斯教授的主要研究领域是美国对外政策、美洲国家间的关系、国际安全、移民以及古巴文化、社会和政治。

路易斯·苏亚雷斯(Luis Suarez)教授是古巴美洲研究中心前

主任(1984~1996)、《我们的美洲笔记》的编者,是古巴和拉美学术界非常知名的学者,他的多部作品在美国和拉美出版。他的著作《拉丁美洲的百年恐怖:一个世纪的反人类罪》,描绘了一个世纪以来美国对拉美的掠夺性关系,美国发动的对古巴的"肮脏战争",以及强加于拉美国家的新自由主义的灾难性后果。

对外合作

美洲研究中心经常组织国内和国际研讨会,研究中心的研究人员也经常参加在国外举行的国际研讨会,研究中心与世界和拉美的许多组织、研究机构和大学保持联系。如埃尔南德斯教授在2006~2007年期间是哈佛大学洛克菲勒拉丁美洲研究中心的客座教授。在哈佛大学历史系,埃尔南德斯教授开设了本科生课程《古巴:文化与社会》,以及研究生课程《美国与古巴关系》。

主要出版物

《我们的美洲笔记》(*Cuadernos de Nuestra America*),半年刊,公开出版。现任主编是研究中心主任阿达尔韦托·龙达·巴罗纳。《我们的美洲笔记》与世界和拉美的许多组织、研究机构和大学定期交换刊物。

2000 年以来机构的主要代表性文章和论著

1. Luis Suarez, *Century of Terror in Latin America: A Century of Crimes Against Humanity*, Ocean Press, 2003.
2. "Latin America Today: Globalization and Alternatives", *Working Paper*, 2005.
3. "Impactos del TLCCA – EE. UU: Valoración crítica", in *Building Peace and Democratic Governance in the Greater Caribbean: The Role of Civil Society in Addressing the Root Causes of Regional Conflicts*,

Regional Coordination for Economic and Social Research(CRIES) , May 23 ,2005.

4. "Centroamérica y el Caribe: Neoliberalismo e Integración", en *OSAL*, Vol. Ⅵ, No. 18, septiembre – diciembre, 2005.

* 资料来源:本文主要参考徐世澄研究员提供的资料(《访古巴美洲研究中心》,载《拉美史研究通讯》,2004 年)及其他相关网站。古巴美洲研究中心没有网站。

(作者:刘维广,中国社会科学院拉丁美洲研究所;责任编辑:张颖)

古巴美洲之家
Casa de las Américas

地址：Casa de las Américas, 3ra y G, El Vedado, la Habana, Cuba.
电话：537—8382—704　8327—272
传真：537—8344—554
网址：http://www.casadelasamericas.org
E-mail：presidencia@casa.cult.cu　cooperacion@casa.cult.cu

历史沿革与现状简介

古巴美洲之家成立于1959年4月28日,致力于促进拉美和加勒比地区文化、文学和艺术研究,资助、奖励和出版本大陆文学家、音乐家、造型艺术家、社会科学工作者的创作成果,鼓励其创作活动,发展和扩大与拉美和世界其他地区人民的社会文化合作与交流。

组织机构、主要负责人及研究人员概况

古巴美洲之家设领导理事会(Consejo de Direccion)。领导理事会由一名主席、三名副主席、若干顾问、研究中心和各部负责人组成。

现任主席罗伯托·费尔南德斯·雷塔马尔(Roberto Fernàndez Retamar)。副主席三名:马尔恰·莱塞卡(Marcia Leiseca)、玛丽亚·埃莱娜·比努埃萨(Maria Elena Vinueza)和何塞·安赫尔·佩雷斯·索卡拉斯(Josè Angel Pèrez Socarràs)。

古巴美洲之家下设文学研究中心、加勒比研究中心、妇女研究

项目、《美洲之家》杂志部、造型艺术和资产部、出版基金部、剧作部、音乐部、《标准》杂志部、国际关系部、图书馆等。

文学研究中心成立于1967年，主要从事两项工作：研究、评论和传播本大陆的文学作品；组织美洲之家文学奖的评奖工作。自美洲之家创建起至1971年，文学研究中心一直由乌拉圭著名诗人、小说家、杂文作家和剧作家马里奥·贝内代蒂（Mario Benedetti）领导。

加勒比研究中心成立于1979年。中心是在美洲之家首次组织有关加勒比文学评奖活动时建立的，旨在加强和促进加勒比文化多样性的研究。

妇女研究项目成立于1994年，致力于研究拉美和加勒比妇女历史和文化，抢救文化作品。

造型艺术部成立于1961年，旨在加强拉美和加勒比艺术家之间的联系。

音乐部创建于1965年，旨在传播拉美和加勒比音乐思想，其中包括教学、研究、创作和演出。

古巴美洲之家出版基金会建立于1960年，最初目的是出版美洲之家文学奖获奖作品，后来扩大成为出版和推介拉美和加勒比地区最有代表性的文学作品。美洲之家先后出版了美洲之家奖系列丛书、美洲之家文集丛书、拉丁美洲文学丛书、多面评论丛书、我们的美洲的思想丛书和研究系列丛书。

研究重点与学术活动

古巴美洲之家的研究活动主要由研究中心和各学术业务部组织。研究的重点是拉美和加勒比地区的文化、文学和艺术，包括文学创作、剧作、音乐、美术等。

古巴美洲之家的各学术研究单位在古巴学术界十分活跃，经常组织研讨会、座谈会、讲座、授课课程、展览会和出版作品等。妇女研究项目与古巴美洲之家文学奖项目合作举办了两届妇女研究杂文特别奖评奖活动，还与拉美国家的很多大学合作出版研讨会文集、文选等。加勒比研究中心积极开展美洲非洲裔文化研讨会，举办加勒比地区问题座谈会。文学研究中心组织系列讲座、研究生课程、国际座谈会，还举办"作家之周"活动，每年选择一位著名的美洲作家，围绕他的创作开展研究和纪念活动。

为了实现古巴美洲之家促进文化传播的目标，各学术研究单位还组织各种评奖活动。影响较大的国际评奖活动有美洲之家文学奖、美洲之家音乐奖、美洲之家音乐作品创作奖、古巴美洲之家版画奖、美洲之家剧作奖等。造型艺术部组织各种研讨活动，如美洲艺术研讨会（Arteamérica）等，每月选择一个有兴趣的主题开展活动。在艺术家们的捐赠下，古巴美洲之家建立了"艾德·圣玛丽亚（Haydee Santamaria）我们的美洲艺术收藏展"，收藏展品达一万件。展览现已成为常年展。剧作部组织拉美剧作节活动，推介拉美最有代表性的剧作家。

对重大国际问题的观点

古巴美洲之家的学者认为，美帝国主义是世界和平与安全的最大威胁。发展中国家需要加强团结与合作，联合反对强权政治和霸权主义，努力建立公正合理的国际政治经济新秩序，寻求合作和共同发展。认为古巴应该坚决维护国家独立和主权，捍卫社会主义制度的立场，反对美国对古巴的封锁政策。主张与拉美国家加强团结和合作，努力促进以美洲玻利瓦尔联盟为核心的拉美地区一体化，在马蒂、玻利瓦尔等拉美革命先驱的思想指导下实现整个拉美大陆的发展。

拉美研究概况

古巴美洲之家文学研究中心主要研究拉美和加勒比地区的文

学发展,介绍和研究这一地区的著名文学家及其理论和思想。加勒比研究中心从跨学科的角度,通过与本地区的著名学者、研究人员和文化促进者进行积极交流和对话,深化对加勒比地区各国文化特色的研究。妇女研究项目致力于殖民地时期、19 世纪和 20 世纪拉美和加勒比地区妇女文化的研究,包括有关理论问题(如女权主义的理论,性别、种族和阶级关系问题等)。

古巴美洲之家图书馆主要收藏美洲和加勒比地区文献,有 20 世纪下半期出版的图书,特别是文学作品。图书馆藏书 12.6 万册,另有 12.6 万册系列丛书、杂志和期刊。

主要拉美问题研究专家

罗伯托·费尔南德斯·雷塔马尔教授,古巴和拉美著名诗人,文学理论家和学者,获哈瓦那大学哲学和文学博士学位,曾留学巴黎和伦敦,先后在耶鲁大学和哥伦比亚大学任教,曾任古巴马蒂研究中心主任,1980 年获"鲁文·达里奥拉美诗作奖",1998 年获法国文学艺术官方勋章。主要著作有《祖国》、《我们的革命,我们的挚爱》、《我们美洲的思想:反思与建议》,等等。

路易莎·坎普萨诺(Luisa Campuzano)博士主要从事政治和妇女问题研究。

比维安·马丁内斯·塔亚雷斯(Vivian Martìnez Tabares)博士主要从事话剧研究,著有《伟大十月的剧作》。

豪尔赫·福尔内特(Jorge Fornet)教授主要从事文学研究,著有《20 世纪古巴的短篇小说》。

约兰达·伍德(Yolanda Wood)博士主要从事加勒比文学和艺术研究,著有《加勒比的造型艺术》等作品。

对外合作

美洲之家各研究和业务部门经常组织各种国际活动,如音乐部经常组织有国际知名音乐家和音乐评论家参加的国际音乐会和研讨会。1979 年创立美洲之家音乐创作奖,1997 年举办美洲之家国际音乐研讨会。加勒比研究中心经常举办以加勒比文化为主题的国际研讨会,如 2008 年举办了加勒比文化多样性国际研讨会,加强对加勒比文化的研究。其他拉美和加勒比国家和地区的很多著名人士积极参加美洲之家加勒比研究中心组织的学术研究活动,其中有乔治·拉明(George Lamming),简·卡鲁(Jan Carew),爱德华·格利桑特(Édouard Glissant),埃内斯特·佩潘(Ernest Pépin),拉埃内克·乌尔博恩(Laënnec Hurbon),里卡尔·阿莱格里亚(Ricardo Alegría),鲁文·西利埃(Rubén Silié)。

主要出版物

《美洲之家》(Casa de las Américas)杂志 1960 年由艾德·圣玛丽亚创建。它是一份文学和文学理论研究杂志,面向美洲及加勒比地区。《美洲之家》是美洲之家的刊物,自 1991 年起改为季刊,但计划重新恢复双月刊。发行量为 3000 册。《标准》(Criterios)杂志,美洲之家文学研究中心与古巴作家和艺术家联合会合作出版,是一份文化理论杂志,同时出版作家文集、作品评论文集等。《加勒比年鉴》(Anales del Caribe),1981 年创刊,由美洲之家加勒比地区研究中心出版,旨在研究和传播丰富多彩的加勒比文化,从当代视野分析加勒比各国多样化的发展前景。《音乐通讯》(Boletín Música),季刊,由美洲之家音乐部主办,主要发表论文、海报和新闻、音乐作品和音乐评论文章。《联合》(Conjunto)杂志由美洲之家剧作部出版,是当代拉美和加勒比地区重要的剧作论坛,发表有关全球剧作活动的理论研究、历史分析、信息报道和剧作全文。

2000 年以来机构的主要代表性文章和论著

1. Roberto Fernandez Retamar, *La Poesía*, Reino Autónomo, La

Habana, Ed. Letras Cubanas, 2000.
2. José Miguel Sardiñas y Ana María Morales, *Relatos Fantásticos Hispanoamericanos*, *Antología*, *Selección*, *Prólogo*, *Notas y Bibliografía*, Fondo Editorial Casa de las Américas, La Habana, 2003.
3. Luisa Campuzano, *Las Muchachas de La Habana No Tienen Temor de Dios*: *Escritoras Cubanas* (S. XVIII – XXI), Union, La Habana, Cuba, 2004.
4. Ana María Morales y José Miguel Sardiñas, eds., *Odisea de lo Fantástico*, Ediciones de los Coloquios Internacionales de Literatura Fantástica, México, 2004.
5. Roberto Fernandez Retamar, *Pensamiento de Nuestra América*: *Antorreflexiones y Propuestas*, Clacso, Buenos Aires, 2006
6. Jorge Fornet, " Y Finalmente, ¿ Existe una Literatura Latinoamericana?", *Revista Lajiribilla*, La Habana, Cuba, 9 de junio de 2007.

* 资料来源: http://www.casadelasamericas.org/index.php

（作者：张颖，中国社会科学院拉丁美洲研究所；责任编辑：蔡同昌）

马蒂研究中心
Centro de Estudios Martianos

地　址：Calzada No. 807, esquina a 4, El Vedado, Plaza de la Revolución, Ciudad de La Habana, Cuba, CP: 10 400
电话：537—836—4966 al 69
传真：537—833—3721
网址：http://www.josemarti.cu
E-mail：cem@josemarti.co.cu

历史沿革与现状简介

马蒂研究中心创建于1977年7月19日，隶属于古巴国务委员会马蒂规划办公室。研究中心致力于支持有关马蒂的学术研究和教学，介绍马蒂的生平、著作和思想，保存马蒂的遗作，出版马蒂的作品。

组织机构、主要负责人及研究人员概况

安娜·桑切斯·科利亚索（Ana Sánchez Collazo）博士为马蒂研究中心主任。

研究中心下设历史研究室、文学研究室、《马蒂全集》作品搜集和修订室。历史研究室成员有易卜拉欣·伊达尔戈·帕斯（Ibrahim Hidalgo Paz）博士、玛丽亚·卡里达·帕切科·冈萨雷斯（María Caridad Pacheco González）博士、何塞·安东尼奥·贝迪亚（José Antonio Bedia）教授等。

文学研究室主要成员有毛里西奥·努涅斯·罗德里格斯

(Maurício Núñez Rodríguez)教授、萨尔瓦多·阿里亚斯·加西亚(Salvador Arias García)博士、卡里达·阿藤西奥·门多萨(Caridad Atencio Mendoza)教授、迈拉·比亚特丽斯·马丁内斯(Mayra Beatriz Martínez)教授等。

《马蒂全集》作品搜集和修订室成员有佩德罗·巴勃罗·罗德里格斯(Pedro Pablo Rodríguez)博士、卡门·苏亚雷斯·莱昂(Cármen Suárez León)博士、鲁道夫·萨拉奇诺·马格里尼亚特(Rodolfo Sarracino Magriñat)博士、卡洛斯·帕拉西奥·费尔南德斯(Carlos Palacio Fernández)博士、马莱内·巴斯克斯·佩雷斯(Marlene Vázquez Pérez)教授等。

研究重点与学术活动

马蒂研究中心的学术活动是以研究室为单位组织的,学术研究活动主要包括两个领域:马蒂的生平、革命实践和思想史,马蒂在古巴独立和革命过程中的作用等;马蒂的文学创作和贡献、文学理论和思想。研究的重点是马蒂革命实践和思想的历史意义及在当代的现实影响和作用。研究中心还致力于搜集散见于古巴和拉美其他国家的作品,将其收入《马蒂全集》;根据马蒂的手稿对全集收录的文章进行修订并加注释。研究中心经常举办各种学术活动,包括讲座、国际研讨会、对话等,纪念马蒂,传播马蒂思想。

对重大国际问题的观点

马蒂研究中心的学者认为,何塞·马蒂是古巴革命的先驱、导师和思想家。把马蒂思想与马克思主义相提并论,视为古巴革命和社会主义的指导思想。认为马蒂思想的核心内容是抗帝国、争自由。认为在当代世界,马蒂的下述思想和主张具有现实指导意义:建立一个自由的、有尊严的共和国;各国通过行使自主权实现世界平衡;建立公正、平等的社会,为大多数穷人而斗争;主张人人平等,认为人不分种族,都是平等的;提出"我们的美洲"的口号,呼吁拉美各国人民加强团结,反对帝国主义的侵略和威胁,掌握自己的命运。

拉美研究概况

马蒂研究中心历史研究室创建于 1996 年,致力于对马蒂的革命实践和思想历史进行研究。研究内容包括:古巴革命党的工作,关于《祖国》杂志,马蒂生平大事记,马蒂海外流亡的情况,在各历史时期、各不同地区和社会政治组织中马蒂著作的传播和影响情况等。历史研究室的研究成果包括发表在一些杂志上的手记和论文。其中较有影响的是《何塞·马蒂的政治思想:基本要素的内部结构》、《何塞·马蒂作品的影响》、《何塞·马蒂的演讲:若干当代视角》、《拉丁美洲主义:审视马蒂研究的现状和前景》。目前正在从事的研究项目有《何塞·马蒂的政治观点及其古巴先驱者》等。

文学研究室的研究成果有《何塞·马蒂笔记读本》、《如公示的叙说:何塞·马蒂最早的文章》。正在研究的项目有《何塞·马蒂笔记读本中的诗歌积淀和形成》、《何塞·马蒂的叙事作品:诗作的构成段落》、《对重新阅读马蒂的研究》。

《马蒂全集》作品搜集和修订室目前已对截至 1881 年的马蒂作品(11 册)进行了修订,同时把尚未收入全集的一些作品收进了全集。

马蒂研究中心专业图书馆创建于 1987 年,其前身为国家图书馆马蒂厅。图书馆支持对马蒂的生平和著作开展研究和教学,传播马蒂的思想,保护马蒂的遗作和遗产。图书馆拥有 1.4 万份文件,包括图书和小册子,系列丛书和报刊,图片,光盘和录音带,地图,邮票,幻灯片等。

主要拉美问题研究专家

钦蒂奥·比铁尔·博拉尼奥斯（Cintio Vitier Bolaños）博士，古巴著名作家和诗人，曾任马蒂研究中心主任，现为研究中心荣誉主任，曾获古巴国家文学奖、古巴国家文化研究奖、拉美和加勒比文学胡安·鲁尔夫奖等。作品主要有《诗作》、《古巴评论》、《梦中的故事》、《拯救塞内亚》，等等。

佩德罗·巴勃罗·罗德里格斯博士，历史学家、记者、研究员。著有《思想评论》、《两个美洲》等作品。

易卜拉欣·伊达尔戈·帕斯博士，历史学家、研究员。著有《古巴1895～1898年：矛盾与毁灭》、《关于马蒂的历史观》等作品。

对外合作

马蒂研究中心与国际研究机构和国际组织保持着广泛的合作与交流关系，经常与包括拉美国家在内的国外研究马蒂的学术机构和学者召开国际会议，交流有关马蒂的研究成果。研究中心的学者经常参加国外其他机构组织的研讨会和学术活动。研究中心还与欧洲和拉美国家的一些大学签订合作协定，派遣学者开设有关何塞·马蒂思想和文学理论的课程和有关讲座。

主要出版物

《马蒂研究中心年鉴》(*Anuario del Centro de Estudios Martianos*)，其前身是何塞·马蒂国家图书馆1969～1977年出版的《马蒂年鉴》(*Anuario Martiano*)。《马蒂研究中心年鉴》1978年创刊，到目前为止，已连续出版28期。年鉴收录了古巴和世界上最著名的马蒂研究专家撰写的论文和研究成果。

2000 年以来机构的主要代表性文章和论著
1. Ibrahim Hidalgo Paz, *Cuba, 1895 – 1898: Contradicciones y Disoluciones*, 2a ed Revisada, Centro de Estudios Martianos, La Habana, 2004.
2. Caridad Atencio Mendoza, *El Mérito de Una Solicitud Misteriosa: De Algunos Poetas Románticos Mexicanos en Martí*, Instituto Mexiquense de Cultura, Toluca, 2005.
3. Mauricio Núñez Rodríguez, "José Martí: Narrar desde el Periodismo", *Revista Literatura Hispanoamericana*, Diciembre de 2005.
4. Caridad Atencio Mendoza, *Génesis de la Poesía de José Martí*, Editorial del Centro de Estudios Martianos y Universidad Estatal a Distancia de Costa Rica, 2005.
5. María Caridad Pacheclezo González, *José Martí en las Primeras Organizaciones Socialistas de Cuba 1899 – 1906*, *Cuba Socialista*, No. 45, La Habana, 2007.
6. Pedro Pablo Rodriguez, *José Martí: Todo el Hombre y Todo el Tiempo*, Número 16 de la Serie Edición Crítica de las Obras Completas de José Martí, La habana, 2008.
7. Pedro Pablo Rodriguez, *José Martí: Líder y Masa*, Cubarte, Enero, 2008.

* 资料来源：http://www.josemarti.cu

（作者：张颖，中国社会科学院拉丁美洲研究所；责任编辑：蔡同昌）

秘鲁和拉丁美洲思想研究所

Instituto de Investigación del Pensamiento
Peruano y Latinoamericano, IIPPLA

地址:Av. Venezuela cuadra 34, Lima, Perú
电话:51—1—6197000
E-mail:iipp@ unmsm. edu. pe　　IIPPLA@ yahoo. com

历史沿革与现状简介

1991~1994年,安第斯和亚马孙思想(Pensamiento Andino y Amazónico)、实证主义思想(Pensamiento Positivista)、美学思想(Pensamiento Estético)、经济历史学思想(Pensamiento Histórico-Económico)、政治学思想(Pensamiento Político)、伦理政治学思想(Pensamiento Etico-Político)、教育思想及当代秘鲁三位杰出思想家(巴列霍、马里亚特吉和阿格达斯)的思想引起秘鲁学界的高度重视,意识到欧洲—北美文化以一种"全球普遍的、放之四海而皆准的唯一合理"的文化的姿态向全球各国渗透,由此产生了所谓的"欧美中心主义"及其在实践中的反映,即欧美文化主导各国经济、社会文化的现象。秘鲁著名学者、国立圣·马科斯大学奥古斯托·萨拉萨尔·邦迪(Augusto Salazar Bondy)教授认为,对欧美文化进行封闭的、教条的模仿、虚伪造作及思想大一统现象的本身就是所谓的"统治文化"。在此背景下,秘鲁和拉丁美洲思想研究所于1994年正式成立。研究所隶属于秘鲁国立圣·马科斯大学(Universidad Nacional Mayor de San Marcos)文学和人文科学系,以莱奥帕尔多·塞亚(Leopoldo Zea)、恩里克·迪塞尔·罗伊格(Enrique

Dussel Roig)、弗朗西斯科·米罗·克萨达(Francisco Miro Quesada)及奥古斯托·萨拉萨尔·邦迪的理论和思想为指导,以开放和灵活的态度致力于拉美和秘鲁的思想研究。

组织机构、主要负责人及研究人员概况

秘鲁和拉丁美洲思想研究所由所长、所务会议以及研究人员组成。所长为胡利奥·塞萨尔·克吕格尔·卡斯特罗(Julio César Krüger Castro);所务会议成员由所长胡利奥·塞萨尔·克吕格尔·卡斯特罗、费尔南多·拉巴尔蒂·胡拉多(Fernando Labardi Jurado)、马丽亚·克里斯蒂纳·基哈达·德蒙特布兰科(María Cristina Quijada de Monteblanco)和卢西奥·菲德尔·奥万多·瓜尔尼斯(Lucio Fidel Obando Guarniz)组成。从事研究项目的研究人员近30名。

研究重点与学术活动

秘鲁和拉丁美洲思想研究所的研究重点包括:严格意义上的哲学思想、科技思想、政治和意识形态思想、神学和宗教思想以及美学—艺术—文学思想。

秘鲁和拉丁美洲思想研究所的主要学术活动:1996年的研究项目有:"哲学思考的历史起源"("Orígenes históricos del discurso filosófico");"新小说的美学形式"("Las formas estéticas de la Novela Nueva");"统治哲学和解放哲学"("Filosofía de la dominación y filosofía de la liberación");"拉美的哲学文化"("La cultura de la filosofía latinoamericana");"今日秘鲁的生物美学"("La bioética en el Perú de hoy");"秘鲁大学的科学研究问题"("Problema de la investigación científica en la universidad peruana"),等等。

1997年的研究项目包括:"马里亚诺·伊韦里科的哲学思想"

("El Pensamiento Filosófico en Mariano Iberico");"头脑是人造的聪明"("Mente,cerebro es Inteligencia Artificial");"自由民主中的全能大学"("Universidad Global en la Democracia Liberal");"秘鲁哲学思想的历史渊源 II——历史与时间"("Origenes históricos del pensamiento filosófico Peruano II——Historia y Tiempo");"哲学以及哲学教学法"("Filosofía y didáctica de la Filosofía");"拉美和教育和技术"("Educación,Tecnología en América Latina"),等等。

* 资料来源:http://www.geocities.com/Athens/Olympus/6985/

(作者:高静,中国社会科学院拉丁美洲研究所;责任编辑:蔡同昌)

秘鲁研究所
Instituto de Estudios Peruanos, IEP

地址：Horacio Urteaga 694, Jesús María, Lima, Perú
电话：51—1—3326194　　4244856
传真：51—1—3326173
网址：http://www.iep.org.pe/
E-mail：postmaster@iep.org.pe

历史沿革与现状简介

秘鲁研究所是秘鲁社会科学主要研究机构之一，创建于1964年7月。研究所从事秘鲁和拉美研究，侧重于政治、社会和文化领域，同时还从事咨询服务。当时秘鲁国内外知识分子希望在国内建立一个独立和全面的社会科学研究机构，于是创立了秘鲁研究所。最初研究所主要关注秘鲁农村和城市贫民问题，后逐步涉及文化和历史领域。20世纪80年代，研究所实行内部结构改革，进一步扩大研究范围，开始研究经济问题；90年代，研究所增加了对人类学问题的研究。

组织机构、主要负责人及研究人员概况

秘鲁研究所的最高领导机构是委员大会（Asamblea de Asociados），目前拥有38名成员。委员大会每两年选出一位所长和新一届执行理事会（Consejo Directivo）。执行理事会由七人组成，负责研究所日常事务。所长与执行理事会共同领导研究所。

现任所长卡洛斯·伊万·德格雷戈里（Carlos Iván Degregori），

人类学家。执行理事会由所长和六名主任组成,六名主任分别负责出版、经济、研究、教育和学术活动等事务。

研究所目前有主要研究员15人,研究员17人,研究助理23人和行政人员15人。

研究重点与学术活动

研究所的研究重点是秘鲁社会、历史、政治、经济和文化等。目前的研究课题主要是治理、民主和非集中化,不平等和贫困以及文化和多样性。

研究所定期举办国际学术会议、专题研讨会和圆桌会议等。近几年举办的主要学术会议有"秘鲁政治与经济的长期分离"(2008),"社会融合的挑战:秘鲁与拉美的政府及政治"(2008),"非集中化、参与和地方政府"(2006),"高等教育的包容性战略"(2006),"社会参与:民主深化还是政治衰退?"(2006),"纪念约翰·穆拉"(2006),等等。

拉美研究概况

从20世纪60年代起,秘鲁研究所主要研究秘鲁农村和城市贫民问题。70年代研究土改和农业发展、阶级关系、19世纪和20世纪秘鲁历史和印加语言文化。自70年代末起重视研究秘鲁经济发展战略、政策和债务问题。80年代末和90年代初涉及人类学研究,关注的问题有政权合法化、性别差异、公民权扩大、恐怖暴力和建立政党体制的障碍。90年代出版了关于移民问题、农民和城镇居民关系研究两部重要著作:《新世界的征服者》和《征服者的特洛伊马》。从2000年起,研究所开始关注非集中化问题,研究的课题是"秘鲁的非集中化、发展和民主"。目前,对国家的研究成为课题的重点,相关课题有"秘鲁机构改革的矛盾和局限"和"国家与社会的关系以及排外问题"。

主要拉美问题研究专家

现任所长卡洛斯·伊万·德格雷戈里，人类学家，国立圣·马尔科斯大学人类学学院教授，荷兰乌特列支大学文化人类学博士。曾在美国普林斯顿大学、哥伦比亚大学、威斯康星大学、约翰·霍普金斯大学、德国柏林自由大学和巴黎社会科学高等研究学院做访问学者。其主要代表作有《秘鲁回忆与政治暴力》(2003)、《反政治的10：阿尔韦托·藤森和弗拉迪米罗·蒙特西诺斯的鼎盛与流亡》(2001)、《一个有着如此差异的国家：秘鲁人类学手册》(2000)，等等。

对外合作

秘鲁研究所积极开展对外合作，扩大学术交流对象，与研究所合作的机构有拉丁美洲社会科学理事会、社会经济研究协会和社会科学发展协会等。

主要出版物

《争鸣》(*Argumentos*)，双月刊。主要从多元化的角度，分析国内外政治、经济、社会和文化，提供交流学术思想的空间。

2000 年以来机构的主要代表性文章和论著

1. Martín Tanaka, "Valores Democráticos y Participación Ciudadana en el Perú 1998 – 2001", Instituto de Estudios Peruanos, Lima, 2002.
2. Víctor Vich, *Oralidad y Poder*, *Herramientas Metodológicas* (con Virginia Zavala), Bogotá, Norma, 2004.
3. María Isabel Remy, *Los Múltiples Campos de la Participación Ciudadana en el Perú: un Reconocimiento del Terreno y Algunas*

Reflexiones, Instituto de Estudios Peruanos, Lima, 2005.
4. Romeo Grompone, *La Escisión Inevitable: Partidos y Movimientos en el Perú Actual*, Instituto de Estudios Peruanos, Lima, 2005.
5. Roxana Barrantes, Patricia Zárate y Anahí Durand, *Te Quiero pero no: Minería, Desarrollo y Poblaciones Locales*, Instituto de Estudios Peruanos, Lima, 2005.
6. Víctor Vich, "La Nación en Venta: Bricheros, Turismo y Mercado en el Perú Contemporáneo," *Cultura y Neoliberalismo*, CLACSO, Buenos Aires, 2007.
7. Víctor Vich, "Gestionar Riesgos: Agencia y Maniobra en la Política Cultural", *Políticas Culturales: Ensayos Críticos*, Lima, INC, 2006.
8. Carmen Montero, *Escuela y Participación en el Perú: Temas y Dilemas*, Instituto de Estudios Peruanos, Lima, 2006.
9. Marcos Cueto Caballero, *Cold War Deadly Fevers: Malaria Eradication in Mexico*, 1955 – 1971, Instituto de Estudios Peruanos, Lima, 2007.
10. Carolina Trivelli e Hildegardi Venero, *Banca de Desarrollo para el Agro: Experiencias en Curso en América Latina*, Instituto de Estudios Peruanos, Lima, 2007.

* 资料来源:http://www.iep.org.pe/

(作者:李菡,中国社会科学院拉丁美洲研究所;责任编辑:张颖)

墨西哥国立自治大学拉丁美洲和加勒比研究中心

Centro de Investigaciones sobre América Latina y el Caribe(CIALC), Universidad Nacional Autónoma de México

地址:Piso 8, Torre II de Humanidades, Ciudad Universitaria, México 04510 D. F.
电话:52—55—56230211 56230216
传真:52—55—56230218
网址:http://www.cialc.unam.mx
E-mail:asantana@ servidor.unam.mx

历史沿革与现状简介

墨西哥国立自治大学拉丁美洲和加勒比研究中心成立于1982年。原名墨西哥国立自治大学拉丁美洲研究协调与传播中心(Centro Coordinador y Difusor de Estudios Latinoamericanos, CCyDEL)。

1976年,联合国教科文组织在总部巴黎召开会议,讨论联合各国拉美研究力量、加强这一领域的学术研究事宜。1978年11月底至12月初,在墨西哥国立自治大学和莱奥波尔多·塞亚·阿吉拉尔(Leopoldo Zea Aguilar)博士的支持下,第一次有关拉美研究的协调和传播会议在墨西哥城召开。会议决定成立拉丁美洲和加勒比研究拉美协会(Sociedad Latinoamericana de Estudios sobre América Latina y el Caribe, SOLAR),还决定成立由美国和欧洲等地学者参加的拉丁美洲及加勒比研究国际联合会(Federación

Internacional de Estudios sobre América Latina y el Caribe，FIEALC)。1982年,根据墨西哥国立自治大学校长吉列尔莫·索韦龙博士发布的校长令,拉丁美洲研究协调与传播中心宣布成立,作为该校的下属研究和教学机构,同时又是上述两个国际学术组织的执行机构。墨西哥国立自治大学向拉丁美洲研究协调与传播中心提供财政预算拨款,提供办公设施,进行行政管理。2005~2006财政年度预算拨款额为2823万比索,2006~2007财政年度为3283万比索。其他经费源自社会赞助和出售研究中心的出版物。

2007年,墨西哥国立自治大学大学理事会通过决议,把拉丁美洲研究协调与传播中心更名为拉丁美洲和加勒比研究中心;研究中心下设一机构,作为拉丁美洲和加勒比研究拉美协会和拉丁美洲及加勒比研究国际联合会的执行机构,该机构沿用拉丁美洲研究协调与传播中心(CCyDEL)的名称。拉丁美洲和加勒比研究中心协助拉丁美洲及加勒比研究国际联合会的执行机构和拉丁美洲和加勒比研究拉美协会分别举办了历届大会。

拉丁美洲和加勒比研究中心的职责是在综合学科的基础上研究包括墨西哥在内的拉美和加勒比国家的现实。主要任务是进行有关拉美和加勒比国家的研究;传播墨西哥国立自治大学有关本地区和本国研究的成果;支持墨西哥国立自治大学和国内其他机构进行的教学和研究活动;促进本国和国外拉美研究的发展。拉丁美洲和加勒比研究中心以跨学科研究为基础,以拉美国家为研究对象。研究中心还致力于传播和普及拉美知识,向社会推介拉美研究的成果。

组织机构、主要负责人及研究人员概况

研究中心现任主任为阿达尔韦托·桑塔纳(Adalberto Santana)博士。桑塔纳博士毕业于墨西哥国立自治大学,先后获该校拉美研究专业学士、硕士和博士学位。主要研究领域为拉美思想史。自1977年1月起在墨西哥国立自治大学拉丁美洲和加勒比研究中心任职。1980年曾任尼加拉瓜国立自治大学教授。现为墨西哥国家级研究员,研究中心刊物《美洲杂志》主编。2003年获古巴美洲之家奖。主要成果有:《弗朗西斯科·莫拉桑的思想》(1992)、《旧世界的变革始于新世界》(2004)、《拉丁美洲的贩毒》(2004)、《拉丁美洲移民面临的挑战》(2007),等等。

2007年,研究中心有全职研究人员26名。其中C级研究员5名,B级研究员5名,A级研究员3名;C级副研究员12名,B级副研究员1名。21人属于国家级研究员系统(Sistema Nacional de Investigadores,SNI)。其中2人属于3级,4人属于2级,14人属于1级,另有候补级1人。所有研究人员都纳入了学术专业津贴计划。其中,6人为D级,3人为C级,4人为B级,3人为A级。在研究人员中,24人获博士学位,2人获硕士学位。

主要研究人员及其研究领域如下。奥拉希奥·塞鲁蒂·古尔贝尔、马里奥·马加隆·安纳亚等学者从事拉美和加勒比思想史和哲学研究。雷希纳·克雷斯波、卡洛斯·瓦曼·洛佩斯、莉莉亚娜·温伯格·马尔海夫斯基等学者从事拉美和加勒比文学研究。恩里克·卡马乔·纳瓦罗、希尔维亚·利蒙·奥尔韦拉、萨尔瓦多·门德斯·雷耶斯、胡安·曼努埃尔·德·拉塞尔纳·埃雷拉等学者从事拉美和加勒比历史研究。费尔南多·内拉·奥尔胡埃拉、埃娃·莱蒂西亚·奥杜涅斯·特鲁希略、鲁文·鲁伊斯·格雷拉等学者从事拉美和加勒比政治、经济和社会研究。

研究中心设立西蒙·玻利瓦尔图书馆,藏书量为1.7万册图书和290份报刊。现任图书馆馆长为何塞·胡安·贝坦。

研究重点与学术活动

拉丁美洲和加勒比研究中心的重点研究领域是拉美和加勒比

的哲学和思想史、历史、文学、政治、经济和社会等。2006年,共有在研个人项目44项,集体项目11项。此外,研究中心还与校内其他研究与教学机构开展合作研究。

近年来,研究中心举办了各种学术活动,其中有2007年8月举办的拉丁美洲研究第七届会议;开办何塞·马蒂课程,作为这一课程的组成部分;多次举办讲座(如"哈瓦那老城历史中心的修复:具有历史和社会意义的工程"、"小说现代性和革命"等)。另外,还举办了题为"马蒂—墨西哥和拉丁美洲"学术会议。其他重要学术活动有:研究马里亚诺·皮康·萨拉斯文学评论生涯的"百年文化评论"研讨会,中心与21世纪出版社联合举办的纪念安东尼奥·坎迪多的"历史和文学国际研讨会"。

研究中心还从事教学工作。与哲学和文学系、政治和社会学系、科学和人文科学跨学科研究中心、经济研究所一道负责墨西哥国立自治大学拉丁美洲和加勒比研究专业的研究生教学工作,有权授予拉美研究硕士学位和博士学位。

对重大国际问题的观点

研究中心的创始人、曾长期担任中心主任的莱奥波尔多·塞亚·阿吉拉尔教授的进步思想和学术观点对中心的学术发展具有重大影响。中心传统的学术定位是坚持具有第三世界色彩的学术立场,反对强权政治和霸权主义,维护世界和平和安全,建立公正合理的国际经济和政治秩序,主张加强发展中国家的团结与合作。拉丁美洲是一个具有很大相似性的地区,拉美国家产生于同一个根源,是同一个历史汇合进程的组成部分,同时又面临着共同的问题,需要深入了解自己的现实,寻找解决问题的方案,积极促进地区一体化,探索共同的发展道路。

拉美研究概况

研究中心十分重视学术研究与拉美国家发展的现实相结合，从拉美国家面临的共同问题入手，进行评判和研究，寻找解决问题的方案，探索发展过程中的基本规律和遇到的基本问题。研究中心十分注重拉美哲学和政治思想研究。塞亚教授发表的《墨西哥的实证主义》、《拉丁美洲思想》、《仅作为哲学的美洲哲学》、《美洲意识的辩证法》、《美洲式的哲学》等有关拉美和墨西哥哲学思想和政治思想的研究成果代表了研究中心的最高水平。有关社会问题和政治问题的研究是研究中心的另一重要研究领域。近年来比较重要的研究成果有《拉丁美洲的现状与变革》、《乌托邦与现实：重新解读拉美民主的历史与概念》、《拉丁美洲的社会学（1900～1950）》，等等。研究中心还十分注重文化与文学研究，丰富和巩固拉美文化认同。2006～2007 学年度，研究中心的研究人员撰写和出版了 10 部专著、5 部论文集、1 部文选、19 篇回忆录、24 篇研究论文。

主要拉美问题研究专家

莱奥波尔多·塞亚·阿吉拉尔是墨西哥国立自治大学拉丁美洲和加勒比研究中心的创始人，享有国际盛誉的哲学家和拉美思想家。

塞亚 1912 年 6 月 30 日生于墨西哥城。1943 年和 1944 年先后获墨西哥国立自治大学哲学硕士学位和哲学博士学位。1975 年获墨西哥国立自治大学哲学和文学系终身教授称号。1966～1970 年任墨西哥国立自治大学哲学和文学系主任。1970～1976 年任墨西哥国立自治大学校刊主编。自 1982 年起长期担任拉丁美洲及加勒比研究国际联合会协调员和拉丁美洲和加勒比研究拉美协会协调员。1982～1994 年任墨西哥国立自治大学拉美研究协调与传播中心主任。1985年任美洲哲学学会主席。1986年任《美洲杂志》主编。1994年任墨西哥国立自治大学拉美研究传播校级项目协调员。2004年6月8日,塞亚博士因心脏病在墨西哥城去世。

塞亚博士先后获法国、前苏联、乌拉圭、阿根廷、尼加拉瓜、智利、希腊、古巴、委内瑞拉、西班牙、秘鲁等国的勋章、国家奖和名誉博士学位等荣誉称号。1993年任拉丁美洲及加勒比研究国际联合会终身总协调员。2002年4月,中国社会科学院拉丁美洲研究所举办"墨西哥哲学家塞亚思想研讨会",庆贺塞亚博士90岁寿辰和从教60周年。

塞亚博士的哲学思想既受到墨西哥哲学思想家安东尼奥·卡索、阿丰索·雷耶斯和萨穆埃尔·拉莫斯等人的影响,又受到西班牙哲学家加塞特和流亡到墨西哥的西班牙哲学家高斯等人的影响。在此基础上,他创造性地继承和发展了拉美传统和现代哲学思想的精华,成为拉美当代哲学的奠基人之一。塞亚先生不仅是一位治学严谨的哲学家,也是一位进步学者,始终坚持具有第三世界鲜明色彩的彻底的"人学"理论。

塞亚博士的主要研究成果有:《墨西哥的实证主义》(1943)、《拉丁美洲思想》(1965)、《仅作为哲学的美洲哲学》(1969)、《美洲意识的辩证法》(1975)、《西蒙·玻利瓦尔》(1980)、《美洲式的哲学》(1983)、《从受排斥到野蛮的报告》(1988)、《拉丁美洲文化之源》(三卷本,1993)、《20世纪的终结:失去的百年?》(1996)、《千年之末:边缘者的崛起》(2000)。

研究中心较有名的学者还有华金·桑切斯·马克戈雷格尔(Joaquín Sánchez Macgrégor)博士。1925年生于墨西哥城,获墨西哥国立自治大学哲学博士学位,主要研究领域为拉丁美洲哲学和思想史,曾任墨西哥布埃布拉自治大学校长,从1991年起在拉丁美洲和加勒比研究中心任职。在其代表作《关于海德格尔》中,从社会学思考的角度对哲学家海德格尔的哲学观点进行了评析。2008年3月去世。

埃尔萨·塞西莉亚·佛罗斯特（Elsa Cecilia Frost）博士。1928年生于墨西哥城，毕业于墨西哥国立自治大学哲学和文学系，自1982年起在拉丁美洲和加勒比研究中心工作。1984年进入墨西哥国家级研究员系统，1998年获博士学位。主要著作有《墨西哥的方济各会教徒与宗教世界》等。2005年去世。

另外，还有从事拉美哲学和史学研究的奥拉西奥·塞鲁蒂·古尔贝尔（Horacio Cerutti Guldberg）博士；从事拉美文学理论研究的莉莉亚娜·温伯格（Liliana Weinberg）博士。

对外合作

研究中心保持着广泛的对外交流与合作关系。研究人员经常出访国外机构，参加各种学术活动。目前，研究中心与外国联合进行的研究项目共计9项。2006年，研究中心协助客座研究人员进行的研究项目共计10项。研究中心与中国社会科学院拉丁美洲研究所保持着较好的合作关系。截至2007年，中国社会科学院拉美所已有近10人次在这里从事学术研究。1995年，研究中心前主任莱奥波尔多·塞亚·阿吉拉尔博士访问中国社会科学院拉美所。2007年10月，研究中心主任埃斯特拉·莫拉莱斯·坎波斯博士应邀访问拉美所。研究中心通过交换和捐赠方式与国内外从事拉美研究的近百个研究机构保持着交换出版物的合作。

主要出版物

研究中心的出版工作主要分为两个方面。其一是出版系列丛书，如《我们的美洲》、《500年后》、《拉美和加勒比的哲学和思想史》、《拉美和加勒比历史》、《拉美和加勒比文学》、《拉美和加勒比政治、经济和社会》。其二是出版杂志，如半年刊《拉丁美洲》

(*Latinoamérica*),季刊《美洲杂志》(*Cuadernos Americanos*),以及电子版杂志《思想与实践》。《美洲杂志》,1942 年创刊,季刊,西班牙文版,1987 年更名为《新世界杂志》。杂志内容为拉丁美洲的社会和人文科学研究。

2000 年以来机构的主要代表性文章和论著

1. Horacio Cerutti Guldberg, *Filosofar desde Nuestra América. Ensayo problematizador de su modus operandi* (*Colección Filosofía de Nuestra América*), México, Miguel Ángel Porrúa-CCyDEL-CRIM-UNAM, 2000.
2. Anne Bar-Din Blugeot, *La prueba de Roscharch: un manual de aplicación pluricultural*, México, Siglo XXI, 2001.
3. Mario Magallón Anaya, *Pensar esa incómoda posmodernidad desde América Latina*, Morelia, Jitanjáfora, 2002.
4. Mario Magallón Anaya, *La democracia en América Latina*, México, CCyDEL-UNAM/Plaza y Valdés, 2003.
5. Salvador Méndez Reyes, *Las élites criollas de México y Chile ante la Independencia*, Guanajuato, Centro de Estudios sobre la Independencia de México, 2004.
6. Regina Crespo, *Itinerarios intelectuales: Vasconcelos, Lobato y sus proyectos para la nación*, México, CCyDEL-UNAM, 2004.
7. Liliana Weinberg Marchevsky, *Literatura latinoamericana: Descolonizar la imaginación*, México, CCyDEL-UNAM, 2004.
8. Liliana Weinberg Marchevsky, *Umbrales del ensayo. México: Cuadernos de los seminarios permanentes*, Ensayos Selectos, México, CCyDEL-UNAM, 2004.
9. Adalberto Santana, *El pensamiento de Francisco Morazán*, La Habana, Editorial de Ciencias Sociales, 2007.

10. Rubén Ruiz Guerra, *La aceptación de la diversidad religiosa. Una ruta ardua*, en *México en tres momentos 1810, 1910, 2010*, T. I, México, UNAM, Instituto de Investigaciones Históricas, 2007.

* 资料来源:http://www.cialc.unam.mx

(作者:宋晓平,中国社会科学院拉丁美洲研究所;责任编辑:刘维广)

墨西哥学院
El Colegio de México

地址：Camino al Ajusco 20, Pedregal de Santa Teresa, México, D. F. 10740, Apartado Postal：20671.
电话：52—55—5449—3000
传真：52—55—5645—0464
网址：http://www.colmex.mx
E-mail：webmaster@colmex.mx

历史沿革与现状简介

墨西哥学院是致力于学术研究和高等教育的公共机构，由墨西哥联邦政府、墨西哥银行、墨西哥国立自治大学和经济文化基金会于1940年10月8日创建。

墨西哥学院的前身是"墨西哥西班牙之家"（1938～1940）。当时，很多信仰共和制的西班牙知识分子流亡到墨西哥，从事学术研究。1939年3月，拉萨罗·卡德纳斯总统任命阿方索·雷耶斯（Alfonso Reyes）为西班牙之家主席和理事会主席。理事会由四人组成：墨西哥政府的代表、财政部副部长爱德华多·比利亚塞尼奥尔（Eduardo Villaseñor），墨西哥国立自治大学校长古斯塔沃·巴斯（Gustavo Baz），公共教育部的代表恩里克·阿雷金（Enrique Arreguín）和西班牙之家的秘书和理事会秘书丹尼尔·科西奥·比列加斯（Daniel Cosío Villegas）。1940年10月，在此基础上创建了墨西哥学院。阿方索·雷耶斯任学院首任院长。

学院最初主要从事学术研究工作。1961年1月16日，学院领导委员会召开会议,修改学院章程。修改后的章程规定,学院开设社会和人文学科大学和研究生课程,创建相应的教学机构。1998年学院实行机构自治。2002年12月学院通过了新的机构章程。从2003年起实行学术理事会制度。

根据2002年的机构章程,学院的目标是组织和进行社会和人文科学研究;实施高等教育,培养专业研究人才和大学教师;出版与上述学科有关的书刊和杂志,与国内外其他机构进行交流与合作。为了实现这一目标,墨西哥学院在尊重教学和研究自由、传播思想自由的基础上开展教育、研究和文化传播;确定研究和教学计划;颁发学业证书和各种学术文凭;根据有关规定聘用学术人员,对学院财产进行管理。

组织机构、主要负责人及研究人员概况

墨西哥学院设成员代表会议(Asamblea de Socios)。成员代表会议由墨西哥学院创始成员组成。其成员有代表联邦政府的公共教育部、墨西哥国立自治大学、经济文化基金会和墨西哥银行。成员代表会议是学院财政和内部监管的最高权力机构,每年召开例行会议,负责审议领导委员会通过学院院长提交的有关报告。

学院设领导委员会(Junta de Gobierno)。领导委员会的职责是:除学院明文规定的赋予院长的权力以外,有权处理与学院规定的目标有关的各种事务;任命院长,接受院长辞职,在严重情况下罢免院长,领导委员会作出上述决定至少以2/3票数通过;任命由院长提名的研究中心主任;批准院长有关罢免研究中心主任的动议;处理学院当局出现的纠纷和冲突;修改学院章程,向成员代表会议提交修改意见,由成员代表会议审批;审议学院预算并提出意见;审议和讨论学院院长提交的年度工作报告;根据由学术委员会批准的各研究中心教授和研究员委员会的申请,任命终身教授。

领导委员会由七名成员组成。成员任期五年,只得连任一次。

五名成员由领导委员会通过学院院长提名、成员代表会议任命；另外两名由学院学术委员会召集竞选、提名，由成员代表会议任命。领导委员会成员必须具备以下条件：35岁以上70岁以下，有突出贡献和国际公认的学术成果。领导委员会成员不得在学院担任行政管理职务，只能在卸任两年后方能担任院长或研究中心主任职务。现任领导委员会成员有卡洛斯·阿尔瓦·维加（Carlos Alba Vega）博士、胡利亚娜·戈麦斯·巴伦苏埃拉（Juliana González Valenzuela）博士、弗朗西斯科·阿尔瓦·埃尔南德斯（Francisco Alba Hernández）教授、里卡多·波萨斯·奥卡西塔斯（Ricardo Pozas Horcasitas）博士、费尔南多·塞拉诺·米格隆（Fernando Serrano Migallón）博士、卡洛斯·埃利桑多·马耶尔－塞拉（Carlos Elizondo Mayer－Serra）博士、阿道夫·马丁内斯·帕罗莫（Adolfo Martínez Palomo）博士。

学院最高行政管理职务为院长。现任学院院长为哈维尔·加西亚迭戈·当唐（Javier Garciadiego Dantán）博士，任期为2005年9月至2010年9月。

墨西哥学院下设历史研究中心、语言和文学研究中心、国际研究中心、亚非研究中心、经济研究中心、城市人口与环境研究中心和社会学研究中心。

学院设学术委员会（Consejo Academico）。它由各研究中心和图书馆等分别选出三名代表组成。

学院设立终身教授制度。终身教授如下：历史研究中心的西尔维奥·萨瓦拉·伊巴利亚多（Silvio Zavala y Vallado）教授，1981年任命；人口和城市发展研究中心的维克多·L. 乌尔基迪教授，1989年任命；语言和文学研究中心的安东尼奥·阿拉托雷·查韦斯（Antonio Alatorre Chávez）教授，1990年任命；历史研究中心的路易斯·冈萨雷斯·伊冈萨雷斯（Luis González y González）教授，1991年任命；历史研究中心的莫伊塞斯·冈萨雷斯·纳瓦罗（Moisés

González Navarro)教授,1991 年任命;语言和文化研究中心的马吉特·弗伦克·弗罗因德(Margit Frenk Freund)教授,1995 年任命;国际研究中心的拉斐尔·塞戈维亚·卡诺萨(Rafael Segovia Canosa)教授,1997 年任命;人口与城市发展研究中心的古斯塔沃·卡夫雷拉·阿塞韦多(Gustavo Cabrera Acevedo)教授,1999 年任命;历史研究中心的何塞菲娜·Z. 巴斯克斯·伊贝拉(Josefina Z. Vázquez y Vera)教授,2002 年任命;社会学研究中心的鲁道夫·施塔文哈根(Rodolfo Stavenhagen)教授,2004 年任命;国际研究中心的洛伦索·梅耶·科西奥(Lorenzo Meyer Cossío)教授,2008 年任命。2007年学院有 160 名国家级研究员。

学院设以前院长丹尼尔·科西奥·比列加斯的名字命名的"丹尼尔·科西奥·比列加斯"图书馆,拥有藏书 65 万册。馆长为米卡埃拉·查韦斯·比利亚(Micaela Chávez Villa)。

学院出版部主任为弗朗西斯科·戈麦斯·鲁伊斯(Francisco Gómez Ruiz)。

研究重点与学术活动

墨西哥学院的学术研究以研究中心为基础单位进行组织。历史研究中心成立于 1941 年,有 25 位高水平的研究人员。重点研究墨西哥历史和拉美历史。主要研究领域有拉美政治和文化、墨西哥 20 世纪历史、社会冲突和政治组织、面对现代化的战略、历史地理和环境历史、20 世纪墨西哥政治和文化历史、墨西哥的政治思想和体制、社会主义和革命运动、拉美金融历史、墨西哥和拉美的历史统计、墨西哥科技史,等等。

经济研究中心建立于 1981 年,前身为经济与人口研究中心,后分为经济研究中心和人口与城市发展研究中心。经济研究中心有全职研究人员 17 人,大部分研究人员为国家级研究员(Sistema Nacional de Investigadores, SNI)。研究重点是经济发展、工业经济、国际经济、公共经济和宏观经济。研究领域包括政治经济学、墨西哥经济发展、宏观经济、微观经济、比较经济研究、危机理论、劳动力经济、资产评估理论、应用经济工程、金融理论、部门经济、农村发展、工业组织等。

国际研究中心成立于1960年,主要从事墨西哥政治、国际关系、公共政策和管理研究。研究重点为墨美关系、墨西哥的外交政策及其他国际社会广泛关注的问题。墨美关系研究侧重于90年代以来与两国关系有关的经济问题和安全问题,两国关系中的跨国化进程,即地区一体化和经济合作、双边关系中的非政府组织的作用、主权消损、民族主义的削弱等,以及国际社会广泛关注的问题包括人权、环保、有组织犯罪等。国际研究还包括墨西哥国内政治研究,特别是政治体制和墨西哥民主化研究。

人口、城市与环境研究中心前身为经济与人口研究中心,1981年研究中心分为经济研究中心和人口与城市发展研究中心。人口、城市与环境研究中心主要从事人口问题和人口、城市与环境研究。研究重点为移民对人口老龄化的影响、墨西哥的移民政策、墨西哥城的人口研究、贸易自由化与国际移民、边境的移民调查、墨西哥劳动市场和家庭的生活条件、墨西哥的环境保护政策、教育与就业、人口变化和经济福利等。

社会学研究中心成立于1973年,主要从事社会学发展理论和与墨西哥发展有关的现实问题研究,研究领域包括社会运动与社会冲突,文化、种族与人权,城乡关系和地方权力,全球化与企业行为,社会分化与社会不平等,关于贫困的社会学,农业结构和农民社会,移民与劳动市场,经济改造与劳工灵活化,宗教、国家与社会。还包括国家人口的快速增长造成的社会后果,农民和农业资产阶级、社会阶级分化、城乡人口流动、21世纪墨西哥贫困问题发展走向、墨西哥的劳动条件、移民及其认同等。

亚非研究中心前身为东方研究中心,成立于1964年,其宗旨是向拉美大学和知识界介绍亚洲和非洲情况。从事中国研究的学者有：弗洛拉·博顿(Flora Botton)教授，从事中国古代史和当代中国社会和思想的研究；罗默·科尔内霍(Romer Cornejo)教授，从事当代中国社会和经济史研究；约翰·佩奇(John Page)博士，从事中国古典和现代文学研究。

语言和文学研究中心成立于1947年。主要从事西班牙文学和语言、包括美洲印第安语言研究。

各研究中心经常举办各种类型的学术活动，如"周五咖啡论坛"，由研究人员就本专业问题进行非正式的讲座，并与听众进行交流。举办各种形式的报告会、研讨会、圆桌学术会议，还利用现代科技手段举办视频报告会等。2005年共组织64场报告会，87次研讨会，14次圆桌会议，19次专著推介会，17次视频讲座。2006年组织报告会76场，研讨会95次，圆桌会议9次，专著推介会29次，视频讲座会1次。2007年组织报告会58场，研讨会100次，圆桌会议4次，专著推介会20次，视频讲座2次，大型国际研讨会2次。

对重大国际问题的观点

认为墨西哥作为大国需要在和平、安全、公正、自由、保障个人权利、为各国人民实现经济和社会进步等原则的基础上，积极参与国际事务。墨西哥对外政策的基本指导原则是各国人民的自决权、不干涉内政、和平解决国际纠纷、反对武力威胁和使用武力、开展国际合作促进发展、努力促进和平和国际安全等。墨西哥应该积极参与美洲和拉美事务，在美洲开发银行、美洲国家组织、美洲国家首脑会议、里约集团等地区组织中发挥重要作用。美洲国家首脑会议是在多样性原则基础上积极开展西半球区域合作的重要平台。里约集团是拉美地区加强团结、开展集体合作的重要手段和机制。

拉美研究概况

2005年,墨西哥学院在研项目共492项,完成69项。在研项目中,个人项目和集体项目分别占57%和48%。2006年在研项目447项,完成63项。在研项目中66%为个人项目,34%为集体项目。2007年在研项目448项,其中完成56项。在研项目中,66%为个人项目,34%为集体项目。

墨西哥学院的学术研究取得丰硕成果。2005年学院共出版115本作品,其中专著82部,杂志33期。2006年出版作品87本,其中书籍63本,杂志24期。2007年出版著作111部,其中专著81部,杂志30期。

主要拉美问题研究专家

阿方索·雷耶斯,墨西哥著名文学和文学评论家,墨西哥学院创始人。毕业于墨西哥国立自治大学法律系。1910年出版处女作《美学问题》,在欧洲学界引起反响。自1914年旅居法国和西班牙,从事文学创作和研究。1939年回到墨西哥,被任命为西班牙内战流亡者在墨西哥创建的西班牙之家主席,西班牙之家改为墨西哥学院后任院长。1945年获墨西哥国家文学奖。阿根廷著名作家豪尔赫·路易斯·博尔赫斯(Jorge Luis Borges)评论说阿方索·雷耶斯"是西班牙语世界所有时代最好的散文作家"。阿方索·雷耶斯1959年去世,一生著作颇丰,著有诗歌、剧本、杂文、小说等。诗歌作品有:《痕迹》、《塔拉乌马拉之草》、《留存的笔记》、《奥梅罗在库埃纳瓦加》。剧本有《残忍的伊菲赫尼亚》,杂文有《美学问题》、《自杀者》、《阿纳瓦克的视角》、《西班牙的前景》、《好感与差异》、《年历》、《关于西班牙文学》、《最近的过去》、《古希腊的哲学》、《真空的嘲讽》,等等。

丹尼尔·科西奥·比列加斯,墨西哥著名历史学家、社会学家和政治学家。曾任墨西哥学院院长、墨西哥国立自治大学经济学院主任、墨西哥《经济季刊》主编、经济和文化基金会主席、墨西哥驻联合国社经理事会代表。1971年获墨西哥国家文学奖。1976年去世。主要著作有《美洲的边际》《诺里亚暴动中的波菲里奥·迪亚斯》、《墨西哥的社会学》、《复兴的共和国》、《墨西哥的政治制度》、《治理的个人风格》、《总统竞选》、《回忆录》,等等。

维克多·L.乌尔基迪(Víctor L Urquidi),墨西哥著名经济学家。曾任墨西哥学院院长和墨西哥《经济季刊》主编。1966~1985年任墨西哥学院院长。1989年被任命为终身教授。1977~1994年因在墨美移民研究领域的突出贡献先后获墨西哥国家社会科学奖和人口研究奖。2003年获墨西哥全国科学技术理事会(CONACYT)国家级研究员系统的终身研究员称号。主要著作有:《拉丁美洲的经济可行性》、《全球化中的墨西哥》、《全球化与国家的选择》、《另一个失去的世纪》、《拉丁美洲的发展政策》,等等。

马里奥·奥赫达·戈麦斯(Mario Ojeda Gómez),墨西哥著名国际问题专家。国际政治专业。1985~1995年任墨西哥学院院长。1995~1998年任墨西哥驻联合国教科文组织代表。主要著作有:《墨西哥与美国相互依存的挑战》、《对移民劳工的保护》、《墨西哥与拉丁美洲》、《墨西哥对外政策的影响和局限性》、《墨西哥:积极对外政策的形成》,等等。

对外合作

墨西哥学院保持着广泛的对外交流与合作关系,努力开拓对外合作渠道,与智利大学、拉丁美洲社会科学学院、德国科隆尼亚大学等很多国际教育和研究机构签署了合作与交流协定。2007年与国外一些研究机构签署了几项人员交流和出版物交换协定。研究人员经常出访国外机构,参加各种学术活动。学院不少学者曾来中国社会科学院拉丁美洲研究所进行学术访问。

对中国的研究

墨西哥学院中国问题研究主要集中在亚非研究中心。研究领域主要有:中国古代史、中国近代史、当代中国史,当代中国的社会、政治与经济发展、文学、思想以及中国的对外关系等。出版过大量关于中国问题的研究成果,内容涉及中国政治、经济体制改革、中国的社会状况、中国的经济特区、中国革命的历史地位、中墨关系以及中拉关系等。此外,还翻译出版了中国学者和欧洲学者撰写的关于中国问题的著作。

主要出版物

《墨西哥历史》(Historia Mexicana)杂志,历史研究中心主办,已连续出版52年。《经济研究》(Estudios Económicos)杂志,1984年创刊,经济研究中心主办。《国际论坛》(Foro Internacional)杂志,国际研究中心主办。《西班牙哲学新杂志》(Nueva Revista de Filosofía Hispánica),语言和文学研究中心出版。《人口与城市研究》(Estudios Demográficos y Urbanos)杂志,人口城市与环境研究中心出版。《亚洲和非洲研究》(Estudios de Asia y Africa),亚洲和非洲研究中心出版。《社会学研究》(Estudios Sociológicos)杂志,社会学研究所主办。

2000 年以来机构的主要代表性文章和论著

1. Francisco Alba Hernández, *Las Migraciones Internacionales*, CONACULTA, México, 2001.
2. Oscar Mazín, *México en el Mundo Hispánico*, El Colegio de Michoacán, México, 2002.
3. José Luis Lezama de la Torre, *La Construcción Social y Política del*

Medio Ambiente, El Colegio de México, México, 2003.
4. Josefina Zoraida Vázquez, *El Establecimiento del Federalismo en México 1821 – 1827*, El Colegio de México, México, 2003.
5. Lorenzo Meyer y Ilán Bizberg, *Una Historia Contemporánea de México*, tomo 1, Océano, 2 México, 2004.
6. Gustavo Vega Canovas y otros, *México, Estados Unidos y Canadá. La Resolución de Controversías en la Era Post-Tratado de Libre Comercio de América del Norte*, UNAM, Colegio de México y Programa Interinstitucional de Estudios de la Región de América del Norte, México, 2005.
7. Gerardo Esquivel, "México: En Pos del Crecimiento", en José Antonio Aguilar Rivera(ed.), *México: Crónicas de un País Posible*, Fondo de Cultura Económica/CONACULTA, 2005.
8. Gerardo Esquivel, *Growth, Protectionism and Crises: Latin America from a Historical Perspective*, NBER/University of Chicago Press, 2007.
9. Alonso Mercado, *Ambiente e Industria en México: Tendencias, Regulación y Comportamiento Empresarial*, El Colegio de México, México, D. F., 2008.

* 资料来源:http://www.colmex.mx

（作者:宋晓平,中国社会科学院拉丁美洲研究所;责任编辑:蔡同昌）

墨西哥经济研究和教学中心
Centro de Investigación y Docencia Económicas, CIDE

地址: Carretera México-Toluca 3655 Col. Lomas de Santa Fe 01210 México, D. F.
电话: 52—5727—98—00　01—800—021—2433
网址: http://www.cide.edu/
E-mail: webmaster@cide.edu

历史沿革与现状简介

墨西哥经济研究和教学中心成立于1974年,主要从事社会科学领域的研究和教学,教学和研究密切相结合是这一中心的主要特色。其资金来源主要由政府公共财政提供。这一中心早期以经济和对外关系研究为主,主要涉及墨西哥经济和拉美经济,以及墨美关系等多个领域,设有多个研究所;同时从事研究生教学和培养,主要设有公共管理、经济与国际政治、经济学等硕士研究生班,并吸收了大量来自墨西哥以外的外国学生。从20世纪70年代起,由军政府统治的一些拉美国家的知名学者及墨西哥本国的著名学者曾就职于这一中心,从而使这一中心在墨西哥国内外享有较高的学术声誉,曾是墨西哥执政党和总统府的重要智囊团。80年代,随着民主化进程的结束,原来的军政府逐渐还政于民,一些外国知名学者陆续离开这一中心。与此同时,由于墨西哥国内经济政治形势的变化,这一中心的教学和研究机制也发生了重要变化。在教学方面,业已形成本科、硕士和博士的教学体制,拥有政治与国际关系专业、法学专业和经济学专业本科;公共管理和政策专业和经济学专业硕士研究生班；公共政策专业博士研究生班。在研究方面，这一中心主要致力于对当前经济、政治和社会领域重大现实和理论问题的研究，尤其是对墨西哥面临的现实问题及对策的研究，设有多个不同专业的研究所，研究人员直接担任教学工作。学校规模较小，有本科生和研究生 400 位左右。

组织机构、主要负责人及研究人员概况

中心主任恩里克·卡夫雷罗·门多萨（Enrique Cabrero Mendoza），公共管理博士，国家研究员系统三级研究员。学术秘书戴维·阿雷利亚诺·高尔特（David Arellano Gault），公共管理博士，国家研究员系统二级研究员，主要负责中心的学术活动。秘书长塞尔希奥·洛佩斯·艾利翁（Sergio López Ayllón），法学博士，国家研究员系统二级研究员，负责中心的日常事务工作。

中心下设六个研究所。公共管理研究所所长毛里西奥·梅里诺（Mauricio Merino），政治学专业博士，毕业于西班牙马德里孔普卢顿大学，教授，国家研究员系统二级研究员。经济研究所所长维克托·卡雷翁（Víctor Carreón），美国芝加哥大学经济学博士，教授，国家研究员系统一级研究员。国际关系研究所所长豪尔赫·A. 斯基亚沃·乌列加斯（Jorge A. Schiavon Uriegas），美国加利福尼亚大学国际关系和政治学专业在读博士，教授，研究员。法学研究所所长安东尼奥·卡瓦列罗·华雷斯（Antonio Caballero Juárez），西班牙国立纳瓦拉大学教授，国家研究员系统二级研究员。政治研究所所长伊格纳西奥·马尔瓦·拉沃尔德（Ignacio Marván Laborde），墨西哥国立自治大学经济学学士，教授，研究员。历史研究所所长克拉拉·加西亚（Clara García），英国剑桥大学历史学博士，教授，研究员。

中心有 67 位研究人员，其中 90% 的研究人员获世界知名大学的博士学位，77% 以上的研究人员是国家研究员系统中的成员。

所有研究人员都参与中心的教学活动。另外,中心还经常从美国、加拿大等国的国外大学邀请客座教授进行讲学。

研究重点与学术活动

中心的日常学术活动主要包括:学术研究及本科和研究生教学,以及宣传和普及社会科学知识。这些活动主要涵盖六个专业:经济、公共管理、政治、国际问题、历史和法学。经济研究主要涉及金融、贸易、劳动经济学、能源经济、公共经济学等领域。公共管理研究的重点是政府行为及其透明度、社会政策及实施、公共支出及预算和公共政策理论研究。国际问题研究的重点主要是国际安全、国际政治经济、国际新秩序、墨西哥对外政策和美国的内外政策。政治研究的主要内容是宪法、立法、司法和执法权、联邦主义、政党体系、选举制度等。

拉美研究概况

中心的研究涉及的专业大多与拉美历史与现实密切相关,其研究成果非常丰富,至今已完成460多项研究课题。除对墨西哥的政治、经济、法律、国际关系等方面的研究以外,涉及拉美地区的研究课题主要有:地区安全日程、预算透明度指数的确立、法制建设和民主化进程、拉美经济史、民主政体的选举机构、立法机关研究、外交政策、外贸政策、经济结构及其改革、拉美国家间的关系、暴力和政治、拉美民主实践中的社会学、司法改革、冷战后拉美的安全和全球化进程、北美国家对拉美的外交政策走向、分权化和联邦主义、税收改革、拉美和欧盟的关系、公众舆论和机构合法性等。

主要拉美问题研究专家

中心学术秘书戴维·阿雷利亚诺·高尔特著有《超越政府重

塑,拉丁美洲新型公共管理和财政预算案的基本面》一书。

圣路易斯华盛顿大学经济学博士、教授、国家研究员系统二级研究员亚历杭德罗·比利亚戈麦斯·阿梅斯夸(Alejandro Villagómez Amezcua),主要研究中美洲的宏观经济和贫困问题。

英国牛津大学国际关系专业博士、教授、国家研究员系统一级研究员洛雷纳·鲁阿诺·戈麦斯(Lorena Ruano Gómez),主要研究国际关系理论、欧洲和拉美的关系、欧洲和墨西哥的关系,等等。

美国俄亥俄州立大学经济学博士、教授、国家研究员系统一级研究员鲁道夫·塞尔梅尼奥·巴萨(Rodolfo Cermeño Bazán),与罗宾格里尔和凯文格里尔合著《拉丁美洲的选举、汇率和中央银行改革》。

美国康奈尔大学经济学博士、教授、研究员罗伯特·杜瓦尔·埃尔南德斯,与加里·菲尔德斯、玛丽亚·劳拉·桑切斯－普尔塔和萨缪尔·弗雷杰合著《拉丁美洲代际收入的流动性》。

对外合作

中心与许多国家的知名大学、基金会和研究所有交换项目。这些大学、基金会和研究所包括德国柏林洪堡大学、阿根廷圣安德烈斯大学和拉普拉塔大学、澳大利亚拉托贝大学、巴西瓦加斯基金会、里约热内卢天主教大学和圣保罗大学、加拿大嘉尔顿大学、阿尔伯达大学和魁北克蒙特利尔大学、智利康塞普西翁大学、哥斯达黎加大学、西班牙塞维利亚大学和马德里孔普卢顿塞大学、美国杜克大学、佐治亚理工学院、俄亥俄州立大学、芝加哥大学、迈阿密大学、得克萨斯大学奥斯汀分校和纽约州立大学杰纳苏分校、芬兰赫尔辛基大学、法国波尔多政治研究所、巴黎政治研究所、普瓦捷政治研究所、罗伯特舒曼大学斯特拉斯堡分校、孟德斯鸠波尔多四大、里昂二大、意大利佛罗伦萨大学、挪威卑尔根大学、新西兰奥克兰大学、秘鲁天主教大学、私立太平洋大学、俄罗斯莫斯科大学、南非比勒陀利亚大学、瑞典哥德堡大学、林雪平大学。另外,中心还与墨西哥国内大学和研究机构签订合作协议。

主要出版物

这一中心创办的杂志主要有四种:《新时期的墨西哥经济》(*Economía Mexicana, Nueva Época*)、《公共政策及管理》(*Gestión y Política Pública*)、《政治和政府》(*Política Y Gobierno*)和 *Istor*。

《新时期的墨西哥经济》是一本对经济发展和经济运行具有借鉴意义的杂志。这份杂志上发表的文章涵盖了经济理论、经济运行状况及墨西哥和世界各国的经济政策等方面的内容;这些文章质量高、现实意义强,为研究人员和学生提供了很好的参考资料。具体来说,这份杂志包含的主题有宏观经济;货币政策和国际金融;能源、天然气和电力;对贫困、福利和教育的研究;贸易开放、区域经济等方面。

《公共政策及管理》由公共管理研究所创办。这份杂志为相关理论、实证研究和政策执行提供一个学术讨论的空间,并解答当前国家机构改革中面临的重大问题。文章主要涉及政府创新、政府预算、腐败、透明度和监管等方面。杂志为半年刊。

《政治和政府》是一本致力于研究墨西哥和拉丁美洲最新科学政策的杂志。它所刊载的文章涵盖对公共政策的设计和评价及政策咨询和市场营销等方面的分析;与此同时,它还通过一般市民和学术交流的渠道刊载与政治问题相关的文章,这些文章的内容主要涉及民主建设和制度设计、选举改革、法治、分权、政治经济、公众舆论和选举行为,等等。

Istor 杂志开辟新的学术研究领域,用多学科研究办法,从历史角度来看待当前的国际事件。编辑委员会由来自世界各地的专家组成,寻求从不同角度和历史事件以更加宽广的视角来反映社会科学和人文科学。杂志为季刊。

2000 年以来机构的主要代表性文章和论著

1. José Antonio Aguilar Rivera, *En pos de la Quimera*, Reflexiones sobre el Experimento Constitucional Atlántico, 2000.
2. Alain De Remes, *Banco de Datos Electorales a Nivel Municipal 1980-1999*, 2000.
3. Rodolfo O. de la Garza y Jesús Velasco (Coordinadores), *México y su Interacción con el Sistema Político Estadounidense*, 2000.
4. Mauricio Tenorio Trillo, *De Cómo Ignorar*, 2000.
5. Alfredo Évila, *En Nombre de la Nación*, La Formación del Gobierno Representativo en México, 2002.
6. José Antonio Aguilar y Rafael Rojas (Coordinadores), *El Republicanismo en Hispanoamérica*, Ensayos de Historia Intelectual y Política, 2002.
7. Carlos Elizondo Mayer-Serra y Benito Nacif Hernández, *Lecturas sobre el Cambio Político en México*, 2002.
8. Enrique Cabrero Mendoza (Coordinador), *Políticas Públicas Municipales*, Una Agenda en Construcción, 2003.
9. Rafael Rojas, *La Escritura de la Independencia*, 2003.
10. Elena Enríquez, Linda Marcos, José Prieto y Martha Tawil, *Calidoscopio*, 2003.

* 资料来源：http://www.cide.edu/

(作者：董慧峰，中国社会科学院研究生院拉丁美洲系；

责任编辑：蔡同昌)

"罗慕洛·加列戈斯"拉美研究中心
Centro de Estudios Latinoamericanos "Rómulo Gallegos", CELARG

地址: Edif. Casa Rómulo Gallegos, Av. Luis Roche, c/c3ªTransversal, Altamira, 71, Av. Altamirano1/2 611 y 71, Apto 75667, Caracas 1070, Caracas, Venezuela

电话: 58—212—2855824 2852721 2852990

传真: 58—212—2854680 2855375

网址: http://www.celarg.org.ve

E-mail: celarg5@reacciun.ve

历史沿革与现状简介

"罗慕洛·加列戈斯"拉美研究中心成立于1974年7月30日，是根据委内瑞拉文化和美术委员会主席卢西拉·贝拉斯克斯(Lucila Velásquez)颁布的决议而成立的。此前，为筹备成立中心，专门成立了一个筹备委员会，由八名著名的知识分子卢西拉·贝拉斯克斯(Lucila Velásquez)、何塞·拉蒙·梅迪纳(José Ramón Medina)、胡安·里斯卡诺(Juan Liscano)、萨尔瓦多·加门迪亚(Salvador Garmendia)、阿德里亚诺·冈萨雷斯·莱昂(Adriano González León)、佩德罗·迪亚斯·塞希亚斯(Pedro Díaz Seijas)、曼努埃尔·阿尔弗莱多·罗德里格斯(Manuel Alfredo Rodríguez)和多明戈·米利亚尼(Domingo Miliani)组成。此外，还任命下列四位著名知识分子为中心顾问：墨西哥哲学家莱奥波尔多·塞亚(Leopoldo Zea)、委内瑞拉作家阿尔图罗·乌斯拉尔·彼埃特里(Arturo Uslar Pietri)、委内瑞拉诗人米格尔·奥特洛·席尔瓦(Miguel Otero Silva)及委内瑞拉作家、历史学家和前外长西蒙·阿尔韦托·孔萨尔维(Simón Alberto Consalvi)。筹备委员会工作结束后，1974 年 8 月 1 日，中心正式成立，第一届董事会宣誓就职。

1985 年以前，中心设在第七大街阿尔塔米拉大街与第六、第七大道交界处的一栋房子里。自 1985 年起，中心搬到位于路易斯·罗切·阿尔塔米拉大街的罗慕洛·加列戈斯的故居。

罗慕洛·加列戈斯(Rómulo Gallegos, 1884~1969)是委内瑞拉著名作家，其代表作是长篇小说《堂娜芭芭拉》，曾任教育部长。委内瑞拉民主行动党创始人之一，1947 年 12 月被该党提名为候选人参加大选获胜，当选总统，1948 年就任。同年，被军事政变推翻，后流亡国外多年，直至 1958 年独裁统治结束后回国。中心以罗慕洛·加列戈斯的名字命名，是为了纪念这位委内瑞拉和拉美著名的作家、教育家和政治家。

"罗慕洛·加列戈斯"拉美研究中心现为委内瑞拉文化部下属的一个基金会组织。其宗旨是寻求拉美和加勒比文化、研究、文献和思想的一体化，传播委内瑞拉和拉美的文学作品和思想，特别是委内瑞拉作家和思想家罗慕洛·加列戈斯的生平、著作和思想。中心既从事研究和教育，又从事文艺创作，开展各种文化活动(如为小说、诗歌评奖等)，是委内瑞拉、拉美和加勒比地区闻名的文化之家。

组织机构、主要负责人及研究人员概况

"罗慕洛·加列戈斯"拉美研究中心是各种文化交流的中心。中心有一栋六层的大楼，有两个剧场，两个展览厅，多个会议室，一个社会科学和拉美文学专业图书馆和罗慕洛·加列戈斯博物馆。

中心由六人组成的董事会(Consejo Directivo)领导，董事长是罗伯托·埃尔南德斯·蒙托亚(Roberto Hernández Montoya)，其他董事有：曼努埃尔·卡雷洛(Manuel Carrero)，玛丽娅·何塞菲娜·特黑拉(María Josefina Tejera)，图略·蒙萨尔韦(Tulio Monsalve)，莱奥纳多·卡拉瓦略（Leonardo Caraballo）；候补理事有米格尔·马克斯（Miguel Márquez）。

中心的执行领导成员（Personal ejecutivo）有：中心主席为罗伯托·埃尔南德斯·蒙托亚（兼），主任为图略·蒙萨尔韦（兼），研究部主任为曼努埃尔·卡雷洛（兼），文化促进部兼行政办公室主任为何塞·伊格拉西奥·奇里梅利（José Ignacio Chirimelli），图书馆馆长为伊萨贝尔·维西（Isabel Huizi），视觉艺术部主任为卡门·埃尔南德斯（Carmen Hernández），通讯部主任为奥拉莱娜·萨拉萨尔·巴伦西亚（Auraelena Salazar Valencia），公关部主任为内利·普里戈利安（Nelly Prigorian）；出版协调员为贝尔基斯·拉莫斯（Belkys Ramos），人事协调员为弗朗西斯科·卡斯特罗（Francisco Castro），计划和预算协调员为维克托尔·特雷霍（Victor Trejo），研究协调员为罗莎·森特诺（Rosa Centeno），信息员为拉尔斯·戈尔特施拉格（Lars Goldschlager）。

"罗慕洛·加列戈斯"拉美研究中心主席罗伯托·埃尔南德斯·蒙托亚是委内瑞拉中央大学文学硕士，后在巴黎社会科学高级学院进修；委内瑞拉分析网站编辑委员会成员，《国民报》《文学》《形象》、委内瑞拉世界网、《最后消息报》专栏作家；曾任委内瑞拉编辑学会会长，委内瑞拉阿特内奥出版社社长，现任委内瑞拉文化委员会主席，自2001年起任"罗慕洛·加列戈斯"拉美研究中心董事长兼主席。

研究重点与学术活动

该中心研究的范围包括历史、文学批评、社会学、人类学、经济学、哲学、政治学等。

目前中心的七名主要研究人员及其研究项目是：

拉斐尔·卡斯蒂约·萨帕塔（Rafael Castillo Zapata）：《现代拉美文学风格认同的建立与公民性》；路易斯·布拉沃·豪雷吉（Luis

Bravo Jáuregui）:《寻求美洲大陆一体化的委内瑞拉的教育和文化》；何塞·布里塞尼奥·鲁伊斯（José Briceño Ruiz）:《委内瑞拉面临两种一体化模式：美洲自由贸易区还是南美洲共同体?》；卡洛斯·埃杜阿尔多·达利·G. (Carlos Eduardo Daly G.):《安第斯法庭和安第斯共同体的制度化》；多拉·达维拉·门多萨（Dora Dávila Mendoza）:《变化中的美洲自由的代理人》；罗萨莉娅·利纳雷斯·德戈麦斯（Rosalía Linares de Gómez）:《地区经济一体化框架内的委内瑞拉和美洲玻利瓦尔替代计划》；玛丽娅·埃莱娜·罗维拉（María Elena Lovera）:《关于一体化还是大陆分化的争论和今日拉丁美洲的一体化》。

中心开展的主要学术活动有：

为促进和繁荣委内瑞拉和拉美国家的文学创作，"罗慕洛·加列戈斯"拉美研究中心设立了多种奖项。其中，最重要的是罗慕洛·加列戈斯国际长篇小说奖（Premio Internacional de Novela Rómulo Gallegos）。这一奖项是在中心成立之前于1964年创立的，先后由委内瑞拉教育部、全国文化和艺术委员会（Instituto Nacional de Cultura y Bellas Artes, INCIBA）、国家文化理事会（Consejo Nacional de la Cultura, CONAC）主办。自1986年起，根据一项总统法令，这一奖项由"罗慕洛·加列戈斯"拉美研究中心负责承办，每两年评选一次，在8月2日罗慕洛·加列戈斯生日那天，颁布获奖名单。自第5次（1987年）年起，至2007年第15次，中心已承办了11次评奖活动。最近一次（第15次）评奖是在2007年8月2日，墨西哥女作家埃莱娜·波尼阿托夫斯卡（Elena Poniatowska）因其小说《火车先过去》而获奖。小说讲述20世纪50年代墨西哥铁路工人的一次罢工。

其他奖项有：2001年创立马里亚诺·皮康·萨拉斯国际散文奖（Premio Internacional de Ensayo Mariano Picón Salas）。当年，委内瑞拉研究员米尔拉·阿尔西皮阿德斯（Mirla Alcibíades）因其《建设共和国的英雄冒险》一书首次获奖；2004年，危地马拉医生胡安·何塞·格雷罗·佩雷斯（Juan José Guerrero Pérez）因其散文集《拉丁美洲的抗议歌曲和解放神学》获奖；2006年，阿根廷作家拉米罗·波德蒂（Ramiro Podetti）因其作品《文化和可变性：有关拉美经验的意义》而获奖。

2005年创立批判思想解放者奖（Premio Libertador al Pensamiento Crítico）。2005年该奖首次授予居住在哥斯达黎加的德国哲学家弗朗茨·欣克拉迈特（Franz Hinkelammert）及其作品《主体和法律》。此外，还有5人获提名奖。来自16个国家的136部作品参选。委内瑞拉查韦斯总统亲自向获奖者颁发了获奖证书。2007年7月24日，该奖第二次评奖，来自23个国家的107部作品参选。厄瓜多尔作家玻利瓦尔·埃切维里亚（Bolívar Echeverría）因其作品《世纪回顾》获奖。

对重大国际问题的观点

"罗慕洛·加列戈斯"拉美研究中心弘扬拉美和加勒比传统的文化和思想，促进拉美和加勒比文化、研究、文献和思想的一体化。

拉美研究概况

"罗慕洛·加列戈斯"拉美研究中心主要研究拉美和加勒比地区的文化、文学、教育、思想、社会学、人类学、历史等。

主要拉美问题研究专家

罗伯托·埃尔南德斯·蒙托亚，中心主席，委内瑞拉著名作家和政论家，委内瑞拉分析网站编辑委员会成员，《国民报》《文学》、《形象》、委内瑞拉世界网、《最后消息报》专栏作家；曾任委内瑞拉编辑学会会长，委内瑞拉阿特内奥出版社社长，现任委内瑞拉文化委员会主席，2010年4月被任命为拉美联盟委内瑞拉代表。

主要出版物

"罗慕洛·加列戈斯"拉美研究中心出版的定期刊物有:半年刊《现实》(*Revista Actualidades*),最近一期是 2007 年下半年,新版第 16 期和《阿拉伊萨年鉴》(*Anuario Araisa*)。

出版的丛书有:*Colección La Alborada*、*Colección Cuadernos*、*Colección Repertorio Americano*、*Colección Enrique Bernardo Núñez*、*Colección Premio Fernando Paz Castillo*、*Colección Manuel Landaeta Rosales*、*Colección Voces Nuevas*、*Cátedra Rómulo Gallegos*、*Colección Documentos*。

"罗慕洛·加列戈斯"拉美研究中心还出版和发行《全国文化杂志网络版》(*Revista Nacional De Cultura Digital*)和获奖作品的光盘等。

2000 年以来机构的主要代表性文章和论著

1. Pérez, Francisco Javier, Diccionarios, discursos etnográficos, universos léxicos, Propuestas teóricas para la comprensión cultural de los diccionarios, Libros fuera de colección, No./Cat. 115, Co-edición CELARG / Universidad Católica Andrés Bello, Caracas, 2000.
2. Rosas González, Otilia(comp.), Coloquio sobre el pensamiento y la obra de Julio César Salas, Una visión múltiple, Libros fuera de colección, No./Cat. 116, Co-edición con Fundación Julio César Salas/Comisión V Centenario del Descubrimiento, Caracas, 2000.
3. Vila-Matas, Enrique Extrañas notas de laboratorio, Co-edición CELARG/el otro el mismo, Caracas, 2003.
4. Rosa, Isaac, El vano ayer, Premio Internacional de Novela Rómulo Gallegos, Co-edición CELARG/Monte Ávila Editores, Caracas, 2005.

* 资料来源:http://www.celarg.org.ve

(作者:徐世澄,中国社会科学院拉丁美洲研究所;责任编辑:蔡同昌)

委内瑞拉中央大学发展研究中心
El Centro de Estudios del Desarrollo, Universidad Central de Venezuela, CENDES-UCV

地址: Av. Neverí, Edificio Fundavac, Colinas de Bello Monte, Caracas, Apartado Postal 47604, Caracas 1040 – Venezuela
电话: 58—212—7531090　34753862
传真: 58—212—7512691
网址: http://www.cendes-ucv.edu.ve/
E-mail: contacto@cendes-ucv.edu.ve

历史沿革与现状简介

委内瑞拉中央大学发展研究中心是委内瑞拉重要的思想库，以其雄厚的研究和教学力量、独立的观点、丰富的研究成果、杰出的研究生教学和所培养的众多的高水平的人才在委内瑞拉和拉美享有盛名。发展研究中心隶属于委内瑞拉中央大学，由负责学术的副校长主管，1960年由大学理事会创建，1961年正式运转，其主要活动有：科研、研究生教学、推广和普及发展科学和计划科学。

发展研究中心是一个跨学科的研究所，是委内瑞拉最早开始从事发展科学的研究和研究生教学的研究和教学机构。由于它开拓性和创造性的工作、对委内瑞拉和拉美现实的了解以及杰出的研究生教学，发展研究中心在本国和拉美具有突出地位。

自成立以来，发展研究中心的研究领域不断扩大，招收的研究生不断增加。中心同国内外机构的联系日益广泛，同不少外国机构建立了联系，签订了协议，制订了共同研究计划。中心的研究人员频繁参加各种国内外的学术会议。中心的研究重点是与发展、发展模式、发展选择相关的课题,涉及科技的发展、文化与教育的发展、经济发展、政治社会的发展、城市和地区的发展、计划理论和方法等研究领域。

在研究时,上述各领域往往是相互关联的,为此,发展研究中心组织横向和跨学科研究,目前的研究重点是:发展、全球化和地区一体化,国家和公共政策,教育、创新和改革,政治行为者和社会计划,都市化和新的地区,技术学习、持续发展和竞争性,劳动和社会经济,国家、社会和石油,环境和持续发展,信息和知识,委内瑞拉的科学。

发展研究中心的研究计划得到国内外官方机构和私人机构的资助和技术援助,研究成果为国家和企业的发展作出了贡献。

发展研究中心的历史大致分为四个阶段。

第一阶段,20 世纪 60 年代是发展研究中心的创建和成长阶段。1961 年发展研究中心创建时正值委内瑞拉刚刚恢复民主生活不久,本国和拉美地区的经济发展需要制订计划和克服种种障碍。中心开设了经济发展计划、大众住宅计划和设计、工业投资计划和预算的制定等课程。不久,中心还开设了委内瑞拉和拉美第一个发展科学研究生课程。在开展研究生教学的同时,中心制定了 10 个重要的研究课题,主要分析和研究委内瑞拉的政治精英、冲突和共识的动力、城市化、土地改革、社会干预机制等。

第二阶段,20 世纪 70 年代是发展研究中心重要变革阶段。中心的研究与委内瑞拉经济、科技、教育、文化发展密切联系。此外,中心还对石油、能源、城市和地区发展、拉美的社会历史发展进行了研究。同时,发展研究中心培养研究生的专业也有所扩大。

第三阶段,20 世纪八九十年代是扩张和成熟阶段。这一阶段,中心的研究计划增加,选题多样化。除新增加的政治、技术创新和环保硕士专业外,中心还新开设了发展研究的博士专业。这期间，中心在国内外重要学术刊物上发表了一大批有价值的论文，出版了许多专著，科研成果显著增加。发展研究中心还举办了一系列学术研讨会。自1983年起，中心开始出版自己的刊物《发展研究中心笔记》。

第四阶段，21世纪初是新的挑战阶段。在21世纪初的几年中，发展研究中心面临多种挑战。一是需要应对越来越复杂的现实，要掌握多学科的知识；二是要从历史的角度和发展的观点来阐述目前的世界变化；三是迫切需要使研究为现实服务。2004~2005年，中心定期举办了题为"多维视角下的委内瑞拉"的讲座。

组织机构、主要负责人及研究人员概况

发展研究中心设主任1名，副主任2名，下设6个研究室、编辑部及信息和文献室。

发展研究中心现任主任是卡洛斯·沃尔特（Carlos Walter）博士。他毕业于委内瑞拉中央大学心理学专业，获医生行医执照；先后在法国巴黎第一大学政治学和发展计划专业进修，获硕士和博士学位；曾先后任委内瑞拉卫生和社会福利部、社会保障改革部卫生局局长；1999~2004年任泛美卫生组织顾问；2000年8月11日至2004年12月任中心研究顾问委员会委员、中心负责科研的协调员（副所长）。他的著作有：《不发达的心理学》（1980）、《重新评估农村医学》（1982），等等。

现任负责科研的协调员（副主任）是豪尔赫·迪亚斯·波朗科（Jorge Díaz Polanco），负责教学的协调员（副主任）是科罗莫托·雷诺（Coromoto Renaud）。

1961~2005年先后任中心主任的有：豪尔赫·阿乌马达、路易斯·兰德尔（Luis Lander）、费尔南多·特拉维索（Fernando Travieso）、何塞·阿古斯丁·席尔瓦·米切莱纳（José Agustín Silva Michelena）、海因茨·松塔格（Heinz Sonntag）、阿尔韦托·乌尔达内塔(Alberto Urdaneta)、埃利亚·德尔罗萨里奥(Helia del Rosario)、索妮亚·诺盖拉·德巴里奥斯(Sonia Nogueira de Barrios)、卡门·加西亚·瓜迪利亚(Carmen García Guadilla)。

中心的六个研究室及其主任是：科技发展研究室主任是巴勃罗·特斯塔(Pablo Testa)；教育文化发展研究室主任是拉蒙·卡萨诺瓦(Ramón Casanova)；经济发展研究室主任是路易斯·玛塔·莫列哈斯(Luis Mata Mollejas)；政治社会发展研究室主任是马加丽·哈金斯(Magally Huggins)；城市和地区发展研究室主任是贝娅特·容曼(Beate Jungemann)；计划理论和方法研究室主任是埃尔西利奥·卡斯特利亚诺(Hercilio Castellano)；中心的编辑部主任是米格尔·拉卡瓦纳(Miguel Lacabana)，信息和文献室主任是豪尔赫·阿乌马达(Jorge Ahumada)。

发展研究中心的研究和教学人员约50名，行政人员30名，此外还有一些客座研究人员和客座教授。

研究重点与学术活动

发展研究中心主要研究下列问题。(1)发展、全球化和地区一体化：关于发展思想的趋势；依附性发展和社会排斥；周期、危机和改革；全球经济的持续发展；持续的三角关系；西半球一体化的可行性研究；拉美高等教育的全球化和国际化；全球化和农村地区的旅游业；美洲自由贸易区的可行性；金融的美元化。(2)国家和公共政策：金融宏观经济学；公共开支：国家的金融；国家社会计划的政策方针；在委内瑞拉教育中国家与公共政策的关系；委内瑞拉高等教育的公共政策；医疗制度的改革；加拉加斯市区公共服务的管理；委内瑞拉各州和市政府与社会的关系；移民对社会政策、权力下放和福利国家的影响；从法律角度分析社会政策；委内瑞拉社会政策的前景等。(3)教育、创新和改革：拉丁美洲大学的资金来源；教育的创新和学校管理的加强；全国全民教育计划；城市的学校网;学校组织模式的变革。(4)政治行为者和社会计划:委内瑞拉民主和公民的重新定义:国家与公民社会的新关系;家庭暴力及其对生活质量的影响;当代委内瑞拉民众抗议和政治行为者;委内瑞拉政治文化和选举研究;军人在第五共和国使命中的作用:米兰达使团的研究等。(5)大都会和新地区:伊马塔卡的经济结构调整政策与环境冲突;全球化和大都会等。(6)技术学习、持续发展和竞争性。(7)劳动和社会经济。(8)国家、社会和石油。(9)环境和持续发展。(10)信息和知识。(11)委内瑞拉的科学和研究。(12)文化认知和公民文化。

发展研究中心经常举办学术活动,组织学术报告会、国内和国际研讨会,其研究成果广泛被委内瑞拉各政府机构、国家或私人企业和公司、联合国机构、美洲国家组织、美洲开发银行等国际机构采用。

对重大国际问题的观点

发展研究中心主张拉美地区经济一体化;反对新自由主义;主张发达国家与发展中国家加强合作共同应对国际金融危机;主张拉美国家在发展经济的同时,关注社会的发展,解决拉美的贫困问题和债务问题;主张在环境保护、气候变化等问题上加强国际合作;主张拉美国家应重视发展教育和科学技术,重视公民社会参政议政。

拉美研究概况

发展研究中心重点研究委内瑞拉和拉美国家的发展理论、发展模式和发展计划,拉美地区的一体化,全球化对拉美经济、社会发展的影响,拉美各国的公共政策及其作用,拉美的教育改革,拉美的公民社会,拉美各国的政局、经济形势和社会发展,拉美的石油业,拉美的环保问题,拉美的科技发展和文化等。

主要拉美问题研究专家

海因茨·松塔格教授,原籍德国,后加入委内瑞拉国籍,1964年毕业于德国穆埃斯特大学心理学专业;1967年毕业于德国波鸿大学,获社会科学博士;先后在波鸿大学、智利大学、德国康斯坦茨大学任教,在拉美和加勒比国家、欧洲、非洲、北美许多大学作过报告和授课;曾任发展研究中心科研协调员(1980~1983)和主任(1983~1987,1993~1997)、拉美社会学联合会主席(1993~1995)。1999~2004年曾在美国几所大学讲学。海因茨·松塔格教授著述甚多,有关拉美问题的主要著作有:《切·格瓦拉和革命》(1968)、《危地马拉革命》(1968)、《卡米洛·托雷斯》(1969,德文版)、《秘鲁的失败》(1971)、《智利革命》(1972)、《拉丁美洲社会科学的发展》(1988)、《委内瑞拉:政治社会分析》(1992)、《人民、时代和发展:拉美社会学》(1998)、《拉丁美洲的民主》(2001)、《委内瑞拉的矛盾》(2003),等等。

卡门·加西亚·瓜迪利亚教授,毕业于委内瑞拉安德烈斯·贝略天主教大学心理学系,后在美国斯坦福大学获国际比较教育硕士学位、委内瑞拉中央大学发展研究中心发展计划硕士学位、法国巴黎雷内·德斯卡特大学教育社会研究博士学位;现为委内瑞拉中央大学发展研究中心教授;曾任发展研究中心主任;在联合国教科文组织工作多年,曾任联合国教科文组织《高等教育和社会》杂志主编;曾在阿根廷、墨西哥、哥伦比亚、委内瑞拉、美国、德国等国的多所大学讲学。他主持了由 19 个拉美国家、35 位研究人员参加的项目《拉丁美洲高等教育的情况、改革的主要动力》。他的著述甚多,有关拉美的主要著作有:《拉美的社会教育理论》(1995)、《拉美的知识、高等教育和社会》(1996)、《拉丁美洲教育的情况和改革的动力》(1998)(主编,联合国教科文组织)、《拉美高等教育比较研究》(2000)、《新千年初的拉美高等教育》(2005)、《拉美高等教育的资金来源》,等等。

对外合作

发展研究中心与下列国外机构和组织有合作和联系:厄瓜多尔拉丁美洲社会研究所(EI Instituto Latinoamericano de Investigaciones Sociales,ILDIS),加拿大国际发展研究中心(El Centro Internacional de Investigaciones para el Desarrollo, CIID,英文缩写为IDRC),联合国国际劳工组织(OIT),拉丁美洲社会科学理事会(CLACSO),拉丁美洲社会科学学院(FLACSO),美洲开发银行(BID),联合国教科文组织(UNESCO),联合国开发署(PNUD),伦敦大学,汉堡伊比利亚美洲研究所,法国拉美高级研究所(Institut des Hautes Etudes de l'Amérique Latine,IHEAL),等等。

1983 年,该中心主任何塞·阿古斯丁·席尔瓦·米切莱纳曾访华,并到中国社会科学院拉丁美洲研究所作报告。1985 年,中国社会科学院拉丁美洲研究所学者作为客座研究员在该中心作短期研究。

对中国的研究

20 世纪七八十年代,发展研究中心曾在其刊物《发展研究中心笔记》上发表过一些介绍中国经济和社会发展的文章,然而,自查韦斯 1999 年执政以后,发展研究中心很少发表有关介绍和研究中国的文章,只是偶尔在一些文章中提到中国,对中国的经济和社会发展持肯定的态度。

主要出版物

发展研究中心出版的刊物《发展研究中心笔记》(*Revista Cuadernos del CENDES*),4 月刊,一年出版三期。

2000 年以来机构的主要代表性文章和论著

1. Nelly Arenas, *El imaginario redentor. De la Revolución de Octubre a la quinta República Bolivariana*, 2000.
2. Thais Maingon, *La Cuestión Social en la Constitución Bolivariana*, 2000.
3. Sergio Aranda, *América Latina: Transformaciones Fundamentales desde la Independencia*, 2000.
4. José Vicente Carraquero, *Venezuela en Transición: Elecciones y Democracia 1998–2000*, 2001.
5. Carlos Mascareño, *Políticas Públicas Siglo XXI: Caso Venezolano*, 2003.
6. Hercilio Castellano, *Planificación: Herramienta para Enfrentar la Complejidad, la Incertidumbre y el Conflicto*, 2da edición, 2004.
7. Hercilio Castellano, *La Planificación del Desarrollo Dostenible*, 2005.
8. Pedro Sáinz, "La Equidad en Latinoamérica desde los Años Noventa", *Revista Cuadernos del CENDES*, No. 60, 2005.
9. Castillo, Nelson, *Venezuela en el Siglo XXI Visiones de Futuro*, 2006.
10. Arenas, Nelly, Luis Gómez Calcaño, *Populismo Autoritario: Venezuela 1999–2005*, 2006.

* 资料来源: http://www.cendes-ucv.edu.ve/

（作者：徐世澄，中国社会科学院拉丁美洲研究所；责任编辑：张颖）

智利大学国际问题研究所
Instituto de Estudios Internacionales de la Universidad de Chile

地址:Av. Condell 249, Providencia, Santiago, Chile, Casilla 14187 – Suc. 21
电话:56—2—4961200
传真:56—2—2740155
网址:http://www.iei.uchile.cl/
E-mail:inesint@uchile.cl

历史沿革与现状简介

智利大学国际问题研究所成立于1966年10月19日,是拉丁美洲致力于国际问题研究和研究生教育的首批研究机构之一。研究所以其卓越的学术研究团队,为智利乃至整个拉丁美洲的国际关系研究作出了贡献。

经过几代人的不懈努力,研究所专家和研究人员在国际关系、政治学、国际法、国际经济、战略研究、冲突和分歧解决、与亚洲和太平洋地区间关系等领域取得丰硕成果。研究所在国际政治领域作出的一个杰出贡献是其国际问题研究教学计划,已运行30多年。

目前,研究所以走出拉美、放眼全球为目标,正逐渐成为国际问题研究和研究生教育的主要基地。在国际法、国际关系、政治学、历史学、国际经济等方面的研究处于领先地位,是为数不多的拥有国际问题研究专业杂志的研究和教育中心之一。研究所的学者受邀在多所大学授课,其中一些学者还担任重要的社会公职。

组织机构、主要负责人及研究人员概况

研究所的第一任所长是著名历史学家克劳迪奥·贝利斯（Claudio Véliz）研究员，现任所长是何塞·莫兰德（José Morandé）。

行政和服务部门包括：研究生部、拓展和管理部、对外联络部、行政办公室、图书馆、出版部、人事部和接待部。

研究所有20多位学术研究人员。他们是西贝尔托·阿兰达·布斯塔曼特（Giberto Aranda Bustamante）、皮拉尔·阿尔马奈特（Pilar Armanet），爱德华多·卡雷尼奥·拉腊（Eduardo Carreño Lara），罗赛·卡维·舒尔（Rose Cave Schnohr），阿斯特里德·埃斯帕利亚特·拉尔森（Astrid Espaliat Larson），里卡多·弗里弛—戴维斯·穆尼奥斯（Ricardo Ffrench-Davis Muñoz），里卡多·哈维尔·贾姆博阿·瓦伦苏埃拉（Ricardo Javier Gamboa Valenzuela），玛丽亚·何塞·恩里克斯·乌萨尔（María José Henríquez Uzal），卡洛斯·乌奈乌斯·马德赫（Carlos Huneeus Madge），玛丽亚·特雷莎·伊凡特·卡非（María Teresa Infante Caffi），里延·哈拉·乌鲁提阿（Lillyan Jara Urrutia），彼得·穆尔非·莱维斯（Peter Murphy Lewis），皮亚·罗姆巴尔多·埃斯塔伊（Pía Lombardo Estay），多罗提阿·洛佩兹·希拉尔（Dorotea López Giral），米格尔·安赫尔·洛佩兹（Miguel Angel López），帕斯·米莱特·加西亚（Paz Milet García），何塞·莫兰德（José Morandé），赫拉尔多·穆尼奥斯·瓦伦苏埃拉（Heraldo Muñoz Valenzuela），费利佩·穆尼奥斯·纳维亚（Felipe Muñoz Navia），弗朗西斯科·奥雷克·维库尼亚（Francisco Orrego Vicuña），马丁·阿隆索·佩雷斯（Martín Alonso Pérez），弗朗西斯科·普雷托·塞里克斯（Francisco Prieto Serigós），塔迪亚娜·润·维内加斯（Tatiana Rein Venegas），阿尔贝托·里奥塞科·巴斯克斯（Alberto Rioseco Vásquez），沃特尔·桑切斯·冈萨雷斯（Walter Sánchez González），阿尔贝托·克拉维仁·斯托克（Alberto van Klaveren Stork），曼弗雷

德·威赫尔梅·沃夫（Manfred Wilhelmy von Wolff）。此外，所内还有多名来自其他学术机构的访问学者。

研究重点与学术活动

智利大学国际问题研究所的主要研究领域包括拉美融入国际体系及拉美与美国、发展中国家、欧洲和日本等国家和地区的关系、拉美国家的对外政策及智利的对外政策、经济和社会一体化进程的比较研究、国际经济关系、国际法及规章的基础、海洋法、海洋资源的利用、南极地区、环境及外层空间的和平利用、拉美及世界各国间的文化合作，等等。

研究所在制定与国际问题若干领域相关的政策方面作出了贡献，主要集中在太平洋流域、南极地区和海洋法研究三方面。

在太平洋流域的研究方面，多次主持召开有关这一流域的重要学术会议和研讨会。1979年在智利复活节岛举行的研讨会"太平洋地区共同体：面向拉丁美洲"是对这一流域研究的一次总结会，会后发表了不少著作和论文。研究所的学者经常参加太平洋地区经济合作理事会下设的南太平洋常设委员会的会议、太平洋地区经济理事会、亚太经合论坛等国际会议。研究所的一些学者还是太平洋地区经合理事会智利委员会的成员，并在太平洋地区智利基金会的资助下从事多项课题的研究。

在南极地区研究方面，对南极地区的政策、有关自然资源的规章制度和环境保护进行了研究。曾多次主持召开关于南极地区的研讨会或举办学习班。在这方面发表的主要著作有《南极矿藏开发的法律体制探讨》、《南极地区的国际法》。研究所的一些学者还是《南极条约》协商会议的成员。

在海洋法问题上，该研究所体现了拉丁美洲的立场。其学者曾多次参加有关海洋法的重要国际大会和论坛（如联合国第三届海洋法大会、南太平洋常设委员会会议、专家小组会议、专题学术会议,等等)。就海洋法问题发表的主要著作包括《专属经济区:国际法中的体制和法律特性》(1991),等等。

主要拉美问题研究专家

里卡多·弗伦奇—戴维斯·穆尼奥斯(Ricardo Ffrench – Davis Muñoz),主要研究领域为国际贸易、宏观经济与发展、平等条件下的经济增长、智利与拉美的比较经济史、国际金融,等等。他曾获得芝加哥大学经济学博士学位,从1992年3月起任联合国拉美经委会顾问,曾任智利中央银行研究部主任,现任智利驻巴西、西班牙、德国和阿尔及利亚技术小组代表团团长,2005年8月获智利教育部颁发的年度国家社会科学人文科学奖。

对外合作

智利大学国际问题研究所一直积极推动与国内外大学和科研机构的联系与合作,与欧洲、美国、亚洲和其他拉美国家的大学和学术机构签署了交流协议或保持着合作关系。与研究所有联系的国内机构有:智利大学法律系、智利大学经济系、贝略外交学院(Academia Diplomática Andrés Bello)、国家政治与战略研究院、埃雷拉基金会(Fundación Felipe Herrera)、智利国际法协会、智利政治学协会、国际问题研究协会。与研究所签有合作协议的外国机构有:海德堡拉美问题中心、巴黎大学、西班牙马德里大学、美国丹佛大学、美国匹兹堡大学、日本筑波大学、巴西利亚大学政治学与国际关系系,等等。

研究所还加入了多个国际学术研究机构,如欧洲及拉美一体化教育体系、南美洲对外政策论坛、国际法律协会、国际问题研究协会、国际政治学协会、欧共体研究协会,等等。

主要出版物

《国际问题研究杂志》(*Revista de Estudios Internacionales*),双语出版物。由首任所长克劳迪奥·贝利斯创刊,杂志现负责人 V. 曼弗雷德·威廉密(V. Manfred Wilhelmy),编辑 S. 罗斯·凯夫(S. Rose Cave)。主要栏目包括论文、专题论文、文献和文摘。到 2007 年年底为止已出版 158 期。《专题研究系列》(*Serie de Publicaciones Especiales*),整理出版研究所学者及所外合作者的专题研究成果、会议论文及其他资料性文章。《国际问题研究文集》(*Colección Estudios Internacionales*),整理出版研究所学者撰写或主持撰写的学术论文。

2000 年以来机构的主要代表性文章和论著

1. *Los Procesos de Integración y Cooperación Regionales*, 2002.
2. Giberto Aranda, *Vicaria de la Solidaridad, una Experiencia Sin Fronteras*, 2004.
3. *Los Estados Unidos de America y Chile: ¿una Nueva Relación?*, junio de 2005.
4. Instituto de Estudios Internacionales de la Universidad de Chile, CEPAL, UNESCO, Facultad Latinoamericana de Ciencias Sociales, *Brasil y Chile: Una Mirada Hacia América Latina*, 11 - 12 de julio de 2005.
5. Gilberto Aranda, Luis Palma Castillo, *Oriente Medio: Uuna Eterna Encrucijada*, Santiago Chile Ril Editores, 2006.
6. Mario Artaza, Paz Milet, *Nuestros Vecinos*, Santiago Chile Ril Editores, 2007.

* 资料来源:http://www.iei.uchile.cl/

(作者:范蕾,中国社会科学院拉丁美洲研究所;责任编辑:蔡同昌)

智利大学哲学与人文科学系
拉丁美洲文化研究中心
Centro de Estudios Culturales Latinoamericanos de la Facultad de Filosofía y Humanidades de la Universidad de Chile

地　址：Avda. Capitán Ignacio Carrera Pinto 1025, Ñuñoa, Santiago, Chile
电　话：56—2—6787082　6787031
传　真：56—2—2716823
网　址：http://www.uchile.cl/facultades/filosofia/cestculturales/index.html
E-mail：escufilo@uchile.cl

历史沿革与现状简介

　　智利大学哲学与人文科学系拉丁美洲文化研究中心的前身是拉美文化跨学科研究中心。中心成立于1996年，是智利大学哲学与人文科学系在"学术质量优化"的背景下建立的。中心的活动范围包括：以人文主义观点为基础的人文科学领域；探讨影响智利社会、国家乃至拉丁美洲的文化问题；进行学科间交流，从而实现文化研究领域内各学科间的交叉和互动。

　　中心制订的文化跨学科研究计划旨在实现如下目标：在文化研究领域内建立起一个交流平台，交流的形式包括由智利大学、智利国内其他大学乃至其他拉美国家的大学参与的研讨会、大会、咨询会、交流会等；建立常规性的研究生教育体系，通过开设课程或举办研讨会参与研究生的培养；开展研究活动，通过出版和发行杂志、书籍和文献展示研究成果，为对智利文化和特征感兴趣的智利大学其他院系及更多社会机构提供服务和咨询；积累必要的学术经验，在计划的第二阶段建立常规性的研究生教育、专业教育和专职教育的体系。

1999年，为延续拉美文化研究学科间计划，智利大学成立了拉丁美洲文化研究中心，中心设在智利大学哲学与人文科学系。中心成员为该系所有愿意参加有关拉美文化学术研究和学术活动（如研讨会、研究课题、合作课程等）的研究人员。

研究活动"第一阶段"的目标是营造一个开放的集体讨论空间，便于系内各成员了解需要研究的题目和从事的工作，便于同事间及时交流构思和设想。中心经常组织研讨会、工作小组、研究项目、开放式课程等多种形式的学术活动。"拉美研究常设论坛"得到了教授、助教和优秀学生的积极参与。

研究活动"第二阶段"的目标是开设研究生课程。中心开设了拉美研究 Magister 学位，并于2006年设拉美研究博士学位。

组织机构、主要负责人及研究人员概况

中心现主任为戈林诺尔·洛霍（Grínor Rojo），副主任为亚历杭德拉·贝加（Alejandra Vega）。Magister 和博士学位负责人分别为克劳迪亚·萨帕塔（Claudia Zapata）和霍斯特·尼兹查克（Horst Nitschack）。中心秘书是玛列塔·阿拉尔孔（Marieta Alarcón）。

中心的研究人员有：戈林诺尔·洛霍，亚历杭德拉·阿拉亚（Alejandra Araya），达尔谢·多尔（Darcie Doll），玛丽亚·奥尔加·路易兹（María Olga Ruíz），阿尔弗雷多·何塞林－霍特（Alfredo Jocelyn-Holt），阿丽西亚·萨洛莫奈（Alicia Salomone），何塞·路易斯·马丁内斯（José Luis Martínez），亚历杭德拉·贝加，霍斯特·尼兹查克，克劳迪亚·萨帕塔，莱昂奈尔·德尔加多（Leonel Delgado）。

研究重点与学术活动

智利大学哲学与人文科学系拉丁美洲文化研究中心致力于西班牙语美洲和西班牙语言文化的研究,它已完成或正在进行中的重要研究课题包括"智利与拉丁美洲:从文化研究角度的一次新审视(19~20世纪)"和"拉丁美洲的各种定位:思索与实践"。

"智利与拉丁美洲:从文化研究角度的一次新审视(19~20世纪)"课题是跨学科的重点研究项目,获智利政府下属的国家科学技术研究委员会资助。研究的目的在于重新审视和理解共和国时期的治理和拉丁美洲。该课题分以下专题:个体和集体(包括国家、种族、性别、阶级)的特征定位;19世纪初拉美地区现代化进程、20世纪末这一进程中产生的问题;政治权力的行使及其合法化构架(如共和国形式等);对拉美文化宝库的评论模式、编史学模式及评估,群众文化、民众文化与艺术文化之间的关系。该课题分为几大专题,包括"人文科学领域中的现实理论问题及其在拉美的影响"、"对拉美经典作家及其理论的评论和重新审视这些理论的必要性"、"共和国模式和19~20世纪智利经历的文化顶峰及替代模式"、"20世纪上半叶智利最有影响力的知识分子伊内斯·埃切维里亚·德拉腊因的文化特征定位和社会定位"。在以往研究的基础上,何塞·路易斯·马丁内斯教授主持研究在共和国进程中处于历次国家特征定位中的安第斯国家的印第安人。

"拉丁美洲的各种定位:思索与实践"课题于1998年11月立项,2000年3月结项。课题主持人为哲学与人文科学系历史学部的何塞·路易斯·马丁内斯教授。该课题是哲学与人文科学系重要的跨学科研究项目,在专业研究角度和促进学科间交流方面都起到了先驱者的作用。课题从20世纪末的理论模式危机及其社会文化策略和政策的大背景出发,分析研究有关90年代拉美各种特征的定位。课题具体分析了特征定位的传统和现实构建方式,包括性别、种族、阶级、年代,等等。

应拉美研究教师项目参与者的要求,中心从1999年起连续两年(1999~2000)举行有关拉美知识的普及和传播活动。这一活动由哲学和人类学系举办,来自智利大学、智利圣地亚哥大学和智利其他大学的研究生参加了这一活动。1999年的活动主题为"拉美的特征定位和思想",并涉及文学、评论理论、历史、种族史、哲学等领域的分析研究。2000年的活动主题为"拉丁美洲的后现代性及同一性"。

拉美研究概况

中心的主要拉美研究方向有:殖民地时期研究、批评理论与文学研究、现代印第安人研究、智利与拉美历史研究、人权研究、巴西问题研究、加勒比及中美洲研究、拉美视听研究。

殖民地时期研究分为殖民地时期美洲的文化史和思想、美洲民族史学、殖民史:代表体系;批评理论与文学研究分为巴西文学与文化:文化理论、拉美文学与文化:批评理论;现代印第安人的研究主要涉及拉美的印第安人运动;智利与拉美历史的研究主要涉及智利历史和思想发展史;人权研究主要涉及拉美的人权状况;巴西问题研究的在研课题是"20世纪下半叶及21世纪初的巴西和智利的成长小说:青年、主观性和城市",课题主持人是霍斯特·尼兹查克,研究时间为2008年至2012年;加勒比及中美洲研究和拉美视听研究是新近开展的研究方向。

主要拉美问题研究专家

何塞·路易斯·马丁内斯·塞雷塞达,智利大学哲学与人文科学系拉丁美洲文化研究中心主任。1979年任厄瓜多尔瓜亚基尔大学历史和地理学教授。1982年获秘鲁天主教大学人类学和考古学硕士学位。2004年获法国高等社会科学学院人类学博士。专业研究领域为阿塔卡马:19~20世纪安第斯地区的社会结构、种族特征定位、表征体系(肖像学、岩画艺术)、方法学、社会思索等。曾主持的研究项目有:"控制记忆的斗争——19~20世纪安第斯地区的写作、口述和图像"(2006)、"种族特征定位与思考——19~20世纪安第斯高原贫瘠干旱地区的种族性西班牙语故事"(1994)、"种族特征定位与思考——19~20世纪安第斯高原盐化地区的差别与同一性"(1996)、"19~20世纪环安第斯高原次地区的定居模式及其互补性"(1990)、"环安第斯高原次地区的种群及其生存策略"(1988)、"19~20世纪阿塔卡马地区的印第安人——文献拯救与学科间分析"(1984)。他还曾参与智利国家科学技术研究委员会的多个研究项目。

对外合作

中心与国内及国际学术机构积极开展学术交流和合作。中心在近几年主办的重要学术活动有:2005年举办的"拉美的全球化、国家与新公民社会"国际研讨会,2006年举办的"印第安学者眼中的拉丁美洲"国际研讨会及智利大学哲学与人文科学系、艺术系、社会科学系和教育系研究生年会(2008年以"新千年的拉丁美洲"为题)。2008年,中心积极参加了第八届拉美文学安第斯论坛。

2000年以来机构的主要代表性文章和论著

1. Alejandra Bottinelli, Carolina Gainza y Juan Pablo Iglesias (editores), *Dinámicas de exclusión e inclusión en América Latina. Hegemonía, resistencias e identidades*, 2005.

2. Roberto Aedo, María Berríos, Javier Osorio y Olga Ruiz (editores), *Espacios de Transculturación en América Latina*, 2005.

3. Lucía Stecher y Natalia Cisterna (editores), *América Latina y el Mundo. Exploraciones en torno a identidades discursos y*

genealogías,2004.
4. Alicia Salomone, Eva Muzzopappa, Pamela Tala y Claudia Zapata (editoras), *Identidad y Nación en América Latina*,2004.
5. Alejandra Castillo, Eva Muzzopappa, Alicia Salomone, Bernarda Urrejola y Claudia Zapata (editoras), *Nación, Estado y cultura en América Latina*,2003.
6. José Luis Martínez C. (editor), *Identidades y Sujetos*,2002.
7. Oliva, Elena, Alondra Peirano, Elisabet Prudant y Javiera Ruiz (editores), *América Latina en el nuevo milenio:procesos,crisis y perspectivas*,2010.
8. Germán Cossio, Rebeca Errázuriz, Felipe Lagos y Natalia López Rico (editores), *Prácticas culturales,Discursos y Poder en América Latina*,2010.

* 资料来源:http://www.uchile.cl/facultades/filosofia/cestculturales/index.html

(作者:范蕾,中国社会科学院拉丁美洲研究所;责任编辑:蔡同昌)

哥伦比亚纳利诺大学
拉丁美洲研究中心
Centro de Estudios e Investigaciones Latinoamericanas(CEILAT),
Universidad de Nariño

地址:Carrera 22 N° 18-55 Centro-San Juan de Pasto-Nariño-Colombia
电话:57—2—7235654
传真:57—2—7235654
网址:http://akane.udenar.edu.co/ceilat
E-mail:ceilat@ udenar.edu.com,ceilatudenar@ gmail.com

历史沿革与现状简介

根据纳利诺大学高等理事会的决议,纳利诺大学拉丁美洲研究中心于1996年创建,隶属于纳利诺大学研究生教育与科研及国际关系部,是集科研、教学与培训于一体的学术机构,旨在丰富拉美历史、地理、经济、社会、文化、教育等领域的研究和教学工作。主要任务包括开展科研项目、通过与国内外其他教育机构的合作开展研究生培养和再教育项目等。

拉美研究中心的安东尼奥·纳利诺图书馆馆藏3800册,其中图书2800本、杂志300本和论文700篇。

组织机构、主要负责人及研究人员概况

纳利诺大学拉丁美洲研究中心的人员构成包括中心主任、科研及教学人员、中心秘书、科辅人员等。现任中心主任为佩德罗·巴布罗·立瓦斯·奥索利奥(Pedro Pablo Rivas Osorio)博士。现有

科研及教学人员13名;这些拉美中心的专属人员或纳利诺大学其他院系的教师在该中心担任有关课程的教学并参与有关科研项目。研究方向有拉美的社会政治思潮、哥伦比亚的民主与全民参与、拉美的经济思潮、安第斯地区经济与拉美一体化、拉美的哲学思潮、拉美教育史、拉美哲学与教育思潮等。

研究重点与学术活动

纳利诺大学拉丁美洲研究中心正在重点推进三个教学项目:"拉美研究专业项目"、"社会管理项目"和"历史专业项目"。"拉美研究专业项目"是本科生培养项目,通过培养学生在全球化背景下的社会政治、经济、科技等价值观,使其形成对市场开放、社会革命等问题的科学认识,深化对拉美地区地理、经济、政治、文化和历史的认识,培养出着眼于未来并对地区和国家现实有着透彻了解的国家发展领导人才。课程内容包括哥伦比亚和拉美教育史、哥伦比亚及拉美思想史(哲学史、文学史、美学史、政治思想史、经济思想史等)、应用研究学等;"社会管理项目"是本科生及在职人员的培养项目,培养经济、心理学、社会学、教育学、公共卫生学等方面的人才,并鼓励学生、特别是在职人员将所学知识运用于公共政策的制定和社会管理的实践;"历史专业项目"是硕士研究生培养项目,研究社会文化史和科学哲学史,包括地区史、拉美独立史、科学史、美洲现代史、战争与宗教等研究课题。

对重大国际问题的观点

纳利诺大学拉丁美洲研究中心认为,在经济全球化的背景下更应加强对拉美地区现实和思想发展史的研究,对本地区哲学思想、人文精神、政治经济发展情况的深刻认识是在各个领域取得发展的基础。

拉美研究概况

纳利诺大学拉丁美洲研究中心的科研活动主要服务于教学计划,开展了以下几个方面的研究:拉美教育史研究,完成专著《极端自由主义政权时期的教育与政治:1863~1880时期的南部考卡省》(1998);拉美美学史研究,完成专著《纳利诺20世纪文学批评话语的形成》(2001);哥伦比亚历史研究,完成专著《1876~1877年内战与极端自由主义在哥伦比亚合众国的衰落》(2001);在发展研究方面,完成了专著《社会学、现代化与发展》(2003),探讨了发展的历史进程及其在拉美各国的具体表现及社会变革等问题;在文化结构研究方面,出版了专著《模式与20世纪纳利诺记叙文体的模式化》(2004)。

主要拉美问题研究专家

现任中心主任佩德罗·巴布罗·立瓦斯·奥索利奥(Pedro Pablo Rivas Osorio),哲学博士,"拉美政治思潮"课程教授。

对外合作

与墨西哥国立自治大学、墨西哥瓜达拉哈拉大学、墨西哥韦拉克鲁斯大学、"拉美大陆思想网"等机构保持合作关系。从2001年起,纳利诺大学拉丁美洲研究中心每年与上述单位联合举办"拉美思想国际研讨会:拉美的构建",迄今已举办了五届。

主要出版物

《拉丁美洲研究》(*Estudios Latinoamericanos*),每年一期,刊登关于拉美政治、经济、文化、历史等方面的学术论文。1997年开始出版。

2000年以来机构的主要代表性文章和论著

1. Daniel Garcés Aragón,"La Homogeneización y la Diversidad como dos Grandes Tendencias en el Sistema Educativo Colombiano-1976 – 2000", *Estudios Latinoamericanos*, Universidad de Nariño, San Juan de Pasto, 2000.
2. Jairo Puentes Palencia, *Sociología, Modernidad y Desarrollo*, Universidad de Nariño, San Juan de Pasto, 2003.
3. Jairo Puentes Palencia, "Cambio Social y Desarrollo: la Preocupación del Pensamiento Social Latinoamericano en el siglo XX", *Estudios Latinoamericanos*, Universidad de Nariño, San Juan de Pasto, 2003.
4. Mario Eduardo Nacimba Paucar, "Por los Senderos del Pensamiento Amerindio", *Estudios Latinoamericanos*, Universidad de Nariño, San Juan de Pasto, 2003.
5. Jorge Verdugo Ponce, *Sobre el Canón y la Canonización de la Narrativa en Nariño en el siglo XX*, Universidad de Nariño, San Juan de Pasto, 2004.
6. Miguel Rojas Gómez, "La Identidad Cultural y el Principio de Integración", *Estudios Latinoamericanos*, Universidad de Nariño, San Juan de Pasto, 2005.
7. José Vargas Hernández, "Implicaciones de los Procesos de Globalización Económica en las Reformas de las Economías Locales", *Estudios Latinoamericanos*, Universidad de Nariño, San Juan de Pasto, 2006.
8. Jaime Mejía Bastidas, Ferney Mora Acosta, *Módulo Gobernabilidad Democrática*, Universidad de Nariño, San Juan de Pasto, 2007.
9. Luis Edgardo Salazar, Edmundo Efraín Rosero, *Módulo Participación Ciudadana*, Universidad de Nariño, San Juan de Pasto, 2007.

10. Mariana Vallejo Fuertes, Eibar Edmundo Insuasty, *Módulo Desarrollo Institucional*, Universidad de Nariño, San Juan de Pasto, 2007.
* 资料来源:http://akane.udenar.edu.co/ceilat

(作者:袁琳,中国社会科学院拉丁美洲研究所;责任编辑:张颖)

全球拉美研究
智库概览

A Panorama of Global Think Tanks for Latin American Issues

（下册）

中国社会科学院拉丁美洲研究所　编

中国社会科学院
拉丁美洲研究所
INSTITUTO DE AMERICA LATINA
ACADEMIA DE CHINA DE CIENCIAS SOCIALES

当代世界出版社

《拉美研究丛书》编委会名单

名誉主编：成思危

顾　　问（按姓氏笔画为序）：
　　苏振兴　李北海　李金章　陈凤翔　洪国起
　　原　焘　蒋光化　裘援平　蔡　武

主　　编：郑秉文

编　　委（按姓氏笔画为序）：
　　王　华　王宏强　王晓德　刘纪新　刘承军
　　杨万明　吴白乙　吴志华　吴国平　吴洪英
　　沈　安　宋晓平　张　凡　陈笃庆　林被甸
　　郑秉文　赵雪梅　贺双荣　袁东振　柴　瑜
　　徐世澄　徐迎真　康学同　曾　钢　韩　琦

学术秘书：刘东山

目录

CONTENTS

《拉美研究丛书》总序 ………………………… 成思危（1）

上 册

代序：拉美智库的一些"故事"和中国智库的
　　一点"解读" ………………………………… 郑秉文（1）

中国社会科学院拉丁美洲研究所 …………………………（1）

国际组织和地区组织

联合国拉丁美洲和加勒比经济委员会 ………………（19）
拉丁美洲社会科学学院 ………………………………（37）
拉丁美洲社会科学学院阿根廷分院 …………………（47）
拉丁美洲社会科学学院巴西分院 ……………………（56）
拉丁美洲社会科学学院智利分院 ……………………（61）
拉丁美洲社会科学学院哥斯达黎加分院 ……………（68）
拉丁美洲社会科学学院厄瓜多尔分院 ………………（73）
拉丁美洲社会科学学院危地马拉分院 ………………（78）
拉丁美洲社会科学学院墨西哥分院 …………………（82）

拉丁美洲社会科学理事会 …………………………………（86）
拉丁美洲和加勒比经济体系 ………………………………（99）
拉丁美洲发展管理中心 ……………………………………（113）
拉丁美洲货币研究中心 ……………………………………（124）
拉丁美洲及加勒比研究国际联合会 ………………………（131）
地区经济和社会研究协调组织 ……………………………（137）
美洲开发银行 ………………………………………………（148）
美洲开发银行拉丁美洲和加勒比一体化研究所 …………（161）
美洲统计协会 ………………………………………………（168）
拉丁美洲和加勒比经济与社会规划研究所 ………………（173）

拉丁美洲和加勒比地区

阿根廷布宜诺斯艾利斯大学拉丁美洲跨学科研究所 ……（181）
阿根廷国立人类学和拉丁美洲思想研究所 ………………（185）
阿根廷拉丁美洲经济研究基金会 …………………………（190）
地中海基金会—阿根廷和拉美现实研究所 ………………（197）
胡斯托·阿罗塞梅纳拉丁美洲研究中心 …………………（204）
拉美教育高级研究中心 ……………………………………（208）
巴西历史地理学会 …………………………………………（210）
热图利奥·瓦加斯基金会 …………………………………（218）
圣保罗大学国际关系研究所 ………………………………（227）
巴西应用经济研究所 ………………………………………（234）
德国艾伯特基金会厄瓜多尔拉丁美洲社会研究所 ………（239）
哥斯达黎加大学中美洲史研究中心 ………………………（244）
哥斯达黎加大学拉美认同和文化研究中心 ………………（248）
古巴美洲研究中心 …………………………………………（253）
古巴美洲之家 ………………………………………………（258）

马蒂研究中心 …………………………………………（264）
秘鲁和拉丁美洲思想研究所 ……………………………（269）
秘鲁研究所 ……………………………………………（272）
墨西哥国立自治大学拉丁美洲和加勒比研究中心 ………（276）
墨西哥学院 ……………………………………………（285）
墨西哥经济研究和教学中心 ……………………………（295）
"罗慕洛·加列戈斯"拉美研究中心 ……………………（301）
委内瑞拉中央大学发展研究中心 ………………………（307）
智利大学国际问题研究所 ………………………………（315）
智利大学哲学与人文科学系拉丁美洲文化研究中心 ……（320）
哥伦比亚纳利诺大学拉丁美洲研究中心 ………………（326）

下　册

北美洲地区

美国拉丁美洲研究协会 …………………………………（333）
约克大学拉丁美洲和加勒比研究中心 …………………（346）
西半球事务委员会 ………………………………………（352）
北卡罗来纳大学（查珀尔希尔）美洲研究所 ……………（357）
布朗大学拉丁美洲研究中心 ……………………………（362）
得克萨斯大学奥斯汀分校特·洛·朗拉丁美洲研究所 …（367）
范德比尔特大学拉丁美洲研究中心 ……………………（372）
佛罗里达大学拉丁美洲研究中心 ………………………（382）
佛罗里达国际大学拉丁美洲和加勒比中心 ……………（389）
哥伦比亚大学拉丁美洲研究所 …………………………（395）
哈佛大学洛克菲勒拉丁美洲研究中心 …………………（400）

华盛顿拉丁美洲办事处 …………………………………… (406)
加利福尼亚大学洛杉矶分校拉丁美洲研究所 ………… (411)
加利福尼亚大学圣迭戈分校美国—墨西哥研究中心 … (417)
加利福尼亚大学圣迭戈分校伊比利亚和拉丁美洲研究中心
　………………………………………………………… (422)
美洲研究所 ……………………………………………… (427)
马里兰大学拉丁美洲研究中心 ………………………… (434)
迈阿密大学半球政策研究中心 ………………………… (438)
迈阿密大学拉丁美洲研究中心 ………………………… (443)
美洲对话组织 …………………………………………… (447)
美洲委员会 ……………………………………………… (457)
密歇根州立大学拉丁美洲和加勒比研究中心 ………… (463)
纽约大学拉丁美洲和加勒比研究中心 ………………… (469)
匹兹堡大学拉丁美洲研究中心 ………………………… (473)
乔治大学拉丁美洲研究中心 …………………………… (482)
圣母大学拉丁美洲人研究所 …………………………… (491)
斯坦福大学拉丁美洲研究中心 ………………………… (496)
威斯康星大学密尔沃基分校拉丁美洲和加勒比研究中心
　………………………………………………………… (501)
伍德罗·威尔逊国际学者中心拉丁美洲项目 ………… (506)
亚利桑那大学拉丁美洲研究中心 ……………………… (516)
耶鲁大学拉丁美洲及伊比利亚研究委员会 …………… (521)
伊利诺伊大学拉丁美洲和加勒比研究中心 …………… (525)
芝加哥大学拉丁美洲研究中心 ………………………… (529)

欧洲地区

奥地利拉丁美洲研究所 ………………………………… (539)

奥格斯堡大学拉丁美洲研究所 …………………………（547）
柏林自由大学拉丁美洲研究所 …………………………（552）
不来梅大学拉丁美洲研究所 ……………………………（558）
普鲁士文化区伊比利亚美洲研究所 ……………………（564）
德国全球和地区研究所拉丁美洲研究中心 ……………（570）
天主教艾希施泰特大学拉美研究中心 …………………（578）
俄罗斯科学院拉丁美洲研究所 …………………………（583）
巴黎第三大学拉丁美洲文献研究中心 …………………（591）
法国安第斯研究所 ………………………………………（596）
荷兰皇家东南亚与加勒比地区研究所 …………………（601）
拉美研究与文献中心 ……………………………………（608）
卡罗利娜基金会拉丁美洲和国际合作研究中心 ………（615）
马德里大学拉丁美洲和非洲政治研究院 ………………（622）
王家埃尔卡诺研究所 ……………………………………（627）
西班牙阿卡拉大学拉丁美洲研究所 ……………………（638）
奥尔特加拉丁美洲研究中心 ……………………………（645）
西班牙美洲研究学院 ……………………………………（651）
意大利—拉丁美洲协会 …………………………………（656）
英国拉丁美洲研究学会 …………………………………（660）
剑桥大学拉丁美洲研究中心 ……………………………（669）
利物浦大学拉丁美洲研究所 ……………………………（673）
伦敦大学高等研究院美洲研究所 ………………………（678）
牛津大学拉丁美洲研究中心 ……………………………（682）
葡萄牙战略和国际研究所 ………………………………（686）
斯德哥尔摩大学拉丁美洲研究所 ………………………（691）

大洋洲地区

伊比利亚与拉丁美洲研究协会 ………………………………（701）
澳大利亚国立拉丁美洲研究中心 ……………………………（708）
拉特罗布大学拉丁美洲研究所 ………………………………（716）
莫纳什大学西班牙语和拉丁美洲研究项目 …………………（722）
奥克兰大学拉丁美洲研究中心 ………………………………（728）

非洲地区

南非大学拉美研究中心 ………………………………………（737）

亚洲地区

韩国对外经济政策研究院 ……………………………………（745）
韩国拉丁美洲和加勒比协会 …………………………………（749）
韩国外国语大学中南美研究所 ………………………………（756）
韩国檀国大学亚洲和美洲研究所 ……………………………（761）
日本南山大学拉丁美洲研究中心 ……………………………（766）
日本上智大学伊比利亚美洲研究所 …………………………（770）
尼赫鲁大学加拿大、美国和拉美研究中心 …………………（774）
淡江大学拉丁美洲研究所 ……………………………………（777）

下 册

北美洲地区

美国拉丁美洲研究协会
The Latin American Studies Association, LASA

地址:416 Bellefield Hall, University of Pittsburgh, Pittsburgh, PA 15260
电话:1—412—6487929
传真:1—412—6247145
网址:http://www.lasa.international.pitt.edu/index.html
E-mail:lasa@ pitt.edu

历史沿革与现状简介

美国拉丁美洲研究协会(以下简称美国拉美研究协会)是美国权威性的拉美研究协调机构,也是世界上最大的拉美研究者专业协会。1959年古巴革命的胜利使拉美再次成为美国的战略重点,拉美研究也受到前所未有的重视,1960年拉美研究开始纳入美国第六条计划(美国国会1958年制定的《全国国防教育法》第六条规定,美国的地区研究中心可获得大量的联邦政府资助)。1965年,美国大学联合会创办了《拉丁美洲研究评论》杂志(*LARR*)。次年,该杂志的创办者——75名拉美研究人员成立了美国拉美研究协会。《拉丁美洲研究评论》遂成为该协会正式的学术期刊。1972年以前,协会的会址设在美国国会图书馆的西班牙部;1986年5月以后,协会的秘书处设在宾夕法尼亚的匹兹堡大学,协会也成为匹兹堡大学国际项目和学术活动的一个重要组成部分。为了给拉美研究领域的协会会员相互交流和互动提供平台,协会还设立了不同的分会,到2007年分会数量已达28个。协会会员可加入任何一个分会,也可同时加入多个分会。

组织机构、主要负责人及研究人员概况

美国拉美研究协会是从事拉美研究的主要国际学术性组织，目前拥有 5700 多名以个人和机构名义申请的会员，其中 25% 是美国以外的会员，15% 的会员在拉美，学生会员占会员总数的 17%。按学科划分，文学领域的会员占 16%，政治学的会员占 15%，历史学的会员占 14%，人类学的会员占 10%，社会学的会员占 8%，其他领域的会员占 37%。为了鼓励拉美学者加入协会，美国拉美研究协会还给予拉美和加勒比地区的学者大量补助，拉美学者的会费仅是其他会员会费的 25%。

美国拉美研究协会的领导机构是由 13 人组成的董事会，其中 10 名经选举产生的董事既具有发言权又具有选举权，他们包括协会主席、前任主席、副主席、当选主席以及其他 6 名董事。另外 3 名董事是因职位而产生的当然董事，他们只有发言权而没有选举权，他们分别是协会执行董事，《拉丁美洲研究评论》主编和协会的国际大会程序委员会主席。

美国拉美研究协会现任董事会主席是埃里克·赫什伯格（Eric Hershberg）博士，西蒙·弗雷泽大学（Simon Fraser University）政治学系主任、教授，哥伦比亚大学国际事务客座教授，北美拉丁美洲协会（NACLA）董事会主席。副主席是约翰·科茨沃思（John Coatsworth）博士，哥伦比亚大学历史系和国际公共事务学院教授。前任主席是查尔斯·黑尔（Charles R. Hale）博士，得克萨斯大学奥斯汀分校（University of Texas/Austin）人类学教授。国际大会程序委员会主席是伊夫林·休伯（Evelyne Huber）博士，北卡罗来纳大学教堂山分校政治学系主任、教授。执行董事是匹兹堡大学的米拉格罗斯·佩雷拉·罗哈斯（Milagros Pereyra - Rojas）。《拉丁美洲研究评论》的主编是菲利普·奥克斯霍恩博士（Philip Oxhorn），麦吉尔大学（McGill University）政治学系副教授，发展中地区研究中心主任。"美国拉丁美洲研究协会论坛"编辑委员会主编是得克萨斯大学的查尔斯·黑尔。另外,协会还下设投资委员会、筹资委员会和提名委员会等机构。

美国拉美研究协会的经费主要源于政府和一些基金会:如联邦政府根据《全国国防教育法》第六条对协会的拨款,AVINA 基金会,福特基金会,休利特基金会,麦克阿瑟基金会,开放社会研究所,美洲基金会,哈佛大学、美国运通公司,等等。另外,它还接受会员的捐助。

研究重点与学术活动

美国拉美研究协会是一个集多学科、跨学科和多样化研究于一体的组织,其研究领域几乎囊括拉美的各个领域,但每个阶段都有不同的研究重点。目前协会的研究重点放在拉美研究方法、观念和理论的创新以及合作研究方面。2004 年美国拉美研究协会大会提出了"别处的知识"(The Otros Saberes)合作研究提议,这项特别提议有双重目的,一是提高印第安人和非洲裔知识分子参与协会大会和其他事务的积极性;二是支持由公民社会和学术界研究人员组成的团队有关印第安人和非洲裔问题的合作研究。此提议发布在协会的网站上,该活动的研究经费主要来自哈佛大学、公开社会研究所、美洲基金会、福特基金会和美国拉美研究协会,这五家捐助单位共捐助 28 万美元。由七人组成的程序委员会在 160 个申请者中选出了 7 个正在进行中的课题。

在研究方法的创新方面,美国拉美研究协会主张将拉美地方化知识与全球化知识相结合,进行专门和比较研究,以全球视野而不是抽象的普遍化和西方化角度来研究拉美,因为这可能泯灭世界上不同地区不同国家所存在的不同历史轨迹和经验。

每 18 个月召开一次的国际会议是美国拉美研究协会最重要的学术活动。协会的国际会议是世界上供专家学者讨论拉美和加勒比问题研究的最早的论坛。协会大会包括全体出席的会议和非正式的集会，每次大会由 700 多个分组讨论会组成。协会的国际会议是多学科的、多种族的、多语言的国际性会议。每届协会国际会议都要颁发三个奖项，一是从 1991 年起颁发的伊比利亚美洲奖（Premio Iberoamerican），二是为英文版图书设立的布赖斯·伍德图书奖（Bryce Wood），三是西尔韦特图书奖。会议还有纪实性的拉美电影展、音乐、舞蹈专场、工艺品和美术品展览以及拉美图书展。

第 27 届美国拉美研究协会国际会议于 2007 年 9 月 5~8 日在加拿大魁北克的蒙特利尔召开。会议主题是"华盛顿共识之后：为了新美洲而进行的合作研究"，这次会议进行了研究方法的创新和探索，强调"后华盛顿共识"时代合作研究的重要性。与此同时，大会还讨论了农业和农村生活、文化、经济和发展研究、环境问题、女性问题、当代文学和艺术、历史进程、国际关系、移民、种族和民族不平等、社会运动、社会正义和人权、促进南北知识关系的发展等问题。这是迄今世界上规模最大的一次国际会议，约 6000 人参加。为了让 138 名古巴学者能参加这次会议，会址从原定的波士顿迁到加拿大的蒙特利尔，会议还特邀古巴全国人民政权代表大会主席里卡多·阿拉尔孔（Ricardo Alarcon）参加会议，并于 9 月 7 日作主题发言。如此多的古巴学者参加这一会议，这在 30 年来还是第一次。

美国拉美研究协会第 28 届国际会议于 2009 年在巴西举行，主题是"重新思考不平等问题"。

对重大国际问题的观点

美国拉美研究协会学者们的研究成果一直是美国政府和其他国家政府参阅和咨询的对象，如协会的第一届主席、著名政治学家卡尔曼·西尔韦特（Kalman H. Silvert）就曾经对 20 世纪 70 年代美国政府对拉美政策的变化产生过重要影响。在成立后的几十年里,协会一直为贯彻其学术自由和维护人权的宗旨而斗争,反对美国政府的冷战政策。协会的学者们批评美国对古巴、巴西、中美洲和智利等国的外交政策,反对拉美的独裁统治,谴责美国在拉美的行为。美国学者的这一态度使他们与那些对美帝国主义、干涉主义、资本主义、保守主义和扶持拉美独裁者政策持批判态度的拉美学者能保持长期学术上的合作。协会还反对国际上那些反学术、反知识分子和反艺术社团的行为。

在中美洲问题和古巴问题上,美国拉美研究协会就美国的政策、侵犯人权、压迫和非正义问题发表的一系列负责任的和适当的意见和建议,受到美国政府的高度重视。对于2003年以来美国政府禁止古巴学者和其他许多学者参加美国拉美研究协会国际会议的做法,协会给予了强烈批评,认为美国政府此举破坏了学术交流的自由。2004年美国拉美研究协会拉斯维加斯大会通过一项决议,要求美国政府取消对"美古学术界之间的合法交流"的一切限制。美国拉美研究协会希望成为美国政策的一面镜子,提高美国对拉美政策的质量。为了使古巴学者顺利参加2007年美国拉美研究协会国际会议,为了更充分地体现协会致力于学术自由和公开辩论的宗旨,大会地址从原定的波士顿转到加拿大的蒙特利尔。美国拉美研究协会反对美国对古巴进行的知识封锁。

拉美研究概况

美国拉美研究协会为与拉美和加勒比有关的知识性辩论、研究和教学提供了一个自由和合作的平台,并通过网络和公共辩论鼓励民众的参与。其宗旨是国际化、学术自由和人权保护。协会的研究部分主要由不同的分会构成,到目前为止,研究协会共设立了31个分会,基本代表了整个美国拉美研究协会目前的研究概况。研究协会会员可以同时加入多个分会,但每加入一个分会都要额外交纳10美元的会费。

1. 巴西分会，主要从事有关巴西及巴西与美洲其他地区、包括西班牙美洲、加勒比和美国之间关系的跨学科和多学科比较研究。

2. 经济学和政治学分会（即原来的商业和政治学分会），致力于研究拉美经济和政治改革中兴起的商业和地主阶层等私人部门在社会重建中的作用和影响，政治和市场的交叉问题，资本主义企业和民主，宏观经济和微观经济，商业组织和经济发展，国家和国际上对生产和分配的管理等问题。

3. 中美洲分会，旨在通过举办会议和因特网的形式促进中美洲地区的学术交流。

4. 哥伦比亚分会，目的是加强从事哥伦比亚研究的学者之间的交流和互动，建立与哥伦比亚有关的特别工作小组（如人权小组）。

5. 古巴分会，致力于加强美国和古巴之间的学术关系，为研究古巴和美古关系的学者搭建一个合作平台。

6. 文化、权利和政治学分会，致力于促进文化政治学的研究。

7. 地区分权化和次国家治理分会，致力于从各个学科研究地方分权化的原因和模式，政府权力下放，市民参与和提供社会服务的结果，以及这些变革（变化）对宏观经济管理和各级政府政治制度的影响。

8. 国防、公共安全和民主分会，创建于2000年的美国拉美研究协会国际会议，其目标是促进美国拉美研究协会从事国防政策、军民关系和安全问题研究的学者之间的合作和交流。

9. 厄瓜多尔研究分会，目的在于促进厄瓜多尔国内外从事厄瓜多尔研究的学者、社会运动、非政府组织和研究协会之间的多学科的学术辩论，建立电子论坛，鼓励对当今社会和政治问题进行讨论。

10. 拉美教育和政治教育分会，旨在探讨拉美的教育问题。

11. 欧洲和拉美分会，起源于西班牙学术关系工作小组，该分会旨在促进欧洲和美洲从事拉美研究的学者之间的关系,用多学科研究方法研究欧洲与拉美的历史和现实关系。

12. 电影研究分会,致力于拉美电影研究。

13. 性别和女权主义(运动)研究分会,致力于在社会科学和人文科学领域从事拉美和加勒比地区妇女和性别的研究。

14. 海地和多米尼加分会,目标是促进有关海地和多米尼加问题的比较研究,对两国存在的共同问题进行分析,其中包括对一些敏感问题的探讨,如难民和移民问题,经济一体化问题、走私问题、种族问题,等等。

15. 劳动力研究分会,为从事拉美和加勒比、NAFTA 成员国中与劳动力有关的问题的研究者提供跨学科论坛。

16. 拉美环境分会,旨在为从事拉美环境问题研究的学者提供交流观点和信息的平台,促进有关拉美环境变化对人类社会影响及环境与人类社会的互动关系的研究,增强环保意识。

17. 拉美和环太平洋地区分会,其基本任务是通过相关学术研究,促进对拉美国家与亚太地区(包括日本、韩国、中国和东南亚)国家之间关系的了解,促进美洲和环太平洋地区各国学者之间在各个学科领域的合作研究。

18. (侨居美国的)拉丁美洲人研究分会,促进有关在美国的拉丁美洲人社团和他们与拉美和加勒比国家的跨国关系的研究。

19. 拉美法律和社会分会,其任务是加强社会科学家、法律工作者和文化批评家有关拉美法律、社会和文化之间复杂关系的国际合作,他们研究的主题包括不同国家形式和它们对司法体系的影响,立法制度的历史演变,犯罪和社会冲突之间的关系,民事部门在法院制度中的作用,有关犯罪的官方话语或论述,不同历史时期和不同地区囚禁的不同经验,犯罪和镇压在文化上的反响,警察管制(治安)的历史,性骚扰,等等。

20. 性别研究分会,致力于拉美同性恋问题的研究,消除对同性恋的歧视。

21. 种族和印第安人分会,致力于研究与拉美和加勒比地区的种族、印第安人、非洲裔族群相关的问题,同时促进印第安和非洲裔学者和知识分子积极参与美国拉美研究协会的活动和其他学术性团体。该分会拥有 200 多名来自不同专业的会员,包括人类学、历史学、社会学、政治学、语言学、西班牙语和葡萄牙语、地理学、文学和法学。

22. 秘鲁研究分会,致力于研究秘鲁过去和现在的政治、经济和社会问题,该分会定期发行一份时事通讯,刊登分会会员的文章、书评和影评等内容。

23. 政治制度分会,致力于研究政党制度、选举制度、总统、司法部门、立法部门、军事部门和中央集权制的起源和影响,试图解释选举人、当选官员、官僚等一些政治行为人是如何产生的。

24. 农村研究分会,旨在加强从事农村研究的学者之间的跨学科国际交流和合作,对农村问题的历史和现实进行探讨,致力于理论研究和实用研究,研究内容包括与农村有关的社会结构、政治学、经济、地理、环境、文化、宗教、艺术和发展学。除通过美国拉美研究协会国际会议进行交流以外,该分会还开辟了其他交流途径,如创办电子版的时事通讯和网站。

25. (服务型的)学术研究和学术资源分会。通过鉴别、确认、分析和公开有关拉丁美洲研究的印刷、胶片和电子信息来帮助学者从事拉丁美洲研究。

26. 医疗、科学和社会研究分会,致力于促进对社会大背景下疾病、健康和医药的研究,包括疾病、健康、医药和医学意识形态的社会建构和历史发展,医学思想的演变,包括赤脚医生、生物医疗等治疗方式,与公共医疗有关的社会和政治运动,等等。

27. 南锥体研究分会,旨在加强南锥体国家阿根廷、智利和乌拉圭不同领域学者之间的跨学科交流。

28. 委内瑞拉研究分会。委内瑞拉研究分会有两个目标:一是鼓励不同学者、学生和非学术界人士之间的跨学科交流;二是通过公开讨论和媒体促进会员和非会员之间的信息交流。

29. 玻利维亚研究分会。

30. 墨西哥研究分会。

31. 历史分会。主要目标是利用因特网(包括一份电子通讯)促进分会会员间在共同关心的拉丁美洲和加勒比地区近现代历史问题上的跨学科交流。

主要拉美问题研究专家

约翰·科茨沃思博士,历史学家,1963年获卫斯理工会大学历史学学士学位,1967年和1972年分别获美国威斯康星大学麦迪逊分校经济史硕士和博士学位。1969~1992年在芝加哥大学任教,1992年转入哈佛大学,曾为哈佛大学洛克菲勒拉丁美洲研究中心创始人和前主任,哈佛大学人权研究委员会前主席,美国历史协会前会长,社会科学研究协会拉美研究联合委员会前主席,美国拉美研究协会董事会前财务总监和前主席。现任哈佛大学历史系门罗·古特曼(Monroe Gutman)拉美事务教授,哥伦比亚大学历史系教授、国际和公共事务学院代理院长、拉丁美洲研究所主任,廷克基金会(Tinker Foundation)董事会成员,美国艺术与科学研究院(American Academy of Arts and Sciences)会员。研究领域主要集中于拉美经济、社会和国际历史的比较研究,尤其是对墨西哥、中美洲和加勒比地区的研究。他共出版了7本专著和众多的学术论文。1986年获美国古根海姆基金会的学者奖。主要著述有《1800年以来的拉丁美洲和世界经济》(1999)、《中美洲和美国:当事人和巨人》(1997)、《没有发展的增长:铁路对墨西哥的经济影响》(1981),等等。

吉列尔莫·奥唐奈(Guillermo O'Donnell)博士,政治学家。

1958年为布宜诺斯艾利斯国立大学法学院律师,1971年获耶鲁大学政治学哲学硕士学位,1985年获耶鲁大学政治学博士学位。曾在拉丁美洲社会科学学院、加州大学伯克利分校政治学系等做访问教授;曾兼任萨尔瓦多大学等的政治学教授和高级研究员;曾任美国政治学协会副主席,凯洛格(Kellogg)国际问题研究所学术主任,国际政治学协会主席,拉丁美洲社会科学理事会国家研究委员会主席等职。现在是圣母大学政府系教授,圣母大学凯洛格国际问题研究所教授,美国艺术与科学研究院成员。曾被授予布宜诺斯艾利斯国立大学杰出荣誉教授等称号,获得美国拉美研究协会西尔韦特图书奖等奖项。奥唐奈博士著述颇多,其中1973年《现代化和官僚威权主义》一书英文版的出版奠定了他在国际学术界的地位。主要著述有《现代化与威权主义》(1972)、《官僚威权主义国家(1966~1973年):成功、失败和危机》(1982)、《对抗:威权主义和民主主义》(1986)、《对抗:威权主义和民主主义论文集》(1997),等等。

对外合作

美国拉美研究协会是研究拉丁美洲问题的真正全球性机构,有45%的会员居住在美国以外。虽然研究协会是一个比较松散的机构,但协会会员之间以及会员所在的机构间都保持着定期和密切的联系。除研究人员和研究机构以外,研究协会还与一些主要的国际组织和各大基金会广泛合作,对特定领域进行专门化研究,如研究协会与福特基金会共同制定的Ford-LASA"特别计划",以及与安德鲁·梅隆基金会合作成立的Mellon-LASA研讨会等。

对中国的研究

美国拉美研究协会设立了31个分会,其中有一个拉美和环太平洋地区分会,主要研究拉美国家与亚太地区(包括日本、韩国、中国和东南亚）国家之间的关系,其中中国问题以及中国和拉丁美洲地区的关系是分会研究的重点。拉美和环太平洋地区分会目前有 20 名会员,分别来自墨西哥国立自治大学、索菲亚大学、美洲对话组织、北卡罗来纳中央大学、悉尼技术大学、密歇根大学、加利福尼亚大学和拉普拉塔国立大学等机构,分会会员中很多学者的研究领域都涉及中国与拉丁美洲的关系,如墨西哥国立自治大学的亚历杭德罗·阿尔瓦雷斯·贝哈尔(Alejandro Alvarez Bejar)博士还是该大学中墨问题研究中心最早的创办者之一,美洲对话组织的丹尼尔·埃里克森(Daniel Erikson)也是中国问题专家;来自悉尼技术大学中国研究中心的阿德里安·赫恩(Adrian Hearn)博士,长期关注中国与拉美国家之间外交和经济关系的地缘政治意义,尤其侧重于研究中国和古巴的关系,如中国和古巴密切的经济合作是如何影响古巴国内发展战略以及古巴、中国与其他拉美国家之间的关系的,他认为,中国和古巴的关系对双方都有利,中古关系有利于古巴、委内瑞拉和玻利维亚三国共同反对美国在拉美地区的霸权。拉美和环太平洋地区分会的学者们还从文化外交、软实力、工业合作和技术转让计划等领域和角度研究中国与拉美的关系,以及拉美国家的中国城在维系拉美和中国大陆之间的关系中所起的桥梁作用,等等。

主要出版物

美国拉美研究协会的出版物主要有专著、论文、文件、书评等。《拉丁美洲研究评论》(*LARR*),美国有关拉美研究的最早的跨学科学术性期刊,一年出版三期(每年的 2 月、6 月和 10 月出版),文章用英语、西班牙语和葡萄牙语撰写。该刊物不仅对人们认识和研究拉美产生了重要影响,而且对人们认识和研究世界其他地区也产生了重要影响。该刊登载的论文和书评被广泛引用,对拉美研究领域新出版的文献进行评判性评论。1965 年创刊时编辑部设在得克萨斯大学奥斯汀分校,1974年编辑部迁往北卡罗来纳大学,1982年迁往新墨西哥大学,2003年编辑部又回到得克萨斯大学奥斯汀分校。2006年,加拿大蒙特利尔麦吉尔大学的菲利普·奥克斯霍恩博士担任杂志主编,杂志主办方改为麦吉尔大学,匹兹堡大学出版社负责出版。《拉丁美洲研究评论》上刊登的文章注重多学科或跨学科研究,将理论与现实相结合。论文的篇幅一般不大,但材料翔实,观点明确,极富参考性。

美国拉美研究协会还出版时事通讯《美国拉丁美洲研究协会论坛》(*LASA Forum*),季刊,它除刊登研究文章以外,还提供有关协会活动的信息,包括如何向协会大会提供论文,以及有关招聘、机会和会议的重要信息等。

2000年以来机构的主要代表性文章和论著

1. Guillermo O'Donnell, *Democracia, Desarrollo Humano y Ciudadanía. Reflexiones sobre la Calidad de la Democracia en América Latina*, (edited with Osvaldo Iazzetta and Jorge Vargas Cullel), Rosario, PNUD and Homo Sapiens, 2003.
2. Raúl L. Madrid, *Retiring the State: The Politics of Pension Privatization in Latin America and Beyond*, Stanford University Press, 2003.
3. Edward E. Telles, *Race in Another America: The Significance of Skin Color in Brazil*, Princeton University Press, 2004.
4. Kenneth C. Shadlen, *Democratization Without Representation: The Politics of Small Industry in Mexico*, Penn. State University Press, 2004.
5. Patricia Pinho, *Reinvenções da África na Bahia*, Editora Annablume, 2004.
6. Suzana Sawyer, *Crude Chronicles: Indigenous Politics, Multinational Oil, and Neoliberalism in Ecuador*, Durham, NC, Duke University

Press, 2004.

7. Deborah J. Yashar, *Contesting Citizenship: The Rise of Indigenous Movements and the Postliberal Challenge*, Cambridge, Cambridge University Press, 2005.
8. Charles R. Hale, *Más Que un Indio (More Than an Indian): Racial Ambivalence and Neoliberal Multiculturalism in Guatemala*, SAR Press, 2006.
9. Eric Hershberg and Fred Rosen (editors), *Latin America After Neoliberalism: Turning the Tide in the 21st Century?* New York, The New Press, 2006.
10. Arturo Arias, *Taking Their Word: Literature and the Signs of Central America*, Univ Of Minnesota Press, 2007.

* 资料来源:http://www.lasa.international.pitt.edu/index.html

(作者:宋霞,中国社会科学院拉丁美洲研究所;责任编辑:黄念)

约克大学拉丁美洲和加勒比研究中心
The Centre for Research on Latin America and the Caribbean (CERLAC), York University

地址: 240 York Lanes, 4700 Keele Street, York University, Toronto, Ontario M3J 1P3
电话: 1—416—7365237
传真: 1—416—7365737
网址: http://www.yorku.ca/cerlac/index.htm
E-mail: cerlac@yorku.ca

历史沿革与现状简介

约克大学拉丁美洲和加勒比研究中心成立于1978年,但其历史可追溯至1972年设立的拉丁美洲和加勒比研究室。当时约克大学正试图利用其文学院已有的各种跨学科资源来加强对某个地区的研究,拉美和加勒比研究室便是这一开拓性措施的成果。在拉美和加勒比研究室设立之初,适逢大量拉美和加勒比移民涌入多伦多,其中还有很多来自南美洲军人执政国家的知识分子。在拉美和加勒比研究室成员的密切合作下,一些流亡人士成为拉美研究部的骨干力量。这两个部门又促成了现在的约克大学拉丁美洲和加勒比研究中心的成立,使其成为约克大学第一个成建制的研究单位。

中心致力于建立加拿大与拉美和加勒比地区之间的学术和文化联系;向研究人员、政策顾问和公众提供与该地区有关的事态信息;并向那些可给该地区人们带来直接利益的研究和教学机构提供帮助,以促进其进一步发展。

组织机构、主要负责人及研究人员概况

约克大学拉丁美洲和加勒比研究中心临时主任为爱德华多·卡纳尔(Eduardo Canel)。中心有正式成员和客座成员共100多人。

中心有一个文献室,藏书主要为西班牙文和英文,也有一些葡萄牙文和法文的藏书。藏书种类主要包括:知名杂志;与中心建立联系的其他拉美研究机构的出版物;多边机构(如世界银行、美洲开发银行、国际货币基金组织、国际劳工组织拉丁美洲和加勒比地区就业项目办,以及联合国拉美经委会等)的出版物;加拿大各政府机构和非政府组织的出版物,加拿大、美国和欧洲国家很多大学的研究中心的出版物;一些主题藏书(如有关人权、妇女与发展、环境、难民、本土化运动、制糖业等的藏书);加拿大、美国、欧洲及拉美国家的一些非政府组织(如人权观察、司法辩护协会等组织)的出版物;有关地区研究的重要著作;中心成员等人员发表的研究成果,等等。

研究重点与学术活动

约克大学拉丁美洲和加勒比研究中心是一个综合性研究机构,研究领域主要包括拉美和加勒比的经济发展、政治和社会组织,以及在文化方面的贡献等。工作重点主要有两个:一是创造适宜的条件,促进高质量的学术研究和其他学术活动;二是为约克大学的学生,乃至整个加拿大的学术、政府、非政府组织提供高水平的跨学科教育。

中心与拉美很多研究机构都建立了联系,其成就也得到了很多国际机构的认可,如联合国的一些机构、美洲国家组织、世界银行和美洲开发银行等。此外,中心组织的国内和国际会议、其研究

人员个人和小组级别的研究项目、对国际会议的参与,以及因这些活动而发表的大量研究成果提升了约克大学在跨学科研究(interdisciplinary studies)方面的学术声誉,使其不仅在加拿大和拉美地区,而且在欧洲、亚洲和澳大利亚等地也享有很高的声望。

中心在教学方面也作出了重要贡献。中心刚成立时就开设了拉美研究硕士课程,吸引了约克大学各个院系的学生,并成为其他跨学科、成建制的研究单位学位课程的一个样版。虽然中心自身不能授予学位,但其研究人员都以论文指导的身份大量参与了硕士和博士研究生的培养工作。中心还通过其与拉美学界的联系而向学生提供与论文有关的实地考察和其他工作经历。很多学生后来都有丰硕的研究成果问世。

拉美研究概况

长期以来,约克大学拉丁美洲和加勒比研究中心负责和参与了多项研究和发展项目。当前主要研究项目如下。

1. 拉丁美洲人权教育和研究网(Latin American Human Rights Education and Research Network)。设立该项目的前提是:完整的人权包括经济、社会和文化权利,缺一不可。此项目将中心和约克大学奥斯古德大厦法学院(Osgoode Hall Law School)同拉美国家的大学和民间组织联络起来促进人权教育,并在该地区进行研究和实施能力建设。

2. 加拿大拉美人研究网(The Latin Americans in Canada Research Network LAC – RN, RELAC)。设立的目的是为了加强和帮助在加拿大的拉美人社团,以分享和交流加拿大拉美人的信息,并使任何对此感兴趣的人都可加入进来。

3. 约克大学全球南方联盟(University Consortium on the Global South, UCGS)。2004 年由一些学术单位在约克大学设立,目的是鼓励同全球南方组织(Global South)进行广泛的学术交流。发起人大部分长期从事针对某一地区(如非洲、亚洲、拉美和加勒比、中东地区)的研究,并认为很多问题和事务已日益成为跨地区问题。

4. 巴普蒂斯塔论文奖和演讲项目(Baptista Essay Prize and Lecture),该项目包括论文奖和演讲项目。其论文奖由迈克尔·巴普蒂斯塔和加拿大皇家银行联合设立,每年向一名研究生和一名本科生发放500美元的奖励,以表彰其写出优秀的与拉美和加勒比研究相关的学术论文。其演讲项目每年请两位来自拉美和加勒比地区的著名演讲者前来,就重大地区事务及其对世界的影响发表讲演。

5. 加勒比宗教历史及比较研究。由加拿大人文及社会科学委员会(SSHRC)设立,是一个跨学科的联合研究项目,旨在从加勒比人的角度对加勒比的宗教现象进行确认、论述和分析。

6. 贾根系列演讲项目(The Jagan Lecture Series)。为了纪念切迪·贾根(Dr. Cheddi Jagan)博士而设立,他是国际知名的政治家,加勒比人民杰出的儿子、不朽的英雄;同时更是为了纪念他提出的大转型愿景,即"人权必须包括公民和政治,也必须包括经济和文化权利。人权需求和人权安全必须成为发展的目标。"该项目每年邀请一位杰出思想家兼实践家,从自身的观点和实践出发进行演讲。

7. 促进智利农村可持续发展项目(Promoting Sustainable Rural Development in Chile),是一个联络计划,为期五年。联系双方分别是中心和智利的特木科天主教大学(Catholic University of Temuco),智利一个非政府组织"教育和技术中心"也参与其中。其目的在于扩大和加强中心在智利周边地区的影响和研究。

主要拉美问题研究专家

约克大学拉丁美洲和加勒比研究中心临时主任爱德华多·卡

纳尔(Eduardo Canel),约克大学拉美和加勒比研究项目社会科学组客座教授。主要研究领域为社会运动理论、参与式民主、城市政治、民众激进主义及运动社会学。主要研究对象为乌拉圭。最新主要研究成果:《乌拉圭左倾了吗?》(*Uruguay's Tilt Left?*),2004年发表于《实验室认可国家合作组织美洲报告》第38期;《城市分权和参与式民主:在蒙得维的亚建立城市政治新模式?》(*Municipal Decentralization and Participatory Democracy: Building a New Mode of Urban Politics in Montevideo City?*),2001年发表于《欧洲拉美研究评论》。

对外合作

长期以来,约克大学拉丁美洲和加勒比研究中心的研究人员与拉美和加勒比地区的许多院校和机构建立了多种形式的联系。这些院校和机构所在的国家和地区主要有北美洲的墨西哥,中美洲的危地马拉、哥斯达黎加、萨尔瓦多和尼加拉瓜,南美洲的阿根廷、玻利维亚、巴西、智利、哥伦比亚、厄瓜多尔、秘鲁、委内瑞拉等,加勒比地区的巴巴多斯、伯利兹、古巴、多米尼加、瓜德罗普、海地、牙买加、特立尼达和多巴哥,等等。同时还与一些地区机构建立了联系,如位于智利的拉丁美洲和加勒比地区人口统计中心(CELADE)、位于萨尔瓦多的中美洲一体化体系(SICA),以及设于智利的联合国拉美经委会,等等。

主要出版物

《CERLAC简报》(*CERLAC Bulletin*),不定期出刊。《工作论文》(*Working Paper*),不定期出刊。《CERLAC会议论文》(*CERLAC Colloquia Paper*),不定期出刊。《CERLAC不定期论文》(*CERLAC Occasional Paper*),不定期出刊。《CERLAC报告》(*CERLAC Report*),不定期出刊。

2000 年以来机构的主要代表性文章和论著

1. Gavin Fridell, *Fair Trade Coffee: The Prospects and Pitfalls of Market-driven Social Justice*, University of Toronto Press, March 2007.
2. Luin Goldring and Sailaja Krishnamurti (eds.), *Organizing The Transnational: Labour, Politics and Social Change*, University of British Columbia Press, Nov. 2007.
3. Miguel González, Pierre Frühling and Hans Petter Buvollen, *Etnicidad y Nación. El Desarrollo de la Autonomía de la Costa Atlántica de Nicaragua (1987 – 2007)*, F&G Editores, 2007.
4. Miguel González, Pierre Frühling, Hans Petter Buvollen, *Etnicidad y Nación. El Desarrollo de la Autonomía de La Costa Atlántica de Nicaragua (1987 – 2007)*, F&G Editores, 1st. edition, 2007.
5. Gavin Fridell, *Fair Trade Coffee: The Prospects and Pitfalls of Market-Driven Social Justice*, University of Toronto Press, 1 edition, December 12, 2007.
6. Judith Hellman, *The World of Mexican Migrants: The Rock and the Hard Place*, New Press, Reprint edition, August 1, 2009.
7. Jasmin Hristov, *Blood and Capital: The Paramilitarization of Colombia*, Ohio University Press, 1 edition, April 21, 2009.
8. Gillian McGillivray, *Blazing Cane: Sugar Communities, Class, and State Formation in Cuba, 1868 – 1959*, Duke University Press, 2009.
9. David Murray (eds.), *Homophobias: Lust and Loathing Across Time and Space*, Duke University Press, 2009.
10. Alan B. Simmons, *Immigration and Canada: Global and Transnational Perspectives*, Canadian Scholars' Press, Inc., January, 2010.

* 资料来源:http://www.yorku.ca/

(作者:赵重阳,中国社会科学院拉丁美洲研究所;责任编辑:黄念)

西半球事务委员会
The Council on Hemispheric Affairs, COHA

地址：1250 Connecticut Ave, N. W. , Suite 1 C, Washington, D. C. 20036
电话：1—202—2234975
传真：1—202—2234975
网址：http://www.coha.org/
E-mail：coha@coha.org

历史沿革与现状简介

西半球事务委员会于 1975 年在美国华盛顿成立,属于非营利性的、独立的研究和信息咨询机构,宗旨在于促进西半球的共同利益、提高本地区事务的可预见性、宣传美洲国家关系的重要性,推动美国制定理性和建设性的拉美政策。从 1982 年起,西半球事务委员会开始跟踪研究加拿大与拉美国家的关系。自成立之日起西半球事务委员会就成为在研究西半球的政治、经济、外交事务及西半球面临的政治经济挑战等方面最活跃的私人机构之一,在美国具有广泛影响。

组织机构、主要负责人及研究人员概况

西半球事务委员会的管理机构是管理委员会,由美国的一些重要工会、专业机构、宗教团体的领导以及社会知名人士和著名学者构成。现任主任是拉里·伯恩斯(Larry Birns),自 1975 年该机构成立以来他一直担任西半球事务委员会的主任。研究人员包括

专职研究人员和具有研究能力的学生志愿者组成,其中专职研究人员九人。

研究重点与学术活动

西半球事务委员会既无任何具体的政治信仰,也没有任何的党派政治联系。它支持开放和民主的政治过程,它认为民主制度能向国民提供政治自由、经济社会公正以及个人安全等内容。近年来,它重点研究海地、委内瑞拉、古巴以及北美自由贸易区等问题。它与美国和拉美国家的政界保持了密切关系,尤其在地区发展、贸易政策等专题研究方面有着良好的合作关系。其研究成果得到美国参议院的承认,经常被美国主要媒体大量引用。该委员会主任拉里·伯恩斯以及其他高级研究员经常接受美国主要报社、广播以及电视台的采访,就拉美地区问题发表评论。该委员会的研究员也经常在一些杂志上开辟专栏,评论美拉关系以及拉美热点问题。

拉美研究概况

西半球事务委员会重点研究拉美及加勒比国家的国别问题,涉及政治、经济、外交等领域,长期跟踪和关注美拉关系的发展变化。其拉美研究的主要问题和观点如下。(1)关于美拉关系,反对布什政府忽视拉美的政策,认为虽然一些拉美国家由左派执政,但其政策差异较大,美国可采取多样化的政策加以应对。(2)关于美国对拉美的援助,认为美国对拉美援助的资金有限,且主要用于对哥伦比亚的军事援助。(3)关于美洲自由贸易区,认为由于拉美国家的制度不完善,社会各阶层不能平等公正地分享与美国签署自由贸易协议所带来的预期收益,美国推行的美洲自由贸易区战略会给拉美带来社会不公、贫困和不平等这些负面影响。(4)关于拉美国家应对美洲自由贸易区的对策,认为拉美国家在签署自由贸易协定之前,应加大基础设施建设,增加对农村地区的补贴,建立完善的社会保障体系。(5)关于拉美一体化问题,认为南方银行的成立将对拉美一体化起推动作用。(6)关于拉美中产阶级问题,认为由于拉美的中产阶级日益扩大,对社会保障和公共服务的要求不断增强,催生了对民主和社会发展的更高需求,拉美左派领导人的上台执政与这一事实密切相关。(7)关于拉美左派政府与美国的关系,认为尽管南美国家存在反美情绪,如委内瑞拉的查韦斯政府与布什政府的关系紧张,但大多数具有左派倾向的拉美国家在对美政策上采取了实用主义态度。

主要拉美问题研究专家

拉里·伯恩斯,生于1929年,毕业于牛津大学,曾在伦敦战略研究所从事国防和战略研究,曾任联合国拉美经委会高级官员,在英国和美国的一些大学从事拉美研究、比较政治学以及国际法的教学工作。他长期关注美拉关系的发展变化,撰写了大量文章,并对智利阿连德政府被推翻的历史有深入研究。经常出现在美国以及其他一些国家的广播电视节目中,包括美国之音、全国公共广播及BBC广播电台。其观点经常被路透社、美联社、合众国际社和埃菲社引用。

肖恩·伯吉斯(Sean Burges)博士,西半球事务委员会的高级研究员,美国著名的巴西外交政策研究专家。研究领域包括巴西的外交政策、地区主义、民主化的国际影响、国际组织中的发展中国家。其学术成果主要发表在《剑桥国际事务评论》、《加拿大拉美及加勒比研究》等刊物上。

对中国的研究

近年来,西半球事务委员会开始关注中拉关系研究,其研究的主要问题和观点如下。(1)关于中国在拉美的能源外交,认为由于拉美左派政府的能源国有化,中国关注拉美的能源,并与印度形成了竞争关系。(2)关于中国与拉美及加勒比未建交国的关系,认为中国通过投资和外交手段对未建交国施加经济和政治影响。(3)认为美国应警惕中国进入拉美,中国进入拉美的影响不仅仅局限于经济领域,而且中拉在社会、政治以及军事方面的联系也会加强。(4)认为拉美对中国具有战略意义,中国对拉美丰富的自然资源赋予了战略意义,是中国初级产品进口的重要来源地。(5)认为中墨经贸关系的发展对美国构成了挑战。

主要出版物

《华盛顿半球报道》(the Washington Report on the Hemisphere),双周刊,重点分析拉美的政治、经济、社会及国际关系领域的热点问题。

2000年以来机构的主要代表性文章和论著

1. Chris McGillion and Morris Morley, *Unfinished Business: America and Cuba After the Cold War, 1989 - 2001*, New York, Cambridge University Press, 2002.

2. Richard Alan White, Breaking Silence, *The Case that changed the Face of Human Rights*, Washington DC, Georgetown University Press, 2004.

3. Holger Henke, *Between Dependency and Self-Determination: Jamaica's Foreign Relations 1972 - 1989*, University of the West Indies Press 2000; *The End of the "Asian Model"?* John Benjamins Publishers, 2000; *The West Indian Americans*, Greenwood Press, 2001; *Modern Political Culture in the Caribbean*, University of the West Indies Press, 2003.

4. W. John Green and Gaitanismo, *Left Liberalism, and Popular*

Mobilization in Colombia, Gainesville, The University Press of Florida, 2003.
5. Nikolas Kozloff, *HUGO CHÁVEZ: Oil, Politics, and the Challenge to the U. S.*, Palgrave Macmillan Press, Jul. 2006.
6. Bart Jones, *Hugo! The Hugo Chavez Story from Mud Hut to Perpetual Revolution*, Steerforth Press, Sep. 2007.
7. Gregory Wilpert, *Changing Venezuela by Taking Power: The History and Policies of the Chavez Government*, Sep. 2007.

* 资料来源:http://www.coha.org

(作者:孙洪波,中国社会科学院拉丁美洲研究所;责任编辑:黄念)

北卡罗来纳大学(查珀尔希尔)美洲研究所

UNC – CH Institute for the Study of the Americas, UNC – CH IAS

地址:3200 FedEx Global Education Center,301 Pittsboro Street,CB 3205,University of North Carolina at Chapel Hill,Chapel Hill, NC 27599 – 3205
电话:1—91—9—966—1484
传真:1—91—9—962—0398
网址:http:// isa. unc. edu
E-mail:riefkohl@ email. unc. edu

历史沿革与现状简介

1915 年北卡罗来纳大学开设了拉丁美洲课程。随后,校内不断升温的"拉丁美洲热"促使这座知名学府在 1940 年创建了拉丁美洲研究所(ILAS)。该研究所是当时美国唯一专业研究拉丁美洲的科研机构。随着区域一体化的发展,"拉丁美洲"超出其传统的地理定义,扩展成一个覆盖整个美洲的复杂的地域政治概念。在这一地域内,虽然人们的国籍、伦理、种族各有不同,但通过文化、政治和社会经济的融合逐渐成为一个整体。为了顺应拉丁美洲的这种转变,北卡罗来纳大学拉丁美洲研究所将其研究区域扩展至美洲地区,并更名为美洲研究所(IAS)。

北卡罗来纳大学美洲研究所与杜克大学(Duke University)拉丁美洲和加勒比研究中心保持了长达半个多世纪的合作。1990 年,这两所研究机构共同组建了拉丁美洲和加勒比研究联合会

(The Consortium in Latin American and Caribbean Studies)。成立当年,联合会就收到美国梅隆基金会(Andrew W. Mellon Foundation)的大额捐赠。以此为依托,联合会加强了研究与培训活动,促进了两校间人员和信息的交流。1991年,联合会被美国教育部依据《高等教育法》(The Higher Education Act)第六条款指定为国家资料中心(NRC)。作为全国范围内的19个国家资料中心之一,联合会得到了充裕的资金扶持,在开展原有的拉丁美洲教学研究活动以外,还增设了一系列独特的新项目,如开设犹加敦玛雅语夏季集训班课程,举办电影节,设立面向公众的影视图书馆和其他资料中心等。目前,作为北卡罗来纳大学和杜克大学拉丁美洲和加勒比研究联合会的重要组成部分,美洲研究所的目标是强化校内的拉丁美洲和加勒比教学,为各个专业的学生和教职人员提供拉丁美洲研究和培训机会,更多地了解这一地区文化与传统的重要价值。

组织机构、主要负责人及研究人员概况

北卡罗来纳大学美洲研究所有一支专业的教学与研究队伍,由本校拉美研究领域的文学、历史学、人类学和科学等专业的学者构成。此外,研究所还专门设立了顾问委员会,主要成员为本校各专业的专家学者。

专业教职人员共五人:所长路易斯·佩雷斯(Louis Pérez),历史学家J. 卡莱尔·西特森(J. Carlyle Sitterson)教授;副所长、拉丁美洲研究联合会(FLAS)美洲研究所协调人比阿特丽克斯·里夫科尔·穆尼兹(Beatriz Riefkohl Muñiz);所长助理、拉丁美洲与加勒比地区移民问题应用人类学专家汉娜·吉尔(Hannah Gill);拉丁美洲和加勒比研究联合会公共服务与犹加敦玛雅项目主任沙伦·穆希尔(Sharon Mújica);美洲研究所项目负责人谢利·克拉克(Shelley Clarke)。

顾问委员会13人：北卡罗来纳大学非洲与美国黑人研究部助教基亚·卡尔德威尔（Kia Caldwell）；北卡罗来纳大学拉丁美洲与伊比利亚资料撰写人特蕾莎·查帕（Teresa Chapa）；北卡罗来纳大学历史系主任助理约翰·查斯特恩（John Chasteen）；北卡罗来纳大学地理系助教阿拉萨·克拉维（Altha Cravey）；北卡罗来纳大学经济系教授阿尔弗雷德·菲尔德（Alfred Field）；北卡罗来纳大学社会系副教授杰奎琳·哈根（Jacqueline Hagan）；北卡罗来纳大学医学院微生物免疫学系副教授让·汉迪（Jean Handy）；北卡罗来纳大学人类系助教弗洛拉·卢（Flora Lu）；北卡罗来纳大学罗马语系主任助理罗萨·佩雷尔米泰（Rosa Perelmuter）；北卡罗来纳大学罗马语系教授莫妮卡·雷克托（Monica Rector）；北卡罗来纳大学政治科学系教授拉尔斯·舒尔茨（Lars Schoultz）；北卡罗来纳大学法律系教授德博拉·韦斯曼（Deborah Weissman）；北卡罗来纳大学地理系副教授温迪·沃尔福德（Wendy Wolford）。

研究重点与学术活动

研究所保持学术领先地位的关键在于对拉美环境变化的不断适应和调整。研究所自成立以来，一贯重视研究战略和学科建设的创新性，在保持拉美研究具备可持续性的同时，还注重扩大研究的领域。目前，研究所重点关注的课题是拉美移民，尤其是流向美国的拉美移民问题。同时，为了适应"拉丁美洲"概念超越传统地理概念的延伸，研究所还重点关注在复杂的地缘政治背景下不同国籍、种族和民族的人群之间在政治、经济、社会和文化等各个层面的互动。研究所还逐渐将多种方法运用于对拉美问题的研究，强调研究工作的跨学科、跨专业和跨院校展开。

主要拉美问题研究专家

路易斯·佩雷斯，1970年毕业于美国新墨西哥大学，获历史学博士学位。曾在美国拉丁美洲研究协会、美古关系理事会、美国学术团体理事会与社会科学研究委员会(ACLS/SSRC)古巴工作组等机构中担任社会职务。当前关注的对象是19世纪与20世纪的拉丁美洲和加勒比地区,特别是加勒比地区的西班牙语国家。近期主要成果有:《成为古巴人:身份国籍与文化》(获得2000年伯顿—约翰逊奖)、《1898年战争:历史与历史学中的美国和古巴》、《变化之风:飓风与19世纪古巴的转变》(获得2001年乔治·珀金·玛什奖)和《死于古巴:自杀与社会》(获得2007年艾尔莎·戈维尔奖),等等。

汉娜·吉尔,2004年毕业于英国牛津大学,获得社会人类学博士学位。同年进入北卡罗来纳大学全球促进中心(CGI),从事洛克菲勒基金博士后研究,兼任美洲研究所所长助理。目前在研究所讲授"拉丁美洲移民视角:人种与行为"课程。近期代表作有《通往北卡罗来纳:墨西哥移民经历综述》。

2000年以来机构的主要代表性文章和论著

1. L. Pérez, *On Becoming Cuban: Identity, Nationality, and Culture*, Harper Perennial Press, 2001.
2. L. Pérez, *Winds of Change: Hurricanes & the Transformation of Nineteenth-Century Cuba*, University of North Carolina Press, 2001.
3. L. Pérez, *Cuba and the United States (Ties of Singular Intimacy)*, University of Georgia Press, 2003.
4. L. Pérez, *Encyclopedia of Cuba: People, History, Culture*, Greenwood Press, 2003.
5. L. Pérez, *The Archives of Cuba/Los Archivos de Cuba (Pitt Latin American Series)*, University of Pittsburgh Press, 2003.
6. L. Pérez, *Cuba: Between Reform and Revolution (Latin American Histories)*, Oxford University Press, USA, 2005.

7. L. Pérez, *To Die in Cuba: Suicide and Society*, Chapel Hill, NC, University of North Carolina Press, 2005.
* 资料来源:http://isa.unc.edu

(作者:岳云霞,中国社会科学院拉丁美洲研究所;责任编辑:高川)

布朗大学拉丁美洲研究中心
Center for Latin American Studies at Brown University, CLAS

地址: Center for Latin American Studies, Watson Institute for International Studies, Brown University Box 1866, 111 Thayer Street, Providence, RI USA 02912
电话: 1—401—8632106
传真: 1—401—8632121
网址: http://www.watsoninstitute.org/clas/
E-mail: Susan_Hirsch@brown.edu

历史沿革与现状简介

早在20世纪60年代,布朗大学就已出现一批专门研究拉丁美洲的学者。20世纪70年代,布朗大学先后成立了拉丁美洲研究中心及葡萄牙语和巴西研究中心。1983年,在这两个研究中心的基础上,拉丁美洲研究项目(LASP)正式成立。同年,布朗大学主办了第八届国际西班牙语联合会大会。拉丁美洲研究项目以此为契机,搭建起广泛的对外合作网络,先后加入了拉丁美洲研究协会、拉丁美洲研究新英格兰理事会和拉丁美洲研究项目联合会等国内外学术团体。1984年11月1日,拉丁美洲研究项目正式更名为拉丁美洲研究中心。2006年,研究中心被美国教育部指定为《高等教育法》第六条款下的国家资源中心。

目前,研究中心已成为一个拥有100多名研究人员的科研机构,主要负责布朗大学的语言项目,重点是西班牙语研究以及葡萄牙语和巴西研究项目。研究中心开设了一系列灵活的跨专业课程,旨在促进学生对拉美文化、历史和现实问题的理解。通过开设讲座、举办大型活动和放映电影等举措,研究中心增进了校内各层次人士就与拉美相关的学术、社会、政治、经济、文化等问题的交流。

组织机构、主要负责人及研究人员概况

布朗大学拉丁美洲研究中心主要由执行委员会和工作委员会两大部门构成。工作委员会下设六个独立项目:布朗大学巴西项目、加勒比促进项目、哥伦比亚工作组、古巴专门工作组、大墨西哥区域项目和海地法语加勒比项目。

研究中心主任马修·葛特曼(Matthew Gutmann),人类学教授;研究中心副主任贝丝·鲍尔(Beth Bauer),西班牙语研究高级讲师。主要研究人员有:路易斯·瓦伦特(Luiz Valente),比较文学专业,巴西项目主管,主任;詹保罗·巴约基(Gianpaolo Baiocchi),社会学专业;阿德琳·贝克尔(Adeline Becker),公共政策专业;阿纳尼·迪斯迪森尤(Anani Dzidzienyo),葡萄牙语与巴西研究中心;帕特里夏·索布拉尔(Patricia Sobral),葡萄牙语与巴西研究中心;纳尔逊·维埃拉(Nelson Vieira),葡萄牙语与巴西研究中心;佩吉特·亨利(Paget Henry),社会学专业;阿琳·凯泽(Arlene Keizer),英美文学专业;尼古拉斯·韦伊—戈麦斯(Nicolas Wey–Gomez),历史学专业;埃斯特·惠特菲尔德(Esther Whitfield),比较文学专业。

研究重点与学术活动

布朗大学拉丁美洲研究中心的发展目标是,巩固布朗大学在巴西研究领域的国内首要地位,发展"加勒比促进"项目,使布朗大学在拉丁美洲研究新英格兰理事会中处于领先水平。该理事会是专业研究加勒比地区的机构。

在强化巴西研究方面,研究中心以巴西项目为中心,多次举办

专业学术研讨会和论坛,如"巴西历史系列讲座"、"外交对话"、"里约热内卢电影展"和"巴西人、葡萄牙人和黑人后裔诗歌节",等等。

在加勒比研究方面,研究中心设立海地克里奥尔语(Haitian Creole)语言项目和古巴专门工作小组项目,举办了一系列有关加勒比地区的电影展、学术论坛和研讨会,并同加勒比地区的研究社团建立起良好的联系机制。

主要拉美问题研究专家

马修·葛特曼,1995 年毕业于加利福尼亚大学伯克利分校,获人类学专业博士学位。现任布朗大学国际事务办公室副主任兼拉丁美洲研究中心主任。主要研究领域为:民主和社会变化,贫困、不平等和发展,健康与性别,伦理与种族以及美洲军事化。讲授"社会学理论"、"美洲伦理、种族和性别"、"人类学文化原理"、"美洲人与文化"等课程。近期代表作包括《民主的浪漫:墨西哥当代屈从的反抗》、《变化中的拉美男人和男子汉》、《男子汉的意义:在墨西哥做男人》、《墨西哥性别与健康生殖》、《反抗之外:来自墨西哥城和瓦哈卡逝者的乌托邦》,等等。

詹姆斯·N.格林,1996 年毕业于加利福尼亚大学洛杉矶分校,获拉美历史专业博士学位。布朗大学拉丁美洲研究中心前主任兼历史系主任,兼任巴西战略网络(Brazilian Strategy Network)协调员和巴西移民网络(Brazilian Immigrant Network)顾问委员会主席等社会职务。曾多次在布朗大学发起并组织与拉美有关的活动,如举办电影节和开设系列学术讲座等,当前致力于构建葡萄牙语和巴西研究中心、西班牙语研究中心、人种和种族研究中心与拉丁美洲研究中心之间的密切联系。讲授"拉丁美洲殖民史"、"拉丁美洲性别与性"、"拉丁美洲史学中的性别、种族与文化"、"阿根廷史"、"巴西史"、"墨西哥史"、"19~20 世纪的拉丁美洲国家"、"巴西军政府时期的历史与文化"、"拉丁美洲女性与性别"和"20世纪的拉丁美洲革命"等课程。重点关注巴西问题,近期代表作主要有《我们不再沉默:1964~1985年美国对巴西军事独裁的抵制》、《新热点:1870~1980年巴西男性同性恋溯源》、《关注圣保罗同性恋问题》、《拉丁美洲视角》、《拉丁美洲流放与政治独裁简介》,等等。

R. 道格拉斯·科普,1987年毕业于美国威斯康星大学麦迪逊分校,获拉美历史专业博士学位。毕业后曾先后执教于俄勒冈大学和迈阿密大学。1988年正式加入布朗大学拉丁美洲研究中心。主要关注的领域包括:殖民时代的拉丁美洲、墨西哥和危地马拉。近期代表作主要有《种族独裁之有限性:殖民时代墨西哥城的平民社会(1660~1720)》(获赫伯特·E. 伯顿拉美研究最佳图书鼓励奖)、《18世纪墨西哥城的地下经济》、《杂交繁育:墨西哥人种与种族》、《18世纪墨西哥城的小商业与公共商品》、《征服反思:16世纪墨西哥两个文明之相遇》,等等。

2000年以来机构的主要代表性文章和论著

1. R. Douglas, "Los Ámbitos Laborales Urbanos", in Antonio Rubial García (eds.), *Historia de la Vida Cotidiana en México*, Vol. 2, La Ciudad Barroca, Mexico, El Colegio de México, A. C., Fondo de Cultura Económica, 2005.

2. J. Green, "Foreword", in Thomas E. Skidmore (eds.), *Politics in Brazil 1930 – 1964*, 40th Anniversary Edition, New York, Oxford University Press, 2007.

3. J. Green, "Pleasures in the Parks of Rio de Janeiro during the Brazilian Belle Époque 1898 – 1914", in Harold Johnson and Francis A. Dutra (ed.), *Pelo Vaso Traseiro: Sodomy and Sodomites in Luso – Brazilian History*, Tuscon, Az., Fenestra Books, 2007.

4. J. Green, W. E. French and K. E. Bliss, "Doctoring the National Body", in Lanham (eds.), *Gender, Sexuality, and Power in Latin America since Independence*, Md., Rowman and Littlefield, 2007.
5. J. Green, "(Homo) Xexuality, Human Rights, and Revolution in Latin America", in Jeffrey N. Wasserstrom, Lynn Hunt, Marilyn B. Young and Gregory Grandin (ed.), *Human Rights and Revolutions*, Rowman and Littlefield, 2007.
6. J. Green and L. Roniger, "Introduction: Exile and Political Exclusion in Latin America", *Latin American Perspectives*, Vol. 34, No. 4, July 2007.
7. J. Green, "Latin American Perspectives", *The History of Latin American Communism*, Vol. 25, No. 2, March 2008.
8. J. Green, "Estudios Interdisciplinarios de América Latina y El Caribe", Tel Aviv University, Israel Re-thinking Race and Ethnicity in *Brazil: Essays in Honor of Thomas E. Skidmore*, Vol. 19, No. 2, 2008.

* 资料来源：http://www.watsoninstitute.org/clas/

（作者：岳云霞，中国社会科学院拉丁美洲研究所；责任编辑：刘维广）

得克萨斯大学奥斯汀分校
特·洛·朗拉丁美洲研究所

The Teresa Lozano Long Institute of Latin American
Studies at the University of Texas at Austin, LLILAS

地址:SRH 1.310,1 University Station D0800, Austin, TX 78712
电话:1—512—4715551
传真:1—512—4713090
网址:http://www.utexas.edu/cola/insts/llilas/
E-mail:ilas@uts.cc.utexas.edu

历史沿革与现状简介

　　得克萨斯大学奥斯汀分校拉丁美洲研究所成立于1940年,是一个综合性的研究机构,美国最著名的拉美研究机构之一。2000年,为纪念一位慷慨的捐款人,改名为特·洛·朗拉丁美洲研究所。依据美国《高等教育法》第六条的条款,研究所被定为国家资源中心,与得克萨斯大学其他30多个学术部门密切合作,并开设学士、硕士和博士课程。

组织机构、主要负责人及研究人员概况

　　得克萨斯大学奥斯汀分校拉丁美洲研究所所长为布赖恩·罗伯茨(Bryan Roberts)。研究所有130多名成员,分别来自28个不同的学术单位,从事有关拉美的研究和教学。

　　研究所下设六个中心:阿根廷研究中心、巴西中心、拉美环境研究中心、拉美本土语言中心(CILLA)、拉美社会政策中心和墨西

哥中心。各中心都有自己的中心主任、预算和项目。研究所还设对外联络部、计算机中心和出版部。计算机中心供学生使用电脑；出版部与得克萨斯大学出版社联合，印刷发行书籍、宣传册、项目资料和工作论文等出版物。

研究所的资金主要来自于得克萨斯州政府、联邦政府、得克萨斯大学、私人基金、合作伙伴和个人捐赠。研究所用这些资金从事教学和研究活动，并向本森拉美收藏展（Benson Latin American Collection）、研究奖助项目及学生团提供资金援助。

图书馆藏有书籍、录像带、地图、展品以及其他与拉美教学有关的资源。

研究重点与学术活动

通过教学、研究和交流，得克萨斯大学奥斯汀分校拉丁美洲研究所致力于促进得克萨斯州乃至整个美国加深对拉美的认知和了解。为此，其采取的措施主要有：开设拉美专业学士、硕士和博士课程；对其成员和研究生的研究活动提供支持；举办学术会议、演讲，并设立与拉美的交换项目。同时，研究所还通过与拉美学者的合作研究项目、学术资源共享及为拉美学生在得克萨斯大学就读提供便利等方式提高拉美专业高等教育水平。

研究所设学士、硕士和博士学位课程及法学认证课程。在致力于全面教授拉美知识的同时，对传统学科有所侧重，如人文学科、法律、商业、社会科学和自然科学、工程学以及通讯学。为了同时保证所授知识的广度和深度，本科课程除中心课程以外，还安排有针对性的专门学科的课程。很多本科毕业生都是双学士。硕士课程允许学生更侧重于某一学科，但同时还必须完成商业、法律或通讯学的课程。博士课程只针对少数学生，他们在攻读博士期间进行跨学科学习。为了使跨学科教育切实可行，研究所的管理人员和教授都分别来自整个大学各个部门。

研究所的活动并不只限于校园,它还与对拉美感兴趣的民间、非营利性组织和商业协会密切合作;与美国和拉美的政府和多边机构共同工作,这些机构非常关注拉美的社会和经济状况的改善;还积极参与得克萨斯州和整个美国的相关活动。研究所还有一个扩大的K–12中小学教育对外联系项目,与中小学一起推动并加深学生对拉美及其文化的了解和兴趣。

研究所下属的六个中心经常举行讨论会、演讲和研讨会等学术活动;拉丁美洲研究学生联合会(ILASSA)每年举行一次国际学生会议。研究所还发起了具有创新意义的拉丁美洲网络信息中心(LANIC)项目,该中心提供网络数据库,为研究拉美的学者提供学术数据库,并帮助全球的拉美问题研究者获取有关拉美的信息。

2005年研究所成立了中美洲资源小组,将整个得克萨斯大学与中美洲有关的资源整合到一起,这些资源包括教师、图书资料、研究所以及学生课程等。其任务是为那些对中美洲感兴趣的教师、访问学者和学生搜集和发布相关信息,以加深人们对中美洲的学术、政策和民众的了解,寻求在奥斯汀分校以及更广范围内改善和加强对中美洲的认知,致力于成为中美洲相关学者、政策制定者和活动家的资源库。

此外,研究所还是科德里墨西哥民间面具藏品(Cordry Mexican Folk Mask Collection)的保存地。研究所是1981年收到这些藏品的,它们是墨西哥印第安人在举行乡村舞蹈庆典时戴的面具,其中一部分面具在本森拉美藏品展上长期展出。研究所还为日益引起人们重视的拉美艺术品收藏提供支持和帮助。研究所接待了大量知名的到访者,包括著名学者、艺术家、作家、美国和拉美的政要和校友以及拉美的朋友。

主要拉美问题研究专家

得克萨斯大学奥斯汀分校拉丁美洲研究所所长布赖恩·罗伯

特,社会学教授,得克萨斯大学人口研究中心成员。曾任研究所墨西哥中心和拉美社会政策中心主任。主要研究领域有社会政策、人口统计学以及城市和地区发展。在芝加哥大学获哲学博士学位,1986 年到得克萨斯大学任教,此前曾在曼彻斯特大学任教。发表了大量著作,如《正在组织起来的陌路者》(1973)、《农民的城市》(1978)、《公民的构成》(1995)、合著《交叉路口:墨西哥与美国移民》(1997)以及《中美洲的公民权利和社会政策》(1998)。

主要出版物

《门》(Portal),每年一期。《对外联系出版物》(Outreach Publications),半年刊。《拉丁美洲本土语言研究论文系列》(Papers on Latin American Indigenous Languages),电子出版物。《得克萨斯拉丁美洲研究论文系列》(Texas Papers on Latin America),正式出刊前的工作论文系列,电子版。《访问资源学者论文集》(Visiting Resource Professors Papers),电子论文系列。

2000 年以来机构的主要代表性文章和论著

1. Rolena Adorno, Guaman Poma, *Writing and Resistance in Colonial Peru*, University of Texas Press, Second Edition, December 2000.
2. Gonzalo Sanchez and Donny Meertens (author), *Bandits, Peasants, and Politics: The Case of "La Violencia" in Colombia*, University of Texas Press, March 2001.
3. Joel Sherzer (editor, translator), Joel Sherzer (photographer), Olokwagdi de Akwanusadup (illustrator), *Stories, Myths, Chants, and Songs of the Kuna Indians*, University of Texas Press, February 2004.
4. Laura de Mello e Souza (author), Diane Grosklaus Whitty (translator), *The Devil and the Land of the Holy Cross: Witchcraft, Slavery,*

and *Popular Religion in Colonial Brazil*, University of Texas Press, February 2004.
5. A. Philip Dennis, *The Miskitu People of Awastara*, University of Texas Press, August 2004.
6. Fernando Escalante Gonzalbo (author), C. Jessica Locke (translator), *In the Eyes of God: A Study on the Culture of Suffering*, University of Texas Press, 2006.
7. J. Murdo MacLeod, *Spanish Central America: A Socioeconomic History, 1520 – 1720*, University of Texas Press, revised edition, December 2007.
8. V. N. Peter Henderson, *Gabriel Garcia Moreno and Conservative State Formation in the Andes*, University of Texas Press, January 4, 2010.
9. E. Judith Grasberg (translator), *El Lector: A History of the Cigar Factory Reader (Llilas Translations from Latin America Series)*, University of Texas Press, 1 edition, February 15, 2010.
10. Antonio Pedro Tota (author), Lorena B. Ellis (translator), Daniel J. Greenberg (foreword), *The Seduction of Brazil: The Americanization of Brazil during World War II (Translations from Latin America)*, University of Texas Press, May 1, 2010.

* 资料来源:http://www.utexas.edu/cola/insts/llilas/

(作者:赵重阳,中国社会科学院拉丁美洲研究所;责任编辑:黄念)

范德比尔特大学拉丁美洲研究中心
The Center for Latin American Studies at Vanderbilt University, CLAS

地址：230 Buttrick Hall, VU Station B 351806, 2301 Vanderbilt Place, Nashville, TN 37235 – 1806
电话：1—615—3222527
传真：1—615—3222305
网址：http://www.sitemason.vanderbilt.edu/clas
E-mail：clas@vanderbilt.edu

历史沿革与现状简介

范德比尔特大学拉丁美洲研究中心（原名为范德比尔特大学拉丁美洲与伊比利亚研究中心）是美国较早成立的研究拉美的机构之一，已有60年的历史。其前身是1947年9月成立的范德比尔特大学巴西研究所（Vanderbilt's Institute for Brazilian Studies），它是美国第一个专门研究巴西历史、文学和经济的研究机构。范德比尔特大学巴西研究所在研究巴西问题、促进美国与巴西大学间的学术交流及为巴西的大学建设作出了巨大贡献，也为巴西培养了大批优秀人才。

1945年夏，美国图书馆协会（American Library Association）派出一个小组赴巴西，协助巴西政府重新组建巴西国家图书馆（the National Library of Brazil），美国杜克大学（Duke University）的哈维·布兰斯科姆（Harvie Branscomb）教授被任命为这一小组的组长。巴西这一广袤富庶、资源丰富的南美洲大国给布兰斯科姆教授留下了深刻印象。他认为，美国忽视了对巴西这个被誉为"打开南美洲未来之门的钥匙"的研究,决心积极促进美国对巴西的了解和研究。1946年,布兰斯科姆教授成为范德比尔特大学第四任校长,这为他实现促进美国加强对巴西问题的研究创造了条件,并为建立巴西研究所、促进对巴西的研究和交流作出了巨大贡献。

第二次世界大战结束后,美国政府感到,有必要加强对包括巴西在内的、那些曾被忽视的一些国家的了解和研究。布兰斯科姆教授利用这一机会向范德比尔特大学董事会提交了成立专门研究巴西问题的研究所的提案并获得批准。为筹措资金,1946年12月,布兰斯科姆教授向卡耐基集团(Carnegie Corporation)提交了"建立一个以巴西为重点研究对象的南美洲研究所的法案"的一份议案。范德比尔特大学前校长、时任卡耐基促进教学基金会主席的奥利弗·卡迈克尔(Oliver Carmichael)在收到这一议案后建议,由北卡罗来纳大学、得克萨斯—奥斯汀大学、杜兰大学和范德比尔特大学四所南方大学讨论制订一个合作研究拉美区域问题的计划。1947年6月,耐基集团批准了四所大学联合制定的研究方案,同时拨款25万美元作为四所大学五年(1947~1952)内成立拉丁美洲研究中心的启动资金。这笔资金虽然比期望得少,但却为范德比尔特大学巴西研究所的建立提供了基础资金。在布兰斯科姆这位对巴西有着特殊情感和浓厚兴趣的教授的努力下,1947年9月范德比尔特大学巴西研究所正式成立并开始运作,它成为美国第一个专门研究巴西问题的研究机构。从此,范德比尔特大学与拉丁美洲、特别是与巴西结下了不解之缘。

组织机构、主要负责人及研究人员概况

范德比尔特大学拉丁美洲研究中心主要由管理机构、全国顾问委员会、筹划指导委员会和科研人员构成。

管理机构主要负责中心的科研、教学和日常活动的管理工作。其人员组成如下。主任爱德华·F.菲希尔(Edward F. Fischer);负责毕业生学位管理、外语和地区研究项目、学生语言水平评估和暑期实习资金管理等事务的副主任海伦娜·西蒙奈特（Helena Simonett）；负责研究生和本科教学的副主任弗兰克·鲁滨逊（Frank Robinson）；主任助理艾弗里·迪肯斯·迪格隆（Avery Dickins de Girón）；项目负责人诺尔马·安蒂隆（Norma Antillon）；对外协调员克莱尔·冈萨雷斯（Claire González）；资料管理员保拉·科温顿（Paula Covington）。

全国顾问委员会主要由美国大学和研究机构中的拉丁美洲研究专家组成。筹划指导委员会由范德比尔特大学各院系的教学和研究人员组成。两个委员会主要负责为中心的学科建设、学术研究提供指导和建议。

全国顾问委员会成员：得克萨斯大学奥斯汀分校的诺拉·英格兰（Nora England）、约翰斯霍普金斯大学的富兰克林·奈特（Franklin Knight）、杜兰大学的汤姆·里斯（Tom Reese）、哥伦比亚大学的汤姆·特雷巴特（Tom Trebat）。

筹划指导委员会成员：西班牙语和葡萄牙学院的劳瑞·卡坦萨罗（Lori Catanzaro）、卡洛斯·哈乌莱古伊（Carlos Jáuregui）、伊曼纽尔·奥利弗埃拉（Emanuelle Oliveira）、艺术史学院的里昂纳多·弗卡拉伊特（Leonard Folgarait）、皮博迪人类和组织发展学院的吉姆·弗雷泽（Jim Fraser）、人类学学院的莱斯莉·吉尔（Lesley Gill）、咖啡研究所的彼得·马丁（Peter Martin）、英语学院的伊凡奥马·恩万克沃（Ifeoma Nwankwo）、政治学院的米切尔·A.塞里格森（Mitchell A. Seligson）。

作为范德比尔特大学所属的一个研究机构，拉丁美洲研究中心的研究人员是以各系和各学院为依托的，其研究范围十分广泛，包括拉美的考古、历史、艺术史、哲学、政治、经济、神学、医药护理学、社会学、西班牙语和葡萄牙语等方面。目前中心共有107位科研人员，他们分属范德比尔特大学的各个系和各个学院。

研究重点与学术活动

范德比尔特大学拉丁美洲研究中心起初作为研究巴西文化、历史、政治和经济的权威机构,经过几十年的发展,研究范围逐渐扩展到中美洲、南美洲和加勒比地区。目前,该中心已成为美国研究巴西问题的权威机构。在研究中美洲人类学和考古学、拉美民主建设和经济发展、拉美文学和语言及拉美和加勒比的非洲裔人口问题等方面,该中心的一些知名学者也颇有建树。中心不同领域的研究者每年出版大量学术专著和论文,参加各种学术交流活动,为拉美研究事业作出了重要贡献。中心每隔一年举行一次关于巴西问题的研讨会,其中要邀请将近一半的巴西学者参加。范德比尔特大学图书馆拥有丰富的有关拉美国家地理和历史的资料图书,尤其藏有关19世纪哥伦比亚和巴西的史料及中美洲考古学和人类学方面的资料。

中心除从事有关拉美问题的研究以外,还承担培养从事有关拉美研究的优秀人才的任务。中心开设拉美研究本科专修课程和选修课程,设有拉美研究的硕士点。中心本科课程在2006年《高尔文报告》中排名第八。2006年,该中心被美国教育部指定为国家资料中心,未来四年该中心将得到美国教育部150万美元的拨款,用于资助中心科研人员及研究生的研究工作和其他学术活动。与此同时,该中心还是美国国防部指定的对美国的对外事务官员进行培训的机构之一。

总之,该中心在有关拉美问题的教学、科研及社会服务方面取得了巨大成就,现已成为美国有关拉美问题、特别是巴西问题研究机构中颇具影响力的机构之一。

对重大国际问题的观点

作为研究拉美地区大国——巴西的权威机构,中心十分重视拉美地区大国与美国的关系。中心还十分关注拉美的民主化进程和腐败问题。中心的拉美政治研究方面的权威专家米切尔·A. 塞里格森(Mitchell A. Seligson)从 20 世纪 70 年代起就对拉美国家民众的政治观点、特别是民主价值观及与民主相关的行为进行系统调查。同时,对拉美国家的腐败问题进行了定量化研究。

拉美研究概况

范德比尔特大学拉丁美洲研究中心研究重点涉及中美洲人类学、考古学、历史、政治学、语言和巴西文学、伊比利亚和西班牙美洲文学和语言、比较政治制度、加勒比研究等多个方面。领导和参与的研究项目亦涉及拉美国家的政治、文化、历史等多方面,其中主要研究项目包括如下四项。

1. 巴西研究协会项目。巴西研究协会是一个国际性的巴西问题研究机构,其会员 500 多名,由美国、巴西、一些欧洲国家和拉美国家的专家和学者组成。2004 年 7 月,巴西研究协会秘书处由新墨西哥州大学迁至范德比尔特大学,该大学历史系马歇尔·C. 艾金(Marshall C. Eakin)教授任协会的常务会长。范德比尔特大学拉丁美洲研究中心成为该项目的主持单位。2006 年 10 月 13～16 日,巴西研究协会第八次巴西问题国际研讨会在范德比尔特大学举行。

2. 拉丁美洲民意调查项目。这一项目是由范德比尔特大学拉丁美洲研究中心研究人员米切尔·塞里格森(Mitchell Seligson)于 70 年代创建的,主要活动是对拉美国家民众的政治观点、特别是民主价值观及与民主相关的行为进行系统调查,内容涉及妇女参政的程度、教育平等对少数民族民主权利的影响、政府腐败对民众的影响。目前,这一项目已完成 60 份有关拉美国家民众政治观点的调查报告和数据分析。这些调查数据和分析成为美国国际发展署(the United States Agency for International Development)评估拉美国家民主化程度和促进其进行民主建设的重要依据。同时,这些调查结果也得到一些拉美国家政府和国际组织(如世界银行和联合国)的重视。这一项目得到了联合国开发署和世界银行的资助。

此外,美洲民意调查项目的另一成就是"美洲晴雨表"("Americas Barometer")发布的有关拉美国家民主状况的调查报告。

3. 咖啡研究所拉美咖啡生产国研究项目。咖啡研究所成立于1999年,机构设在范德比尔特大学医学中心精神病学系。咖啡研究所是在咖啡生产国协会(the Association of Coffee Producing Countries)、美国全国咖啡协会(the National Coffee Association of the USA)和日本全国咖啡协会(the All Japan Coffee Association)的倡导下,由主要的咖啡生产国巴西、哥伦比亚、墨西哥、危地马拉和中美洲五国提供启动资金而成立的。最初其主要研究重点是探求咖啡消费对人体健康的影响。为了扩大当时的咖啡对人体健康影响的生物医药学研究范围,加强对咖啡在历史、文学、社会和经济方面对生产国、消费国和世界的影响的研究,2007年咖啡研究所迁到范德比尔特大学拉丁美洲研究中心。

4. "通向危地马拉"项目。这一项目是一个由纳什维尔市的教会、学校、私人组织及与危地马拉有联系的个人组成的团体。这一团体是由沙隆姆基金会、范德比尔特儿童医院和拉丁美洲研究中心共同发起成立的。它不定期举行会议,为参加各方提供一个相互交流的机会和平台,分享在危地马拉活动的经验,讨论危地马拉现在正面临和将来可能面临的问题。

主要拉美问题研究专家

范德比尔特大学拉丁美洲研究中心(前身巴西研究所)成立之初就会聚了许多知名人士。1947年巴西研究所成立时社会学家T. 林恩·史密斯(T. Lynn Smith)任第一任所长;历史学家亚历山大·马尔尚(Alexander Marchant)和葡萄牙语助教艾尔·托马斯

(Earl Thomas)是当时研究所中的重要研究人员。1949年1月,经济学家雷诺·卡尔森(Reynold Carlson)加盟巴西研究所,后成为巴西研究所的第二任所长。1948年夏,在卡耐基促进教学基金会的资助下,范德比尔特大学开设了有关巴西问题的一系列课程。巴西著名文化人类学家埃米利奥·威廉斯(Emilio Willems)开设了"巴西种族与文化"课程。1949年,他作为访问学者再次来到范德比尔特大学,后成为该校的正式研究人员,直至1974年退休。

目前,范德比尔特大学拉丁美洲研究中心在拉美问题研究、特别是拉美政治问题研究方面成果卓著,影响较大的研究人员是米切尔·A. 塞里格森(Mitchell A. Seligson)教授。塞里格森教授是匹兹堡大学的政治学博士,范德比尔特大学的政治学终身教授,拉美民意调查项目的创始人和主任。其主要研究方向是:比较政治学、拉美政治、民主化和发展。他曾在匹兹堡大学任教,70年代主持创建了拉美民意调查项目。从80年代起在范德比尔特大学任教,任该校政治系政治学终身教授。他还是拉丁美洲研究中心和美洲研究中心的研究员,其著述颇丰。他运用定量研究、比较研究和调查方法对拉美国家的民主化问题和腐败问题进行了研究。其主要研究成果有:专著《民众与国家:拉丁美洲的政治参与》(1978)和《贫富差距:发展政治经济学的斗争视角》(1984);论文《古巴民意测度:方法论》(1999)、《关于民主满意度跨国研究的含义与测量》(2001)、《论腐败问题的测度》(2002)、《腐败问题的测量与影响:来自拉美的调查》(2006)、《拉丁美洲民众主义和左派的崛起》(2007),等等。

对外合作

作为范德比尔特大学拉丁美洲研究中心前身的巴西研究所成立之初对外交流与合作活动十分活跃,以下三项活动值得一提。

(一)巴西总统杜特拉访问范德比尔特大学

1949年5月26日,巴西总统杜特拉(Dutra)访问范德比尔特大学和巴西研究所,并被聘为该所的名誉所长。杜特拉的访问加强了范德比尔特大学巴西研究所与巴西的联系和交流,扩大了研究所在美国和巴西的影响。

(二)布兰斯科姆教授和雷诺·卡尔森所长访问巴西

1950年夏,巴西政府邀请布兰斯科姆教授和雷诺·卡尔森(时任巴西研究所所长)访问巴西。他们受到巴西总统和政府高官的接见,并与多所大学的领导举行座谈。在布兰斯科姆教授的努力下,美国大学联合图书馆(Joint University Libraries)得到巴西政府200多卷有关巴西问题的赠书。

(三)协办美国国会图书馆建馆150周年庆祝活动

1949年,美国国会图书馆筹备建馆150周年庆祝活动。作为庆祝活动的一部分,美洲西班牙基金会倡议举行有关巴西问题的一次研讨会。范德比尔特大学巴西研究所作为本次研讨会的协办方,大大扩大了范德比尔特大学在美国的影响力和知名度。1949年正值范德比尔特大学建校75周年。1950年10月15~20日,来自巴西、葡萄牙和美国的专家学者参加了这次研讨会。布兰斯科姆教授在研讨会开幕式上作了重要发言,马尔尚教授主持了有关巴西历史问题的研讨。会后,马尔尚教授编辑整理了研讨会的论文,1953年以《巴西问题国际研讨会会议纪要》的书名由范德比尔特大学出版社出版。

目前,该中心仍在科研和教学方面开展广泛的对外交流与合作。在科研方面,中心与美洲研究中心(the Center for the Americas)、巴西研究协会(the Brazilian Studies Association)等拉美研究机构保持密切的合作与学术交流。在教学方面,与圣保罗大学(the Universidade de São Paulo)和巴西利亚联邦大学(the Universidade Federal da Bahia)签订了定期的互换学生的协议。它还与墨西哥和拉美其他国家的多所大学建立了正式的交流关系。

主要出版物

由于范德比尔特大学拉丁美洲研究中心的研究主要依托范德比尔特大学各学院和各系,研究人员散布于各学院和各系,中心没有统一的刊物。一些关于拉美问题的专著主要通过范德比尔特大学出版社(Vanderbilt University Press)出版。

2000 年以来机构的主要代表性文章和论著

1. Edward F. Fischer and Peter Benson, "Something better: Hegemony, development, and desire in Guatemalan export agriculture", *Social Analysis*, Vol. 49, No. 1, 2005.
2. Jonathan T. Hiskey, "The Political Economy of Subnational Economic Recovery in Mexico", *Latin American Research Review*, Vol. 40, No. 1, 2005.
3. Mitchell A. Seligson, "The Measurement and Impact of Corruption Victimization: Survey Evidence from Latin America", *World Development*, Vol. 34, No. 2, 2006.
4. Edward F. Fischer, *Broccoli and desire: Global Connections and Maya Struggles in Postwar Guatemala*, Stanford, Stanford University Press, 2006.
5. Mitchell A. Seligson, "The Rise of Populism and the Left in Latin America", *Journal of Democracy*, Vol. 18, No. 3, July 2007.
6. Marshall Eakin, *The History of Latin America: Collision of Cultures*, New York, Palgrave/Macmillan, 2007.
7. Jason Borge, *Latin American Writers and the Rise of Hollywood Cinema*, Routledge, 2008.
8. John A. Booth and Mitchell A. Seligson, *The Legitimacy Puzzle*:

Democracy and Political Support in Eight Latin American Nations, Cambridge University Press,2009.
9. Elizabeth Zechmeister and Jennifer Merolla,*Democracy at Risk:How Terrorist Threats Affect the Public*, University of Chicago Press,2009.
10. Edward Wright-Rios, *Revolutions in Mexican Catholicism: Vision, Shrine and Society in Oaxaca, 1887 – 1934*,Duke University Press,2009.

* 资料来源:http://sitemason.vanderbilt.edu/clas

(作者:李罡,中国社会科学院研究生院;责任编辑:蔡同昌)

佛罗里达大学拉丁美洲研究中心
Center for Latin American Studies, University of Florida, UFCLAS

地址:319 Grinter Hall, PO Box 115530, Gainesville, FL 32611
电话:1—352—3920375
传真:1—352—3927682
网址:http://www.latam.ufl.edu/
E-mail:cwood@latam.ufl.edu

历史沿革与现状简介

佛罗里达大学拉丁美洲研究中心是美国在拉美研究方面成立较早的一个研究机构。其前身是成立于1930年的佛罗里达大学美洲事务研究所,1931年美洲事务研究所第一批获得拉美研究硕士学位的授予权。1963年美洲事务研究所更名为佛罗里达大学拉丁美洲研究中心,并被美国教育部指定为国家资源中心之一。如今,这一中心仍是美国教育部重点资助的研究机构,也是美国在地区研究方面最突出的科研机构之一。

这一中心既是一个研究机构,也是一个教学机构。它为本科生和研究生开设拉美跨学科研究的课程,同时提供一系列奖学金计划,借以组织和推动佛罗里达大学与拉美和加勒比各机构的教师和学生之间的交流。

这一中心的主要任务是推动美国社会对拉美和加勒比及其各民族的了解,提高美国的拉美教学和研究能力,并逐步扩大对拉美和加勒比及美国拉美裔的研究。

组织机构、主要负责人及研究人员概况

佛罗里达大学拉丁美洲研究中心有20名专职研究人员,10名从事行政后勤工作的职员,还有来自佛罗里达大学各院系的160多名知名教授和学者,他们是这一中心的兼职研究员。这一中心的研究领域广泛,主要涉及人文科学、社会科学和自然科学。

自1992年以来,这一中心实施拉美研究领域的"巴卡迪家族杰出学者计划"("Bacardi Family Eminent Scholar"),邀请许多著名学者和艺术家来中心进行学术访问。第一位被邀请的学者是哥斯达黎加总统、诺贝尔奖获得者奥斯卡·阿里亚斯(Oscar Arias)。2006~2007年度被邀请的学者是豪尔赫·杜阿尼(Jorge Duany),他是波多黎各大学社会学和人类学系主任,人类学博士,主要关注波多黎各和古巴的移民问题。

为加强佛罗里达州同该州的主要贸易伙伴巴西的联系,1986年佛罗里达州高等教育部同巴西大学校长委员会(CRUB)在这一中心设立佛罗里达—巴西研究所,以此加强双方的贸易联系和学术交流。佛罗里达—巴西研究所所长由汉纳·H.科弗特(Hannah H. Covert)担任,同时她还兼任这一中心的执行主任。科弗特1998年毕业于佛罗里达大学,获拉美研究硕士学位,主要从事国际教育和高等教育研究。她曾广泛游历拉美和加勒比国家,目前主要负责科研和学术管理工作。

这一中心的主任是卡门·戴安娜·迪尔(Carmen Diana Deere),1978年毕业于加利福尼亚大学伯克利分校,获农业经济学博士学位,1968年获弗莱彻法律与外交学院发展研究硕士学位。其主要研究领域是农业发展、性别、土地政策和农村劳动力市场;主要研究国别是巴西、安第斯国家、中美洲国家、古巴及国别比较研究。从2004年起他担任这一中心的主任,此前曾任马萨诸塞大学阿姆赫斯特校区拉丁美洲、加勒比和拉美裔研究中心主任和经济学教

授,还曾任美国拉丁美洲研究协会主席和拉丁美洲研究新英格兰地区委员会(NECLAS)主席,她是多家学术期刊的编委会成员。2004年,她曾作为联合国开发计划署的顾问,领导一个巴西的土地改革和减贫委员会。其较有影响的论文是为联合国社会发展研究所撰写的《农业的女性化?拉美农村地区的经济重组》、《墨西哥已婚妇女的财产权:拉美比较视角和研究议程》、《女性主义经济学特刊:妇女和财富分配》(合编)、《妇女赋权:拉丁美洲的土地和财产权》(合著)。

这一中心没有专门的图书文献,其图书资料与佛罗里达大学图书馆共享。佛罗里达大学图书馆藏有拉美研究方面的大量图书,是世界上收藏拉美研究文献较多的图书馆之一,藏有拉美研究文献资料约40万册,期刊1100种,约5万份微缩文献,以及越来越多的电子文献资料。

研究重点与学术活动

佛罗里达大学拉丁美洲研究中心设立多种教学课程和研究项目。

拉美研究硕士学位课程分设两部分:一是围绕单一学科和研究主题,二是开展跨学科的拉美研究(主要有拉美研究、翻译研究和热带保护与发展)。海外学习课程包括六种课程,分别设在墨西哥、巴西、迈阿密和海地。本科生和研究生都可提出申请,学习内容包括西班牙语、葡萄牙语、海地克里奥尔语、玛雅文化,以及热带生态学和商业。拉美商业环境课程主要分析影响拉美投资和商业环境的经济、社会和政治发展趋势。与佛罗里达大学沃林顿商业管理学院合作出版《拉美商业环境年度报告》。热带保护和开发项目主要研究保护生物多样性,可持续的资源管理,热带地区的农业人口福利。佛罗里达拉美移民项目由福特基金会赞助,由这一中心联合佛罗里达大学政治科学系和宗教系对佛罗里达州的巴西、危地马拉、墨西哥等国移民信奉的宗教进行研究。佛罗里达—巴西研究项目是由佛罗里达州与巴西推动的合作项目,目的是藉此促进佛罗里达州同巴西的贸易和教育交流。

除设立各种学习课程以外,这一中心自1951年以来还多次主办了年度国际会议。每年的会议主题一般根据佛罗里达大学教授的兴趣和拉美地区的新趋势而变化。最近几次国际会议的主题是:"拉丁美洲研究参考书目:过去、现在和未来"(2005),"换种视角看发展:拉美的农村社会运动"(2006),"数字文化中的土著:通讯技术及其对美洲土著语言和文化认同的影响"(2007)。

拉美研究概况

佛罗里达大学拉丁美洲研究中心是一家研究领域非常广泛的科研机构,重点关注人文学、社会学和自然科学。这一中心的成员几乎都是佛罗里达大学各院系的教授,研究门类广泛。其中与佛罗里达大学沃林顿商业管理学院联合出版的《拉美商业环境年度报告》,由于对影响拉美投资和商业环境的政治、经济和社会发展趋势进行了深入分析而广受赞誉和关注。

主要拉美问题研究专家

查尔斯·H.伍德(Charles H. Wood),1996~2004年任佛罗里达大学拉丁美洲研究中心主任。1972年和1975年,先后获得克萨斯大学奥斯汀分校社会学硕士和博士学位,懂西班牙语和葡萄牙语。其主要研究领域包括拉美研究、人口和环境、人口学和发展社会学,以及种族和民族比较研究。当前,他的研究重点是,亚马孙地区的森林砍伐、财产权和资源利用、宗教归属、儿童死亡率以及巴西的种族歧视和社会认同。这些研究项目得到国家科学基金会(NSF)、美洲全球变革研究所(IAI)和美国国家航空航天管理局(NASA)的资助。他勤于笔耕,著作颇丰,其代表作有:《亚马孙流域的开发扩张》《巴西的不平等》《亚马孙地区的土地利用和森林砍伐》《反思拉丁美洲的发展》(合著)。论文主要有:《巴西亚马孙地区的人口和土地利用》《当代拉美的增长和不平等:巴西案例》《巴西亚马孙地区'生态失衡'的人口学视角》《巴西亚马孙地区的安置和社会冲突》。

埃弗拉因·巴拉达斯(Efraín Barradas),文学博士,教授,主要研究领域是加勒比文学、拉美裔研究、墨西哥文化、拉美艺术史和思想史,主要研究地区包括加勒比地区和墨西哥。他曾获普林斯顿大学西班牙文学和美洲文学博士学位。在加盟佛罗里达大学之前,他是马萨诸塞大学教授,从事拉美裔研究项目和拉美研究项目。他长期担任波多黎各大学和哈佛大学的客座教授,著作颇丰。当前,他主要关注拉美文学和艺术中的大众文化,以及对墨西哥艺术家的解读。

对外合作

为进一步推动拉丁美洲研究和学习的深入发展,这一中心与诸多机构都建立了学术资助合作计划,主要有:福特基金会资助的"美国南部的移民、宗教和社会变迁"项目;戈登和贝蒂·摩尔基金会资助的"亚马孙生态保护领导倡议";世界银行资助的"拉美有关性别和资产统计数据改善计划",以及美国教育部资助的"与拉美相关的大学助学金计划"。

主要出版物

《拉丁美洲商业环境年度报告》(The Latin American Business Environment Report),从1999年起该报告每年发布一次。《案例研究系列》(Case Study Series),刊载关于性别、社区参与和自然资源管理案例研究的系列报告,不定期出版,从1999年起至今已出版五个案例研究报告。

2000 年以来机构的主要代表性文章和论著

1. Ana Margheritis, "State-led Transnationalism and Migration. Reaching out to the Argentine Community in Spain", Global Networks, *A Journal of Transnational Affairs*, No. 7, Jan. 2007.
2. Charles H. Wood, "Social Exclusion", In Charles H. Wood and Bryan B. Roberts(eds.), *Rethinking Development in Latin America*, Penn State University Press, 2005.
3. Carmen Diana Deere, "Liberalism and Married Women's Property Rights in Nineteenth Century Latin America", with Magdalena León, *Hispanic American Historical Review*, Vol. 85, No. 4, 2005.
4. Richmond Forrest Brown, "Elite Maintenance in Nineteenth-Century Guatemala: The Aycinena Family, 1796–1840", *SECOLAS Annals*, No. 36, Nov. 2004.
5. Helen M. Icken Safa, "From the Marginality of the 1960s to the 'New Poverty' of Today", Research Forum, *Latin American Research Review*, Vol. 39, No. 1, Feb. 2004.
6. Efraín Barradas, "Sirena Selena vestida de pena o el Caribe como travestí", "Centro", *Journal of the Center for Puerto Rican Studies*, Vol. XV, No. 2, New York, Fall, 2003.
7. Efraín Barradas, "Los silencios del canónigo: Francisco Manrique Cabrera y su Historia de la literatura puertorriqueña", *Revista de Estudios Hispánicos*, Vol. XXX, No. 1, University of Puerto Rico, 2003.
8. Carmen Diana Deere, "A Women's Land Rights and Rural Social Movements in the Brazilian Agrarian Reform", *Journal of Agrarian Change*, Vol. 3, No. 1 and No. 2, 2003.
9. Richmond Forrest Brown, "Dilemmas of a Creole Loyalist: José de

Aycinena and the Crisis of Central American Independence, 1808 – 1824", *Colonial Latin American Historica*, Vol. 12, No. 3, Summer 2003.
10. Helen M. Icken Safa, "Women and Globalization: Lessons from the Dominican Republic", in *The Spaces of Neoliberalism, Land, Place and Family in Latin America*, Jacquelyn Chase, Kumarian Press, 2002.

* 资料来源:http://www.latam.ufl.edu/

（作者:郭存海,中国社会科学院拉丁美洲研究所;责任编辑:蔡同昌）

佛罗里达国际大学拉丁美洲和加勒比中心

The Latin American and Caribbean Center at Florida International University, LACC

地址：Latin American and Caribbean Center Florida International University University Park DM 353 Miami Florida 33199
电话：1—305—3482894
传真：1—305—3483593
网址：http://www.lacc.fiu.edu
E-mail：lacc@fiu.edu

历史沿革与现状简介

佛罗里达国际大学拉丁美洲和加勒比中心成立于1979年，是佛罗里达国际大学第一个地区研究中心；其宗旨是向学术界和全社会提供与拉丁美洲和加勒比有关的教育以及其他外沿服务。被美国教育部依据《高等教育法》第六条款指定为国家资源中心之一，并与佛罗里达大学拉丁美洲研究中心共同被指定为拉美和加勒比地区及语言研究国家资源中心。

组织机构、主要负责人及研究人员概况

佛罗里达国际大学拉丁美洲和加勒比中心主任是克里斯蒂娜·埃吉萨瓦尔（Cristina Eguizábal），2007年就任。中心有专业人员22人，客座研究人员近200人。中心下辖八个中心和研究所，经费由联邦政府拨款。

上述八个中心和研究所的情况如下。美洲峰会中心,就与西半球一体化进程相关的事务提供独立而客观的分析,包括自由贸易协定对佛罗里达的影响等;古巴研究所,研究古巴和在美国的古巴人问题;跨文化舞蹈和音乐研究所,致力于保存该地区的文化、舞蹈和音乐;国际专业服务研究所,研究服务业在佛罗里达经济中所扮演的角色;拉丁美洲和加勒比可持续发展研究所,研究西半球自然与社会间的相互作用;哥伦比亚研究所,研究哥伦比亚国内冲突问题,以及佛罗里达的哥伦比亚人社团的发展问题;佛罗里达—加勒比研究所,致力于加强佛罗里达与加勒比间的文化、教育和商业联系;佛罗里达—墨西哥研究所,致力于巩固并加强佛罗里达和墨西哥之间的联系。

研究重点与学术活动

佛罗里达国际大学拉丁美洲和加勒比中心在拉丁美洲和加勒比问题的研究和教学等方面具有很高的水平,主要任务之一就是进行学术研究及提供相关支持。由于佛罗里达国际大学聚集了大量研究拉丁美洲和加勒比的学者,数量居美国各大学之冠,因此中心的研究涵盖了很多领域,除社会科学和人文科学以外,还有物理学和生物科学、环境研究、商业、法律等,并就移民、美国与拉美的关系、美洲的贸易和一体化、本土文化、经济稳定和民主化,以及可持续发展和环境保护技术等问题发表了很多重要的研究成果。

随着中心的不断发展,其内部的多元性日益明显。中心下属的八个中心和研究所还提供与拉丁美洲相关的奖学金,并组织与拉丁美洲有关的会议、系列演讲和文化活动。

中心自成立以来还得到国家和州一级的研究资金,并得到福特基金会和梅隆基金会等机构的大力支持。

拉美研究概况

佛罗里达国际大学拉丁美洲和加勒比中心目前正进行的项目主要有:

1. 侨汇项目(Remittances Program)。2005年全球侨汇总额超过2300亿美元,其中拉丁美洲和加勒比地区的侨汇总额为536亿美元,占全球侨汇总额的24.5%,是所占比重最高的地区。项目旨在调查侨汇对西半球国家社会经济产生的影响。

2. 中美洲反黑帮政策评估项目(Assessing Anti‐Gang Policies and Programs in the Middle Americas)。这一项目是与拉丁美洲社会科学学院哥斯达黎加分院合作进行的,以提供最新的社会科学研究成果和政策分析,为政府和公民社会实施减轻中美洲青年犯罪和黑帮问题的措施提供信息。

3. 拉丁美洲和加勒比风险管理项目(Risk Management in Latin American and the Caribbean)。这一项目旨在对拉丁美洲和加勒比的高等教育风险管理项目进行分析,提出一份对那些风险管理教育和培训项目机构的评估报告,并制订出未来的发展和合作计划。

4. 全球可持续用水项目(Global Water for Sustainability Program)。这一项目是一个为期五年的国际计划,拟通过水资源管理达到服务社会的目的。项目采用跨学科(从政策制定、社区发展到生物多样性维护)的研究方法,同时与地方社区接触,以促使其将人类对水资源的短期需求与水资源的长期使用协调起来。

5. 加勒比数字图书馆项目(The Digital Library of the Caribbean)。这一项目是一项国际数字图书馆计划,旨在保持和增加获取加勒比研究资源的途径。它将各研究机构有关加勒比和环加勒比地区的社会学和人类学研究的资源汇集在一起,以使人们在一个地方就可查询到这些资源。项目的目标是通过完备的数据库增加查询途径(数据库包括英语、法语和西班牙语);为国际合作者开发数字化培训项目;建立对外联系项目,将这些搜集到的信息公开,以促进加勒比研究;提供推广研究成果的方案,以鼓励加勒比研究学者开发新的研究项目;巩固组织框架,以确保该项目的可持续性。

6.南佛罗里达的哥伦比亚移民项目(Colombian Diaspora in South Florida)。这一项目是哥伦比亚研究所正在进行的一个项目,一些研究结果已以工作论文的形式发表,并引起美国和南美洲媒体的广泛关注。今后计划完成一份对佛罗里达境内哥伦比亚移民的评估报告,并加强对在西班牙和哥斯达黎加的哥伦比亚移民社团的研究。

主要拉美问题研究专家

佛罗里达国际大学拉丁美洲和加勒比中心主任是克里斯蒂娜·埃吉萨瓦尔(Cristina Eguizábal),政治学家。曾在福特基金会工作十多年,负责墨西哥和中美洲项目。获巴黎新索邦大学拉丁美洲研究专业博士学位,曾在哥斯达黎加大学任政治学研究生课程主任,并曾在佛罗里达国际大学、迈阿密大学、波尔多大学以及拉丁美洲社会科学学院任教。

对外合作

佛罗里达国际大学拉丁美洲和加勒比中心与西半球的媒体、政府和工商业界有着广泛的联系。保持与国际媒体的密切联系是这一中心对外联系任务的重要组成部分,主要方式是提供专家资源和举行年度新闻记者会议。每年春季,中心都将举行拉美地区新闻记者和编辑工作年会。参加年会的人员除拉美各国的记者和编辑以外,还吸引了来自全球各大媒体的新闻记者、拉丁美洲的政策制定者和学者进行一系列小组讨论。

主要出版物

《半球》(*Hemisphere*),每年出版两期。《保护和发展工作论文系列》(*Conservation and Development Working Paper Series*),不定期出版。

2000 年以来机构的主要代表性文章和论著

1. Latin American and Caribbean Center, *Cuban National Reconciliation: Task Force on Memory, Truth, and Justice*, Florida International University, January 2003.
2. Carl A. Cira and Elisa N. Gallo (eds.), *Dollarization and Latin America: Quick Cure or Bad Medicine?* Summit of the Americas Center, Latin American and Caribbean Center, Florida International University, 2002.
3. Claude E. Barfield and Cordula Thum, *The New World of Services: Implications for the United States*, Institute for International Professional Services, Latin American and Caribbean Center, Florida International University, 2001.
4. Eduardo A. Gamarra and Mercedes Martha Ponce, *Florida's Services Sector: Professional Services*, Latin American and Caribbean Center, Florida International University, 2001.
5. Carl A. Cira and Eduardo A. Gamarra (eds.), *Colombia: conflicto armado, perspectivas de paz y democracia*, Summit of the Americas Center, Latin American and Caribbean Center, Florida International University, 2001.
6. Eduardo A. Gamarra, Carl A. Cira and Shanker A. Singham (eds.), *FTAA Negotiations and Florida's Role in Hemispheric Integration*, Summit of the Americas Center, Latin American and Carib-

bean Center, Florida International University, 2002.
7. Klaus Bodemer and Eduardo Gamarra (eds.), *Centroamérica* 2020: *Un Nuevo Modelo de Desarrollo Regional*, Editorial Nueva Sociedad, 2002.

* 资料来源:http://lacc.fiu.edu/

(作者:赵重阳,中国社会科学院拉丁美洲研究所;责任编辑:黄念)

哥伦比亚大学拉丁美洲研究所

Institute of Latin American Studies at Columbia University, ILAS

地址: Institute of Latin American Studies, Columbia University, 420 West 118th St., 8th Floor IAB, New York, NY 10027
电话: 1—212—8544643
传真: 1—212—8544607
网址: http://www.columbia.edu/cu/ilas/
E-mail: mdg2126@columbia.edu

历史沿革与现状简介

哥伦比亚大学拉丁美洲研究所成立于1962年,以满足政府了解拉美的需求。经过40多年的发展,研究所取得了丰硕的科研成果,成为哥伦比亚大学在拉美领域制定政策、从事科研和进行培训的研究中心和信息基地。研究所是美国拉丁美洲研究联合会的成员,也是美国教育部指定的19个国家资源中心之一。

研究所隶属于哥伦比亚大学国际与公共事务学院(School of International and Public Affairs, SIPA),同时还为研究生院社会科学部开设课程。研究所有资格开设拉丁美洲研究专业的硕士和博士课程,经常举办各类公共活动,如邀请知名人士发表演讲、主办学术论坛和会议,以及举行午餐论坛等,不仅有助于校内有志于拉美研究的研究生认识和了解拉美,还创建了一系列跨学科、跨专业的拉美研究项目。

研究所为美国与拉美学者之间的对话和研究合作提供了平台,每年都为来自拉美的学者预留三个访问教授和若干名访问学者的名额,并鼓励来访人员以论坛、讲座、工作论文等形式开展交流。此外,研究所还同墨西哥、哥伦比亚、巴西和阿根廷的科研机构建立了合作伙伴关系,并为校内师生提供赴拉美进行实地调研和职业培训的机会。

研究所还充当向纽约的社会各界传递拉美信息的媒介,通过举办学术会议、公众论坛和客座演讲等活动,与纽约金融界、外交界、企业界等建立了稳定的关系,并得以将拉美理论研究付诸于实践。

组织机构、主要负责人及研究人员概况

哥伦比亚大学拉丁美洲研究所的专职人员包括所长、副所长、项目协调员、语言协调员、行政主管和研究馆员各一名。所长巴勃罗·皮卡托(Pablo Piccato),得克萨斯大学历史学专业毕业;执行所长托马斯·J.特瑞贝特(Thomas J. Trebat),兼任巴西研究中心主任,经济学专业毕业;行政主管伊莱扎·权—阿恩(Eliza Kwon-Ahn);语言协调员鲁思·E.博格曼(Ruth E. Borgman);研究馆员帕梅拉·格雷厄姆(Pamela Graham);巴西项目协调员特雷莎·阿瓜约(Teresa Aguayo)。

研究所设有顾问委员会,负责规划研究所的未来发展。顾问委员会下设执行委员会、研究人员顾问委员会和职业学院顾问委员会。执行委员会由四人组成:国际与公共事务学院教授艾伯特·菲什洛(Albert Fishlow)、政治科学专业教授道格拉斯·查默斯(Douglas Chalmers)、历史学副教授巴勃罗·皮卡托(Pablo Piccato)和西班牙访问教授格拉谢拉·蒙塔尔多(Graciela Montaldo)。研究人员顾问委员会由10人组成:西班牙语讲师鲁思·博格曼(Ruth Borgman)、政治科学专业助教巴勃罗·平托(Pablo Pinto)、国际与公共事务学院副教授M.维多利亚·穆里略(M. Victoria Murillo)、国际与跨文化研究中心助教莱斯利·巴特利特(Lesley Bartlett)、国际与公共事务学院助教米格尔·乌尔吉欧拉(Miguel Urquiola)、经

济学专业研究人员艾伦·戴伊(Alan Dye)、国际与公共事务学院教授弗朗西斯科·里韦拉—巴蒂斯(Francisco Rivera-Batiz)、拉美和伊比利亚研究中心的帕梅拉·格雷厄姆(Pamela Graham)、历史学助教纳拉·米兰尼克(Nara Milanich)和国际与公共事务学院研究人员埃里克·霍尔费根(Eric Verhoogen)。职业学院顾问委员会由下列人员组成:国际与跨文化研究中心助教莱斯利·巴特利特(Lesley Bartlett)、新闻学副教授约翰·丁格斯(John Dinges)、查尔斯·卡洛米里什(Charles Calomiris)、国际商学院院长杰罗姆·A.查曾(Jerome A. Chazen)和公共卫生学院社会医疗科学专业教授理查德·帕克(Richard Parker)。

研究重点与学术活动

哥伦比亚大学拉丁美洲研究所的目标与职责是:组织校内与拉美有关的一切活动,包括学术研究项目和职业培训等;为所有对拉美感兴趣的在校生进行指导和培训;集中处理哥伦比亚大学与拉美的涉外事务;挖掘资源,加强校内外在拉美研究领域的科研与教学工作。

研究所的主要活动包括:培训、科研与咨询;为学生和研究人员提供奖学金和资金支持;筹集资金;公共规划与出版;创新与升级课程安排;招收专业研究人员;与拉美学术机构进行交换项目;安排访问学者,等等。

每年研究所的预算约40万美元,用于支付员工薪酬、旅费、项目成本、项目配套资金、助学金、奖学金和一年内的访问学者所需经费。研究所目前的资助单位包括廷克基金会(The Tinker Foundation)、国家资源中心(National Resource Center)、哥伦比亚大学外语与区域研究中心、哥伦比亚大学国际与公共事务学院一般收入、莱特纳家族基金会(The Leitner Family Foundation)、校友会捐赠以及其他个人和公司捐赠。

主要拉美问题研究专家

何塞·C.莫亚,1988年毕业于美国罗格斯大学,获历史学博士学位。毕业后执教于加利福尼亚大学洛杉矶分校,同时在阿根廷圣安德烈斯大学和巴黎第七大学任兼职教师,讲授"拉丁美洲历史""美国移民"、"家族史"、"美洲城市"和"西半球与欧洲无政府主义"等课程。2006年加入哥伦比亚大学拉丁美洲研究所。曾就全球移民、性别和劳工问题发表多篇论文和专著,目前重点关注拉丁美洲史等问题。代表作主要有:《表亲与陌生人:布宜诺斯艾利斯的西班牙移民(1850~1930)》(获得五项奖励)、《阿根廷的西班牙移民》、《现代拉丁美洲史》,等等。

托马斯·J.特瑞贝特,毕业于美国范德比尔特大学,获经济学博士学位。曾在华尔街长期从事拉美经济研究工作,先后就职于信托银行、福特基金会、纽约化学银行和花旗集团。2005年加入哥伦比亚大学拉丁美洲研究所。重点关注外交政策和巴西问题,代表作主要有《巴西国有企业:对国家作为企业家的一项案例研究》,等等。

2000年以来机构的主要代表性文章和论著

1. J. C. Moya, "For a Dialectical Approach to the Study of Immigration", *Historical Methods*, Vol. 34, No. 1, Winter, 2001.
2. J. C. Moya, "Italians in Buenos Aires' Anarchist Movement: Gender Ideology and Women's Participation", in Donna Gabaccia and Franca Iacovetta (ed.), *Women, Gender, and Transnational Lives: Italian Women around the World*, Toronto, University of Toronto Press, 2002.
3. J. C. Moya, "Spanish Immigration in Cuba and Argentina", in Samuel L. Baily and Eduardo J. Miguez (ed.), *Mass Migration to Modern Latin*

America, Wilmington, DE, Scholarly Resources, 2003.
4. J. C. Moya, "Tanos y Gaitas: Inmigración, Asentamiento y Competencia Simbólica de los Italianos y Españoles en la Argentina", Estudios Migratorios, Winter 2004.
5. J. C. Moya, "Immigrants and Associations: A Global and Historical Perspective", *Journal of Ethnic and Migration Studies*, Winter 2004.
6. J. C. Moya, "The Positive Side of Stereotypes: Jewish Anarchists in Early-Twentieth-Century Buenos Aires", *Jewish History*, No. 18, 2004.
7. J. C. Moya, *Cousins and Strangers: Spanish Immigrants in Buenos Aires* 1850–1930, Published as an Electronic Book in 2000, Spanish Translation Published in 2004.
8. J. C. Moya, "Introduction" as guest editor of special issue of *Hispanic American Historical Review on immigration*, 2005.
9. J. C. Moya(eds,), *Latin American History and Historiography*, New York, Oxford University Press, 2005.
10. T. J. Trebat, *Brazil's State-Owned Enterprises: A Case Study of the State as Entrepreneur*, Cambridge, Cambridge University Press, Jan. 2007.

* 资料来源:http://www.columbia.edu/cu/ilas/

(作者:岳云霞,中国社会科学院拉丁美洲研究所;责任编辑:刘维广)

哈佛大学洛克菲勒拉丁美洲研究中心
Harvard's David Rockefeller Center for Latin American Studies, DRCLAS

地址：1730 Cambridge Street, Cambridge, MA 02138
电话：1—617—4953366
传真：1—617—4962802
网址：http://www.drclas.fas.harvard.edu
E-mail：drclas@fas.harvard.edu

历史沿革与现状简介

哈佛大学洛克菲勒拉丁美洲研究中心创建于1994年，其宗旨是加深对拉美文化、经济、历史和国际关系等领域的研究。这一中心以提供资金和服务的形式，支持哈佛大学与拉美有关的研究、教学以及其他学术活动。这一中心的目标包括以下三个方面：扩大哈佛大学对拉美问题的研究和教学；加强哈佛大学与拉美国家研究机构的联系；提高美国公众对拉美的认识。

组织机构、主要负责人及研究人员概况

哈佛大学洛克菲勒拉丁美洲研究中心设教员委员会，它每年吸收一些本校对拉美研究感兴趣的学者。教员委员会下设执行委员会和政策委员会。执行委员会由11名教员组成，委员任三年，他们每月要向中心主任和副主任报告中心的政策变化及运行情况。政策委员会由来自哈佛大学八个学院的96名教员组成，其职责是指导中心的工作，推荐访问学者。同时，哈佛大学以洛克菲勒

拉丁美洲研究中心为依托设立拉美研究中心咨询委员会、巴西研究咨询委员会、智利办事处咨询委员会、古巴研究委员会、拉美裔研究委员会、墨西哥研究委员会。这些委员会的成员由哈佛大学本校专家或外聘专家构成,其职责是进行相关课题的研究,提供咨询服务。以巴西研究项目咨询委员会为例,它由哈佛大学的50名教员构成,其任务是协助制定巴西研究计划,并对具体的研究课题提供咨询。此外,为加强拉美社会政策的跨学科研究,2007年洛克菲勒拉丁美洲研究中心成立了拉美社会政策委员会。目前,梅里利·格林德莱(Merilee S. Grindle)教授担任洛克菲勒拉丁美洲研究中心的主任。

研究重点与学术活动

哈佛大学洛克菲勒拉丁美洲研究中心是教学和研究并重的综合性研究机构。为支持哈佛大学在校学生的学习、研究拉美问题,这一中心为学生提供大量资助,包括设立拉美研究论文奖项,资助学生赴拉美国家进行调研和实习。同时,这一中心还提供经费支持哈佛大学的教师对与拉美有关的问题进行学术研究,每年还邀请外国访问学者前来进行合作研究。哈佛大学以洛克菲勒拉丁美洲研究中心为依托,每年举行与巴西研究有关的学术活动,并加强与美洲开发银行、美洲对话组织等机构的合作研究,举办学术研讨会。近年来,重点研究美拉关系以及拉美裔问题等。

拉美研究概况

哈佛大学洛克菲勒拉丁美洲研究中心成立后,整合了哈佛大学的拉美研究力量,推动了哈佛大学的拉美问题研究。洛克菲勒拉丁美洲研究中心的拉美研究主要依靠哈佛大学各个院系的研究人员。中心研究的主要议题如下。(1)美拉关系研究。冷战结束后,美拉关系的议题由安全问题转向贸易、毒品和移民等问题。

(2)重视拉美债务、贸易和社会问题研究。(3)强调美国的拉美裔研究。拉美移民大量融入美国社会带来了种族和身份认同问题。(4)跨国公司对拉美中小企业的冲击。(5)关注美洲自由贸易区问题。美洲自由贸易区涉及制度变革、透明度、环境、劳工、社会凝聚等问题,但拉美国家的贸易自由化、私有化以及经济开放战略的收益日益下降。(6)研究古巴经济转型问题,尤其是贸易、外国直接投资以及侨汇对古巴经济的影响。(7)研究拉美的农村发展,重点考察全球化、信息技术革命以及生物技术革命对拉美国家农村发展的影响。

主要拉美问题研究专家

梅里利·格林德莱(Merilee S. Grindle)教授,1976年在麻省理工学院获政治学博士学位,目前还担任肯尼迪政府学院教授。长期从事公共部门的政治经济学研究,是发展中国家政策制定、执行以及公共管理比较研究的专家,尤其对拉美国家公共政策有较深入的研究。学术成果卓著,出版了多本专著,包括《寻求乡村的发展:墨西哥的劳动移民与就业》、《墨西哥的官僚、政治家和农民:公共政策的案例研究》、《政府和农村:拉美的发展政策与农业政治》、《挑战政府:拉丁美洲和非洲的危机与创新》、《回到本地:分权、民主化和良治的希望》。格林德莱还是《第三世界政治与政策执行》等杂志的编辑。此外还撰写了大量有关公共政策的评论性文章。

对外合作

为加强哈佛大学与拉美国家研究机构的联系,哈佛大学洛克菲勒拉丁美洲研究中心在巴西圣保罗和智利圣地亚哥设有办事处。圣地亚哥办事处成立于2002年,办事处成立后,哈佛大学加强了对智利问题的研究。2006年5月,为加强巴西问题的研究和扩大哈佛大学与巴西学术界和教育界的联系，这一中心在圣保罗设立办事处，每年举行与巴西研究有关的学术活动。这一中心与美洲开发银行、美洲对话组织等机构保持着良好的合作关系，同时利用中心设立的咨询委员会，加强对外学术联系。以墨西哥研究委员会为例，该委员会成为哈佛大学对墨西哥艺术、政府、教育、经济、发展等问题研究的平台，并加强了与墨西哥学者的交流与合作。

对中国的研究

近年来，哈佛大学洛克菲勒拉丁美洲研究中心开始关注对中国问题的研究。2006年这一中心在美洲开发银行的资助下，由哈佛大学出版社出版了《中国的出现：对拉美和加勒比的机遇与挑战》一书。该书主要阐述了以下观点：中国经济的崛起为拉美和加勒比国家的产品提供了市场机遇，拉美国家与中国竞争能够提高效率和生产率；中国和拉美国家对全球的直接投资存在竞争关系，但并未对拉美国家吸引外资造成实质性影响；虽然中国与拉美国家存在贸易竞争，但拉美国家应与中国建立贸易联盟关系，而不仅仅是竞争关系；拉美国家应学习中国渐进式的改革模式，然后再实施自由化改革。

主要出版物

《哈佛拉丁美洲评论》（*Harvard Review of Latin America*）杂志，每年出版三期；《拉美研究系列论文》，收录哈佛大学的学者和研究生的研究成果。工作论文、年度报告和国别研究报告，不定期出版；资助出版拉美研究的专著。目前，这一中心通过哈佛大学出版社已出版20多本与拉美有关的专著，内容涉及经济、历史、文化等方面，其中包括这一中心召开国际会议的论文集和与美洲开发银行合作的研究成果。

2000 年以来机构的主要代表性文章和论著

1. Merilee S. Grindle, Pilar Domingo, *Proclaiming Revolution*, *Bolivia in Comparative Perspective*, Harvard University Press, 2003.
2. James E. Austin, Ezequiel Reficco and Gabriel Berge, *Social Partnering in Latin America: Lessons Drawn from Collaborations of Businesses and Civil Society Organizations*, Harvard University Press, 2004.
3. Jorge I. Domínguez, and Lorena Barberia, *The Cuban Economy at the Start of the 21st Century*, Harvard University Press, 2004.
4. Antoni Estevadeordal, Dani Rodrik, Alan M. Taylor and Andrés Velasco, *Integrating the Americas, FTAA and Beyond*, Harvard University Press, 2004.
5. Ernesto Stein, Mariano Tommasi, Koldo Echebarría, Eduardo Lora, and Mark Payne, *The Politics of Policies, Economic and Social Progress in Latin America* 2006 Report, Harvard University Press, 2005.
6. Carlo Pietrobelli and Roberta Rabellotti, *Upgrading to Compete: Global Value Chains, Clusters, and SMEs in Latin America*, Harvard University Press, 2006.
7. Robert Devlin, Antoni Estevadeordal and Andrés Rodríguez-Clare, *The Emergence of China: Opportunities and Challenges for Latin America and the Caribbean*, Harvard University Press, 2006.
8. James E. Austin, Roberto Gutierrez, Enrique Ogliastri, Ezequiel Reficco, *Effective Management of Social Enterprises: Lessons from Businesses and Civil Society Organizations in Iberoamerica*, Harvard University Press, 2006.
9. Eduardo Borensztein, Eduardo Levy Yeyati and Ugo Panizza, *Living with Debt: How to Limit the Risks of Sovereign Finance Economic and*

Social Progress in Latin America, Harvard University Press, 2007.
10. José Luis Falconi and José Antonio Mazzotti, *The Other Latinos, Central and South Americans in the United States*, Harvard University Press, 2007.

* 资料来源:http://www.drclas.fas.harvard.edu

(作者:孙洪波,中国社会科学院拉丁美洲研究所;责任编辑:张颖)

华盛顿拉丁美洲办事处
Washington Office on Latin America, WOLA

地址：1630 Connecticut Ave NW Suite 200 Washington DC 20009
电话：1—202—7972171
传真：1—202—7972172
网址：http://www.wola.org
E-mail：wola@wola.org

历史沿革与现状简介

华盛顿拉丁美洲办事处成立于1974年，由一些民间社团和宗教领袖发起设立，是一个非营利性的政策、研究和宣传组织，目的是促进拉丁美洲和加勒比地区的民主、人权和社会公正，并使其成为美国制定对拉丁美洲和加勒比政策的决定性因素，致力于推动政府与非政府行为者之间的对话，监控政府和国际组织实施的政策和项目所产生的影响，通过报告、教育、培训和辩论活动等方式促进交流。办事处自成立以来，一直在华盛顿有关拉美政策的辩论中起主导作用。办事处工作人员与国会各办公室、国务院、新闻媒体、非政府和国际组织都有密切联系，并寻求通过向国会各办公室提供简报、撰写报告和事态简报、组织记者招待会和研讨会、与学术界交流，以及与媒体合作等方式对政策制定产生影响。办事处还是一些倡议联盟的骨干，并定期举行研讨会、大会和圆桌会议，以及一些旨在激发政策辩论的简报会。

组织机构、主要负责人及研究人员概况

华盛顿拉丁美洲办事处董事会主席为亚历克斯·怀尔德(Alex Wilde),董事会成员23人,执行理事为乔伊·奥尔森(Joy Olson)。

办事处工作人员22人,均为拉美问题专家,负责对墨西哥、中美洲、安第斯国家、南美洲国家以及加勒比国家的人权、民主、经济发展、社会和安全等问题的研究工作。

研究重点与学术活动

华盛顿拉丁美洲办事处的研究工作主要围绕以下内容展开:强化拉丁美洲和美国民间组织的能力,在保护人权的同时,阐释和倡导促进民主和经济公平发展的政策;对正在进行的加强民主体制和促进经济增长的项目进行监控和分析,以制定更利于达到这些目标的政策和规划;与多边贷款机构的决策者接触以使民间组织能更多地参与其政策制定过程,并使这些机构实施的促进公平发展和推动民主的政策能更具连贯性;巩固安第斯国家的民主和人权,重新调整美国对该地区的毒品控制政策;推动民众更支持美国在拉丁美洲和加勒比地区实施的加强民主、促进和保护人权及促进公平经济增长的政策,并给予更大程度的合作。

华盛顿拉丁美洲办事处在美国制定对拉美的政策和美拉关系中起着如下作用。

1. 政策先导(Policy Leadership)的作用。1975年,办事处在幕后参与制定了第一部规定美国在国外实施军事援助要以保护人权为前提的专门法案,此后在华盛顿有关拉美人权政策的各种辩论中华盛顿拉丁美洲办事处扮演了重要角色。办事处成员时常应行政部门、多边组织、国会议员和传媒的要求,向它们提供信息和分析。

2. 联盟建设(Coalition Building)的作用。办事处在人权团体、外交政策团体、学术思想库和宗教组织中起先导作用。多年来,作

为不同社团间相互联系、社团与决策者间联系的桥梁,办事处的作用不断增强。

3. 不断加强与拉美非政府组织之间的联系。通过发行西班牙语通讯、在华盛顿和拉丁美洲举行培训,以及频繁的来访,办事处使拉美的人权组织等非政府组织更多地参与华盛顿和他们本国的决策。

4. 教育公众。办事处就美国对拉美人权、民主和公平发展的外交政策的影响进行跟踪。

拉美研究概况

华盛顿拉丁美洲办事处下设项目主要有五个:毒品政策、黑帮、权利和发展、安全政策及对妇女的暴力。

1. 毒品政策(Drug Policy)。跟踪美国的国际毒品控制政策对拉美民主和人权产生的影响,并提倡实施更有效的反毒战略(如减少美国国内需求的策略和拉美农村发展的战略)。

2. 黑帮(Gangs)。黑帮、特别是青年人黑帮是中美洲面临的一个非常严重的问题。办事处反对用单方面的、强制性的措施来解决问题,因为这些措施是没有成效的,且还经常会出现侵犯人权和违反正当程序保护的情况;提倡采用全面的、多部门共同合作的方式解决地方的、联邦的和国家间的黑帮问题,预防是减少黑帮活动最有效和代价最低的方式。政府在实施包括服务提供者、警察、政府机构、学校、社区以及家庭在内的合作战略时,应突出预防工作的重要性,并为之投入更多的资金和预算。

3. 权利和发展(Rights and Development)。致力于使人权问题成为发展的中心问题,焦点是农村贫困问题和农村的不平等问题。如果对农村社区的困境不给予特别关注,持续减贫就无法实现。

4. 安全政策(Security Policy)。重点在于迅速改变美拉之间的军事关系。随着美国全球重心的转移,军事资助的重心也随之转移。虽然名目和资助重心被转移,但拉丁美洲仍不断努力应对其面临的贫困和不公正等根本性挑战。这些根深蒂固的问题与公共安全危机以及军队和警察职责混淆等问题都是相关联的。

5. 针对妇女的暴力(Violence Against Women)。虽然墨西哥、危地马拉和其他拉美国家的暴力问题已日益引起更多的关注,但针对这些案件的调查工作却进行得很不充分。更主要的是,妇女仍不断被绑架和杀害。办事处致力于推动实施必要的改革,以加强对暴力侵犯妇女和谋杀妇女案件的犯罪调查和司法管理。

主要拉美问题研究专家

华盛顿拉丁美洲办事处执行理事为乔伊·奥尔森(Joy Olson);她是拉美人权问题专家,有10多年领导非政府人权组织的经历;是一位政策战略家,是美国和拉美国家政策和意见制定者的对话伙伴,一直致力于促进美国在拉美的军事项目的进一步透明化;是"求是计划"(just the facts)的联合发起人,并参与撰写三部有关美国在拉美军事项目的著作。她曾反对美国政府遣返萨尔瓦多难民的做法;曾领导非政府组织敦促美国增加用于实施中美洲和平进程的资金,并使美国取消了一项禁止向古巴出售食品和药品的禁令。在担任执行理事之前,她是拉丁美洲工作组(Latin America Work Group)主任(这一工作组是由60个非政府组织组成的联盟,其宗旨在于共同努力促使美国对拉美实施和平和公正的外交政策)。她曾在墨西哥国立自治大学攻读研究生,毕业后在洪都拉斯工作两年,从事有关社区发展的工作。

2000年以来机构的主要代表性文章和论著

1. Coletta A. Youngers, *Thirty Years of Advocacy for Human Rights, Democracy, and Social Justice*, Washington Office on Latin America, Dec. 2006.

2. Laurie Freeman, *State of Siege: Drug-Related Violence and Corruption in Mexico*, Washington Office on Latin America, Jun. 2006.
3. Geoff Thale and Elsa Falkenburger, *Youth Gangs in Central America*, Washington Office on Latin America, Nov. 2006.
4. Maureen Meyer and Roger Atwood, *Reforming the Ranks: Drug Violence and Police Reform in Mexico*, Washington Office on Latin America, Jun. 2007.
5. Coletta A. Youngers, *Venezuela after the Re-election of Hugo Chávez: Political Dynamics and Policy Challenges*, Washington Office on Latin America, Jul. 2007.
6. Washington Office on Latin America, *Forging New Ties: A Fresh Approach to U. S. Policy in Latin America*, Washington Office on Latin America, Sep. 2007.
7. Adriana Beltrán, *The Captive State: Organized Crime and Human Rights in Latin America*, Washington Office on Latin America, Oct. 2007.
8. Washington Office on Latin America, *WOLA 2006 Annual Report: Promoting Human Rights, Democracy and Social Justice in Latin America*, Washington Office on Latin America, Nov. 2007.
9. Washington Office on Latin America, *Development First*, Washington Office on Latin America, December 8, 2009.
10. Washington Office on Latin America, *Arms-R-Us: South America Goes Shopping*, Washington Office on Latin America, March 3, 2010.

* 资料来源：http://www.wola.org/

（作者：赵重阳，中国社会科学院拉丁美洲研究所；责任编辑：黄念）

加利福尼亚大学洛杉矶分校拉丁美洲研究所
UCLA Latin American Institute

地址：Latin American Institute, 10343 Bunche Hall, Box 951447, Los Angeles, CA 90095 – 1447

电话：1—310—8254571

传真：1—310—2066859

网址：http://www.international.ucla.edu/lac

E-mail：latinamctr@ international.ucla.edu

历史沿革与现状简介

加利福尼亚大学（以下简称加州大学）洛杉矶分校拉丁美洲研究所成立于1959年，隶属于加州大学国际研究院，主要职责是协调和指导该校与拉美问题相关的研究及公共服务。

组织机构、主要负责人及研究人员概况

拉丁美洲研究所主要由行政部门、研究部门和出版部门组成。

行政部门。现任所长是兰德尔·约翰逊（Randal Johnson），副所长是凯文·特拉西阿诺（Kevin Terraciano），所长助理是戴维·阿里亚萨（David Arriaza）。研究所还设对外联络协调员、行政助理、和项目代表各一名。

研究部门。研究部门的负责人有三名，他们分别是墨西哥研究中心主任鲁文·埃尔南德斯—莱昂（Ruben Hernandez-Leon）、阿根廷、智利和南椎体研究中心主任马克西莫·兰格（Maximo

Langer）以及巴西研究中心主任何塞·路易斯·帕索斯（Jose Luiz Passos）。

出版部门。研究所出版多份重要期刊，因此出版部门的地位重要，贡献很大。但目前只有五名专职工作人员。

研究所现有来自加州大学不同系、所的七十多名研究人员。

研究重点与学术活动

拉丁美洲研究所重点研究阿根廷、墨西哥和巴西三国，并分别设立了三个研究中心，即阿根廷、智利和南锥体研究中心、墨西哥研究中心和巴西研究中心。

阿根廷、智利和南锥体研究中心成立于1997年，研究重点是阿根廷，目前智利和南锥体其他国家也逐步受到重视。

墨西哥研究中心成立于2008年，前身为1982年设立的墨西哥研究项目。该中心的宗旨是组织、协调和推动加利福尼亚大学对墨西哥的研究，促进本大学与墨西哥各高等院校之间的交流。其主要研究领域包括影响墨西哥社会和经济发展的重大事件、美墨关系、移民问题、墨西哥在全球事务中的地位，等等。

拉丁美洲研究所早在1989年就设立了巴西研究项目，为推动加利福尼亚南部地区的巴西研究作出了重要贡献。巴西研究中心就是在此基础上成立的，旨在进一步推动和增进加利福尼亚大学师生对巴西研究的兴趣，促进加利福尼亚南部地区的巴西裔美国人、工商界人士及不同行业人士之间的交流。中心提倡比较研究方法，主张在历史分析的基础上，以地区、半球和全球为背景对巴西的政治、经济、文化和外交等各方面进行深入研究。

此外，研究所还组织了三个研究小组，分别就古巴和加勒比国家、拉美的民族差异、艺术实践与政治干预的关系等专题开展研究。研究所开设克丘亚族（南美印第安民族）语言课程，由应用语言系的罗杰·安德森（Roger Andersen）负责。

研究所学术活动非常活跃,经常举办与拉美有关的学术研讨会、专题讨论会、系列演讲和文化活动。例如,墨西哥研究中心借1910年墨西哥革命100周年即将到来之机,于2009年11月16日启动了"1910年墨西哥革命对政治、社会、教育和艺术发展的影响"的系列活动,包括与墨西哥国立自治大学洛杉矶分校合办一次大型学术研讨会,每月一次的公共论坛。

拉美研究概况

拉丁美洲研究所的学者在30多个院系开设许多有关拉美的课程,涉及自然科学、社会科学、人文学科、美术等领域。研究所的拉美研究跨学科项目的学生可以获得拉美研究专业学士学位和拉美研究硕士学位。研究所还为从事拉美研究的学生和教师提供各种奖学金。目前,拉丁美洲研究所已经成为国内和国际享有较高声望的拉美研究和教学机构。

主要拉美问题研究专家

兰德尔·约翰逊,来自加州大学西班牙语和葡萄牙语系,2005年7月1日起任所长。1977年在得克萨斯大学奥斯汀分校获博士学位,1977~1983年在罗格斯(Rutgers)大学西班牙语和葡萄牙语系任教,1983~1994年在佛罗里达大学罗马尼亚语言文学系任教,此后转入加州大学。研究领域主要是拉美、特别是巴西的文化艺术,尤其对电影的研究比较深入。主要代表作包括《文学与电影》(1982)、《巴西的电影产业:文化与国家》(1987)、《黑色的巴西:文化、认同和社会动员》(1999)、《曼努埃尔·德奥利维拉》(2007),等等。

凯文·特拉西阿诺,副所长,1994年在加州大学获博士学位后,留本校历史系任教,现为副教授,任拉美研究跨学科项目部主任。研究领域主要是殖民地历史,特别是墨西哥中南部的土著文化和语言。其代表作《瓦哈卡殖民时代的米斯特克人:16~18世纪》，研究墨西哥南部地区印第安米斯特克部落在 1540~1750 年间的历史，内容涵盖语言、社会政治状况、地方政府、性别、土地、家庭结构和宗教等内容。作者使用了大量该部落用自己的语言写成的文献。该书 2001 年出版后，成为当年人种历史学、拉美史学、印第安人问题研究领域最佳的著作之一，从不同学会获得多个奖项。目前，凯文·特拉西阿诺正在进行两项长期项目：一是翻译墨西哥瓦哈卡河谷地区的萨波特克语著作；二是研究殖民地时代瓦哈卡城的人种和性别关系。正在进行的还有三个短期研究课题：一是对 16 世纪瓦哈卡的米斯特克人皇宫的研究；二是对 16 世纪来自瓦哈卡地区的那瓦特语（Nahuatl）手稿进行分析和研究；三是研究殖民主义者对墨西哥特诺奇蒂特兰城的入侵史。

詹姆斯·威尔基，历史系教授，曾任墨西哥研究中心主任，《拉丁美洲统计摘要》主编。1965 年在加州大学伯克利分校获博士学位。关注 1900 年以来的全球化和拉美，研究领域包括通讯和信息技术对市民社会的影响、贸易集团的兴起、拉美的经济社会变迁、领导人的口述历史等，著述颇丰。主要代表作有《墨西哥革命（1910~1963）：联邦支出和社会变革》、《评估玻利维亚和委内瑞拉的土地改革》、《玻利维亚革命和 1952 年以来美国的援助》，等等。

主要出版物

拉丁美洲研究所出版多份期刊，其中《西班牙美洲期刊索引》（*Hispanic American Periodicals Index*）、《拉丁美洲统计摘要》（*Statistical Abstract of Latin America*）、《拉丁美洲学杂志》（*Journal of Latin American Lore*）对美国和世界范围内拉美学科的发展具有重要意义。

《西班牙美洲期刊索引》，1970 年由亚利桑那州立大学创刊，后转往加州大学洛杉矶分校，成为拉美研究所的重要组成部分。收录 500 多种涉及拉美的重要期刊杂志的相关文献，每年新增加 7000 多条纪录。内容包罗万象，从政治、经济分析到文学、艺术评论,以索引为主,但部分文献提供全文。原为年度出版物,1996年起在印刷版外增开网络版,每两周更新。现任主编奥齐德·梅热克维兹(Orchid Mazurkiewicz)。

《拉丁美洲统计摘要》,汇集拉美政治、经济、社会等多方面统计数据的重要工具书,年度出版。所收录数据来自20多个拉美国家的全国性或国际性机构。为便于比较,一些具体项目提供拉美之外国家的相关数据、地区性和全球性的汇总数据。有的数据是根据多个渠道的出版或未出版数字整理而成的,有的形成新的表格,有的按照不同时期提供的数据以便进行历史考察。具体目录包括:地理、土地和环境;交通运输;人口、卫生和教育;政治、宗教和军事;移民;矿业、能源、海洋;外贸;金融;物价等。除年度出版以外,还不定期出版增刊,就特定主题提供数据,进行量化分析。现任主编詹姆斯·威尔基。

《拉丁美洲学杂志》,1975年创刊,目前已出版22卷。内容以文化方面为主,涉及考古学、人类学、人种学、历史学、语言学、神学、艺术、文学、电影、戏剧、大众文化以及自然科学等学科。现任主编约翰内斯·威尔伯特(Johannes Wilbert)。

除上述定期出版物以外,中心还策划了一系列出版物,尽管不像期刊那样定期出版,但围绕特定主题收录了众多著作,具有相当的学术价值。例如,"拉丁美洲研究系列"(*Latin American Studies Series*)始于1965年,题材广泛,所收录著作涉及许多拉美国家的各种问题,如1765~1865年间波多黎各的商业、巴西的黑人、美墨边境的生物资源管理、1880~1940年间墨西哥的社会政治变迁、马蒂与古巴革命、哥伦比亚农村地区的发展战略、拉美历史上的妇女、1964~1976年间智利的政治意识形态与教育改革等。"南美洲印第安人民间文学系列"(*Folk Literature of South American Indians*)共24卷,对南美洲31个印第安民族的民间文学逐一介绍并系统研究,具有重要学术意义。"参考系列"(*Reference Series*)为拉美研究学者提供指南,例如《巴西书目》(*Bibliographia Brasiliana*,1983)搜集了 1504~1900 年期间出版的有关巴西的珍稀书籍和殖民地时期巴西人写的书。

2000 年以来机构的主要代表性文章和论著

1. Birgit Sonesson, "Puerto Rico's Commerce, 1765–1865: From Regional to Worldwide Market Relations", *Latin American Studies*, Vol. 85, 2000.
2. Kevin Terraciano, *The Mixtecs of Colonial Oaxaca: Ñudzahui History, Sixteenth through Eighteenth Centuries*, Stanford University Press, 2001.
3. Kevin Terraciano, "The 'Original Conquest' of Oaxaca: Late Colonial Nahuatl and Mixtec Accounts of the Spanish Conquest", *Ethnohistory*, Spring 2003.
4. Randal Johnson, "Brazilian Narrative", en John King (ed.), *The Cambridge Companion to Latin American Culture*, Cambridge University Press, Cambridge, 2004.
5. Pilar González Bernaldo de Quirós, "Civility and Politics in the Origins of the Argentine Nation: Sociabilities in Buenos Aires, 1829–1862", *Latin American Studies*, Vol. 88, 2007.
6. Randal Johnson, *Manoel de Oliveira*, University of Illinois Press, 2007.

* 资料来源:http://www.international.ucla.edu/lac

(作者:方旭飞,中国社会科学院拉丁美洲研究所;责任编辑:黄念)

加利福尼亚大学圣迭戈分校美国—墨西哥研究中心
UCSD Center for U. S. -Mexican Studies, USMEX

地址:Center for U. S. -Mexican Studies, University of California, San Diego, 9500 Gilman Drive, Dept. 0510, La Jolla, CA 92093 – 0510

电话:1—858—5344503

传真:1—858—5346447

网址:http://www.usmex.ucsd.edu/

E-mail:usmex@ucsd.edu

历史沿革与现状简介

加利福尼亚大学圣迭戈分校美国—墨西哥研究中心致力于成为研究墨西哥和美墨关系的重要研究机构。其主要研究领域为当前墨西哥政策、美墨关系,以及涉及墨西哥问题的比较研究。2003年,这一中心成为美国加州大学圣迭戈分校国际关系与太平洋研究学院研究生院的一部分。

组织机构、主要负责人及研究人员概况

美国—墨西哥研究中心是加州大学圣迭戈分校的一个研究机构,中心主任向该校主管研究的副校长负责。研究中心有四个委员会,并向中心主任提供咨询建议。这四个委员会为:社区咨询委员会(Community Advisory Board)、教师咨询委员会(Faculty Advisory Board)、国际咨询委员会(International Advisory Board)和墨西

哥咨询委员会(Mexico Advisory Board)。

社区咨询委员会的成员多为圣迭戈和蒂华纳的商界和学术界知名人士,致力于推动研究中心利用本身具有的国际影响力,就圣迭戈—蒂华纳地区边境政策及相关事务展开高水平的研究。该委员会在庆祝研究中心成立25周年的一系列活动中发挥了重要作用。墨西哥咨询委员会于2004年9月21日在墨西哥城成立,旨在提升研究中心在墨西哥的影响力,提出中心需要重点研究的课题,以及在墨西哥举办具有广泛影响的活动等。

美国—墨西哥研究中心主任是克里斯托弗·伍德拉夫(Christopher Woodruff)教授,美国加州大学圣迭戈分校国际关系与太平洋研究学院研究生院的国际问题和发展问题经济学家,对发展中国家和转轨经济当中脆弱的法律制度和金融市场对中小企业成长的影响等问题也有深入研究。执行主任是雷内·森特诺(René Zenteno)教授,主要研究领域为墨西哥的贫困和不平等、墨西哥向美国的移民,以及墨美边境人口的变化等问题。

美国—墨西哥研究中心的研究人员主要来自加州大学(圣迭戈),大部分从事墨西哥、美墨关系,以及在美国的墨西哥人生活等问题的研究。

研究中心的资金来自多个组织和个人的捐助,目前的资助单位主要有加州大学校长办公室、加州大学墨西哥和美国研究所(UC MEXUS)、威廉和弗洛拉·休利特基金会(William and Flora Hewlett Foundation)、福特基金会(Ford Foundation)、亨利·卢斯基金会(Henry Luce Foundation)、桑普拉能源公司(Sempra Energy)、美国国务院西半球事务局、国际发展(协会)联络处美国局、美国驻墨西哥大使馆、美国驻墨西哥蒂华纳领事馆,以及美国教育部等机构。

美国—墨西哥研究中心与加州大学圣迭戈分校的其他拉美问题研究中心组成研究共同体,可借阅四个图书馆的图书文献。这四个图书馆为:拉丁美洲研究图书馆(Latin American Studies Library),社会和人文科学图书馆(Social Sciences and Humanities Library),国际关系和太平洋研究图书馆(International Relations/Pacific Studies Library),加州大学圣迭分校图书馆(UCSD Libraries)。此外,研究中心还设有计算机房(Computer Lab),供研究人员查阅文献资料。

研究重点与学术活动

美国—墨西哥研究中心的主要研究领域为美墨关系等问题,当前主要研究项目有:司法制度改革、巩固民主、环境与可持续发展(主要涉及边境水域)、经济发展,以及墨西哥向美国的移民问题。研究中心每年通过会议和工作论文的形式发表这些课题的研究成果,它是发表有关美墨关系问题研究成果最多的机构。研究中心每年还邀请世界知名的墨西哥问题专家到访,并每两周举行一次学术研讨会。

美国—墨西哥研究中心另一个主要学术活动是接待访问学者,每年接待15名以内具有博士后或高年级研究生水平以上的访问学者和客座学者。研究中心还提供奖学金,用于资助正在撰写的、选题涉及当代墨西哥、墨西哥历史或美墨关系等问题的研究成果。研究中心尤其支持涉及墨西哥问题的比较研究,其选题包括:司法改革、社会治安和墨西哥的法治;经济发展和墨西哥在全球中的地位;社会政策、不平等和贫困问题;环境政策;政治转型、墨西哥的民主治理、墨西哥向美国的移民,等等。

主要拉美问题研究专家

克里斯托弗·伍德拉夫教授,1980年获芝加哥大学经济学学士学位,1984年获加州大学洛杉矶分校经济学硕士学位,1994年获得克萨斯大学经济学博士学位。曾任世界银行和欧洲重建与发展银行等机构的顾问,并于1994年加入国际关系与太平洋研究学院研究生院(IR/PS)。主要研究领域为发展中国家和转型经济中的中小企业面临的挑战,研究范围涉及墨西哥、越南、东欧等国家和地区。通过对墨西哥小企业资本的来源进行分析,他们得出结论,来自美国的侨汇收入是墨西哥小企业融资的重要来源。主要关注的问题为无效的法律制度如何阻碍了正规合同的实施、不充分的金融制度如何限制了它们获得金融资本,以及腐败问题如何增加了保持利润的难度等。他还对北美自由贸易协定的影响、墨西哥劳动力市场和企业自由化,以及影响东欧和越南经济的市场发展等问题进行了深入研究。代表作主要有论文《关于墨西哥的工资及其工业部门的调整以增加进口水平和出口机会》和《关于越南和东欧国家的市场发展》,等等。

对外合作

美国—墨西哥研究中心的合作伙伴主要有:加州大学(圣迭戈)伊比利亚美洲研究中心、美洲研究所、跨边境研究所、圣迭戈世界贸易中心、蒂华纳经济发展合作组织、圣迭戈地区商会墨西哥商业中心,以及比较移民研究中心等。研究中心还与拉美一体化协会(ALADI)、美洲理事会(Council of the Americas)、美洲自由贸易区(FTAA)、西半球事务委员会(COHA)和美洲开发银行(IDB)建立了伙伴关系。

主要出版物

美国—墨西哥研究中心是美国最活跃的、研究美国与墨西哥问题的出版机构。研究中心的出版物具有很高的学术水平,被美国、墨西哥、加拿大、英国和日本的许多高校用于教学。中心目前出版了150多部著作。

2000年以来机构的主要代表性文章和论著

1. Guadalupe Rodriguez Gomez and Richard Snyder, *Strategies for Resource Management, Production, and Marketing in Rural Mexico*, Copyright 2000.
2. John Lear, *Workers, Neighbors and Citizens: The Revolution in Mexico City*, Copyright 2001.
3. Vikram K. Chand, *Mexico's Political Awakening*, Copyright 2001.
4. Michael C. Ennis-McMillan, *La Purificacion Tepetitla Agua Potable y Cambio Social en el Somontano*, Copyright 2001.
5. Richard Snyder, *Politics After Neoliberalism Reregulation in Mexico*, Copyright 2001.
6. Kevin J. Middlebrook, *Party Politics and the Struggle for Democracy in Mexico National and State-Level Analyses of the Partido Accion Nacional*, Copyright 2001.
7. John Bailey and Jorge Chabat, *Transnational Crime and Public Security Challenges to Mexico and the United States*, Copyright 2002.
8. Kevin Middlebrook and Eduardo Zepeda, *Confronting Development Assessing Mexico's Economic and Social Policy Changes*, Copyright 2002.
9. David Brooks and Jonathan Fox, *Cross-Border Dialogues U.S.-Mexico Social Movement Networking*, Copyright 2002.
10. Jorge I. Dominguez and Chappell Lawson, Mexico's Pivotal Democratic Election, Copyright 2004.

* 资料来源:http://www.usmex.ucsd.edu/

(作者:杨志敏,中国社会科学院拉丁美洲研究所;责任编辑:刘维广)

加利福尼亚大学圣迭戈分校
伊比利亚和拉丁美洲研究中心
UCSD Center for Iberian and Latin American Studies, CILAS

地址: University of California, San Diego, Center for Iberian and Latin American Studies, 9500 Gilman Drive #0528, La Jolla, CA 92093-0528

电话: 1—858—5346050

传真: 1—858—5347175

网址: http://www.cilas.ucsd.edu/

E-mail: lasmail@ucsd.edu

历史沿革与现状简介

加利福尼亚大学圣迭戈分校伊比利亚和拉丁美洲研究中心成立于1976年,至今已有30多年历史。1975年3月,加利福尼亚大学圣迭戈分校伊比利亚和拉丁美洲项目委员会首次提出成立伊比利亚和拉丁美洲研究中心的建议。当时,成立研究中心的目的是希望有一个研究机构来为不同学科的学者提供一个论坛,共同探讨伊比利亚和拉丁美洲共同关注的问题。为此,伊比利亚和拉丁美洲项目委员会为研究中心设立了三个目标:1. 促进西班牙和拉美问题的跨学科研究;2. 增加校内伊比利亚和拉丁美洲的可用资源;3. 创建一个具有共同学术兴趣的论坛。这些建议为现在的研究中心奠定了基石。

"伊比利亚"出现在研究中心的名字中不是偶然的,而是反映了当时学者们希望探索与西班牙相关问题的愿望。研究中心前两任主任分别是来自加利福尼亚大学圣迭戈分校文学系的克劳迪奥·纪廉(Claudio Guillén)和迭戈·卡塔兰(Diego Catalán)教授,他们研究的重点是西班牙文学,所以这一期间研究中心的主要活动是围绕与伊比利亚半岛有关的主题展开的。直到1984年,当政治学者保罗·德雷克(Paul Drake)被任命为中心主任时,研究中心的关注点才开始转向拉美地区并继续到现在。在德雷克教授的领导下,研究中心由一个地方性的学术论坛转变为全国认可的研究机构。德雷克主任最大的成就在于他为拉美文化精英们获得了美国教育部的专项资助,从而实现了研究中心希望把拉美的学者和研究生带入加利福尼亚大学进行学术研究、授课和学习的目标。

2006年9月,美国教育部把伊比利亚和拉丁美洲研究中心列为国家级研究中心。20多年来,伊比利亚和拉丁美洲研究中心与加利福尼亚大学圣迭戈分校的拉美研究中心(CLAS)一直获得美国教育部的认可和支持,并被认为是美国研究拉美问题的最权威机构之一。由于被列为美国国家级研究中心,这两个机构可获得220万美元的资助,以用于未来的研究项目、拉美的访问学者、研究生奖学金、拓展活动、举办会议和系列讲座,等等。

组织机构、主要负责人及研究人员概况

伊比利亚和拉丁美洲研究中心设主任和学术主任,行政事务由业务主管、学生事务、项目和对外协调等官员负责。现任中心主任为戴维·马雷斯(David Mares);学术主任为文学教授米沙·科科托维克(Misha Kokotovic)。

伊比利亚和拉丁美洲研究中心的研究人员来自加利福尼亚大学圣迭戈分校的15个部门和项目组。这些学者的研究领域涵盖人类学、化学和生物化学、认知科学(Congnitive Science)、传播学、少数族裔研究、历史学、语言学、文学、儿科医学、政治学、社会学、

城市研究和规划、戏剧和舞蹈以及视觉艺术等领域。此外,研究中心还有数名访问学者。

伊比利亚和拉丁美洲研究中心拥有丰富的文献资源,可使用四个图书馆的图书文献。这四个图书馆为:拉丁美洲研究图书馆（Latin American Studies Library）、社会和人文科学图书馆（Social Sciences and Humanities Library）、国际关系和太平洋研究图书馆（International Relations/ Pacific Studies Library）、加州大学圣迭分校图书馆（UCSD Libraries）。此外,研究中心还设有计算机房（Computer Lab）,供研究人员查阅文献资料。

研究中心的资金主要来自福特基金会（Ford Foundation）、安德鲁·W.梅隆基金会（Andrew W. Mellon Foundation）、威廉和弗罗拉·休利特基金会（William and Flora Hewlett Foundation）、廷克基金会（Tinker Foundation）和美国教育部。

研究重点与学术活动

作为加利福尼亚大学圣迭戈分校中的几个主要拉美问题研究机构之一,伊比利亚和拉丁美洲研究中心重视对拉美（包括伊比利亚半岛）问题的跨学科研究和比较研究。研究中心接收来自西班牙和拉美地区的访问学者,同时也为本校的研究生提供资助。

拉美研究概况

伊比利亚和拉丁美洲研究中心的拉美研究项目,无论在教学和研究水平上,还是在提供公共服务方面,在美国国内和国际上都赢得了较高声誉。研究中心的学者每年在12个院系开设近100门涉及拉美的课程。目前,在以研究中心主任为首的跨学科学者组成的导师小组指导下,研究中心的拉美研究项目具有授予三种跨学科学位的资格,其中包括拉美研究专业学士学位和拉美研究硕士学位。

主要拉美问题研究专家

戴维·马雷斯(David Mares)主任,1982年获哈佛大学政治学博士学位。近年来,曾先后在哈佛大学国际事务中心、莱斯大学公共政策研究中心和北美三国治理研究学术集团等学术机构任职,还曾在墨西哥学院、智利大学和厄瓜多尔利加大学等拉美学术机构兼职研究。近期代表作:《毒品战争和咖啡屋:毒品政策的政治经济学》、《拉美:存在与否?》"机构、非法毒品交易及参与战略"、"传统项目与拉美议程"、"'9·11'恐怖袭击对拉美的启示"和"拉美能源部门"。

克里斯延·赫尼费尔特,历史学教授,1982年获博恩大学(Bonn University)博士学位,研究领域是安第斯地区的经济和社会历史、废除奴隶制、以及妇女和家庭问题等,重点关注秘鲁的情况,主要著作有《秘鲁简明历史》(2004),等等。

米沙·科科托维克,副教授,现任研究中心拉美研究项目主任,1997年获斯坦福大学(Stanford University)博士学位,研究领域是中美洲和安第斯地区文学,以及政治、经济、文化理论,主要著作有《秘鲁叙述中的现代安第斯:社会冲突和跨文化》(2006),等等。

主要出版物

1992年以来,伊比利亚和拉丁美洲研究中心出版了许多工作论文,这些工作论文可以从加利福尼亚大学圣迭戈分校的电子学术论文(Scholarship Repository)中参阅,而且每年还出版一期《伊比利亚和拉丁美洲研究中心通讯》(Newsletters)。

2000年以来机构的主要代表性文章和论著

1. Peter H. Smith, *CILAS: The case for Continuation*, Jan. 2000.
2. Robert Herr, *Building New Societies: Women in Asia and Latin*

America: *A Project Report*, Jun. 2000.
3. Cory Firestone, *Gender and Textbooks in the Pacific Rim: Similarities Amidst Diversity*, Jun. 2000.
4. Hugh B. Mehan, Sarah A. Robert, *Thinking the Nation: Textbook Representations of Nations and Regions in Asia and Latin America*, Sept. 2000.
5. Paul G. Buchanan, Kate Nicholls, *Labor Politics in Two Small Open Democracies: Contemporary New Zealand and Uruguay*, May 2001.
6. Tamera Marko, Adam Warren, *Women, Ethnicity, and Medical Authority: Historical Perspectives on Reproductive Health in Latin America*, Jul. 2004.
7. Lydia Brashear Tiede, *Committing to Justice: An Analysis of Criminal Law Reforms in Chile*, Jul. 2004.
8. Jennifer M. Piscopo, *Engineering Quotas in Latin America*, Aug. 2006.
9. Nancy Egan, *Citizenship, Race, and Criminalization: The Proceso Mohoza 1899–1905*, Aug. 2007.
10. Isabel Carvalho, *Beyond Civilization and its Discontents: Educating Perception and the Ecological Cure*, Aug. 2007.

* 资料来源:http://cilas.ucsd.edu/

(作者:杨志敏,中国社会科学院拉丁美洲研究所;责任编辑:张颖)

美洲研究所

The Institute of the Americas, IOA

地址: 10111 North Torrey Pines Rd. UCSD Campus, La Jolla, CA 92037 USA

电话: 1—858—4535560

传真: 1—858—4532165

网址: http://www.iamericas.org

E-mail: inquiries@iamericas.org

历史沿革与现状简介

美洲研究所(IOA)是目前公认的研究美国—加拿大—拉丁美洲三方关系的领军机构。1983年由圣地亚哥土地开发商、美国前驻阿根廷大使西奥多·E.吉尔德雷德(Theodore E. Gildred)和加利福尼亚大学圣地亚哥分校校长(后任加利福尼亚大学校长)理查德·阿特金森(Richard Atkinson)共同发起创立的,是一家独立的私人非营利性机构。机构设在加利福尼亚大学圣地亚哥分校校园内。自美洲研究所成立以来吸引了众多商界精英、政界要人和公民社会代表的参与,其宗旨是促进公共部门和私人部门的合作,帮助拉美国家制定和实行有效的经济管理政策,在能源和技术市场领域鼓励投资和信息分享,等等。2008年美洲研究所举办了25周年大型纪念会,乔治·布什总统和加利福尼亚州州长阿诺德·施瓦辛格专门写信高度赞扬研究所进行的创新性计划和研究。

组织机构、主要负责人及研究人员概况

目前美洲研究所有工作人员16人:于2003年6月就任所长的杰弗里·达维多(Jeffrey Davidow),曾任美国驻委内瑞拉和墨西哥大使及美国助理国务卿;副所长兼媒体关系主管S.林恩·沃克(S. Lynne Walker)女士;办公室主任兼所长助理埃尔南·努涅斯(Hernán Núñez);"Cepas社区计划部"主任伊莎贝尔·埃斯卡勒(Isabel Escalle);图像设计师兼网络主管卡洛斯·费尔南德斯(Carlos Fernández);培训计划主管达妮埃拉·凯利(Daniela Kelly);碳计划部(Carbon Program)和培训计划部的贾纳·科佩乔科(Jana Kopyciok);财政处主任诺拉·利夫赛(Nora Livesay);能源计划部主任杰里米·马丁(Jeremy Martin);信息和通讯技术计划主任哈里森·格雷·莫里森(Harrison Grey Morison);能源计划部的丽塔·奥利韦拉(Rita Oliveira);信息技术主管兼网络助理佩德罗·里克尔梅(Pedro Riquelme);能源计划部的迪亚娜·罗德里格斯(Diana Rodríguez);墨西哥计划和专业研习课程主任李·泰布维斯基(Lee Tablewski);能源计划部访问学者罗杰·蒂索(Roger Tissot);董事会秘书谢里·怀特(Sherry White)。

美洲研究所的领导机构由35人组成的跨国董事会组成。杰弗里·达维多所长直接受董事会领导。董事会成员大多来自美洲地区商界和学术界的领军人物。董事会现任主席是美国Intercap投资公司董事长戴维·韦弗(David Weaver);前任主席是加斯顿·卢肯(Gastón Luken)。

美洲研究所的资金主要源自美国和拉美国家的企业界。世界银行、美洲开发银行、安第斯开发协会(Andean Development Corporation)及美国政府的几个经济部门也为研究所提供财政支持;休利特基金会、福特基金会和皮尤慈善信托基金会(Pew Charitable Trusts)等私人基金会为美洲研究所的赞助者。另外,会员交纳的

会费、会议注册费、私人捐助等也是资金来源之一。

研究重点与学术活动

美洲研究所的主要研究领域是能源、气候变化、信息通讯技术和洁净技术开发、移民、贫困和食品危机等与拉美息息相关的重大问题和前沿问题，其中最主要的是能源问题和技术研究计划。墨西哥计划的研究成果成为墨西哥领导人应对当今政治和经济挑战的一个主要参考依据。美洲研究所是一个跨国的研究机构，研究人员来自美洲地区其他国家。美洲研究所基本上每年举办面向美洲地区的各种专业研习班（Professional Workshops）；2009年开设了有关新闻、能源地缘政治、替代能源、艾滋病、移民和贫困问题的夏季研讨班，由研究所各计划部主任及其领导的资深研究团队授课。这些课程都用西班牙语授课，是专门为拉丁美洲人设计的。2009年美洲研究所召开了第18届拉丁美洲能源大会，会议的重点是经济危机中的地区能源问题。这是拉美地区参加人数最多的能源会议，拉美国家的能源部长、公司首席执行官和官员共同讨论全球能源市场的新现实、新计划和新机遇。

对重大国际问题的观点

美洲研究所的学者们在关系人类生存和发展的各大领域都有深入研究和独到见解。美洲研究所所长达维多在2010年5月19日接受麦克尼尔·莱雷尔新闻时间（McNeil Lehrer NewsHour）采访时谈及移民和毒品贸易问题，他认为墨西哥的毒品贸易问题是个非常棘手的问题，至少要用一代人的时间去解决。这次采访之前墨西哥总统卡尔德龙与美国总统奥巴马在白宫会晤中谈及刚刚通过的亚利桑那州新移民法，根据这部法律，亚利桑那州的非法移民将被视为刑事罪犯，警察将有权对任何他们怀疑是非法移民的人进行盘查和逮捕。对于这部美国有史以来最苛刻的移民法案，达维多也表示坚决反对,而且认为卡尔德龙总统不能在这一问题上妥协,否则会被墨西哥公众"放在烤肉叉上烤熟"。另外,在全球普遍关注的食品价格升高、食品安全、食品多样性、现代生物技术的开发利用和绿色能源的生产等问题上,研究所的学者们也有自己的观点,他们多数人认为,目前的食品危机与能源危机是息息相关的,在发展生物能源方面,应该停止政府补贴玉米乙醇和油菜籽生物柴油生产的政策,鼓励节约能源和保护能源,研究和采纳新形式的可替代性可再生能源技术。

拉美研究概况

美洲研究所通过制定各种研究计划把政府官员、公民社会代表和商界人士聚集在一起,共同商讨公共政策中存在的现实问题,帮助政府推行善政,促进私人部门有效参与经济发展。20世纪90年代,美洲研究所首次举行了有关扩大私人健康保障覆盖面,使养老金管理私有化,改善拉美交通、水资源、废水处理等问题的讨论会。目前美洲研究所的长期研究计划包括:能源计划、信息和通讯技术、(有关科学新闻和能力建设的)专业研习班、(主要针对竞争力、城市财政和公司慈善事业的)墨西哥计划、中国计划、"Cepas社区计划",等等。其中,信息和通讯技术计划部旨在鼓励使用技术,并通过技术政策和可持续发展政策提高商业机遇。"Cepas社区计划"是圣地亚哥和蒂华纳地区的一个主要对外服务计划。在西班牙语中,"Cepas"是根、源头或岩石的意思。美洲研究所的"Cepas社区计划"旨在探究拉丁美洲人生命的源头,其中C代表文化,E代表经济,P代表政治,A代表艺术,S代表科学。"Cepas社区计划"通过这五个研究领域,传播和鉴赏边界生活的多样性文化。"Cepas社区计划"的资金主要源自个人和公司成员的捐助;"Cepas社区计划"组织的学术活动通常情况下可以免费参加。

主要拉美问题研究专家

杰弗里·达维多是一位资深外交官。1965年获马萨诸塞大学文学学士学位。1967年获明尼苏达大学文学硕士学位。1968年在印度海得拉巴(Hyderabad)的奥斯曼尼亚大学(Osmania University)留学。1979年达维多组织了第一次国会听证会,讨论有关建立北美自由贸易区的可行性问题。之后他在美国驻南非、津巴布韦、危地马拉和智利大使馆担任高级职务。1991年任美国驻委内瑞拉大使。1996年被任命为助理国务卿,负责西半球事务和政策的制定。1998~2002年任美国驻墨西哥大使。2002年,达维多大使在哈佛大学的约翰·肯尼迪政府学院和戴维·洛克菲勒拉丁美洲研究中心做访问学者。2002年,他获马萨诸塞大学荣誉法学博士学位。2003年6月至今任美洲研究所所长。在2009年第五届美洲峰会上,达维多受总统奥巴马的邀请担任白宫顾问,就奥巴马第五次峰会之行的古巴问题和公共安全等敏感问题出谋划策。2009年6月4日,达维多受命到西南边界工作组(Southwest Border Task Force)工作。这一工作组由前中央情报局和联邦调查局局长威廉·韦伯斯特(William Webster)领导,聚集了全国的安全专家,在有关西南边界的一些主要问题上向国土安全部提供政策咨询和建议。达维多大使著述甚丰,代表作有《南非的和平:关于罗得西亚的兰开斯特会议》(1979),《美国与墨西哥:熊和豪猪》(2004),等等。

对外合作

美洲研究所是一个外向型的开放性研究机构,虽不隶属于任何大学或政府部门,但与整个西半球的大学和政府部门密切合作,就有关经济发展、贸易和投资、地区一体化等方面的公共政策进行对话。美洲研究所同拉美国家的政府建立了正式合作关系,同美洲地区的主要企业也建立了密切联系。最近,美洲研究所与公共部门、私人部门和公民社会合作展开了一个碳市场（carbon market）计划。2009年6月4日，美洲研究所和墨西哥环境部（SEMARNAT）一起开设了专业研习课程，讨论气候变化等问题，为新闻记者提供科学数据，对全球环境变迁进行科学解释。

对中国的研究

美洲研究所架起了美国、中国和拉丁美洲国家关系的桥梁。26年来，美洲研究所一直关注新兴地区、尤其是中国的经济发展趋势。研究所下设中国计划部。副所长林恩·沃克曾访问过北京、天津、上海、福建等地，与中国政府官员、高级研究人员和研究中拉关系的教授有过广泛交流；她是长期驻拉美国家的资深记者，由于对拉丁美洲的出色报道，曾获美国报业协会编辑奖和普利策新闻奖。美洲研究所有许多成员既是拉美通，又是亚洲问题和中国问题专家，理查德·费希尔（Richard W. Fisher）就是其中较突出的一位。费希尔曾任美洲研究所董事会主席，是美国政府在北美自由贸易区（NAFTA）的首席执行官，代表美国政府与拉丁美洲和加勒比33个国家进行部长级多边谈判，同时负责亚洲、太平洋和美洲贸易事务；作为美国代表，就中国加入世界贸易组织的相关事宜进行谈判；作为美洲研究所创建人之一的理查德·阿特金森曾任全国科学基金会主席，任职期间他负责制定美国和国际科学政策，是历史上第一份关于中美两国科学家和学者交流互访的谅解备忘录的起草者。

美洲研究所于2008年11月6日曾举办题为"墨西哥—中国经济关系中的挑战和机遇"的会议；2009年9月在中国召开经济会议，会议聚集了来自中国和拉美国家的高级官员、商界领袖、研究人员、学者和外交官，共同讨论全球经济变迁给诸如能源部门、基础设施建设、农业、工业、工业化、自然资源等领域带来的机遇，帮助政界要人、商界人士和研究人员更好地建立有利于中国和拉美双方的合作关系。

主要出版物

《半球档案》(*Hemisfile*: *perspectives on political and economic trends in the Americas*),曾是美洲研究所的正式出版物,1990 年创办,半月刊,是一份有关美洲地区政治和政府、经济和社会等问题的综合性刊物,1999 年 3 月停刊。美洲研究所现在的正式和非正式出版物包括《时事通讯》、关键问题报告、会议论文等。

2000 年以来机构的主要代表性文章和论著

1. Jeffrey Davidow, *The U. S. and Mexico*: *The Bear and the Porcupine*, Markus Weiner Publishers, 2004.
2. Eul‐Soo Pang(co‐author), *The Internacional Political Economy of Transformation of Argentina, Brazil & Chile Since 1960*, Basingstoke UK & New York, Palgrave Mcmillan, 2002.
3. Eul‐Soo Pang, "AFTA and MERCOSUR at the Crossroads: Security, Managed Trade, and Globalization", *Contemporary Southeast Asia*, Apr., 2003.
4. Eul‐Soo Pang, "Unfettered Globalization, Impulsive Financial Flows, and Measured Regionalization of International Trade", *Journal of Diplomacy & Foreign Relations*, Dec., 2002.

* 资料来源:http://www. iamericas. org; http://www. sourcewatch. org/index. php? title = Institute_of_the_Americas.

(作者:宋霞,中国社会科学院拉丁美洲研究所;责任编辑:蔡同昌)

马里兰大学拉丁美洲研究中心

The Latin American Studies Center(LASC),
The University of Maryland

地址:The Latin American Studies Center,0128 - B Holzapfel Hall, University of Maryland,College Park,MD 20742
电话:1—301—4056459
传真:1—301—4053665
网址:http://www.lasc.umd.edu/
E-mail:lasc@umd.edu

组织机构、主要负责人及研究人员概况

马里兰大学拉丁美洲研究中心设有执行委员会(Executive Committee),成员包括:所长萨乌尔·索斯诺奇(Saúl Sosnowski),人类学教授珍妮特·彻恩拉(Janet Chernela),人类学助教朱迪思·弗赖伯格(Judith Freidenberg)、图书馆专家帕特丽夏·赫伦(Patricia Herron)和史蒂文·克利斯(Steven Klees)教授、罗伯塔·拉文(Roberta Lavine)副教授、历史学教授费利斯·佩雷(Phyllis Pere)。

拉丁美洲研究中心受到美国教育部"国家资源中心项目"(National Resource Center)的拨款,以往还受到来自下列机构的捐助:洛克菲勒基金会(Rockefeller Foundation)、社会科学研究理事会(Social Science Research Council)、美洲国家组织(Organization of American States)、美国情报局(United States Information Agency)、国家人文基金(National Endowment for the Humanities)、福特基金会(Ford Foundation)、南北中心(North-South Center)、美

洲开发银行(Inter-American Development Bank)、阿根廷国家艺术基金(Fondo Nacional de las Artes, Argentina)、火炬基金(Fundacion Antorchas),等等。

研究重点与学术活动

拉丁美洲研究中心的研究重点主要是文化和民主、政府治理和市民社会、劳工和性别、文学和少数族裔以及移民等问题,而讲授与拉美和加勒比地区相关的课程也是其重要的教学内容。此外,还开展诸如英语、葡萄牙语和克丘亚语(Quechua)等语言培训,并开展美国拉美裔社区的教育拓展项目、举办国家和国际性会议和研讨会等活动。

主要拉美问题研究专家

萨乌尔·索斯诺奇教授,主要研究领域为拉美小说和散文、文学批评、拉美犹太人文学和文化等。现为研究中心主任、国际项目办公室主任。1967年在美国斯克兰顿大学(University of Scranto)获学士学位,1968年和1970年在美国弗吉尼亚大学(University of Virginia)获硕士和博士学位。1970～1973年任马里兰大学助教；1973～1976年任马里兰大学副教授,从1976年起任马里兰大学教授。从1989年起任研究中心主任、2000年再任国际项目办公室主任。

从1973年起,萨乌尔·索斯诺奇教授发表了大量文章、论文以及一批专著。他还是现代语言学会(Modern Language Association)、美国西班牙和葡萄牙语协会(American Association of Teachers of Spanish and Portuguese)、拉丁美洲协会(Latin American Studies Association)、世界犹太人研究联合会(World Union of Jewish Studies)、拉美犹太研究协会(Latin American Jewish Studies Association)等众多专业组织的成员。

主要出版物

《信息通讯》(*Newsletter*),由中心出版,主要介绍中心、本校以及华盛顿—巴尔的摩地区的研究项目、活动等信息。《系列工作论文》(*Working Paper Series*),主要包括:文化、民主和政府(*Issues on Culture,Democracy and Development*),拉美研究(*Latin American Studies*)(访问学者在该中心所作的讲座)。《美洲探索》(*Discovering the Americas*),主要是文化、社会和经济方面的论文。

2000年以来机构的主要代表性文章和论著

1. Raúl Vallejo, *Crónica mestiza del nuevo Pachakutik (Ecuador: del levantamiento indígena de 1990 al Ministerio Étnico de 1996)*, 1996.
2. Jessica Chapin, *Crossing Stories: Reflections from the U.S.-Mexico Border Bridge*, 1997.
3. Graciela Montaldo, *Intelectuales y Artistas en la Sociedad Civil Argentina en el Fin de Siglo*, 1999.
4. Mieko Nishida, *Japanese Brazilian Women and their Ambiguous Identities: Gender, Ethnicity and Class in São Paulo*, 2000.
5. Raanan Rein, *The Second Line of Peronist Leadership: A Revised Conceptualization of Populism*, 2001.
6. Hugo Vezzetti, *Historia y Memorias del Terrorismo de Estado en la Argentina*, 2001.
7. Alejandra Bronfman, *"Unsettlede and Nomadic": Law, Anthro-pology and Race in Early Twentieth-Century Cuba*, 2002.
8. Roxana Patiño, *Narrativas políticas e identidades intelectuales en Argentina 1990 - 2000*, 2003.
9. Seth Meisel Petitions, *Petitioners and the Construction of Citizenship*

in Early Republican Argentina, 2004.
10. Teixeira Coelho Tudo, *Fora de Lugar*, *Tudo Bem* (*Uma cultura para o Século*), 2005.

* 资料来源:http://www.lasc.umd.edu/

(作者:杨志敏,中国社会科学院拉丁美洲研究所;责任编辑:刘维广)

迈阿密大学半球政策研究中心
University of Miami's Center for Hemispheric Policy, CHP

地　址：5250 University Drive, Coral Gables, Florida, Post Office Box 248297
电　话：1—305—2849918
传　真：1—305—2843768
网　址：http://www6.miami.edu/chp
E-mail：center1@exchange.sba.miami.edu

历史沿革与现状简介

迈阿密大学半球政策研究中心是迈阿密大学设立的一所拉美及加勒比政策研究机构，注重西半球的经济、政治、商业、贸易以及美国的拉美政策研究。该研究中心的研究人员和行政人员共七人，并招聘一些实习生。为充实研究力量，中心还与美国和拉美国家的商业精英、劳工组织官员、外交官以及其他学术机构的学者建立了密切的学术联系。中心主任由苏珊·珀塞尔（Susan K. Purcell）博士担任，苏珊·戴维斯（Susan B. Davis）任中心副主任。

迈阿密大学半球政策研究中心在美国的佛罗里达及拉丁美洲都享有盛誉。一些研究人员的学术成果经常载于《洛杉矶时报》、《华盛顿邮报》、《迈阿密先驱导报》以及《拉美企业纪事报》（*Latin Business Chronicle*）。美国国家公共广播电台和美国之音也经常引用半球政策研究中心有关拉美研究的重要观点。

组织机构、主要负责人及研究人员概况

该研究中心很小,除了两三名研究人员外其余都是行政人员,并没有什么完整的组织机构,主要以课题的形式组织研究,并邀请外部学者参加。

研究重点与学术活动

迈阿密大学半球政策研究中心关注美拉自由贸易协定、拉美民主的可持续性、拉美政治经济改革前景、拉美国家企业的社会责任以及拉美的腐败等问题的研究。近年来,在美国国务院的资助下,半球政策研究中心重点研究了美拉关系、中拉关系、拉美的民主化与竞争力等课题并撰写了一系列研究报告。应国务院的资助和要求,中心以"变化中的拉美与美国对拉美的新政策"为主题,重点研究了如何确保美国在拉美的利益。苏珊·珀塞尔主任曾参加美国国会西半球事务委员会就拉美政策举行的听证会,并作了发言。她认为,美国的拉美政策应作出调整,尤其美国对拉美的经济政策要关注拉美的社会贫困问题;在民主化方面,美国要从强调选举转向关注政治责任和法制;美国还应采取有效政策,化解拉美的反美情绪。

对重大国际问题的观点

该研究中心很小,专注于拉美问题研究,并未发现该研究中心对重大国际问题发表过观点。

拉美研究概况

迈阿密大学半球政策研究中心的研究工作具有以下特点。1. 注重对策研究。接受美国国务院的援助,确定研究议题。近年来,重点研究美国的拉美政策以及中拉关系对美国的影响。2. 围

绕研究课题,定期举行学术研讨会。自 2005 年以来,举行了"新拉美:增长和稳定战略的分化"、"拉美的民主化与竞争力"、"中拉关系议程"等大型学术会议。3. 在拉美研究领域,建立了广泛的学术联系。中心与美洲对话组织、哥伦比亚大学拉美研究所等多个拉美研究机构建立了紧密的合作关系。

主要拉美问题研究专家

苏珊·珀塞尔,拉美研究资深专家,在哥伦比亚大学获政治学博士学位,在哥伦比亚、厄瓜多尔、墨西哥、巴西等拉美国家工作生活 30 多年。曾任美洲委员会副主席,是美国国务院拉美及加勒比政策研究室的重要成员。在对外关系委员会工作期间,任拉美研究项目主任,同时还在加利福尼亚大学、洛杉矶大学和哥伦比亚大学任兼职教授,主讲政治学课程。

对外合作

为加强与拉美国家的学术交流,迈阿密大学半球政策研究中心每年从拉美和加勒比国家邀请两位著名学者,研究拉美当前的政治经济发展。

对中国的研究

2006 年,在美国国务院文化教育司的资助下,迈阿密大学半球政策研究中心加强了中拉关系研究。围绕中拉关系研究议题,邀请了美洲对话组织、斯坦福大学胡佛研究所、拉美国家前驻华外交官、佛罗里达国际大学以及思科系统公司等商业机构参与了这项研究。研究的主要议题有:(1)中拉贸易和中拉竞争对拉美发展的冲击。虽然中国的需求提高了国际初级产品价格,但拉美国家也不能抵制制度性变革;(2)美国应对中拉关系发展的政策建议。监测中国在拉美的战略性举动;利用中国的竞争,推动美国与

拉美国家建立自由贸易区;建立中美在拉美事务中的协调机制;
(3)中国与智利的关系。中智达成双边自由贸易协定具有一定的
战略意义;(4)中国在拉美的军事战略。中拉关系的发展是积极
因素还是消极因素,取决于美国采取何种方式利用中国在拉美的
影响给美国所带来机遇和威胁;(5)中国经济对拉美的影响。中
国经济对拉美国家的影响还难以确定,中国经济增长放缓会对中
拉贸易带来负面影响。由于中国的发展及经济增长模式存在的风
险,拉美的对外贸易不应过度依赖中国。

主要出版物

《专家小组政策研究论文集》(*Task Force Policy Papers*),根据课题研究情况不定期出版。《美洲视角论文集》(*Perspectives on the Americas Papers*),不定期出版。

2000 年以来机构的主要代表性文章和论著

1. John Williamson,"The Way Forward in Latin America",Democracy and Competitiveness in Latin America Task Force,June 21,2007.
2. Carol Wise,"Democracy and Competitiveness in Latin America",Democracy and Competitiveness in Latin America Task Force,August 9,2007.
3. Joy Olson,"Trade is not a Development Strategy:Time to Change the U. S. Policy Focus",Perspectives on the Americas Papers,July 12,2007.
4. José Luis Guasch,"Latin America and the Caribbean:Taking Stock and Moving Forward on Global Competitiveness",Democracy and Competitiveness in Latin America Task Force,Aug. 8,2007.
5. Abraham F. Lowenthal,"Toward Improved U. S. Policies for Latin America and the Caribbean:A Memo to the Next U. S. President",

Perspectives on the Americas Papers, Nov. 21, 2007.
6. Mario Marconini, "Brazil's Competitiveness Paradigm: Openness, Growth and Contestability", Democracy and Competitiveness in Latin America Task Force, Oct. 1, 2007.
7. Shanker A. Singham, "The China-Latin America Relationship: The Impact of Trade, Competition and Regulatory Issues on its Development", China-Latin America Task Force, Feb. 21, 2007.
8. William Ratliff, "The Global Context of a Chinese 'Threat' in Latin America", China-Latin America Task Force, Jan. 25, 2007.

* 资料来源:http://www6.miami.edu/chp

(作者:孙洪波,中国社会科学院拉丁美洲研究所;责任编辑:刘维广)

迈阿密大学拉丁美洲研究中心

University of Miami's Center for Latin American Studies, CLAS

地址:1111 Memorial Drive, Coral Gables, Florida
电话:1—305—2841854
传真:1—305—2842796
网址:http://www.as.miami.edu/clas/index.htm
E-mail:umclas@miami.edu

历史沿革与现状简介

迈阿密大学拉丁美洲研究中心成立于2000年。中心设在迈阿密大学文理学院内,是一个跨学科的研究机构,其宗旨是为迈阿密大学对拉美和加勒比地区研究感兴趣的学者和学生提供学术研究和交流的平台,推动迈阿密大学不同院系的合作研究以及加强迈阿密大学与拉美和加勒比地区国家的交往。

组织机构、主要负责人及研究人员概况

迈阿密大学拉丁美洲研究中心没有专职研究人员,除中心主任和项目协调员以外,还有五名工作人员,负责学生的教学和科研组织工作。中心在迈阿密大学大多数院系设立了研究和教学联系人,包括人类学系、生物学系、经济系、外国语言和文学系、国际问题研究系、管理系、社会学系等。中心下设执行委员会,由17个院系的研究和教学联系人组成。

目前,布鲁斯·巴格利(Bruce Bagley)教授任中心主任,同时任迈阿密大学国际问题研究系教授和系主任。巴格利教授在加利福

尼亚大学获政治学博士学位,致力于美拉关系研究,尤其对毒品走私有深入研究。他曾在霍普金斯大学从事比较政治学和拉美问题研究。桑迪·考克斯(Sandy A. Cox)任中心研究项目协调员,她分别在佛罗里达大学国际关系研究系和美洲大学国际问题研究系获学士和硕士学位,主要研究国际政治、人权问题以及古巴的社会问题。她曾在多家人权机构工作过,如人权律师委员会、美国国会国际关系委员会国际行动和人权分会。目前,她在"华盛顿自由之家"任项目高级官员,旨在推动古巴的"民主化"。

研究重点与学术活动

迈阿密大学拉丁美洲研究中心具有研究和教学双重职责,其研究重点和学术活动主要集中在以下方面。(1)通过组织学术活动,把迈阿密大学不同院系的拉美和加勒比地区研究专家团结起来,推动与拉美和加勒比地区有关的学术研究。这有助于促进不同学科的拉美和加勒比地区研究学者的对话和沟通。(2)资助拉美和加勒比地区的跨学科研究小组。这些小组一般由各院系的学者和学生组成,并专注于某一领域具体问题的研究。目前研究重点主要涉及加勒比文学研究、安第斯共同体研究、安第斯国家政治和社会研究、中美洲研究、巴西文化研究、拉美媒体研究、海地研究、拉美旅游业研究等领域。近年来,在福特基金会的资助下,中心重点研究拉美国家的社会不平等问题。(3)向愿意从事拉美和加勒比研究的博士生提供奖学金。此外,还向一些从事拉美专业学习的优秀本科生发放奖学金。

主要拉美问题研究专家

史蒂夫·斯坦因(Steve Stein)博士,中心前任主任,迈阿密大学历史系教授。他于1974年在斯坦福大学获博士学位,主要研究拉美现代史,尤其对安第斯国家及阿根廷历史研究造诣较深,对秘鲁的社会和文化史以及阿根廷的酒文化历史有深入研究。其学术成果主要有《秘鲁的民众主义：民众运动的兴起和社会控制政治》、《20世纪80年代的秘鲁》、《秘鲁危机》等专著。《秘鲁危机》一书分析了秘鲁经济危机对社会、文化和政治的影响。

对外合作

迈阿密大学拉丁美洲研究中心的对外合作主要是邀请拉美和其他地区的学者前来进行学术访问。中心通过访问学者项目，主要资助拉美国家、日本和法国的专家学者。这些访问学者在中心从事研究的同时，还承担一定的教学工作。

主要出版物

《拉美政治与社会》(Latin American Politics and Society)，季刊，是中心出版的重要学术刊物。该杂志在迈阿密大学已有49年的历史，刊登的文章涉及拉美政治、经济、社会和美拉关系等领域的研究论文，也选登有关拉美政治、社会和经济方面的热点问题的文章。该杂志还设有新书评论栏目。迈阿密大学国际研究系的威廉·史密斯任杂志的主编，埃莉诺·拉恩(Eleanor Lahn)任执行编辑。此外，中心每年还出版两期简报，介绍其教学和学术活动情况。

2000年以来机构的主要代表性文章和论著

1. Edna Acosta-Belen, *Puerto Ricans in the United States: A Contemporary Portrait*, Lynne Rienner Publishers, Apr. 2006.
2. M. Elizabeth Aranda, *Emotional Bridges to Puerto Rico: Migration, Return Migration, and the Struggles of Incorporation*, Rowman & Littlefield Publishers, Sep. 2006.
3. Leonardo Ferreira, *Centuries of Silence: The Story of Latin American*

Journalism, Praeger Paperback Publisher, Oct. 2006.
4. Lillian Manzor and Alicia Arrizon, *Latinas on Stage: Practice and Theory*, 3rd Woman Press, Apr, 2000.
5. Martin Austin Nesvig, *Religious Culture in Modern Mexico*, Rowman & Littlefield Pub Inc, Mar, 2007; *Local Religion in Colonial Mexico*, University of New Mexico Press, Mar. 2006.
6. Merike H. Blofield, *The Politics of Moral Sin: Abortion and Divorce in Spain*, Chile and Argentina, Routledge Press, Feb. 2006.
7. Sallie Hughes, *Newsrooms in Conflict: Journalism and the Democratization of Mexico*, University of Pittsburgh Press, Jun. 2006.
8. Traci Ardren, *Ancient Maya Women*, Alta Mira Press, Feb. 2002.
* 资料来源:http://www.as.miami.edu/clas/index.htm

（作者:孙洪波,中国社会科学院拉丁美洲研究所;责任编辑:张颖）

美洲对话组织

Inter-American Dialogue, IAD

地址：1211 Connecticut Avenue, NW Suite 510, Washington DC, 20036
电话：1—202—8229002
传真：1—202—8229553
网址：http://www.thedialogue.org
E-mail：phakim@thedialogue.org

历史沿革与现状简介

美洲对话组织于1982年在华盛顿成立,是美国一家重要的西半球事务研究机构和智库。它致力于推动西半球的合作、民主化、社会平等、经济发展等地区议程,开展研究工作和各项活动,以提供新的政策理念和可行的政策建议为导向,并向政府和商界的决策者推广这些理念和政策建议。同时,它还把拉美和加勒比国家的不同声音传递给美国的政策制定者。自成立以来,它在协调美洲国家关系、确定地区议程、制定美国的拉美政策等方面发挥了重要作用。

美洲对话组织聚集了100位来自政界、学界、商界、媒体以及非政府组织的领导和精英,他们大多来自美国、加拿大和拉美国家。成员中有12人曾当过总统,20多人曾担任过部长,17人是本国的议会议员。此外,有20%的成员是来自商界或金融界的精英。在政治代表性方面,美洲对话组织成员的政治倾向具有多样性。美国的民主党和共和党以及加拿大和拉美国家的不同政党在美洲对话组织里都有其成员。美洲对话组织的成员以追求民主、社会平等、地区经济合作为宗旨,共同探讨西半球存在的问题和发展机遇,推动美国与拉美国家的合作、拉美地区民主治理、社会平等以及经济增长等重要议题。

组织机构、主要负责人及研究人员概况

美洲对话组织设有五个行政部门,即经济和贸易部、政策研究部、社会政策部、民主治理部、行政管理和财务部。其专职研究人员和行政人员共31名,科研人员承担了大量的行政性事务。

美洲对话组织设一名主席、三名副主席和一名常务主席。现任主席为迈克尔·希夫特(Michael Shifter),副主席由凯瑟琳·安德森(Katherine Anderson)等人担任。常务主席为琼·卡伊瓦诺(Joan Caivano)。科研工作是由课题项目加以组织的,迈克尔·希夫特负责安第斯地区的研究项目,杰弗里·普里尔(Jeffrey Puryear)负责巴西和南锥体地区的研究项目,丹尼尔·埃里克森(Daniel Erikson)负责加勒比地区的研究项目,彼得·哈基姆负责经济贸易研究及国会委托的研究项目,曼努埃尔·奥罗斯科(Manuel Orozco)负责侨汇与发展研究项目。

美洲对话组织设理事会,由100名美洲对话组织成员中选举出的25名成员组成。理事会设两名主席和23名副主席,同时还设两名荣誉主席。目前理事会主席为美国前贸易代表卡拉·希尔斯(Carla A. Hills)和智利前总统拉戈斯。副主席有美洲开发银行前行长恩里克·伊格莱西亚斯(Enrique Iglesias)、巴西前总统卡多佐、秘鲁基督教人民党党主席洛德斯·纳诺(Lourdes F. Nano)、智利争取民主党主席塞尔希奥·比塔尔(Sergio Bitar)、哥斯达黎加民族解放党主席索尼娅·皮卡多(Sonia Picado)等。阿根廷前总统阿方辛和联合国前秘书长佩雷斯·德奎利亚尔(Pérez de Cuéllar)曾任理事会的荣誉主席。

研究重点与学术活动

目前,美洲对话组织研究重点关注贸易、教育、侨汇以及美国的拉美政策等议题。美洲对话组织的学术活动繁多,主要有以下内容:邀请拉美国家的领导人演讲;与世界银行、美洲开发银行、美洲国家组织等国际组织开展合作研究;围绕拉美热点问题召开小型圆桌会议;与美国国会定期举行工作交流;举行大型国际会议;围绕研究专题召开研讨会。美洲对话组织与拉丁美洲开发银行和美洲国家组织形成了稳定的合作机制,每年共同召开贸易和投资年会,讨论拉美政治形势、美国的拉美政策、经济增长与反贫困、能源合作等内容。1996年美洲对话组织设立了"索尔·利诺维兹"(Sol M Linowitz)论坛,旨在加强西半球问题的讨论和交流。该论坛每两年召开一次,主要探讨美洲最重要的议事日程,并提出政策建议。

近年来,美洲对话组织的学术活动内容较广泛,主要涉及美拉贸易和投资、能源一体化、全球化和贫困问题、教育改革、种族歧视、妇女和政治权力、侨汇和移民、古巴的政治经济转型等。美洲对话组织经常邀请美国和拉美国家的政要参加其组织的活动,包括美国助理国务卿香农、哥伦比亚总统乌里韦、多米尼加总统费尔南德斯、秘鲁前总统托莱多、巴西前总统卡多佐以及大多数拉美国家的外交部、财政部、贸易部等部长。与此同时,西半球的国际组织领导人也经常应邀参加美洲对话组织的学术活动,包括美洲国家组织秘书长何塞·因苏尔萨(José M. Insulza)、美洲开发银行行长路易斯·莫雷诺(Luis A. Moreno)。此外,美洲对话组织还邀请拉美一些在野党人士参加其学术活动。华盛顿的一些其他智库、商业机构、非政府组织也经常参加美洲对话组织的论坛、会议和其他形式的政策交流。

美洲对话组织的研究成果对美国的拉美政策具有很大影响。

近年来,美洲对话组织的研究人员多次到国会就拉美问题参加听证会,涉及的议题有侨汇、美国与南美洲的关系、美拉贸易、移民问题。与此同时,美洲对话组织的研究人员在拉美研究学术界有着广泛影响,他们的文章经常刊登在美国的《外交》、《外交政策》等学术期刊上,美国和拉美国家的一些著名报刊也时常选登他们的评论性文章。

拉美研究概况

从专业研究设置来看,美洲对话组织的拉美研究主要分为国别研究和专题研究两类。国别研究包括以下五个研究项目。(1)安第斯地区研究。安第斯地区研究项目启动于2001年,重点研究哥伦比亚、委内瑞拉、玻利维亚、厄瓜多尔和秘鲁五国的热点问题,包括民主治理、毒品走私、能源、国际关系等。安第斯地区研究由迈克尔·希夫特(Michael Shifter)负责,有25名研究专家参与。该研究项目每年在华盛顿或安第斯国家召开一次会议。(2)巴西和南锥体地区研究。该项目重点研究巴西、阿根廷和智利的教育政策、社会政策和社会公平问题。1995年美洲对话组织与智利发展研究集团启动了"美洲教育复兴伙伴计划",旨在提高美洲的教育质量,加强教育公平。该项目由杰弗里·普里尔负责。(3)加勒比地区研究。该项目重点研究古巴、海地和加勒比共同体。该项目由丹尼尔·埃里克森(Daniel Erikson)负责。古巴研究项目重点关注美古关系,研究议题涉及古巴移民问题、古巴与中国的关系、古巴与委内瑞拉的关系、古巴的经济改革等。由于加勒比共同体对美国推动美洲自由贸易区、解决海地政治危机以及改善与古巴的关系等方面发挥着重要作用,美洲对话组织加强了与加勒比国家的外交官、学者以及政治家的联系与合作研究。(4)中美洲地区研究。该项目重点研究中美洲国家的贸易、侨汇与发展、教育、技术援助以及贸易能力等问题,并跟踪研究美国—中美洲—多米尼加自由贸易协定的实施情况。该项目已成为美洲对话组织与中美洲国家和学者的沟通渠道。(5)墨西哥研究。该项目关注墨美关系、毒品问题、新闻自由等。

目前,根据贸易、教育、侨汇以及美国的拉美政策等研究议题,美洲对话组织设立了下列专题研究项目。(1)民主治理专题研究。研究主题涉及民主治理构建、新闻自由以及女性领导等内容。(2)经济和贸易专题研究。研究内容包括经济增长与收入分配、能源政策与合作、中美洲的贸易能力、贸易援助等问题。该项目设有贸易政策研究小组,研究美国与拉美国家的双边自由贸易协定、自由贸易协定与对外发展援助、劳工问题和环境保护等。(3)教育和社会政策研究。该项目以"美洲教育复兴伙伴计划"为依托,以推动拉美国家的教育改革为目标,与增长公平研究和全球发展中心合作,探讨缓解拉美国家的贫困和不平等的有效措施。(4)美洲制度研究。该项研究与美国战略和国际研究中心合作,重点研究拉美民主所面临的挑战。(5)拉美的国际关系研究。重点研究拉美与中国和欧盟的关系,尤其关注中国在拉美的影响、中国与拉美未建交国的关系、中国与古巴的关系。(6)侨汇与发展。该项目启动于1997年,研究侨汇作为发展工具在拉美和加勒比地区的作用。该项目通过研究和政策分析,集中研究侨汇的规模、侨汇的汇款成本、侨汇的方式以及侨汇的使用等。美国国会就拉美的侨汇问题,与美洲对话组织经常保持沟通和交流。(7)美国的西半球政策研究。该项目设国会成员工作小组,集中了美洲对话组织的国会议员,美国和拉美国家政府、国际组织的高级官员以及政策分析专家,共同讨论西半球的事务。

在研究拉美的发展和挑战等问题的基础上,美洲对话组织对美国如何改善美拉关系提出政策建议。它对拉丁美洲最近的发展持以下观点:拉美经济连续五年实现快速增长,这是20世纪70年代以来的最好时期;财政收支状况良好,出口和贸易盈余较多,侨汇和外国投资迅速增加；失业和社会贫困有所缓解，收入不平等有所改善；大多数拉美国家实现了民主执政。但拉美的发展也面临着诸多挑战：(1)提高生产率，保持增长的可持续性；(2)推进社会改革，确保教育、医疗和公共服务的公平性；(3)南方共同市场和安第斯共同体面临诸多困难，拉美一体化难以推进；(4)政府实施有效治理的能力有限，尤其司法系统需要改善，并提高政府的透明度和政府伦理标准；(5)犯罪和不安全感居高不下，对稳定构成威胁，并且民众开始质疑政府的合法性；(6)社会不平等和社会贫困削弱民主治理。

为改善美拉关系，美洲对话组织认为，美国应关注拉美的社会问题，并在拉美国家的反贫困斗争中发挥一定作用。长期以来，美国的拉美政策以自由贸易、禁毒和安全为主要议题。拉美国家的贫困和不平等给拉美国家及美国都带来了巨大的政治风险，美国必须高度重视。美国要做到以下几点：在签署自由贸易协定时，以援助项目相配合，补偿拉美国家受到较大冲击的产业；推动拉美国家的土地改革，以农作物替代古柯的种植；扩大美国银行界对社会贫困人口的金融服务；在巴西、墨西哥和安第斯国家重点援助印第安人等土著人；对拉美国家的教育提供援助；协助拉美国家应对犯罪和暴力；美国国会尽快批准与哥伦比亚和巴拿马签署的双边自由贸易协定。

主要拉美问题研究专家

彼得·哈基姆(Peter Hakim)，美洲对话组织前主席。毕业于普林斯顿大学，对西半球事务有深入研究，经常接受媒体采访，参加美国国会听证会多达10多次。其文章经常载于《外交》、《外交政策》、《纽约时报》、《华盛顿邮报》、《金融时报》等报刊。曾在世界银行、美洲开发银行、美洲基金会和福特基金会工作，曾任美洲基金会副主席。他还是麻省理工学院和哥伦比亚大学的兼职教授和对外关系委员会成员。

迈克尔·希夫特，美洲对话组织现主席。1993年以来一直被乔治敦大学聘为客座教授，主讲拉美政治课程。他对美拉关系和西半球问题有深入研究。1996年以来多次到美国国会就美国的拉美政策参加听证会，并提供证词。在加入美洲对话组织之前，他曾在全国民主捐赠基金会和福特基金会从事拉美和加勒比研究。

对外合作

美洲对话组织与国际组织、拉美国家的政府、学术机构和商业团体建立了密切的合作关系。在研究资金来源方面，美洲对话组织得到了亚洲发展银行、美洲开发银行、美洲国家组织、世界银行和联合国民主基金会等机构的资助。此外，还从加拿大国际发展署、智利驻美国大使馆、墨西哥驻美国大使馆、挪威外交部、瑞典国际开发署、美国国际开发署得到大量资助。为扩大政策影响力，美洲对话组织经常邀请拉美国家领导人前来演讲，并与世界银行、美洲开发银行、美洲国家组织等国际组织开展合作研究。

对中国的研究

2003年以来，美洲对话组织开始关注中国问题和中拉关系的研究。近年来的主要研究成果有《中拉关系：利益共享，不对称的希望》、《中国和台湾：拉美之战》、《中国经济崛起及其在拉美的出现》、《中国、古巴与委内瑞拉：三国关系的新发展》，等等。这些成果大多是以发表的文章和内部研究报告的形式出现的。其主要观点如下。(1)中拉关系与意识形态。意识形态因素不能解释中拉关系的发展。目前中拉关系的发展得到了拉美左、中、右派的支持，这种意识形态多元化有利于中拉关系的发展。(2)中拉的军事联系。中拉军事联系的加强不是中拉关系发展的原因，而是中拉关系发展的结果。拉美国家注重发展中拉军事关系，是基于战略考虑,对美国有一定的制衡作用。(3)中国与拉美各国的关系差异。中国与委内瑞拉的政治和经贸关系出现不匹配和错位现象,两国贸易增长速度过慢。墨西哥和阿根廷认为中国的发展给它们带来了压力和挑战。中国与巴西关系发展良好,但中巴关系存在着复杂因素,中巴贸易的不利因素也在增加。中国与古巴关系保持稳定发展,两国政治和经贸关系发展平衡。(4)中拉的多边外交。中国与拉美国家对很多国际事务的判断趋于一致,在联合国的投票趋同倾向明显。20世纪90年代以来,中拉关系中存在两个曲线,即中拉贸易曲线迅速上升,而中拉政治关系曲线保持平稳发展。(5)中国在拉美的利益。中国对拉美的新战略是通过贸易和直接投资确保资源的供应安全。同时,中国通过在拉美和加勒比地区强化外交和扩大贸易、援助和投资来发展与未建交国的关系。(6)中国经济对拉美的影响。中国的需求扩张效应改善了拉美的贸易条件,给拉美国家带来了发展机遇。一些拉美国家也把中国视为平衡美国霸权的一个经济和政治选择。但中国对拉美的影响还难以确定,拉美国家应警惕中国的投资风险,而且中拉贸易潜力有限。(7)中拉关系对美国的影响。中国在拉美的出现是一种健康的因素,中国没有威胁美国在拉美的利益。中国在承认美国在拉美地区的优势地位的前提下,务实地谋求政治和经济优势。目前由于美国对古巴的制裁减弱,中国和委内瑞拉对古巴的影响给美国造成了一定压力,但把中国—古巴—委内瑞拉三国定性为"轴心"还为时过早。由于中国在中美洲和加勒比的影响日益扩大,台湾在国际上将会陷入更加孤立的境地。

主要出版物

《美洲对话组织的拉美咨询》(*the Dialogue's Latin America Advisor*),每日一期;《美洲对话组织简讯》(*The Dialogue's Newsletter*),每年两期;《金融服务咨询》(*Financial Services Advisor*),双周

刊;《能源咨询》(Energy Advisor), 周刊;《电信咨询》(Telecom Advisor), 周刊。

2000 年以来机构的主要代表性文章和论著

1. Michael Shifter, "Adiós, Fujimori", Foreign Policy, March/April 2001; "Drugs, Democracy and Latin America", Foreign Service Journal, Feb. 1, 2001; "United States-Latin American Relations: Preparing for the Handover", Current History, Feb. 1, 2001; "Un perimer paso", Foreign Affairs en Español, Apr. 1, 2001.
2. Daniel Mack and Victoria Wigodzky, "Reflections on the Colombian Conflict", Andean Working Paper, Jun. 1, 2002.
3. Inter-American Dialogue, "Bridging the Divide: Toward Consensus on Free Trade in the Americas", Conference Report, Dec. 1, 2003.
4. Laurence Wolff, Private Education and Public Policy in Latin America, Washington, PREAL, 2005.
5. Genaro Arriagada, "Petropolitics in Latin America: A Review of Energy Policy and Regional Relations", Andean Working Paper, Dec. 1, 2006.
6. Genaro Arriagada, "Petropolitics in Latin America: A Review of Energy Policy and Regional Relations", Andean Working Paper, Dec. 1, 2006.
7. Peter Hakim, "Is Washington Losing Latin America?", Foreign Affairs, Volume 85, No. 1, 2006; New president's challenges, Miami Herald, Dec. 7, 2007.
8. Manuel Orozco, "Toward the Mainstream: Remittances and Development in Latin America and the Caribbean", Testimony presented before the House Committee on Foreign Affairs, Subcommittee on the Western Hemisphere at the hearing entitled: "Leveraging

Remittances for Families and Communities", Oct. 2, 2007; "Global Remittances and the Law-A Review of Regional Trends and Regulatory Issues", in International Migration Law: Developing Paradigms and Key Challenges, Edited by Ryszard Cholewinkski, Richard Perruchoud and Euan Macdonald. Cambridge University Press, Jan. 2007.

9. Nancy Birdsall, Augusto De LA Torre, and Rachel Menezes, *Fair Growth: Economic Policies for Latin America's Poor and Middleincome Majority*, Center for Global Development, Dec. 2007.

10. Daniel P. Erikson, "China, Taiwan, and the Battle for Latin America", *the Fletcher Forum of World Affairs*, vol. 31, summer 2007.

* 资料来源：http://www.thedialogue.org

（作者：孙洪波，中国社会科学院拉丁美洲研究所；责任编辑：张颖）

美洲委员会

Council of the Americas, COA

地址: Suite 250, 1615 L St, NW, Washington, D. C. 20036
电话: 1—202—6598989
传真: 1—202—6597755
网址: http://www.counciloftheamericas.org
E-mail: inforequest@ as-coa.org

历史沿革与现状简介

美洲委员会由大卫·洛克菲勒和一些商业人士于1965年成立,是美国一家重要的商业咨询机构,总部设在华盛顿,并在纽约设有分部。洛克菲勒等人从自由市场和私有企业是促进西半球经济繁荣发展的有效手段这一理念出发,创建了美洲委员会,致力于推动西半球的经济社会发展、市场开放、法制和民主。作为一家商业咨询机构,委员会实行会员制,并对会员公司收取一定的费用。自成立之日起,近200家跨国公司成为美洲委员会的会员公司,它们主要来自制造业、自然资源开发、技术、通讯、医疗医药、媒体、银行、金融服务业等产业部门。这些会员公司是美国在拉美私人投资的主要承担者,且已成为推动西半球民主化、开放市场和实行法制的主流声音。

组织机构、主要负责人及研究人员概况

美洲委员会设有政策部、公共政策部、公司关系部、北美事务部、发展研究部、基金和制度部、网络管理部、贸易政策和公共事务

部、政府关系部、行政管理部等部门。此外,美洲委员会还下设北美商业委员会和北美竞争力理事会。北美竞争力理事会由美国、加拿大和墨西哥三国共同成立,属于政府和商业机构的联系组织,其秘书处由美洲委员会和美国商会共同负责。美洲委员会理事会主席是花旗银行行长威廉·罗兹,委员会主席和首席执行官由苏珊·西格尔担任,美洲委员会副主席由埃里克·法恩斯沃斯担任。

研究重点与学术活动

美洲委员会的研究重点是拉美的经济改革、能源、贸易和一体化问题。美洲委员会根据部门设置制定了以下 10 个项目。(1)纽约项目。集中政府高级官员、外交官、学者和商业精英讨论公共政策项目,活动包括拉丁美洲年会及经济、金融和商业预测会议。(2)华盛顿项目。确保美洲委员会成员公司在华盛顿和海外利益的实现。通过借助国会听证、媒体等多种手段,为成员公司寻求和维护其商业利益。(3)迈阿密项目。通过会议、私人聚会和圆桌会议等多种形式,聚集政府和商业精英在迈阿密开展活动。(4)拉丁美洲城市项目。主要在拉美的主要城市召开会议,举行活动。(5)加拿大事务项目。引导加拿大的商业机构进入拉丁美洲。(6)巴西研究小组。小组成立于 2005 年,主要关注巴西的经济发展、制度改革以及巴西在全球经济中的作用。(7)能源行动小组。小组成立于 2004 年 9 月,致力于推动西半球能源合作,并关注与能源相关的金融、宏观经济稳定和商业问题。(8)移民和一体化倡议项目。项目得到洛克菲勒基金会的资助,旨在推动美国商业团体和年轻商业人士与在美国的拉美移民的交往。(9)法制工作小组。工作小组聚集了美洲不同行业和部门的精英,共同努力改善美洲的法制状况。(10)贸易咨询小组。小组成立于 2004 年,主要为会员公司提供贸易和投资咨询,并与美国和拉美国家的领导保持沟通。

美洲委员会的专家多次参加美国国会就拉丁美洲事务举行的听证会,对美国的拉美政策具有一定的影响力。2006年10月,副主席埃里克·法恩斯沃斯参加了美国国会就美国与哥伦比亚签署自由贸易协定的听证会,并进行作证。2007年7月和9月,他分别参加了美国国会组织的美国与秘鲁间自由贸易协定和如何修补与南美洲国家关系的听证会,并提供了证词。美洲委员会极力支持美国与拉美国家签署双边自由贸易协定,并积极推动美国国会批准与哥伦比亚和巴拿马的双边自由贸易协定。美洲委员会的专家们重点关注美拉关系中的贸易、移民、毒品、能源、援助、劳工等议题以及加拿大与拉美国家的关系,并撰写了大量文章,发表在《金融时报》《迈阿密先驱导报》等报刊上。

拉美研究概况

作为商业咨询机构,美洲委员会的拉美研究工作主要有以下三个方面。(1)宣传美国的政策理念和价值观。美洲委员会的重要职责是向拉美国家宣传美国的自由贸易、市场开放、民主、法制等政策理念和主张,尤其重视向拉美的商业机构和政府官员推销这些理念。(2)推动政府、商业机构和学术界的三方交流。美洲委员会发挥了商业工具的作用,在美国和拉美国家之间建立了商业信息联系和交流平台。委员会的会员大都是在拉丁美洲从事商业活动的跨国公司以及拉丁美洲的著名公司。为谋求商业机遇和利益,这些会员公司通过美洲委员会形成了紧密的商业关系网络。美洲委员会经常组织由政府首脑、议员、银行家、政府官员、外交官、学者专家参与的各种活动。为扩大与政府和学术界的联系,会员公司可参加委员会组织的公开会议、活动等。(3)担当美国商业机构与拉美国家政府沟通的桥梁。在民主、法制、市场开放、自由贸易等价值观的主导下,美洲委员会的目的是加强美国与拉美的贸易和商业关系,召集政府首脑、商业精英和学者,组织座谈会、研讨会、学术会议等,就拉丁美洲事务进行讨论,主要集中在商业和贸易方面。

主要拉美问题研究专家

苏珊·西格尔,她曾成立针对拉美市场的投资咨询公司,曾任职于摩根大通公司,负责对拉美的投资业务。20世纪80年代在拉美爆发债务危机时,参加过大量的债务重组咨询工作。同时还任廷克基金会的主任,且是对外关系委员会的成员。

埃里克·法恩斯沃斯,在普林斯顿大学获公共管理硕士学位,负责美洲委员会在华盛顿的事务,包括政策发展和建议、项目规划、公共事务。她还是美国国务院国际经济政策咨询委员会的成员、战略和国际研究中心的研究员,曾任美国驻南非约翰内斯堡总领事,对美国的海外利益有深入研究,撰写了大量评论性文章,经常参加广播电视访谈节目。1990年在美国国务院工作时,参与了中美洲危机后的重建工作以及巴拿马的民主重建事务,1992年到美国贸易代表办公室工作,参与了北美自由贸易协定的谈判工作,并多次获得国务院的奖励。

对外合作

美洲委员会的对外合作主要是加强美国与拉美的经贸和商业联系,主要与拉美国家政府、学术机构和商业团体开展大型活动,如拉丁美洲城市年会、美洲总统会议以及拉丁美洲领导论坛等。近年来,美洲委员会邀请到的拉美领导人主要有巴西前总统若泽·萨尔内、秘鲁前总统亚历杭德罗·托莱多、哥伦比亚总统阿尔瓦罗·乌里韦、厄瓜多尔总统拉斐尔·科雷亚、智利总统米歇尔·巴切莱特等。

对中国的研究

近年来,美洲委员会开始关注中拉关系,其观点散见于一些评论文章和接受的采访中。在中拉经贸合作领域,该委员会的学者认为,拉美的矿产资源和石油对中国的未来发展具有战略意义。在国际关系方面,中国与巴西日益接近,无论双边的贸易、能源等诸多领域合作的迅速推进,还是在国际货币体系改革、联合国气候变化谈判等多边领域的合作也不断增强,这都将使得美国的拉美政策面临挑战。与此同时,俄罗斯、伊朗、印度也都已进入拉美,尽管这些国家与中国在拉美的战略目标不同,毋容置疑,在获取资源方面,这些区外大国也将面临竞争关系。

主要出版物

《美洲季刊》(*Americas Quarterly*)、《独家采访》(*Exclusive Interviews*)、《半球跟踪》(*Hemispheric Updates*)、《美洲视点》(*Viewpoints Americas*)、《政策新闻简报》(*Policy Newsletter*)和定期出版一些论文和研究报告。

2000 年以来机构的主要代表性文章和论著

1. Susan Kaufman Purcell, "U. S. Foreign Policy since September 11th and its Impact on Latin America", *Working Paper*, Sep. 4, 2002.
2. David Malpass, "Brazil's Currency Lesson for the U. S", *Wall Street Journal*, Dec. 5, 2003.
3. James R. Jones, "Judicial Reform: Mexico's Next Challenge", *Viewpoints Americas*, Volume 2, Mar. 22, 2004.
4. William Rhodes, "CAFTA Failure Would Harm All Free Trade", *Financial Times*, Jun. 2, 2005.
5. Eric Farnsworth, "FTAA: Delayed, But Not Over", *Latin Business*

Chronicle, Dec. 2005.
6. Alan Stoga, "Populist Leading Presidential Race", *The Miami Herald*, Jan. 17, 2006.
7. Tom Daschle, "Challenges to U. S. Leadership 'will only grow'", Western Hemisphere Affairs, Feb. 8, 2006.
8. Barry R. McCaffrey, "Congress Should OK Trade Deal", *The Miami Herald*, Nov. 25, 2007.
9. Stephen Harper, "US Must Support Colombia", *Latin Business Chronicle*, Oct. 1, 2007.

* 资料来源:http://www.counciloftheamericas.org

（作者:孙洪波,中国社会科学院拉丁美洲研究所;责任编辑:高川）

密歇根州立大学拉丁美洲和加勒比研究中心

The Center for Latin American and Caribbean Studies, CLACS

地址:300 International Center, East Lansing, MI 48824 - 1035
电话:1—517—3531690
传真:1—517—4327471
网址:http://www.isp.msu.edu/CLACS/
E-mail:clacs@msu.edu

历史沿革与现状简介

密歇根州立大学拉丁美洲和加勒比研究中心成立于1963年。1959年古巴革命的胜利在美国再次掀起研究拉美的高潮。在这一背景下,为了扶持大学对拉美问题的研究,为各个层次的教师提供相关资料,为企业、政府、媒体和一般社团提供相关服务,密歇根州立大学拉丁美洲和加勒比研究中心应运而生,之后一直是美国国内和国际上公认的地区研究中心。1991年,依据美国教育部《高等教育法》第六条款指定为国家资料中心(NRC),接受联邦政府的资助。中心集跨学科研究、教育和对外服务于一体,成立几十年来,中心不断鼓励和帮助研究生和教师从事拉美和加勒比地区的研究,并成为大学、社区和普通民众了解拉美的一个窗口。

组织机构、主要负责人及研究人员概况

到目前为止,密歇根州立大学拉丁美洲和加勒比研究中心有151名核心会员。中心主任是劳里·梅迪纳(Laurie Medina)博士,

副主任和研究生辅导员是曼努埃尔·查韦斯(Manuel Chavez)博士,本科生辅导员和对外服务事务助理是克里斯廷·米勒(Kristin J. Millar),办公室主任是道里斯·托里(Daurice Torry),经费和特别项目负责人是埃米莉·霍利(Emily Holly)。

中心的经费主要来自美国教育部,还从其他渠道(如休利特基金会等私人非营利组织)获得研究资金。此外,美洲基金会、廷克基金会、国家科学基金会、富尔布赖特基金会、社会科学研究委员会、美洲国家组织等机构还联合资助研究生的研究工作。

中心藏有关于拉丁美洲和加勒比的录像资料,包括90多部故事片和文献电影。另外,密歇根州立大学艺术系的音像资料图书馆拥有大量前哥伦布时期和拉美艺术和建筑等领域的图像资料。目前音像资料图书馆拥有1万多张幻灯片,这些幻灯片的购买和加工经费主要来自艺术和文字学院、密歇根州立大学拉丁美洲和加勒比研究中心、密歇根州立大学艺术系、艺术和人文整合研究中心以及个人捐款。拉丁美洲资料艺术和建筑品收藏包括从16~20世纪时期的建筑、绘画、雕塑等。此外,中心的拉美国别资料文件库还搜集了由拉美和加勒比各国大使馆提供的各种信息资料,包括有关社会、政治、经济和文化方面的新闻通讯;有关旅游的小册子及在拉美和加勒比旅游的相关信息等。另外,该中心图书馆还藏有由美国杨百翰大学出版的《文化博览》(*Culturgrams*),向各年级学生和公众提供有关拉美和加勒比地区地理、历史、风俗习惯和拉美人生活方式的简明信息。

研究重点与学术活动

密歇根州立大学拉丁美洲和加勒比研究中心在地理学、历史学、西班牙语、葡萄牙语、自然资源、农业和音乐研究领域成果卓著;在国别研究方面,汇集了巴西、墨西哥和加勒比地区的专家,他们都是国际上公认的学科带头人。目前具体的研究重点有:中美洲的健康和流行病学问题；健康问题的多学科和国际研究；拉丁美洲的可持续发展和保护；巴西和葡萄牙语的研究等。

中心最重要的学术活动是1997年与密歇根州立大学的另外两个国家资源中心——非洲研究中心和国际发展高级研究中心——合作发起的"全球地区和专题倡议"（GATI）。GATI关注全球研究和地区研究之间存在的分离现象，旨在将全球研究与地区研究结合起来。它举办了一系列研讨会和国际会议，各个研究小组撰写了许多相关论文和研究报告。GATI目前研究的专题包括：太空、空间和认同；国际研究、发展和合作中的种族问题；全球化、贫困和不平等问题；环境、资源管理和可持续发展问题；从全球视角研究医疗卫生和教育差异问题。另外，中心还领导和参加了"密歇根全球联合协会"（MGAC），邀请来自21个密歇根社区学院和四年制高等教育机构的教授与密歇根州立大学教师合作进行课程改革，使课程更加国际化。

对重大国际问题的观点

密歇根州立大学拉丁美洲和加勒比研究中心还重视对一些重大国际问题的研究，如全球普遍关注的环境问题，水资源和水安全问题，农业和现代生物技术问题，北美国家安全问题，人口和自然资源问题，新闻自由，世界发展不平衡和两极分化问题，等等。学者们虽然对于这些悬而未决又亟待解决的重大国际问题没有一致和统一的结论和观点，但他们的研究为人们认识这些问题提供了不同的视角和信息。

拉美研究概况

密歇根州立大学拉丁美洲和加勒比研究中心是一个务实的组织，其主要任务是向企业界、政府、专业组织、媒体和师生等提供有关拉美经济、社会和政治问题的研究成果和信息。

向密歇根州企业界提供拉美国别经济和商业环境分析。中心与密歇根州立大学伊莱·布罗德工商学院的国际工商教育和研究中心(CIBER)合作,为当地工商企业提供有关拉美经济和当地投资情况等信息。

为决策者服务。中心教职员工定期为密歇根经济开发局开办讲座。密歇根经济开发局是一个致力于促进国际贸易的州政府部门。中心还为密歇根州的立法部门开办一系列有关拉美问题的研讨会。

中心教职员工向报刊和媒体作有关拉美近期重大事件的时评,另外,中心的研究人员向拉美的报纸和媒体解释美国的发展情况。

主要拉美问题研究专家

彼得·贝蒂(Peter Beattie)博士,1994年获迈阿密大学科拉尔盖布尔斯分校拉丁美洲历史博士学位,之后一直在密歇根州立大学历史系任教,2001年被评为密歇根大学历史系副教授,从2005年起任拉丁美洲和加勒比研究中心代理主任。2003年,他成为设在巴西累西腓的伯南布哥考古、历史和地理研究所荣誉会员。曾任美国历史协会鲁宾逊奖评奖委员会主席,美国拉丁美洲研究协会(LASA)巴西分会最佳图书奖评奖委员会主席,美国历史协会巴西研究委员会秘书和主席等职。1995年获迈阿密大学科拉尔盖布尔斯分校巴雷(Barret)拉美研究领域最佳年度论文奖,他在《西班牙美洲历史评论》杂志上发表的论文"豪宅、街道和寒舍:巴西的改革和贵族的社会空间(1864~1945年)"荣获1997年美国历史协会颁发的鲁宾逊纪念奖年度最佳论文奖。2001年由杜克大学出版社出版的《血祭:巴西的军队、荣誉、种族和民族国家(1864~1945)》(2001)一书,获美国拉丁美洲研究协会巴西分会最佳图书奖和美国历史协会迪安图书奖,其葡语版本由巴西圣保罗大学 Edusp 出版社出版。

对外合作

密歇根州立大学拉丁美洲和加勒比研究中心重视与其他国家、主要是拉美国家的拉美研究者的跨学科合作研究。中心与拉丁美洲和加勒比地区的拉美研究机构和学者签署了"多方面合作协议",就广泛问题进行合作研究。目前主要合作研究项目包括:"NAFTA 对墨西哥农业部门的影响研究",研究中心与来自墨西哥查平戈自治大学(Universidad Autonoma de Chapingo, Mexico)的拉美研究者合作进行研究;"拉丁美洲的水安全和卫生"计划,该计划是一个与五个拉美国家合作的研究项目,经费来自休利特基金会;"拉丁美洲媒体和人权"计划,此计划由休利特基金会资助,旨在让美国和拉美的新闻记者共同讨论和分析实现新闻自由的各种因素;"消除拉美贫困的替代模式:社会资本"讨论会,经费来自休利特基金会、联合国拉美经委会和密歇根州立大学,这次讨论会在智利首都圣地亚哥举行;"美墨边界的未来:人口和自然资源"讨论会,由威尔逊中心、蒂华纳北疆学院(the Colegio de la Frontera Norte)和美国国际开发局(USAID)联合资助和发起;"大学生实习国际讨论会",由美国杨百翰大学、墨西哥蒙特雷理工学院(ITESM)和密歇根州立大学共同发起,在墨西哥的蒙特雷举行,墨西哥有 160 多位参会者。

另外,密歇根州立大学拉丁美洲和加勒比研究中心的许多学者还以个人名义与国外拉美研究者进行合作研究,如中心副主任曼努埃尔·查韦斯博士与加拿大蒙特利尔大学、多伦多大学、墨西哥国立大学和边界研究学院(College for Border Studies)等机构的学者进行合作,研究有关北美一体化和北美在安全领域的政策导向等问题。最近,中心还与圣母大学和海伦·凯洛格(Kellogg)国际问题研究所组成联盟,加强相互教学、研究和对外服务的多样化。

主要出版物

《时事通讯》(*Newsletter*),刊登中心活动通知和有关拉美和加勒比地区的新闻概要,以及新课程和项目课题信息、会议以及图书馆的新资料介绍等。

2000年以来机构的主要代表性文章和论著

1. Refugio I. Rochin, and Dennis N. Valdes, ed., *Voices of a New Chicana/o History*, Michigan State University Press, 2000.
2. Peter Beattie, "Class Politics and Class Identity in Mid-Twentieth Century Brazil", *Latin American Research Review*, Vol. 36, No. 2, 2001.
3. Peter Beattie, *The Tribute of Blood: Army, Honor, Race, and Nation in Brazil 1864 – 1945*, Durham, Duke University Press, 2001.
4. Peter Beattie, "Beyond Machismos: Recent Explorations of Masculinities in Latin America", *Men and Masculinities*, Vol. 4, Jan. 2002.
5. Peter Beattie, "Brazilian History in an Asian Millenium? Reading Dead People's Mail for a Living in a New Global Era", Luso-Brazilian Review, Fall 2003.
6. Peter Beattie, *The Human Tradition in Modern Brazil*, Wilmington, DE, SR Books, 2004.
7. Laurent Dubois, *A Colony of Citizens: Revolution and Slave Emancipation in the French Caribbean, 1787 – 1804*, University of North Carolina Press, 2005.

* 资料来源:http://www.isp.msu.edu/CLACS/

(作者:宋霞,中国社会科学院拉丁美洲研究所;责任编辑:黄念)

纽约大学拉丁美洲和加勒比研究中心
The Center for Latin American and Caribbean Studies, New York University

地址:53 Washington Square South,Floor 4W,New York,NY,10012
电话:1—212—9988686
传真:1—212—9954163
网址:http://www.nyu.edu/gsas/program/latin/
E-mail:clacs.info@nyu.edu

历史沿革与现状简介

纽约大学拉丁美洲和加勒比研究中心又称"西班牙国王胡安·卡洛斯一世中心"(King Juan Carlos I of Spain Center,KJCC),是纽约大学和纽约地区重要的拉美研究协调机构。成立这一中心的目的在于整合本校各系各所和整个纽约地区的研究力量,推动拉美研究和教学工作。这一中心是美国国家资源中心之一。

组织机构、主要负责人及研究人员概况

中心常设人员不多,主要有一名主任,一名副主任,一名行政秘书,两名研究生助理。每学期还有2~10名访问学者和研究助手在中心工作。中心现任主任托马斯·阿伯克龙比(Thomas A. Abercrombie),副主任马里查·科隆(Maritza E. Colón)。中心研究力量130多人,来自本校20个系所和8个职业学校,从不同的视角从事拉美教学和研究工作。主要研究人员及其研究领域如下。墨西哥前外长、世界知名的拉美问题专家豪尔赫·卡斯塔涅达

(Jorge Castañeda)博士。博士、副教授卡门·梅德罗斯(Carmen Medeiros)主要研究安第斯地区、发展理论、土著人运动、多文化公民权、新自由主义、后殖民理论等。博士、副教授拉斐尔·桑切斯(Rafael Sanchez)研究专长包括宗教和国家、殖民和后殖民理论、民族主义、媒体、现代性和拉美历史等。帕特里西奥·纳维亚(Patricio Navia)博士研究专长是选举制度、民主化和民主制度。博士、教授乔治·尤迪瑟(George Yúdice)主要研究拉美文学和文化。

纽约大学有关拉美和加勒比研究的图书资料主要收藏在主图书馆下属的博布斯特(Bobst)图书馆,专职馆员安赫拉·卡雷尼奥(Angela Carreño)负责此类藏书。

研究重点与学术活动

拉美和加勒比研究中心的研究人员对拉美和加勒比地区的大多数国家都开展研究,但重点在加勒比、安第斯、巴西和阿根廷,特别是加勒比地区。中心研究领域涵盖考古、工商管理、电影研究、比较文学、经济学、教育、历史、法律、语言、博物馆、音乐、政治学、公共政策、社会学等。在文学、音乐、艺术和媒体等方面的研究实力较强;在文化政策、印第安人社会运动、种族和民族主义、移民、社会正义、城市生活等方面的研究较突出。

2007年,成立了加勒比研究小组,吸引了大量的研究生、教师及来自世界各地的学者到此从事加勒比有关的教学与研究工作。2009年,拉美和加勒比研究中心整合纽约大学现有师资和研究力量,成立了加勒比研究所。研究所成立的宗旨是加强对加勒比地区的研究,促进加勒比地区的国家和人民的交流和联系,使其成为纽约和加勒比国家进行交流的重要平台。

安第斯研究所是另一成立于2009年的重要科研机构。研究所将举办各种座谈会、研讨会,促进本校对该地区的研究。安第斯研究所还开设克丘亚语言课程,每月举办一次对公众开放的"克丘亚语会话之夜"活动。

主要拉美问题研究专家

托马斯·阿伯克龙比,中心主任,人类学副教授,1986年在芝加哥大学获博士学位。研究专长是文化史、历史人类学、殖民社会、后殖民时代史,民族主义、性别问题,主要涉及的地区是安第斯地区和西班牙。主要著作有:《记忆和权力的轨迹》(1998)。

豪尔赫·卡斯塔涅达博士,1978年在巴黎大学获博士学位,研究专长是泛美关系、墨西哥政治和拉美政治。曾在墨西哥国立自治大学、普林斯顿大学、加利福尼亚大学伯克利分校、卡耐基国际和平基金会等机构从事研究工作。2000~2003年任墨西哥外交部长,任内主要关注移民、贸易、安全、毒品控制等美墨关系中的重大议题,着力协调拉美国家的外交政策,促进墨西哥在全球范围内的经济和贸易。卸任后来到纽约大学拉丁美洲和加勒比研究中心,创办并主持"拉美领导人之声"项目,邀请拉美和世界杰出人士讨论拉美政治、经济和社会问题、美拉关系、拉美与世界的关系等重大问题。他还是墨西哥著名日报《改革报》(Reforma)和《国际新闻周刊》(Newsweek International)的专栏作家,非政府组织"人权观察"的理事会成员。著述包括《脱去武装的乌托邦:二战以来的拉美左派》(1993)、《墨西哥冲击》(1995)、《同志:切·格瓦拉的生与死》(1997)、《永久的权力:墨西哥总统是如何选出来的》(2000)、《拉丁美洲的左转》(2006),等等。

对外合作

1987年以来,中心一直与哥伦比亚大学拉丁美洲研究所保持合作关系,双方的硕士研究生可学习对方开设的课程,所获学分两校通用。

2000年以来机构的主要代表性文章和论著

1. J. Michael Dash, *Culture and Customs of Haiti*, Greenwood Press, 2001.
2. Arlene Davila, *Latinos Inc.：Marketing and the Making of a People*, University of California Press, 2001.
3. Jorge G. Castaneda, "Los Ejes de la Política Exterior de México", *Revista Nexos*, México DF, Diciembre, 2001.
4. Arlene Davila, Barrio Dreams, *Puerto Ricans*, *Latinos and the Neoliberal City*, University of California Press, 2004.
5. Aisha Khan, *Callaloo Nation：Metaphors of Race and Religious Identity among South Asians in Trinidad*, Duke University Press, 2004.
6. Jorge G. Castaneda, "Latin America's Left Turn", *Foreign Affairs*, May/June 2006.
7. Jorge G. Castaneda and Marco A. Morales, *Leftovers：Tales of the Latin American Left*, Routledge, 2008.

* 资料来源：http://www.nyu.edu/gsas/program/latin/

（作者：方旭飞，中国社会科学院拉丁美洲研究所；责任编辑：黄念）

匹兹堡大学拉丁美洲研究中心

Center for Latin American Studies (CLAS), University of Pittsburgh

地址: Center for Latin American Studies, 4200 Wesley W. Posvar Hall, 230 S. Bouquet Street, Pittsburgh, PA 15260

电话: 1—412—6487392

传真: 1—412—6482199

网址: http://www.ucis.pitt.edu/clas

E-mail: clas@pitt.edu

历史沿革与现状简介

匹兹堡大学拉丁美洲研究中心成立于1964年,是匹兹堡大学国际问题研究中心(Center for International Studies)所属的四个地区研究中心之一,是美国教育部指定的拉美研究方面的国家资源中心(National Resource Center),在美国拉美研究领域占有重要地位,美国拉丁美洲研究协会(LASA)现在就设在该校。中心的宗旨是整合匹兹堡大学拉美研究领域的学术资源,传播有关知识,加强对拉美地区的研究,培养研究专家。全校100多名教员与拉美研究中心保持合作,在20多个系开设100多门课程,涵盖社会科学、人文学科、自然科学等广泛领域。中心每年发布一份年度报告(*CLAS Year in Review*),总结当年主要活动;出版两份通讯(*CLASicos*),通报师生和校友信息、中心活动等。

组织机构、主要负责人及研究人员概况

中心有10名专职管理人员。主任凯瑟琳·穆桑特·德瓦特

(Kathleen Musante DeWalt)博士,负责研究和发展的副主任约翰·弗雷基奥尼(John Frechione),负责教学事务的副主任雪利·A.克里格(Shirley A. Kregar)。另设对外发展干事、行政管理员、对外关系与协作干事、学术事务与拓展助理、财政管理员、图书管理员和秘书各一名。

中心设咨询委员会和顾问委员会。咨询委员会是决策机构,由10名委员组成:中心主任和图书资料员为常任委员,另外10人中的6名为教员代表、2名为学生代表。教员代表中,2名由中心主任任命,其余4名由选举产生。学生代表包括本科生和硕士生各1名,由中心负责教学事务的副主任任命。委员会主席任职1年,现任主席是西班牙语言和文学教授约翰·贝弗利(John Beverley)。委员任职2年。委员会至少在每个秋季和春季学年定期开会一次。

顾问委员会为中心提供咨询和建议,力争把中心打造成全国拉美教学、科研和公共服务的一流机构。主要职责和活动包括:帮助学校教务长、国际研究中心主任、国际研究中心监督委员会、拉美研究中心主任等领导对中心的教学、科研和公共服务作出评估,提出改善建议和意见,帮助中心与匹兹堡大学之外的拉美研究机构建立广泛联系,吸引资金。顾问委员会主席一般由国际研究中心监督委员会委员担任,现任主席是格伦·弗利金杰(Glenn Flickinger)。其他委员由拉美研究中心主任推荐、国际研究中心主任任命,任期三年。委员会每年都向匹兹堡大学国际研究中心监督委员会提交报告,每两年召开一次正式会议。

中心共有研究人员128人,遍布全校各系,其中以西班牙语言和文学系以及人类学系居多。研究墨西哥、巴西和阿根廷三国的人居多,每个大国都有经济学、政治学、人类学、历史学、语言学等各个学科的学者展开全面研究。其中"核心研究人员"(core faculty)66名,"联系研究人员"(Related Faculty)62名。核心研究人员是指中心的正式研究人员,必须满足以下条件:精通一门可用于拉美和加勒比地区研究的语言;三学年之内教一门与拉美有关的课程;有25%的科研时间用于拉美研究。联系研究人员必须满足的条件是:曾以客座教授、研究员或顾问的身份在拉美国家居住或工作;25%的时间用于拉美教学和研究。

匹兹堡大学拉丁美洲研究中心的希尔曼(Hillman)图书馆,于1967年设立爱德华多·洛萨诺拉美专架(Eduardo Lozano Latin American Collection)。它是美国收藏拉美研究相关资料最多的十大图书馆之一,关于玻利维亚和古巴的资料尤其多。85%的资料是西班牙语和葡萄牙语的,馆员也均讲流利的西班牙语。图书馆与世界各地的图书馆、研究机构、政府部门等建立了广泛联系,通过交流大大扩充了收藏量。

研究重点与学术活动

中心的研究重点有社会和公共政策、考古、巴西等,分别设有专门的项目。

(一)拉丁美洲社会和公共政策项目(The Latin American Social and Public Policy Program)

主要目的和任务是就拉美和加勒比地区发展所需的社会公共政策培养学生,使他们未来成为领导者、公共事务官员和分析家后能在这方面有所作为。中心为此与人类学、经济学、西班牙语言和文学、语言学、政治学、社会学等系所和卡茨工商研究生院、公共和国际事务研究生院、公共卫生研究生院、教育学院和法学院等学院密切合作,尽可能整合匹兹堡大学相关资源,并提供相应奖学金和文凭。这一项目涉及的课题广泛,包括民主化、经济重构、公共卫生、公共管理、教育或司法改革、种族平等、技术和社会变革、环境政策、营养学,等等。

（二）拉丁美洲考古项目（The Latin American Archaeology Program）

拉丁美洲是匹兹堡大学考古学研究关注的主要地区。这一项目由人类学系管理、拉美研究中心提供支持，开展研究、教育培训、出版成果三管齐下。项目提供奖学金，鼓励学生研究拉美史前史。这一项目中的一半学生来自拉美国家，许多奖学金实际发给了他们。项目有专门的出版部门，长期以来系统出版拉美考古方面的优秀成果，接受各国同行的出版申请。其标志性成果有三大系列，即"拉美考古论文集"（Memoirs in Latin American Archaeology）、"拉美考古报告"（Latin American Archaeology Reports）和"墨西哥考古"（Arqueología de México）。"拉美考古论文集"开本较大，用于篇幅较长的著作；"拉美考古报告"开本较小，用于篇幅较短的文章。项目出版部门在这两大系列上一般是与相关考古活动所在国的出版社、研究机构合作，用两种语言、在美国和当地出版，确保成果能在当事国和国际社会均为人知晓。第三个系列是与墨西哥国家文物局（Mexican Instituto Nacional de Antropología e Historia）合作出版，内容集中于与墨西哥相关的考古发现，也是双语出版。三大系列目前已分别出版到17卷、4卷和6卷，在拉美考古研究领域具有相当重要的学术意义。项目出版部门还建立了"拉美考古学数据库"（"Latin American Archaeology Database"），对三大系列进行增补。此外，项目与阿根廷、智利、秘鲁、哥伦比亚、玻利维亚、墨西哥、厄瓜多尔、瑞典、西班牙等国的出版社保持密切联系，代销它们出版的拉美考古方面的书籍。

（三）巴西研究项目（Brazilian Studies Program）

匹兹堡大学拉丁美洲研究中心是全美巴西研究的"重镇"和主要的研究机构。巴西研究项目的宗旨是加强匹兹堡大学有关巴西问题的教学，拓展与巴西学者的交流，组织有关美国和巴西关系的研讨会，深化美国对巴西的理解。项目力量雄厚，近30位研究人员各有所长,科研教学活动涵盖教育学、政治学、历史学、考古学、经济学、社会学、语言学、国际关系等广泛领域。2000年,匹兹堡大学与巴西圣保罗州就研究城市可持续发展问题建立了正式交流机制(the São Paulo/Pittsburgh Consortium on Building Sustainable Urban Environments)。除匹兹堡大学以外,参与这一机制的大学包括匹兹堡的卡内基·梅隆大学(Carnegie Mellon University)和巴西金边大学(Universidade Estadual de Campinas)、圣保罗大学(Universidade de São Paulo)和圣保罗州立大学(Universidade Estadual Paulista)等。

拉美研究概况

匹兹堡大学拉美研究中心是世界著名的拉美研究机构。多年来,中心的研究范围和领域不断扩大,几乎涵盖所有的学科。对拉美社会和公共政策、考古以及巴西问题等领域的研究在全美居领先地位,已出版了大量研究成果。

主要拉美问题研究专家

凯瑟琳·穆桑特·德瓦特,博士,教授,中心主任。1979年在康涅狄格大学获博士学位,精通西班牙语、葡萄牙语和法语。研究专长包括儿童和老年人的营养战略、农业可持续发展、农业制度、食品消费、医疗保健政策,主要关注巴西、厄瓜多尔、洪都拉斯、墨西哥等国。教授食品人类学(Anthropology of Food)、医疗人类学(Medical Anthropology)、文化人类学中的特殊问题——拉美的医疗卫生等课程(Special Topics in Cultural Anthropology: Health in Latin America)。代表作有《文化的盛宴:食品、社会和变革导言》(2003)、《参与的观测报告》(2001)、《管理者,儿童保育实践》(2000)、《食谱质量对厄瓜多尔高地和沿海地区儿童成长的影响》(2000),等等。

巴里·埃姆斯(Barry Ames),政治学系主任,中心巴西项目主任,精通葡萄牙语和西班牙语。1972年在斯坦福大学获博士学位后在新墨西哥大学、华盛顿大学、加利福尼亚大学、密歇根大学等多所大学的政治学系任教,后来到匹兹堡大学,并从2001年起任匹兹堡大学政治学系主任。研究专长是拉美国家的立法行为、选举制度、比较政治学、政治经济学,对巴西尤其着力较多。所教课程有拉美政治发展、拉美政治、拉美政治的量化分析等。代表作有《战略、职业和断案:来自玻利维亚法庭的教训》(2006)、《新民主社会的社会背景和选民的波动性:2002年巴西大选的网络和社区》(2006)、《精英、体制和公众:对玻利维亚民主的新看法》(2004)、《巴西民主的僵局》(2001)、《政治的生存:拉丁美洲的政治家和公共政策》(1987)、《军事体制下的话语和现实:1964年以后的巴西》(1973)。

对外合作

匹兹堡大学拉丁美洲研究中心对外学术交流与合作非常广泛,与75个国家的多家科研机构和高等院校签署了交流协议,为本中心师生提供了多种出国交流和学习的机会。中心还为师生提供了各种奖学金。近年来,中心与中国科研机构的交流也在逐步扩大,已与大连理工学院和香港中文大学签署正式的交流协议。

主要出版物

《匹兹堡大学出版社拉美系列丛书》(University of Pittsburgh Press Latin American Series)。1968年以来,匹兹堡大学出版社有组织地出版了一系列有关拉美的著作,涉及拉美政治、民主、贸易、劳工、经济发展、历史、宗教和社会政策、艺术和考古学、科幻小说等。2000年后出版的部分著作包括《光荣的生命:哥伦比亚的律师、家庭和政治,1780~1850》(2000)、《墨西哥的金融决策》(2000)、

《拉丁美洲民主的公民见解》(2001)、《高科技贸易战：美国—巴西在全球经济中的冲突》(2002)，等等。丛书主编是里德·安德鲁斯(G. Reid Andrews)，副主编是凯瑟琳·康纳罕(Catherine M. Conaghan)和豪尔赫·多明戈斯(Jorge I. Domínguez)。

《启迪：美洲文化架构》(*Illuminations: Cultural Formations of The Americas*)。匹兹堡大学出版社出版，从文化、历史、社会视角研究美洲，范围不局限于单个国家，不局限于拉美，而是跨越不同地区乃至不同大洲（跨大西洋）。具体内容包括史前时期或国家形成之前的疆域关系、美国的拉美人等。近年出版的部分著作包括《拉丁美洲的先锋派和地缘政治学》(2006)、《文学之城的梦魇，拉丁美洲的土匪和文学，1816～1929》(2007)、《国家的视觉：阿根廷和巴西的视觉和权力》(2007)、《另一个南方：福克纳、殖民性和马里亚特吉传统》(2007)，等等。

《古巴研究》杂志(*Cuban Studies*)。创办于1970年，1985年以后由匹兹堡大学出版社每年出版一期。《古巴研究》是有关古巴研究的优秀学术刊物，每期刊登英语和西班牙语写作的论文、书刊评论，搜集、整理、刊登世界范围内有关古巴的著作供研究者使用。

伊比利亚美洲文学国际学会出版物。该学会1938年在墨西哥城成立，旨在推动西班牙语和葡萄牙语文学的发展。学会现设在匹兹堡大学西班牙语言文学系，出版期刊 *Revista Iberoamericana* 和与伊比利亚美洲文学有关的系列丛书，包括 *Biblioteca de América*, *Actas*, *Críticas*, *Nuevo Siglo*, *Tres Ríos*, *ACP* 等。

《美国拉丁美洲研究协会论坛》(*LASA Forum*)。1986年以后，美国拉丁美洲研究协会总部设在匹兹堡大学，此刊物为协会时事通讯，每季度出一份。刊登研究性文章和协会活动信息。

2000年以来机构的主要代表性文章和论著

1. Alejandro de la Fuente, *A Nation for All: Race, Inequality, and Politics in Twentieth-Century Cuba*, University of North Carolina Press, 2001.
2. Hugo G. Nutini, "'Compadrazgo' 'Todos Santos' 'Tlaxcala' 'The Virgin of Ocotlan' 'Witchcraft, Sorcery, and Magic' 'Syncretism' 'Acculturation'", in *Encyclopedia of Mesoamerican Cultures*, Oxford University Press, Oxford, 2002.
3. Steven J. Hirsch, "Review of *A History of Argentina in the Twentieth Century* by Luis Alberto Romero", in *Choice*, Vol. 40, No. 4, 2002.
4. Scott Morgenstern, *Patterns of Legislative Politics: Roll Call Voting in the United States and Latin America's Southern Cone*, Cambridge University Press, 2004.
5. Harry Sanabria, "The State and the Ongoing Struggle Over Coca in Bolivia: Legitimacy, Hegemony, and the Exercise of Power", in M. K. Steinberg, J. J. Hobbs, and K. Mathewson (eds.), *Dangerous Harvest: Drug Plants and the Transformation of Indigenous Landscapes*, Oxford University Press, 2004.
6. Carmelo Mesa-Lago, *Economía y Bienestar Social en Cuba a Comienzos del Siglo XXI*, Colibri Publishing, 2004.
7. Carmelo Mesa-Lago, "Las Reformas de Pensiones en América Latina y su Impacto en los Principios de la Seguridad Socia", Santiago, CEPAL, *Serie Financiamiento del Desarrollo*, No. 144, 2004.
8. Hugo G. Nutini, *Social Stratification and Mobility in Central Veracruz*, University of Texas Press, 2005.
9. Steven J. Hirsch, "Peru: 19th and 20th Century Historiography," in *Handbook of Latin American Studies*, No. 60, Austin, University of

Texas Press, 2005.
10. Carina Fernanda Gonzalez, "El presente es un pasado: Juan Villoro y la escritura de la infancia", *Revista de Literatura Mexicana Contemporánea*", No. 29, 2006.

* 资料来源:http://www.ucis.pitt.edu/clas

(作者:方旭飞,中国社会科学院拉丁美洲研究所;责任编辑:刘维广)

乔治大学拉丁美洲研究中心
The Center for Latin American Studies, CLAS

地址：ICC484, Georgetown University, Washington, DC 20057
电话：202—687—0140
传真：202—687—0141
网址：http://www.georgetown.edu/sfs/programs/clas/
E-mail：clas@georgetown.edu

历史沿革与现状简介

乔治大学拉丁美洲研究中心的前身是乔治大学拉丁美洲研究计划（Georgetown University Latin American Studies Program），成立于1959年，创始人威廉·曼格尔（William Manger）博士是一位杰出的美洲问题专家，美洲国家组织的前任助理秘书长。乔治大学拉丁美洲研究计划是美国此类计划中成立最早的。多年来，为了把拉丁美洲研究计划发展成为一个独特的致力于美洲事务研究的场所，这一计划除吸纳世界一流的乔治大学教职员以外，还从华盛顿特区聘任高级专家、客座教授和访问学者。乔治大学一直致力于加强人口统计学、政治学、文学、人类学等学科的拉美研究领域的核心成员队伍。乔治大学拉丁美洲研究中心逐渐成为一个具有国际特色的独特的美洲问题研究中心。1985年，乔治大学把拉丁美洲研究计划设计成一个培养优秀人才的研究生计划。随着大学内部进行拉美研究和教学以及校外教学服务重要性的增强，1990年乔治大学创办了拉丁美洲研究中心。1995年，拉丁美洲研究中心并入邦恩文化中心（Bunn Intercultural Center），成为埃德蒙·沃尔什对外服务学院(Edmund A. Walsh School of Foreign Service)的一部分。

组织机构、主要负责人及研究人员概况

目前,乔治大学拉丁美洲研究中心由39名研究人员组成,除乔治大学教职员工以外,还有来自外校的访问学者和客座教授。中心主任是乔治大学政府学系教授阿图罗·巴伦苏埃拉(Arturo Valenzuela)博士。中心还有三名全职工作人员,以及许多学生雇员作为巴伦苏埃拉博士的助手。另外,中心的每项研究计划都有自己的专业研究与工作人员。

2006年7月,拉丁美洲研究中心成为美国教育部依据《高等教育法》第六条款指定的国家资源中心,获得联邦政府教育部提供的大量教学经费。国际货币基金组织和美洲开发银行等一些主要国际组织、卡内基国际和平基金会等一些私人非营利组织等,也为以乔治大学为基地的地区研究计划提供一定资助。

研究重点与学术活动

乔治大学拉丁美洲研究中心的研究重点是民主治理、经济一体化、美洲国家间关系以及文化和社会等相关专题。课题研究经费主要来自政府部门、基金会、各类组织,如福特基金会、麦克阿瑟基金会(MacArthur Foundation)、美洲国家组织、国家人文学科基金会(National Endowment for the Humanities)和美国国际开发局(U.S. Agency for International Development)等。研究中心还通过主办访问学者和研究者计划,以及不定期组织教师研讨班来促进学者间的交流与合作,通过出版系列工作论文来传播交流研究成果。

对重大国际问题的观点

乔治大学以关注国际问题研究著称,对学生的文科教学具有明显且强烈的国际导向特点。乔治大学的拉丁美洲研究计划是美国拉美研究的领军计划之一,也是美国政府关于拉丁美洲政策的主要顾问团和智囊库之一。中心的大部分研究人员都有在政府部门、跨国公司和国际组织中工作和研究的经历。如中心主任巴伦苏埃拉博士就曾在克林顿总统任职内任美国国务院西半球事务副助理国务卿、总统特别助理和国家安全委员会美洲事务高级主管等高级行政职位,为总统和国家安全顾问提供与西半球有关的外交、国防、情报、经济等政策上的建议,负责制定和执行美洲地区多边和双边外交政策倡议,并在美国对地区危机的应对方面起指导作用;职责范围包括美洲的全球性问题(民主、环境、人权、移民和难民),以及美国对墨西哥外交政策的制定和执行。由于他的外交贡献,曾荣获巴西国家南十字座勋爵士等奖项。其他许多学者也都有丰富的经验,如谢尔顿·戴维斯博士曾是世界银行拉丁美洲和加勒比地区环境及社会可持续发展部门的社会发展部门经理,曾支持世界银行关于危地马拉地方分权化、地方治理和多文化社会中社会融入的培训计划;哥伦比亚大学政府学系的马克·彻内克(Marc W. Chernick)博士曾是世界银行、联合国发展规划、美国国务院和瑞士政府促进和平和解决哥伦比亚冲突计划的顾问,美国国际开发局关于哥伦比亚、玻利维亚、墨西哥、萨尔瓦多和秘鲁的民主问题、人权问题和法治问题的顾问;乔治大学沃尔什对外服务学院国际工商外交教授约翰·克兰(John M. Kline)博士曾是全国制造者协会国际经济政策主任,为联合国、美洲开发银行、经济合作与发展组织、美国政府间关系顾问委员会从事研究工作,还是许多国际组织和私人跨国公司的顾问;巴巴拉·科奇沃(Barbara R. Kotschwar)博士是对外贸易信息系统的领导人,美洲国家组织的高级贸易专家;移民和难民政策方面的专家苏珊·马丁(Susan F. Martin),以前是美国移民改革委员会的执行主任;路易斯·哈科梅(Luis Jácome)博士曾任厄瓜多尔中央银行行长。

拉美研究概况

乔治大学拉丁美洲研究中心的研究工作主要由以下一些研究项目和发展倡议。

1. "印第安人研究倡议"。于2004年秋季启动。由中心高级会员桑迪·戴维斯(Sandy Davis)主持,旨在加强从多学科角度对拉美印第安人的研究力度和活动。

2. "巴西研究计划"。主要研究巴西丰富多彩的混合文化形式和其种族的多样性,为美国学术界对多文化国家的文化现象进行理论研究提供范例。这项研究计划成立于2000年秋,经费来自摩托罗拉、美国铝业公司和可口可乐基金会。巴西研究计划旨在促进美国对巴西历史、社会、政治、文化、经济和生态的研究,加强美国和巴西的关系。这一计划已成为巴西人、北美人和其他研究巴西的人一个聚集的场所,并赞助和主办讲座、研讨会、展览和其他一些学术活动和文化活动,资助教师进行研究。"巴西研究计划"的执行主任是哈佛大学社会人类学博士谢尔顿·戴维斯(Shelton H Davis)教授。戴维斯博士是乔治大学拉丁美洲研究中心的客座教授,讲授"拉丁美洲的环境和可持续发展"、"拉丁美洲的贫困和不平等"、"巴西和墨西哥的贫困、种族和民族问题"等课程。

3. "哥伦比亚计划"。1998年由阿图罗·巴伦苏埃拉和米格尔·塞瓦略斯(Miguel Ceballos)成立,获得美国国际开发局(USAID)的独家资助。"哥伦比亚计划"的主要目标是通过应用研究为哥伦比亚政府提供技术支持,帮助哥伦比亚各地区制定次国家治理水平的公共政策以深化民主和加强国民安全。"哥伦比亚计划"起初只局限于援助哥伦比亚的32个省区,特别是哥伦比亚的南部地区和西部地区,后来逐渐发展成对整个哥伦比亚制定公共政策的支持。这一计划还在哥伦比亚的波哥大、卡利和麦德林设立了三个分处。最近的活动包括:为加强民主和国民安全而制定的哥伦比亚地方公共政策计划、促进地方经济发展经验教训的创新性研究;帮助国家和地方政府机构设计和实行减少城市犯罪和暴力行为的计划;加强地方和地区一体化的经济发展政策策略;加强地方政府管理功能等。"哥伦比亚计划"在美国通过出版研究成果、举办研讨会和国际研讨班等促进美国对哥伦比亚的了解。

4. "墨西哥计划"。成立于1996年,由约翰·贝利(John Bailey)博士领导,主要研究墨西哥的民主演变问题。约翰·贝利1972年获威斯康星大学麦迪逊分校政治学博士学位,乔治大学政府学系教授,曾两次任拉丁美洲研究计划主任。约翰·贝利教授是墨西哥问题研究专家,主要研究领域涉及农业、公共预算、地方分权化、教育、选举改革、政府与企业间关系和社会安全、西半球和双边关系中的国家和公共安全等问题。这项计划与美国、墨西哥和加拿大的学术机构广泛合作,经费来自休利特基金会、史密斯·理查森基金会和美国信息局(USIA)。"墨西哥计划"还出版了三部编辑文集,一部是关于墨西哥和美国次地区的经济一体化和影响;一部是关于有组织犯罪对墨西哥和美墨边界地区的民主治理的影响;一部是关于对墨西哥和美墨边界公共安全的政府和社会反应。2000年到2002年"墨西哥计划"又将研究从墨西哥扩大到美洲的其他国家,研究内容包括犯罪、暴力、腐败、官员荫庇和恐怖主义等重要问题。

5. "美洲政治数据库"(Political Database of the Americas,PDBA)。这是中心的一个非政府性项目,与美洲国家组织的民主和政治事务部合作。"美洲政治数据库"通过其网站,集中和系统地免费提供关于美洲大陆所有国家的政治和制度信息。"美洲政治数据库"的结构建立在以下专题分类基础上:政治宪法和比较宪法研究,行政部门、立法部门和司法部门,选举数据和制度,政党制度,地方分权化和地方(治理)政府的民主制度,安全和冲突预防以及公民社会。"美洲政治数据库"通过一个有目的性的和独立的途径和方式提供信息,促进对问题的比较分析、研究和辩论。"美洲政治数据库"是互联网上最受欢迎的关于政治数据的资料来源之一,现在与"哥伦比亚计划"、政府学系和"数据库"教师合作更好地发展"美洲政治数据库",尤其是在分权化和地方治理,民主制度,安全和防止冲突以及"民主和印第安人"分部的合作,拉丁美洲的议会和总统制度以及民主制度与印第安人问题。

6."委内瑞拉计划"。由 Patricia and Gustavo Cisneros 资助进行关于委内瑞拉问题的研究。包括委内瑞拉的经济政策、社会发展、政治政策和外交政策。

主要拉美问题研究专家

阿图罗·巴伦苏埃拉博士,政治学家。1971年获哥伦比亚大学政治学博士学位。曾任杜克大学政治学教授,杜克大学拉丁美洲研究委员会主任,牛津大学、苏克塞斯大学、弗洛伦斯大学、智利大学、智利天主教大学访问学者,伍德罗·威尔逊国际学者中心学者,玻利维亚、智利、巴西、厄瓜多尔和哥伦比亚的政治、选举和宪法改革的顾问。在克林顿总统第一任期内,任美国国务院西半球事务副助理国务卿;在克林顿总统第二任期内,任白宫国家安全事务方面的总统特别助理、国家安全委员会美洲事务高级主管。2001年以来任乔治大学埃德蒙·沃尔什对外服务学院拉丁美洲研究中心主任,被收入《美国名人录》和《美国高等教育名人录》。

巴伦苏埃拉博士是民主制度的起源和巩固、拉美政治、选举体制、军民关系、威权主义、政党、发展理论、美拉关系等方面的专家,尤其是智利、墨西哥和南锥体国家政治方面的专家。他的著作包括《智利的政治掮客和民主制度的解体:智利——一个充满敌意的国家——皮诺切特下的智利》。最近的研究重点是关于民主制度的巩固和民主治理的制度层面的研究。在《比较政治学》(Comparative Politics)、《外交政策》(Foreign Policy)、《外交事务》(Foreign Affairs)和《拉丁美洲研究评论》(Latin American Research Review)上发表了大量学术文章。

对外合作

乔治大学拉丁美洲研究中心与美洲国家组织、美洲开发银行和世界银行等一些主要的国际组织都有着密切的合作和联系,与卡内基国际和平基金会(Carnegie Endowment for International Peace)、华盛顿拉丁美洲问题办事处(Washington Office on Latin America)和美洲对话组织(Inter-American Dialogue)等非营利性组织以及拉美各国大使馆也有着深入合作。另外,研究中心还定期邀请美国其他研究机构和拉美国家的访问学者和研究专家到中心进行短期或长期的讲学和研究。

对中国的研究

中国问题虽不是乔治大学拉丁美洲研究中心的研究重点,但中国的崛起以及中国对世界的影响使研究中心也不能忽视对中国的研究,几乎每次重大学术会议都少不了对中国问题的探讨。另外,研究中心还专门举办有关中国和拉丁美洲关系的会议。2004年,乔治大学拉丁美洲研究中心举办了拉丁美洲土著居民政治改革和民主治理方面的会议,会上就有专家学者谈及中国政府进入拉美石油市场的问题,如哥伦比亚经济学家罗杰·蒂索(Roger Tissot)提到,中国加入全球经济是石油价格在 2006~2007 年继续攀高的一个主要因素,中国对拉美石油领域投资的动机并非基于经济上的考虑,而是为了保证石油供给方面的安全性。2006 年在美国—东盟商务委员会(U. S. -ASEAN Business Council)和美国亚洲协会(Asia Society)的资助下,研究中心与美洲委员会(Council of the Americas)共同举办了题为"构建全球竞争力:亚洲和拉丁美洲关系"的学术会议,与会学者围绕中国和拉丁美洲的关系问题展开了热烈讨论。

主要出版物

《乔治大学拉丁美洲研究中心行动》(*CLAS Action*),时事通讯,周刊,主要是关于乔治大学以及整个华盛顿特区与拉美问题有关的信息等,读者面向所有研究中心的学生、教授和其他乔治大学中对拉美感兴趣的人员。

《中间道路》(*Entrecaminos*),是一本由学生管理和经营的杂志,由研究中心每年春季出版一期,第一期于1995年春季出版,主要发表对拉美地区产生重大影响的文章,用英语、西班牙语和葡萄牙语三种语言。

《映像》(*Reflejos*),是一本时事通讯(研究通讯),每年的学期末出版一期,除报道中心大事、学生活动、教师和校友情况以外,还包括关于拉丁美洲最新和最近发生的大事研究的文章。

2000年以来机构的主要代表性文章和论著

1. John Bailey, ed., *U. S. -Mexican Economic Integration: NAFTA at the Grassroots*, Austin, TX, LBJ School of Public Affairs, University of Texas, 2001.
2. Erick Langer with Elena Munoz, *Contemporary Indigenous Movements in Latin America*, Wilmington, DE, Scholarly Resources, 2003.
3. Bryan McCann, *Hello, Hello Brazil: Popular Music in the Making of Modern Brazil*, Durham, Duke University Press, 2004.
4. Denise Brennan, *What's Love Got to Do with It? Transnational Desires and Sex Tourism in the Dominican Republic*, Durham, Duke

University Press, 2004.
5. Arturo Valenzuela, "Estados Unidos y el Hemisferio Occidental: Hacia Un Compromiso Efectivo", *Quórum Revista Iberoamericana*, Spr. 2005.
6. Joanne Rappaport, *Intercultural Utopias: Public Intellectuals, Cultural Experimentation, and Ethnic Dialogue in Colombia*, Durham, N. C. , Duke University Press, 2005.
7. Joanne Rappaport, ed. , *Retornando la Mirada: Una Investigación Colaborativa Interétnica sobre el Cauca a la Entrada del Milenio*, Popayan, Colombia, Editorial Universidad del Cauca, 2005.
8. Theodore H. Moran, *Harnessing Foreign Direct Investment For Development: Policies for Developed and Developing Countries*, Washington DC, Center for Global Development, 2006.

* 资料来源:http://www.georgetown.edu/sfs/programs/clas/

(作者:宋霞,中国社会科学院拉丁美洲研究所;责任编辑:高川)

圣母大学拉丁美洲人研究所
Institute for Latino Studies(ILS), University of Notre Dame

地址: Institute for Latino Studies, University of Notre Dame, McKenna Hall, Room 250, Notre Dame, Indiana 46556

电话: 1—574—6314440

传真: 1—574—6313522

网址: http://www.nd.edu/~latino/

E-mail: tgrimm@nd.edu

历史沿革与现状简介

圣母大学拉丁美洲人研究所自1999年成立以来,在推动美国的拉美研究方面发挥了重要作用。秉承拉美研究的著名学者、社会学教授胡利安·萨莫拉(Julian Samora)倡导的学术传统,研究所把跨学科研究拉美人问题作为圣母大学的一个重要学术方向。通过发展研究、扩展知识和加强团体的力量,研究所始终坚持研究方向和传统,尤其坚持圣母大学的天主教价值观。

研究所主要开展下列活动。(1)研究活动。主要从事基础研究并向拉美人社团(Latino communities)提供相关的政策信息。研究所研究部除独立承担研究项目以外,还负责协调研究所各中心之间的研究项目,支持"大学间拉美人研究项目"(Inter-University Program for Latino Research, IUPLR)的研究活动。(2)教学活动。研究所在全校范围内设立拉美人学术研究项目。研究所开设了有关社会学、政府学、神学、文学、历史、艺术等课程,大力吸引能提升圣母大学学术水平的学者。(3)拓展活动。研究所管辖的各个中心和所有项目都十分重视校园内外的拓展活动。为支持在美国的拉美族裔的发展,通过与美国政府和地方政府建立制度性的合作伙伴关系,研究所把圣母大学的价值观与在美国的拉美社区的生活有机地结合在一起;通过举办报告会、展览会和文化聚会把拉美研究与圣母大学的社区和民众联系起来。

组织机构、主要负责人及研究人员概况

圣母大学拉丁美洲人研究所下设六个项目和中心(Program and Center):拉美文学(Letras Latinas)项目,主任为弗朗西斯科·阿拉贡(Francisco Aragón);拉美人精神和文化中心(Center for Latino Spirituality and Culture),主任为丹尼尔·格罗迪(Daniel Groody);拉美人宗教研究中心(Center for the Study of Latino Religion),主任为埃德温·埃尔南德斯(Edwin I. Hernández);学术事务部(Director of Academic Affairs),主任为约兰达·利萨尔迪—马里诺(Yolanda Lizardi-Marino);芝加哥大都会计划中心(Center for Metropolitan Chicago Initiatives),主任为西尔维亚·普恩特(Sylvia Puente);移民和边境中心(Center for Migration and Border Studies),主任为卡伦·里奇曼(Karen Richman)。研究所还设有咨询理事会(Institute for Latino Studies Advisory Council),其理事由私营部门的总裁和慈善家组成。咨询理事会不制定学术政策,而是在更广泛的领域对研究所的发展施加影响。

希尔韦托·卡德纳斯(Gilberto Cárdenas)博士为拉丁美洲人研究所所长,同时还兼任助理教务长;他从事移民问题的研究已有30年,国际上普遍认为他是研究墨西哥移民问题的专家,曾三次被《西班牙商业杂志》(*Hispanic Business Magazine*)选为美国100位有影响的拉美人之一。他撰写过有关国际移民问题、经济和社会、种族与少数民族关系等问题的多部专著和报告。研究所副所长为墨西哥人阿勒特·布朗—戈特(Allert Brown-Gort);所长助理

为道格拉斯·弗兰森(Douglas Franson)。

研究所的研究人员主要由资深学者、研究人员、一般访问学者和高级访问学者等构成,研究领域主要包括墨西哥裔美国人、加勒比文学、国际移民、人类学、劳工问题、社会学、拉美宗教、全球化,等等。

研究所的图书资源包括以下三部分:以圣母大学社会学教授胡利安·萨莫拉的名字命名的图书馆(Julian Samora Library)的藏书(这些藏书主要涉及社会正义和社会活动);成立于2000年的、以另一位学者希尔韦托·卡德纳斯(Gilberto Cárdenas)的捐赠为基础的图书馆的藏书(馆藏专著、论文、电影、影音资料和文章2300篇,及其他捐赠者的特别收藏);除纸质藏书和文献以外,还拥有网上电子资源。

研究重点与学术活动

研究所的研究重点是有关"拉美人和人口统计变化"(Latinos and Demographic Change)项目的研究。过去30年内,由于拉美人的涌入和美国国内拉美人的迁移,美国的人口统计发生了明显变化。拉美裔人口的不断增多对美国的社会结构、经济和文化产生了重大影响。

在学术活动方面,研究所的研究部参与所刊上发表的所有文章的评审,并与上述项目的作者和所外作者保持合作。研究部把与拉美人问题有关的系列报告等提供给各级决策者,从而对他们所辖的社区产生影响。为了支持"大学间拉美人研究项目",研究部设立了官方调查信息中心,通过提供芝加哥人口统计、社会经济变化、种族和少数族裔分化、人口对城市和周边地区的影响等文献,为这一项目提供支持。

研究部还开设有关社会和统计方法方面的课程。自2002年起,研究部每年举行由20人参加的有关数量数据使用的夏季研讨会(与会者主要是"大学间拉美人研究项目"的成员,研讨会的主题包括调查数据、青年人、贫困、教育、健康等许多方面)。

主要拉美问题研究专家

弗兰克·比尔希略·埃利松多(Fr. Virgilio Elizondo),牧师和西班牙神学教授。1998年由他撰写的专著《圣·费尔南多天主教堂:城市的灵魂》(San Fernando Cathedral: Soul of the City)在宗教领域和世俗领域开创了先河。他还著有另外九部著作,因此,在宗教界和学术界他被公认为是"美国拉美宗教思想之父"。2000年,他的著作《加利利人游记:墨西哥裔美国人的诺言》(Galilean Journey: The Mexican American Promise)第八次再版,他的一些著作在美国的大学被广泛使用;由他编写的教材以七种语言出版。自1995年以来,他发表了大量文章,在美国和其他国家举行了32场演讲活动,被美国和国际媒体一致认为是美国宗教领域的权威人士。1997年,他获得圣母大学的最高荣誉奖——拉埃塔莱奖章(Laetare Medal)。他曾在美国和世界许多著名大学和神学机构作访问学者。

主要出版物

《视野》(Horizons),每年出版一期,介绍研究所的活动。《拉丁美洲人视角》(Latino Perspectives),圣母大学出版社出版的系列丛书。《系列诗集》(Chapbooks of poetry and short fiction),由Momotombo Press出版,主要关注拉美文学问题。此外,研究所还出版电子出版物《圣母大学拉美人研究》(Latino Research@ ND)和《系列研究报告》(Research Reports)等。

2000年以来机构的主要代表性文章和论著

1. *Bordering the Mainstream: A Needs Assessment of Latinos in Berwyn and Cicero*, Illinois, January 2002.
2. Martha Zurita and Timothy Ready, *School Segregation by Race and*

Poverty in Metropolitan Chicago, December 2003.
3. Mark Hugo Lopez, *Electoral Engagement among Latinos*, November 2004.
4. Eileen Diaz McConnell & Timothy Ready, *Report commissioned from the Institute by Esperanza USA, A Roof Over Our Heads*, June 2005.
5. The Institute for Latino Studies, University of Notre Dame, with support from the Joyce Foundation, Measuring the Minority Education Gap in Metropolitan Chicago, July 2005.
6. Edwin I. Hernández, Milagros Peña, Caroline Sotello Viernes Turner, Jeffrey Smith, Kari Jo Verhulst, *A Demographic Profile of Latino/a Seminarians*, March 2006.
7. Edwin I. Hernández, Rebecca Burwell and Jeffrey Smith, *Ans-wering the Call: How Latino Churches Can Respond to the HIV/AIDS Epidemic*, June 2007.
8. Martha Argelia Martinez, *Promoting and Maintaining Household Ownership Among Latino Immigrants*, June 2007.
9. Roger Knight, Timothy Ready, Gia Elise Barboza, *Attitudes toward Immigration: Findings from the Chicago-Area Survey*, June 2007.
10. Gia Elise Barboza, Roger Knight, Timothy Ready, *What Do Black And White Residents of Metropolitan Chicago Think about Latin American and Mexican Immigrants?* Findings from the Chicago-Area Survey, July 2007.

* 资料来源:http://www. nd. edu/~latino/

(作者:杨志敏,中国社会科学院拉丁美洲研究所;责任编辑:刘维广)

斯坦福大学拉丁美洲研究中心
Stanford University Center for Latin American Studies, SUCLAS

地址: Bolívar House, 582 Alvarado Row, Stanford, CA 94305
电话: 1—650—7234444
传真: 1—650—7239822
网址: http://www.stanford.edu/group/las/
E-mail: kaijim@stanford.edu

历史沿革与现状简介

斯坦福大学拉丁美洲研究中心是一个跨学科的研究机构,中心专职研究人员和工作人员很少,主要是为斯坦福大学各院系及周边高校就开展拉美和加勒比的教学研究提供跨学科的交流平台。此外,中心还邀请拉美国家的学者和教授来中心进行学术访问,经常举办各种有关拉美问题的学术研讨会,并开展普及拉美知识的活动,提供各种奖学金计划。

组织机构、主要负责人及研究人员概况

目前中心有全职人员六名,中心主任是历史学教授赫伯特·S. 克莱因(Herbert S. Klein),主要研究拉丁美洲历史。1963年他获芝加哥大学博士学位,多年来一直在哥伦比亚大学授课并任古弗尼尔·莫里斯(Gouverneur Morris)历史讲座教授。他撰有17本著作和145篇论文,内容均是有关拉美社会和经济史的比较研究。其中较著名的有《拉丁美洲和加勒比的非洲奴隶制》、《大西洋奴隶贸易》、《18~19世纪玻利维亚安第斯地区的农业社会》、《玻利

维亚简史》、《奴隶制和圣保罗经济,1750～1850》(合著)。此外,他还著有《西班牙帝国的美洲金融,1680～1809》和《美国人口史》。他曾在多伦多大学、布宜诺斯艾利斯大学、圣保罗大学等多所大学授课,目前正致力于对20世纪拉美和美国的社会变迁进行比较研究。他还兼任斯坦福大学历史学教授、胡佛研究所研究员。

中心副主任为梅根·高曼(Megan Gorman),毕业于锡拉丘兹大学的马克斯韦尔公民权和公共事务学院,获国际关系硕士学位。她有多年海外工作的经历,曾作为美国和平工作队的志愿者赴萨尔瓦多领导一个可持续发展项目;在中国大学讲授英语课程;在日内瓦为一家专门培训高级外交官的瑞士基金会从事过研究工作。

杰拉尔丁·斯利恩(Geraldine Slean),项目协调员,毕业于佛罗里达大学和剑桥大学,分别获得拉丁美洲研究硕士和考古学硕士学位,目前正致力于文化传统旅游对秘鲁北海岸的影响及秘鲁史前史的研究。

行政主管为奥马尔·奥乔亚(Omar Ochoa),具体负责中心行政事务和网络维护。学生管理助手为艾米·博尼莉娅(Amy Bonilla)和胡安·马特奥斯(Juan Mateos)。

研究重点与学术活动

由于主要是一个交流平台而不是一个专门的研究机构,因此,斯坦福大学拉丁美洲研究中心本身并没有特定的研究领域。中心主要是利用斯坦福大学各院系和斯坦福大学图书馆的力量开展拉美和加勒比跨学科教学和交流,支持各院系开展有关拉美问题的研究。另外,中心还为拉美研究硕士生和大学生开设拉美研究选修课程。中心经常邀请校内外专家学者举办系列讲座和研讨会,最近一个时期的活动广泛涉及拉美的贸易协定、美拉贸易关系、拉美国家(尤其是秘鲁和厄瓜多尔)的土著人政治,以及拉美的石油政治和石油公司,"哥伦比亚计划"对当地民众的影响,拉美农业生态面临的挑战,等等。

中心还开展一系列的文化推广活动。文化普及活动主要表现为以下四种形式。午间讲座系列:中心每周举办午间讲座,这是中心一个非常悠久的传统。这一系列是面向斯坦福大学内外的师生而组织的一个学术论坛,主要为拉美研究的专家学者提供一个向公众展示自己最新研究成果的平台。拉美巡回艺术展:中心欢迎生活在旧金山湾区的拉美艺术家展览其作品,同时也鼓励学生展览有关拉美主题的艺术作品和摄影作品,中心免费提供展览场所。电影放映系列:中心全年放映拉美电影,以传播拉美文化。拉美厨艺展示:每年春季,中心举行拉美厨艺展示和食品展览活动。

主要拉美问题研究专家

乔治·科利尔(George Collier),斯坦福大学拉丁美洲研究中心名誉退休教授,1983~1988年曾任中心主任。他毕业于哈佛大学社会关系系,主要研究领域为西班牙和拉丁美洲历史,重点关注中美洲、种族、殖民主义和历史意识,著有《住手!恰帕斯州土地和萨帕塔起义》(2005年修订)。

泰瑞·卡尔(Terry Karl),斯坦福大学拉丁美洲研究中心成员、政治学系教授。1982年毕业于斯坦福大学政治学系,获博士学位。主要研究领域为比较政治学(发展中国家的民主化、民众和不平等、拉美政治);发展政治经济学;国际关系(内战的解决、人权的全球政治学以及美国对发展中国家的政策)。主要研究国别是中美洲国家、墨西哥、智利、委内瑞拉、古巴、南非和西班牙。他的代表性著作有《经济不平等和民众不稳定》和《富裕悖论的反思》;论文有《中美洲的混合体制》《萨尔瓦多的协商式革命》《拉美民主化的困境》《拉美不平等的恶性循环》,等等。

对外合作

斯坦福大学拉丁美洲研究中心主要通过系列计划推进对外合作,重点项目有以下三个:"廷克访问学者计划"。1978年,在廷克基金会的大力支持下,中心邀请一大批来自拉美、伊比利亚半岛、加拿大等地的学者作为"廷克访问学者计划"的访问学者。此后每年都有一批拉美学者受邀来中心做学术访问。廷克访问学者一般要在中心开展授课和讲座活动,交流彼此感兴趣的研究领域。

"若阿金·纳布科巴西研究讲座"。1996年,巴西总统费尔南多·卡多佐在访问斯坦福大学期间宣布开设"若阿金·纳布科巴西研究讲座"。在纽约萨夫拉银行和巴西驻美国大使馆的支持下,中心每年都邀请一批巴西著名学者赴斯坦福大学讲授巴西课程或提供巴西研究方面的支持。斯坦福大学各院系都可提名推荐巴西学者。

"拉美研究中心访问学者计划"。中心为从事拉美研究的高级学者提供办理签证和查阅斯坦福大学图书馆文献方面的便利,但并不提供资助。多年来,中心已接待来自欧洲、拉美和美国的许多专家学者。

主要出版物

拉丁美洲研究中心通讯 Enlace,电子刊物,不定期出版,基本保持每年一期。

2000年以来机构的主要代表性文章和论著

1. George Collier, *Basta!: Land And The Zapatista Rebellion In Chiapas*, (*with Elizabeth Lowery Quaratiello*), Oakland, Food First, 2005.
2. Terry Karl, "The Vicious Cycle of Inequality in Latin America", in Susan Eva Eckstein and Timothy P. Wickham-Crowley, (eds.),

What Justice? Whose Justice?, Berkeley, University of California Press, 2004.
3. Herbert S. Klein, *A Population History of the United States*, Cambridge University Press, New Ed edition, 2004.
4. Terry Karl, "Accident or Intent? Reneging on Democratic Promotion in Venezuela", *British Journal of Latin American Studies*, 2003.
5. Terry Karl, "The Nature of the Political Transition in El Salvador: Advances and Setbacks in Democratic Consolidation: A Comment", in Cynthia Arnson, ed., *El Salvador's Democratic Transition Ten Years After the Peace Accord*, Washington, D. C., Woodrow Wilson Center Reports on the Americas, No. 6, 2003.
6. Herbert S. Klein, *A Concise History of Bolivia (Cambridge Concise Histories)*, Cambridge University Press, 2003.
7. Terry Karl, "Economic Inequality and Democratic Instability", *Journal of Democracy*, No. 1, Jan. 2000.

* 资料来源:http://www.stanford.edu/group/las/

(作者:郭存海,中国社会科学院拉丁美洲研究所;责任编辑:蔡同昌)

威斯康星大学密尔沃基分校拉丁美洲和加勒比研究中心

Center for Latin American and Caribbean Studies (CLACS),
University of Wisconsin – Milwaukee

地址：2513 E. Hartford Avenue, Pearse Hall 168, Milwaukee, WI 53201—0413
电话：001—414—229—4401
传真：001—414—229—2879
网址：http://www.uwm.edu/Dept/CLACS/
E-mail：clacs@uwm.edu

历史沿革与现状简介

威斯康星大学密尔沃基分校拉丁美洲和加勒比研究中心成立于1965年，它与威斯康星大学麦迪逊分校的拉丁美洲、加勒比和伊比利亚半岛研究项目一同被美国教育部列为全国资源中心之一。其主要任务是开展、支持和推动有关拉美和加勒比的教学、科研和推广活动，为全美的拉美语言和地区研究机构提供信息资源和服务。

除教学推广活动以外，中心还通过公共计划走进校园和社区（如每年开展的拉美电影放映季和社区推广小额资助计划）。另外，中心接受"威斯康星大学麦迪逊分校拉丁美洲、加勒比和伊比利亚研究计划"的联合资助。

组织机构、主要负责人及研究人员概况

中心并不是一个独立的学术研究机构,它的使命主要是推动对拉美和加勒比的了解,为开展有关拉美和加勒比教学与研究的机构提供信息资源和服务。中心没有专职的研究人员,也没有专门的研究领域。中心成员主要来自威斯康星大学各相关的院系,因此,研究范围极其广泛。克里斯汀·鲁杰罗(Kristin Ruggiero)任中心主任,同时兼任威斯康星大学历史系教授和国际教学中心副主任。1969年她毕业于加利福尼亚大学洛杉矶分校,获硕士学位;1979年毕业于印第安纳大学,获博士学位。她著作颇丰,最新专著主要有《拉丁美洲和加勒比地区的离散犹太人:记忆的碎片》、《世界在此终结:一个阿根廷村落的兴衰》、《19世纪晚期布宜诺斯艾利斯的罪与现代性》。论文有《探索拉丁美洲科学和医学的交集:历史和方法论的新方向》和《世纪之交阿根廷的母性、科学和国家》。

中心副主任为谢丽尔·达迈克(Cheryle Darmek);咨询服务和学术项目协调员为朱莉·克兰(Julie Kline);项目助理为达伦·哈古皮恩(Darlene Hagopian);媒体资料管理员为阿尼亚·格拉恩(Anya Grahn)。

除与威斯康星大学密尔沃基分校共享拉美图书以外,中心还有独立的媒体资料库,包括近1000种收藏品(录像、DVD、幻灯片、课程资料等),均可免费外借。

中心主要研究人员及其研究领域如下:南希·伯德-索托(Nancy Bird-Soto),在西班牙语和葡萄牙语系从事教学工作,主要研究女性作家、性别研究、美国拉美裔文学和文化,主要研究国别是波多黎各、美国、尼加拉瓜、墨西哥和西班牙;布伦达·科尔德纳斯(Brenda Cárdenas),在英语系从事教学工作,主要研究诗歌创作、表演艺术、美国拉美文学、拉美文学和美国种族文学,主要研究

国别是美国和墨西哥;霍华德·汉德曼(Howard Handelman)(名誉退休教授),在政治学系从事教学工作,主要研究民主化和政治经济学,主要研究国别是墨西哥、南锥体国家和安第斯国家;马科斯·马马拉基斯(Markos Mamalakis,名誉退休教授),在经济学系从事教学工作,主要研究贫困问题、社会流动、不平等问题等,主要研究国别是智利;罗伯特·里希格利亚诺(Robert Ricigliano),在传播与和平研究系从事教学工作,主要研究国际谈判和调停,主要研究国别是哥伦比亚;约瑟夫·罗德里格斯(Joseph Rodríguez),在历史系从事教学工作,主要研究拉美社会运动,主要研究国别是墨西哥和美国;卡洛斯·圣地亚哥(Carlos Santiago),在经济学系从事教学工作,主要研究拉美和加勒比经济发展及拉美裔研究,主要研究国别是加勒比国家;娜塔莎·舒基亚马·博尔赫斯(Natasha Sugiyama Borges),在政治科学系从事教学工作,主要研究比较政治学、社会政策、性别政治,主要研究国别是巴西。

研究重点与学术活动

中心的成员来源广泛,学术项目也相对多样,由学者主持的项目主要有劳尔·迪尔(Raoul Deal)主持的视觉艺术、文化和社区项目,他带领威斯康星大学的学生与来自墨西哥塔巴斯科土著人社区的艺术家进行互动。这些土著艺术家在古巴艺术家莱安德罗·索托(Leandro Soto)赞助的一个艺术开发项目中接受培训,已创作出多幅反映玛雅文化和历史的画卷。生物科学系的蒂姆·埃林格(Tim Ehlinger),带领研究哥斯达黎加河流和热带雨林生态学的学生远赴哥斯达黎加蒂利姆维那(Tirimbina)中部进行野外观测和调研。除这些学术项目以外,中心还主办或协办一系列年度活动,包括校园演讲、学术会议、文化活动,等等。

主要拉美问题研究专家

马科斯·马马拉基斯（Markos Mamalakis），经济系荣誉退休教授，懂西班牙语、希腊语、德语和法语。1959年和1962年，马马拉基斯从加利福尼亚大学伯克利分校相继获得经济学硕士和博士学位。其主要研究领域包括经济发展和增长、拉丁美洲的经济发展、城市经济发展、经济史（特别是智利经济史），以及公共选择理论。1967～1972年，他曾任威斯康星大学拉丁美洲与加勒比研究中心主任。他的著作颇丰，研究领域广泛，其中有关拉美方面的重要著作和论文有：《通货膨胀和增长：资产优先分析——以智利通货膨胀为例》、《发展中的民主体制：拉丁美洲的政治和改革》、《拉丁美洲的贫困和不平等》、《委内瑞拉的贫困和不平等》，等等。

主要出版物

《拉丁美洲和加勒比通讯》（*CLACS News*），学术通讯，电子版，不定期出版，通常一年一次，冬季出版。

2000年以来机构的主要代表性文章和论著

1. Chris Schulenburg, "Hijacking the Machine: Ricardo Piglia's Reconceptualization of the Argentine Intellectual in La ciudad ausente" (Occasional Paper #96), June 2009.
2. Kristin Ruggiero, *The Jewish Diaspora in Latin America and the Caribbean: Fragments of Memory*, editor Brighton, East Sussex, Sussex Academic Press, 2005.
3. Kristin Ruggiero, *Modernity in the Flesh: Medicine, Law and Society in Turn-of-the-Century Argentina*, Stanford, Stanford University Press, 2004.
4. Markos Mamalakis, "Democracies in Development: Politics and

Reform in Latin America", *the Americas*, Vol. 61, No. 3, Jan. 2002.
5. J. Mark Payne, Daniel Zovatto G., Carrillo Florez, and Andres Allamand Zavala, "Democracies in Development: Politics and Reform in Latin America", Baltimore, John Hopkins University Press, *the Americas*, Vol. 61, No. 3, Jan. 2002.
6. Howard Handelman, "The Origin of the Ecuadorian Bourgeoisie: Its Political Implications", *Canadian Journal of Latin American and Caribbean Studies*, Oct. 2002.

* 资料来源:http://www.uwm.edu/Dept/CLACS/

(作者:郭存海,中国社会科学院拉丁美洲研究所;责任编辑:蔡同昌)

伍德罗·威尔逊国际学者中心拉丁美洲项目

Latin American Program, The Woodrow Wilson International Center for Scholars

地址：1300 Pennsylvania Ave. ,NW, Washington, DC 20004－3027
电话：1—202—6914030
传真：1—202—6914001
网址：http://www.wilsoncenter.org/index.cfm? fuseaction = topics. home&topic_id = 1425
E-mail：lap@ wilsoncenter.org

历史沿革与现状简介

伍德罗·威尔逊国际学者中心是为纪念美国前总统伍德罗·威尔逊而由美国国会于1968年设立的一个超党派的准官方研究机构，总部设在华盛顿，以此推动学者、决策者和商界巨头就具有全球或国家意义的政策问题展开对话、交流和合作。而1977年中心设立的拉丁美洲项目，旨在推动美国与拉美各国间进行对话和信息交流，以此研究拉美和加勒比问题，并希翼这些问题能引起西半球领袖或决策者的关注。

组织机构、主要负责人及研究人员概况

拉丁美洲项目的图书和行政管理均受伍德罗·威尔逊国际学者中心的管辖。威尔逊中心挂靠于史密森学会，不过威尔逊中心有自己独立的董事会，董事会现任主席是约瑟夫·B.吉尔登豪（Joseph B. Gildenhorn），中心主任是李·H. 汉密尔顿（Lee H. Hamilton）。中心属公私合营性质，约1/3的资金来自美国政府的年度拨款，约2/3的资金来自基金会、财产赠与、企业赞助、个人捐款、合同所得、订阅费等多种渠道。拉丁美洲项目的资金也多源于上述渠道。

美国政府出于对拉美大国的重视，拉丁美洲项目下设阿根廷研究所、巴西研究所和墨西哥研究所，其主要负责人和研究人员如下。

辛西娅·阿恩森（Cynthia Arnson）是拉丁美洲项目主任。她毕业于约翰·霍普金斯大学高级国际研究院，获博士学位。近些年她一直密切关注哥伦比亚的和平进程、美国的拉美政策和人权等问题，同时负责拉美和平进程研究项目。她是美国《外交》杂志西班牙语版的顾问编委和美洲人权观察咨询委员会委员。在加盟威尔逊中心之前，她曾任美洲人权观察委员会副主任，主要负责哥伦比亚、萨尔瓦多和尼加拉瓜，她还曾在卡特和里根执政期间任众议院外交政策高级助理。她的学术专长是拉美研究（重点研究哥伦比亚）、民主治理和人权以及美国的拉美政策，主要著作有《十字路口：国会、总统和中美洲（1976～1993）》（专著），还主编《拉丁美洲的比较和平进程》，合编《墨西哥民主巩固面临的挑战》和《哥伦比亚的和平与安全》，代表性论文有《哥伦比亚的和平进程和美国的政策》和《被冻结的谈判：恰帕斯的和平进程》。拉丁美洲项目高级助理何塞·劳尔·佩拉莱斯（Jose Raul Perales）；拉丁美洲项目助理杰西卡·巴拉特（Jessica Varat）；拉丁美洲项目秘书亚当·斯图比茨（Adam Stubits）。

安德鲁·塞利（Andrew Selee），拉丁美洲项目墨西哥研究所所长，毕业于美国马里兰大学，获政策研究博士学位。墨西哥研究所致力于推动美墨对话和美墨关系的政策研究，主要研究领域包括移民；安全和法治；贸易、发展和经济；国民认知、媒体和社会；能源和自然资源，以及墨西哥政治，等等。他在墨西哥工作过五年，曾任拉丁美洲项目高级项目助理和美国众议院专业委员会委员，主编或合编数部有关美墨关系、美国政治、移民和分权的著作。目前，他是约翰·霍普金斯大学政府学系副教授、美墨富尔布赖特委员会（Comexus）董事会成员、《拉丁美洲研究手册》特约编辑、外交政策委员会委员。其学术专长是：美墨关系、墨西哥政治、拉美政治和移民问题；主要著作有《恰帕斯：和平与谈判的挑战》（专著）、《比较视角下的分权、民主治理和公民社会：非洲、亚洲和拉丁美洲》（专著）、《分权和拉丁美洲的民主治理》（专著），还主编《美墨关系的理解与误解》，等等。墨西哥研究所项目助理凯特·布里克（Kate Brick）。

保罗·索泰洛（Paulo Sotero），巴西研究所所长。巴西研究所主要就巴西和美国共同关心的关键问题推动两国之间的对话，促进美国对当代巴西发展的了解，加深对巴西公共政策的分析。索泰洛出生于巴西圣保罗，毕业于巴西伯南布哥天主教大学和美国美利坚大学，分别获得历史学学士及新闻和公共事务硕士。他长期担任报纸和杂志的记者或编辑，曾任巴西《圣保罗州报》驻华盛顿记者长达 17 年，同时兼 BBC 葡萄牙语新闻评论家和分析家。从 2003 年起，他在美国乔治敦大学讲授巴西政治。其学术专长是拉美研究、尤其是巴西研究，以及当代政治和媒体。

阿根廷研究所的设立主要是因为 2001 年阿根廷的经济危机。其目的是加深对阿根廷危机的原因、意义和未来走向的认识，同时组织相关领域的政策专家就阿根廷政策问题展开讨论和辩论。阿根廷研究所项目助理是麦利娜·金斯帕格（Melina Ginszparg）。

此外，拉丁美洲项目的高级学者是约瑟夫·S. 图尔钦（Joseph S. Tulchin）；巴西研究所的高级学者是路易斯·比坦考特（Luis Bitencourt）。

研究重点与学术活动

拉丁美洲项目的主要任务是组织相关领域的专家开展独立研究，并为著名学者提供研究基金，从而为高级决策者提供建议。拉丁美洲项目的国别计划旨在促进对阿根廷、巴西和墨西哥三国的了解，增强美国对上述三国重要性的认识。

拉丁美洲项目的研究重点主要包括八个领域，即阿根廷；巴西；墨西哥；创建美洲安全共同体；公民安全；比较和平进程；分权、公民社会和民主治理；公共政策研究生教育。

创建美洲安全共同体始于一场有关西半球安全共同体的研讨会，2001年出版了一本名为《评估新的国际体制下的拉丁美洲》的著作。"9·11"事件发生之前，创建美洲安全共同体计划主要关注区域内冲突，限制小规模杀伤性武器的扩散，等等。"9·11"事件之后，研究的焦点转向国内安全和国际威胁。拉丁美洲项目曾多次组织美洲会议，并出版了有关建立西半球安全共同体的公共政策报告。

拉丁美洲项目曾组织拉美和加勒比地区六国的研究人员组成专家组研究社会治安问题并提出政策建议，目前已完成相关系列论文，同时还出版了一系列针对具体国家具体问题的政策报告。另外，拉丁美洲项目还在智利、秘鲁、巴西、多米尼加和阿根廷主办或协办了多次公共论坛，讨论本地区的政策改革和社会参与，以此加强本地区的安全。作为成果的一部分，《拉丁美洲的犯罪和暴力：公民安全、民主和国家》一书即将面世。

比较和平进程计划主要研究拉美国内的武装冲突问题，旨在探索阻碍解决武装冲突的因素及后冲突时期的主要任务。研究的宗旨是通过对话解决国内冲突，在单个国家的不同组织间构建对和平进程的信任。

公共政策研究生教育计划由拉丁美洲项目于1999年发起。

这项研究计划的目的是评估拉美的公共政策教育,帮助拉美国家培养公共政策研究生。目前已相继出版《培训新一代领导人》和《伍德罗·威尔逊中心美洲报告》。

除上述经常性的研究计划以外,拉丁美洲项目还吸引了一大批研究拉美问题的学者来中心举办讲座或研讨活动,会议主题一般都紧紧围绕拉美或美拉关系的最新发展态势。2007年的多场研讨会主题广泛,如《玻利维亚的土著人参与和社会碎裂化》、《巴西的创新政策和商业战略》、《美洲的反腐败》、《城市发展中的创新:巴西经验》、《阿根廷2007年选举:主要的经济和政治议题》、《从布什总统访问拉美看美拉关系》、《中国龙走进拉美》、《全球生物能源动态:未来十年乙醇和生物燃料的潜在供应和需求》、《拉丁美洲的石油政治》、《释放巴西经济》、《巴西的基础教育:失误何在,如何纠偏》、《美国和巴西关系的未来》、《海地的治理和安全:国际社会能发挥作用吗?》,等等。

对重大国际问题的观点

伍德罗·威尔逊国际学者中心拉丁美洲项目在重大国际问题上秉持以下观点。(1)在洪都拉斯政变问题上,认为这场政变实际上是洪都拉斯治理危机的一种反映,美国总统奥巴马采取了非常正确的态度处理这场危机;认为洪都拉斯危机从根本上源于制度的脆弱性和民众主义的蛊惑;应提高拉美的民主质量。(2)在美国墨西哥关系问题上,认为两国的相互依存性日益增强,这特别反映在经济和安全的相互依存上,但同时指出两国的相互依存度是不对称的。(3)在毒品犯罪问题上,认为拉美国家的跨国贩毒网络不仅削弱了拉美国家的政府统治,也给美国的国家安全造成了潜在威胁。(4)在民主和发展问题上,认为传播民主是推动国家发展的关键性因素,而权力下放则是实现"善治"的重要途径;认为民主、自由市场和权力下放是构建良好制度的三大动因。(5)

在美国阿根廷关系问题上,认为两国关系一直是疏远的,其中不时充斥着误解、紧张、经济竞争和政治敌对;认为两国的冲突关系很大程度上是历史的积怨,但近年来两国关系有所好转。(6)在伊朗和拉美关系问题上,认为伊朗与拉美发展多层面关系是一系列因素综合作用的结果,其主因是双方的经济互利、共同的反美反帝意识、维护外交独立、推进国际伙伴多元化,以及谋求在国际舞台上发挥更大作用。(7)在安第斯民主治理危机问题上,认为哥伦比亚、厄瓜多尔、秘鲁和委内瑞拉的治理危机的共同根源在于:公民权利危机,具体表现是普遍的政治冷漠和低水平政治参与;政党衰落;腐败以及文武精英没有责任意识;制度脆弱性,以及军人干预政治等因素。

拉美研究概况

伍德罗·威尔逊国际学者中心拉丁美洲项目集中关注与美国利益相关的问题,如民主、安全、石油政治和外交方面的研究,并侧重于政策方面的研究。基于威尔逊中心的准官方背景,拉丁美洲项目的研究成果不可避免地会对决策者在制定相关政策时产生影响。拉丁美洲项目下设的阿根廷、巴西、墨西哥三个研究所更侧重于美国与上述三国间的相互关系及三国重要的国内问题对美国的影响。

主要拉美问题研究专家

约瑟夫·S. 图尔钦(Joseph S. Tulchin),拉丁美洲项目高级学者,先后毕业于美国阿默斯特学院、英国剑桥大学彼得学院和美国哈佛大学,分获美洲研究学士、历史学硕士和历史学博士学位。博士毕业后,他曾先后任北卡罗来纳大学教堂山分校国际部主任和历史学教授(在此期间主编《拉丁美洲研究评论》)、耶鲁大学历史学教授,以及任美国国务院、联合国人居署和美国国际开发署顾问。1989年曾任拉丁美洲项目主任。其主要研究领域是美国外交政策、美洲国家间关系、当代拉丁美洲、比较城市发展、社会科学研究方法,等等。他几乎在美洲每个国家都讲授过课程或做过讲座,发表了100多篇学术论文,出版了70多部专著,主要有《阿根廷和美国:冲突的关系》和《战争的后果:第一次世界大战和美国对拉丁美洲的政策》,还合编《比较视角下的分权、民主治理和公民社会》和《新国际体系中的拉丁美洲》。

路易斯·比坦考特(Luis Bitencourt),巴西研究所高级学者,毕业于美国天主教大学,先后获世界政治专业硕士和博士学位。1974~1999年他曾作为巴西联邦政府的成员,从事战略规划、国际安全、公共管理和情报方面的研究和培训工作;1987~2000年任巴西利亚天主教大学教授和系主任,2000~2005年任伍德罗·威尔逊国际学者中心巴西研究所所长。此外,他还曾任联合国东帝汶问题协调员、塔吉克斯坦选举专家团成员,以及联合国干预和主权委员会的报告起草人。目前,他是西半球防卫研究中心的研究员。其主要研究领域包括西半球安全、恐怖主义、贸易和民主、公共政策、政治转型、国际安全和防止核扩散;代表作有《巴西:政治乐观主义和经济约束》;论文有《安全问题和地区安全合作的挑战:巴西视角》、《巴西日渐增长的城市不安全:巴西民主的威胁?》、《人道主义干涉:圣地亚哥报告》、《全球化对西半球安全的影响》、《军队现代化:静悄悄的革命》。

对外合作

目前没有切实资料表明,伍德罗·威尔逊国际学者中心拉丁美洲项目与其他机构建立有常规合作机制,不过该项目与国际一些著名的拉美研究机构或地区组织广泛开展了一系列的国际研讨活动。其中比较著名的机构包括美洲国家组织、美洲协会、美洲委员会、中国社会科学院拉丁美洲研究所、美洲开发银行、世界银行、联合国拉美经委会、拉丁美洲社会科学院，以及美国和拉美国家的一些著名大学。

主要出版物

《美洲时讯》(*Update on the Americas*)，主要刊载有关民主治理和"新左派"、建设美洲安全共同体、公民安全、分权、公民社会和民主治理及有关墨西哥的论文。目前已出26期，不定期出版物。

《拉丁美洲项目通讯》(*Noticias*)，不定期出版，一般每年出版1~2期。

《特别报告》(*Special Reports*)，不定期出版，最近出版的一系列报告主要涉及"新左派"和拉丁美洲的民主治理、哥伦比亚和平进程、美拉关系的未来、拉丁美洲的公民参与和不安全感、墨西哥和哥伦比亚的和平进程、媒体和民主、哥伦比亚冲突与和平的社会经济因素，等等。

《会议报告》(*Conference Reports*)，不定期出版。

《威尔逊中心美洲报告》(*Wilson Center Reports on the Americas*)，不定期出版，目前已出版25期，内容主要涉及美洲的公民安全、古巴社会变迁、地区一体化、哥伦比亚和平进程、墨西哥和西半球安全、阿根廷—美国关系、阿根廷危机、萨尔瓦多和平协议签署10周年、亚马孙流域的环境和安全、安第斯地区民主治理的危机、墨西哥政治转型，等等。

《创建美洲共同体通讯》(*Creating Community in the Americas*)，不定期出版，目前已出版31期，主要涉及西半球安全、地区合作、加勒比的暴力犯罪和安全、海地治理和安全、古巴问题、联合国改革和拉美角色、拉美国家教育改革、拉美民主转型中的军队角色以及恐怖主义等议题。。

《拉丁美洲项目书系》(*Latin American Program Books*)，主要展示拉丁美洲项目的最新成果，一般只有摘要，目前在该系列下已出版17本专著。

《民主治理和'新左派'通讯》(Democratic Governance and the 'New Left' Bulletins),不定期出版,目前已出版8期,内容涉及玻利维亚、委内瑞拉、尼加拉瓜,以及整个拉美的新左派及其相关问题。

墨西哥研究所的出版物有:《墨西哥新闻和分析》(Mexico News and Analysis),《墨西哥年度报告》(Annual Reports),《墨西哥政策报告》(Policy Reports),《墨西哥时事快报》(Bulletins)。

巴西研究所的出版物如下。《巴西研究所特别报告》(Brazil Institute Special Reports),刊载由巴西学者、商界巨头和决策者对巴西当前重大国际和国内政治、经济、社会和政治问题的评论和研究。《会议报告和美洲报告》(Conference Reports and Reports on the Americas),由巴西研究所和拉丁美洲项目联合出版。《巴西年度报告》(Annual Reports)内容涉及巴西研究所的会议、报告和出版物的述评。电子时讯杂志《思考巴西》(Thinking Brazil),不定期出版,2002~2007年已出版25期。

2000年以来机构的主要代表性文章和论著

1. Eric L. Olson, "Threatened on all Fronts: Strengthening Security Cooperation to Confront Organized Crime", in *The United States and Mexico: Towards a Strategic Partnership*, Woodrow Wilson International Center for Scholars, Mexico Institute, February 2009.
2. Joseph S. Tulchin and Meg Ruthenburg, *Toward a Society under Law: Citizens and Their Police in Latin America*, Woodrow Wilson Center Press, 2007.
3. Philip Oxhorn, Joseph S. Tulchin, and Andrew D. Selee, *Decentralization, Democratic Governance, and Civil Society in Comparative Perspective: Africa, Asia, and Latin America*, Copub, The Johns

Hopkins University Press, Woodrow Wilson Center Press, 2004.
4. Vinod K. Aggarwal, Ralph Espach, Joseph S. Tulchin, eds., *The Strategic Dynamics of Latin American Trade*, Published by Stanford University Press, 2004.
5. Francisco E. Thoumi, *Illegal Drugs, Economy, and Society in the Andes*, Published by Johns Hopkins University Press, 2003.
6. *Crime and Violence in Latin America: Citizen Security, Democracy and the State*, Edited by Hugo Frühling and Joseph S. Tulchin with Heather Golding, Published by Johns Hopkins University Press, 2003.
7. "The Importance of the Amazon Basin in Brazil's Evolving Secu-rity Agenda", Luis Bitencourt in Joseph S. Tulchin and Heather A. Golding (ed.), *Environment and Security in the Amazon Basin*, Washington, D. C., WWICS, 2002.
8. *Democratic Governance and Social Inequality*, Edited by Joseph S. Tulchin with Amelia Brown, Published by Lynne Rienner Publishers, 2002.
9. Combating Corruption in Latin America, Edited by Joseph S. Tulchin and Ralph H. Espach, Published by Johns Hopkins University Press, 2000.

* 资料来源：http://www.wilsoncenter.org/index.cfm? fuseaction = topics.home&topic_id = 1425

（作者：郭存海，中国社会科学院拉丁美洲研究所；责任编辑：蔡同昌）

亚利桑那大学拉丁美洲研究中心
Center for Latin American Studies (CLAS), University of Arizona

地址: PO Box 210158B, Marshall Building, Suite 280, University of Arizona Tucson, Arizona 85721-0158
电话: 1—520—6267242
传真: 1—520—6267248
网址: http://www.clas.arizona.edu/
E-mail: clas@mail.sbs.arizona.edu

历史沿革与现状简介

亚利桑那大学拉丁美洲研究中心的前身始于1952年亚利桑那大学西班牙语系成立的拉丁美洲研究委员会(Committee on Latin American Studies)。更早的历史可追溯到1908年，亚利桑那大学西班牙语系讲授有关西班牙美洲和墨西哥文学课程，1919年开设西班牙美洲商业课程，1920年开设拉美历史、考古和政府学方面的课程。在这一时期，亚利桑那大学西班牙语系还具有授予拉美文学和历史专业硕士学位的资格。

第二次世界大战结束后，随着诸如拉塞尔·尤因(Russell Ewing)、爱德华·斯派赛(Edward Spicer)等著名拉美研究专家的出现，亚利桑那大学在全国的声誉上升，并开始筹划拉丁美洲研究项目，设想建立美洲学位项目，其重点是关注南北美洲之间政治、经济和社会关系等问题。直到1958年，西班牙语系在雷纳托·罗萨尔多(Renato Rosaldo)的领导下，亚利桑那大学开始正式设立本科项目和有关墨西哥的课程。

1958～1974年,拉丁美洲研究项目由西班牙语系管理,并在1971年获得财务预算自主权。1974年亚利桑那大学最终决定成立拉丁美洲研究中心,并开始具有授予拉丁美洲研究专业博士、硕士和学士学位的资格。研究中心举办了美国与墨西哥双边关系、边境地区人口等学术会议,协调"富布赖特杰出拉美教师计划"等。1982年拉丁美洲研究中心接受了第一笔来自廷克基金会(Tinker Foundation)的资助,并被"吉尔伯特·梅尔克斯报告"(Gilbert Merkx)评为全美国10～15个顶级的拉美研究项目。20世纪80年代后期,由于预算减少、办学场所受限以及运转资金不足等因素,中心的活动受到影响。

1989年以后,拉丁美洲研究中心通过发展和建立课程资源中心、举办"落矶山脉拉美研究共同体"(Rocky Mountain Consortium for Latin American Studies, RMCLAS)等举措获得新的发展。1996年新任中心主任与校方协商后获得了更大的办公场所,校方捐助部分费用,并每年从访问学者项目(VP for Research)中拿出1万美元支持研究生项目和学者的研究。同时,中心也从外界获得了资助。中心开设了"现代拉丁美洲——社会科学视角"课程,现在每学期招收约300名本科生,并提升了研究生和本科生项目的质量。2000～2003年,中心两次获得美国教育部的专项资助。

过去10年中,拉丁美洲研究中心得到廷克基金会和休利特基金会(Hewlett Foundation),人文、社会和行为科学院(Colleges of Humanities and Social and Behavioral Sciences)等机构的资助,并为研究生夏季拉美之行提供了资助。

组织机构、主要负责人及研究人员概况

亚利桑那大学拉丁美洲研究中心现任主任为斯科特·怀特福德(Scott Whiteford)博士,副主任为劳尔·萨巴(Raul Saba)教授。

拉丁美洲研究中心下设相关委员会管理和指导中心的工作,

成员由中心或相关院系的人员组成。(1)执行委员会(Executive Committee)。主席为斯科特·怀特福德,成员包括:艺术史教授斯塔谢·维迪菲尔德(Stacie Widdifield);历史教授比尔·比斯利(Bill Beezley);新闻学教授杰奎琳·沙基(Jacqueline Sharkey);人类学教授琳达·格林(Linda Green);葡萄牙语教授安娜·玛丽亚·卡瓦略(Ana Maria Carvalho);葡萄牙语教授马尔科姆·康皮特略(Malcolm Compitello)和葡萄牙语教授劳尔·萨巴(Raul Saba)。(2)招生委员会(Admissions Committee)。负责审查和推荐拉美研究专业硕士研究生的录取。委员会成员主要由中心主任、副主任、主管学术的顾问和两名相关院系的学者组成。(3)暑期实地研究资助委员会(Tinker/Summer Field Research Grant Committee)。负责审查和挑选获得暑期项目资助的学生,帮助他们前往拉美国家、西班牙和葡萄牙进行访问等学术活动。

拉丁美洲研究中心聚集了一大批杰出的研究墨西哥、巴西和中美洲地区问题的学者,而与绝大多数其他的拉美研究中心不同,它拥有隶属于研究中心的七位核心研究人员(core faculty)持续地关注和协调研究工作。此外,它还拥有一支隶属于不同院系的120多位特邀研究人员队伍,他们或是在研究中心从事教学工作,或是服务于研究中心委员会。

拉丁美洲研究中心的图书资源依托亚利桑那大学的图书资源系统,并与其他拉美研究机构建立了合作关系网络。

研究重点与学术活动

亚利桑那大学拉丁美洲研究中心的研究重点包括:环境问题、边境研究、权力和不平等问题,以及历史和文化研究。对拉美地区研究的重点涉及中美洲、巴西、墨西哥和南锥体国家(阿根廷、玻利维亚、智利、巴拉圭和乌拉圭)的相关问题。

拉丁美洲研究中心开设本科生的主修和选修课程;硕士和新

闻学实行双学位;开设法律、公共卫生和公共管理专业课程,以及博士研究生的选修课等教学活动。

主要拉美问题研究专家

希尔维亚·泰什(Sylvia Tesh)博士,主要从事拉美地区环境政策的教学和研究,在夏威夷大学(University of Hawaii)获博士学位,研究领域为社会发展、城市环境和社会学等。她曾由富布赖特项目资助在巴西巴伊亚联邦大学(Universidade Federal da Bahia, Brazil)作访问研究,还曾任教于美国耶鲁大学和密西根大学。她发表了大量的论文和著作,其代表作有《隐藏的争议:政治意识形态与疾病防治政策》(1998)等。

2000年以来机构的主要代表性文章和论著

1. Scott Whiteford, Co-edited with Manuel Gomez Cruz, Rita Schwentesius, and Manuel Chavez, *Nueva Economía Política de la Globalización y Bloques Regionales*, Universidad Autónoma de Chapingo, Mexico, 2001.
2. Scott Whiteford, Co-edited with Linda Whiteford, *Globalization, Water and Health: Resource Management in Times of Scarcity*, Santa Fe, School of American Research, 2005.
3. Moore, Sarah, "The Politics of Garbage in Oaxaca, Mexico. Society and Natural Resources", *Special Issue: Environmental Justice Abroad*, Jun. 2005.
4. Scott Whiteford, Co-edited with Sergio Quesada Aldana, *La Ecología Política en la Cultura del Agua de Querétaro*, Universidad Autónoma de Querétaro, 2006.
5. Moore, Sarah, J. Winders, J. P. Jones, S. Roberts, and Oliver Froehling, "Regional Structure of NGO Formalization in Oaxaca", *Jour-

nal of International Development Studies, Mexico, Jun. 2005.
* 资料来源：http://clas.arizona.edu/about/history_of_clas/
（作者：杨志敏，中国社会科学院拉丁美洲研究所；责任编辑：张颖）

耶鲁大学拉丁美洲及伊比利亚研究委员会

The Council on Latin American and Iberian Studies, CLAIS

地址:Henry R. Luce Hall 34 Hillhouse Avenue Suite 342 P. O. Box 208206 New Haven CT 06520

电话:1—203—4323422

传真:1—203—4325963

网址:http://www.yale.edu/macmillan/lais

E-mail:latin.america@yale.edu

历史沿革与现状简介

耶鲁大学拉丁美洲及伊比利亚研究委员会成立于1962年,设在耶鲁大学麦克米兰中心,拥有拉丁美洲研究学士学位授予权。20世纪70年代是它发展的黄金时期,但在20世纪80年代,由于很多研究拉丁美洲问题的专家和教授陆续退休或调离,委员会的活动开始减少,几乎中断了对外交往,但一直保留着拉美研究专业学士学位授予权。20世纪90年代,委员会重新恢复活力,加强了教学和对外学术合作,加强了对西班牙语和葡萄牙语的教学和研究工作。

组织机构、主要负责人及研究人员概况

自委员会成立以来,已有九位教授担任过委员会主任,现任主任是伊丽莎白·伍德教授。这一委员会被美国教育部依据《高等教育法》第六条款指定为从事拉美研究和教学的国家资源中心,负

责管理耶鲁大学拉美研究本科专业教育及对从事拉美专业教学的教师进行培训等。

研究重点与学术活动

为加深对拉丁美洲、西班牙和葡萄牙的认识,委员会致力于支持与拉美有关的研究、教学及文化活动。委员会负责管理耶鲁大学拉美研究的专业教育,并资助教师和学生从事与拉美研究有关的学术和教学活动。委员会的教师主要从耶鲁大学内聘任政治学、社会学、经济学和历史学方面的教授。资金主要来自美国教育部、休利特基金会、梅隆基金会、威尔逊国际学者中心等机构的资助。

拉美研究概况

委员会的职责主要是支持与拉美有关的研究、教学及文化活动。(1)负责管理耶鲁大学拉美研究的本科专业教育。拉美研究本科专业教育旨在深化学生对拉美社会及文化的了解,具有跨学科性质,对选择本专业的学生有很多条件限制。与耶鲁大学历史系、政治系、人类学系及西班牙语和葡萄牙语系等合作,安排组织相关课程。为丰富学生的学习生活,鼓励和支持本科生和研究生到拉美考察,并设有拉丁美洲及伊比利亚研究旅游奖等奖项。近年来,根据教学课程和研究目的,已组织学生考察中美洲、安第斯、巴西等地区和国家,其学习和研究的主题涉及上述地区和国家的社会问题、印卡文化、巴西的奴隶制度等。委员会没有拉美研究专业硕士学位授予权,但耶鲁大学对拉美研究感兴趣的研究生可到别的专业选择研究拉美问题,其教学由委员会负责管理。(2)负责对从事拉美专业教学的教师进行培训。为推动拉美专业教育,从政治、经济、社会、文化的跨学科角度加深对拉美的认识,委员会聚集了一批从事拉美研究的学者、政策制定者和活动家。委员会不仅是一个教育机构,而且还是一个致力于拉美专业教学的教师培训机构。针对本科生、硕士生和专业培训的各种活动,委员会与耶鲁大学法学院和森林与环境学院保持着密切的合作关系,组织了多次会议,主题有古巴的前景、拉美的边界纠纷问题、水库建设与环境保护、道路建设与发展、生态环境保护等。(3)组织大型学术活动。负责耶鲁大学与拉美研究主题有关的全国性和国际性会议,主题涉及墨西哥历史、选举与政治认同、墨西哥的民主状况、巴西的诗歌、热带雨林、拉美经济等不同内容。

主要拉美问题研究专家

伊丽莎白·伍德,在斯坦福大学获博士学位,1995年任耶鲁大学政治学教授,1995~2004年在纽约大学任教。主要研究发展中国家的民主化、战争谈判等,其著作有《萨尔瓦多的暴力集体行动与国内战争》和《从基层打造民主:南非和萨尔瓦多的反对党转型》。

对外合作

委员会是美国拉丁美洲研究协会的成员。它既是耶鲁大学拉美研究学术活动的组织者,也是耶鲁大学与美国其他大学拉美研究机构、拉美国家大学的联系机构。对外进行学术交流的领域主要有安全问题、民主和法制、拉美历史、可持续发展、拉美艺术和文学等。与墨西哥、秘鲁、智利、危地马拉等国保持着密切的学术合作关系,不断扩大与西班牙和葡萄牙研究机构的学术联系和交流,同时还经常邀请拉美研究的著名学者做报告,内容涉及健康与发展、古巴革命、墨西哥的工会、第三次玻利瓦尔革命、拉美经济的前景及挑战、种族问题等。委员会鼓励耶鲁大学的学生或其他学校的学生组织学术活动,并提供一定资助。

主要出版物

《西语美洲历史评论》杂志(*Hispanic American Historical Review*)。

目前,杂志编辑部已从耶鲁大学迁至马里兰大学。《耶鲁拉丁美洲研究》杂志(*The Yale Journal of Latin American Studies*),由耶鲁大学主办。系列会议论文集,如《乡村生态环境保护:墨西哥和阿根廷的案例研究》等。

2000 年以来机构的主要代表性文章和论著

1. Elisabeth Jean Wood, *Forging Democracy from Below: Insurgent Transitions in South Africa and El Salvador*, Cambridge University Press, 2000.
2. Patricia R. Pessar, *From Fanatics to Folk: Brazilian Millenarianism and Popular Culture*, Duke University Press, 2003.
3. Stephen Pitti, *The Devil in the Silicon Valley: Mexicans and Mexican Americans in Northern California*, Princeton University Press, 2003.
4. T. Paul Schultz, "School Subsidies for the Poor: Evaluating the Mexican Progresa Poverty Program", *Journal of Development Economics*, Vol. 74, 2004.
5. Irene Brambilla, "A Customs Union with Multinational Firms: the Automobile Market in Argentina and Brazil", *NBER Working Paper*, No. 11745, Nov. 2005.
6. Susan Stokes, "Perverse Accountability: A Formal Model of Machine Politics with Evidence from Argentina", *American Political Science Review*, 2005.

* 资料来源:http://www.yale.edu/macmillan/lais

(作者:孙洪波,中国社会科学院拉丁美洲研究所;责任编辑:高川)

伊利诺伊大学拉丁美洲和加勒比研究中心

The Center for Latin American and Caribbean Studies(CLACS), University of Illinois at Urbana – Champaign

地址：Center for Latin American and Caribbean Studies, 201 International Studies Building, MC-481, 910 S. Fifth St., Champaign, IL 61820

电话：217—3333182

传真：217—2447333

网址：http://www.clacs.uiuc.edu/

E-mail：clacs@uiuc.edu

历史沿革与现状简介

早在1904年,当伊利诺伊大学农学院向巴西圣保罗派出代表团时,拉美研究就已成为伊利诺伊大学主要关注的研究领域。1909年伊利诺伊大学历史系开始讲授有关拉美的课程。1928年西班牙语系也开设了相关的拉美课程。第一次世界大战前,图书馆开始收藏拉美地区的文献资料。1949年伊利诺伊大学开始设立拉美研究专业,1965年伊利诺伊大学拉丁美洲和加勒比研究中心开始管理正式项目。同年,美国教育部把这一中心列为美国的国家资源中心(National Resource Center)。

中心是美国少数几个获得资金没有间断过的机构。1976年中心与芝加哥大学组成研究共同体。这一联合项目得到美国教育部的资助,并在专项资金的资助下成立拉美研究国家级中心。研究共同体每年举行一次"拉美学家伊利诺伊会议",举办双方共同关注年度研讨会、交换学者和学生、互派访问学者。研究共同体成为美国集中拉美研究方面人力资源和物力资源最大的机构之一,拥有 120 多名教师,1.1 万名课程注册生,图书馆以 70 万卷藏书量成为美国三大图书馆之一。

组织机构、主要负责人及研究人员概况

中心隶属于伊利诺伊大学人文和科学学院,是一个把对拉美和加勒比地区感兴趣的师生聚集到一起的跨学科研究机构。中心的管理机构由主任领导,下设执行委员会。执行委员会由 13 人组成,来自 5 个学院的 12 个部门和图书馆。执行委员会成员由人文和科学学院院长任命。

现任中心主任是尼尔斯·雅各布森(Nils Jacobsen)教授,主要研究历史、拉美和加勒比地区;副主任是安杰利娜·科特莱尔(Angelina Cotler)教授;秘书是格洛丽亚·里布尔(Gloria Ribble)。中心的研究人员或专门从事拉美教学和拉美研究,或两者兼顾。他们的研究领域涵盖每个主要学科以及拉美和加勒比的次区域。此外,他们还关注安第斯国家、南美低地、墨西哥和巴西的研究。

中心的图书资料依托于伊利诺伊大学图书馆,该馆藏量位居美国第三位,也是美国有关拉美书刊藏量最大的图书馆之一。此外,该馆还藏有大量关于拉美地区的影像资料。图书馆与世界其他国家图书馆数据库连接的电子搜索系统可供师生使用。

拉丁美洲和加勒比图书馆(LACL)是伊利诺伊大学图书馆的一部分,收藏所有拉美和加勒比地区以及美国的西班牙美国人团体的资料,收藏主要涉及社会和人文科学领域,如历史、人类学、政治学、社会学、文学、语言学和经济学等,包括 40 万部专著,20 多个拉美和加勒比国家的报纸和杂志,丰富的人文社会科学方面的期刊,以及专业协会、政府机构、中央银行和非政府组织的出版物,

3.2万多幅拉美地图,关于巴西和安第斯地区的综合资料等。此外,该馆还藏有克丘亚语的出版物。

研究重点与学术活动

中心开设拉美研究专业硕士和学士学位以及本科生的选修教学课程;讲授克丘亚语已有20多年。

中心的学术活动包括:邀请拉美和加勒比国家的专家、学者来访和演讲;举办文化和教学活动;组织旅行和地区研究活动;寻求支持,积极扩展从事跨学科拉美研究学者的学术活动,促进学术研究队伍的发展;通过举办展览、演出和讲座等活动介绍拉美国家的艺术、文学和音乐。此外,中心还就当前其他领域广泛关注的事件举行研讨会等。

主要拉美问题研究专家

尼尔斯·雅各布森教授,1982年在汉堡大学(Universität Hamburg)获硕士学位,1981年在美国加利福尼亚大学伯克利分校获博士学位,1980～1985年在德国比拉费尔德大学任助教,1985年至今在伊利诺伊大学先后任助教、副教授和教授,1993年任伊利诺伊大学拉丁美洲和加勒比研究中心主任。他掌握德语、西班牙语、葡萄牙语、法语等多种语言,从事国别和地区研究,包括玻利维亚、秘鲁、英国、德国等国;研究领域为历史学并以拉美历史为主,尤以安第斯地区的历史研究、农村地区历史的比较研究见长。目前,他主要研究政治学和19世纪的秘鲁、印第安社会,以及拉美历史上的土地问题等。他曾荣获美国大学教师人文学者的国家奖励等多种奖项。

主要出版物

《安第斯语言通讯》(*Correo de Lingüística Andina*),伊利诺伊

大学拉丁美洲和加勒比研究中心出版,使用克丘亚语、西班牙语和英语。

2000 年以来机构的主要代表性文章和论著

1. Nils Jacobsen, *Estado y Mercado en la História del Perú*, Pontifícia Universidad Católica del Perú, Lima, 2002.
2. Nils Jacobsen, *El Hombre y los Andes: Homenaje a Franklin Pease G. Y.*, Pontifícia Universidad Católica del Perú, Lima, 3 Vols. 2002.
3. Nils Jacobsen, "Maiguashca, Quito: Universidad Andina Simón Bolivar", LIBRESA, 2003.
4. Nils Jacobsen, Alejandro Diez Hurtado, "De Sambambé a la 'Comuna de Chalaco': La Multivocalidad de Montoneros Piuranos Durante el Tardío Siglo Diecinueve", *Revista Andina*, 37 (2nd sem), 2003.
5. Nils Jacobsen, Cristóbal Aljovín, *Political Cultures in the Andes 1750 – 1950*, Durham, N. C., Duke University Press, 2005.

* 资料来源:http://www.clacs.uiuc.edu/about/history/

(作者:杨志敏,中国社会科学院拉丁美洲研究所;责任编辑:张颖)

芝加哥大学拉丁美洲研究中心
University of Chicago's Center for Latin American Studies, CLAS

地址:5848 S. University Ave., Kelly Hall 117, Chicago, IL 60637
电话:1—773—7028420
传真:1—773—7021755
网址:http://www.clas.uchicago.edu/
E-mail:clas@uchicago.edu

历史沿革与现状简介

为发展和促进拉丁美洲研究和教学工作,芝加哥大学于1968年1月成立了拉丁美洲研究中心,成为该校拉美研究领域知识交流和创新的场所。拉美研究中心提供跨学科指导,设有本科拉美研究专业和拉美研究硕士点。拉美研究中心还定期举办研讨会、专家讨论会和学术会议等,为地区学校教师提供教学服务。

1976年,芝加哥大学与伊利诺斯大学厄巴纳—香潘分校的拉美和加勒比研究中心联合成立"拉美语言和地区研究联合中心",这一中心是全美19所拉美语言和地区研究国家资源中心之一,它的成立使芝加哥大学拉美研究中心获得了美国教育部第六条计划国家资源中心提供的经费。目前这些经费主要用于资助课程改革、对外教育服务以及对葡萄牙语、艾马拉语、那瓦特语等小语种语言的讲授。

组织机构、主要负责人及研究人员概况

芝加哥大学拉丁美洲研究中心有五位负责人,其中包括一名主任,一名负责规划和发展的副主任和三名工作人员。中心主任是戴恩·博格斯(Dain Borges),1986年获斯坦福大学博士学位,现任芝加哥大学历史系副教授,是从事现代拉美问题、尤其是巴西和加勒比地区问题及知识分子历史和家庭史方面的专家。他的研究重点是19世纪和20世纪拉美的文化和思想,尤其是1880~1920年间巴西的社会思潮。负责规划和发展的副主任是乔舒亚·贝克(Joshua Beck),他负责规划和执行中心的研究和教学服务计划,支持中心主任制定相关政策,管理中心的经费和奖学金计划,如美国教育部国家资源中心提供的经费和富布赖特—海斯奖金、外语和地区研究国家资源奖学金、廷克研究经费和一些领域研究经费项目等。

三名工作人员分别是对外服务协调员和办公室主任克里斯特勒·马尔波(Christelle Marpaud)、本科生学术报告会导师迈克尔·沃尔夫(Michael Wolfe)和讲师希拉里·帕森斯·迪克(Hilary Parsons Dick),后者是语言人类学专家,2006年获宾夕法尼亚大学博士学位,人类学、拉美研究和社会科学领域的博士后导师。研究重点是在美国的墨西哥移民问题、语言的社会差异、语言和全球化、阶级和种族间的关系、家庭和家庭的产生以及政策对移民的影响,等等。

芝加哥大学拉丁美洲研究中心目前拥有50名研究人员,他们来自人类学系、艺术史系、经济学系、历史系、语言系、音乐系、政治学系、罗曼斯语言和文学系、社会学系、神学院、工商研究生院和法学院等学院。其中芝加哥大学经济学系教授詹姆斯·赫克曼(James J. Heckman)博士曾于2000年因在微观计量经济学领域做出的突出贡献而获诺贝尔经济学奖,2005年和2007年获得《计量

经济学杂志》应用计量经济学的艾格纳奖,2007年1月获美国农业经济学协会基金会的舒尔茨奖,2006年获都柏林大学的尤利西斯奖章,2005年获劳动经济学会的明塞尔奖等奖项,是研究中心较有影响力的学者之一。

研究重点与学术活动

芝加哥大学拉丁美洲研究中心的研究重点是国别研究,尤其是对巴西和墨西哥等大国的研究,以及语言研究,特别是尤卡坦玛雅语、基切族玛雅语、那瓦特语和艾马拉语等土著语言的研究。2007年拉美研究中心获得美国教育部国际问题研究经费为期三年的拨款,以完成现代尤卡坦玛雅语和现代基切族玛雅语课程的教学材料、内容和方法的现代化。早在20世纪60年代芝加哥大学即最先开设了这两种语言的教学工作,并得到当时的美国教育局的资助,芝加哥大学的这些课程奠定了美国以及整个世界几乎所有尤卡坦玛雅语和基切族玛雅语教学计划的基础。为了扩大芝加哥大学拉美教学和研究的影响,拉美研究中心还向芝加哥地区、美国和世界各地区的高中和社区学院教师等提供研讨会和公众讲座等对外教学服务计划。

拉美研究概况

芝加哥大学拉丁美洲研究中心下设几个国别和专题研究计划,如巴西研究计划的廷克访问教授项目和布兰科访问教授项目,每年邀请各学科杰出的拉美学者到芝加哥大学执教。加勒比地区文化研究计划关注非洲裔古巴人的宗教构成,非洲裔加勒比人口在与世界经济一体化的过程中所表现出的发展的不平衡性问题,以及文化产品和19世纪和20世纪古巴的现代社会政治认同的形成问题等。人权研究计划关注拉美的人权和移民问题,尤其关注墨西哥和中美洲的人权和移民问题。但最著名和最有影响力的还是下述的墨西哥研究计划和拉美印第安人语言的讲授和学术研究计划。

墨西哥研究计划。1991 年墨西哥研究计划确立以来一直是国际认可的有关墨西哥和美墨关系研究的卓越中心。2004 年，为纪念世界著名学者、墨西哥史专家弗里德里希·卡茨（Friedrich Katz）博士，芝加哥大学将墨西哥研究计划命名为卡茨墨西哥研究中心。中心会员除了墨西哥历史专业的学者以外，还包括研究拉丁美洲政府和民主化问题、安第斯和亚马孙地区的可持续发展问题、安第斯地区的殖民社会以及加勒比地区的文化史等方面的学者。卡茨墨西哥研究中心研究经费来自休利特基金会。卡茨墨西哥研究中心的研究重点包括墨西哥革命、公共领域的历史和社会问题研究、移民和跨国主义的社会研究、土地所有权和农业政治经济研究、民主制度的巩固和腐败等问题。现中心主任是芝加哥大学历史系副教授埃米利奥·科里（Emilio Kouri）博士，他的研究领域包括现代墨西哥、拉美社会和经济史、农业研究、思想史、古巴和西班牙语加勒比地区等，其专著《分裂的村落：墨西哥帕潘特拉地区的商业、财产和社会》(2004)一书获 2005 年拉美历史大会（Conference on Latin American History（CLAH））的博尔顿—约翰逊奖。他最近的研究项目是 19 世纪和 20 世纪墨西哥思想、法律和政治话语中印第安人思想的跨学科研究。墨西哥研究计划的主要目标是鼓励创新研究，促进美国和墨西哥两国的历史、政治和文化领域的对话。

拉美印第安人语言的讲授和学术研究计划。芝加哥大学的语言人类学家致力于拉美印第安人语言、尤其是中美洲印第安语言的学术研究，这些努力最近得到了进一步加强，越来越多的学者致力于研究道德话语权以及玛雅语在思想和自我的形成和发展中的作用等。芝加哥大学学者在尤卡坦玛雅语、基切族玛雅语、那瓦特语和艾马拉语研究中也是佼佼者。学者们从多学科角度研究拉美人，尤其强调文学和文化历史，殖民社会的历史，性别和家庭关系，以及美国的墨西哥移民研究等。

另外,芝加哥拉美印第安文献档案馆藏有印第安语文献材料,尤卡坦玛雅语、基切族玛雅语和那瓦特语档案(包括语法、字典和有关这些语言的其他二手材料),这是美国唯一一家收藏此类文献的档案馆。另外,拉美研究中心还提供网上"那瓦特语学习环境"。

主要拉美问题研究专家

弗里德里希·卡茨博士,美国最杰出的墨西哥史专家,历史系杰出荣誉退休教授,1971年以来在芝加哥大学历史系教学,1992~2002年期间任墨西哥研究计划主任,是公认的19世纪和20世纪墨西哥史专家。他还从事其他领域(如拉美革命、尤其是墨西哥革命,拉美与欧洲和美国的外交关系等方面)的研究。他对墨西哥革命、尤其是墨西哥革命最重要的领导人之一潘乔·比利亚(Pancho Villa)的研究是这一领域的开山之作。他的专著《墨西哥的秘密战争:欧洲、美国和墨西哥革命》(1981)荣获拉美历史大会的博尔顿纪念奖,是当年有关拉美历史的英文版最佳图书。2000年,卡茨的《潘乔·比利亚的生活和时代》(1998)一书获三项图书大奖:美国历史协会颁发的贝弗里奇奖,博尔顿奖和美国拉美协会颁发的伍德最佳图书奖。卡茨还是美国艺术和科学院的成员。卡茨的博士论文"15和16世纪阿兹特克的社会经济关系"的德文版于1956年出版,1967年出版了西班牙文版,此书为用人类学和考古学方法研究阿兹特克社会开辟了新道路,他的《力量之旅》一书是有关阿兹特克社会的第一本真实历史书。卡茨还因《墨西哥的秘密战争:欧洲、美国和墨西哥革命》一书获得阿兹特克鹰勋章,这是墨西哥授予外国公民的最高荣誉。

对外合作

芝加哥大学拉丁美洲研究中心对外合作的一个最大特色即是,在芝加哥大学内部与人类学系、艺术史系、经济学系、历史系、语言系、音乐系、政治学系、罗曼斯语言和文学系、社会学系、神学院、工商研究生院和法学院等各个院系的合作，这样得以保证应用多学科和跨学科方法对拉美问题进行研究。

主要出版物

《拉丁美洲/芝加哥》(Latin America/Chicago)是一份时事通讯杂志，季刊，详细介绍芝加哥大学与拉丁美洲有关的活动、会议、展览、娱乐和普通学习机会等。

《拉丁美洲系列简报》(CLAS Latin American Briefing Series)，登载专家和政策专家对当代拉美发生的重大事件和问题所做的评论，系列简报的部分经费来自美国教育部国家资源中心拨给伊利诺斯大学厄巴纳—香潘分校和芝加哥大学拉美研究联合中心的经费，由一个国际语言教学机构的"全球之音计划"(International House Global Voices Program)协办。

《文化环境与发展辩论：拉丁美洲》(Cultural Environments and Development Debates: Latin America)，由区域世界项目(Regional Worlds Project)出版，该出版物主要刊登那些探讨与拉美环境和发展问题有关的书目批注和书目文章。

《休利特工作论文》(Hewlett Working Papers)或《系列工作论文》(Working Paper series)，旨在向读者提供没有公开发表或出版过的芝加哥大学教师、学生和访问学者有关拉美和加勒比研究的高质量成果。休利特基金会资助作为墨西哥研究计划一部分的系列工作论文的出版。每年约有三篇以上的工作论文由芝加哥大学拉美研究中心印刷成册后出版，并向国内和国际发行。工作论文主要关注与拉美革命和其他社会运动、公共领域和民主化以及移民和全球化领域有关的问题。

2000 年以来机构的主要代表性文章和论著

1. Alan L. Kolata, *Tiwanaku and Its Hinterland: Archaeology and Paleoecology of an Andean Civilization* (Volume 2): *Urban and Rural Archaeology*, Washington, DC Smithsonian Institution Press, 2003.
2. Palmer Steven, *From Popular Medicine to Medical Populism: Doctors, Healers, and Public Power in Costa Rica, 1800 – 1940*, Durham, Duke University Press, 2003.
3. James J. Heckman, *Inequality in America: What Role for Human Capital Policy?* (with A. Krueger) eds., Cambridge, MA, MIT Press, 2003.
4. James J. Heckman, *Law and Employment: Lessons From Latin America and the Caribbean* (with C. Pages), University of Chicago Press, For NBER, 2004.
5. Emilio H. Kourí, A Pueblo Divided, *Business, Property, and Community in Papantla*, Mexico, Stanford University Press, 2004.
6. Hilary Parsons Dick, *El Norte No Se Hizo Para Todos/The U.S. Wasn't Made for Everyone: Imagined Lives, Social Difference and Discourse in Migration*, PhD Dissertation, University of Pennsylvania, 2006.
7. Hilary Parsons Dick, "What Do You Do With 'I Don't Know': Processes of Elicitation in Ethnographic vs Survey Interviews", *Qualitative Sociology*, Vol. 29, No. 1, 2006.

* 资料来源:http://www.clas.uchicago.edu/

(作者:宋霞,中国社会科学院拉丁美洲研究所;责任编辑:黄念)

欧洲地区

奥地利拉丁美洲研究所
Österreich Lateinamerika-Institut

地址：Schlickgasse 1 A 1090 Wien Österreich（Austria）
电话：43—1—3107465
传真：43—1—3107465—21
网址：http：//www.lai.at
E-mail：office@lai.at

历史沿革与现状简介

奥地利拉丁美洲研究所成立于1965年，其前身为拉美研究协会，研究所的宗旨是促进奥地利与拉美国家的交流和对话。作为有关拉丁美洲的咨询和信息平台，研究所为那些对拉美感兴趣的人提供周到服务：开设西班牙语和葡萄牙语培训班；在伊比利亚美洲（主要在西班牙和葡萄牙）的不同地区，建立不同类型的图书馆；为较高水平的拉美问题学者开设跨学科的大学教育；接收来自拉美国家的留学生；组织、筹划和出版有关拉美经济和文化的活动和刊物，等等。自成立以来，研究所一直致力于为从事拉美各领域研究的科研工作者提供良好的交流平台。

研究所的活动遍及整个奥地利。它以举办非营利的项目为主。在2005年10月制定的协会章程中，研究所的宗旨和目标是：促进拉美国家与伊比利亚国家和奥地利的经济联系；计划并实施奥地利与拉美国家的经济合作项目；计划并实施有关拉美科研、教学及语言培训的项目，负责与之相应的研究文献等的出版工作；加强对大学毕业生的就业培训工作；深化两地区间的文化和科研交流;支持有关拉美和伊比利亚美洲的大众出版物的出版。

组织机构、主要负责人及研究人员概况

研究所组织机构包括研究所本身、语言培训班、跨学科大学教学课程班等。主要以研究所各研究员为依托,其成员包括院士、教授、博士等,许多成员除在研究所任职外,还参与大学拉美课程的教学活动。

研究所现任所长为阿克塞尔·伯尔斯道夫(Axel Borsdorf),他同时也是维也纳大学地理学教授,先后在奥地利学术科研机构任职;著有《因斯布鲁克地理研究》、《地球》、《第三世界的政治经济》等多部著作,涉及环境、人口、政治、地理等多个研究领域。

何塞菲娜·埃查瓦里亚(Josefina Echavarria),出生于哥伦比亚,研究专家,现在奥地利工作。先后主修国际关系和和平外交,并以"哥伦比亚和平问题"为题在西班牙获博士学位;曾在多个非政府组织(NGO)、公共研究部门和跨国机构任职;主要研究安全、和平、发展等问题。现为研究所研究员并在另一分支机构任教。

研究所是奥地利拉美研究中的一个主要机构,也是成立较早的一个分支机构。它成立于1965年5月,当时选举产生了第一届研究所领导班子;第一任所长为埃塔·贝克尔-唐纳(Etta Becker-Donner)教授。研究所成立之初为民俗博物馆的建设作出了重要贡献;同年研究所设立了有关巴西问题的一个研究课题并开办了西班牙语课程。此后,研究所的活动范围越来越广,规模不断扩大,在奥地利与拉美各领域的联系中发挥越来越重要的作用。目前,研究所拥有数十名著名的拉美问题研究专家,他们致力于拉美经济、政治、文化及同奥地利关系等各种问题的研究,著述颇多,成为奥地利最具影响力的拉美问题研究所。

研究所开办语言培训班的历史较长,自开办以来它已为对拉美感兴趣的许多人士给以语言培训。语言培训班主要开设西班牙

语和葡萄牙语两门课程,每年举办一期。根据学员的不同水平,培训班对语言的学习分六个阶段,旨在迅速提高学员实际应用语言的能力。语言培训班的教授有:教西班牙语的卡洛斯·阿列松(Carlos Aleson)教授,生于秘鲁,在美国先后完成翻译学及政治学学业,具有多年执教的经验;教葡萄牙语的 L. L. L. 布兰德施泰德(Lic. Lecildes Leite Brandstaetter)教授,来自巴西,从事葡萄牙语和文学研究,先后在文理中学等从事语言教学工作,自 1989 年起在此教葡萄牙语。

研究所为具有较高研究水平的拉美问题学者开办的跨学科大学教学课程是一项继续教学项目,也是奥地利唯一一个向大学生提供的接受继续教学的项目;通过这一课程,学习者可扩展和深化对拉美问题的学术研究,有助于他们全面了解跨地域和跨学科的情况。

研究重点与学术活动

研究所的研究重点主要包括奥地利与拉美的关系、拉美国家社会现状、拉美各国信息和文献收藏三个方面。

奥地利拉美研究联合会是研究奥地利与拉美关系的主要机构。它是一个协会性质的科研网络体系,有利于跨学科间的思想交流和科研人员间的相互合作;它能更多地为年轻科研人员提供展示自己才华的平台;1983 年联合会的创立把奥地利各地的研究拉美问题的学者紧密地联系了起来。多年来,联合会成员不断提高科研水平,加强对外交流合作,开展了一些卓有成效的活动。例如,举行年度经济会议,对拉美地区当年的经济状况作总体回顾。2007 年经济会议的重要议题是讨论圣·沃尔夫冈(St. Wolfgang)的成人教学计划,其中相关的主要课题有:自然经济、环境和神学;医学的多元化;跨学科教学;拉美宗教和哲学及对流亡者和国家社会主义的研究。又如,出版《拉丁美洲研究》丛书。对于刚刚步入拉美研究行列的年轻人而言,该书通俗易懂。该书共分八个部分,分别从"玛雅文明的开端"、"萨尔瓦多的和平进程"、"从世界的眼光(以秘鲁为例评价解放进程中宗教的作用)"、"智利(对经济模式和生态模式的思考)"、"古巴妇女"、"两个世界的交汇(来自生活在墨西哥蒂华纳年轻人的视角)"、"危地马拉的政治历史和民主进程"等八个主题对拉美历史、拉美文明及主要拉美国家作了概括性阐述。

为加强对拉美社会状况的研究,在欧洲成立了以相关研究为重点的欧洲委员会,而奥地利拉美研究所是这一机构的创始成员之一,并在其中起到了积极推动作用。

在促进拉美各国信息和文献交流方面,欧洲各国的图书馆和文献资料馆都可提供全面而详细的资料,成为科研人员、图书馆工作人员及文献工作者相互交流的平台。这些图书馆和文献资料馆为拉美人权和社会问题的研究作出了贡献。而奥地利拉美研究所也在这一方面发挥了重大作用。

近年来研究所设计了许多研究项目,极大地推动了拉美研究工作的广度和深度。(1)"有关拉美国家与欧盟关系的高端研究"项目("LAC-ACCESS")。这一项目是六个拉美问题研究项目中的一个项目,旨在提高拉美研究在欧盟整个研究框架中的分量,参与这一项目的有欧盟—拉美研究比利时中心、维也纳社会改革中心和智利拉美中心。这一项目的实施时间为 2007~2009 年。(2)"拉美在线研究"项目("Lateinamerika-Studien")。这一项目旨在为从事拉美问题研究的教授和学者营造一个虚拟的学习空间,以弥补奥地利大学在拉美问题研究方面的不足。这一项目是由联邦政府于 2001~2003 年设立的,它的设立平衡了文化人类学和社会人类学在维也纳大学中的比重,更加关注现实问题的研究。(3)"Amelat Xxi"项目。这一项目的主要目标是建立欧洲与拉美大学的一个合作网,为从事拉美研究的人员设计和实施大学毕业生在线教学计划。这一项目最初由马德里完全大学组织实施,以欧盟要求的 ALFA 框架为基础。(4)"CIDOC - Archivs"项目。这一项目是奥地利拉丁美洲研究所的文献修订工程,涉及学术文献中心对文献的整理、校对和编排,1961~1976 年它由来自维也纳的哲学家、历史学家伊万·伊里奇(Ivan Illich)领导。这一项目的实施使得更广范围的拉美历史和社会科学研究成为可能。(5)"Real 2006"项目。这一项目的主要内容有"地区一体化"研究,欧洲与拉美的跨洲际合作,有关贫穷、发展和民主问题的研究,等等。

对重大国际问题的观点

对于拉丁美洲来说,历史不仅仅是过去式,也是时至今日经常引起热烈争端的政治议题,包括阿根廷的妇女权益问题、多年来致力于维护和推广原住民文化的诺贝尔和平奖获得者、危地马拉的"莉戈贝塔·曼楚"现象等。在研究政治、文化问题的过程中,不仅要着眼于当今的社会实践和普遍经验,也要对影响深远的历史传统予以足够的关注,从而更好地为反观现实、解决争端提出应对方案。

拉美研究概况

研究所是奥地利最具权威和影响力的拉美研究中心,多年来致力于拉美国家经济制度的研究,民主化进程的研究,宗教、文化和社会状况问题的研究,并不断加大包括奥地利在内的整个欧洲地区与拉美地区的联系。随着研究工作的不断深入,研究所不但培养和吸引了一大批世界各地的拉美问题研究专家,出版和发表了涉及相关问题的一系列理论著述,而且也为年轻科研人员提供了获得信息和发挥才能的平台,使普通民众也能对拉美国家有所了解。

研究所举办的学术活动不仅仅局限于本国范围,而从多视角和全方位的角度从事拉美问题研究,取得了良好成效,为其他国家的拉美研究作出了贡献。

主要拉美问题研究专家

U. D. M. 乌尔苏拉·普鲁茨基(Univ. Doz. Mag. Ursula Prutsch)教授,大学讲师,2006年夏季培训班客座教授。主要研究跨大西洋关系、文化交流和拉美历史。作为研究所的工会主席和学术委员会成员,他对涉及拉美的多个领域进行了独创性研究,如拉美国家的政治文化、20世纪的平民主义思潮、20世纪美国与拉美的关系、拉美国家的移民迁入史(尤其奥地利和奥匈帝国对拉美国家的移民),等等。此外,针对当前拉美国家经济政治状况的变化,他还就全球化背景下拉美劳工、技术革新等问题作了深入探讨。其参与的主要研究课题有:拉美国家发展教学的脉络。出版著述有:《是友是敌?:二战期间美国与拉美的关系》,(2007)、《充满希望的交易:1918~1938年奥地利向巴西的移民情况》,(1996)。学术论文主要有:《拉美电影业在欧洲和美国的发展》、《奥地利的巴西研究——以一种奥地利的方式》、《拉美的政治谋划》,等等。

克里斯蒂安·R. 福格尔(Christian R. Vogl)教授,在获得农业博士学位后曾任奥地利农业联合会顾问、奥地利驻墨西哥发展联合会成员并从1995年起在维也纳任教,从事拉美研究工作。其研究重点包括热带地区的生态农业等。现任研究所学术委员会成员。其参与的主要研究课题有:传统农业技术在拉美的运用、墨西哥和维也纳的农业合作,以哥斯达黎加为例探讨热带生态农业,对巴西和玻利维亚的农产品质量进行调查,等等。在实施这些项目的过程中,他实地考察了一些拉美国家,获得了颇有价值的第一手资料。他出版的著述和论文主要有:《秘鲁传统农业和现代农业的结合》、《奥地利生态农业研究》,等等。

对外合作

研究所设有多个对外合作交流项目。如"Real 2006"项目是研究所与其他各地的拉美智库合作的一个项目,其主要目的在于进行地区一体化研究及欧洲与拉美的跨洲际合作,目前这一项目的实施情况良好,许多拉美公司纷纷在维也纳落户。"OEKU online"项目是一个涵盖生态、文化和环境的跨专业研究网站,由研究所筹建,参与者包括欧洲各地的文献机构,它为从事拉美问题研究的人提供获取信息的平台。"LASO Online"网站向从事拉美问题研究的教授和学者提供经筛选的内容,目的是设立一个虚拟的学习空间,并可弥补奥地利大学在研究拉美方面的不足。

奥地利国内的其他几家拉美研究所为拉美研究项目提供支持,与奥地利拉丁美洲研究所保持着良好合作关系的研究所有设在格拉茨的施泰尔马克拉美研究所、设在克拉根福的拉美研究所、设在因斯布鲁克的蒂罗尔拉美研究所(奥地利拉丁美洲研究所的一个分支机构),等等。

研究所还与芬兰、法国、英国、意大利、墨西哥、荷兰等国的拉美研究机构保持着良好关系,在信息交流、项目合作、资金支持等方面彼此合作。

主要出版物

《奥地利有关拉美研究的年度总结》(*Jahrbuch "Atención"*),自1997年以来研究所每年都出版这份报告。报告中归纳总结一年内研究所学术研究项目的进展情况和研究成果,编辑出版较高水平的研究成果,报告用德语、西班牙语和英语出版。2007年这一报告的标题为《拉丁美洲的形象、面貌和全景》。

《拉丁美洲信息汇总》(*Newsletter "LAI-Information"*),是一本研究所有关拉美的全部信息手册,全年出两册,上册为年度新闻报道,下册为研究所即时活动和项目进展情况;从 2000 年起该书以 PDF 版本在网上发布。

《对话》(*Zeitschrift"Diálogo"*),每年以不同的语种出版,主要介绍拉美国家与美国、欧洲、奥地利和世界其他国家的对外交流情况,并对未来情况作出展望和分析。

《奥地利档案——记录拉美问题的研究者》(*Directory of Austrian Researchers on Latin America and the Caribbean*),每年出版,业已介绍 186 位奥地利拉美问题研究者的信息情况和工作重点。

2000 年以来机构的主要代表性文章和论著

1. Romulo Martinez, "Latin America Integration: Historical Perspective, Current Status and Challenges", from *Europe Journal*, January 2009.
2. *Schriftenreihe der Arbeitsgemeinschaft Österreichische*, Lateinamerika-Forschung, Reihe Investigaciones, Wiener Vertrag, 2007.
3. Axel Borsdorf, "Die Forschung über Brasilien in Österreich", *Literaetur Verlag*, 2005.
4. Josefina Echavarria, "Die Geschichte der politischen Bewegung in Lateinamerikaim 19–20 Jahrhunderte", Wiener Vertag, 2004.

* 资料来源:http://www.lai.at

(作者:李苏,浙江大学;责任编辑:蔡同昌)

奥格斯堡大学拉丁美洲研究所

Institut für Spanien-, Portugal-und Lateinamerikastudien, ISLA

地址: Universitätsstr. 10, D-86135 Augsburg
电话: 49—821—5982760
传真: 49—821—5985505
网址: http://www.uni-augsburg.de/institute/isla/
E-mail: Isla@ Phil.Uni-Augsburg.de

历史沿革与现状简介

奥格斯堡大学拉丁美洲研究所成立于1985年,是奥格斯堡大学的一个跨学科科研机构,其成员来自语言中心、教学部等机构,他们与来自其他拉美研究机构的科研人员通力合作,共同致力于研究和教学工作。

研究所是德国拉美研究工作组(ADLAF)的一员,它同慕尼黑塞万提斯研究院、里斯本卡蒙伊斯研究所、文化办公室、西班牙和葡萄牙驻柏林大使馆等保持着密切联系。通过其成员还与一些使用西班牙语和葡萄牙语国家的高校进行合作。

组织机构、主要负责人及研究人员概况

研究所的组织架构主要包括管理机构、研究机构和教学机构三部分,各部门成员各有分工又密切合作,致力于科研力量的发展。

管理机构是整个研究所得以正常运转的关键部门,其主要负责人包括:所长赖因霍尔德·维尔纳(Reinhold Werner)教授,语言中心主任,应用语言学教学负责人;近年来尤其关注奥格斯堡大学与葡

萄牙有关的研究和教学活动,并致力于加强同葡萄牙和巴西科研所之间的关系;副所长彼得·瓦尔德曼(Peter Waldmann)教授,他在反恐研究领域取得的成就令人瞩目;代所长雷内·施泰尼茨(René Steinitz),主要负责研究所对外宣传工作,并且多年来一直从事翻译工作,对研究所教学部的语言培训活动也作出了一定贡献。

研究所科研力量充足,其成员大都是在不来梅大学任教的教授,因此呈现出学科交叉、教学与科研相结合的特点。主要包括:京特·黑尼施(Günther Haenisch)教授,主要研究拉美历史和现状;M. A.莉娜·马丽亚·沙依普(M. A. Lina Maria Schaipp)教授,主要从事语言学的研究和教学工作,在罗马语系的研究中取得了一定成果;托马斯·谢雷尔(Thomas Scheerer)教授,主要研究西班牙语族的形成和发展;卡罗拉·施密特(Carola Schmid)博士,多年来从事对拉美社会的研究,致力于探求解决当前拉美社会问题的方法。

教学部的相关成员与科研机构有所重合,其成员还包括:在埃尔兰根－纽伦堡大学教授外国文学和罗马语言文化的L.贝尔内克·瓦尔特(L. Bernecker Walther)教授;在班贝尔大学负责教授传播学和新闻焦点的安娜—马丽亚·莱茵斯—伯格梅尔(Anna-Maria Rheisberglmair)教授,等等。

研究重点与学术活动

多年来,研究所在从事科研的同时积极开展西班牙语和葡萄牙语的推广,并致力于培养学术研究人才,在各方面都取得了相当成就。

研究所的研究重点囊括拉美政治、经济、社会、文化等各个层面。如彼得·瓦尔特曼教授针对近年来恐怖主义势力的抬头,研究了恐怖主义势力在拉美的现状以及有针对性的反恐措施;京特·黑尼施博士作为奥格斯堡大学历史系的教授,重点研究拉美国家的发展历史,并力求通过研究历史来解决现实问题。此外,在语言学方面的研究是研究所的一大特色,许多研究员专门从事拉美文学鉴赏、词典编纂等工作,取得了令人瞩目的成就。

研究所的学术活动具有针对性强、覆盖面广的特点,除制定研究项目、举办学术讲座、组织教学活动等一般性学术活动以外,研究所还设立了研究奖项,旨在鼓励科研人员大胆创新,潜心研究。在这一政策的推动下,研究所学术工作保持着良好的发展势头,许多青年科研人员纷纷崭露头角。

对国际重大问题的观点

研究所大力开展全球普遍关注的焦点话题,如环境保护、社会问题、妇女权益等问题,希望通过拉丁美洲的个案建立一套普遍适用的价值体系,为此进行了大量研究与分析。

拉美研究概况

近年来,研究所在保持优势的基础上加强对外合作交流,如承担了"巴伐利亚州高校计划"中的重点研究项目,在拉美研究方面不断取得新的突破。

由于研究所具有科研与教学紧密结合的特点,因此,对语言学的研究有所侧重,这对于西班牙语和葡萄牙语的语言文化和文学的发展起到了极大的推动作用。

主要拉美问题研究专家

迪特尔·梅斯那尔(Dieter Messner)教授,萨尔茨堡大学博士,奥格斯堡大学拉丁美洲研究所骨干成员之一。其主要研究方向为葡萄牙语的语言文化,包括语言学、文学、社会学等方面的内容。近年来,他在葡萄牙文学方面的研究已取得一定成果,并在国际上引起反响;而正在进行的伊比利亚罗马语族、特别是葡萄牙语的词典编纂的重大项目,也使他拥有了广泛的知名度。此外,他还发表了大量以浪漫语言、以文学为主题的作品。2002年,他获得了由奥格斯堡大学拉丁美洲研究所颁发的科研突出贡献奖,这是该奖项首次被颁给在葡萄牙语言文学研究方面作出突出贡献的专家学者。

对外合作

作为德国拉美研究工作组(ADLAF)的一个研究机构,奥格斯堡大学拉美研究所始终保持同慕尼黑塞万提斯研究院、里斯本卡蒙伊斯研究所,以及西班牙大使馆文化教育处、葡萄牙驻德国大使馆等机构的深度合作。值得强调的是,研究所还同埃尔朗根—纽伦堡大学的拉美学部以及埃希施泰特大学拉美研究中心联合,共同承担自1977年"巴伐利亚州高校联合计划"公布以来就业已确定的研究任务。

对中国的研究

研究所将重点聚焦在拉美国家,对中国的研究较少。

主要出版物

*Mesa Redonda*丛书是研究所的主要出版物。1985年由奥格斯堡大学拉丁美洲研究所创办并不定期出版,从1995年起这套丛书在奥格斯堡大学拉丁美洲研究所、爱尔兰纽伦堡大学拉美研究院、天主教大学拉美中心研究院等的合作下出版。这套丛书以分册的形式刊载专题报告、研讨会论文、项目阶段性成果,已出版了30多册有关社会问题和文化问题的分册。

2000年以来机构的主要代表性文章和论著

1. Galeano, Eduardo, *Notizen über die Erinnerung und das Feuer*, 1991.
2. L. Ensignia Jaime, *Chile-Sindicalismo en la transición*, 1991.
3. Roland Ostermann, *Sozialer Wandel in Spanien(1975 – 1992), Die*

sozialen Kosten des Wandels, *Marginalisierung-Armut-Devianz*, 1992.
4. Torsten Kopp, *Im Teufelskreis von Marktmacht, physiokratischem Wirtschaftsstil und Wirtschaftsstagnation*, 1993.
5. Thomas A. Kestler, *Die Krise in Venezuela im Jahr 2002 aus brasilianischer und US-amerikanischer Sicht*, Apr. 2005; Rüdiger (hrsg.) Zoller, *Handlungsspielräume und Transformation sprozesse einer Kanalrepublik*, Dez. 2004.
6. Sebastian Grundberger, *Zwischen traditioneller Milieubindung und Modernisisierung*, *Die politischen Parteien im Chile post Pinochet*, Eine Studie am Beispiel von PDC und UDI, Jan. 2005.
7. L. Bernecker Walther, Fischer Thomas, *Intereses y conflictos en las relaciones europeas y esta-do-unidenses con América Latina*, siglo XIX, Sep. 2006.
8. Sven Schuster, "I took Panama", Die Separation Panamas in der Sicht der neueren Historiografie Panamas, Kolumbiens und der USA, Dez. 2006.
9. Carolin Schurr, "Andean Rural Local Governments in between Powercapes -Die Lokalregierungen der Provinz Cotopaxi", *Ecuador S.* 142, Sep. 2009.

* 资料来源:http://www.uni-augsburg.de/institute/isla
http://www.presse.uni-augsburg.de/unipresse/up20024/artikel_03.shtml

(作者:郭晓丽,山东大学德语系,李苏,浙江大学;责任编辑:蔡同昌)

柏林自由大学拉丁美洲研究所
Universität Berlin Lateinamerika-Institut

地址：Rüdesheimer Str. 54-56, D-14197 Berlin, Deutschland
电话：49—30—83853072
传真：49—30—83855464
网址：http://www.lai.fu-berlin.de
E-mail：lai@zedat.fu-berlin.de

历史沿革与现状简介

柏林自由大学拉丁美洲研究所成立于1970年，是一个跨专业的科研和教学中心，也是德语区大学圈中拉美研究的重要一员。前东德研究拉美的机构（如莱比锡大学、洪堡大学和柏林科学院的拉美研究所）解散后，柏林自由大学拉丁美洲研究所成为当时东德主要的拉美研究和教学中心。

目前，由于地处德国拉美研究重镇首都柏林，研究所可充分利用这里优越的条件，与诸如伊比利亚美洲研究所、巴西文化研究所、达勒姆民族学博物馆等机构保持密切联系和合作。此外，研究所还是柏林—勃兰登堡拉丁美洲研究联盟（ForLaBB）的成员。

在科研和教学方面，研究所不仅注重专业知识和技能，也重视区域间及跨文化交流合作，其研究覆盖六个领域：古代美洲学、历史学、拉丁美洲学、政治学、社会学和经济学。

组织机构、主要负责人及研究人员概况

研究所是柏林自由大学的一个分支机构，设有10个委员会来

分管研究所的科研和教学活动。她们分别是：学院理事会（负责人斯特凡·林克教授），考试办公室，学生事务办公室，学习专业咨询部，学生代表委员会，妇女代表委员会，公共事务办公室，地方选举委员会，科研委员会和电子信息事务办公室。

负责研究所综合管理的是所长斯特凡·林克（Stefan Rinke）教授，行政事务负责人是德特勒夫·布罗泽（Detlef Brose）和一个由三人组成的秘书处。

另外，研究所还有一个由八人组成的科研委员会，其成员均为博士和教授。

研究重点与学术活动

研究所在进行单项课题研究的同时也从事新问题和新领域的研究，并将研究工作、跨学科合作和全球合作有机地结合在一起。其研究重点如下：

1. 现代化进程及社会转型。研究涵盖三方面：从拉美国家的被殖民史、半独立国家的建立、跨文化贸易的必要性及社会财富的分配等问题研究拉美社会转型；研究拉美的政治文化特点及其在拉美民主化进程中的积极作用和消极作用；文化和权利的对话，研究拉美知识分子和学者在社会转型期的特殊作用。

2. 全球化和区域化。在全球化和区域化并存的背景下，研究拉美政治、经济和社会发展进程，不同社会之间文化交流的意义；一些特殊群体（如奴隶制度和非洲犹太人这一特殊群体）和社会现象在拉美社会大环境下的成长；研究解决这些问题的方式、双边或多边合作形式及文化策略，这无疑对处于不同发展层次的拉美国家未来的发展具有重大意义。

研究所还注重特定地区的横向研究，如对墨西哥、巴西和安第斯地区的横向研究。

3. 性别研究。对性别的研究是研究所一个富有特色的研究方向。通过研究性别来透视拉美文化动力和社会转型过程正是这一特色所在,以往的大量研究成果不仅有助于理解拉美复杂的社会转型,也有助于今后更好地解决一些跨文化现象。

研究所经常举办讨论会、圆桌会议、大会、学术报告会等学术活动。

对重大国际问题的观点

研究所的专家学者认为,与全球化密切相关的多层次的经济、社会和文化进程正成为一个越来越重要的研究课题,而在全球化的背景下,对这一课题的研究仅仅从西欧和盎格鲁撒克逊的思维传统和经验视角出发是远远不够的。全球化进程并不是一个新现象,正如欧洲之外的国家认为的那样,欧洲各国全球化进程是伴随其现代化及现代性危机同时产生的。欧洲、尤其是西欧的现代化进程无论从时间还是从空间上来看,在很大程度上受到海外经验的影响,拉丁美洲与之相比,只受到了有限的影响。从发现"新大陆"和开始殖民统治时起,拉丁美洲的不同地区就已走上了各自的现代化之路,它们虽然走着不同的道路,但它们的差异性并不能单纯用社会、伦理、经济或政治这些词汇来描述,从广义上讲,这更是一种文化上的差异。文化动力由此可以被理解为经济、社会和政治事件的影响因子,其作用不仅仅体现在宏观层面,同时也体现在诸如社区、贫民窟、家庭和企业等研究对象上。

拉美文化的动力源于16世纪受欧洲和欧洲之外的旧世界影响的互动关系。拉美不仅仅是个地理概念,也是一个处在变动中的跨文化的情感概念。因此,拉丁美洲一方面可被作为同西欧、北美、澳大利亚和新西兰一样的西方来进行研究,另一方面它又同亚洲和非洲一样属于被打上"第三世界"等烙印的另一个世界;拉丁美洲也被看作是太平洋地区或"黑色大西洋"的一部分。其实,"伊比利亚美洲"及之后出现的"印度美洲"和"拉丁美洲"的这些文化概念是欧洲人构造的,同时它们又反作用于欧洲。

拉美研究概况

自1492年哥伦布"发现"美洲以来,现代国际关系日益密切,欧洲现代化进程方兴未艾;人们在把拉丁美洲看作是"陌生的"同时又把它看作是欧洲的一部分。研究所的专家学者认为,在全球化和区域一体化的时代,对拉美的研究无疑是近年来一个越来越重要的课题。目前,研究所正在进行以下科研项目:(1)古代美洲语言文学方向(如"多元文化和区域对话背景下的文化认同的构建"、"关于利马—秘鲁日常文化习俗的变化"等课题);(2)巴西文学方向(如"巴西知识分子:跨文化动力与跨专业的随笔"、"葡萄牙—德国社会及文化字典的编纂"等课题);(3)历史学方向(如"贫穷的和富裕的智利年轻人历史意识的比较"、"1850～2000年文化全球化中的拉丁美洲"等课题);(4)拉丁美洲学方向(如"19世纪法国和加勒比文学中的海地革命"等课题);(5)政治学方向(如"墨西哥国家体制和公共安全制度的转型"等课题);(6)经济学方向(如"发展中国家的区域货币整合:解决经济前景的新出路?"等课题)。

主要拉美问题研究专家

维奥拉·柯尼希(Viola König),名誉教授,拉美研究著名学者。安贾·班多(Anja Bandau)博士、教授,研究所骨干成员之一,罗马语族语言文学专家。目前,他主要研究欧洲与加勒比地区和其他拉美国家的跨大西洋关系,代表作有《授权的策略》《公民战争》等。

对外合作

研究所十分重视与世界其他地区的高等学府和研究机构的交流和联系:与阿根廷科尔多瓦大学开展科研合作和学术交流;与巴

西圣保罗大学开展导师交流和学生交流;与法国南特大学的交流项目;与特鲁希略大学等开展导师交流和学生交流;与丹麦奥胡斯大学的交流项目。

对中国的研究

近几年中国经济的高速稳定发展引起了世界的广泛关注,研究所一批经济学学者也把焦点置于对中国经济发展模式的研究,他们撰写的一系列文章主要围绕中国宏观经济模式下市场、资本和货币的相互作用,以及社会秩序和公平效益对市场运转的影响。此外,传统儒家思想以及中国的社会主义制度等影响因素也被纳入研究视野。研究所希望通过对中国经济的分析,总结归纳出其他资本市场运营的可借鉴之处。

主要出版物

目前研究所还没有独立的出版机构,研究所的研究人员需要自己联系出版社来出版个人的作品。涉及内部学术讨论的研究报告、游学报告和论文将以复印稿的形式在研究所内自费印刷和出售。

2000 年以来机构的主要代表性文章和论著

1. Dieter Boris, Klaus Meschkat und Urs Müller-Plantenberg, "Chile und die deutsche Linke. Ein Roundtable-Gespräch", *Lateinamerika Analysen*, Nr. 6, Oktober 2003.
2. Ligia Chiappini, "Multikulturalismus und nationale Identität", Brasilien-Gruppe in der ADLAF, Brasilien in der postnationalen Konstellation, ZWK, Tübingen, 2003.
3. Ursula Thiemer-Sachse, "Chalcatzingo, Las Pilas und der Wasserkult im voraztekischen Zent-ralmexiko", Das Altertum (Oldenburg), 2003.

4. Valdés, Ximenay Palacios, Margarita, *Transformations of the Family in Chile*, Cedem, Chile, 2006.
5. Martha Zapata Galindo, *Der Preis der Macht. Intellektuelle, Staat und Demokratisierungsprozesse in Mexiko 1968 – 2000*, Berlin, 2006.
6. Fritz, Barbara, Edited (with M. Metzger), *New Issues in Regional Monetary Coordination: Understanding North-South and South-South Arrangements*, Palgrave, 2006.
7. Rinke, Stefan, Riekenberg, Michael und Schmidt, Peer (hg.), *Hans-Joachim König, Von Kolumbus bis Castro: Aufsätze zur Geschichte Lateinamerikas*, Stuttgart, Heinz, 2006.
8. Rinke, Stefan, Boatcă, Manuela und Neudecker, Claudia (hg.), *Des Fremden Freund, des Fremden Feind: Fremdverstehen in interdisziplinärer Perspektive*, Münster, Waxmann, 2006.
9. Frank Diebel, "Guánxi Economics: Confucius Meets Lenin, Keynes, and Schumpeter in Contemporary China", INTERVENTION (5), Berlin, Jan. 2008.
10. Manfred Nitsch, "Biofuels between Euphoria and Scepticism: Brazil as a Pioneer?", Contribution to "Globalization and Development Problems", Mavana, March. 2008.

* 资料来源: http://www.lai.fu-berlin.de

(作者:邹小楠,山东大学德语系;责任编辑:蔡同昌)

不来梅大学拉丁美洲研究所
Universität Bremen Lateinamerika-Institut

地址：Sprach-und Literaturwissenschaft Bibliotheksstraβe, D-28359 Breme
电话：49—421—2182072
传真：49—421—2184283
网址：http://www.fb10.uni-bremen.de/iia
E-mail：kzimmermann@uni-bremen.de hispan@uni-bremen.de

历史沿革与现状简介

不来梅大学拉丁美洲研究所是不来梅大学的一个跨学科研究机构,成立于1995年。建立研究所的目的在于继续保持不来梅大学与拉美国家间传统的紧密关系,并使不来梅大学内外的学术活动在拉美地区产生影响;研究所向不来梅大学的其他学科、研究所和科研人员提供一系列跨学科的有关拉美地区的研究成果和学术著述,并在与拉美、西班牙、葡萄牙等地区和国家的伙伴研究所的学术交流中得到不断发展。

组织机构、主要负责人及研究人员概况

研究所的组织机构主要包括行政管理部门、研究部门、学科专业和语言培训班三部分。

研究所是不来梅大学的一个分支机构,它有完整的管理部门,以负责研究所日常的研究工作并开展活动。其主要工作人员有:对外发言人萨拜因·施利克尔斯(Sabine Schlickers)博士,代理发

言人克劳斯·齐默尔曼(Klaus Zimmermann)博士,事务协调人菲尔·安娜·卢恩戈—帕洛米诺(Phil Ana Luengo-Palomino)博士,秘书马里亚·何塞·佩雷斯(Maria Jose Perez)。

研究部门是研究所的骨干部门,其成员大都是在不来梅大学任教的教授,因此具有多学科、多视角和全方位的特点。每位研究人员都有各自的研究重点和关注地区,并在研究工作中进行合作交流。其主要研究人员及其从事研究的领域和国别(地区)如下:主要从事社会科学研究、研究对象为墨西哥的是赖纳·东博伊斯(Rainer Dombois)教授;主要从事语言学和文学研究、研究对象为墨西哥、美国和阿根廷及加勒比地区的是吉泽拉·费贝尔(Gisela Febel)教授;主要从事拉美语言学研究、研究对象为秘鲁和阿根廷的是埃娃·古根伯格(Eva Gugenburger)博士。

专业学科是不来梅大学语言和文学部的重要组成部分,其中西班牙语系是研究所的一个重要学术机构,为后者培养语言和学术人才。西班牙语系有权授予西班牙语学士学位,旨在为国际交流提供语言支持。西班牙语所涵盖的范围除西班牙外还有20个拉美国家,以及美国的部分地区。西班牙语系不仅在语言上而且在学术研究上举办定期活动,以期对学习者产生良好的语言培训效果。与此同时,它还确定了许多研究方向,如旅游、外贸、跨国公司等,以满足不同兴趣者的需求。

研究所还定期举办葡萄牙语和西班牙语培训班,从而使学术研究由高端文化转向大众文化,以此扩大研究所的影响力。

研究重点与学术活动

研究所制定的主要研究方向如下:由希门尼斯(Jimenez)和沃尔夫(Wolff)负责的对拉美海洋生态环境问题的研究;由东博伊斯(Dombois)和格斯纳(Gessner)负责的对拉美社会学的研究;由莱特霍伊泽(Leithaeuser)负责的对拉美社会心理学的研究;由克里

斯泰勒(Christel)和托马斯(Thomas)负责的对美洲土著语言的研究；由布鲁拜格(Blumberg)、费博尔(Febel)和施利克尔斯(Schlickers)负责的对西语美洲的文学研究；由迪亚斯·德雷蒙(Diaz de Leon)和卡什(Kahrsch)负责的对语言学的研究。

研究所是以定期举办专题讨论会、学术交流会和成员大会等形式开展学术活动的。从宏观角度看，在定期举行的"拉丁美洲"专题学术讨论会上，研究所各成员和客座成员都对拉美研究提出自己的见解；通过举办成员大会和学术交流会，使国家间和学科间的研究成果得到交流。此外，各种形式的学术报告会和研究成果展览也全方位地展示研究所的研究成果。

对重大国际问题的观点

自受殖民主义统治以来拉美地区就具有多语种、多文化、多阶层的区域特点，属于社会冲突高发地区。这一后遗症在"后殖民主义"时期以文化高压、社会歧视甚至内战的形式显现出来。为了使拉美地区相对动荡的形势得以缓解，研究所积极寻求能达成多方和解的"未来方案"；这一方案不应仅仅停留在敷衍了事的口头协议上，而且应在消解利益对立和敌对态度的基础上，充分利用各国在社会公平、文化自治以及宪政民主等方面的共同愿望，以期能达成基于共同利益的互惠协议。

拉美研究概况

研究所的拉美研究一直秉承着兼容并蓄的精神，努力做到使拉美各个领域的研究处于相互平衡又可以相互辅助的状态，因而取得了较大成效。

自成立以来，研究所的研究工作重点如下：促进对拉美地区的学术研究；承担不来梅大学不同学科在教学和研究中的跨学科对话任务；加强与驻拉美地区、西班牙、葡萄牙各地的科研工作者、高等院校和学术研究机构之间的交流和合作;向伊比利亚美洲传播不来梅地区的开放性和不来梅大学的创造性研究成果;努力做好相关出版物的出版工作。

主要拉美问题研究专家

菲尔·马丁·弗兰茨巴克(Phil. Martin Franzbach)教授,研究所的骨干成员之一。主要研究西班牙文学史、拉美文学史和拉美社会历史;具体研究古巴的文学和历史及拉美罗马学专业史。其主要专著有《塞万提斯》(1991)、《西班牙语文学史概况》(1993);主要学术论文有《世界文学的新时期与黄金时期的神秘性》(1993)、《"唐吉诃德"对历史文学轨迹的影响》(1994)、《民主德国拉丁美洲研究学的开端》(1997)、《从"守护天使"看维尔纳·克劳斯的政治自主性》(1999)。

菲尔·吉泽拉·费贝尔(Phil. Gisela Febel)教授,研究所的骨干成员之一。主要研究罗马文学和以法国为中心的文学。曾学习罗马学、哲学和日尔曼学,1984年获博士学位,先后任斯图加特讲师和学术研究员,后在国际研究项目"现代性的起源"中任负责人。从1999年起在不来梅大学从事语言文学的研究,现在研究所负责相关学科的研究工作。其主要著述有《神秘主义和怀疑主义——关于法国文学作品中神秘性的思考》(1984)、《德国格言研究》(1995),主要学术论文有《追寻新的写作冲动——拉美文学目的性研究》(1994),等等。

对外合作

研究所历来十分重视与本地区和世界其他地区的高等学府、研究机构和国际组织的合作与交流。

研究所重视与不来梅大学其他部门的合作,充分利用高校为自身的研究工作提供资源,与研究所合作的部门主要有:语言学科共同性和应用性研究所（IAAS）、劳工经济研究所（IAW）、社会学和心理学研究所（IPS）和热带地区生态国际学术研究所（ISATEC）。研究所还十分注重与国外其他拉美智库的伙伴关系，特别是致力于保持与拉美国家研究所的友好合作关系，以便获得及时准确的信息数据并在学术活动中开展合作，这些拉美国家包括哥斯达黎加、巴西、墨西哥、阿根廷、古巴、厄瓜多尔和秘鲁，以及欧洲的西班牙、英国等国。

对中国的研究

在不莱梅研究所，中国虽并未被作为中心议题见诸于学术文章中，但同为第三世界国家，中国的发展及其与亚洲各发展中国家的关系，已成为拉美研究人员的一个可借鉴范本，各类比较性研究已渐丰硕，今后也将对中国予以更多的关注。

主要出版物

作为不莱梅大学相对较小的研究和教学机构，拉美研究所并没有专门的学术性出版物；为了便于所间交流、了解学术动态，研究所定期出版"研究简报"，向所内每位成员发放，以此使得各位研究人员对世界范围内的拉美研究进展有所了解。

2000年以来机构的主要代表性文章和论著

1. Klaus Zimmermann, "The Invention of Multiple Comparison as a Method to Overcome Ethnocentric Perspectives in Language Description?-New World Missionary Linguists and Wilhelm von Humboldt and their Studies of Amerindian Languages", In T. Stolz, & J. Trabant (Eds.), *Bochum:Brockmeyer*. -(im Druck).
2. Savine Schlickers, *La literatura gauchesca rioplatense y brasileña*, Adlaf, Madrid Verlag, 2007.

3. Eva Gugenberger, "Migrationslinguistik. Akkulturation, Sprachverhalten und sprachliche Hybridität am Beispiel galicischer Immigranten und Immigrantinnen in Argentinien", Habilitationsschrift, Wien Vertrag, 2006.

4. Martin Franzbach, *Die Geschichte der Gesellschaft und Literatur in Kuba*, Madrid Verlag, 2000.

* 资料来源:http://www.fb10.uni-bremen.de/iia

(作者:李苏,浙江大学;责任编辑:蔡同昌)

普鲁士文化区伊比利亚美洲研究所
Ibro-Amerikanisches Institut Preussischer Kulturbesitz, IAIPK

地址：Potsdamer Str. 37, D-10785 Berlin
电话：49—30—2662500
传真：49—30—2662503
网址：http://www.iai.spk-berlin.de
E-mail：fey@iai.spk-berlin.de

历史沿革与现状简介

普鲁士文化区伊比利亚美洲研究所是一所跨学科、跨地区的学术研究所，其宗旨是促进普鲁士地区与拉美地区及与西班牙和葡萄牙的学术交流和文化交流。研究所拥有欧洲最大的有关伊比利亚美洲的图书馆。作为一家独立的研究所，它为促进德国和拉美的对话作出了贡献。

研究所于1930年1月在柏林建立。当时只有一个图书馆，由普鲁士文化部长奥托·伯恩里茨（Otto Boelitz）任第一任所长。此后研究所不断发展壮大。到1977年，在威廉·施特格曼（Wilhelm Stegmann）的领导下研究所翻开了新的一页：随着研究所所址迁至波茨坦，研究所的服务更周到，大大扩大了文化氛围。

2000年改革后，研究所进一步确立了加强德国与拉美地区的学术合作、促进人才培养和文化互动的方向。目前，研究所正朝着更高的目标迈进。

组织机构、主要负责人及研究人员概况

研究所的组织建制主要分为专家委员会、行政管理机构和图书馆三部分，各部分协调合作，充分利用资源为研究工作服务。

研究所专家委员会由七名专家组成。它确定研究所的研究方向，制定并评估各课题的中长期计划，是研究所日常研究工作的核心。

研究所有一套完整的管理体系，负责整个研究所的日常工作。现任所长为巴尔巴拉·格贝尔（Barbara Goebel）博士，从事跨学科研究，著述颇多，是一名著名的国际问题研究学者。他主要研究人类与自然关系、全球化、气候变化，等等。在任所长期间，他还从事学术研究在跨学科和跨地区间的组织工作。研究所的管理部门还包括学术研究部、服务中心、媒体部、出版部、信息技术部等。学术研究部负责人为彼得·伯尔勒（Peter Birle）；媒体部负责人为里卡达·马瑟（Ricarda Musser）博士；行政部负责人为安杰莉卡·库施克（Angelika Kuschek）；出版部负责人为彼得·伯尔勒（Peter Birle）博士；对外宣传部负责人为巴尔巴拉·格贝尔（Barbara Goebel）博士。

研究所拥有欧洲最大的有关拉美方面的图书馆，馆藏图书80多万册，主要涉及有关拉美的地理学、经济学、社会科学、民族学、考古学、历史学、语言学和文学。此外，图书馆还收藏了许多科学家研究的历史资料和珍贵文献，其数量与藏书相当。每年约有1.6万册图书入库。图书馆还有"特殊收藏"，包括历年来有关拉美的图片、照片、报刊和影音资料，以及众多考古方面的珍贵史料。

研究所隶属于普鲁士文化基金会，后者是一个包括国家图书馆、众多建筑遗迹和柏林博物馆在内的文化组织。研究所还获得拉美研究友好协会的资金赞助，这有助于研究所更好地完成研究任务并强化其在学术上的重要地位。

研究重点与学术活动

研究所致力于对拉丁美洲的横向研究和纵向研究,全方位、多角度地记录、总结、展望拉美的发展。研究所主要有以下两个研究重点。

1. 有关欧洲与拉丁美洲关系的历史和现状。欧洲与拉丁美洲的关系是建立在一个广阔的历史平台上的,有着良好的文化联系和共同的价值体系。在这种背景下,随着一体化进程的不断加深,欧洲成为拉丁美洲的积极合作伙伴。这一结论是从下面的论点中得出的:尽管欧洲和拉丁美洲有着不同的宗教背景,但它们在政治问题上和道德价值观问题上是一致的;尽管两大洲处于不同的历史阶段,但它们面临着相似的问题和挑战,在反对独裁专制和进行法制建设方面(包括拉美国家对美国的态度和欧洲围绕一体化进行的斗争),有着共同的经验;两大洲在文化上交流源源流长,有着共同的语言(西班牙语和葡萄牙语);两大洲有着传统的学术交流,在科研人员和奖学金等方面的交流久而有之。

2. 有关拉美同一文化建设中的差距与融合。这一问题涉及同一文化建设中的地理位置、民族状况、政府组织的分化组合及与之相联系的全球化背景。随着全球现代文化对单一国家的传统文化的影响越来越明显,借鉴一个国家的文化经验、充分发挥各国学术力量的作用,显得越来越重要。

为了提高学术活动的质量和效果,普鲁士文化区伊比利亚美洲研究所每年都制定详细的工作计划,其活动主要包括:展览(包括图片、资料、影音等),学术会议(探讨有关拉美问题),图书展示会(展示新近出版的有关研究拉美的图书),等等。2007年的主要学术活动有:(1)学术报告:"世界在知识的'热点'和'冰点'中游移",主讲人为委内瑞拉伊比利亚美洲研究所学术研究部部长黑贝·韦苏里(Hebe Vessuri)。(2)学术交流会:"德国与阿根廷的关系"。2007年是德国与阿根廷建交150周年,与会者就两国在政治、经济、外交、科学和文学上进一步加强交流达成了共识。(3)专家专题座谈会:"欧洲和葡萄牙语国家:发展观点的碰撞"。会上与会者对与巴西的合作战略和欧盟—非洲峰会作出了展望。

对重大国际问题的观点

在国家软实力越来越重要的今天,几乎所有国际性问题都可以归结为其背后根深蒂固的文化背景问题。在这一前提下,研究所将研究重点赋予"文化互补",计划在欧洲与拉丁美洲之间开展文化与学术的双向交流。事实上,所谓的文化交流并不是信息或人员的流动,而是深层意义上不同地区行为方式、话语概念、思维角度的相互了解,实施包括除个体和研究机构外的图书、期刊、影视等各种大众传媒的传播。在这种多视角、全方位的交流体系下,欧洲与拉丁美洲的文化隔阂会不断消融,这也有利于各学术机构间加强联系。

拉美研究概况

普鲁士文化区伊比利亚美洲研究所为德国文化研究起了重大作用,尤其是其下属机构——欧洲最大的拉美研究图书馆有着举足轻重的地位。目前,该研究所拥有数十名专业科研人员,藏书80多万册,报刊杂志2.7万种,举办的各种学术活动在德国甚至在欧洲都具有影响力。

研究所主要研究两个问题:"欧洲与拉丁美洲关系的历史和现状"及"拉丁美洲同一文化建设中的差距与融合"。多年来,研究所科研人员通过对历史和现状的分析,大量搜集相关资料,对研究课题提出了明确的观点和翔实的论证。

主要拉美问题研究专家

彼得·伯尔勒(Peter Birle)博士,从 2001 年起任研究所学术研究部部长,出版部成员,主要研究政治学和人际交往学。1961 年生于德国特里尔。80 年代为约翰大学和新古滕堡大学(Gutenberg)政治学家和浪漫主义学者,曾先后在美因茨大学政治学研究所、罗斯托克大学行政学研究所任职,2000 年进入研究所从事研究工作。其研究重点是拉美外交、内部合作和冲突、欧拉关系、美拉关系、政治制度和国家,等等。著有《智利社会现状》(2003)、《全球化和区域一体化研究》(2002)、《阿根廷的政局、国家和民主》(1995),等等。

对外合作

2000 年 5 月,在研究所的倡导下,成立了柏林—勃兰登堡拉丁美洲研究协会(ForLaBB),旨在完善该地区对拉美研究的网络结构。

对中国的研究

最近的一期《印第安纳》(研究所主要出版物之一)以专题的形式对中国古代文化仪式与中美洲作了比较,探讨"仪式"对于文化的口头和文字传播所产生的重要作用,以此分析"文化记忆"对中国和中美洲当代文化发展的影响。文化记忆作为文化学研究的显学概念,替代了学术界一直沿用的"文化延续性"等名称,强调不同时期的文化具有共通的基础,主张以"集体记忆和遗忘"为依托探寻文化共性。其中,中国作为世界历史文化最为悠久的国家之一,激发了很多学者的研究兴趣。

主要出版物

《拉丁美洲研究》(杂志)是研究所介绍拉美研究情况的主要刊物。《印第安纳》(杂志)是由研究所出版并广泛发行的刊物(它以论坛的形式讨论由于移民而形成的多样的拉美社会文化,以及这种多样性对本民族产生的影响,加勒比地区的历史和现状也是其讨论的内容)。1993 年出版的《普鲁士文化区拉美研究所编年史》一书介绍 1945~1992 年研究所的发展情况。

2000 年以来机构的主要代表性文章和论著

1. Peter Birle, Elke Gryglewski and Estela Schindel (Hrsg.), "Urbana Erinnerungskulturen im Dialog: Berlin und Buenos Aires", Metropol Verlag, Berlin, 2009.
2. Geane Alzamora, Renira Rampazzo and Simone Malaguti (Hrsg.), *Kulturdialoge Brasilien-Deutschland: Design, Film, Literatur, Medien*, Berlin, edition tranvía, 2008.
3. Peter Birle, Detlef Nolte and Hartmut Sangmeister, *Die Demokratie und Entwicklung von Lateinamerika*, Frankfurt am Main Verlag, 2006.
4. Marianne Braig, "Die Grenze der Macht-Die Macht der Grenze: Der Latienamerika in der Globalisierung", Frankfurt am Main Verlag, 2005.
5. Horst Nitschack, *Von Dynastie bis Republik: Brasilien unter dem Einfluß der USA*, TFM Vertag, 2005.

* 资料来源:http://www.iai.spk-berlin.de

(作者:李苏,浙江大学;责任编辑:蔡同昌)

德国全球和地区研究所
拉丁美洲研究中心
German Institute of Global and Area Studies(GIGA),
Institut fuer Lateinamerika-Studien

地址：Neuer Jungfernstieg 21,20354 Hamburg Germany
电话：49—40—42825561
传真：49—40—42825562
网址：http://www.giga-hamburg.de/ilas
E-mail：ilas@giga-hamburg.de

历史沿革与现状简介

德国全球和地区研究所拉丁美洲研究中心始建于1962年,原名"伊比利亚地区研究中心"。建立这一中心的宗旨是,通过研究,加深对拉美和加勒比地区政治、经济和社会发展进程的了解。自2007年起,伊比利亚地区研究中心正式并入德国全球和地区研究所,更名拉丁美洲研究中心。作为德国全球和地区研究所中一个重要的分支机构,拉丁美洲研究中心与研究所的非洲研究中心、近远东研究中心和亚洲研究中心一道为推动地区研究的发展作出努力。

中心的主要研究范围和目标如下:为那些对拉美经济、科技和政治感兴趣的人员举办学术交流会,并为其创造更多的实习机会;既为中心内跨学科的、但关系密切的研究小组提供支持,又与其他研究机构、研究人员和专家开展长期合作,进行相关领域的经验交流;中心积极促成国家间或国际间各拉美研究机构的协作;由于汉堡大学在拉美教学方面具有很大的影响力,因此,中心与汉堡大学开展学术合作。

这一中心是德国拉美研究的中心,在德国拉美研究工会(AD-LAF)、欧洲拉美研究委员会(CEISAL)、欧洲拉美信息和文献工作协会(REDIAL)等众多机构中发挥了重大作用;在2007年国际拉美研究会议上,德国拉丁美洲研究中心主任被推选为欧洲拉美研究协会秘书长。在信息资料方面,中心拥有德国最大的专业图书馆,提供国内外拉美研究的众多学术成果。

组织机构、主要负责人及研究人员概况

由于中心是德国全球和地区研究所的一个下属部门,它拥有双层管理体制和研究人员系统。

研究所的组织机构分为董事会和学术研究机构两部分。董事会由下列人员构成:董事会主席R.卡普尔(R. Kappel)教授;董事会副主席、中心主任D.诺尔特(D. Nolte)名誉博士;董事会成员、亚洲研究中心主任H.帕特里克·克勒尔(Habil. Patrick Koellner)教授;董事会成员、非洲研究中心主任A.梅勒(A. Mehler)教授。学术研究机构有50多名研究人员。总负责人、研究项目总策划人彼得·皮茨(Peter Peetz)教授;学术研究总负责人艾里斯·艾佐克(Iris Eiczorek)博士。此外,中心还设下列机构:外联部(负责人汉斯彼得·马特斯);出版部(负责人A.梅勒);文献管理部(负责人耶尔达·汉森);研究委员会,由各中心主任和各项目负责人组成(主席罗伯特·卡普尔);研究所专设的、对学术研究提供咨询服务的机构——顾问团(负责人于尔根·鲁埃兰)。

中心的组织机构如下。作为一个重要的分支研究机构,中心有近20名研究员,还有来自其他研究机构的客座研究员;各位研究员的研究地域和重点有所不同,但涵盖了拉美研究的各方面。

管理机构由下列成员组成。D.诺尔特教授为中心主任,主要

研究阿根廷、智利、墨西哥等国；研究重点为现代框架下国体的变化、民主化进程、人权问题，等等。贝尔特·霍夫曼（Bert Hoffmann）教授为中心代主任；主要研究古巴、加勒比地区、墨西哥等国；研究重点为古巴的社会转型、"因特网时代"的政治结构，等等。克劳斯·博德默尔（Klaus Bodmer）教授主要研究智利、墨西哥等国；研究重点为拉美国家的内政外交。巴尔巴拉·弗里兹（Barbara Fritz）教授主要研究巴西和阿根廷；研究重点为拉美经济发展理论与战略。M. A. 希尔韦托·卡尔卡格诺托（M. A. Gilberto Calcagnotto）教授主要研究巴西、亚马孙河流域；研究重点为经济社会发展、公民社会建设、国家转型过程，等等。

研究重点与学术活动

中心有着一套成熟的研究运转机制，保证研究人员通过便捷、高效的途径达到研究目的。中心对拉美地区各方面情况进行研究。研究人员主要承担对拉美地区的学术研究课题，在完成课题的过程中本人的课题要在研究中心的总体研究框架下进行，其中包括对拉美和加勒比地区的政治、经济和社会发展状况的跟踪分析。

中心确立的中长期研究重点为：拉美国家政治机构的运转，拉美国家政府的执政能力，美国与拉美国家的关系，跨国关系发展的趋同性。目前，中心正在进行或准备进行的研究课题如下。（1）中美洲地区的暴力威胁问题（这一课题的负责人有德特勒夫·诺尔特教授、阿尼卡·厄特勒教授、塞巴斯蒂安·胡恩教授和彼得·皮茨教授）。21世纪初，中美洲地区的暴力犯罪问题已被各媒体、政府和研究机构纳入关注的重点，这一问题的存在不仅对中美洲地区的经济社会转型产生重大影响，而且也是实现民主和法制的基础。（2）"在建立区域安全组织问题上殊途同归吗？"——南美洲各国安全政策的比较分析（课题负责人有克劳斯·博德梅教授、德特勒夫·诺尔特教授、迈克尔·拉德泽克教授和丹尼尔·弗莱梅斯教授)。南美洲经济联系的日益密切(其中阿根廷、巴西、巴拉圭和乌拉圭已形成统一市场),为各国创造了和平发展的机会,但这并不意味着冲突的危险已不复存在。玻利维亚和智利之间、智利和秘鲁之间爆发的冲突和不安全的边境贸易(如跨国贩毒和武器贩卖),都使各国面临新的安全威胁,从而不得不考虑建立安全同盟问题。

中心以举办各种主题的学术报告会、从事学术研究及与其他研究所进行交流与合作为主要学术活动;开展的各种学术活动都围绕研究所的研究重点。近期研究所的主要学术活动如下。(1)"GIGA 论坛"。这一论坛是德国全球和地区研究所的研究人员作学术报告和展示学术成果的学术会议,会议公开举行,对拉美感兴趣的与会者众多。在会议上,从事非洲、亚洲、近远东和拉美地区研究的学者阐释各自最新的研究成果。(2)与里约热内卢大学结成合作伙伴关系。里约热内卢大学是巴西的一所著名大学,它在社会学研究方面处于巴西领先地位。德国拉丁美洲研究中心与里约热内卢大学在研究、教学和文化合作方面的交流达成了共识,它们今后将在以下方面开展深入合作:进一步扩大双方的学术活动,更多地实施研究课题,加强图书馆间的文献交流。(3)参加拉丁美洲学术研究协会会议。拉丁美洲学术研究协会是一个汇集了世界各地拉美研究机构的国际性组织,其学术活动和研究成果在拉美地区甚至在世界范围内都具有深远的影响力。德国拉丁美洲研究中心是这一协会的成员之一,为协会的发展作出了很大贡献。

在 2007 年召开的协会年会上,德国拉丁美洲研究中心代主任贝尔特·霍夫曼(Bert Hoffmann)博士被推选为拉丁美洲学术研究协会驻欧洲分会的秘书长。

对重大国际问题的观点

中心关注本地区发展面临的内外环境变化和地区内部合作面临的挑战等问题,其相关观点如下。(1)有关国家政治模式的选择。在当今国际局势下,非洲、亚洲、拉美及近中东地区的民主和人权状况被提上议事日程,而反对全球化的呼声也越来越高。(2)有关解决区域性冲突问题。冷战结束后世界两极对立的局面已消失,但这并不意味着"历史的终结",反而是新一轮"不确定"的开始。即便把印度和巴基斯坦这样"有悠久历史"的冲突看作是对传统安全的威胁,而世界上许多地区内和地区间的冲突的起因,一是由地区内部利益冲突造成的,二是美国奉行单边主义的结果。因此,面对全球安全问题的挑战,各利益集团应共同努力来化解国家间的矛盾、消除恐怖主义威胁、防止大规模杀伤性武器的扩散、缓解各地普遍存在的能源短缺问题。(3)有关全球化带来的影响问题。随着全球化的不断深入,全球和地区间的劳动分工越来越明确,地区间经济和社会一体化的趋势也越来越强。与此同时,全球化也要求跨国界的经济和社会联系更加密切,甚至产生消除国界限制的"跨国界区域"。每一个参与全球化的国家都需要进行经济和社会制度的转型:全球政治、全球经济、全球战略部署和区域一体化的发展必将面临新的挑战。

拉美研究概况

作为德国全球和地区研究所下属的研究中心,拉美研究中心同其他各分支机构保持着良好的合作关系,做到合理分配科研人员与学术资源,以全球拉美研究热点为导向,进行德语语境下的特色研究:如实施中的研究课题"创新性与可持续性在能源领域的体现"、"非 OECD 国家如何解决世袭财产的转让问题",等等。这些课题既旨在解答拉美人民存在的疑虑,又考虑到包括欧洲国家在内的国际性焦点议题;体现了中心的国际性视野与注重合作的运作体制。

主要拉美问题研究专家

德特勒夫·诺尔特(D. Nolte)博士,生于1952年,先后在德国曼海姆大学主修科技学、历史学和日尔曼学,1986年获哲学博士学位。曾在汉堡大学任教,历任曼海姆大学社会科学研究员、汉堡大学伊比利亚地区研究员和汉堡拉丁美洲研究所研究员。1989~2006年任汉堡研究所代所长,2006年起任中心主任。其研究重点为:拉美民主问题,国际关系中权力、野心和统治欲的制衡关系,拉美的政治制度及其转型。主要著有:《国际政治格局中拉美的政策走向》(2007)、《拉美危机与政治的相关性》(2006)、《以巴西为首的南美与美国的对立》(2006),等等。

豪尔赫·P.戈丁(Jorge P. Gordin)博士,2006年度研究所"最佳学术著作"奖获得者。生于1964年,先后在美国和以色列大学学习政治学,后任美国匹兹堡大学讲师,2004年在西班牙巴塞罗那拉美研究所任研究员,2006年起在德国全球和地区研究所任研究员。其研究重点为阿根廷的权力集中与分散,拉美的选举制度、政党和法制。主要著述有:《政府各部门间的财政关系——以阿根廷为例》(2006)、《拉美政治走向的决定性因素》(2002),等等。

对外合作

这一中心是德国拉美研究的中心,在德国拉美研究工会、欧洲拉美研究委员会、欧洲拉美信息和文献工作协会等众多机构中发挥了重大作用。它在欧洲的拉美政治研究中处于纽带地位,与拉美政治研究所(ECPR)、拉美研究与文献中心(CEDLA)等机构有着密切的合作关系;中心与欧洲和拉美许多大学(如葡萄牙萨拉曼卡大学和西班牙完全大学等)也有着合作关系。中心的研究人员还在汉堡大学从事教学工作，主要教授拉美地缘学和政治学。

对中国的研究

由于德国全球和地区研究所下属的"亚洲研究中心"已将中国作为研究重点之一，拉美研究中心便不设以中国为对象的研究人员。事实上，亚洲研究中心定期将围绕中国展开的项目及成果编入数据库，便于其他中心索引使用。

主要出版物

《GIGA 工作论文集》(*GIGA Working Paper Series*)：主要收录或选编中心各位学者近期发表的论文和所作的学术报告。《拉丁美洲分析》(*Lateinamerika Analysen*)：中心的主要出版物，分析总结南美各国近期状况，并介绍各研究项目的阶段性成果。《聚焦拉美》(*Lateinamerika GIGA Focus*)：主要搜集拉美国家的国情，以供研究人员进行研究。

2000 年以来机构的主要代表性文章和论著

1. Karsten Bechle, Jürgen Rüland, "Interregionalism without regions: IBSA as a form of shallow multilateralism", in Dosch, Jörn (hrsg.), *Asia and Latin America. The encounter of two ontinents: political, economic and social dynamics*, London/New York, Routledge, 2010.
2. Peter Peetz, "Discourses on Violence in Costa Rica, El Salvador, and Nicaragua: Youth, Crime, and the Responses of the State", *GIGA Working Paper*, No. 80, Hamburg, June 2008.
3. J. Husar, "Neue Formen der Integration in Lateinamerika: Vom offenen Regionalismus zur Binnenorientierung?", *Lateinamerika Analysen*, Feb. 2007.

4. Radseck Michael, "Deutsche Rüstungsexporte nach Lateinamerika-Bestandsaufnahme für die Jahre 1999 – 2004", *GIGA Focus Lateinamerika*, Nr. 9, 2006.
5. Hein Wolfgang、Kohlmorgen Lars, "Globalisation, Global Health Governance and National Health Politics in Developing Countries", Schriften des Deutschen übersee-Instituts, Hamburg, 2003.

* 资料来源:http://www.giga-hamburg.de

(作者:李苏,浙江大学;责任编辑:蔡同昌)

天主教艾希施泰特大学拉美研究中心
Zentralinstitut für Lateinamerika-Studien in Ku-Eichstätt Universität

地址：Katholische Universitaet Eichstaett-Ingolstadt, Reichenausstrasse2, Zentral-Institut fuer Lateinamerika-Studien, 85072 Eichstaett
电话：49—842193—1249
传真：49—842193
网址：http://www.ku-eichstaett.de/Forschungseinr/ZILAS
E-mail：rita.lentner@ku-eichstaett.de info@ku-eichstaett.de

历史沿革与现状简介

天主教艾希施泰特大学拉美研究中心是德国高校中为数不多的专门研究拉美的一个机构。1985年中心成立于艾希施泰特，其宗旨是通过各种拉美学术研究和课程教学，为德国和拉美的交流创造条件，加深了解拉美社会的重点领域、重要文化现象及其历史和现状。此外，中心还为大学涉及拉美问题的教学活动提供合作。目前，在各部门的共同努力下大学中开设的拉美学科有历史、文学、地理和政治学。

中心的主要任务是组织并参与各种研究项目，加强与拉美大学和研究人员的合作；组织并实施中心内的各种学术会议和交流会，积极推进有关拉美研究成果的出版。

组织机构、主要负责人及研究人员概况

中心的组织机构分为管理机构、研究机构和教学机构三部分，各部分既分工合作又相互配合，为进行科研项目提供了保证。

管理机构统筹整个中心的日常管理和科研工作。中心主要负责人有：主任克里斯蒂安·韦尔（Christian Wehr）教授，2005年上任；商业活动负责人卡尔—迪特尔·霍夫曼（Karl-Dieter Hoffmann）博士；中心学术活动总顾问兰克·齐克尔（Frank Zirkl）博士；负责日常事务和对外联络的中心秘书丽塔·伦特内—克里斯塔（Rita Lentner-Christa）。

中心设研究小组，负责主要学术活动并开展研究工作。中心有研究人员约17人；他们均有各自分管的不同研究重点和不同的拉美国家和地区。中心的骨干研究人员有：卡曼·阿雷利亚诺·霍夫曼（Carmen Arellano Hoffmann）博士，主要研究古代拉美学、民族学和考古学，主要研究对象国为墨西哥；韦列娜·多利（Verena Dolle）博士，主要研究拉美文学；康拉德·图拉库斯维基（Konrad Tyrakoswki）博士，主要研究文化地域学。中心与国外许多拉美研究专家保持合作，而后者作为研究中心的成员发挥了重要作用。

在教学方面，艾希施泰特大学有着丰富的教学资源。大学设有有关拉美学士和硕士的教学机构，它们同中心保持着紧密的合作关系。目前，除设有语言文学方面的专业以外，学校最近还专门开设了"拉丁美洲学"，试图通过对拉美文化的研究，以加强在科技和经济上的互补性。教学部门的主要负责人有：索尼娅·施特克鲍尔（Sonja Steckbauer）博士为高级助理；库特·汉（Kurt Hahn）博士为学院研究员。

研究重点与学术活动

中心的研究人员既在各自的领域进行独立研究，又同国内外各学术组织和个人进行合作研究。

研究人员的研究重点有：卡曼·阿雷利亚诺·霍夫曼（Carmen Arellano Hoffmann）博士，主要研究文化和历史、西班牙行政制度、印第安宇宙观和印第安民族语言；曼努埃拉·鲍特卡（Manuela Boatca）博士，主要研究社会学理论、当代世界体系、后殖民主义，等等；韦列娜·多利（Verena Dolle）博士，主要研究罗马文学和西班牙文学；卡曼·阿雷利亚诺·霍夫曼（Carmen Arellano Hoffmann）博士，主要研究拉美国家的毒品贸易和反毒斗争，巴拿马政治、经济和社会发展现状，美国与拉美的关系；斯特凡·林克（Stefan Rinke）教授，主要研究19～20世纪的拉美历史、拉美国际关系、拉美同一性和民族独立性、智利历史、对拉美和美国历史发展的比较研究。

中心组织或参与的研究项目有拉美历史（重点为殖民地时期的历史）、宗教在拉美民主化进程中的作用、19～20世纪拉美独立运动史及这一时期国家教育存在的问题、拉美国家的民族文学，等等。

中心的学术活动主要包括：定期召开中心研究人员会议、开办系列学术讲座、举办语言培训班、进行学术项目合作等；此外，中心研究人员还通过对欧洲和拉美各地所作的学术旅行，建立或加强了与国外大学和研究人员的联系，同时也为研究工作搜集了丰富的素材和多方面信息。

中心近期的主要学术活动有：（1）系列学术报告："拉美政治上正在回归左翼——社会民主化和大众左翼化的两难抉择"。该报告分四讲："左翼政党执掌巴西？——卢拉领导下的巴西政坛现状"（由吕迪格·措勒主讲）；"美好未来还是穷途末路？——查韦斯领导下的委内瑞拉政坛现状"（由安德烈亚斯·伯克教授主讲）；"拉美的老左翼、新问题和不确定的未来"（由京特·迈霍尔特教授主讲）；"莫拉莱斯的执政历程回顾"（由斯特凡·约斯特主讲）。他们从不同地区和不同角度详细介绍了拉美左翼政党的情况。（2）拉美研究教学活动："拉丁美洲主题研究"。这一活动旨在分析拉美现状，介绍中心的研究成果，进一步培养研究人才。

(3) 学术研究项目:"拉美的'时空结构'——历史演变和地域划分"。这一项目由中心主任克里斯蒂安·韦尔教授主持;这一项目是由中心和罗马文学研究所于2007年9~10月共同合作完成的。它探讨了"后殖民地时代拉美文学的起源"、"现代化世界中的拉美新局面"、"外国移民在拉美的内忧外患"等问题。

对重大国际问题的观点

2007年11月在中心举办的学术讨论会的报告中指出,拉美的政治版图变得越来越红,这个曾一度由保守政党领导的地区,如今已散发出左翼政党的气息。左倾化趋势始于1998年查韦斯当选委内瑞拉总统之时,此后在拉美地区迅速蔓延。查韦斯总统甚至表示,要建设"21世纪社会主义"。报告对拉美政局的现状作了深刻分析。

拉美研究概况

中心具有研究面广、学科综合性强等特点。中心的研究成果的论证具有严密性和科学性的特点;这些成果能及时更新和补充新材料,使成果更具有真实性和可信性。在中心研究人员及其他组织、大学和客座学者的共同努力下,中心不断推陈出新,提高自身在拉美研究领域的影响力,也为全球拉美研究培养了一批优秀学者。

主要拉美问题研究专家

克里斯蒂安·韦尔教授自2005年起任中心主任,同时兼任罗马文学专业教授。他曾分别研究罗马文学和英国文学、音乐和国民经济学,曾就职于慕尼黑大学。其研究重点有:审美人类学、文学中的幻想理论、拉美小说、西班牙巴洛克时期的文学艺术,等等;出版著述主要有:《异教的研究》、《幻想的真实性——拉美文学研究》、《诗学中的精神冥想》,等等。发表的论文有《从精神活动到实践活动》(2006),等等。

对外合作

研究所与多个拉美国家的高校签有伙伴合作协议,其中包括墨西哥、哥斯达黎加、哥伦比亚、厄瓜多尔、智利、巴西、阿根廷等国的多所大学。合作项目的实施重点之一为学术交流,即艾希施泰特大学公派不同专业的学生至拉美国家的高校,进行一到两个学期的学习研究,同时,拉美国家的优秀学生也相应具有赴德交流的机会。近年来,研究所类似的伙伴高校数目在逐步增多,尤其与阿根廷、智利、墨西哥等国的交流频繁。

主要出版物

Amerianna eysteteensia 是中心的主要出版物。在这一刊物上刊载中心各时期的研究成果、会议报告和研究项目。刊物主要包括4部分:会议详情、专题著作、学术报告和杂文。这一杂志在拉美研究领域有着相当大的影响力。

2000年以来机构的主要代表性文章和论著

1. Manuela, Bieswanger, Grzega, *Grezen oder Trennen? -Der Wirtschaftsgewinn auf dem Grenzland*, Frankfurt a. M. Verlag, 2003.
2. Siegfried Lamnek, *Geschlecht-Gewalt-Gesellschaft*, Frankfurt Verlag, 2003.
3. Stefan Rinke, Claudia Neudecker, *Freunde sind auch Feinde——Die interkulturelle Sicht beim Verstand zu anderen*, Waxmann Verlag, 2006.

* 资料来源:http://www.ku-eichstaett.de/Forschungseinr/ZILAS.de

(作者:李苏,浙江大学;责任编辑:蔡同昌)

俄罗斯科学院拉丁美洲研究所
Институт Латинской Америки Российской Академии наук，
ИЛА РАН

地址：Москва，ул. Большая Ордынка，д. 21，115035
电话：7—495—9515323　　9534639
传真：7—495—9534070
网址：http://www.ilaran.ru/
E-mail：ilac-ran@mtu-net.ru

历史沿革与现状简介

俄罗斯科学院拉丁美洲研究所（ИЛАРАН）成立于1961年，当时隶属于苏联科学院；20世纪90年代初苏联解体后，继承了前苏联拉丁美洲研究所的地位。2003年机构调整后，拉丁美洲研究所归属俄罗斯科学院社会科学学部国际关系分部。

古巴1959年取得革命胜利后建立了社会主义制度。苏联的外交工作更加重视拉丁美洲。当时的苏联领导人认为，拉丁美洲巨大的反美力量有可能为扩大社会主义阵营创造条件，决定在苏联科学院建立一个专门的科研机构——拉丁美洲研究所。科学院主席团也通过了相关决议。1961年4月28日，拉丁美洲研究所正式成立，成为苏联国家拉美研究中心。其成员主要来自苏联科学院世界经济与国际关系研究所、莫斯科国立大学等机构中从事拉美问题研究的专家学者。

20世纪80年代中期，研究所人员达285人。90年代前半期，由于国家财政紧缩，拉美所的研究队伍减少至100多人。自1995

年 B. M. 达维多夫（В. М. Давыдов）任所长以来，经过近 10 年的恢复，拉美所已进入平稳发展时期，一批年轻学者充实了研究队伍，使研究工作充满活力，研究成果的数量和质量均超过前苏联时期。拉美所的科研工作已不仅仅局限于原来的科学院内部，它同俄罗斯外交部、经济贸易部、总统行政事务管理局等机构建立了协商机制，相互交流信息，共同开发拉美研究新领域。目前，研究所已成为世界上最大的、集研究和教学于一体的拉美研究机构之一，其研究范围涵盖拉美和加勒比国家的政治、经济、国际关系、社会、文化等领域；自 1996 年起把西班牙和葡萄牙也纳入研究范围。

组织机构、主要负责人及研究人员概况

研究所组织机构包括所领导、学术委员会、科研部门和科研辅助部门。拉美所现有工作人员 120 多人，其中 15 名博士，43 名副博士，4 名"俄罗斯功勋科学工作者"称号获得者，2 名俄罗斯自然科学院院士。其中一些学者同时在莫斯科国际关系学院和莫斯科国立大学等高等院校任教。

所长 B. M. 达维多夫，经济学博士、教授、俄罗斯自然科学院院士；业务副所长 K. H. 维克托罗维奇（К. Н. Викторович），经济学副博士；业务副所长 М. Б. 费奥多罗维奇（М. Б. Фёдорович），政治学博士；业务副所长 С. В. 彼得罗维奇（С. В. Петрович），政治学博士、教授；行政副所长 В. В. 尼古拉耶维奇（В. В. Николаевич）。

学术委员会由 10 人组成：主任 B. M. 达维多夫，秘书 K. H. 尤里耶夫娜（К. Н. Юрьевна）。

经济研究中心有研究人员 21 名：主任 В. А. 泰珀曼（В. А. Теперман），经济学副博士；政治研究中心有研究人员 14 名：主任 М. Л. 丘马科娃（М. Л. Чумакова），政治学博士；文化和文明研究中心有研究人员 9 名：主任 Н. С. 康斯坦丁诺娃（Н. С.

Константинова），历史学副博士；伊比利亚美洲研究中心有研究人员 5 名：主任 П. П. 雅科夫列夫（П. П. Яковлев），历史学副博士；百科出版组有研究人员 3 名：组长 Я. Г. 舍米亚金（Я. Г. Шемякин），历史学博士。圣彼得堡大学国际关系学院伊比利亚美洲资料室为拉美所设在圣彼得堡的代表处。

科研辅助部门包括对外联络部、研究生部、科学信息中心、科学出版中心、图书馆、拉美所—国际贸易中心。

研究生部具有研究生和博士生学位授予权，每年面向国内外招生。目前已有 300 多人通过学位论文答辩，其中 50 多人获科学博士学位。它设有两个学位论文答辩委员会：经济学学位答辩委员会，主任 В. М. 达维多夫；历史学暨政治学学位答辩委员会，主任 Б. И. 科瓦利。

图书馆是俄罗斯最大的拉美问题图书期刊资料中心，内设咨询与借阅、采购、期刊、数据处理等部门；现有藏书 10 万多册。

拉美所—国际贸易中心为国家机构、社会各界提供咨询服务；为俄罗斯与伊比利亚美洲国家的企业界、特别是进出口商建立起紧密联系。

研究重点与学术活动

研究领域涉及拉美、加勒比国家和伊比利亚美洲国家的政治、经济、国际关系、社会和文化。

经济研究中心重点研究拉美和加勒比国家的宏观经济、金融、外贸、现代化进程、新自由主义改革、地区一体化，以及俄罗斯与拉美的经贸关系。政治研究中心重点研究拉美和加勒比国家的政治进程、政治制度、社会动态、民族问题、区域问题、国际安全问题和对外关系。文化和文明研究中心重点研究拉美国家和伊比利亚美洲国家的文化和文明进程（文化研究重点是揭示伊比利亚美洲文化的现代趋势；文明研究重点是对拉美和俄罗斯的文明进行比较分析)。伊比利亚美洲研究中心重点研究西班牙和葡萄牙历史上崛起为世界先进国家的过程、当代经济、社会和政治发展趋势,以及与俄罗斯关系的发展前景等。

研究所经常举办国际学术会议、专题研讨会和圆桌会议。近几年举办的主要学术会议如下。"当前金融危机对拉美及其他地区的影响"(1999年3月);"四月革命和当代葡萄牙社会经济发展"(2000年5月);"2000年议会选举和西班牙的政治、经济和社会前景"(2000年6月);"21世纪伊比利亚美洲的文明发展前景"(2000年11月);"拉丁美洲及加勒比研究国际联合会第10届代表大会"(2001年6月);"'9·11'后的世界、美国和拉丁美洲"(2001年12月);"阿根廷危机和危机对其国内和国际的影响"(2002年2月);"21世纪中的俄罗斯和伊比利亚美洲世界:发展与合作的前景"(2006年6月),等等。

拉美研究概况

自1961年建所至今,已出版500多部专著和论文集,涵盖拉美政治、经济、社会、文化、国际关系等领域。前苏联时期,重点研究领域是拉美国家历史、民族解放运动、工人运动、政治制度、社会结构、军队、土地问题、对外关系等。主要研究成果有:C. C. 米哈伊洛夫(С. С. Михайлов):《拉丁美洲的解放运动》(1964);В. И. 耶尔莫拉耶夫(В. И. Ермолаев)和 А. Ф. 舒利戈夫斯基(А. Ф. Шульговский):《拉丁美洲的工人阶级与共产主义运动》(1970);А. Ф. 舒利戈夫斯基:《当代拉丁美洲工人运动问题》(1980)和《拉丁美洲工人阶级和改良主义的思想体系》(1985);Ю. И. 维兹古诺娃(Ю. И. Визгунова):《当代墨西哥的工人阶级》(1973);Н. К. 拉法(Н. К. Рафа):《古巴革命中的农民》(1974);А. Д. 加尔基娜(А. Д. Галкина):《智利:争取土地改革的斗争》(1972);Р. И. 博罗兹娜(Р. И. Бороздина):《墨西哥土地改革》(1976);А. Ф. 舒利戈夫斯基:《拉丁美洲的农业劳动者》(1972);А. Ф. 舒利戈夫斯基主编:《拉丁美洲的军队和政治》(1979);П. П. 雅科夫列夫、О. А. 日尔诺夫(О. А. Жирнов)和 В. В. 格罗霍夫(В. В. Горохов):《拉丁美洲:武装力量和裁军问题》(1982);З. В. 伊万诺夫斯基(З. В. Ивановский):《80 年代的拉丁美洲:政党的政治结构》(1989);А. И. 西佐年科(А. И. Сизоненко):《苏联—拉丁美洲关系史概论(1924～1970)》(1971);А. Д. 别卡列维奇(А. Д. Бекаревич)和 Н. М. 库哈列夫(Н. М. Кухарев):《苏联—古巴:经济合作(70～80 年代)》(1990);俄罗斯科学院美国和加拿大研究所、拉美所合著的《80 年代美国的拉美政策》(1990),等等。

20 世纪 90 年代以来,研究所的研究领域有了新的拓展,对拉美地区一体化、非传统安全、经济改革、社会冲突、左翼政治力量崛起、拉美国家对外关系多元化发展、俄罗斯与拉美国家的关系,以及拉美的文化与文明问题等更加重视,发表了一批相关研究成果。

主要拉美问题研究专家

В. М. 达维多夫,经济学家,俄罗斯自然科学院院士,俄罗斯联邦安全委员会下属的科学委员会成员,俄罗斯联邦国家杜马国际事务对外政策委员会会议成员,伊比利亚美洲世界研究协会主席,葡萄牙文化学院通讯院士,巴西里奥布兰科(Рио Бранко)骑士勋章获得者。1964～1965 年在古巴海军任翻译。1967 年大学毕业后进入拉丁美洲研究所,在《拉丁美洲》编辑部工作。1979～1983 年在布拉格《世界和社会主义》杂志工作。1983 年回拉美所任社会经济预测部主任。1991 年获博士学位。90 年代初在企业家委员会、经济委员会等机构工作。1995 年回拉美所任所长至今。主要从事拉美国家的发展预测、社会演变、经济改革、俄罗斯与拉美的关系等研究。主要研究成果有:《拉丁美洲的世界资本主义现象(社会经济发展的特点)》(1991)、《巴西的潜力及俄罗斯与巴西的合作前景》(2004)、《经济全球化进程中的俄罗斯和古巴》(2005),等等。

C. B. 彼得罗维奇,历史学博士,教授,1974年毕业于莫斯科国际关系学院,1995年起任拉美所副所长。2000年获政治学博士学位。已发表论著70多篇(部)。《冷战结束后的两个美洲》(2004)一书讨论了新时期的美拉关系和全球化进程中两个美洲伙伴关系的前景。

对外合作

与国外200多个拉美研究机构保持交往;与拉美、加勒比、美国、欧洲和亚洲的拉美研究机构签署了40多份合作协议;与联合国拉美经委会、美洲国家组织和美洲开发银行等建立了联系;加入了拉丁美洲及加勒比研究国际联合会、考察和培养干部的欧洲中心联合会、拉丁美洲社会学欧洲研究理事会、拉美政治学联合会、亚太和大洋洲拉美研究理事会。

主要出版物

《拉丁美洲》杂志(*Журнал Латинская Америка*),1969年创刊,俄文版,月刊,由俄罗斯科学院和拉美所共同主办,已出版发行350多期。以刊登俄罗斯拉美学者的研究论文和学术报告为主,同时选编拉美和英美等国一些学者撰写的文章。杂志在智利圣地亚哥、委内瑞拉加拉加斯和圣彼得堡派有常驻记者。现任主编 B. E. 特拉夫金。

《伊比利亚美洲》(*Iberoamerica*),由拉美所与《拉丁美洲》编辑部合办,西文版,季刊,是俄罗斯唯一的西班牙文刊物;文章选自《拉丁美洲》杂志。编委会由 B. M. 达维多夫教授等七位专家组成。目前已出版发行46期。

《俄罗斯科学院拉丁美洲研究所分析笔记》(*Аналитические*

тетради ИЛА РАН),1997年创刊,不定期出版,内部发行,主要刊登拉美所研究人员最新的研究成果。

内部专题报告 Саммит,不定期出版,每期一个选题。它以其鲜明的观点分析研究对象国的现状,指出其在俄罗斯对外关系中的作用,分析俄罗斯与该国发展相互关系的有效途径,主要为上层决策服务。如《古巴:从适应走向变革?》(2007)、《委内瑞拉:新时期的玻利瓦尔革命》(2007)、《21世纪的俄罗斯和伊比利亚美洲世界:合作和发展的前景》(2006),等等。В. М. 达维多夫任主编。此外,研究所每年还出版一期葡文版《伊比利亚丛刊》(Ибероамериканский альманах)。

2000年以来机构的主要代表性文章和论著

1. Отв. ред. В. П. Сударев, *"Левыйповорот" в Латинской Америке*, М. , ИЛА РАН, 2007.
2. Сударев В. П. , *Две Америки после окончания "холодной войны"*, М. , Наука, 2004.
3. Отв. ред. Б. Ф. Мартынов, *Трансграничный терроризм: угрозы безопасности и императивы международного сотрудничества*, ИЛА РАН, М. , Наука, 2006.
4. Отв. ред. Б. И. Коваль, *Латинская Америка XX века: социальная антропология бедности*, ИЛА РАН, М. , Наука, 2006.
5. Отв. ред. Б. И. Коваль, *Латиноамериканские диаспоры в США*, М. , Наука, 2003.
6. Отв. ред. В. М. Давыдов, *Россия и Куба в контексте экономической глобализации*, М. , ИЛА, 2005.
7. В. А. Теперман, *Роль государственных и межгосударственных банков в стабилизации экономического развития в странах Латинской Америки*, М. , Наука, 2004.

8. А. Н. Глинкин, И. К. Шереметьев, *Перспективы развития Латинской Америки в глобализирующемся мире (первая четверть XXI века)*, Сб. докладов научной конференции, М. ,ИЛА РАН,2003.
9. Отв. ред. А. Н. Глинкин, *Транснациональный наркобизнес*: новая глобальная угроза,М. ,Российская политическая энциклопедия,2002.
10. Я. Г. Шемякин,*Европа и Латинская Америка. Взаимодействие цивилизаций в контексте всемирной истории*,М. ,Наука,2001.

* 资料来源:http://www.ilaran.ru/

（作者:孙桂荣,中国社会科学院拉丁美洲研究所;责任编辑:黄念）

巴黎第三大学拉丁美洲文献研究中心

Centre de recherche et de documentation sur l'Amérique latine, CREDAL

地址: Centre de recherche et de documentation sur l'Amérique latine (UMR7169) Institut des Hautes Etudes de l'Amérique latine, 28 rue Saint-Guillaume, Paris, 75007
电话: 33—1—44398663
传真: 33—1—44398660
网址: http://www.iheal.univ-paris3.fr
E-mail: credal@univ-paris3.fr

历史沿革与现状简介

巴黎第三大学拉丁美洲文献研究中心于 1954 年在法国巴黎成立。中心注重自身研究水平的提高，同时积极与法国其他拉美研究机构合作，大力推动法国在拉美问题方面的各项研究。中心主要致力于开展与拉美有关的多学科教学以及与拉美研究相关的基础学科教学等工作。中心十分重视应用研究，并把研究成果通过专业学术刊物发表。此外，中心还十分重视与相关机构建立科研合作，以丰富其专业图书馆馆藏。

中心在法国、欧洲及拉丁美洲的相关机构中起着重要作用，大力促进欧洲各相关机构间的合作。

近几年来，巴黎第三大学正在致力于以现代化思想为主导的改革。在教学方面，它开设了新的课程。例如，2005~2006 学年开设的全新的"LMD"课程，成为该所大学历史上的重要转折点。

中心通过与巴黎第三大学的其他两个相关机构的合作,颁发一种名为"欧洲—拉美当代社会比较学"的硕士文凭,设两个专业(拉美研究专业和拉美与欧洲关系学专业)。

组织机构、主要负责人及研究人员概况

中心以开放性的思维致力于拉美研究。为提高拉美专业的学术水平和教学水平,中心与拉美的一些大学(如乌拉圭蒙得维的亚大学、哥伦比亚波哥大大学等)及知名教授建立了积极而紧密的学术合作关系。中心已出版多部著作,为法国乃至全球的拉美研究提供了重要资料和研究成果。

中心设皮埃尔·蒙贝什图书馆。它创建于 1956 年,是法国第一家有关拉美和加勒比地区的社会科学和文化领域的专业性、研究性图书馆。它是一家国家图书馆,法国政府每年为其拨款购置有关拉美社会科学领域的图书。除藏书和文献资料丰富以外,图书馆还十分重视网络图书馆建设,其图书文献网是整个法国乃至欧洲地区有关拉美的比较权威的信息和文献网络。

中心隶属于巴黎第三大学,其中心负责人为玛利亚—鸥亨尼娅·科西奥—萨瓦拉(Maria-Eugenia Cosio-Zavala)。中心设有"拉丁美洲研究"(Etudes latino-américaines)和"欧洲—拉丁美洲关系"(Relations Amérique latine-Europe)两个硕士专业,"拉丁美洲社会研究"(Étude des sociétés latino-américaines)博士专业。中心有 19 位任课教授,11 位教授。

研究重点与学术活动

中心的每位研究人员对自己的专业领域的研究较深入。中心还定期举办学术研讨会,出版专业学术杂志《拉丁美洲手册》,刊登研究人员的学术成果。

自中心成立以来,研究室和图书出版是中心的重要工作。中

心出版的《拉丁美洲手册》在传播拉美人文社会科学方面发挥了重要作用。随着中心电子资料文献中心的不断完善,中心的网络已为欧洲拉美研究的发展作出了日益重要的贡献。

中心的教授坚持多元化研究,并通过必要的和可能的跨学科方法,进行互补性研究。他们围绕项目主题,进行深入研究,以此了解世界的变化、全球和地区的变化。目前,中心有以下主要研究项目:动态的文化和历史变化(16~20世纪的西班牙、安第斯和中美洲)、区域一体化进程、本地和跨国网络、中心城市的重建,等等。这些项目以实现跨学科性和互补性研究为前提,在研究组内部进行深入的专题研究,研究人员横向进行联合研究。这些项目促进了多学科研究,参与者包括不同研究方向的研究人员,特别是青年科研人员,有助于丰富他们的研究和实践。同时,年轻研究人员还能对项目议题提出独特见解。

所有研究人员(包括博士研究生)得以参加许多国际会议和重大活动。研究人员在中心的多个学科项目中已写出了不少学术成果,受到社会各界的赞赏。

拉美研究概况

在进行研究工作的同时中心十分重视搜集有关拉美的西文、法文和英文的书报和杂志。它不仅注重不断提升自身的学术研究水平,同时积极同欧洲及全球的拉美研究机构合作,不断扩大学术成果和资料的交流,并派出学者到研究对象国进行长期实地研究。作为巴黎第三大学(新索邦大学)的一部分,中心十分重视在大学生和研究生中培养未来的拉美专业研究人才。

主要拉美问题研究专家

奥利维耶·孔帕尼翁(Olivier Compagnon)博士,中心高级讲师,《拉丁美洲手册》主编,历史学博士。主要研究领域有:19~20

世纪拉美文化史、拉美文化习俗、20世纪拉美历史上的天主教,拉丁美洲和第一次世界大战等问题。主要著作有:《基督教徒在拉丁美洲:挑战的政治》《历史上的拉丁美洲社会》,等等。

乔治·库菲尼亚尔(Georges Couffignal)博士,政治学教授,拉丁美洲高等研究所负责人,主要负责政治科学方面的工作。主要研究领域有:拉美的政治制度,在国际秩序中拉美政党及其政治选举力量,国家的变革、社会运动、社会机构,等等。研究范围包括拉美－欧洲关系、拉美一体化进程(南共市等)。1977年获政治学博士学位。曾先后在里昂第二大学政治研究所和巴黎第一大学任教,1980年赴墨西哥国立自治大学任客座教授一年,并曾作为文化官员在法国驻墨西哥使馆工作。主要出版物有:《重塑民主:拉丁美洲的挑战》、《拉美重新回归民粹主义》、《拉美的全球化与区域化》、《墨西哥的政权更替》、《中美洲与南美洲:承诺与关切》,等等。

对外合作

中心与阿根廷布宜诺斯艾利斯大学多学科研究中心、巴西坎皮纳斯大学、里约热内卢联邦大学、西班牙马德里自治大学、芬兰赫尔辛基大学、墨西哥新莱昂州立大学、南下加利福尼亚大学、秘鲁天主教大学、波兰华沙大学及荷兰、奥地利等国都保持着良好的学术合作关系。

主要出版物

中心有一家专业出版社,由中心与拉丁美洲高等研究所共同管理,由两个部门共同出版学术杂志《拉丁美洲手册》。此外,还出版《拉丁美洲高等研究所作品纪念集》《蛹》等学术研究成果集及有关两个研究部门的学术动态的简报。

《拉丁美洲手册》第一部分已全部出版(1968～1984),总计30期,主要为拉丁美洲人文科学。《拉丁美洲手册》第二部分已出版

52 期,内容涵盖拉丁美洲各个领域。

2000 年以来机构的主要代表性文章和论著

1. Georges Couffignal, "El Estado en América latina", *Estudios Interdisciplinarios de América Latina y el Caribe*, Vol. 13, No. 1, Tel Aviv University, janvier, 2002.
2. Georges Couffignal, "L'Amérique latine ou les Amérique latines? Questions Internationales", *la Documentation française*, No. 3, 2006.
3. Olivier Compagnon, *Chrétiens d'Amérique latine : l'enjeu du politique*, Histoire Sociétés de l'Amérique latine, Paris.
4. Olivier Compagnon, *Jacques Maritain et l'Amérique du Sud. Le modèle malgrélui*, Villeneuve d'Ascq, 2003.

* 资料来源:http://www.iheal.univ-paris3.fr/

(作者:韩晗,中国社会科学院拉丁美洲研究所;责任编辑:蔡同昌)

法国安第斯研究所
Instituto Frances de Estudios Andinos, IFEA

地址: Avenida Arequipa 4595, 2° Piso-Miraflores, Lima 18, Perú
电话: 51—1—4476070
传真: 51—1—4457650
网址: http://www.ifeanet.org/presentacion/
E-mail: postmaster@ifea.org.pe

历史沿革与现状简介

法国安第斯研究所1948年在秘鲁利马成立,原名法国安第斯研究中心,后改为现名。它是法国海外研究所的一个综合机构,在法国国家科学研究中心(CNRS)、法国外交和欧洲事务部(MAEE)的指导下开展工作。研究所是一个多学科的研究机构,旨在发展、传播有关整个安第斯地区的知识——历史、现代社会和环境;接纳欧洲和安第斯地区的学者,在秘鲁、玻利维亚、哥伦比亚和厄瓜多尔四个安第斯国家开展合作研究活动。

研究所主要开展三种互为补充的活动:研究所及附属机构约有40名来自欧洲和安第斯地区的研究人员从事人文与社会科学领域以及地球和生命科学领域的科学研究;通过组织专题研讨会等科研活动,使研究所的人员能与当地研究人员分享、交流和比较信息,初级研究员通过研习班得到训练,由安第斯地区的大学组织理论研讨会;出版《法国安第斯研究所公报》(*Bulletin de l'Institut Français d'Études Andines*);平均每年30本"*Travaux de l'Institut Français d'Études Andines*","*Biblioteca Andina de Bolsillo*"以及

"Actes & Mémoires de l'Institut Français d'Études Andines"系列丛书来传播知识。

研究所的图书馆藏书 7.8 万多册,其网址在 2007 年约有 10 万人次访问。

组织机构、主要负责人及研究人员概况

研究所现有所长 1 人、研究人员 25 人、管理和后勤人员 9 人。研究人员在 IFEA 的工作时间为 1~4 年。美洲部门(包括法国安第斯研究所和法国墨西哥及中美洲研究中心)学术委员会每年召开一次,分析研究计划及法国安第斯研究所的科研政策、挑选新的研究人员。

现任所长乔治·洛姆(Georges Lomné),历史学博士,研究方向是安第斯国家政治思想及共和主义的文化起源(1760~1850)。

研究重点与学术活动

法国安第斯研究所是法国学术界研究安第斯地区的领军机构,有 50 多名法国研究人员和大学教师与法国安第斯研究所有学术联系,根据项目的设计,研究所与当地的科学家建立合作,共同出版学术著作。这种密切的合作还体现在接受安第斯奖学金获得者到所里作研究和共同出版 Travaux de l'IFEA 丛书上。研究所对有关安第斯地区的各种主题进行深入的多学科、跨学科研究。自 1948 年以来,已有 300 多名研究人员在对秘鲁、玻利维亚、哥伦比亚和厄瓜多尔进行研究时得到过研究所的资助。

拉美研究概况

在坚持传统上领先学科(历史、考古和人类学等)研究的同时,法国安第斯研究所更加关注对当代问题的研究,例如土著运动对政治生活的参与、地区一体化、领土的重新安排等问题。从

2006年1月起,研究所围绕总主题"安第斯历史遗产多元性、环境和社会的多样性及动态"项目,按三个领域进行研究,其中两个领域与法国墨西哥及加勒比研究中心(CEMCA)相同。第一个领域是"安第斯世界:遗产与生存",把与土著印第安人社会及其不同的组成部分(考古学、民族学、人类学和语言学等)直接相关的研究综合起来,这些研究是深入了解安第斯社会的过去、现在和未来的基础。第二个领域是自然风险与社会风险,其内容包括自然条件的限制、环境的脆弱、可持续发展、危险和脆弱性、预防和管理政策、在公共行为内更好地整合领土规划、风险与贫困的相互关联,以及经济危机、社会结构的削弱、国家干涉与不足、政治暴力等。第三个领域是融合与排斥的进程与手段。在世界范围内,墨西哥、中美洲和安第斯国家在政治上和经济上严重受到大国的、跨国的和多边行为体的影响,在文化、社会经济领域或多或少地受到这个进程的影响;在地区层面,经济伙伴关系将会加强;在国家层面上,社会不平等加剧,长期被边缘化的人群开始对他们的权利提出诉求,有时采取暴力手段,参与政治生活;在本地层面,排斥措施和隔离机制在发展;在所有层面上,移民现象在加剧。研究所的研究人员也按这三个领域分布。

主要拉美问题研究专家

乔治·洛姆(Georges Lomné),现任所长(任期2007~2010年),历史学博士,研究方向是安第斯国家政治思想及共和主义的文化起源(1760~1850)。担任法国安第斯研究所所长之前,曾在法国马恩—拉瓦莱大学(la Universidad de Marne - La Vallée, Francia)的汉娜阿伦特研究所担任教授、巴黎第三大学拉美研究所担任副教授,在许多安第斯国家的大学里做过访问教授。主要编著(合编):《拉丁美洲面对欧洲模式》(*América Latina ante modelos europeos*)(1998)和《安第斯社会政治神话:起源、发明与谎言》

(*Mitos políticos en las sociedades andinas: orígenes, invenciones, ficciones*)(2006)

主要出版物

《法国安第斯研究所公报》(*Bulletin de l'Institut Français d'Études Andines*),每年出版三期,在研究所网站可免费看到全文的 PDF 文本。其他期刊和丛书包括"*Travaux*"、"*Biblioteca andina de Bolsillo*"和"*Actes et Mémoires*"。

2000 年以来机构的主要代表性文章和论著

1. Guillaume Boccara (ed.), *Colonización, Resistencia y Mestizaje en las Américas* (*Siglos XVI-XX*), Institut français d'Études andines, *Travaux de L'IFEA*, Vol. 148, 2002.
2. Gerald Taylor, *El sol, la Luna y las Estrellas No Son Dios... La Evangelización en Quechua* (*siglo XVI*), Institut Français D'Études Andines, *Travaux de L'IFEA*, Vol. 172, 2003.
3. Rolando Rojas Rojas, *Tiempos de Carnaval: El Ascenso de lo Popular a la Cultura Nacional* (*Lima, 1822 – 1922*), Institut Français D'Études Andines, *Travaux de L'IFEA*, Vol. 209, 2005.
4. Javier Sanjinés, *El Espejismo del Mestizaje*, Institut Français D'Études Andines, *Travaux de L'IFEA*, Vol. 199, 2005.
5. Antonio San Cristóbal Sebastián, *Nueva Visión de San Francisco de Lima*, Institut Français D'Études Andines, *Travaux de L'IFEA*, Vol. 236, 2006.
6. Monique Alaperrine-Bouyer, *La Educación de la Elites Indígenas en el Perú Colonial*, Institut Français D'Études Andines, *Travaux de L'IFEA*, Tomo 238, 2007.
7. Christophe Grenier, *Conservación contra Natura: Las Islas Galápagos*,

Institut Français D'Études Andines, *Travaux de L'IFEA*, Vol. 233, 2007.
8. Kathryn Burns, *Hábitos Coloniales: Los Conventos y la Economía Espiritual del Cuzco*, Institut Français D'Études Andines, *Travaux de L'IFEA*, Tomo 261, 2008.
9. Pascal Riviale, *Una Historia de la Presencia Francesa en el Perú, del Siglo de las Luces a los Años Locos*, Institut Français D'Études Andines, *Travaux de L'IFEA*, Tomo 262, 2008.
10. Mazurek, Hubert (ed.), *Gobernabilidad y Gobernanza de los Territorios en América Latina*, Institut Français D'Études Andines, *Travaux de L'IFEA*, Actes & Mémories, Vol. 25, 2009.

* 资料来源：http://www.ifeanet.org/presentacion/; E-mail: postmaster@ifea.org.pe

（作者：左晓园，外交学院英语系；责任编辑：蔡同昌）

荷兰皇家东南亚与加勒比地区研究所
Royal Netherlands Institute of Southeast Asianand Caribbean Studies, KITLV

地址: Koninklijk Instituut voor Taal, Land en Volkenkunde Reuvensplaats 2, 2311 BE Leiden Postbus 9515, 2300 RA Leiden, The Netherlands

电话: 31—71—5272295

传真: 31—71—5272638

网址: http://www.kitlv.nl

E-mail: kitlv@kitlv.nl

历史沿革与现状简介

荷兰皇家东南亚与加勒比地区研究所1851年成立于荷兰莱顿(Leiden)。16~18世纪,荷兰同英国、法国和西班牙等国一样,在海外拥有大量殖民地。当时的荷兰西印度公司从事大规模的贸易活动,曾在加勒比地区、拉美乃至全球产生过深远影响。在原荷属殖民地先后获得独立后,为维护在原殖民地的利益,荷兰成立了皇家东南亚与加勒比地区研究所,以加强对亚洲和加勒比地区历史、文化和社会的研究,分析荷兰同上述地区的相互关系及其影响。

研究所的建立旨在加强荷兰学者对东南亚地区、太平洋地区和加勒比地区人文学、语言学、社会科学、历史学等方面的研究。研究对象包括印度尼西亚、巴西、加纳、圭亚那、苏里南、荷属安的列斯、阿鲁巴等在内的亚洲、美洲、非洲、加勒比等国家和地区。研究所拥有众多领域的书籍、手稿、印刷品、文献资料、照片、地图,等等。其中,有关加勒比地区的藏书超过一万册。此外,研究所拥有的照片、地图、绘画等藏品,吸引了世界各地的众多学者来研究所进行学术交流。

研究所自成立之日起实行会员制。到 2001 年为止,研究所有会员约 1500 名,它是学术社会(the Learned Society)组织的成员之一。从 2001 年 1 月 1 日起,研究所正式加入总部设在阿姆斯特丹的荷兰皇家科学学院(the Royal Netherlands Academy of Science, KNAW),并作为一个独立的研究所开展相关领域的研究和合作交流活动。

目前,学术社会组织的活动为研究所的会员和非会员直接开放。每年定期举办研讨会和其他活动(如图书展示会、电影放映等活动)。

研究所的研究项目中,约 90% 的资金来自荷兰皇家科学学院,10% 的资金来自学术社会组织。学术社会组织拥有由荷兰皇家科学学院东南亚及加勒比地区研究所馆藏物品的所有权。研究所设立自己的独立研究项目,而学术社会组织设立自己的活动项目。

2001 年研究所成立 150 周年,其下属的出版部门出版了《纪念集》——Tussen oriëntalisme en wetenschap。

研究所有自己的发行中心,为其研究成果的出版作出了很大贡献。编辑活动是研究所的重要工作之一。1851 年研究所出版第一本杂志。此外,研究所发行中心还出版学术专刊和涉及人文科学、经济、历史、文学等方面的其他图书。目前,每年出版 20 多本图书,其中绝大多数为英语版。

组织机构、主要负责人及研究人员概况

研究所分东南亚研究和加勒比地区研究两部分。现有研究人

员67名，其中53名研究人员工作在荷兰，另有14名研究人员在印度尼西亚进行研究。而设在印度尼西亚雅加达的研究所分部，主要从事对印度尼西亚的研究。

目前，研究所负责人为格特·奥尔斯特德（Gert Oostindie）教授，主要研究加勒比地区历史和社会发展问题。

研究所设立加勒比专家中心，它得到皇家科学学院的大力支持。目前，中心的工作主要包括出版两期专业学术期刊、开设跨学科和跨学校的年度课程。

中心目前有两位博士后研究员：阿诺克·德科宁（Anonk de Koning）博士和赫贝·费雷斯特（Hebe Verrest）博士、两位资料管理员、一位总编、一位助手和一位中心协调员。

研究重点与学术活动

研究所就加勒比地区的经济发展、社会状况、多民族社会的发展等问题进行专题研究，发表有关社会问题、宏观经济发展、劳动力市场、居民就业情况等调查报告和统计资料。在对调查报告和统计数据进行综合分析后，研究人员定期发表学术文章、研究报告和论文。

此外，研究所设立以下研究项目。

1. "1500~2000年大西洋世界与荷兰"。为加强荷兰在外交、教学、文化和科学领域的国际交流，研究所设立"1500~2000年大西洋世界与荷兰"项目。这一项目主要关注荷兰在大西洋地区原殖民地的现状及殖民影响，即关注1621~1791年间与荷兰有贸易及其他联系的国家和地区——阿鲁巴、巴西、加纳、圭亚那、荷属安的列斯、苏里南和美国。这一项目只研究1975年苏里南独立以前的历史；因阿鲁巴和荷属安的列斯至今尚未脱离荷兰王国，对它们的研究延续至今。这一项目的第一阶段始于2004年2月，研究经费来自研究所、阿姆斯特丹市政府档案馆、荷兰科学研究组织和荷兰文化基金会。项目负责人为汉·乔丹（Han Jordaan）教授，并由研究所负责人格特·奥尔斯特德（Gert Oostindie）教授负责管理。

2."苏里南多民族社会面临的困境"。这一项目由罗斯马赫·赫夫特（Rosemarijn Hoefte）教授负责。它主要研究20世纪的苏里南历史，从理论上分析苏里南存在的种族问题、社会分化、非殖民化后出现的社会问题，等等。这一项目分两部分，分别从社会经济学和文化的角度对20世纪的苏里南及其历史进行研究。

拉美研究概况

研究所的主要研究对象是苏里南、荷属安的列斯、阿鲁巴、原荷属殖民地等，就这些国家和地区的历史（重点是殖民史）、非殖民化进程及其产生的社会问题、移民问题、社会发展、大庄园经济等社会科学和人文科学方面存在的问题进行研究。

研究所的主要研究地区为印度尼西亚和加勒比地区，研究重点主要针对两个国家和地区的历史题材及当代社会的政治发展。已完成东南亚和荷属加勒比地区的大规模生态历史研究计划，并着手开展对印度尼西亚地方分权的影响、后殖民迁徙、苏里南国家分析等新课题进行研究。由荷兰皇家科学院资助的印度尼西亚地方政治经济研究项目是研究所2006～2010年的重点研究项目。作为专业研究机构，研究所还注重为荷兰在校大学生、本国居民、其他国家高校的研究人员、对拉美问题感兴趣的团体和个人提供会员服务，并定期出版学术刊物和文章，为从事加勒比问题研究的教授和学者提供一个交流的平台。

主要拉美问题研究专家

格特·奥尔斯特德（Gert Oostindie）教授生于1955年。1982年毕业于阿姆斯特丹自由大学历史系。1983年任研究所加勒比研究室负责人。1989年获荷兰乌特列支大学博士学位。1993～

2006年在荷兰乌特列支大学 人文学院负责加勒比地区研究。2000年任研究所负责人。2006年9月被聘为莱顿大学历史系加勒比历史研究教授。其主要研究领域涉及加勒比地区和原荷属殖民地的历史问题研究,等等。曾先后出版大量著作,内容广泛,涉及殖民地区的历史和非殖民化时期加勒比地区荷属殖民地问题的研究、加勒比地区历史和拉美历史、民族问题和移民问题,等等。最近,他正就殖民史对荷兰国民的影响这一问题进行研究。过去20年中,已发表和编辑20多本图书、100多篇文章。他还经常为荷兰的多家媒体供稿,就其研究领域提出独到见解。他曾访问加勒比地区和拉美的大多数国家。其主要学术论文有:《加勒比荷属地区民族研究》、《荷属加勒比地区:殖民主义及跨大西洋遗传》,等等。

赫贝·费雷斯特(Hebe Verrest)教授,1998年毕业于阿姆斯特丹大学人类历史学硕士专业。为撰写硕士论文,她曾到苏里南的三个社区参加为期五个月的劳动。这是她第一次访问苏里南。2002~2007年,在苏里南及特立尼达和多巴哥参加社会实践后完成博士论文。她是研究所博士后研究员,与另外两位研究人员共同负责研究项目《苏里南:多种族国家面临的困境》。在这一项目中她主要从事经济学和人口统计学方面的研究和对苏里南国情的研究。此外,她还研究未来加勒比地区的宏观经济、社会融合、社会矛盾、民族问题、社会等级等问题。她主要研究的问题是:社会融合和社会矛盾、城市发展、社会阶层,等等。重点研究加勒比地区。其出版的论文有:《把家庭和居住地作为工作场所——苏里南及特立尼达和多巴哥低收入城市居民的生活》、《特立尼达和多巴哥贫穷状况及统计》,等等。

对外合作

研究所与欧洲和加勒比地区的一些高校有着广泛的合作关

系。与其建立联系的大学有:苏里南安东·德康大学(Anton de Kom University)、阿鲁巴大学(the University of Aruba)、西印度大学(the University of the West Indies)、伦敦城市大学(London Metropolitan University)、英国华威大学(University of Warwick, UK)、美国佛罗里达大学(the University of Florida),等等。此外,研究所还开设年度课程,授课的主要内容是有关加勒比地区的专业研究。

主要出版物

研究所定期出版两份专业学术期刊《新西印度指南》(the New West Indian Guide)和 Oso。《新西印度指南》致力于加勒比地区社会科学和人文科学的研究。Oso 的研究对象主要是苏里南,还包括有关加勒比广大地区的相关研究,为荷兰语版,半年刊,到 2007 年为止已出版发行 30 期。

2000 年以来机构的主要代表性文章和论著

1. Gert Oostindie, "Ethnicity in the Caribbean", Essays in Honor of Harry Hoetink, Edited by Gert Oostindie, Reprint with new Preface, Amsterdam University Press, 2005.
2. Gert Oostindie, "Paradise Overseas; The Dutch Caribbean: Colonialism and its transatlantic legacies", Oxford, Macmillan, 2005.
3. Gert Oostindie & Inge Klinkers, "Decolonising the Caribbean: Dutch policies in a comparative perspective", Amsterdam University Press, 2003.
4. Hebe Verrest, "Home-Based Economic Activities and Caribbean Urban Livelihoods: Vulnerability, Ambition and Impact in Paramaribo and Port of Spain", Amsterdam University Press (PhD thesis), 2007.
5. Francio Guadaloupe, "Globalization and Autochthony: seamy

sides for the same coin", *The Kingdom of the Netherlands in the Caribbean：what's next?* Amsterdam,2005.

* 资料来源：http://www.kitlv.nl

（作者：韩晗，中国社会科学院拉丁美洲研究所；责任编辑：蔡同昌）

拉美研究与文献中心

Centro de Estudios y Documentación Latinoamericanos, CEDLA

地址：Keizersgracht 395-397, 1016 EK Amsterdam, NL
电话：31—20—5253498
传真：31—20—6255127
网址：http://www.cedla.uva.nl/
E-mail：secretariat@cedla.nl

历史沿革与现状简介

1964年，拉美研究与文献中心成立于荷兰阿姆斯特丹大学。1971年，随着其学术活动在全国范围的开展，它成为大学间的一个合作机构。

拉美研究与文献中心的目标是在文化人类学、经济学、历史学、政治学、人文地理和社会学领域开展拉美研究；加强社会科学研究的协调；扩大对拉美社会和文化的了解；在上述学科内加强有关拉美的教学；搜集社科领域与拉美研究主题有关的书籍、期刊、其他资料和文献。

组织机构、主要负责人及研究人员概况

开展有关拉美社会科学研究是中心的一项重要任务。由文化人类学、经济学、历史学、政治学、人文地理和社会学六个学科组成了中心的研究项目，每个主要学科至少有一名研究人员。研究人员定期在拉美国家开展研究和实地考察。每年邀请一位杰出的拉美学者到中心作研究，这些研究也吸纳一些研究生参与，并接纳获

得其他组织资助的研究人员，为他们提供研究条件。

米希尔·鲍德（Michiel Baud），教授，博士生导师，阿姆斯特丹大学拉美研究教授，自2000年以来担任拉美研究与文献中心所长，主要从事拉美社会文化研究。

研究重点与学术活动

拉美研究与文献中心的研究重点是拉丁美洲的变革进程，各项研究在一个五年总体研究计划内进行协调。2009～2013年的总体研究计划题为"当代拉丁美洲城市化与自然资源的利用"。这个计划的要点如下。研究路线一：自然资源利用中的伙伴关系与冲突；研究路线二：在城市背景下管理日常生活。

除安排内部讨论和讲座以外，中心每年还组织国际性研讨会。2006年，中心参与组织国际专家会议"国际移民与国家发展：移民来源国的视角"和"拉丁美洲的新能源政策：现状与展望"；2008年组织召开题为"新自由城市中的冲突、分裂和希望：拉丁美洲城市地区"的国际会议。2009年召开了题为"拉丁美洲与加勒比的性别与性行为"国际会议，探讨拉美与加勒比地区性别与性行为研究的当前问题，特别关注性行为的政治经济学变化，以及文化、政治、经济权力结构对该地区性行为和意识塑造的方式。

拉美研究概况

拉美研究与文献中心的拉美研究项目是多学科的，包括与其他组织的合作研究项目。研究中心制订五年研究计划。2003～2008年中心的研究计划是，通过分析全球化和新自由主义改革，研究拉美变革的具体类型和所处的阶段。这一计划关注全球发展与本地变革进程中的多种对立关系。关注全球性和本地性的关系是当代社会科学研究的一个重要主题。这一课题也引发了有关拉美特殊历史发展的相关问题及区域研究问题的讨论。这一研究计划的目标是,整合一个多学科的分析框架,评价全球化在拉美社会产生的后果,分析拉美在全球经济发展中的特点,具体分析全球经济发展对本地和地区发展进程的作用。对当代拉美发展形势的总体分析是这一研究计划的基础。中心的研究重点是研究当代拉美发展的关键问题,即社会领域中相互关联的三个问题——民主、认同和可持续发展。通过研究全球与本地相互作用的短期和长期影响,对上述三个问题进行深入分析。

在总体研究计划下,研究人员和博士生的研究项目主要包括以下几个主题。(1)新自由主义和可持续发展。皮通·范迪克(Pitou van Dijck)、安内利斯·佐梅斯(Annelies Zoomers)等学者围绕这一主题,主要回答以下问题:拉美经济改革及其进程,市场自由化带来的挑战;在拉美内外设计何种"政策干预"以形成有利于穷人的经济增长和可持续发展,它对拉美社会有什么影响;本地行为体如何应对新的机遇和挑战。(2)文化与认同。A.奥文纳(Arij Ouweneel)和米希尔·鲍德从事这方面的研究,旨在考察拉美不同文化形态对世界发展的反应、拉美种族和文化关系的类型。(3)民主化、威权主义和公民身份。巴巴拉·霍根鲍姆、马库斯·克莱因(Marcus Klein)和米希尔·鲍德围绕这一主题,考察拉美政治实践如何与全球发展产生联系,拉美新民主化的内容、强度和影响,拉美社会如何看待痛苦的过去以及世界政治的发展及其对拉美的影响。此外,中心还有一些联合研究项目。例如,"安第斯高地的印加旅游:前景及可持续发展的矛盾(玻利维亚和秘鲁)"于2002年得到荷兰热带研究进步基金的资助,对秘鲁和玻利维亚高地的文化旅游案例进行研究。

2009~2013年的总体研究计划题为"当代拉丁美洲城市化与自然资源的利用"。该研究计划从地方到国家层面,从地区到全球层面对自然资源利用中的伙伴关系和冲突进行跨学科研究,并从多学科的角度对日常生活进行研究,找出城市和腹地各自的应对办法。一些博士生和博士后研究项目围绕这个主题展开。

主要拉美问题研究专家

米希尔·鲍德，现任拉美研究与文献中心主任，阿姆斯特丹大学拉美研究教授。1982年毕业于格罗宁根大学（The University of Groningen）当代史专业，1991年在乌特勒支大学（Utrecht University）获社会科学博士学位。1995～2000年在莱顿大学（The University of Leiden）任拉美研究教授。近年来主要研究方向是土著主义思想及其对当前学术界的影响、种族运动在拉美政治中的作用、拉美边境地区社会史、拉美现代性的分析等。主要研究成果如下："Patriarchy and Changing Family Strategies: Class and Gender in the Dominican Republic", *The History of the Family*, Vol. 2, No. 4, 1997; "History, Morality and Politics: Latin American Intellectuals in a Global Context", *International Review of Social History*, No. 48, 2003; "Ideologías de Raza y Nación en América Latina, Siglos XIX y XX", Estevão de Rezende Martins and Héctor Pérez Brignoli (eds.), *Historia General de América Latina*, Vol. IX; *Teoría y Metodología en la Historia de América Latina*, Ediciones UNESCO, Madrid, Editorial Trotta, 2006; "Indigenous Politics and the State: The Andean Highlands in the Nineteenth and Twentieth Centuries", *Social Analysis*, Vol. 51, No. 2, Summer 2007.

对外合作

长期以来，拉美研究与文献中心与国外大学和专门的拉美研究机构有广泛联系。在荷兰国内，中心与国家级研究学院乌特勒支大学生态资源与社会文化研究中心（Centro de Estudios de Recursos Ecológicos y Socioculturales, Utrecht University）以及莱顿大学非西方研究中心（Centre for Non-Western Studies, Leiden University）有合作关系。

拉美研究与文献中心同时也是荷兰拉丁美洲和加勒比研究联合会秘书处（NALACS）所在地；这一秘书处的主要功能是在跨学科的框架内推动社会科学和人文领域对拉丁美洲和加勒比地区的研究。此外，1985～1988年期间拉美研究与文献中心还担任了1988年在阿姆斯特丹举行的第46届美洲文化研究专家大会秘书处（The 46th International Congress of Americanists）。

对中国的研究

2006年，巴巴拉·霍根鲍姆（Barbara Hogenboom）与亚历克斯·费尔南德斯·希尔贝尔托（Alex Fernández Jilberto）开始了一项研究，题为"中国的全球经济扩张对发展中地区的影响"。研究认为，作为世界上最大的发展中国家，中国不断上升的经济地位意味着更大的政治实力，将对各国、国际关系和全球政治产生影响。这项研究分析了中国的变化如何影响发展中地区和南南关系，特别是对拉美地区的影响。其结论之一是，发展中国家对中国的崛起大多采取了实用主义的立场，对很多发展中国家来说，中国的和平崛起战略有益于建立互信和国际合作。中国向全球经济的扩张型渗入对一些具体国家和部门有负面作用，但形成了重要的南南经济关系，有助于发展中国家的贸易和投资伙伴多元化，减少对仍处于保护中的少数市场的依赖。他们在2010年还出版了《面对中国的拉丁美洲：超越"华盛顿共识"的南南关系》，在一些案例研究的基础上，评价中国的崛起对拉美国家政治、经济、地区和国际关系的影响。研究表明，有几个拉美国家靠商品出口、价格上涨和中国投资从中国的经济增长中受益，另外，中国在国际政治中的新角色对拉美左翼政府结束"华盛顿共识"的努力有帮助。

主要出版物

1. 专著。拉美研究与文献中心每年出版拉美研究和拉美研究笔记两个系列约 10 本书。拉美研究系列丛书已出版 90 多本,包括社会科学研究专著和拉美研究国际会议成果,为欧洲和其他地区的拉美研究工作者的社会科学和史学研究成果的发表和传播作出了相当大的贡献。丛书每年出版 1~3 本专著,待出版的手稿需进行同行评议。拉美研究笔记已出版 20 本,及时发表现正在进行的研究结果。

2. 学术期刊。《拉丁美洲和加勒比研究欧洲评论》(*European Review of Latin American and Caribbean Studies*, *Revista Europea de Estudios Latinoamericanos y del Caribe*),半年刊,每年 4 月和 10 月出版。长期以来,拉美研究与文献中心作为欧洲的拉美研究信息网络中心的作用体现在这份杂志上。杂志使用英语和西班牙语,主要发表有关拉美的社会科学和历史学的研究成果,反映有关社会科学领域的重大问题在实证研究和理论研究上的创新。

2000 年以来机构的主要代表性文章和论著

1. Annelou Ypeij, *Producing Against Poverty: Female and Male Micro-Enterpreneurs in Lima*, Peru, 2000.
2. Gemma van der Haar, Annelies Zoomers, *Current Land Policy in Latin America: Regulating Land Tenure under Neo-liberalism*, Co-production of KIT and Iberoamericana/Vervuert Verlag, 2000.
3. Annelies Zoomers (ed.), *Land and Sustainable Livelihood in Latin America*, A Co-production of KIT and Iberoamericana/Vervuert Verlag, 2001.
4. Annelou Ypeij, "La Cultura y la Lucha por la Inclusión Social", *Un Análisis de Documentos Politicos de Desarrollo y Turismo* en la Región Andina, en Annelou Ypeij & Annelies Zoomers (eds.), *La*

Ruta Andina: *Turismo y Desarrollo Sostenible en Perú y Bolivia*, Quito, Abya Yala, Cusco, CBC, Amsterdam, CEDLA, Lima, IEP, 2006.
5. Annelies Zoomers, "Pro-indigenous Reforms in Bolivia: Is there an Andean Way to Escape Poverty?", in *Development and Change*, Vol. 37, No. 5, September 2006.
6. Michiel Baud, "Liberalism, Indigenismo, and Social Mobilization in Late Nineteenth Century Ecuador", in A. Kim Clark and Marc Becker (eds.), *Highland Indians and the State in Modern Ecuador*, Pittsburgh, University of Pittsburgh Press, 2007.
7. Michiel Baud, *Indigenous Politics and the State: The Andean Highlands in the Nineteenth and Twentieth Centuries*, *Social Analysis*, Special issue: "Indigenous Peoples, Civil Society, and the Neo-Liberal State in Latin America", Vol. 51, No. 2, Summer 2007.
8. Barbara Hogenboom, Alex E. Fernández Jilberto (eds.), "The 'China effect' on South-South Relations: A New Dimension of Glozalization for the Middle East, Russia and Latin America 2007", *Special Double Issue of Journal of Developing Societies*, Vol. 23, No. 4, 2007.
9. Barbara Hogenboom, Alex E. Fernando Jilberto (eds.), "Big Business and Economic Development Conglomerates and Economic Groups in Developing Countries and Transition Economies under Globalisation", *Routledge Studies in International Business and the World Economy*, No. 36, London & New York, Routledge, 2008.
10. Alex Fernández Jilberto and Barbara Hogenboom (eds.), *Latin America Facing China: South-South Relations beyond the Washington Consensus*, 2010.

* 资料来源：http://www.cedla.uva.nl/

（作者：左晓园，外交学院英语系；责任编辑：蔡同昌）

卡罗利娜基金会拉丁美洲和国际合作研究中心

El Centro de Estudios para América Latina y la Cooperación Internacional

地址：C/ General Rodrigo n°6, Edificio Germania 4ª Planta cuerpo alto, 28003 Madrid

电话：34—91—4562750

传真：34—91—5546984

网址：http://www.fundacioncarolina.es/FundacionCarolina/mwcealci/cealci/presentacion/

E-mail：informacion@fundacioncarolina.es tomas.mallo@fundacioncarolina.es

历史沿革与现状简介

西班牙卡罗利娜基金会成立于 2000 年 10 月。成立基金会的目的是,推动西班牙与伊比利亚美洲国家间的文化往来、科技合作和教学合作。它由政府部门和私人部门共同出资并管理。作为整合政府、公司、研究机构和其他非政府组织资源的桥梁,基金会侧重于对文化、教学、科技等基础性领域的研究,以加强国际合作,开展反贫困斗争,维护地区和平。

为达到上述目的,基金会设立以下四个基础研究项目。(1) 培训计划。旨在为来自伊比利亚美洲国家的研究生、教师和研究人员提供奖学金和科研经费。(2) 研究计划。通过拉丁美洲和国际合作研究中心,促进发展中国家、尤其是伊比利亚美洲国家相关问题的研究,为制定发展政策等提供信息和技术支持;为拉美国家和其他发展中国家的公共政策、国际经济关系和发展援助作出评估。(3)学者访问计划。为来访学者与西班牙有关人员和机构进行联系,加深来访学者与西班牙相关人员和机构的交往。(4)社会责任计划。呼吁企业、社会组织和政府为提高劳工生活水平、保护人权、实行性别平等、促进经济可持续发展和保护环境建立相关机制。

拉丁美洲和国际合作研究中心成立于2004年11月,隶属于卡罗利娜基金会,是专门从事发展中国家政策研究、尤其是拉美国家研究的一个研究机构。成立这一中心的宗旨是,加强发展问题、反贫困问题等的研究,以政策建议的方式促进发展中国家、尤其是拉美国家进行政治改革、社会改革和经济改革,以促进地区的科技进步和发展;为不同的代理机构提供国际发展政策方面的咨询服务,为在国际关系领域的相关机构和人员提供制度建设和人员培训方面的服务。

组织机构、主要负责人及研究人员概况

中心主任伊格纳西奥·索莱托·马丁(Ignacio Soleto Martín),马德里大学政治学和社会学专业伊比利亚美洲研究方向学士,国际经济与政治学硕士和发展合作学硕士。1988~1990年,为墨西哥经济研究和教学中心访问学者;1990~1991年,为智利圣地亚哥发展研究中心访问学者;1991~1992年,为马德里伊比利亚研究学会研究员;1992~1996年,为西班牙拉丁美洲研究中心发展合作和欧拉关系研究员;2000~2002年,任发展促进会主席;1995~2004年,为马德里大学发展与合作研究所合作项目负责人。

拉丁美洲研究计划项目负责人托马斯·马洛·古铁雷斯(Tomás Mallo Gutiérrez),马德里自治大学学士,执教于西班牙和拉丁美洲的一些研究机构和大学,并任欧盟和联合国等多个国际组织的研究员和顾问。曾发表多篇有关西班牙与拉美关系的研究成果。

国际政治关系和政策连续性计划项目负责人海梅·阿蒂恩萨·阿斯科纳(Jaime Atienza Azcona),经济学学士,发展经济学专家,社会经济和国际问题研究员。曾发表有关外债、国际经济、发展合作、移民等问题的研究报告和文章;参加过国际货币基金组织、世界银行、联合国和世界社会论坛的会议;任教于西班牙和厄瓜多尔等国的多所大学,主要研究社会发展问题。

公共政策计划项目负责人马里韦尔·罗德里格斯(Maribel Rodríguez),瑞士洛桑大学社会学学士,发展合作学硕士。曾任联合国拉美经委会的官员和联合国发展计划署驻古巴的官员,主要从事反贫困和可持续发展问题研究。曾任国际劳工组织、世界自然保护联盟和加拿大国际发展研究中心驻厄瓜多尔的项目顾问。

发展援助评估计划项目负责人安娜·罗莎·阿尔卡尔德·冈萨雷斯-托雷斯(Ana Rosa Alcalde González – Torres),马德里大学法律学士,马德里卡洛斯三世大学授予的欧盟法律硕士。有10年在国际合作领域工作的经历,在项目设计、计划实施、评估方法、项目与政策、国家改革进程、公共组织制度建设、性别问题等领域的研究颇有建树。曾在厄瓜多尔、萨尔瓦多、尼加拉瓜、纳米比亚、突尼斯、克罗地亚等国工作,发表过若干文章和著作。

培训部门负责人佩帕·维加·华尼诺(Pepa Vega Juanino),马德里大学当代史与美洲史学士。曾执教于墨西哥米却肯(Michoacán)学院,并多次任巴勃罗·伊格莱西亚基金会(Pablo Iglesias)等机构拉美文化合作、学术会议、培训、展览和研究项目的负责人;发表五部有关拉丁美洲和西班牙与拉美关系的著作,10多篇论文。

宣传部门负责人路易斯·阿方索·加莫·罗德里格斯(Luis Alfonso Gamo Rodríguez),马德里大学社会学专业伊比利亚美洲研究方向学士,发展社会学和国家合作研究生。曾任伊比利亚美洲合作研究所高级顾问。西班牙发展与合作杂志负责人之一。

拉克尔·马丁内斯－戈麦斯·洛佩斯(Raquel Martínez－Gómez López),马德里大学国际关系信息学博士。

技术助理安娜·布斯廷德伊·阿马多尔(Ana Bustinduy Amador),马德里自治大学法律和西班牙语言学学士,马德里卡洛斯三世大学欧洲国际援助行动(移民合作和人道主义援助)硕士,西班牙阿卡拉大学国际少数民族和移民权利博士生。曾在非洲多国从事合作项目。

研究重点与学术活动

中心旨在研究拉美现实问题并提供相关的政策建议和技术支持。通过同西班牙、拉丁美洲和欧洲其他研究机构和大学的合作和先进的传播手段,进一步完善开放、透明和共享的学术研究平台。研究中心的另一个工作重点是,设立并资助有学术价值的研究项目。中心每年两次通过公开评审,选择相关领域内的优秀项目。此外,为促进拉丁美洲和西班牙学者之间的交流,中心还为学者提供短期访问的机会。

中心的研究和资助重点如下。(1)拉丁美洲研究专题。这一专题包括:西班牙在拉美和加勒比地区的外事活动——双边关系及伊比利亚美洲的空间;拉丁美洲和加勒比日程——一体化进程;伊比利亚美洲国家对纪念美洲独立 200 年的相关历史事件研究。(2)公共政策研究。它包括:拉美和加勒比地区的再分配政策——案例研究及建议;福利体系的三个角色——国家、家庭和市场的互补性;社会契约——不同角色参与公共政策制定、实施和评估。(3)国际经济关系。它包括:发展金融学:外债、国际贸易和发展;移民和发展;企业的社会责任与公私部门的联合。

中心还同西班牙社会学研究中心合作,共同发布《拉丁美洲和国际合作年度调查》(*El Barómetro Anual sobre América Latina y la Cooperación Internacional*)。这一调查报告搜集、整理了西班牙民众对拉丁美洲和国际合作相关问题的观点、看法和态度,为西班牙外交部等政府机构提供决策参考。

拉美研究概况

中心的拉美研究项目主要面向伊比利亚美洲及欧洲其他殖民地美洲,研究方向涉及欧洲与拉美关系、西班牙在拉丁美洲及加勒比地区的对外活动、拉丁美洲的政治与社会进程、拉美文化关系与知识社会、拉美外债与金融关系、拉美国际贸易与发展、拉美移民问题、拉美社会凝聚等。

主要拉美问题研究专家

拉丁美洲研究计划项目负责人托马斯·马洛·古铁雷斯(Tomás Mallo Gutiérrez),马德里自治大学学士,执教于西班牙和拉丁美洲的一些研究机构和大学,并任欧盟和联合国等多个国际组织的研究员和顾问。曾发表多篇有关西班牙与拉美关系的研究成果。

对外合作

中心通过召开国际论坛及研讨会、开展对外培训、招收访问学者、提供奖学金等方式与伊比利亚美洲、亚洲、欧洲等其他地区展开学术交流活动。

主要出版物

卡罗利娜基金会通过拉丁美洲和国际合作研究中心启动反映其学术研究动向的出版计划。基金会的编辑委员会旨在协助领导委员会规划出版。编辑委员会主任为赫苏斯·塞瓦斯蒂安(Jesús

Sebastián)。编辑委员会成员有伊内斯·阿尔韦蒂(Inés Alberdi)、胡利奥·卡拉瓦尼奥(Julio Carabaña)、马尔塔·德拉奎斯塔(Marta de la Cuesta)、曼努埃尔·伊格莱西亚-卡鲁乔(Manuel Iglesia-Carucho)、埃德蒙多·哈金(Edmundo Jarquín)、托马斯·马洛(Tomás Mallo)、梅塞德斯·莫利纳(Mercedes Molina)、尤拉莉亚·佩雷斯·塞德尼奥(Eulalia Pérez Sedeño)和基金会出版事务负责人阿方索·加莫(Alfonso Gamo)。

中心推出的第一套丛书是《1991~2005年伊比利亚美洲峰会——成就与挑战》(*Las Cumbres Iberoamericanas* 1991 – 2005: *Logros y Desafíos*),它是在塞莱斯蒂诺·德阿雷纳尔(Celestino del Arenal)教授的领导下由西班牙和伊比利亚美洲国家的专家共同编著的。该书全面介绍了伊比利亚美洲峰会的历史、成就和未来,并于2005年10月在萨拉曼卡召开的第15届伊比利亚美洲峰会上首发。此外,中心还推出了一系列研究计划的阶段性报告和最终报告,以及时反映中心的科研动态和学术成果。

2007年4月,沉寂八年的《伊比利亚美洲思想》(*Pensamiento Iberoamericano*)杂志复刊,由西班牙国际合作局和卡罗利娜基金会联合出版。杂志创刊于1982年,前15年主要从政治和经济的角度解读拉美的社会现实。复刊后的《伊比利亚美洲思想》在保持原有特色的基础上,增加了社会、文化、教学等内容,更加关注社会公平与发展、拉美地区一体化等问题(如反贫困、移民和能源等)。

2000年以来机构的主要代表性文章和论著

1. Claudia Jacinto (coord.), *Formación profesional y cohesión social*, Fundación Carolina – CeALCI, Madrid, abril de 2010.
2. José Manuel García de la Cruz (dir.), Javier Lucena, Ángeles Sánchez y Daniel Gayo, *La integración productiva en MERCOSUR*:

orientaciones para la Unión Europea, Madrid, mayo de 2010.
3. Julián López y Manuel Gutiérrez (coords.), *América indígena ante el siglo XXI*, Ed. Fundación Carolina y Siglo XXI, Madrid, octubre de 2009.
4. José Antonio Alonso (dir.), *Financiación del desarrollo. Viejos recursos, nuevas propuestas*, Ed.：Fundación Carolina y Siglo XXI de España, Madrid, julio de 2009.
5. Felipe González (ed.), *Iberoamérica 2020. Retos ante la crisis*, Ed. Fundación Carolina y Siglo XXI, Madrid, abril de 2009.
6. Consuelo Vélaz de Medrano (coord.), *Equidad y políticas públicas en educación y formación básicas*, Ed. Fundación Carolina y Siglo XXI, Madrid, noviembre de 2008.
7. Raquel Martínez y Mario Lubetkin (eds.), *Comunicación y desarrollo：en busca de la coherencia*, Ed. Fundación Carolina y Siglo XXI, Madrid, octubre de 2008.

* 资料来源：http://www.fundacioncarolina.es/FundacionCarolina/mwcealci/cealci/presentacion/

(作者：贺钦，中国社会科学院马克思主义研究院；责任编辑：高川)

马德里大学拉丁美洲和非洲政治研究院
Instituto de Estudios Políticos para América Latina y África, IEPALA

地址: C/ Hermanos García Noblejas, 41, 8°. 28037-MADRID
电话: 34—91—4084112   4084212
传真: 34—91—4087047
网址: http://www.iepala.es
E-mail: iepala@iepala.es iepala@eurosur.org

历史沿革与现状简介

第二次世界大战结束后,欧洲开始重建,第三世界国家纷纷独立。兴起于20世纪40年代、在欧洲大陆广为传播的"经济和人文主义"思潮主张为自由而战,为欧洲大众和人类的利益重建社会经济结构。1955年万隆会议勃兴的第三世界主义主张打破第一世界和第二世界的主宰,维护第三世界国家的主权和发展,这对欧洲各国产生很大影响。在这种背景下,一些来自西班牙各界的有识之士于1958年在马德里大学成立拉丁美洲和非洲政治研究院,目的是声援拉丁美洲和非洲各国人民的反殖斗争,加强同第三世界国家的交流。由于当时西班牙没有结社合法化的相关法律,研究院的研究方向仅限于伊比利亚美洲国家间的文化研究领域。1965年4月,西班牙结社法公布后,马德里大学拉丁美洲和非洲政治研究院得到法律承认,正式成为一所非营利性的民间学术机构。此间,研究院出版了《发展的伦理》等批判性读物,从政治学、经济学和社会学等角度阐述对现实问题的反思,引起青年读者的关注。目前,研究院仍沿袭以前的学术传统,关注社会现实,尤其重视对发展、国际合作、社会运动、民主、人权、国际关系、意识形态等专题的研究。

组织机构、主要负责人及研究人员概况

研究院拥有独立的法人地位,是一个非营利性的、从事政治和哲学等领域研究的、独立于任何政党和机构的学术团体。其资金主要来自研究院理事会成员组成的基金会。

研究院的机构主要有委员会、理事会和秘书处。委员会由187人组成,是最高决策机关。委员会选举产生理事会,委员会成员有发言权,但没有表决权,也不享有被选举为理事会成员的权利。理事会由7人组成,负责主管研究院各方面的工作。秘书处由3人组成,经理事会推荐并通过委员会选举产生。委员会下设行政和财务部门,协助处理研究院的日常工作。

理事会由下列成员组成:主席胡安·卡梅洛·加西亚(Juan Carmelo García),经济学家、哲学家;副主席高登西奥·埃斯特万·贝拉斯科(Gaudencio Esteban Velasco),民商法教授;秘书长玛丽亚·皮拉尔·科尔切罗(María Pilar Colchero),社会学家;财务长何塞·拉蒙·梅嫩德斯(Jose Ramón Menéndez),经济学家。其他成员还包括民商法教授费尔南多·罗德里格斯·阿蒂加斯(Fernando Rodríguez Artigas)、宪法教授安娜·玛丽亚·雷东多(Ana María Redondo)、工业工程博士玛丽亚·赫苏斯·拉梅拉(María Jesús Lamela)、教学工作者瓜达卢佩·马丁内斯·布拉斯科(Guadalupe Martínez Blasco)和书记员玛丽亚·多洛雷斯·佩纳·多瓦莱(María Dolores Pena Dovale)。

研究院下设拉斐尔·布加莱塔研究所(Rafael Burgaleta)、玛里亚内利·加西亚·比利亚(Marianella García Villa)文献中心、信息传播部、图书馆、第三世界出版社、基金会和职业培训中心。1996年信息传播部开办南欧网(la Red EuroSur),2001年在此基础上创办了旨在促进国际合作和学术交流的 Gloobal 网站。

研究重点与学术活动

研究院主要致力于三方面的活动：进行有关拉丁美洲、非洲和第三世界国家历史和现实问题的研究，促进与第三世界国家的交流，为捍卫公民权和人权而斗争。

拉斐尔·布加莱塔研究所主要从事学术研究、教学、技术咨询等工作，研究成果主要面向大学、研究中心、非政府组织、培训班和企业等；研究重点主要是公共伦理和哲学领域，旨在促进社会责任的统一；研究亚洲、非洲、拉美地区的殖民历史和现实问题，剖析其欠发展的结构性原因；研究阻碍地方和全球发展的市场规则及其制度的调整与演变。

玛丽亚内利·加西亚·比利亚文献中心主要负责搜集、整理有关拉美研究的信息、成果和与全球化相关的研究成果；同其他机构建立交换图书和文献的合作关系；进行数据库和图书馆的基础建设；推广"世界指南"CD 版和网络项目等。

职业培训中心通过授课和讲座等方式开办移民培训班，从事非学历教学。

信息传播部的 Gloobal 网站为南北国家的发展与合作提供信息和资料，为学术研究、教学和国际合作提供交流平台。

研究院近期举办的学术会议主要有"不平等、发展与合作"研讨会（2007 年 5 月）、"国际合作治理与非政府组织"研讨会（2007 年 6 月）、"拉美与西班牙双边关系"研讨会（2007 年 7 月）、"今日拉丁美洲"研讨会（2007 年 12 月）。

主要拉美问题研究专家

胡安·卡梅洛·加西亚教授，毕业于经济学、贸易学和政治学专业，现任马德里大学拉丁美洲和非洲政治研究院主席。他致力于经济、政治、社会、伦理、人权等方面的跨学科研究,其主要研究领域涉及发展合作学、拉美研究、国际关系、公民社会等,撰写和编辑出版多部发展合作学和拉美研究方面的论著、译著和文集,并教授西班牙与拉美双边关系、第三世界发展合作学等方面的课程。他的主要成果有:《拉美未来的网络》(2003)、《公民社会发展中的国际合作》(2006)、《公民社会与拉美民主化:拉美社会网络的主角》(2006)。

对外合作

研究院是西班牙难民救助委员会、西班牙伊比利亚美洲研究会、中美及墨西哥哥本哈根倡议、欧洲反种族主义西班牙分会、国际民主与合作论坛、国际人权保护与促进联合会等地区及国际组织成员(甚至创办者),并同国际公民权与可持续环境观察组织、拉丁美洲及加勒比地区妇女人权保护委员会、巴西世界社会论坛、乌拉圭第三世界研究中心、西班牙儿童组织平台、拉美及加勒比妇女教育网、拉丁美洲信息机构等地区及国际机构保持着良好的合作关系。

主要出版物

研究院信息传播部开设 Gloobal 网站和出版电子杂志《今日全球》(*Glocal hoy*),用于汇集有关全球化问题及南方国家的各种电子资源,包括有关移民问题、跨国界文化交流等内容的文章和信息。

2000 年以来机构的主要代表性文章和论著

1. Acosta Alberto, Calcagno, Alfredo, *En la Encrucijada del Neoliberalismo: Retos*, Opciones, Respuestas, 2000.
2. González, Inmaculada, *Cooperación Educativa ante la Rebeldía de*

las Culturas, 2005.

3. Castañeda Sonia, Ianni Vanna, *Sociedad Civil y Cooperación Internacional al Desarrollo: Enfoques Teóricos y Modalidades de Acción*, 2005.

4. Aguilera Beatríz, Paredes Minaya María, *De Viaje con Mayra (Unidad Didáctica)*, 2006.

5. Samir Amin, *El socialismo en el siglo XXI: reconstruir la perspectiva socialista*, IEPALA Editorial, 2009.

6. García - Durán, Raúl, *De por qué históricamente otro mundo mejor es posible*, IEPALA Editorial, 2009.

* 资料来源: http://www.iepala.es/

(作者:贺钦,中国社会科学院马克思主义研究院;责任编辑:张颖)

王家埃尔卡诺研究所
El Real Instituto Elcano

地址：C/ Príncipe de Vergara,51 28006, Madrid España
电话：34—91—7816770
传真：34—91—4262157
网址：http://www.realinstitutoelcano.org/
E-mail：info@rielcano.org

历史沿革与现状简介

西班牙王家埃尔卡诺研究所是一个私人研究机构,成立于2001年12月27日,由西班牙菲利普王子任名誉所长,其主要宗旨是从事与西班牙和西班牙人民利益相关的国际问题的研究,以服务于西班牙社会。研究所的观点独立于公共管理机构和主要资助它的企业。

自成立时起,它就定位为无政党倾向的、但也不是持中立立场的研究机构。通过多学科的、综合的研究,对与西班牙利益相关的国际重大问题提出战略性的、全球视野的展望,提出可供实施的政治和社会建议。

2002年2月12日,研究所在西班牙美洲之家为公众举办了第一场报告会,由美国布鲁金斯学会主席迈克尔·阿马克斯特(Machael Amacost)主讲。一个月后,研究所写出了第一份分析报告。自那时起至今,研究所举办了多次研讨会和报告会,出版了不少有价值的专著、研究报告和论文。现已成为西班牙、欧洲和世界有影响的国际问题研究机构之一。

组织机构、主要负责人及研究人员概况

研究所的最高机构是董事会,董事会监督研究所的宗旨和目标的实施情况,董事会通过董事会全会或通过其执行委员会来行使其职权。此外,研究所还有企业顾问理事会和学术委员会。研究所设所长和副所长,负责研究所的科研和行政事务。

董事会在西班牙王子菲利普主持下于 2001 年 12 月 27 日成立。董事会名誉主席是菲利普王子。董事会主席是古斯塔沃·苏亚雷斯·佩尔铁拉(Gustavo Suárez Pertierra),副主席是安东尼奥·奥亚尔萨瓦(Antonio Oyarzába)大使,秘书长是卡洛斯·洛佩斯·布朗科(Carlos López Blanco)。董事会现有 31 人,其组成人员体现了公共利益和私人利益、政府利益和反对派利益的平衡。董事会成员中有西班牙前首相莱奥波尔多·卡尔沃－索特洛(Leopoldo Calvo - Sotelo)和前首相费利佩·冈萨雷斯(Felipe González),有西班牙现任外交部长,国防、经济和财政、文化部部长,前外交部长,提供资助的几家大公司的总裁和由主要反对党提名的一位董事。此外,还有通过选举产生的西班牙著名学者、文化人士和社会活动家。董事会的人数在不断增加,它的大门不是关闭的,而是可以通过新成员的加入而不断扩大的,新成员的加入或是由于他们提供资助,或是由于他们的政治和社会代表性。

董事会每年至少开两次会,它主要行使基金会的行政和管理两大职责,负责批准行动计划、预算、结算和活动的年度报告;负责任命执行委员会的成员、董事会秘书长以及董事会主席和副主席;负责批准董事会的新成员,根据执行委员会的提名批准学术委员会委员的人选。

董事会主席古斯塔沃·苏亚雷斯·佩尔铁拉,1949 年生于西班牙阿斯图里亚斯省库迪耶洛市。获奥维耶多大学法学硕士学位和巴利亚多利德大学博士学位。1973～1974 年在德国慕尼黑大学

进修。1978年在马德里孔普卢顿大学讲授宗教法,1981~1982年任该大学秘书长。1982年11月任司法部宗教事务局局长和宗教自由顾问委员会主席(1982~1984),1984年任国防部副国务秘书。1990年任国防部主管军事行政国务秘书。自1993年7月起任教育和科技部长,成为内阁成员。1995年任国防部长至1996年5月。曾任第六届国会众议员和众议院公共管理体制委员会主席。自2000年5月起,重新在大学任教。同年12月在国立远程教育大学任教。后在西班牙和外国多所大学任访问学者,是众多的学会、学术委员会和基金会的成员。2005年发表了《西班牙宪法中的世俗性》和《欧洲的价值观和多元文化主义》研究报告。2001年7月~2005年4月任古铁雷斯·梅利亚多将军和平、安全和防务学院院长。现任"和平、安全和防务"硕士专业负责人和伊比利亚美洲安全和防务计划(ADEFAL)网络"作为公共政策的伊比利亚美洲防务管理"研究项目的主持人。发表了不少有关防务和武装力量的立宪地位的研究报告。最近发表的研究报告有《宪法颁布25年和武装力量》《伊比利亚美洲的和平、安全和防务:共同的思考》,等等。

董事会副主席是安东尼奥·奥亚尔萨瓦尔大使,1957年毕业于马德里孔普卢顿大学法律系,获硕士学位。1961年开始外交生涯,在马德里和国外任外交职务。1977年任圣克鲁斯德特内里费省省长,后任吉普斯夸省省长。1979~1981年任西班牙外交部新闻司司长。1981~2000年先后任西班牙驻厄瓜多尔(1981~1983)、日本(1990~1994)、丹麦(1994~1996)和美国(1996~2000)大使。2000~2006年年底任圣巴巴拉系统工程公司董事长。

研究所所长是希尔·卡洛斯·罗德里格斯·伊格莱西亚斯(Gil Carlos Rodríguez Iglesias);两名副所长中,主管科研的副所长是查尔斯·鲍威尔(Charles Powell),主管外事和机构交往的副所长是皮拉尔·特纳（Pilar Tena）。

研究所下设 14 个研究室：欧洲、拉美、地中海和阿拉伯世界、美国和跨大西洋对话、亚太地区、撒哈拉以南非洲、国际组织、国际反恐、安全和防务、经济和对外贸易、国际合作与发展、西班牙在国际的形象和公众舆论、人口居民和移民、语言和文化研究室。此外，研究所还设有行政办公室、负责出版书籍和刊物的编辑部、网站、负责对外联络的外事处、负责科研管理和学术活动的科研管理处、翻译室等。

所长希尔·卡洛斯·罗德里格斯·伊格莱西亚斯，1946 年 5 月 26 日生于西班牙阿斯图里亚斯省希洪市。1968 年获奥维耶多大学法学硕士学位，1975 年获马德里自治大学法学博士学位。曾先后在奥维耶多大学、德国弗赖堡大学、马德里自治大学、马德里孔普卢顿大学任教。1982 年在埃什特雷马杜拉大学讲授公共国际法。1983～2003 年在格拉纳达讲授公共国际法。1986～2003 年任欧共体法庭律师，1994～2003 年任欧共体法庭庭长。自 2003 年 12 月起在马德里孔普卢顿大学讲授公共国际法。2004～2005 年任奥尔特加－加塞特研究院欧洲研究室主任。《欧共体法》杂志两主编之一。任多家法学杂志编委。被西班牙、德国、罗马尼亚、奥地利等国一些大学授予名誉博士称号。著述甚多，发表了多份有关欧盟法、欧盟宪章等方面的研究报告。

主管科研的副所长是查尔斯·鲍威尔，1960 年生，其父是英国人，母亲是西班牙人。获英国牛津大学硕士和博士学位。曾在牛津大学讲授历史和从事当代西班牙的研究。近年来，注重对 20 世纪下半叶西班牙外交，特别是西班牙在欧盟的作用的研究。1997～2002 年先后任奥尔特加－加塞特研究院欧洲研究室副主任、何塞·奥尔特加－加塞特基金会西班牙国际关系研究中心主任。2002 年任王家埃尔卡诺研究所欧盟问题首席研究员。现任研究所副所长兼圣巴勃卢大学现代史教授。

研究所还设有由50多名专家学者组成的学术委员会（El Consejo Científico）和由6人组成的企业顾问委员会（Consejo Asesor Empresarial）。企业顾问委员会主席是何塞·拉蒙·阿尔瓦雷斯·伦杜埃莱斯（José Ramón Alvarez Rendueles），ARCELOR公司总裁。

研究所全年的预算约为300万欧元，其中25%由政府提供。

研究重点与学术活动

目前研究所研究的重点课题是：国际关系中争取和平的问题；各国和各国人民之间的经济合作和支持；尊重人权问题；促进民主过渡与巩固民主的进程和传播民主的价值；各国、各国人民之间和各文明之间的和谐共处或容忍。

研究所的宗旨是：研究国际形势，进行研究分析，发表研究报告以有助于作出决策；传播研究报告成果以参与国内和国际的公众和社会的讨论；举行论坛或讨论会，使公共机构和私人机构的代表对国际关系和安全问题有更多和更好的沟通；实施和完成有关西班牙和国际社会的战略性各项研究计划和课题。

为完成上述宗旨，研究所开展和组织了一系列学术活动：工作会议、代表大会、书刊首发式、报告会、研讨会、论坛，等等。

对重大国际问题的观点

主张在处理国际事务中采取务实有效的多边主义政策，强调联合国的主导作用，倡导不同文明之间开展对话；奉行"欧洲主义"，力图置身于欧盟建设的中心；主张西班牙奉行独立自主的外交政策，主张在相互尊重和主权平等的基础上保持与美国的平衡友好关系；主张巩固和加强西班牙与拉美国家的友好合作关系，并积极推动欧盟发展同拉美的合作；主张努力恢复和发展同北非地区国家的关系，推动地中海地区的安全与合作，主张欧盟和北约在东扩同时兼顾南下;关注中东地区的和平与稳定,积极推动"路线图"计划的实施;重视加强在亚太地区的政治和经济存在,重点发展与中国、日本、韩国及东南亚国家的关系。

拉美研究概况

研究所研究的范围十分广泛,在拉美研究方面,近年来研究所主要发表了以下拉美问题的论文或研究报告。

有关拉美一体化的论文或研究报告:卡洛斯·马拉穆德(Carlos Malamud)的《南美洲能源峰会和地区一体化:良好(不太良好)愿望的道路》(*La Cumbre Energética de América del Sur y la Integración Regional: Un Camino de Buenas (Y No Tan Buenas) Intenciones*)(2007年5月17日);《南方共同市场与委内瑞拉:亚松森首脑会议及其委内瑞拉可能的决裂》(*El Mercosur y Venezuela: la Cumbre de Asunción y el Impacto de Una Posible Ruptura Venezolana*)(2007年7月12日)。

有关西班牙、欧盟与拉美关系的论文或研究报告:华金·罗伊(Joaquín Roy)的《欧盟—西班牙与古巴的关系:卡斯特罗生病一年后的评价》(*La Unión Europea y España frente a Cuba: Valoración tras Un Año de Enfermedad de Castro*)(2007年11月22日);京特·迈霍特(Günther Maihold)的《利马峰会:欧盟和拉美不对称的相遇》(*La Cumbre de Lima: un encuentro de la asimetría euro – latinoamericana*)(2008年6月6日)。

有关哥伦比亚、厄瓜多尔和委内瑞拉3国危机的论文或研究报告:西蒙·帕查诺(Simón Pachano)的《哥伦比亚冲突的新的影响》(*La nueva dimensión del conflicto colombiano*)(2008年4月2日);玛丽亚·特雷莎·罗梅罗(María Teresa Romero)的《委内瑞拉和哥伦比亚脆弱的、摇摆的谅解》(*El frágil y pendular entendimiento entre Venezuela y Colombia*)(2008年4月9日);里达乌托·卢西奥·

费尔南德斯(Ridauto Lúcio Fernandes)的《哥伦比亚、厄瓜多尔和委内瑞拉:边境危机的战略教训》(Colombia, Ecuador y Venezuela: enseñanzas estratégicas de la crisis fronteriza)(2008年6月6日)。

有关拉美各国之间关系的论文或研究报告:胡安·巴勃罗·索利亚诺(Juan Pablo Soriano)的《墨西哥外交中的巴西:寻求更活跃的关系》(Brasil en la Política Exterior de México: la Búsqueda de Una Relación más Dinámica)(2007年9月12日);卡洛斯·马拉穆德和卡洛塔·加西亚·恩西纳(Carlos Malamud y Carlota García Encina)的《拉美地区外的行为者之二:伊朗》(Los Actores Extrarregionales en América Latina (II): Irán)(2007年11月26日)。

有关拉美武装力量的文章或研究报告:玛丽娜·马拉穆德(Marina Malamud)的《公众舆论和南锥体的武装力量》(Opinión Pública y Fuerzas Armadas en el Cono Sur)(2008年1月4日);索妮娅·阿尔达(Sonia Alda Mejías)的《武装力量对拉美民族民众计划的参与》(La participación de las Fuerzas Armadas en los proyectos del populismo–nacionalista en América Latina)(2008年7月30日)。

有关国别研究的论文或研究报告:布鲁诺·艾利翁(Bruno Ayllón)的《卢拉第二任:新兴巴西的政治障碍和经济增长计划》(El Segundo Mandato de Lula: Obstáculos Políticos y Planes de Crecimiento Económico para un Brasil Sub–emergente)(2007年9月14日);路易斯·埃斯特万·冈萨雷斯·曼里克(Luis Esteban González Manrique)的《作为政党的武装力量:查韦斯的权力新几何学》(Las Fuerzas Armadas como Partido Político: La Nueva "Geometría del Poder" Chavista)(2007年11月8日);卡洛斯·萨维诺(Carlos Sabino)的《危地马拉的大选》(Elecciones Presidenciales en Guatemala)(2007年11月14日);劳尔·贝尼特斯·马瑙特(Raúl Benítez Manaut)的《梅里达倡议:墨西哥的反犯罪和扫毒的挑战》(La Iniciativa Mérida: Desafíos del Combate al Crimen y el Narcotráfico en

México)(2007 年 12 月 10 日);曼努埃尔·伊达尔戈(Manuel Hidalgo)的《我的司令,不要走这里:公投反对"21 世纪社会主义"》(*Por Ahí No, Mi Comandante*":*Freno en el Referéndum al "Socialismo del Siglo XXI*")(2008 年 1 月 3 日);卡梅洛·梅萨——拉戈(Carmelo Mesa-Lago)的《处于十字路口的古巴经济:菲德尔的遗产,关于变革的辩论和劳尔的抉择》(*La economía cubana en la encrucijada:legado de Fidel, debate sobre el cambio y opciones de Raúl*)(2008 年 4 月 23 日)。

主要拉美问题研究专家

首席拉美问题专家卡洛斯·马拉穆德(Carlos Malamud),马德里孔普鲁腾斯大学地理和历史博士,西班牙国立远程教育大学现代史系美洲史教授,曾任圣保罗大学教育中心世界经济史和西班牙经济史教授,马德里大学经济和企业系教授、地理和历史系美洲经济史教授。1996～2002 年任马德里孔普鲁腾斯大学奥尔特加-加塞特学院副院长兼拉美研究计划主任,2000～2002 年任该学院拉美安全和防务研究室主任等职。主要著作有:《美洲史》(2005);《政策的资助:联盟和欧洲的前景》(2005)、《拉美和跨国毒品走私》(1998)。他经常为西班牙国内外报刊、电台和电视台撰稿或发表评论。

对外合作

研究所对外合作十分活跃和频繁,与许多国际组织、政府部门、官方和私人研究机构、大学、企业、基金会有广泛交往。中国一些学术机构和大学与它也有学术交流。中国社会科学院拉丁美洲研究所的学者曾访问过这一研究所。

对中国的研究

近年来,研究所发表了不少有关中国政治、经济、外交、奥运会和中拉关系等方面的论文和研究报告,在肯定中国取得迅速发展成绩的同时,也指出了发展中遇到的障碍、问题和挑战。这里仅列举 2007 年下半年研究所发表的有关中国的论文和研究报告:《北京奥运会的变化和橱窗》(2007 年 7 月 19 日)(*Metamorfosis y Escaparate en los Juegos Olímpicos de Pekín*, 19 de Julio de 2007);《中国外交政策的新变化》(2007 年 9 月 7 日)(*El nuevo Contexto de la Política Exterior China*, 7 de Septiembre de 2007);《中国的崛起和美国在亚洲霸权的继续》(2007 年 9 月 19 日)(*El Auge de China y la Continuidad de la Hegemonía de EEUU en Asia*, 19 de Septiembre de 2007);《中国经济的腾飞及其国际影响》(2007 年 9 月 19 日)(*El Auge Económico de China y su Impacto Internacional*, 19 de Septiembre de 2007);《中国通向和平发展的道路及其同美国的关系》(2007 年 10 月 18 日)(*El Camino de China hacia un Desarrollo Pacífico y su Relación con Estados Unidos*, 18 de Octubre de 2007);《中共十七大之后的政治和领导层:有何新变化?》(2007 年 10 月 22 日)(*Política y Liderazgo tras el 17 Congreso del PC Chino:¿Cuáles Son las Novedades?*, 22 de Octubre de 2007);《拉美地区外的行为者之一:中国》(2007 年 11 月 13 日)(*Los Actores Extrarregionales en América Latina(I):China*, 13 de Noviembre de 2007);《中国和印度:能源和气候的变化》(2007 年 12 月 28 日)(*China e India: Energía y Cambio Climático*, 28 de Diciembre de 2007)。

西班牙王家埃尔卡诺研究所首席中国问题专家巴勃罗·布斯特洛(Pablo Bustelo),西班牙马德里孔普鲁腾斯大学经济学博士、应用经济学教授。曾任该大学亚洲研究所所长(1993~1997 年),该大学国际关系研究所亚洲研究协调员(1998~2000),现任该大学东亚经济研究室主任。中国和亚洲经济问题专家,主要著作有:《亚太地区国际新秩序》(2002);《圆周四方形:西班牙—拉美—东亚三角的可能性和挑战》(2002);《东亚经济结构》(2004);《西班牙在中国和印度迅速发展中的作用》(2006),等等。曾多次访问中国,曾访问中国社会科学院拉丁美洲研究所。

主要出版物

专题分析报告(*Análisis del Real Instituto Elcano*,ARI);研究报告(*Documentos de Trabajo*);民意调查(*Barómetro del Real Instituto Elcano*);研究所每年2月、6月和11月举行三次民意调查,调查民众对国际关系和西班牙外交政策的看法,并公布调查结果;年度报告(*Anuarios*);分析报告杂志(*Revista ARI*),月刊,每期至少刊登4篇优秀的分析报告;研究所通讯(*Boletín Elcano*),用西班牙语和英语出版;电子版新闻(*Novedades en la red*)。

2000 年以来机构的主要代表性文章和论著

1. William Chislett,*La Inversión Espa？ola Directa en América Latina:Retos y Oportunidades*,2003.
2. Paul Isbell y Carlos Malamud,*Iberoamerica. Realidad frente a mito. De Guadalajara 1991 a Salamanca*,2005.
3. Círculo de Empresarios,*La Presencia Española en Países de Fuerte Crecimiento:China e India*,2006.
4. La Comisión de Armas de Destrucción Masiva(WMDC,en sus siglas en inglés),*Las Armas del Terror:Librando al Mundo de las Armas Químicas*,Biológicas y Nucleares,2007.
5. International Crisis Group,*El Camino Incierto de las Reformas en Bolivia*,Informe sobre América Latina,No. 18,2007.
6. Carmen López Alonso,Hamas,la Marcha hacia el Poder,2007.

7. Fidel Sendagorta, *Europa entre Dos Luces: Declive o Resurgimiento*, 2007.
8. Federico Steinberg, *Cooperación y Conflicto: Comercio Inter-nacional en la Era de la Globalización*, 2007.
9. Gonzalo Escribano, *La internacionalización de la empresa española. Estudio monográfico sobre el entorno económico y las oportunidades de inversión en: Turquía*, 2008.

* 资料来源:http://www.realinstitutoelcano.org/

(作者:徐世澄,中国社会科学院拉丁美洲研究所;责任编辑:刘维广)

西班牙阿卡拉大学拉丁美洲研究所
Instituto de Estudios Latinoamericanos, Universidad de Alcala, IELAT

地址：Calle Trinidad, 1. Edificio Colegio Trinitarios, 28801, Alcalá de Henares, Madrid.
电话：34—91—8852573
传真：34—91—8852579
网址：http://ielat.uah.es/
E-mail：ielat@uah.es

历史沿革与现状简介

为适应西班牙和欧盟与拉美国家关系快速发展的需要，在阿卡拉大学基金会（Fundación General de Universidad de Alcalá, FGUA）的支持下，西班牙阿卡拉大学拉丁美洲研究所（IELAT）于2007年7月10日正式成立。其目标主要有四个：一是促进西班牙和欧盟与拉美国家关系的研究；二是加强和扩大本科、研究生和继续教育阶段等各层次的教学活动，提高学生对拉美政治、经济和社会制度的了解；三是出版和传播有关拉美的知识；四是向有需要的公共机构和私人机构提供技术和专业咨询服务。

组织机构、主要负责人及研究人员概况

研究所的领导和管理由所长、国际顾问委员会、主任、秘书、领导委员会构成。

根据章程，所长由阿卡拉大学校长提名，由阿卡拉大学基金会董事会任命。现任所长胡安·拉蒙·德拉福恩特（Juan Ramon de la

Fuente)曾任墨西哥国立自治大学(UNAM)校长、墨西哥前卫生部长等职,2008年7月当选国际大学联合会(IAU)主席。国际顾问委员会最多由50位知名人士组成,其成员由研究所所长提名,由阿卡拉大学校长任命。顾问委员会每年至少召开一次会议,讨论研究所的战略计划。主任由研究所所长任命,主任有权任命一名副主任。目前任中心主任和副主任的分别为达尼埃尔·索特尔赛克·萨利姆(Daniel Sotelsek Salem)和佩德罗·佩雷斯·埃雷罗(Pedro Pérez Herrero)。秘书为贝伦·培尼亚(Belén Peña)。领导委员会为研究所的集体领导机构,由所长或主任主持工作,其成员包括所长、四个教学和科研中心的主任及阿卡拉大学基金会会长。

研究所下设四个独立的教学和科研中心:欧美法学研究中心(CEAEJ)、拉美历史文化中心(CEHC)、拉美经济研究中心(CEEAL)、发展合作研究中心(CICODE)。

为促进科研、教学和出版活动及组织各种国际会议,阿卡拉大学拉美研究所还在西班牙桑坦德银行(Banco Santander)、卡罗利娜基金会(Fundación Carolina)、欧盟委员会(Comisión Europea)等机构资助下设立了五个论坛(Cátedra),论坛的主席由西班牙和拉美国家非常有名望的人担任。西蒙·玻利瓦尔论坛(Cátedra Simón Bolívar)的主席由拉美研究所所长胡安·拉蒙·德拉福恩特兼任。2009~2010年拉美大多数国家将迎来独立200周年,论坛将组织一系列纪念拉美独立200周年的活动。劳尔·普雷维什论坛(Cátedra Raúl Prebisch)的主席是联合国拉美经委会执行秘书何塞·路易斯·马奇内阿(José Luis Machinea),他在2008年7月31日卸任后于2008年9月开始任这一论坛的主席。公司社会责任论坛(Cátedra Responsabilidad Social Corporativa)的主席是胡安·C.冈萨雷斯·埃尔南德斯(Juan C. González Hernández)。民主和人权论坛(Cátedra de Democracia y Derechos Humanos)的主任是伊莎贝尔·加里多·戈麦斯(Isabel Garrido Gómez)。让·莫内论坛(Cátedra

Jean Monnet)致力于国际法及国际关系研究,主任是卡洛斯·希门尼斯·彼埃尔纳斯(Carlos Jiménez Piernas)。

在对外交流方面,研究所设立了三个项目处:中美洲和加勒比学术合作项目处(Programa de Colaboración Académica con América Central y el Caribe)、拉美教育项目处(Programa de Educación con América Latina)、西班牙移民教育项目处(Programa de Enseñanza de Español para Inmigrantes)。

研究重点与学术活动

研究所重点关注拉美国家的现实情况。关注的问题有国际金融危机对拉美的影响、洪都拉斯的政治形势、拉美国家连选连任带来的困境等。西班牙及欧盟与拉美国家的关系也是研究的重点。有关这方面的研究成果有《古巴与西班牙的关系(1990~2008)》、《墨西哥与西班牙的关系(1977~2008)》、《墨西哥、美国和伊比利亚国家》等。

研究所的学术活动非常活跃,经常独立组织或与其他机构合作举行报告会、研讨会、图书发布会等。2008年举办的国际学术活动有:"今天的环境经济学:理论及实践"、"马德里和墨西哥城大都市区域内的政府与公共政策"、"2008年地区高等教育会议"等。

对重大国际问题的观点

关于拉美一体化,有的作者以中美洲一体化体系作为案例,认为该一体化组织将欧盟作为一体化范式或模式,以此来融入国际体系。通过对超国家一体化进程中的三个主要结构(制度、规则和司法)的分析,有的作者认为,无论何种一体化机制,如果追求雄心勃勃的目标,而不付出调适成本,特别是经济成本,是行不通的,尤其是像中美洲那些经济发展水平很低的国家。

关于西班牙的对外投资,有的学者分析了西班牙企业在能源领域的投资:石油、天然气、国际条约保护的化石能源(煤和铀)、可再生能源(风能和太阳能),认为这些投资都在环境变化的总体框架内,受到国际环境法的规范,提出西班牙应与其他国家合作促进和保护西班牙在能源领域的投资及解决争端机制的建立。有的学者重点分析了对境外西班牙投资者的援助及保护手段:建立双边的促进和相互保护投资协定(APPRIs)的网络、将国际争端解决中心(ICSID)作为解决争端的论坛。

关于西班牙与拉美国家的关系,有的学者指出,不同政治派别的首相上台执政对西班牙对古巴的立场影响较大。影响两国关系的主要议题有移民、投资、旅游、外贸等。目前,西班牙是古巴最主要的投资来源,西班牙在古巴的投资涉及古巴经济的所有部门,特别是在旅游业。目前,西班牙是古巴的第三大贸易伙伴。而西班牙与墨西哥经济关系的演变则真实反映了两国的经济发展变化。

拉美研究概况

研究所的研究领域非常广,涉及法律、历史、教育、经济、政治等各个领域。研究重点有拉美的公共政策、高等教育、环境经济、能源经济等。

研究所已完成的项目有九个,如《自然资源管理的经济学分析》、《投资的国际仲裁:CIADI及其他机构的实践研究》、《在国际经济新秩序中促进、保护投资和国家间及投资者与投资接受国间冲突的解决:单边主义VS多边主义》,等等。

在研项目有四个:《建立拉美可持续增长基础的必要政策分析》、《保护西班牙在外国的能源投资》、《阿卡拉大学经济、国际及生态学的影响》、《自由主义:1808~1880年大西洋地区公民及西方民族国家的建立》。

主要拉美问题研究专家

达尼埃尔·索特尔赛克·萨利姆，研究所的主任，1982年在阿根廷萨尔塔（Salta）天主教大学（UCS）获经济学学士学位，1988年在阿卡拉全国公共管理学院（INAP）获硕士学位，1991年获阿卡拉大学经济学博士学位。1992~1995年和1992~1994年相继任阿根廷天主教大学和国立南方大学（UNAS）经济理论学教授，1989~1992年及自1996年起，任阿卡拉大学经济理论和环境经济学教授。曾在意大利比萨（Universidad de Pisa）大学（1993）、美国哈佛大学（1995）和加州大学戴维斯分校（U. C. Davis）作访问学者。主要研究成果有：《关于社会福利的札记》（合著）、《重新思考经济增长、环境及贫困》、《经济整合及一体化：欧洲的经验与拉美》（合著）、《从泛美主义到美洲自由贸易区：对欧盟和西班牙的启示》（合著，2001）、《拉美的社会排斥与贫困》（2007），等等。

迭戈·阿斯克塔（Diego Azqueta），阿卡拉大学拉美研究所拉美经济研究中心主任，还是阿卡拉大学环境经济小组（GEA）协调人。代表作有《环境经济学》（2002）、《自然资源的经济分析及管理》，等等。

佩德罗·佩雷斯·埃雷罗（Pérez Herrero），阿卡拉大学哲学和文学院历史二系教授。在马德里孔普卢顿大学（Complutense）获历史学学士学位，墨西哥学院和马德里孔普卢顿大学（Complutense）获博士学位。现为墨西哥历史学院（Academia Mexicana de la Historia）成员。撰写13本、主编11本、发表80多篇有关拉美史的稿件。撰写和主编的著作有：《拉美的左派》（主编）、《1492~1763年殖民地的美洲：政治和经济》（2002）、《意识形态冲突及权力斗争》（2003）、《拉美的民族主义、财政及国家（1930~1980）》（2006）、《副司令马科斯：19世纪还是21世纪的游击战士？》（2006）。

对外合作

在阿卡拉大学的对外合作框架下，拉美研究所与联合国拉美经委会、安德烈斯·贝略协定（Convenio Andrés Bello（SECAB）、墨西哥学院、厄瓜多尔莫拉诺圣地亚哥省理事会（Consejo Provincial de Morona Santiago）、美国加州大学圣迭戈分校、巴西里约热内卢联邦大学、墨西哥国立自治大学、德国伯林大学拉美研究所、伊比利亚—葡萄牙—美洲国际法研究所（Instituto Hispano-Luso-Americano de Derecho Internacional（IHLADI）、（德国）纽伦堡大学（la Universitaet Erlangen-Nuernberg）法律和经济学系等建立了广泛的对外合作。

研究所还与阿卡拉大学总基金会（FGUA）、西班牙国际发展合作署（AECID）、西班牙桑坦德银行、伊比利亚美洲总秘书处（Secretaría General Iberoamericana，SEGIB）、卡罗利娜基金会等机构建立了合作关系。

主要出版物

研究所有四类出版物。工作论文（*Documentos de trabajo*）是研究所的研究人员或其他教授撰写的学术论文。合作文件（*Documentos conjuntos*）是研究所与其他国内和国际机构的共同研究成果。新闻月报（*Boletines Mensuales*）主要介绍拉美当前的形势及与西班牙的关系。期刊《伊比利亚美洲社会科学杂志》（*Quórum*）。它于2000年10月创刊。自2004年1月起，杂志开始出版电子版。至2008年3月，已出版20期，主要刊登有关拉美社会科学、人文、法律、经济和政治学方面的论文。

2000年以来机构的主要代表性文章和论著

1. Ramón Casilda Béjar, "Remesas y Bancarización en Iberoamérica",

working paper, Octubre, 2008.
2. Jaime E. Rodríguez O, "México, Estados Unidos y los países hispanoamericanos: Una visión comparativa de la independencia", *working paper*, Enero, 2008.
3. Pedro Perez Herrero (ed), *La izquierda En América Latina*, Editorial Pablo Iglesias, January 2006.
4. Pedro Pérez Herrero, "El tesoro y la maldición: metales preciosos y poder colonial", *La Aventura de la historia*, ISSN 1579-427X, No. 113, 2008.
5. Azqueta, Diego, *Introducción a la economía ambiental*, Mc Graw Hill, 2002.
6. Diego Azqueta, "Oil extraction and deforestation: a simulation exercise", *CEPAL Review*, No. 94, April, 2008.
7. Daniel Sotelsek Salem, *Convergencia Economica E Integracion: La Experiencia En Europa y América Latina*, Piramide Ediciones Sa, June 30, 2004.
8. Azqueta Oyarzun, Diego, Sotelsek Salem, Daniel, "La Economía del Desarrollo: una perspectiva histórica", *Revista Vasca Economía*, No. 64, 2007.
9. Gregorio Rodríguez Cabrero, Daniel Sotelsek Salem, *Apuntes sobre bienestar social*, Universidad de Alcalá de Henares, Servicio de Publicaciones, 2002.
10. Tomás Mancha Navarro, Daniel Sotelsek Salem, *Convergencia económica e integración: la experiencia en Europa y América Latina*, Ediciones Pirámide, 2001.

* 资料来源：http://ielat.uah.es/

（作者：贺双荣，中国社会科学院拉丁美洲研究所；责任编辑：黄念）

奥尔特加拉丁美洲研究中心

Centro de Estudios Latinoamericanos Ortega y Gasset, CELOG

地址: C/ Fortuny, 53-28010 Madrid-España,
电话: 34—91—7004100　7004166　7004108
传真: 34—91—7003530
网址: http://www.ortegaygasset.edu/contenidos.asp?id_s = 14
E-mail: celog.americalatina@ fog.es

历史沿革与现状简介

奥尔特加拉丁美洲研究中心是西班牙奥尔特加基金会下设的奥尔特加研究学院(1986年创立)所属的科研中心,是欧盟框架下研究当代拉美政治、经济、文化现实及拉美与欧盟关系的重要机构。主要从事教学、科研和传播活动。中心下设各区域研究分中心,目前有欧盟墨西哥研究中心(CESMUE)和奥尔特加巴西研究中心(CEBOG)。针对拉美其他区域研究的分中心也将很快成立。

组织机构、主要负责人及研究人员概况

中心设主任和协调员各一名。现任主任是佩德罗·佩雷斯·埃雷罗博士(D. Pedro Pérez Herrero),协调员是伊万·罗德里格斯·罗萨诺博士(D. Iván Rodríguez Lozano)。

现有科研人员13人,多数为马德里大学或马德里自治大学的教师。研究方向有五个:历史与政治思潮研究、可治理性和公共政策研究、社会运动与公民参与研究、经济增长和一体化进程研究、拉美在国际体系中的地位研究。

研究重点与学术活动

中心侧重从欧盟的角度研究拉美,致力于通过双方各种团体和组织之间的联系建立欧盟和拉美两大地区之间的联盟,以探讨和解决当代政治、社会发展中的各种地区性和行业性问题。同时,推进欧盟和拉美对话机制的发展,通过举办研讨会、撰写研究论文等方式推动两大地区间战略伙伴关系的建立和发展。

中心于 2000 年发起创建了"奥尔特加拉美总统论坛",旨在通过对拉美各国执政者治国政策的分析推动地区问题的研究和解决。论坛的主要活动方式为"拉美总统对话"和"奥尔特加拉美总统讲座"。前者是拉美各国总统之间交流的平台,后者则旨在加强论坛的学术研究性质。

第一届"拉美总统对话"于 2001 年 3 月 11～14 日在哥伦比亚卡塔赫纳举行,来自拉美 11 个国家的总统在会上就"面向未来的拉美可治理性"议题进行了交流。第二届会议于 2002 年 4 月 22～23 日在智利首都圣地亚哥举行,议题为"全球化背景下的社会建设"。第三届会议于 2003 年 5 月 19～20 日在墨西哥城举行,议题为"拉美竞争力全纪录"。每届会议的成果会在下届会议召开时正式出版。第一届"奥尔特加拉美总统讲座"于 2000 年 10 月举办,乌拉圭前总统何塞·玛丽亚·桑吉内蒂(José María Sanguinetti)应邀作讲座。第二届总统讲座于 2001 年 10 月 18～24 日举行,智利前总统埃德华多·弗雷(Eduardo Frei)就"智利政府和政治"和"智利怎样应对危机"等主题发表演讲,奥尔特加基金会(FJOG)主席安东尼奥·加里格斯·沃克(Antonio Garrigues Walker)和哥伦比亚前总统埃尔内斯托·桑佩尔·皮萨诺(Ernesto Samper Pizano)作题为"新的世界秩序下拉美可治理性面临的挑战"的报告。第三届总统讲座于 2002 年 11 月 6～18 日举行,墨西哥前总统米格尔·德拉马德里(Miguel de la Madrid)应邀作讲演。

对重大国际问题的观点

中心主张欧盟与拉美之间通过有效的对话机制建立两大地区之间的联盟;世界各地区之间及地区内部各国之间应互相尊重、捍卫人权和民主价值并避免发生暴力冲突。

拉美研究概况

拉美研究人员网(REDINVESTAL)是由中心建立的针对拉美研究和社会科学研究从业人员的信息网,是检索各专题的相关学术信息的重要工具。通过电子邮件的方式向其联系人发送各种有关信息(出版物、研讨会、科研基金、奖学金申请,等等)。

在中心框架下运作的欧盟墨西哥研究中心(CESMUE)旨在通过对墨西哥和欧盟的研究促进二者学术、文化、政治、社会、经济等方面的联系。欧盟墨西哥研究中心出版的月刊《墨西哥日志》(DATAMEX)刊登有关墨西哥政治、经济和社会发展现状的学术文章。已出版的专著主要有:伊斯马埃尔·格雷斯波·马丁内斯(Ismael Crespo Martínez)和安东尼奥·加里多·鲁比亚(Antonio Garrido Rubia)的《拉丁美洲的大选及大选制度》(2008);马尔科·安东尼奥·科尔特斯(Marco Antonio Cortés)和维克托·亚历杭德罗·埃斯皮诺斯(Víctor Alejandro Espinoza)主编的《墨西哥选举》(2007);维克托·亚历杭德罗·埃斯皮诺萨·巴耶(Víctor Alejandro Espinoza Valle)的《民主道路:墨西哥地方选举》(2007);米格尔·卡沃内尔(Miguel Carbonell)和鲁道夫·巴斯克斯(Rodolfo Vázquez)主编的《权力、法律和腐败》(2004);华金·罗伊(Joaquín Roy)、亚历杭德罗·查诺那(Alejandro Chanona)和罗伯特·多明戈斯(Roberto Domínguez)主编的《欧盟和北美自由贸易区:地区一体化比较及相互关系》(2004),等等。

同属拉美研究中心的奥尔特加巴西研究中心(CEBOG)一至

两个月出版一期《巴西简报》(Boletín Brasil)，刊登分析巴西政治形势、经济形势和相关问题的学术论文或研究报告（如 2007 年第六期上刊登的桑德罗·爱德华多·蒙苏维多（Sandro Eduardo Monsueto)的《巴西劳工关系的新动向》；2006 年第二期上刊登的玛丽安娜·威斯布朗（Marianne Wiesebron)的《巴西能源安全与地区性能源战略》；2005 年第四期上刊登的艾里·狄尼斯（Eli Diniz)的《巴西的政治危机及可治理性研究》，等等）。

主要拉美问题研究专家

埃斯特尔·德尔坎波（Esther del Campo），马德里大学政治学教授，著有《阿根廷与智利的发展战略与政治危机》(1993)、《智利政党制度的发展》(1991)，等等。

马尔塔·卡萨乌斯（Marta Casaús），马德里自治大学美洲历史学教授，主要作品有《危地马拉思想史》(2001) 和《危地马拉文化发展及其多样性》(2000)。

马里萨·拉莫斯·罗甬（Marisa Ramos Rollón），萨拉曼卡大学政治学教授，著有《委内瑞拉市民运动的认同、行动和政治意义》(1995)。

对外合作

中心从 2001 年起实施通过国际合作培养研究生的计划，目前这一项目的重点正在转向合作研究方面。

在中心框架下开展活动的欧盟墨西哥研究中心（CESMUE）通过与墨西哥有关机构签订协议的方式推动墨西哥研究在欧盟的发展。其协议单位主要有：墨西哥学院、哈里斯克学院、墨西哥国立自治大学、伊比利亚美洲大学、经济研究与教学中心（CIDE）、拉丁美洲社会科学学院墨西哥分院、墨西哥进出口商协会（ANIERM）、墨西哥参议院和众议院、西那罗阿州政府等。

主要出版物

欧盟墨西哥研究中心(CESMUE)出版的月刊《墨西哥日志》(*DATAMEX*)和奥尔特加巴西研究中心(*CEBOG*)出版的《巴西简报》(*Boletín Brasil*)。

2000 年以来机构的主要代表性文章和论著

1. Eli Diniz, "Democracia, Gobierno Lula y Desafíos Actuales", *Boletín Brasil*, CEBOG, Madrid, Sept. 2004.
2. Joaquín Roy, Alejandro Chanona, Roberto Domínguez (coordinadores), *La Unión Europea y el TLCAN: Integración Regional Comparada y Relaciones Mutuas*, Universidad Nacional Autónoma de México y Universidad de Miami, México, 2004.
3. Miguel Carbonell, Rodolfo Vázquez (coordinadores), *Poder, derecho y corrupción*, IFE, ITAM y Siglo XXI Editores, México, 2004.
4. Marianne L. Wiesebron, "Brazilian Energy Security-Brazil's strategies in the regional context", *Boletín Brasil*, CEBOG, Madrid, mayo, 2006.
5. Andrés Ferrari, "MERCOSUR Ante un Momento Crucial", *Boletín Brasil*, CEBOG, Madrid, julio, 2006.
6. Andrés Ferrari, Hernán Neyra, "Argentina y Brasil: perspectivas del gobierno de Cristina Kirchner", *Boletín Brasil*, CEBOG, Madrid, octubre, 2007.
7. Ernesto Hernández Norzagaray, José Francisco Parra, Otto Granados Roldán (editores), *Elecciones y Reforma Institucional en México*, Instituto Universitario de Investigación Órtega y Gasset, Universidad Autónoma de Sinaloa, Universidad Veracruzana, Madrid, 2007.
8. Ismael Crespo Martínez, Antonio Garrido Rubia, *Elecciones y siste-*

mas electorales presidenciales en América Latina, Jurado Nacional de Elecciones del Perú, Miguel Ángel Porrúa, México, 2008.

* 资料来源:http://www.ortegaygasset.edu/contenidos.asp? id_s=14

(作者:袁琳,中国社会科学院拉丁美洲研究所;责任编辑:张颖)

西班牙美洲研究学院
Escuela de Estudios Hispanoamericanos, EEHA

地址: C/Alfonso XII, 16, Sevilla, E-41002, España.
电话: 34—95—4501120
传真: 34—95—4500954
网址: http://www.eeha.csic.es/
E-mail: secretaria@eehaa.csic.es

历史沿革与现状简介

西班牙政府于1942年创建西班牙美洲研究学院,旨在培养精通美洲历史的学生并开展相关学术研究。因塞维利亚市在美洲大陆发现时期具有特殊重要性并保存着有关西印度地区的丰富史料,故将其定为西班牙美洲研究学院所在地。最初,西班牙美洲研究学院隶属于塞维利亚大学哲学与文学系,并与西班牙高等科技理事会保持着密切的联系。承担哥伦布抵达之前的美洲历史、美洲的发现与征服、殖民历史、现代美洲、西印度法律发展史、殖民时期的艺术发展史、现代西班牙历史、当代西班牙历史、西班牙语语音学、美洲地理和西班牙及拉美文学等学科的教学和研究工作。1945年,塞维利亚大学哲学与文学系成立了美洲历史部负责教学,此后,西班牙美洲研究学院开始隶属于西班牙高等科技理事会,并成为专门的研究机构,从事科研、研究生培养和期刊、专著的出版等工作。学院对其内部组织结构进行了调整,增加了在编研究人员的数量,并开始通过学院的2个研究室开展课题研究。

组织机构、主要负责人及研究人员概况

西班牙美洲研究学院设院长、副院长各一名,人员分布在科研业务部、图书部和后勤服务部等三个部门。其中,科研业务部包括殖民时期美洲历史研究室和当代美洲历史研究室等两个研究室,目前共有科研人员 21 人,其中 11 人为正式在编人员,其余为奖学金获得者和特聘科研员。图书部包括图书馆和出版社。

现任院长为萨尔瓦多·贝纳维乌·阿尔韦托(Salvador Bernabéu Albert),历史学博士。

研究重点与学术活动

西班牙美洲研究学院目前正进行的研究课题有五个:"16~18 世纪西班牙帝国边缘的遗产、经验与融合","安达卢西亚与美洲:文化交流与移植","韦尔瓦伊比利亚美洲电影节研究与数字化","墨西哥、委内瑞拉和西班牙的战争、宣传与舆论(1823~1829)","泛美印第安主义:一个大陆的体制、网络与方案"。

学院举办的研讨会等科研活动有两个常设主题:水、土地与环境—公共政策与公民参与,15~19 世纪伊比利亚世界的国界建设。围绕这两个主题,学院经常通过圆桌会议、研讨会、讲座和学习班等形式开展学术交流活动。近年举办的主要活动有:圆桌会议"巴西环境与水资源公共政策研究"(2008 年 1 月)、圆桌会议"地区发展计划与拉美一体化"(2008 年 2 月)、国际研讨会"爱尔兰与伊比利亚大西洋:流动性、参与与文化交流(1580~1823)"(2008 年 10 月)、研讨会"安达卢西亚与美洲:过去与未来"(2009 年 2 月)等。

拉美研究概况

西班牙美洲研究学院目前有四个固定的研究小组,其研究方向分别为:"安达卢西亚与美洲:影响与交流","安达卢西亚及美洲的人口状况研究"、"当代美洲的经济与社会"、"美洲的知识传播与文化认同",等等。

从创建至今,西班牙美洲研究学院一直以系列丛书的形式出版其科研成果。《传播与研究》系列丛书致力于从人文社会科学的各个视角探索拉美历史和现实问题,并侧重从跨学科的角度研究拉美的现实问题。近年被收入丛书的著作有《诗人的阅读》(2005)、《古巴社会认同性的形成》(2005),等等;《美洲世界》系列丛书收集了关于美洲各个时期的历史的相关专著,其内容范围涉及历史学、人类学、文学和社会学等多个学科。近年被收入丛书的著作有《古巴的西班牙无政府主义者(1902～1925)》(2008)、《阿根廷中部地区的司法制度(1884～1912)》(2008),等等。

主要拉美问题研究专家

萨尔瓦多·贝纳维乌·阿尔韦托(Salvador Bernabéu Albert),西班牙美洲研究学院院长、历史学博士。主要成果有专著《西方的天堂:墨西哥总督统治时期的规则与多样性》(1998)、《新西班牙真实的镜子》(2002)、论文《献给女王的珍珠:殖民时期珍珠产业的研究(1797～1814)》(1995)、《美洲研究现状分析》(2001),等等。

孔苏埃洛·巴莱拉(Consuelo Varela),西班牙美洲研究学院副院长、历史学博士。主要研究领域为美洲发现初期的历史和西班牙人的环太平洋航行。主要成果有专著《西印度的破环》(2000)、《克里斯托弗·哥伦布》(2003)、论文《编年史家笔下的哥伦布》(2003),等等。

对外合作

目前,西班牙美洲研究学院与佛罗里达国际大学、墨西哥普埃布拉美洲大学人文研究中心、秘鲁天主教大学、哥斯达黎加大学拉美研究中心、墨西哥瓜达拉哈拉大学、委内瑞拉马拉开波天主教大学、巴西米纳斯吉拉斯大学等签有合作协议。此外,与哥伦比亚国立大学、古巴美洲之家、墨西哥人类学与历史学国立学院、圣保罗大学等的合作协议正在签署过程中。

西班牙美洲研究学院是欧洲拉美信息与文献网络(REDIAL)西班牙理事会领导团、欧洲拉美社会研究协会(CEISAL)等机构的成员。

主要出版物

《美洲研究年鉴》(*Anuario de Estudios Americanos*),创办于 1944 年,是享有世界声誉的美洲研究杂志。每年 6 月与 12 月各出版一期。

2000 年以来机构的主要代表性文章和论著

1. Antonio Gutiérrez Escudero (coordinador), *Ciencia, Economía y Política en Hispanoamérica colonial*, EEHA, Sevilla, 2000.
2. Pilar Gonzalbo Aizpuru, Berta Ares Queija, *Las mujeres en la construcción de las sociedades iberoamericanas*, EEHA, Sevilla-México, 2004.
3. Óscar Castillo Rivadeneyra, *Jalones sobre la modernización y descentralización en el área andina*, EEHA, Sevilla, 2005.
4. Rafael Cámara, José Ramón Martínez y Fernando Díaz del Olmo, *Desarrollo sostenible y medio ambiente en República Dominicana: medios naturales dominicanos, su manejo histórico, conservación y protección*, EEHA, Sevilla, 2005.
5. Inmaculada Rodríguez Moya, *El retrato en México: Héroes, ciudadanos y emperadores para una nueva nación (1781 - 1867)*, EEHA, Sevilla, 2006.

6. Jesús Raúl Navarro García (coordinador), *Insurgencia y Republicanismo*, EEHA, Sevilla, 2006.
7. Emilio José Luque Azcona, *Ciudad y Poder:La construcción material y simbólica del Montevideo colonial (1723 - 1810)*, EEHA, Sevilla, 2007.
8. Laura Giraudo (editora), *Ciudadanía y derechos indígenas en América Latina:poblaciones, estados y orden internacional*, Centro de Estudios Políticos y Constitucionales, Madrid, 2007.
9. Amparo Sánchez Cobos, Sembrando ideales:*Anarquistas españoles en Cuba (1902 - 1925)*, EEHA, Sevilla, 2008.
10. Laura Giraudo, *Anular las distancias:Los gobiernos posrevolucionarios en México y la transformación cultural de indios y campesinos*, Centro de Estudios Políticos y Constitucionales, Madrid, 2008.

* 资料来源:http://www.eeha.csic.es/

(作者:袁琳,中国社会科学院拉丁美洲研究所;责任编辑:张颖)

意大利—拉丁美洲协会
Istituto Italo-Latino Americano, IILA

地址：Piazza Benedetto Cairoli, 300186 Roma(Italia)
电话：39—06—684921
传真：39—06—6872834
网址：http/www.iila.org
E-mail：seg.generale@iila.org

历史沿革与现状简介

意大利—拉丁美洲协会于 1966 年 12 月 11 日在意大利首都罗马创建。创始人是当时的意大利总理范范尼。他认为当时意大利缺少与拉美国家之间的合作平台，并于 1965 年在墨西哥首都墨西哥城发出倡议，希望建立一个欧洲与拉美国家开展合作与研究的平台。这一倡议得到拉美国家的积极响应。在范范尼总理的大力推动下，意大利同 21 个拉美国家于 1966 年 6 月在罗马签定协议，决定成立意大利—拉丁美洲协会。成立协会的目的在于促进意大利对拉美国家的学术交流和政治交往，提高研究水平，使其成为意大利与拉美国家发展友好关系的纽带。40 多年来，协会通过举办研讨会、出版刊物等形式，为促进意大利和欧洲国家与拉美国家之间的文化研究、密切政治关系和经济关系作出了杰出贡献，成为连接意大利和拉美国家的重要桥梁。

组织机构、主要负责人及研究人员概况

意大利—拉丁美洲协会设主席、副主席、授权代表委员会和执

行委员会。授权代表委员会由各成员国的授权代表（意大利为外交部副部长，其他国家为驻意大利大使）组成，每个成员国都拥有一票的投票权。协会主席和副主席由授权代表委员会选举产生，每个授权代表都有被选举权。协会主席和副主席任期两年。在主席不在或不能履行职权时，由三名副主席按姓氏第一个字母的先后顺序轮流行使主席职权，每人八个月。主席负责主持和召集授权代表委员会和执行委员会会议。授权代表委员会每年至少召开两次会议，或按照主席的提议或根据1/3授权代表的倡议召开特别会议。授权代表委员会是协会的最高管理机构，除负责选举协会主席和副主席以外，还负责任命协会秘书长，制定秘书处的工作方针，通过协会预算和协会活动的半年报告等。执行委员会是协会的日常管理机构，由协会主席和副主席组成。协会的日常行政工作由秘书长负责，下设行政协调局、文化处、社会经济处、科技处、发展合作局、研究中心、图书馆等机构。

现任协会主席为萨尔瓦多驻意大利大使何塞·罗伯托·安迪诺·萨拉萨尔（Jose Roberto Andino Salazar）。三名副主席为：海地驻意大利大使尤翁·西梅翁（Yuon Simeon）、意大利外交部副部长多纳托·迪·桑托（Donato Di Santo）和巴拉圭驻意大利大使豪尔赫·菲格雷多·弗拉塔（Jorge Figueredo Fratta）。秘书长为意大利外交部大使衔外交官马里奥·布鲁尼（Mario Bruni）。

协会没有固定的研究人员队伍，主要通过举办研讨会、提供奖学金、帮助研究人员出版研究成果等方式，促进意大利对拉美问题的研究。同时，协会还资助拉美国家的学者到意大利进行访问和讲学，促进相互间的学术交流。协会的资金来源主要有两个渠道：成员国会费和协会主席接受的赠款。协会的图书馆资料丰富，拥有图书9万多册，同时，它还与国内外的图书馆联网，实现了资源共享。

研究重点与学术活动

作为国家参与和支持的机构,意大利—拉丁美洲协会在政府制定对拉美政策时具有非常重要的影响,并由外交部副部长任协会的授权代表。协会的研究重点和学术活动涵盖了文化、经济、社会、科技等领域,主要学术活动包括以下方面:经常举办展览,邀请来自拉美国家的艺术家展览其艺术成果,促进意大利同行与拉美国家艺术家的直接交流,进而推动意大利和欧盟国家对拉美艺术的研究与了解;不定期举办见面会、研讨会和年会,组织拉美学者与意大利学者进行面对面的沟通与交流,把拉美文学、历史、艺术、人类学、建筑学和摄影文化介绍给意大利公众;与拉美电影节和罗马电影节合作,积极将拉美电影推向意大利市场,促进与拉美国家的合作;积极向拉美市场介绍意大利的中小企业,同时也将拉美国家的中小企业推向意大利市场。面对 21 世纪的挑战,协会积极组织本国和拉美国家(阿根廷、巴西、乌拉圭和秘鲁)的专家进行有关全球化、区域和次区域一体化、共同发展、社会和谐、移民问题等方面的对话。此外,土著问题、环境、人员培训、地质学、城市学、空间学和精确计算学等也是研究的重要课题。协会还同拉美国家进行合作研究,如对手工艺和古老的传统手艺的挽救,将文化遗产保护作为发展的资源等课题。

协会在文化领域的主要研究著作有:《拉丁美洲文学与她的欧洲情结》、《拉丁美洲的巴洛克艺术》、《哥伦比亚的百年艺术》、《阿根廷自独立以来的艺术》,等等;在经济社会领域的主要著作有:《拉丁美洲国家的国外私人投资》、《古巴与世界经济》、《拉丁美洲——从债务危机到全球化世界的挑战》,等等;在科技领域的主要著作有:《拉丁美洲国家的社会经济发展与教育规划》、《卫星电视教育体系》、《拉丁美洲国家蛋白质问题与食品研讨会情况》,等等。

主要拉美问题研究专家

阿尔贝托·梅尔(Alberto Merler),现任意大利萨萨里大学哲学和文学系社会学教授,长期从事拉美问题研究。他是很多学术团体和国际研究协会的成员,主要有:意大利—拉丁美洲协会、萨萨里大学巴西研究中心、拉丁美洲社会研究协会,等等。

对外合作

意大利—拉丁美洲协会十分重视与拉美国家和欧洲国家学术机构的合作。合作的主要机构有:联合国教科文组织、马德里美洲之家协会、热那亚美洲之家协会、意大利和拉美国家大学中的主要研究机构等。

主要出版物

《意大利的拉丁美洲研究》(*Istituto Italiano Latino Americano*),不定期出版。

2000 年以来机构的主要代表性文章和论著

1. Bruno Campanella e Raffaele Campanella Cacucci, *L'Organizzazione Degli Stati Americani Dalle Origini Ai Giorni Nostri*, Bari,2006.
2. Francesca Cantù (a cura di), *Guamán Poma Y Blas Valera: Tradición Andina E Historia Colonial*, Pellicani, Roma,2001.
3. Maria Gabriella Dionisi (a cura di), *Il Paraguay:La Storia, Il Territorio, La Gente, Pellicani*, Roma,2001.

* 资料来源:http/www. iila. org;E - mail:seg. generale@ iila. org

(作者:张宇靖,对外经贸大学;责任编辑:张颖)

英国拉丁美洲研究学会
The Society for Latin American Studies, SLAS

地址:PO Box 1269,9600 Garsington Road,Oxford OX4 2ZE
电话:44—186—5778171
传真:44—186—5471776
网址:http://www.slas.org.uk
E-mail:membershipservices@oxon.blackwellpublishing.com

历史沿革与现状简介

英国拉丁美洲研究学会成立于1964年,是英国乃至整个欧洲最主要的拉美研究机构之一。1999年,学会同荷兰拉丁美洲和加勒比研究协会(Netherlands Association of Latin American and Caribbean Studies, NALACS)达成协议,决定建立更加紧密的合作以扩大两个学术团体的会员编制,之后,荷兰拉丁美洲和加勒比研究者(Dutch Latin Americanists and Caribbeanists)加入英国拉丁美洲研究学会,成为其会员组织之一。另外,英国拉丁美洲研究学会委员会还邀请其会员成为荷兰拉丁美洲和加勒比研究协会的正式会员。荷兰拉丁美洲和加勒比研究协会的出版物有《NALACS时事通讯》(半年刊),它是该协会的正式新闻期刊,《欧洲拉丁美洲和加勒比研究评论》(半年刊),由阿姆斯特丹的拉丁美洲研究和文献中心出版发行。现在,拥有英国拉丁美洲研究学会的会员资格是成为荷兰拉丁美洲和加勒比研究协会会员的前提。

组织机构、主要负责人及研究人员概况

英国拉丁美洲研究学会目前共有531名会员,其中436名英国会员,30名其他欧洲国家的会员,63名美国会员。这些会员中大多数是高校教师、学者和博士生,还有一些外交家、记者以及企业和非政府组织中的研究分析人士。

学会的领导机构是选举产生的委员会,每届任期两年。委员会现任主席是巴思大学欧洲研究和现代语言系的彼得·兰伯特(Peter Lambert);副主席是伦敦大学历史系的尼古拉·米勒(Nicola Miller)博士;秘书是诺丁汉特伦特大学艺术、传播和文化学院历史和遗产系的阿德里安·皮尔斯(Adrian Pearce)博士;财务主管是利物浦大学拉丁美洲研究所的约翰·费希尔(John Fisher)教授;《拉美研究通讯》(季刊)的高级编辑是谢菲尔德大学政治学系的琼·格鲁格尔(Jean Grugel)。

英国拉丁美洲研究学会还有一个附属委员会——拉丁美洲研究生组织委员会(PILAS),由研究生负责管理和为研究生服务,其目的是促进英国、欧洲和美洲各高等教育机构的研究生在拉美研究领域的交流与互动,为研究生提供一个交流经验、寻求学术指导和分享研究成果的论坛。拉丁美洲研究生组织委员会每年或隔年进行改选,设有委员会主席、秘书、财务主管、IT业务主管等职,现任主席是来自剑桥大学的钱德拉·莫里森(Chandra Morrison)。

学会的资金主要来自艺术和人文研究委员会、英国科学院、英国—拉美及加勒比联合项目、经济和社会研究委员会、拉丁美洲和加勒比地区研究联合倡议、利弗休姆基金会和皇家历史学会等机构。

研究重点与学术活动

英国拉丁美洲研究学会每年三四月复活节期间召开一次年会,这是学会的重要学术活动,同时学会还主办其他会议和专家讨

论会。另外，学会还举行年度演讲活动。学会会议分经济学、音乐、人类学、政治学、历史、文学、地理和电影等多个学术讨论小组，同时还组织参观美术馆和电影节等社会活动。学会非常重视拉美专业研究生的培养，规定年会中至少有一名研究生在大会上发言。

2007年4月13～15日，学会年会在纽卡斯尔大学举行，来自欧洲、美国、加拿大和拉丁美洲的近200名代表与会。人类学家和政治分析家卡洛斯·伊凡·德格雷戈里（Carlos Ivan Degregori）博士和来自罗斯基勒尔德大学（Roskilde University）社会和全球化研究所的菲奥纳·威尔逊（Fiona Wilson）教授分别做了主题发言。本次会议分35个小组，分别就拉美产业、小企业、民众主义、选举制度、社会运动、欧洲与拉美的关系、跨国公司等主题展开了讨论。其中最引人注目的是有关新印第安主义，"退化理论"（degeneration theory）在西班牙美洲社会政治背景中的应用，与西班牙美洲的现代认同有关的科学思想普及的作用，印第安人的教育和认同等问题的探讨。在这次会议上，古巴例外主义仍是讨论的热点问题。2008年5月22～24日，英国拉丁美洲研究学会在美国加利福尼亚大学圣迭戈分校第一次举办了题为"拉丁美洲和加勒比地区的民族、种族和土著"的年会，会议分为55个讨论小组，有300多名学者与会。拉丁美洲研究生组织也举办研究生年会，一般在每年的1～2月或3月举行，2009年拉丁美洲研究生组织的年会在剑桥大学召开。

年度演讲会始于2004年，之后每年举行一次，邀请一些主要的公共思想家做关于当代拉美思潮的报告。2004年至今共召开了四次演讲会：2004年，加利福尼亚大学圣芭芭拉分校的威廉·鲁滨逊（William Robinson）副教授是第一个在英国拉丁美洲研究学会年度演讲会的报告人，其题目是"拉丁美洲和全球资本主义的危机：机遇、挑战和危险"；2005年，邓肯·格林（Duncan Green）在曼彻斯特做了题为"20年的新自由主义：拉丁美洲由此向何处去?"的演讲,他还是《寂静的革命:拉丁美洲市场经济的兴起和危机》(2003)一书的作者;2006年记者理查德·戈特(Richard Gott)在埃塞克斯年度会上发表演讲,题目是"作为白人移民社会的拉丁美洲",他是《古巴:新历史》(2005)和《乌戈·查韦斯和委内瑞拉的玻利瓦尔革命》(2005)等书的作者;2007年度的演讲者是记者休·奥肖内西(Hugh O'Shaughnessy),他在利物浦大学作了题为"我们正在追赶拉丁美洲吗?"的演讲。休·奥肖内西是拉美所的创办者之一,其主要著作有《皮诺切特:磨难政治学》(1999)等;2008年10月,BBC全球部记者詹姆斯·佩因特(James Painter)在伦敦作题为"气候变化和拉丁美洲"的演讲。

2007年,学会还赞助和主办了其他一些国际会议,如2007年6月14~15日在伦敦召开的题为"中美洲:转型挑战?"的会议。2007年是中美洲历史上的一个重要里程碑。这次会议探索了当今拉美地区的政府和公民面临的主要挑战,分析了中美洲和平进程是如何改变拉美地区的政治和社会面貌的,以及其他地区可以从中美洲的发展和演变中吸取哪些经验教训。

对重大国际问题的观点

作为英国乃至整个欧洲最主要的拉美研究机构之一的英国拉丁美洲研究学会十分关注与拉丁美洲有关的全球重大问题的研究。这些问题主要包括气候变化、跨国公司在拉丁美洲的作用、国际毒品走私和国际关系等。BBC全球部记者詹姆斯·佩因特长期致力于对全球气候变化和热带安第斯地区冰河不断消融的研究。2007年,他写了一篇题为"在分裂的世界中人类团结一致应对气候变化"的文章,文章分析了在秘鲁和玻利维亚这些热带安第斯国家,冰河在不断融化的同时可用水资源也在不断枯竭,这种现象对贫困人口造成了极大影响,作者建议这些国家修建更多的水坝、运河和水库,以解决水资源短缺的问题。但有的学者认为这样做治标不治本，而且修建水坝、运河还会破坏当地的生态环境和印第安人的生存空间。

拉美研究概况

英国拉丁美洲研究学会会员主要通过专业研究和理论探讨来加深对拉美的研究和理解，一些会员的研究工作在他们的专业领域中产生了重大影响，开辟了新的研究领域，在国际上享有盛誉。学会还注重多学科研究，研究人员历来有进行多学科研究的传统，现在多学科研究成为获得资助的条件之一。学会的杂志和会议还鼓励进行社会科学和人文科学等各个领域的多学科研究，以促进不同思想、理论和研究方法的互补、交融和创新，从而使拉美研究更具有创新性和前瞻性。近几年学会的研究重点放在拉美热带森林保护、环境问题、国际毒品走私问题以及欧拉关系等问题上。学会在国内和国际舞台上的作用越来越大，成为国内外企业和决策者等重要的咨询机构。

英国拉丁美洲研究学会非常重视拉美专业研究生的教学和培养，每年都给研究生颁发哈罗德·布莱克莫尔论文奖（The Harold Blakemore Essay Prize），鼓励学生进行高质量研究。2008年，迈克尔·肯特（Michael Kent）因"风俗习惯的形成"一文荣获此奖项。同时，加布里埃尔·帕凯特（Gabriel Paquette）的"若泽·达席尔瓦·利斯博阿（Jose da Silva Lisboa）和巴西思想启蒙改革的成败"一文荣获2008年度拉美和加勒比研究联合倡议（JISLAC）论文奖。拉美研究的研究生在研究学会委员会还有一名代表；这些研究生每年组织一次由学会提供赞助的会议，并建立了自己的网站。

主要拉美问题研究专家

琼·佛朗哥（Jean Franco），著名文学批评家，拉美文化和文学批评的先驱，曾就学于曼彻斯特大学和伦敦大学。因在拉美文学批评领域作出的卓越贡献,她曾获智利政府授予的加夫列拉·米斯特拉尔(Gabriela Mistral)勋章和委内瑞拉政府授予的安德烈斯·贝略奖;1996年获国际作家协会(PEN)授予的格雷戈里·科沃拉科斯(Gregory Kovolakos)奖。佛朗哥是英国第一位拉美文学批评教授,曾在埃塞克斯大学和伦敦大学任教,是埃塞克斯大学第一位女教授,后来又在斯坦福大学任教,现在是哥伦比亚大学荣誉退休教授。她尤其是一位拉美女性作品方面的研究专家。研究领域宽泛,研究成果颇多。曾任英国拉丁美洲学会会长和美国拉丁美洲协会会长。前期主要著作有《西班牙短篇故事集》(1988)、《妇女的阴谋:墨西哥性别和象征》(1989)、《西班牙美洲文学入门》(1995),等等。

尼古拉·米勒(Nicola Miller)博士,拉美史学教授,伦敦大学历史系主任。她的研究领域包括思想史、文化史和世界史,尤其是拉美知识分子的历史和美拉关系史。她还讲授有关拉美民族主义和民族认同的课程。主要著作有《苏联与拉丁美洲的关系(1959~1987年)》(1989)、《在国家的阴影里:20世纪西班牙美洲的知识分子和民族认同》(1999),等等。

对外合作

英国拉丁美洲研究学会与国内外其他拉美研究机构的合作非常广泛。

1. 与荷兰拉美和加勒比研究协会(NALACS)的合作。荷兰拉美和加勒比研究协会是英国拉丁美洲研究学会的姐妹组织。荷兰和英国拉美研究者的学术合作与日俱增,双方成员可以互相加入对方组织。

2. 与拉美局(LAB)的合作。拉美局是英国的一个非政府组织,其目的是促进拉美问题的研究和有关拉美知识的传播。拉美局还负责出版有关拉美研究的图书,包括英国拉丁美洲研究学会会员的著作。

3. 与拉美和加勒比研究联合倡议的合作。拉美和加勒比研究联合倡议负责管理对英国拉丁美洲研究学会学者进行拉美研究经费的资助,这一资助的目的是加强拉美研究者的合作和他们之间信息和思想的交流。

4. 与拉丁美洲和伊比利亚信息资源顾问委员会(ACLAIIR)的合作。拉丁美洲和伊比利亚信息资源顾问委员会为英国拉丁美洲研究学会提供图书馆藏、报纸档案和其他文献资料的信息。

5. 与英国区域研究协会委员会(UKCASA)的合作。英国区域研究协会委员会是高等教育地区研究项目的一个伞形机构,以促进合作、鼓励跨学科研究和教学为己任。

6. 与《拉丁美洲研究者》(*The Latin Americanist*)杂志的合作。《拉丁美洲研究者》是美国一个非政治性的非营利组织——东南部拉丁美洲研究委员会(SECOLAS)的专业性学术期刊,由东南部拉丁美洲研究委员会与威利·布莱克韦尔出版公司(Wiley - Blackwell publishing)联合出版。这是一本经过同行评议的跨学科杂志,包括英语、西班牙语和葡萄牙语3种语言,内容囊括拉丁美洲历史、文学、政治学和人类学。《拉丁美洲研究者》是最早的不间断发行的拉丁美洲研究杂志,对所有从事拉美研究的学者而言,《拉丁美洲研究者》是一个重要的国际资源,它既是英国拉丁美洲研究学会会员主要参考的学术资料,也是他们发表自己成果的重要平台。

对中国的研究

英国拉丁美洲研究学会善于与时俱进,随着世界的变化不断调整研究领域。近年来中国的崛起显然对学会的研究提出了新挑战,学会由此加大了对中国问题,尤其是中国在拉丁美洲的军事存在、中国与墨西哥等拉美国家的关系、中国移民在拉丁美洲国家中的作用等问题的研究和探讨。

主要出版物

《英国拉丁美洲研究学会时事通讯》(*SLAS Newsletter*),主要刊登有关英国拉丁美洲研究学会的学术活动、会议、讲座和研讨会等通知以及对最近拉美发生的大事所作的简评,等等。2007年夏季以前,《英国拉丁美洲研究学会时事通讯》仍以印刷品的形式出版,2006年11月起开始在网上发行,并更名为《英国拉丁美洲研究学会电子通讯》(*SLAS E-Letters*),现在只有电子版,通过网络每月向所有会员发送。现任主编为露西·泰勒。

《拉美研究通讯》(*Bulletin of Latin American Research*,*BLAR*),季刊,由布莱克韦尔(Blackwell)出版社出版,每年1、3、6、9月发行。《拉美研究通讯》的文章主要是从社会科学、历史学和文化研究等各个学科和不同角度对当代拉美和加勒比地区、美洲各国间关系和拉美移民问题进行的创新性研究成果。除研究论文以外,《拉美研究通讯》还刊登对各个领域知名学者的最新著作所写的评论,以及用英语、西班牙语和葡萄牙语完成的拉美研究著作的书评,发表有关拉美和加勒比及美洲关系的创新研究文章。

英国拉丁美洲研究学会—拉美研究通讯系列图书(*SLAS/BLAR Book Series*)于2007年正式启动,旨在为多学科或跨学科领域研究的著作提供出版平台。第一本是由马修·布朗(Matthew Brown)主编的《拉丁美洲的非正规帝国:文化、商业和资本》,于2008年3月由布莱克韦尔出版社出版。

2000年以来机构的主要代表性文章和论著

1. Jean Franco, *The Decline and Fall of the Lettered City*: *Latin America in the Cold War*, Harvard University Press, Apr. 2002.
2. Bert Hoffma, *Debating Cuban Exceptionalism*, Palgrave Mac Millan, Dec. 2005.

3. Hal Klepak, *Cuba's Military* 1990-2005: *Revolutionary Soldiers During Counter-Revolutionary Times*, Palgrave MacMillan, Oct 2005.
4. Gary L. McDowell, Johnathan O'Neill, *America and Enlightenment Constitutionalism*, Palgrave MacMillan, Sept 2006.
5. Jean Franco, "Globalisation and Literary History", *Latin American Research Review*, Vol. 25, No. 4, Oct. 2006.
6. Jens R. Hentschke, *Vargas and Brazil: New Perspectives*, Palgrave MacMillan, Dec. 2006.
7. Laurence Whitehead, *Latin America: A New Interpretation*, Palgrave MacMillan, Jan. 2006.
8. Nicola Miller, *Reinventing Modernity in Latin America: Intellectuals Imagine the Future, 1900 – 1930*, Palgrave, New York, 2007.
9. Lewis Taylor, "Politicians without Parties and Parties without Politicians: The Foibles of the Peruvian Political Class, 2000-2006", *Latin American Research Review*, No. 1, January 2007, Volume 26.
10. Michael Goebel, "Introduction: Nationalism, the Left and Hegemony in Latin America", *Latin American Research Review*, No. 3, July 2007, Volume 26.

* 资料来源:http://www.slas.org.uk

(作者:宋霞,中国社会科学院拉丁美洲研究所;责任编辑:黄念)

剑桥大学拉丁美洲研究中心
Centre of Latin American Studies at University of Cambridge

地址:Centre of Latin American Studies, 17 Mill Lane, 2nd Floor, Cambridge CB2 1RX
电话:44—1223—335390
传真:44—1223—335397
网址:http://www.latin-american.cam.ac.uk
E-mail:general@latin-american.cam.ac.uk

历史沿革与现状简介

为促进拉美教学与研究工作的发展,剑桥大学于1966年创建拉丁美洲研究中心。目前,中心除开设研究生课程以外,还负责在拉美研究领域资助研究项目、组织会议,以及邀请来自拉美和全球的学者举办每周一次的开放性论坛。

中心的研究领域涵盖历史学、社会学、政治学、人类学、经济学、文学和视听艺术等多个学科。中心招收的研究生至少要选修上述学科中两个学科的课程。

剑桥大学图书馆是世界上最大的图书馆之一,馆藏图书超过600万册,大部分图书都供读者开架阅读。中心建立了独立的图书馆,现馆藏图书11750多册,拉美期刊25种。

中心十分重视保持与扩大同拉美学术机构和个人的联系,为大批来自拉美的访问学者设立了为期一年的"西蒙·玻利瓦尔席位",还经常性地为短期来访学者开设讲座和课程。

组织机构、主要负责人及研究人员概况

中心设有教职员工和行政员工两种职位,教职员工中除了杰弗雷·坎塔里斯博士和乔安娜·佩奇博士为研究中心的固定职员外,其余均通过全校范围内的择优选拔确认,基本上都是本校的教师或研究人员。

中心主任杰弗雷·坎塔里斯(Geoffrey Kantaris)博士,剑桥大学西班牙语和葡萄牙语系;研究中心执行主任萨拉·A.拉德克利夫(Sarah A Radcliffe)博士,剑桥大学新大厅学堂(New Hall, Cambridge)地理教师,《人文地理学进展》杂志编辑。中心成员:查尔斯·约恩斯(Charles Jones)博士,中心前主任,《国际关系历史》杂志审稿人;迈克尔·库琴斯基(Michael Kuczynski),剑桥大学彭布罗克学院(Pembroke College)教师,国际经济与金融权威;思安·拉扎(Sian Lazar)博士,剑桥大学社会人类学院教师;戴维·莱斯曼(David Lehmann)博士,中心前主任,剑桥大学社会与政治科学系《社会科学》杂志审稿人;玛尔塔·马加良斯(Marta Magalhães)博士,剑桥大学社会人类学院教师;乔安娜·佩奇(Joanna Page)博士,剑桥大学拉丁美洲研究中心拉丁美洲文化研究课程教师;加芙列拉·拉莫斯(Gabriela Ramos)博士,剑桥大学历史系拉丁美洲历史教师;埃丽卡·塞格雷(Erica Segre),剑桥大学纽纳姆学院(Newnham College)西班牙语研究课程教师;罗里·奥布赖恩(Rory O'Bryen)博士,剑桥大学现代西方语系教师;史蒂文·博尔德尔(Steven Boldy)博士,剑桥大学伊玛纽学院(Emmanuel College)研究人员。

拉美研究概况

中心的研究领域相对广泛,已有成果涵盖拉美政治、经济、文化、社会、外交等各个层面。由于中心的人员构成以专职教师和研究人员为主,中心的研究偏重于理论层面,当前主要关注拉美小

说、历史、人文、电影和社会问题。

主要拉美问题研究专家

杰弗雷·坎塔里斯博士,擅长研究拉美的城市文化,特别是当代电影艺术。主要代表作有:《奇幻征途:当代阿根廷和乌拉圭妇女游记》,近期准备出版代表作《当代拉丁美洲电影:城市范式》。

查尔斯·约恩斯,剑桥大学道德科学与历史专业博士,研究方向为英国与阿根廷关系。主要讲授国际关系、拉美国际政治学、阿根廷思想史和拉美外交等课程。擅长的研究领域为拉丁美洲(重点是南美洲)国际经济关系、地区与国际关系、战争伦理与审美学,等等。主要研究成果有《无政府主义的逻辑》(与巴利·布赞和理查德·利特合著)、《E. H. 卡尔与国际关系》、《美洲文明》,等等。

从20世纪80年代末期起,戴维·莱斯曼重点关注巴西宗教运动、天主教与福音派等领域。主要研究成果有《拉丁美洲民主与发展:战后经济、政治和宗教》、《精神斗争:巴西与拉美地区的宗教转换和流行文化》,等等。

思安·拉扎,剑桥大学人类社会学博士,重点研究领域为城市、民主、腐败、拉美社会运动等。近期主要研究成果有《每日政治学:民主、性别与媒介》、《信用教育:玻利维亚市民项目发展情况》、《特别议题:百万回归?21世纪初的玻利维亚民主》,等等。

2000年以来机构的主要代表性文章和论著

1. S. Boldy, *The Narrative of Carlos Fuentes: Family, Text, Nation*, Durham Modern Languages, 2002.
2. S. Lazar and J. McNeish, "Pecial Issue: the Millions Return? Democracy in Bolivia at the Start of the 21st Century", *Bulletin of Latin American Research*, Vol. 25, April 2006.
3. S. Lazar, "Movilización Social en El Alto", in Pilar Domingo

(eds.), *Democracia, Gobernabilidad y Participacion en Bolivia: 1993 - 2003*, Universidad de Salamanca, 2006.
4. C. Jones, *American Civilization*, University of London SAS, 2007.
5. G. Kantaris, "Lola/Lolo: Gender and Violence in Mexican Urban Cinema", in Wilson and Webber (ed.), *Cities in Transition*, Wallflower, 2007.
6. G. Kantaris, "Cyborgs, Cities, and Celluloid: Memory Machines in Two Latin American Cyborg Films", in Thea Pitman and Claire Taylor (ed.), *Latin American Cyberculture and Cyberliterature*, Liverpool, Liverpool University Press, 2007.
7. G. Kantaris, "Soapsuds and Histrionics: Media, History, and Nation in Bolívar Soy Yo(Jorge Alí Triana, Colombia 2002)", in Deborah Shaw (eds.), *Contemporary Latin American: Breaking Into the Global Market*, USA, Rowman and Littlefield, 2007.
8. S. Lazar, *Rebel City: Self and Citizenship in Andean Bolivia*, Duke University Press, 2008.
9. S. Lazar, "In-betweenness at the Margins: Collective Organi-sation, Ethnicity and Political Agency among Bolivian Street Traders", in James Staples (eds.), *Livelihoods at the Margins: Surviving the City*, Left Coast Press, 2007.
10. E. Segre, *Intersected Identities: Strategies of Visualization in Nineteenth and Twentieth-Century Mexican Culture*, New York and Oxford, Berghahn Books, 2007.

* 资料来源:http://www.latin-american.cam.ac.uk

(作者:岳云霞,中国社会科学院拉丁美洲研究所;责任编辑:高川)

利物浦大学拉丁美洲研究所
Research Institute of Latin American Studies at
University of Liverpool, ILAS

地址: The Secretary, Institute of Latin American Studies, 86 Bedford Street South, University of Liverpool, Liverpool L69 7WW, United Kingdom

电话: 44—151—7943079

传真: 44—151—7943080

网址: http://www.liv.ac.uk/rilas/

E-mail: mvkean@liverpool.ac.uk

历史沿革与现状简介

20世纪60年代中期,为了促进国内拉美教学和研究的发展,英国成立了五所专门研究拉美的机构,利物浦大学拉丁美洲研究所即为其中之一。目前,研究所是利物浦大学语言、文化和区域研究学院的科研机构之一,并将研究范围扩大到了整个美洲地区,还将校内政治、历史、经济、文化等领域的美洲研究专家悉数网罗旗下。在雄厚的专家队伍支持下,研究所取得了科研佳绩,在2001年英国高等教育科研评估中(RAE)被评为"5"级。

研究所是英国为数不多的能为本科生提供全套拉美研究课程的机构。研究所可授予本科毕业生拉美研究、美洲比较研究和拉美与西班牙研究(联合培养项目)三个学士学位。此外,研究所还设有拉美研究和研究方法两个方向的硕士研究生课程,以及一个博士研究生项目。其中,拉美研究硕士和博士项目多年前就已经获得英国国家经济与社会研究理事会（ESRC）的研究培训资格认证。

组织机构、主要负责人及研究人员概况

研究所共有包括所长在内的 8 位专职研究人员，研究领域涵盖人类学、历史学、文学、政治学和社会学这五大专业。此外，还聘请多位院外或校外的拉美专家从事客座研究，或者担任教学与科研工作方面的名誉研究员。

现任所长史蒂文·鲁本斯坦（Steven Rubenstein）博士，人类学专业，重点研究经济人类学、亚马孙地区、历史和文化以及批判理论。研究所专职研究人员有：瓦尔迪·阿斯特瓦尔德森（Valdi Astvaldsson）博士，文学专业，研究安第斯与中美洲文学及拉美文学多样性问题；约翰·费希尔（John Fisher）教授，历史学专业，研究拉美历史（重点为殖民时期的秘鲁历史）和新世界中的西班牙帝国等问题；玛丽克·里托夫（Marieke Riethof）博士，政治学专业，研究巴西贸易联盟与政治学和巴西社会运动问题；菲昂华拉·斯威尼（Fionnghuala Sweeney）博士，美洲比较研究专业，研究美国与加勒比文学、奴隶纪事文学、大西洋伦理文化、后殖民时期的文学与理论等问题；刘易斯·泰勒（Lewis Taylor）博士，社会学专业，研究安第斯地区的农村社会学、秘鲁政治经济学、安第斯地区农民运动、光辉道路、游击队与暴动等问题；费利克斯·萨莫拉（Félix Zamora），语言学专业。

研究重点与学术活动

研究所的目标是通过引入人文、社会和环境、医学、科学等学科综合参与，增强和促进现有美洲研究，拓宽研究视野。为此，研究所鼓励形成专业和拉美区域研究的有机结合，鼓励对拉美及其国际关系进行跨学科研究。

研究所每年都主办不同主题的年会，专门讨论拉美问题。同时，研究所联合利物浦大学内的其他院系，举办各类会议和论坛。此外，研究所还经常邀请校内外拉美学界的专家学者，举行小规模的研讨会。近年来研究所组织的主要活动包括：2003年2月主办题为"拉丁美洲土著居民的社会、文化和政治进程"的年会；2004年4月与现代语言学院合作举办"第22届当代文学国际会议"；2004年9月主办题为"战后暴力与冲突：比较研究视角中的拉丁美洲"年会；2004年11月与现代语言学院合作举办题为"性别、文化与后殖民时期思想"的会议。

主要拉美问题研究专家

约翰·费希尔，资深研究员，拉美历史专业教授。2000～2003年任国际美洲专家协会常设委员会主席，2002～2005年任欧洲拉美史学家联合会财务总长，2004～2006年任拉美研究协会财务总长。关注的研究领域为：拉美历史（重点关注殖民时期的秘鲁）、新世界中的西班牙帝国以及波旁时代的秘鲁。主要代表作有：《波旁时代的秘鲁》、《西班牙帝国政策》、《18世纪末至19世纪初的西班牙帝国贸易》、《1763～1824年间英国与西班牙语世界的贸易》，等等。

史蒂文·鲁本斯坦，研究中心主任，《人类学》杂志审稿人。主要研究在殖民过程中南美洲印第安人狩猎者——田园种植者舒阿尔人的反应，涉及这一历史时期货币经济变化、土地商品化和阶层分化等问题。重点关注的领域还包括社会学调查中的参与观察方法、批判理论及其在美洲土著居民研究中的应用。主要代表作有：《社区性生态旅游》、《舒阿尔移民与首领：纽约博物馆内的亲密接触》、《亚马孙政治经济学》，等等。

主要出版物

《利物浦拉美研究》(*Liverpool Latin American Studies*),研究所重要出版物之一。《利物浦拉美研究》系列丛书已出版部分涵盖拉美历史、人文、贸易、文学和文化等诸多领域,旨在通过多种研究方法来剖析拉美研究领域中的热点问题。

《拉美研究通报》(*Bulletin of Latin American Research*),主要包括两大类内容:一类是论文部分,刊登有关拉美和加勒比地区当前热点、美洲国家间关系和拉美海外族群等问题的研究文章,内容涉及社会科学、历史和文化研究领域;另一类则是讨论部分,刊登业内顶尖学者就某一论题的最新观点。除了正刊以外,《拉美研究通报》特别设有"书评"增刊,介绍英语、西班牙语和葡萄牙语的最新文献,并且刊载文献回顾。

2000年以来机构的主要代表性文章和论著

1. J. Fisher, *Bourbon Peru, 1750-1824*, Liverpool, LUP, 2003.
2. S. Rubenstein, "Fieldwork and the Erotic Economy on the Political Frontier", Signs, *Journal of Women in Culture and Society*, Vol. 29. 4, 2004.
3. F. Sweeney, "Atlantic Counterculture and the Networked Text: Juan Francisco Manzano, RR Madden and the Cuban Slave Narrative", *Forum for Modern Language Studies*, Vol. 90. 4, 2004.
4. S. Rubenstein, "La Conversión del Shuar", Iconos, *Revista de Sciencias Sociales*, *Special Issue on Religion*, *Politics and Identity*, No. 22, 2005.
5. L. Taylor, "From Fujimori to Toledo: the 2001 election and cicissitudes of democratic government in Peru", *Government and Opposition*, Vol. 40. 4, 2005.

6. V. Astvaldsson, "Más allá de la Forma: la Relación Entre Poesa y Prosa en la Obra de Manlio Argueta", *Bulletin of Hispanic Studies*, Special Issue Published in Honour of Professor James Higgins, 2005.
7. V. Astvaldsson, *Manio Argueta, Poesa Completa 1956 - 2004*, a Critical Edition, with a Substantial Preliminary Study, Maryland, Ediciones Hispamérica, 2006.
8. V. Astvaldsson, "Reading Without Words: Landscapes and Symbolic Objects as Repositories of Knowledge and Meaning", *British Archaelogical Reports*, 2006.
9. F. Sweeney, "American Studies, the Black Atlantic and the Politics of the Postcolonial", *Comparative American Studies*, Vol. 4. 2, 2006.
10. L. Taylor, Shining Path, *Guerilla War in Peru's Northern Highlands 1980 - 1997*, Liverpool, Liverpool University Press, 2006.

* 资料来源:http://www. liv. ac. uk/ILAS/index. htm

(作者:岳云霞,中国社会科学院拉丁美洲研究所;责任编辑:黄念)

伦敦大学高等研究院美洲研究所
Institute for the Study of the Americas(ISA),
University of London, School of Advanced Study

地址: Institute for the Study of the Americas, 31 Tavistock Square, London WC1H 9HA
电话: 44—20—78628870
传真: 44—20—78628886
网址: http://www.americas.sas.ac.uk
E-mail: americas@sas.ac.uk

历史沿革与现状简介

2004年8月,拉丁美洲研究所(ILAS)和美国研究所(IUSS)合并为伦敦大学高等研究院美洲研究所,作为前身的两个研究所成立于1965年,而这三个研究所都隶属于伦敦大学高等研究院。

在英国高校研究生教育方面,美洲研究所发挥着有关西半球所有事务的国内外协调中心和信息中心的作用。在作为服务和凝聚北美专家、拉美专家和加勒比学者的全国性网络的同时,研究所还积极保持和建立与在美洲地区具有利益关系的重要学术、文化、外交和商业组织的关系。

由于意识到不能只从事美国和拉美的教学和研究工作,伦敦大学理事会决定成立的美洲研究所还应关注加拿大和加勒比地区,把美洲作为一个整体来研究。美洲研究所致力于地区研究和多学科研究,这种多元结合的研究方法,在欧洲的研究机构中也是仅有的。

组织机构、主要负责人及研究人员概况

美洲研究所是按照伦敦大学高等研究院的制度进行管理的。研究所设立咨询理事会(Advisory Council of the Institute),向所长建议研究所的发展计划。研究所日常的运转是在所长、行政主管和学术委员会的咨询建议下完成的。

咨询理事会现任主席是约翰·埃利奥特(John Elliott)。理会成员分别代表大学学者、英国学术团体、公共部门和私人部门。

美洲研究所的会员有100多位,主要分为加拿大问题专家、加勒比问题专家、拉美问题专家和美国问题专家,分别来自英国高校、研究机构、大英博物馆等单位。

美洲研究所的图书资源得益于伦敦大学广泛的相关学科和地区图书收藏。美洲地区的图书可通过"伦敦大学研究图书馆服务"系统(University of London Research Library Services,ULRLS)的成员图书馆获得。其中美洲研究所馆藏有关拉美研究图书2.14万部,包括专著、期刊和电子文献,主要涉及社会科学和人文科学领域。

研究重点与学术活动

在英国从事高水准的美洲问题研究是伦敦大学高等研究院美洲研究所的主要任务,而且主要通过一系列研究项目和出版物的形式体现。

目前,美洲研究所的主要研究活动如下。(1)高级研究培训项目(Research Training programme)。这一项目免费对英国从事美洲问题研究的所有学生开放。(2)美国问题研究。主要关注美国和加拿大问题,研究所提供详细信息,包括研究人员、图书资料、出版物、课程设置、相关的学术活动,等等。(3)有关拉美和加勒比研究。主要是这一领域的学位教育、研究人员以及最新的科研成果。

主要拉美问题研究专家

詹姆斯·邓克利（James Dunkerley）博士，现为美洲研究所所长，教授。研究方向是政治学、国际关系和历史学；研究对象国为玻利维亚、南锥体国家和中美洲地区（主要研究领域涉及上述国家和地区的政治学和现代历史，以及比较政治思想和历史研究）。其代表作有：《美洲与世界》（2000）、《美国与拉美：新议程》（1999）、《英国的拉丁美洲历史和政治研究》（1996），等等。

主要出版物

《拉丁美洲研究季刊》(Journal of Latin American Studies, JLAS)，于每年2月、5月、8月和11月由剑桥大学出版社出版。主要关注近期的经济学、地理、政治学、国际关系、社会学、社会人类学、经济史、文化史等领域的研究状况。期刊现任编辑为美洲研究所所长詹姆斯·邓克利教授、曼彻斯特大学的保罗·坎马克（Paul Cammack）教授和美洲研究所的雷切尔·锡德（Rachel Siede）资深讲师。此外，还出版有关学者在研究所做的演讲和研讨会等内容的"系列演讲论文"（ISA Lecture Series）和涉及美洲问题的多学科研究为内容的"系列美洲研究"（Studies of the Americas）。

2000年以来机构的主要代表性文章和论著

1. Rachel Sieder, Line Sch jolden and Alan Angell (eds.), *The Judicialization of Politics in Latin Americ* (Edited collection), Palgrave Macmillan, 2005.
2. Hal Klepak, *Cuba's Military 1990 – 2005: Revolutionary Soldiers During Counter-Revolutionary Times* (Monograph), Palgrave Macmillan, 2005.

3. Laurence Whitehead, *Latin America: A New Interpretation* (monograph), Palgrave Macmillan, 2006.
4. Nancy Priscilla Naro, Roger Sansi-Roca, and David H. Treece (eds.), *Cultures of the Lusophone Black Atlantic*, Palgrave Macmillan, 2007.
5. John King, *The Role of Mexico's_Plural_in Latin American Literary and Political Culture, From Tlatelolco to the "Philanthropic Ogre"* (monograph), Palgrave Macmillan, 2007.
6. Julio Faundez, *Democratization, Development, and Legality. Chile: 1831 – 1973* (monograph), Palgrave Macmillan, 2007.
7. Iván Jaksic, *The Hispanic World and American Intellectual Life: 1820 – 1880* (monograph), Palgrave Macmillan, 2007.
8. Jean Besson and Janet Momsen (eds.), *Caribbean Land and Development Revisited* (edited collection), Palgrave Macmillan, 2007.
9. Laurence Whitehead and Bert Hoffman (eds.), *Debating Cuban Exceptionalism* (edited collection), Palgrave Macmillan, 2007.

* 资料来源:http://www.americas.sas.ac.uk/

(作者:杨志敏,中国社会科学院拉丁美洲研究所;责任编辑:刘维广)

牛津大学拉丁美洲研究中心
The Latin American Centre (LAC), University of Oxford

地址: University of Oxford, St. Antony's College, Oxford, OX2 6JF
电话: 44—186—5274486
传真: 44—186—5274489
网址: http://www.lac.ox.ac.uk/index.htm
E-mail: enquiries@lac.ox.ac.uk

历史沿革与现状简介

牛津大学拉丁美洲研究中心隶属于牛津大学跨学科地区研究院(School for Interdisciplinary Area Studies),也是牛津大学圣安东尼学院的一个地区研究中心。最初由圣安东尼学院于1964年建立,是英国四个进行拉美专业研究生教育和拉美研究的中心之一。主要职责是教授拉美专业研究生课程、促进有关拉美问题的研究、建设一个研究型图书馆、为牛津大学吸引来自拉美的学生和学者,以及组织有关拉美问题的讨论会、演讲会、工作会和研讨会。鉴于牛津大学有很多拉美学者从事人类学、政治经济学、环境科学、国际关系学、拉美的语言和文学研究,中心还致力于成为对拉美感兴趣的所有教职员工和学生交流的平台。

组织机构、主要负责人及研究人员概况

牛津大学拉丁美洲研究中心主任为乔·福尔雷克(Joe Foweraker)教授。中心有5名固定编制成员,此外还有客座研究员和访问学者。

中心的图书馆是牛津大学图书馆的一部分,致力于满足中心成员和学生的研究和学习需求。图书馆藏有各种书籍、期刊和小册子,历史、政治、经济方面的缩影胶片,以及牛津大学有关拉美研究的成果目录,供读者使用。

研究重点与学术活动

中心的研究和教学重点是拉美现代史、经济学、政治学和社会学,开设的专业课程涉及拉美各个领域,并利用牛津大学各院系的资源服务于中心的教学和管理。

中心开设拉美研究理学硕士、拉美研究哲学硕士和拉美公共政策理学硕士课程,没有拉美研究专业博士课程,但学生可在其他院系申请博士学位,专业包括以拉美为研究方向的现代史、政治学、经济学、文学、人类学,等等。博士研究生可参与中心的讨论会、工作会和研讨会等各项活动。

拉美研究概况

作为牛津大学跨学科地区研究院的一部分,中心一直致力于进行按学科分类和跨学科领域的拉美研究。中心是公认的研究当代拉美问题的领军机构,在全球享有盛誉,其成员在各主要出版社和知名杂志出版和发表了大量研究成果,内容涉及19世纪和20世纪拉美面临的各种问题。中心成员的研究成果具有很高的学术价值,引起广泛反响,并曾获得两项国际大奖。

中心的教学和学术研究项目面向整个拉美乃至世界各地,每年都有大批学生到这里研修研究生课程。近年来,中心收到大量来自墨西哥和巴西的资助,并分别设立了巴西研究项目和墨西哥研究项目,这两个项目完全融入中心的科研工作中。中心还通过举办工作会、研讨会、接待访问学者等活动扩大中心的学术交流渠道。

主要拉美问题研究专家

中心主任乔·福尔雷克教授,是圣安东尼学院教授级研究员(Professorial Fellow)。他曾在艾塞克斯大学任政治学教授;2000~2003年任欧洲政治研究协会执行理事;曾在巴西帕拉(Pará)大学、佛罗里达盖恩斯维尔(Gainesville)大学和科罗拉多博尔德(Boulder)大学任客座教授;并在华盛顿威尔逊国际学者中心和加利福尼亚大学圣地亚哥分校美国-墨西哥研究中心作访问学者。他对巴西、西班牙和墨西哥有着广泛而深入的研究,剑桥大学出版社分别于1981年、1989年和1993年出版了他撰写的有关这三个国家的专著。他还发表了大量有关拉美社会动员和公民权利的研究成果,并分别于1995年和1997年出版了两部相关著作。近年来,他致力于民主问题的研究,发表了有关民主政府质量的一系列文章,编辑出版了一本有关民主思想的百科全书。目前,他的研究重点包括民主宪政、国家理论和拉美民主体系的本质。他还是《拉美治理》(Governing Latin America)教材的作者之一。

2000年以来机构的主要代表性文章和论著

1. Timothy Power and Jairo Nicolau (eds.), *Instituições Representativas no Brasil*: *Balanço e Reformas*, Belo Horizonte, Editora UFMG, 2007.
2. Mats R. Berdal and Mónica Serrano (eds.), *Transnational Organised Crime and International Security*: *Business as Usual?*, Lynne Rienner Publishers, Sep. 2002.
3. Louise Fawcett and Mónica Serrano, *Regionalism and Governance in the Americas*: *A Continental Drift?*, Palgrave Macmillan, Nov. 2005.
4. M. Berdal and Mónica Serrano eds., *Crimen Transnacional y Seguridad Internacional*: *¿Más de lo mismo?*, México D. F., Fondo

de Cultura Económica, Mexico, 2005.
5. Eduardo Posada – Carbó, *El Desafío de Las Ideas: Ensayos de Historia Intelectual y Política En Colombia*, Banco de La Republica Colombia, Jan. 2003.
6. Timothy J. Power and Nicol Rae (eds.), *Exporting Congress? The Influence of the U. S. Congress on World Legislatures*, University of Pittsburgh Press, Jun. 2006.
7. Laurence Whitehead (editor), *Emerging Market Democracies: East Asia and Latin America*, Johns Hopkins University Press, Aug. 2002.
8. Laurence Whitehead, *Democratization: Theory and Experience*, Oxford University Press, USA, Oct. 2002.
9. Laurence Whitehead, *Latin America: A New Interpretation*, Palgrave Macmillan, Dec. 2005.
10. Lourdes Sola and Laurence Whitehead (eds), *Statecrafting Monetary Authority: Democracy and Financial Order in Brazil*, Oxford, Centre for Brazilian Studies, Feb. 2006.

* 资料来源:http://www.oxlad.qeh.ox.ac.uk/

(作者:赵重阳,中国社会科学院拉丁美洲研究所;责任编辑:黄念)

葡萄牙战略和国际研究所
Instituto de Estudos Estratégicos e Internacionais, IEEI

地址: Largo de S. Sebastião 8, Paão do Lumiar, 1600 – 762 Lisboa
电话: 351—21—0306700
传真: 351—21—7593983
网址: http://www.ieei.pt
E-mail: ieei@ieei.pt

历史沿革与现状简介

战略和国际研究所创建于1980年,是一个独立的非营利性组织,致力于政治、军事、经济、社会、文化、信息等国际问题的研究和探讨。通过25年的科研活动,已成为葡萄牙重要的国际关系研究中心。平均每年举办四五次国际研讨会,有知名的国际问题专家参加。作为一个"政策指导"性的研究所,自建所以来,就以汇集专家、决策者、军人、外交官、政治家、记者、学生和企业家的观点为目的,并一直保持这一传统,这是研究所得以成功创建并取得各种优秀成果的原因之一。

目前,研究所重点关注的区域是欧洲、地中海和中东、非洲、拉丁美洲和亚洲。研究主题涵盖地区一体化与合作、国际和地区合作、对外政策、安全和国防政策、民主化、安全和和平过渡等多个方面。

组织机构、主要负责人及研究人员概况

研究所设全体委员会和指导委员会。全体委员会由所长若

泽·格雷戈里奥·法里亚（José Gregório Faria）和副所长贡萨洛·圣克拉拉·戈麦斯（Gonçalo Santa Clara Gomes）负责，指导委员会由主席阿尔瓦罗·瓦斯康塞洛斯（Álvaro de Vasconcelos）和另外四名成员组成。主要负责人包括行政主任路易斯·派斯·安图内斯（Luís Pais Antunes），研究主任费尔南多·若热·卡多佐（Fernando Jorge Cardoso），出版及信息主任玛丽亚·若昂·塞亚布拉（Maria João Seabra），项目主任玛丽亚·莫赖斯·瓦斯（Maria do Rosário de Moraes Vaz）。

研究所有一支专门的研究队伍，在实施特定项目时另与相关方面的研究员进行合作，注重跨学科的研究。研究所还致力于吸引各地区和各国的相关专家、学者和机构，与非洲、亚洲、拉丁美洲、欧洲和地中海的研究中心和专家保持着密切联系。

研究重点与学术活动

研究所是一个综合性研究机构，研究重点主要包括欧洲、非洲北部和中东、南非、拉美和东南亚。目前的研究项目有地区一体化和合作、地区间合作、安全和国防、对外政策、促进发展的合作、民主化过渡和人权。

研究所从事拉美研究，有关拉美研究的范围涵盖拉美的几乎所有领域，但重点是拉丁美洲与欧洲的关系。学术活动丰富，特别是欧盟—拉美关系观察台和欧洲—拉丁美洲论坛。论坛每两年一届，成立至今已连续举办八届论坛。此外，从1981年起研究所开始与里斯本商会合作，每年举行一次里斯本国际会议。

拉美研究概况

对美洲的研究，研究所主要在欧盟—拉美关系观察台和欧洲—拉丁美洲论坛这两个框架下进行。

欧盟—拉美关系观察台是一个政策指导性网站，通过网络成员的参与提高影响力。目的是加强欧盟和拉美地区间的战略关系,寻找机遇,对地区双边关系提出建议;使欧盟—拉美研究网站间的互动更加活跃。网站的受众对象是欧洲国家和拉美国家的政府、私人部门的决策者、投资者、民间社会、传媒以及地区性和国际性机构。研究所和巴西分所共同负责欧盟—拉美关系观察台的四号工作组。工作组的目标是从欧盟和加勒比的角度来分析全球治理和国际体系内多区域主义的问题,它分为两部分:一是政治问题,包括联合国、国际刑事法院、民主、人权问题和民事保护,这部分主要由战略和国际研究所负责;二是欧盟地区和加勒比地区的研究机构与WTO、国际劳工组织、国际货币基金组织、联合国开发计划署一道,进行社会问题和经济问题的研究,这部分主要由巴西分所负责。

欧洲—拉丁美洲论坛是欧盟—拉美关系观察台的一部分,由研究所和圣保罗州工业联合会的西蒙森研究所联合举办,目的是在政治、科学、企业和外交团体间建立一个对话平台。论坛于1990年在圣保罗首次举行,每两年一届,为行内专家、政界和企业界的知名人士提供了讨论和交流的机会。论坛的出版物为双年刊,已出版了八本,内容包括在欧洲和拉丁美洲举办的会议和研讨会。

2006年3月2日,研究所通过第八届欧洲—拉丁美洲论坛在里斯本组织了第一届欧盟—拉美关系观察台高层会议。论坛的主题为"有效的多边主义:地区及全球挑战",分为五个全体会议和四个专题会议。全体会议的主题包括欧洲危机及其对欧拉关系的冲击;拉美一体化的未来;社会凝聚力和竞争力之间的可能性平衡,等等。在"给有效多边主义提出建议"的主题下进行的专题会议包括中国在多边领域中的问题、司法系统和有组织犯罪、流行病和贫困的双重挑战、维护海地和哥伦比亚和平及移民和移民团体。

前七届论坛主题分别是"90年代的欧洲和拉丁美洲的选择——1992年欧共体和拉美地区的合作"、"欧洲—拉丁美洲关系:未来走向"、"开放式一体化"、"在商业以外:欧洲—南锥体"、

"全球化挑战——欧洲和拉丁美洲"、"欧盟、南锥体和新多边主义"和"投资、改革和社会变化"。

对中国的研究

葡萄牙战略和国际研究所对中国的研究起始于 1995 年,着重跟踪和评析香港和澳门的回归。随后,展开了欧盟和中国关系的研究,侧重于欧盟成员国和中国双边对外政策的发展。此外,研究所还专门开展了一项澳门和欧盟关系的研究,并于 1999 年 3 月向欧洲的研究机构提交了一篇报告,建议巩固与澳门的关系。另外,其研究还涉及中国和东盟自由贸易区的建立和影响。2003 年,在科学和技术基金会的资助下展开过葡萄牙的中国商圈的研究项目。

主要出版物

研究所的出版物有《葡萄牙语世界》(*O Mundo em Português*),双月刊,1999 年创刊。此杂志刊载的文章主要探讨和分析葡语国家公众感兴趣的国际问题;《战略》(*Estratégia*),半年刊,侧重于国际关系、安全和防卫的重大问题;《卢米亚尔记事本》(*Cadernos do Lumiar*),此杂志用葡萄牙语、法语和英语三种语言交替出版;此外,还有欧洲—拉丁美洲论坛的论文集,包括第二届论坛的《欧洲—拉丁美洲:自然衔接》;第三届论坛的《开放式一体化:欧洲和南锥体的一个项目》;第四届论坛的《在商业以外:扩大欧洲和南锥体的关系》;第五届论坛的《全球体制的规范化和民主化:一种 21 世纪的伙伴关系》;第六届论坛的《新多边主义:欧盟和南锥体的前景》,等等。

2000 年以来机构的主要代表性文章和论著

1. Forum Euro-Latino-Amerlcano, *O Novo Multilatera-lismo*: Perspectiva da União Europeia e do Mercosul, Lisboa, 2001.

2. Cristina Marcano e Alberto Barrera Tyszk,"A América Latina ante Duas Políticas de Esquerda",Portugal,*O Mundo em Português*,No. 64, Maio/Junho 2007.
3. Félix Peña,"Dilemas do Mercosul a Cinco",Portugal,*O Mundo em Português*,No. 63,Outubro/Novembro 2006.
4. Ricardo Migueis,"A Carta da Energia",Portugal,*O Mundo em Português*,No. 62,Junho/Julho de 2006.
5. Andrés Malamud,"Preservar a Paz:Haiti e Colômbia",Portugal,*O Mundo em Português*,No. 62,Junho/Julho de 2006.
6. Mónica Hirst,"Reflexões em Torno da Crise do Paradigm",Portugal,*O Mundo em Português*,No. 57,Novembro/Dezembro de 2004.
7. Félix Peña,"O Que Vai Mal no Mercosul?",Portugal,*O Mundo em Português*,No. 56,Setembro/Outubro de 2004.
8. Ricardo Migueis,"Inovar para Desenvolver",Portugal,*O Mundo em Português*,No. 56,Setembro/Outubro de 2004.
9. Alexandra Barahona de Brito,"A Política de Desilusão",Portugal,*O Mundo em Português*,No. 51 - 52,Dezembro 2003/Janeiro 2004.
10. Adalton Oliveira e Ricardo Migueis,"Brasil:Desafios Internos e Negociações Internacionais",Portugal,*O Mundo em Português*,No. 48,Setembro 2003.

* 资料来源 http://www.ieei.pt/

（作者：李慧，中国社会科学院拉丁美洲研究所；责任编辑：黄念）

斯德哥尔摩大学拉丁美洲研究所
Institute of Latin American Studies, Stockholm University, Swede

地址: Institute of Latin American Studies, LAIS, Universitetsvägen 10B, Plan 5 106 91 Stockholm, Sweden

电话: 46—8—162882 (secretariat)   46—8—162887 (library)

传真: 46—8—156582

网址: http://www.lai.su.se

E-mail: lai@lai.su.se

历史沿革与现状简介

1951年,斯德哥尔摩经济学院(Stockholm School of Economics)成立了伊比利亚美洲图书馆及研究所(the Ibero American Library and Institute)。1969年5月29日,研究所独立,承担了更广泛的责任,成为瑞典拉丁美洲研究的协调和信息中心,正式改名为拉丁美洲研究所,并开始了与斯德哥尔摩大学的密切合作。1977年,研究所被并入斯德哥尔摩大学。重组后,研究所的第一任董事会主席是经济学家古纳尔·米达尔(Gunnar Myrdal),第一任所长是历史学家芒努斯·默纳(Magnus Mörner)。

研究所的主要任务是推动对拉丁美洲和加勒比国家的政治、经济和社会问题的研究,以及组织相关教学和信息传播。据此,研究所提供硕士课程和研究学位管理,并且设法寻求外部资助和组织实地考察。研究所还提供本科层次的教学,进行基础课程和中等课程的授课。

研究所积极致力于进行拉美研究方面的国际合作,特别是与拉美、欧洲和美国的大学及研究机构的合作。图书馆藏书超过4万册,还有许多重要的期刊和参考资料。图书馆由斯德哥尔摩大学管理,对学生、研究人员和公众开放。

组织机构、主要负责人及研究人员概况

研究所的工作由董事会主席和研究所所长共同负责。董事会主席和研究所所长由斯德哥尔摩大学校长任命。董事会成员由学术界、政府部门及对拉丁美洲和加勒比地区感兴趣的机构中的杰出人士组成。现任董事会主席是斯德哥尔摩经济学院的马茨·伦达尔(Mats Lundahl)教授;现任所长是从事拉美研究和社会人类学研究的莫纳·罗森达尔(Mona Rosendahl)博士。

目前,研究所有两名教授、两名高级研究员、一名讲师和八名博士生,主要进行社会科学领域的研究;另有四名科研教学辅助人员。来自瑞典各大学不同系所的一些研究人员和研究生也作为合作研究者参与研究活动。这些研究者和斯德哥尔摩大学之外的其他人士通过讲座和会议进行交流和联系。

研究重点与学术活动

研究所的主要研究活动包括讲座、与其他机构举办的联合讲座、工作组、研讨会、学术会议等,以此加强松散的研究工作之间的联系,并且使学术界更广泛地了解其研究项目取得的进展。20 世纪 70 年代,研究重点是拉美的土地结构、劳工运动和工业化进程。80 年代集中研究债务危机及拉美与欧洲和北欧地区的经济联系。从 90 年代起,研究重点集中在西半球一体化以及国家与公民社会两个领域。前者的研究项目主要探讨政治经济问题,如在全球化加剧、地区一体化体系和贸易壁垒形成背景下进行的市场自由化和制度变革;后者主要研究与当代社会政治进程有关的问题,如超民族主义、政党、草根运动和国家的非中心化。这些研究项目涉及

不同的题目,包括人权、童工、国家在农业部门领导的改革、创新和对城市贫困问题采取的举措等。

研究所学术研究方向的转变反映了20世纪80年代末以来拉美和加勒比国家的经济政策发生的巨大变化,以及大多数拉美国家面临的越来越少的经济选择,也反映了一体化尝试的新浪潮以及公民统治的转型进程。

拉美研究概况

1996年10月,研究所举办了一系列研讨会,探讨西半球地区主义和多边主义的复杂关系。这些研讨会的成果最终形成由海梅·贝阿(Jaime Behar)教授领导的西半球一体化研究项目。这一项目下的一些子项目由具有经济学或经济史背景的高级研究员、博士生和硕士生承担,研究的问题涉及地区一体化和稳定化的关系、协调地区经济政策和解决谈判冲突的地区机制、经济自由化对劳动力市场的影响、一体化和全球化对不同社会群体和经济部门的作用等。在这一项目下,海梅·贝阿教授的个人项目包括《西半球一体化的经济学原理》的研究,其中心假设是这一原理不仅与这些国家贸易收入最大化的努力有关,而且更主要的是试图使国内决策不可改变且与其稳定的目标相一致。另一个假设是,在经济相互依赖和来自地区外的竞争日益加剧的情况下,亟待建立一个制度和框架,促进汇率和货币政策的协调;《南美的政策协调和经济一体化》回答了在可预见的将来南美国家能否建立一个货币稳定区、为形成一个共同市场创造条件的问题,其主要题目包括:(1)目前阻碍南美关税联盟形成的关税和非关税壁垒;(2)这些国家在经济政策和表现上的分歧程度;(3)现有的一体化框架提供的协调机制和工具;(4)把宏观经济稳定性建立在货币一体化基础上的成本与收益。这些研究探讨了两种可能的情况:一是建立正式的汇率联盟,二是建立仿效欧洲货币体系的外汇机制。《拉丁美洲和加勒比的收入不平等和经济自由化》重点研究宏观经济政策变化与不断扩大的收入差距之间的关系,特别是探讨在20世纪八九十年代已显现的相对工资的变化,并把它与政策变量(如贸易自由化和劳动力市场规则的重塑)联系在一起。这一项目还考察了其他解释变量(如技术革新、拉美和加勒比国家在国际比较优势排名中的变化等)。其研究目的是在经济不断开放的背景下,为讨论以减少贫困和改善收入分配为导向的公共政策提供一个前后更为一致的框架。因此,这一项目对相关现实问题采用主流经济学的观点和分析手段,但从不同的政治经济学观点解释其结果。

有关这一研究方向的其他研究人员的项目还有,康达达特(Candadate)和阿希尔·马拉基(khil Malaki)的《发展小企业的信贷体系的制度分析:以加勒比联邦为例》,它试图通过牙买加、特立尼达和多巴哥的小企业发展及小额融资的案例研究寻找一个制度框架,用经济史的方法分析制度的变迁,以更好地解释加勒比地区小额融资的变化过程。安德烈斯·里瓦罗拉(Andrés Rivarola)的《全球化与制度变迁:智利、乌拉圭产业联合会研究》,它研究智利和乌拉圭从20世纪60年代至今的制度变化,从两个产业联合会的角度关注全国范围制度合法性来源的变化,其中心假设是民族国家作为制度合法性的一个来源的作用正不断受到世界机构越来越大的影响力的挑战。然而,深植于这些制度中的规则源自发达国家,在植入发展中国家时,与当地制度产生了不一致。保利娜·莫雷尔(Paulina Morel)的《全球化对拉美葡萄酒业发展、结构转型和文化变迁的影响》,它研究拉美葡萄酒产业的发展,特别关注全球化对需求和供给方的影响,以及本地区内部、地区代理间及国际葡萄酒产业合作的方式。

研究所的另一个研究重点是拉美国家的政治形势、社会形势和经济形势的变化,重点关注国家与社会的关系。其中一些研究采取了国际视角和比较的方法，对比不同国家的社会条件，并把这些条件和全球进程联系在一起。其他一些国别研究关注单个国家的政治变化。这些研究的题目包括社会记忆、政党角色的不断变化、公民身份和多元文化、国家权力的分散，农民参与公民社会的土地政策变化的后果。研究人员从社会人类学、政治学、历史学等不同学科的角度对这些问题进行了探讨。这一课题的子项目有莫娜·罗森达尔（Mona Rosendahl）的《迈阿密古巴人的超民族主义与故乡概念》、弗雷德里克·乌格拉（Fredrik Uggla）的《当代拉丁美洲的运动政治学》、比吉塔·哈内·让贝格（Birgitta Harner Genberg）的《当农民替代地主：来自秘鲁库斯科的微观研究》、坎迪达特（Candidate）和马格努斯·伦克（Magnus Lembke）的《有差别的公民身份：对危地马拉、厄瓜多尔农村草根运动和国家的研究》、里克卡特·拉朗德尔（Rickard Lalander）的《委内瑞拉的非中心化、政府内部的紧张关系和政治机会》。

其他项目还有汤姆·艾伯茨（Tom Alberts）的《农村贫困与土地改革》，评价秘鲁 1962～1980 年的土地改革和智利 1965～1973 年的土地改革在多大程度上减轻了农村贫困；韦内·卡尔松（Weine Karlsson）的《拉丁美洲经济和社会发展比较研究》，从全球比较的角度研究拉美经济的发展。

主要拉美问题研究专家

莫纳·罗森达尔（Mona Rosendahl）博士，所长，主要从事拉美研究和社会人类学研究。代表作为《革命内部：社会主义古巴的日常生活》(*Inside the Revolution：Every Day Life in Socialist Cuba*)。

海默·贝阿（Jaime Behar），经济学博士，拉美研究名誉教授，《伊比利亚美洲》主编，主要研究领域为西半球一体化，主要作品为《共同市场中合作与竞争：南共市形成研究》。

对外合作

从建所时起,研究所与拉美机构和组织的交流就成为必不可少的目标之一。随着研究活动的扩大,在项目层面的国际联系增强了,并且与欧洲和瑞典的其他研究机构的合作也按计划展开。研究所与欧洲、瑞典及拉美国家的近 30 家机构、组织和高等院校等有具体的项目合作,如委内瑞拉历史研究院、特立尼达和多巴哥中央银行、委内瑞拉中央大学发展研究中心、阿根廷劳工研究调查中心、委内瑞拉安第斯大学比较政治研究中心、乌拉圭跨学科发展研究中心,等等。

主要出版物

《伊比利亚美洲》(*Iberoamericana*),双月刊,对全世界研究人员开放,致力于有关拉丁美洲和加勒比地区的科学研究,多学科、欢迎社会科学工作者投稿。文章以英文、西班牙文或葡萄牙文发表。杂志设有书评栏目。被《西班牙美洲期刊索引》(*HAPI – Hispanic American Periodicals Index*)收录。现任主编海梅·贝阿教授。

2000 年以来机构的主要代表性文章和论著

1. Jaime Behar (ed.), *Inequality, Democracy and Sustainable Development in Latin America*, Stockholm, 2000.
2. Anna Hallberg, *Regional Integration in Latin America: The MERCOSUR Experience*, Autumn 2000.
3. James Wardally, *Globalization's Effects on the Caribbean Labour Market and the Trade Unions' Response: The Case of Grenada and Trinidad & Tobago*, Autumn 2000.
4. Jaime Behar, Rita Giacalone, Noemi B. Mellado (eds.), *Integración Regional de America Latina: Procesos y Actores*, Stockholm, 2001.

5. Jaime Behar, Ulf Jonsson, Mats Lundahl (eds.), *Currents of Change -Globalization and Institutional Reform in Latin America*, Stockholm, 2002.
6. Paulina Morel-Astorga, *The Chilean Wine Industry: Its Technological Transformation and New Export Transformation*, 2002.
7. Richard O. Lalander, *Suicide of the Elephants? Venezuelan Decentralization between Patriarchy and Chavismo*, Stockholm, 2004.
8. Magnus Mörner, *Historia de Ocumare de la Costa en Venezuela entre 1870 y 1960*, Stockholm, 2004.
9. Mona Rosendahl, *Sounds of Silence: Uncertainty, Language and Politics in the Cuban Economic Crisis*, 2004.
10. Jaime Behar, *Trade Liberalization, Technology Diffusion and Relative Wages in Latin America*, 2004.

* 资料来源:http://www.lai.su.se/lais.su.se/index.html

(作者:左晓园,外交学院英语系;责任编辑:蔡同昌)

大洋洲地区

伊比利亚与拉丁美洲研究协会
Association of Iberian and Latin American Studies of Australasia, AILASA

地址: AILASA, c/o History Program, La Trobe University, Victoria 3086, Australia
电话: 61—3—94791142
传真: 61—3—94791942
网址: http://www.ailasa.org/
E-mail: r.newmark@latrobe.edu.au

历史沿革与现状简介

伊比利亚与拉丁美洲研究协会成立于1993年,其宗旨是促进澳大利亚对伊比利亚和拉丁美洲的深入研究和教学,通过创办时事通讯,赞助和组织学术会议、讨论会、研讨会和其他机制来推动会员的专业化发展,激发公众对伊比利亚半岛和拉丁美洲的认识和兴趣,刺激和鼓励澳大利亚与伊比利亚半岛和拉美之间的互相学习和知识交流,通过学生、教师和研究资料的相互交流来协调会员机构之间的研究,加强同拉美和其他太平洋沿岸国家之间的交流和合作。协会与公共部门和私人机构密切合作,共同开发和管理拉美研究资源。

协会是一个开放性机构,允许个人或其他机构的会员加入。协会的会员有两种,一种是正式会员,一种是准会员;正式会员可以是个人(包括第三级教育机构的学生),也可以是机构(如大学的院系、中心和研究所等),但要求比较严格,正式会员必须从事中等教育或第三级教育的教学和研究；对准会员的要求相对宽松，一切致力于促进澳大利亚、伊比利亚和拉丁美洲之间关系的人都可成为协会的准会员；准会员也可以是个人或机构。协会会员需要缴纳会费。准会员可享受正式会员的一些权利，但没有提名或被提名为协调委员会成员的权利，也没有选举权。协会的经费主要靠会员的会费和一些私人的捐助。

组织机构、主要负责人及研究人员概况

伊比利亚与拉丁美洲研究协会每两年召开一次协会会员大会。大会期间，全体会员都可参与制定新的政策和规章制度；休会期间，协会的具体事务由十人组成的协调委员会（Coordinating Committee）管理，其中执行委员会（Executive Committee）由三名来自同一个州或地区的正式成员组成，他们是协会主席、秘书和财务主管，其余七名协调委员会的正式成员各代表不同的州或地区。协调委员会成员的提名或选举必须照顾代表们在地区和性别上的平衡。协调委员会由协会的正式会员选举产生，任期两年。

现任协会执行委员会主席（任期为 2008~2010 年）是新南威尔士大学的戴维·卡希尔（David Cahill）教授；执行委员会秘书是悉尼大学的韦克·刘易斯（Vek Lewis）博士；执行委员会财务主管是新南威尔士大学西班牙语和拉丁美洲研究系的彼得·罗斯（Peter Ross）博士。

协会协调委员会还有七名地区代表，其中昆士兰州（Quensland）的代表缺位，其他地方的代表是，来自维多利亚州（Victoria）的拉尔夫·纽马克（Ralph Newmark）；来自澳大利亚首都地区（Australia Capital Territory）的奥斯卡·弗洛雷斯（Oscar Florez）；来自新南威尔士州（New South Wales）的彼·罗斯（P. Ross）博士；来自北领地州（Northern Territory）的萨拉·莱戈特（Sarah Leggot）博士；来自南澳大利亚州（South Australia）的玛丽亚·埃莱娜·洛伦森（Maria

Elena Lorenzin)博士;来自西澳大利亚州(West Australia)的德拉加娜·齐万塞维奇(Dragana Zivancevic)女士。

研究重点与学术活动

伊比利亚与拉丁美洲研究协会是一个开放性的协会,有志于拉美研究的所有学者和学生都可成为协会的正式会员或准会员,因此,协会聚集了一大批澳大利亚拉美研究的专家。协会会员的研究领域集中于历史学、政治学、社会学、文学、语言学、大众文化等传统人文学科和社会科学领域。自2006年拉特罗布大学的拉尔夫·纽马克博士任协会主席以来,协会的研究重点转向语言、历史和文化研究,尤其关注拉美历史上的音乐、舞蹈、美术、电影等大众流行文化的研究。

协会每两年定期举行一次学术会议,从1993年在悉尼新南威尔士大学召开成立大会以来,15年从未间断过,一共举行了8届,主要有:"全球挑战——地方倡议"(2001)、"交往、交流与创造"(2004)、"超级世界:语言、文化和历史"(2006)、"西班牙、葡萄牙和拉丁美洲的大众文化"(2008),等等。第九届大会于2010年7月7~9日在堪培拉的澳大利亚国立大学举行,题目是:"独立!两个世纪的战斗"。

对重大国际问题的观点

伊比利亚与拉丁美洲研究协会的学者希望通过研究语言、食物、音乐、舞蹈等人们身边熟悉的事情来折射拉美的历史,反对社会暴力,2006年12月《伊比利亚和拉丁美洲研究杂志》还专门就"西班牙和拉丁美洲的男权主义和暴力"问题刊发了专题报告。反对殖民主义和帝国主义,通过研究殖民和被殖民的历史表示对土著居民文化和生活方式的尊重,支持第三世界国家反对殖民主义的斗争,如纽马克教授对东帝汶的研究等。

拉美研究概况

伊比利亚与拉丁美洲研究协会对拉丁美洲的研究涉及各个领域和多个学科,但重点集中在历史、文化、语言等方面,尤其是殖民地时期的历史、印第安人的文化和运动。如历史学教授戴维·卡希尔通过将考古学、人类学、历史学和其他学科结合起来的研究方法深入研究和探讨了古代印加帝国的社会结构、阿兹特克文明和玛雅文明、安第斯地区的历史、殖民统治下的中美洲和安第斯地区土著居民的历史和社会结构、秘鲁历史、拉美独立运动,等等。协会旨在通过对拉丁美洲语言和文化的研究来了解拉美历史和社会,虽然更注重基础学科和传统领域的研究,但并不局限于传统的研究方法和领域,协会学者还积极探讨新技术对文化和历史造成的影响,如拉美文化在因特网和赛伯时代的新特征等,同时关注中国等其他发展中国家与拉美国家之间的关系。

主要拉美问题研究专家

拉尔夫·纽马克,历史学教授,拉特罗布大学博士,拉特罗布大学拉丁美洲研究所所长,名誉副研究员,《伊比利亚和拉丁美洲研究杂志》副主编,协会执行委员会主席,维多利亚地区的代表,拉特罗布大学拉丁美洲研究所冬季学校和暑期学校的负责人。他受邀每月在澳大利亚无线电台3CR-855 AM频道讨论拉美和加勒比地区的历史与音乐之间的关系问题。最近在研究所的暑期学校和冬季学校教授有关拉美和加勒比地区历史上的音乐、舞蹈和社会,如探戈、桑巴、萨尔萨、雷盖(Reggae是一种有很强辅助节拍的西印度群岛音乐)、西印度群岛即兴讽刺音乐Calypso和社会。主要研究领域是巴西历史,尤其是热图利奥·瓦加斯(Getulio Vargas)执政时期的历史;拉美和加勒比地区、葡萄牙语非洲地区和东帝汶的口述史,即通过音乐和大众流行文化传承下来的历史;国际关系、特别是美国在拉美和加勒比地区的外交政策等。最近研究的课题是将以专著形式出版的《桑巴、外交和发展：卡门·米兰达、热图利奥·瓦加斯和美国在压制巴西国家主义中的作用，1937～1956》；以及以文章形式发表的《口述史——通过流行音乐进行历史研究和教学：拉丁美洲案例》。主要论文基本是关于口述史和音乐方面的，如发表在《伊比利亚和拉丁美洲研究杂志》上的《巴西口述史档案》（载于《伊比利亚和拉丁美洲研究杂志》1999年7月第1期），《哥伦比亚口述史档案》（载于《伊比利亚和拉丁美洲研究杂志》2001年12月第2期）。

对外合作

伊比利亚与拉丁美洲研究协会主要与澳大利亚和新西兰各综合大学的西班牙语和拉丁美洲系建立密切合作关系。如拉特罗布大学、莫纳什大学、维多利亚大学、悉尼大学、悉尼技术大学、澳大利亚国立大学、堪培拉大学、奥克兰大学，等等。

对中国的研究

伊比利亚与拉丁美洲研究协会学者的研究领域通常涉及中国问题，主要是中国与拉丁美洲各国间的关系以及这种关系对拉美地区的政治和经济发展所产生的影响。近年来，几乎每次协会举办的大型学术会议都有许多学者专门写文章论述中国的崛起和中国影响力对拉美国家发展的意义。

主要出版物

《伊比利亚和拉丁美洲研究杂志》（英文名以前是 *Journal of Iberian and Latin American Studies*，*JILAS*，现更名为 *Journal of Iberian and Latin American Research*，*JILAR*）是协会的学术期刊，每年7月和12月出版两期，悉尼技术大学国际研究所的杰夫·布劳伊特（Jeff

Browitt)博士现任《伊比利亚和拉丁美洲研究杂志》的常务编辑。《伊比利亚和拉丁美洲研究杂志》是澳大利亚、亚洲和其他地方学者发表研究成果的主要平台,杂志的编辑委员会设在墨尔本,是一本跨学科杂志,囊括历史学、政治学、国际关系、社会学、文学、语言学、文化研究、大众文化等学科领域。JILAS 发表的论文兼顾专业化和普及性,可用西班牙语、葡萄牙语和英语写成。每期论文的板块基本上是固定的:一般包括学术论文和新书评介,其中学术论文的篇数不是很多,有时每期仅两三篇,篇数居多的是新书评介之类的文章。JILAS 还专门开辟了一个供学者讨论和辩论的板块,登载与西班牙语和葡萄牙语世界以及加勒比地区的美术、音乐、电影、诗歌、大众文化领域有关的文章和评论,还出版哥伦比亚和委内瑞拉等拉美国家大众文化研究专刊。最近几期 JILAS 刊登的文章皆包括有关拉美文化和弱势群体或庶民研究的内容。

《时事通讯》(Newsletter),每年发行一次,发布协会的一些重要事宜及其他成员或机构在促进伊比利亚和拉美研究方面的信息。《时事通讯》主编是莫纳什大学语言和文化学院(Monash University)的斯图尔特·金(Stewart King)博士。

2000 年以来机构的主要代表性文章和论著

1. Stephen Niblo, Lázaro Cárdenas, *Dos Pasos Adelante*, *Un Paso Atrás*, Ciudad Juárez, Universidad Autónoma de Ciudad Juárez, 2000.
2. Stephen Niblo, *Mexico in the 1940s: Modernity, Politics and Corruption*, Wilmington, Delaware, Scholarly Resources, Paperback edition 2000.
3. Angeles Pinar Alvarez, *¿De la reforma agraria al manejo sustenible de recursos? El campesinado minifundista en una región indígena de México*, Journal of Iberian and Latin American Studies, Vol. 8, No. 2, Dec. 2002.

4. Oscar Landi,"El secreto y la política",*Journal of Iberian and Latin American Studies*, Vol. 10,No. 2,Dec. 2004.
5. Enrique Rajchenberg S. y Catherine Héau-Lambert,"El septentrión mexicano entre el destino manifiesto y el imaginario territorial", *Journal of Iberian and Latin American Studies*, Vol. 11, No. 1, Jul. 2005.
6. Jean François Mayer and Patrik Marier,"Unions and Pension Reforms in Mexico:The Impact of Democratic Governance",*Journal of Iberian and Latin American Studies*,Vol. 11,No. 2,Dec. 2005.
7. Rosana Blanco,"Masculinidades en atribulación, ansiedad y transición en Carne Trémula (1997) de Pedro Almodóvar",*Journal of Iberian and Latin American Studies*,Vol. 12,No. 2,Dec. 2006.
8. Cesar Seveso,"A New Law for a New Crime:Anticommunism in Argentina,1930 – 1940",*Journal of Iberian and Latin American Studies*, Vol. 13,No. 1,Jul. 2007.
9. Gabriela Coronado,"The Tourist:The Invisible Third Body in the Mexican Intercultural Dialogue", *Journal of Iberian and Latin American Studies*,Vol. 13,No. 1,Jul. 2007.

* 资料来源:http://www.ailasa.org/

(作者:宋霞,中国社会科学院拉丁美洲研究所;责任编辑:蔡同昌)

澳大利亚国立拉丁美洲研究中心
Australian National Centre for Latin American Studies, ANCLAS

地址: Haydon-Allen Building #22, Australian National University, Canberra 0200 Australia
电话: 61—2—61255424
传真: 61—2—61252222
网址: http://www.cass.anu.edu.au/anclas/index.php
E-mail: anclas@ anu.edu.au

历史沿革与现状简介

澳大利亚国立拉丁美洲研究中心是一个较年轻的机构,成立于 2000 年 6 月 20 日。进入 21 世纪以来,拉丁美洲与澳大利亚的关系日益密切,商业往来、教育文化交流和旅游越来越频繁,在这种背景下,为进一步发展澳大利亚与拉丁美洲的关系,1999 年 7 月,澳大利亚国立大学和拉美各国政府的代表(拉美各国使团首脑)在堪培拉签署《意向宣言书》(*Declaration of Intent*),决定成立澳大利亚国立拉丁美洲研究中心。澳大利亚议会、澳大利亚外交事务和贸易部等政府部门对中心的成立给予大力支持。中心成立时的定位只是进行拉美领域的研究,而不包括对本科生提供拉美教学的内容。中心的第一个字母缩写"ANCLAS"一词在西班牙语中有一个特殊的含义,即锚、支持或依靠之物的意思,因此有人认为,中心是先有了这一字母缩写词,再根据这一词起的全名,意即希望中心成为澳大利亚拉丁美洲研究的核心机构,使其成为澳大利亚和拉丁美洲之间关系发展的一个依托。

1999年《意向宣言书》签署后,澳大利亚成立了由政界、学界和商界人士组成的工作小组,负责中心正式成立大会的筹备工作。在1年的时间里,工作小组的成员进一步扩充,吸引了来自澳大利亚外交事务和贸易部、堪培拉大学和澳大利亚拉丁美洲商务委员会(Australia-Latin America Business Council——ALABC)等机构的代表。这表明,中心从一开始就是一个面向世界各地、囊括各种利益集团和各个研究领域的开放式的社会团体。2000年5月8日,澳大利亚参议院的外交事务、国防和贸易联合常务委员会贸易附属委员会举行题为"澳大利亚的贸易及澳大利亚与南美洲的投资关系"听证会,专门就成立中心进行了详细讨论。

2000年6月20～21日,澳大利亚国立拉丁美洲研究中心在人文研究中心举行成立大会,会议题目为"澳大利亚与拉丁美洲:通过理解和行动建立的密切关系",时任澳大利亚外交部长亚历山大·唐纳(Alexander Downer)做了题为"拉丁美洲:澳大利亚的变革与机遇"的演讲。当时恰逢阿根廷教育部长胡安·何塞·利亚奇(Juan Jose Llach)博士访问澳大利亚,大会邀请他做了主题发言。澳大利亚拉丁美洲商务委员会主席霍斯·布兰科(Jos Blanco)等在成立大会上作了发言。澳大利亚国立大学副校长迪恩·特雷尔(Deane Terrell)和堪培拉大学副校长唐·艾特肯(Don Aitken)教授参加并主持了会议,澳大利亚外交事务和贸易部、澳大利亚议会、非营利社会团体、堪培拉明特—埃利森(Minter-Ellison Canberra)法律公司和拉美各国使团首脑等代表参加了会议。中心成立大会讨论的内容包括拉美经济、企业、文化改革等议题,墨西哥经济和发展研究中心的布兰卡·埃雷迪亚(Blanca Heredia)博士提交了题为"全球化背景下的拉美经济"的论文,澳大利亚拉特罗布大学拉丁美洲研究所的纽马克博士提交了题为"音乐中的巴西历史"的论文。

中心现设在澳大利亚国立大学(ANU)艺术和社会科学学院

(College of Arts and Social Sciences)，与艺术中心和亚洲太平洋文化研究网络共同组成澳大利亚国立大学艺术和社会科学学院的三大中心。其宗旨是促进拉美研究与教学，尤其强调社会科学、人文学科、商业和经济学科领域的拉美研究，通过组织会议等活动促进从事拉美研究的学者之间的相互接触与交流，建立和推动同澳大利亚国内外研究拉美问题的学校和院系的联系与交流，加强澳大利亚和拉美学者之间的交流和互动，增进澳大利亚人民对拉美的认识和了解。中心定期开办研讨班，为来自澳大利亚和海外的研究拉美的学者提供拉美研究论坛，互相交流观点、理论和研究成果。另外，中心还为由澳大利亚学者和国际学者共同参与的各种研究项目提供资助。

中心的经费主要来自澳大利亚政府和议会、澳大利亚拉丁美洲关系委员会（Council on Australia Latin America Relations, COALAR）和澳大利亚国立大学。澳大利亚拉丁美洲关系委员会于2001年7月1日由澳大利亚政府成立，它下设的教育行动小组（Education Action Group）负责委员会的教育战略问题，主要通过资助教育部门加强与拉美的关系。2003年中心有关"全球化和地区贸易与投资"的圆桌会议得到了澳大利亚拉丁美洲关系委员会的大力赞助。

组织机构、主要负责人及研究人员概况

中心的组织机构较松散，其领导机构——董事会包括来自学术界、外交界和企业界的一些人士。成立之初的中心只有一个负责召集会议的工作小组，工作小组由澳大利亚国立大学的约翰·盖奇（John Gage）博士领导。他的研究领域是澳大利亚外贸政策、欧盟、欧洲的区域化、全球化、澳大利亚和美洲的关系，等等。他曾任澳大利亚国立大学欧洲中心副主任（2001～2006），是中心的创始人之一。中心刚成立时，预算和组织结构都很松散，因此确切地说

还不算是一个独立的机构,没有集中的领导。成立之初的5年,中心没有固定的预算,管理人员不是专门从事拉美研究的,他们的研究领域只是与拉美有些关联而已。中心主任由澳大利亚国立大学副校长任命。2002~2004年,中心邀请麦夸里大学(Macquarie University)人文系主任、媒体传播教授克里斯蒂娜·斯莱德(Christina Slade)博士任中心主任,中心创始人之一约翰·盖奇自2006年年中任中心主任,直至2007年7月去世。现任中心主任是澳大利亚国立大学社会科学院的政治科学和国际关系讲师约翰·明斯(John Minns)博士。

研究重点与学术活动

中心是一个年轻的机构,研究成果不是太多。它更关注一些新学科、新领域中的新问题,如澳大利亚与拉美的经贸关系和投资关系、全球化、全球环境保护、非传统安全、国际人权、国家主义和世界秩序等问题,尤其强调社会科学、人文学科、商业和经济学科领域的拉美研究。

中心经常与澳大利亚拉丁美洲商务委员会和澳大利亚拉丁美洲关系委员会等企业和政府组织共同举办一些不定期的研讨会和学术会议,这些会议并非是纯粹的学术会议,一般具有很强的务实性,与会者有拉美地区的高级官员,拉美国家中央银行和基金会的代表,澳大利亚企业界人士,澳大利亚参议院、澳大利亚贸易谈判局、外交事务和贸易部等政府部门的代表;讨论的议题主要是有关澳大利亚与拉美之间的经济往来和促进双方贸易和投资机会,双边和区域性的自由贸易区,国际经济环境以及未来的多边贸易自由化等问题。

对重大国际问题的观点

研究中心对世界金融危机、拉美债务危机、政府和市场的关系、美国对拉美的外交政策、拉美应对金融危机的策略以及洪都拉斯政变等重大国际问题都非常关注。在应对世界金融危机方面，多数学者认为拉美人不能被意识形态、教条或复仇感所愚弄，银行危机虽然需要政府的干预，但政府也不能替代市场成为分配稀缺的经济资源的最为有效的方式，对于政府来说，市场需要的是管理和监督，而不是反对。2009年洪都拉斯临时政府禁止媒体传播可能"危害国家安全"及"激起社会动乱和民众仇恨情绪"的内容的媒体之战也引发了论坛的热烈讨论。

拉美研究概况

2009年研究中心开通了一个被称作"拉丁美洲研究论坛"的博客，旨在促进拉美问题的学习和研究，将澳大利亚和世界各地不同领域的研究人员和评论家集中在一起，为他们提供一个相互交流的平台，通过这一平台关注与拉丁美洲有关的国内国际大事。如2009年亚历山大·马里尼斯（Alexandre Marinis）写了一篇题为"债务危机愚弄了拉丁美洲的国家领导人"的博文，认为世界金融危机会导致财富在全球范围内的重新分配，并不是所有新兴市场都能从中获益，拉丁美洲历史上的过度依赖商品出口等经济发展缺陷，以及亲政府反市场心理状态的复兴所导致的政策脆弱性不利于生产力的发展，并且会助长腐败，阻碍拉丁美洲在全球经济中的崛起。

主要拉美问题研究专家

约翰·明斯博士，澳大利亚国立大学艺术和社会科学院副院长，艺术和社会科学院国际关系方面的负责人，政治科学和国际关系高级讲师。2006年，他作为富布赖特访问学者在美国得克萨斯农工大学（Texas A&M University）从事国家与市场之间互动关系的研究；2007年以来任中心主任；主要研究领域是经济和政治发展、发展中国家的劳工运动、新兴工业化国家的政治经济、全球化、难民政策,等等。其主要著作有:《寻求庇护:亚太地区的难民》(2005)、《发展主义政治学》(2006),等等。他最近在澳大利亚国立大学作了题为"北美自由贸易协定(NAFTA)对墨西哥和美国的影响"的学术报告。

克里斯蒂娜·斯莱德教授,澳大利亚麦夸里大学人文系主任,媒体理论教授。2002~2004年任中心主任。1993~2000年任国际儿童哲学委员会(International Council of Philosophy for Children)主席。2004年至今,任国际传播协会传播哲学分会(the Philosophy of Communication Division, the International Communication Association)主席等职,是《非正式逻辑》(Informal Logic)、《澳大利亚哲学杂志》(*Australasian Journal of Philosophy*)等杂志编辑委员会成员。曾在荷兰乌特列支大学(Universiteit Utrecht)、美国纽约大学、墨西哥伊比利亚美洲大学(Universidad Iberoamericana)等大学任教。2002年,作为拉丁美洲人文研究中心活动年的一部分,她召集并组织了有关拉美长篇电视连续剧问题的会议,与会者有澳大利亚国立大学、墨西哥蒙特雷理工学院、墨西哥阿兹特克电视公司(Azteca Televisa)等机构;2003年她获亚太大学交流会(UMAP)的资助主持开发堪培拉大学和墨西哥蒙特雷理工学院(ITESM)和墨西哥伊比利亚美洲大学(UIA)的联系。其研究领域包括传播理论的哲学基础问题,全球公共领域及其在新技术影响下的分裂,电视应用中理性技能的开发等。墨西哥等拉美国家是她进行个案分析的对象国之一。最近她主要从事拉美长篇电视连续剧及肥皂剧产业的比较研究。她有关拉美研究的主要成果是发表在《澳大利亚国际媒体》上的《全球媒体生成记忆:澳大利亚和墨西哥》(2001),等等。

对外合作

澳大利亚国立拉丁美洲研究中心本身并非一个纯粹的学术机构,它由政界、学界和商界人士组成,因此对外合作尤其与企业和政府部门的合作频繁且密切,如中心与澳大利亚外交事务和贸易部、堪培拉大学以及澳大利亚拉丁美洲商务委员会等机构的合作等。另外,ANCLAS还与许多国家的大学如智利大学、智利天主教大学、萨瓦纳大学等建立了学生交流项目,旨在帮助澳大利亚学生学习拉美地方语言。

对中国的研究

研究中心对中国的研究主要集中在经济、贸易和中拉关系领域。中心主任约翰·明斯博士的研究重点就是东亚政治经济领域和第三世界国家的发展问题以及发展中国家的劳工运动。他曾专门著文探讨中国台湾的劳动力问题。也有的学者专门撰文就1970~2007年30多年里拉美和中国的发展情况进行对比,文章提出,30年里中国在全球经济中的份额提高了6倍,从1980年的不到1%增加到2007年的5.9%,而巴西在世界经济份额中的比重从1980年最高点的2.4%降低到2008年的2.1%,墨西哥则从1.4%降到1.2%,阿根廷从0.94%降到0.77%。文章还从制度和政策上论述中国和拉美国家取得不同业绩的原因。

主要出版物

《ANCLAS时事通讯》(*ANCLAS Newsletter*),刊登中心活动通知和有关拉美和加勒比研究概要等。

2000年以来机构的主要代表性文章和论著

1. Christina Slade, "La amplia luminosidad del día de los niños: los

niños y la iterature" "El derecho a la imaginación", Keynote address Universidad Ibero Americana, Mexico City, May 31, 2001.
2. Christina Slade, "Global Media Generation Memories: Australia and Mexico", *Media International Australia*, Vol. 101, 2001.
3. M. - F. Daniel, De la Garza, Christina Slade, L. Lafortune, R. Pallascio, P. Mongeau, "El lugar des relativismo en los intercambios filosoficos de los alumnos", *Perfiles Educativos*, Vol. 24, No. 96, 2002.
4. John Gage, "Internationalisation, Globalisation and Regionalisation. Some Institutional Aspects of Systemic Transition", *NEC Paper*, No. 50, 2003.
5. John Minns, "The politics of Che Guerava", Socialist alternative, Edition 63-Jan. 2003.
6. Christina Slade, "Telenovelas and soap operas: Crossing Borders", International Communication Association, San Diego, 24 May, 2003.
7. Christina Slade, "Killing the goose that lays the golden eggs: A Mexican perspective on the industry", *Soap Operas and Telenovelas*, No. 106, Feb. 2003.

* 资料来源:

http://www.cass.anu.edu.au/anclas/index.php

http://www.anu.edu.au/; http://www.foreignminister.gov.au/speeches/2000/000620_la.html

http://www.aph.gov.au/hansard

http://www.dfat.gov.au

(作者:宋霞,中国社会科学院拉丁美洲研究所;责任编辑:蔡同昌)

拉特罗布大学拉丁美洲研究所
The Institute of Latin American Studies (ILAS), La Trobe University

地址：La Trobe University, Institute for Latin American Studies, Bundorra VIC 3083, Austrália
电话：61—3—94792038
传真：61—3—98531127
网址：http://www.latrobe.edu.au/history/ilas/
E-mail：history@latrobe.edu.au b.carr@latrobe.edu.au

历史沿革与现状简介

拉特罗布大学拉丁美洲研究所成立于1975年，目的是协调和促进拉特罗布大学的拉美研究与教学。拉特罗布大学是澳大利亚维多利亚州唯一一所设立拉美教学项目的大学，教学内容包括殖民地时期、殖民地前期（1500~1800）到民族国家独立以后的拉美历史（1800~1990），大学二三年级的教学计划包括拉丁美洲和冷战、拉美的农民和革命以及拉美的大众文化等。研究所设立本科和研究生教学计划。除每两周举行一次研讨会（周五）以外，研究所还组织大型学术会议，资助来自西班牙语和英语世界的拉美研究人员来所进行访问研究。其经费主要来自迈尔基金会的资助。

组织机构、主要负责人及研究人员概况

研究所现由所长和15名研究人员。所长是拉尔夫·纽马克（Ralph Newmark）博士，拉特罗布大学历史系教授，《伊比利亚和拉丁美洲研究杂志》副主编，伊比利亚与拉丁美洲研究协会执行

委员会主席。巴里·卡尔(Barry Carr),牛津大学博士,研究所副教授,劳工历史学家,《伊比利亚和拉丁美洲研究杂志》常务编辑。罗恩·爱尔兰(Rowan Ireland),哈佛大学博士,《伊比利亚和拉丁美洲研究杂志》副主编。研究所名誉副研究员。安东尼·迪斯尼(Anthony Disney),哈佛大学博士,研究所名誉副研究员。约翰·辛克莱(John Sinclair)博士,墨尔本大学(University of Melbourne)教授。彼得·马修斯(Peter Mathews),耶鲁大学考古学博士,拉特罗布大学考古系教授。克劳迪娅·哈克(Claudia Haake)博士,拉特罗布大学历史系。帕特里克·沃尔夫(Patrick Wolfe),拉特罗布大学历史系。伊莎贝尔·莫蒂纽(Isabel Moutinho)博士,拉特罗布大学西班牙语和葡萄牙语系讲师,《伊比利亚和拉丁美洲研究杂志》副主编。卡洛斯·乌克索·冈萨雷斯(Carlos Uxó González),拉特罗布大学西班牙语系讲师,《伊比利亚和拉丁美洲研究杂志》副主编,2006~2008年任伊比利亚与拉丁美洲研究协会秘书,美国拉丁美洲研究协会会员,Ixquic杂志编辑委员会成员。玛丽·艾特肯(Mary Aitkin)、格雷厄姆·霍尔顿(Graham Holton)、贝里尔·兰格(Beryl Langer)和格茨·奥特曼(Goetz Ottmann),研究所研究人员。利利特·思韦茨(Lilit Thwaites)博士,研究所名誉副研究员。伊比利亚与拉丁美洲研究协会、国际西班牙文学和女性文化协会(Asociación Internacional de Literatura e Cultura Feminina Hispánica – AILCFH)会员,《伊比利亚和拉丁美洲研究杂志》编辑委员会成员,伊比利亚与拉丁美洲研究协会的创始人之一。海蒂·佐格鲍姆(Heidi Zogbaum)博士,研究所名誉副研究员。

  博哈特图书馆(The Borchardt Library)是拉特罗布大学最大的图书馆,目前其馆藏文献达200多万册,收藏种类繁多,包括各类书籍、期刊、政府出版物、参考工具书、教案、试卷、论文、音像资料(录像带、光盘、缩微胶片等)及其电子文献。它也是澳大利亚有关拉美研究藏书最丰富的研究型图书馆,特别是在墨西哥、巴西、古巴及美拉关系研究领域,拥有丰富多样的藏书、期刊和其他资料。

研究重点与学术活动

研究所设在拉特罗布大学历史系,其成员也基本上是历史专业的学者,因此,研究重点放在对拉美历史的研究上,特别是对现代和当代墨西哥、古巴、危地马拉等国的历史研究上。此外,研究所的研究人员还从事美洲印第安人历史、移民历史、劳工运动史、拉美共产党和共产主义运动史、当代拉美政治史、拉美社会运动史、拉美宗教史及当代世界的历史公正性等专题史的研究。除历史研究以外,研究所的研究人员还从事玛雅文化、中美洲考古及玛雅象形文字的研究。拉美文化和文学,尤其巴西文学和古巴文学,公民社会与民主问题,拉美的广告业、媒体业和传播业等文化产业的发展及它们的全球化问题等也是研究所的重点研究领域。研究所每两周一次举办研究研讨会,每个研讨会大约 12~28 人参加。

拉美研究概况

拉特罗布大学拉丁美洲研究所是澳大利亚为数不多的专门从事拉美历史研究的机构。研究所在玛雅文化和中美洲的考古、玛雅象形文字的解读、复杂社会的考古、土著美洲人历史等领域以及 16 世纪以来拉美大陆的发展历史等领域的研究成果非常丰富。2005 年 7 月研究所会员在拉特罗布大学组办了一次国际会议,会上成立了从事拉丁美洲研究的亚洲太平洋网络(CELAO)。2006 年研究所还成立了墨西哥研究中心。

主要拉美问题研究专家

约翰·辛克莱教授,莫纳什大学学士,拉特罗布大学社会学硕士和博士。他毕业后先在维多利亚技术大学(Victoria University of

Technology)的传播、文化和语言学院任社会学、文化研究和国际交流教授,之后在墨尔本大学(University of Melbourne)的澳大利亚中心任澳大利亚研究委员会(Australian Research Council)教授。他是加利福尼亚大学圣地亚哥分校、得克萨斯大学奥斯汀分校和巴塞罗纳自治大学的客座教授。在巴塞罗纳自治大学他任联合国教科文组织(UNESCO)的传播学教授。2001年,他当选澳大利亚人文科学院(Australian Academy of the Humanities)会员,2003年荣获澳大利亚政府颁发的教育及社会服务奖章——联邦百年纪念奖章(the Centenary of Federation Medal)。其主要研究领域是广告业、媒体业、传播业等文化产业的全球化问题,尤其关注拉美地区和亚洲地区在这些领域的发展情况。他的文章在国际上很有影响力,其研究成果发表于《媒体》(Media)、《文化与社会》(Culture and Society)、《电视与新媒体》(Television and New Media)、《亚洲传播杂志》(Asian Journal of Communication)、《亚洲研究评论》(Asian Studies Review)、《澳大利亚传播杂志》(Australian Journal of Communication)、《澳大利亚研究杂志》(Journal of Australian Studies),等等。他还是众多国内外学术期刊编辑顾问委员会的成员,曾是国际媒体和传播研究协会(International Association for Media and Communication Research, IAMCR)的成员。主要著述有《形象公司:作为产业和意识形态的广告》(1987)、《全球电视的新模式:边缘视角》(1996)、《拉丁美洲电视:全球视野》(1999),等等。

彼得·马修斯博士,曾任澳大利亚研究委员会考古项目的高级研究人员,现任拉特罗布大学考古系教授,同时兼任美国哈佛大学、加拿大卡尔加里大学和丹麦哥本哈根大学教授。1984年,由于在玛雅和中美洲考古及玛雅象形文字研究方面的杰出贡献,他荣获美国麦克阿瑟奖(MacArthur Prize Fellowship)。2002年,他当选澳大利亚人文科学院成员。其主要著述有《国王密码:七个玛雅神庙和墓穴的语言》(1998),等等。

对外合作

拉特罗布大学拉丁美洲研究所除与澳大利亚各大学和研究机构的拉丁美洲研究中心和协会有密切合作以外,还与美国、德国、加拿大、墨西哥、巴西和智利等国家大学中的拉美研究中心的学者定期交流。

对中国的研究

2005年7月研究所会员在拉特罗布大学组办了一次国际会议,会上成立了从事拉丁美洲研究的亚洲太平洋网络(CELAO),参加会议的有来自亚洲、拉丁美洲和太平洋地区近20个国家的100多名学者,CELAO的秘书处设在澳大利亚,拉特罗布大学的巴里·卡尔博士任CELAO主席,悉尼技术大学的杰弗里·布劳伊特(Jeffrey Browitt)博士任副主席,CELAO的第二届大会于2007年在韩国首尔举办。由于成立时间较晚,因此到目前为止专门研究中国问题的成果很少。

主要出版物

《伊比利亚和拉丁美洲研究杂志》(*ILAS：Journal of Iberian and Latin American Studies*),由拉特罗布大学拉丁美洲研究所与伊比利亚和拉丁美洲研究协会共同编辑和出版。

2000年以来机构的主要代表性文章和论著

1. Peter Mathews, "Maya Epigraphy", *in Encyclopedia of Archaeology：History and Discoveries* (Tim Murray, ed.), Santa Barbara, California, ABC-CLIO, Inc., 2001.
2. Heidi Zogbaum, "The Steam Engine in Cuba's Sugar Industry, 1794 -

1860", *Journal of Iberian and Latin American Studies*, Vol. 8, No. 2, Dec. 2002.
3. Barry Carr, Avi Chomsky, eds., *The Cuba Reader: History*, Politics, Culture, Duke University Press, 2003.
4. John Sinclair, Graeme Turner, *Contemporary World Television*, British Film Institute, 2004.
5. Rowan Ireland, "Brazilian Civil Society In and Out of Focus: Considerations from a Local Case-Study", *Journal of Iberian and Latin American Studies*, Vol. 11, No. 2, Dec. 2005.
6. Goetz Ottmann, "Lula and Brazilian Transitions", *Journal of Iberian and Latin American Studies*, Vol. 11, No. 2, Dec. 2005.
7. Carlos Uxó González, "Renovación y estereotipo en la narrativa breve de los novísimos cubanos", Hispanitas, Centre for Afro-Hispanic Research, University Omar Bongo, Libreville, Gabon, Nov. 2006.
8. Claudia Haake, *The State, Removal and Indigenous Peoples in the United States and Mexico*, Routledge, 2007.

* 资料来源:http://www.latrobe.edu.au/history/ilas/

(作者:宋霞,中国社会科学院拉丁美洲研究所;责任编辑:蔡同昌)

莫纳什大学西班牙语和拉丁美洲研究项目

Spanish and Latin American Studies Program at Monash University, SLASP

地址:School of Languages, Cultures and Linguistics, Faculty of Arts, PO Box 11A, Monash University, VIC 3800, Australia
电话:61—3—99052223　99052281
传真:61—3—99055437
网址:http://www.arts.monash.edu.au/spanish/
E-mail:LCL.Enquiries@arts.monash.edu.au

历史沿革与现状简介

莫纳什大学西班牙语和拉丁美洲研究项目成立于1966年,设于艺术学院语言和文化系,具有语言培训和研究双重功能。2002年,这一项目开始每年定期举办专题讨论会,旨在探讨西班牙语和拉美研究领域的最新发展情况及最前沿的理论问题和现实问题,为澳大利亚、亚洲和其他地方的学者提供一个专业交流和讨论的平台,讨论的专题基本上集中于西班牙语文学、文化研究、西班牙语文化中的男权主义、西班牙语世界中的犯罪、暴力和性别认同、古巴革命等领域。

组织机构、主要负责人及研究人员概况

这一项目共有八名成员,其中三名专业学者,五名任课教师。专业学者是萨拉·麦克唐纳(Sarah McDonald)博士、马里萨·科德

利娅（Marisa Cordella）博士和斯图亚特·金（Stewart King）博士。五名任课教师是拉蒙·洛佩斯·卡斯特利亚诺（Ramón López-Castellano）、玛尔塔·埃普尔（Marta Eppel）女士、卡蒂·帕雷德斯（Katie Paredes）女士、保罗·莱维斯（Paul (Vek) Lewis）和华金·里瓦斯（Joaquín Rivas）。

研究重点与学术活动

莫纳什大学西班牙语和拉丁美洲研究项目的研究重点放在语言学、历史和文化领域。话语分析计划是研究项目设立的一个子计划，认识到话语分析在一些专业领域（如语言学、医学、法律、教育、新闻、社会学、政治学、心理学等）研究中的作用，西班牙语和拉丁美洲研究项目最近规定召开话语分析的专题讨论年会，会议地点设在莫纳什大学，会期一天。年会的目的是，邀请专家和学者每年定期进行话语分析方面的讨论和交流。2008年年会的题目是"没有边界的世界：国际交流和话语分析"。

对重大国际问题的观点

莫纳什大学西班牙语和拉丁美洲研究项目对重大国际问题的观点都浓缩在研究人员所做的具体研究上，他们认为国际文化交流是没有国界的，语言对于研究和理解国际问题是不可缺少的，通过了解彼此的文化和语言，不同国家的人们就可以更好地理解对方和整个世界，电影尤其是拉美电影是拉美乃至国际社会现象和政治问题的反映。

拉美研究概况

目前莫纳什大学西班牙语和拉丁美洲研究项目下设五个主要的子计划：西班牙语学习计划、加泰罗尼亚语学习计划、巴西研究计划、电影研究计划和话语分析计划。

巴西研究项目是一个有活力的研究领域，主要着力于巴西电影、文化、历史、文学和政治领域的研究。莫纳什大学可授予巴西电影、文化和文学研究领域的硕士和博士学位。项目的专家是萨拉·麦克唐纳博士，她也是巴西研究领域的博士生导师。

电影研究项目是过去五年内发展起来的一个研究领域，现已成为莫纳什大学西班牙语和拉丁美洲研究项目中的一个重要组成部分。它为学生提供学习拉美国家西班牙语电影历史的机会，提高他们的批评和分析能力。除纯粹的电影研究以外，学者还把电影看作是研究其他领域问题的一个内在组成部分。电影是文化的一部分，也是研究文化问题的基础之一，当代电影还可作为学习语言的工具。这一项目也可授予硕士和博士学位，电影研究专家是萨拉·麦克唐纳博士。

话语分析项目主要从事西班牙语、葡萄牙语和加泰罗尼亚语的话语分析，是一个发展很快的新的研究领域，也是一个跨学科的研究领域，囊括语言学、法律、工商管理和科学等学科。这一项目致力于人们如何更好地进行交往的研究领域，它既能通过交流使人与人之间更好地互相理解，又在互相理解的基础上使人们更好地阐释这个世界。它旨在帮助学生通过语言形成思想和概念。话语研究有不同的多学科研究方法（如对话分析和实证主义）。批评话语分析来源于结构语言学和批判理论，旨在解读语言与社会的交互关系，互动的社会语言学方法则将语言、社会和文化研究结合起来。西班牙语话语分析领域也有硕士和博士学位点，导师是马里萨·科德利娅博士。

主要拉美问题研究专家

马里萨·科德利娅，莫纳什大学语言学博士，莫纳什大学艺术学院西班牙语高级讲师，教授的课程包括高级西班牙语、高级西班牙语翻译、全球化世界中西班牙语的交流（话语分析）、西班牙语世界中媒体和政治领域的话语和权力等。主要从事的研究领域是制度背景下的话语分析,互动社会语言学,医学话语分析和医学培训,跨文化交流等。目前研究的课题是智利医疗咨询中医生与患者(癌症患者)之间的话语分析,这是与智利天主教大学的研究人员合作的课题,是一个跨学科的研究课题,涉及心理学、社会学、医学和语言学,受到极大关注。他在实证主义、互动的社会语言学和批判话语分析方面的研究成果得到国际认可。目前任《澳大利亚应用语言学评论》(Australian Review of Applied Linguistics)的副主编。主要论文有发表在《澳大利亚应用语言学系列评论》1990年第7期上的《智利西班牙语和澳大利亚英语中的道歉语言:跨文化研究》,发表在《语言、文化和课程》1996年第9期上的《西班牙语辩论中的对立模式:实证前景"》,等等。

斯图亚特·金博士,西班牙语和加泰罗尼亚语高级讲师,在拉特罗布大学和莫纳什大学教授西班牙语、文化和文学。其主要研究领域是加泰罗尼亚语、文化和民族认同、后殖民主义、加泰罗尼亚语犯罪小说、西班牙语犯罪小说、当代西班牙文化中的性别、暴力和犯罪,西班牙男权主义研究,等等。最近的研究课题是"西班牙的犯罪和性别:当代文化中的固定习语研究",是与曼彻斯特市立大学的谢利·戈斯兰(Shelley Godsland)博士合作的,获得英国科学院(British Academy)的资助。他还是西班牙语和拉丁美洲研究项目的负责人和会议组织者,伊比利亚与拉丁美洲研究协会《时事通讯》的主编。

萨拉·麦克唐纳,奥克兰大学(University of Auckland)博士,巴西和西班牙语电影研究专家。主要研究拉美电影、拉美文化、大众文化、后殖民主义、女性研究,等等。最近的研究项目是当代巴西电影中蕴涵的大众文化及拉美当代电影中呈现出的暴力问题。主要论文有发表在《伊比利亚和拉丁美洲研究杂志》2003年12月第2期上的《弃绝与补偿:巴西中部妇女评论》等等。

对外合作

莫纳什大学西班牙语和拉丁美洲研究项目与西班牙、墨西哥和智利一些有声望的大学一直保持良好而密切的合作关系。这些大学主要包括智利天主教大学（Pontificia Universidad Católica de Chile，PUC）、墨西哥蒙特雷理工大学（Tec de Monterrey，Mexico）和西班牙马德里自治大学（Universidad Autnóma de Madrid，UAM）。这一项目与这些大学间进行学生交换培训及西班牙语和拉美研究方面的联系与合作。另外，拉丁美洲研究项目中的巴西研究子项目也与其他学术协会保持学术交流，如巴西研究协会（Brazilian Studies Association，BRASA）、伊比利亚与拉丁美洲研究协会和美国拉丁美洲研究协会巴西分会，等等。

这一项目还与西班牙电影制片人、奥斯卡最佳外语片奖获得者佩德罗·阿尔莫多瓦尔（Pedro Almodóvar）共同组织了2008年"米拉达：西班牙电影节的宝石"，并是这次盛会的赞助者之一。

2000年以来机构的主要代表性文章和论著

1. Sarrah McDonald, "Performing Masculinity: from City of God to City of Men", *Journal of Iberian and Latin American Studies*, Vol. 12, No. 2, Dec. 2006.
2. Marisa Cordella, "La interacción médico-paciente en escrutinio: Un estudio de sociolingüística interaccional", Filología y Traducción del Instituto de Letras de la Pontificia Universidad Católica de Chile, *Revista de Lingüística*, No. 7, 2002.
3. Marisa Cordella, "En el corazón del debate: el análisis del dis-curso en la representación de las voces médicas", *Análisis del Discurso Oral*, No. 6, 2003.
4. Marisa Cordella, *The dynamic consultation: A discourse analytical*

study of doctor-patient communication, Benjamins, Pragmatics and Beyond Series, Amsterdam, 2004.
5. G. Egan and Marisa Cordella, "Las madres de la Plaza de Mayo: Prensa, ideología y resistencia", Spanish in Context, U. K, 2006.
6. Stewart King, *Escribir la catalanidad. Lengua e identidades culturales en la narrativa contemporánea de Cataluña*, London, Támesis, 2005.
7. Stewart King, *La cultura catalana de expresión castellana. Estudios de literatura, teatro y cine*, Kassel, Editions Reichenberger, 2005.
8. Stewart King and Jeff Browitt, eds., *The Space of Culture: Critical Readings in Hispanic Studies*, Newark, University of Delaware Press, 2005.
9. Stewart King and Shelley Godsland, "Detecting Discontent: Contemporary crises in Manuel Vázquez Montalbán's Los pájaros de Bangkok", *Journal of Spanish Cultural Studies*, Vol. 9, No. 1, 2008.

* 资料来源:http://www.arts.monash.edu.au/spanish/

(作者:宋霞,中国社会科学院拉丁美洲研究所;责任编辑:蔡同昌)

奥克兰大学拉丁美洲研究中心
The New Zealand Centre for Latin American Studies at University of Auckland, NZCLAS

地址: Spanish Department, Latin American Studies Program, University of Auckland, Private Bag 92019, Auckland New Zealand
电话: 64—9—3737599
传真: 64—9—3737483
网址: http://www.nzclas.auckland.ac.nz
E-mail: w.pino-ojeda@auckland.ac.nz

历史沿革与现状简介

新西兰奥克兰大学拉丁美洲研究中心成立于2002年9月,最初由奥克兰大学理事会发起。中心的前身是拉丁美洲研究项目,这一项目早在1996年就为校内本科生开设了相关领域的跨学科主修和选修课程。2003年11月,中心成员发起并组建了奥克兰大学代表团,相继出访墨西哥、巴西和智利,奥克兰大学与这些拉美国家的主要大学签署了一系列框架性合作协议。2004年5月21日,新西兰时任贸易部部长菲尔·戈夫(Phil Goff)对外正式推出拉丁美洲研究中心,来自新西兰和拉美国家的多位政界要员参加了中心的开幕式。

目前,中心是新西兰唯一专门研究拉美的跨学科研究机构。2003年成为亚太拉美研究理事会(CELAO)的创始成员之一,也是新西兰"东亚—拉美合作论坛"(FEALAC)的主要成员。中心与有关拉美的研究涵盖历史、政治、影视、文化、土著问题、和平与裁军、全球化和区域化带来的影响等。

中心制定的三大目标是:成为亚太地区一流的拉美研究与教学中心;为与新西兰和拉美相关的论题提供学术交流平台;为与新西兰与拉美关系有关的学者、官员、商界人士和社团组织提供一个切入点,促进他们之间的对话。为此,中心已发起或参与了一系列活动,包括主办国际会议和设立研究项目,建立学者、官员和有志于拉美贸易的商界人士之间的联系,授予拉美研究学位,与来自拉美和全球的学者开展密切合作。中心还为商界人士开设有关拉美的职业培训课程。

组织机构、主要负责人及研究人员概况

中心最初由奥克兰大学"副校长新兴研究领域赞助基金"(Vice-Chancellor's Emerging Research Areas Support Fund)资助成立。随后,新西兰著名的奶制品企业恒天然集团(Fonterra)为中心提供主要的资金支持。

中心拥有一支专业的教学和研究队伍,主要由校内外文学、历史和科学等领域的学者构成。此外,中心还专门设立顾问委员会,主要成员为政府官员、商界人士、知名学者以及拉美各国驻新西兰使节。

中心有教研人员七人:马修·奥马尔(Matthew O'Meagher)博士,中心主任,就职于奥克兰大学历史系;瓦列斯卡·皮诺-奥赫达(Waleska Pino-Ojeda)博士,中心执行主任;格雷格·班科夫(Greg Bankoff)博士,就职于奥克兰大学亚洲研究中心;凯思琳·莱曼(Kathryn Lehman)博士,就职于奥克兰大学欧洲语言和文化学院;洛根·马勒(Logan Muller)博士,就职于新西兰国立理工大学计算机与信息技术学院;沃里克·默里(Warwick Murray)博士,就职于新西兰惠灵顿维多利亚大学地球科学学院;罗萨杰拉·特诺里奥(Rosangela Tenorio)博士,就职于奥克兰大学创作艺术系。

顾问委员会成员十人：布赖恩·里德（Bryan Read），顾问委员会主席，奥克兰大学英语学院院长；朱莉·库普莱斯（Julie Cupples），就职于新西兰坎特伯雷大学；鲍勃·芬威克（Bob Fenwick），新西兰普兰豪斯（Planhorse）公司总裁；迈克尔·霍尔（Michael Hall），智利国家航空公司常务董事；金伯吉姆比利豪·霍格特（Kimberly Hoggard），就职于新西兰恒天然公司；布赖恩·J. 林奇（Brian J. Lynch），新西兰国际事务学院院长；丹尼斯·麦克纳马拉（Denis McNamara），墨西哥驻新西兰大使馆领事；罗伯特·拉贝尔（Roberto Rabel），新西兰惠灵顿维多利亚大学副校长；格里·威廉斯（Gerry Williams），智利驻新西兰大使馆领事；卡尔·沃克（Carl Worker），新西兰贸易部美洲司司长。

研究重点与学术活动

中心成立以来已成功主办或协办多届反映拉美热点前沿研究领域的会议、研讨会和论坛，并将会议的主要成果汇集出版。中心成员多次出席新西兰、澳大利亚、日本、智利及其他拉美国家举办的活动，力图在新西兰政府与拉美地区之间建立教学联系的机制。

近年来，中心组织和参与的主要活动如下。2002 年首次与墨西哥驻新西兰大使馆合作举办双边研讨会，邀请墨西哥官方高级代表团与新西兰国内一流学者共同讨论热点问题。2003 年组织两次学术会议（主题分别是"阿根廷危机"和"18~19 世纪的旅游文学"）。2004 年 4 月，中心主任作为教育部代表团成员之一，先后访问墨西哥、巴西和智利，与上述国家签署了有关科研、教师和学生交流项目的协议；6 月，与智利大学合作主办主题是"全球化与区域变化中的新西兰、智利和日本"研讨会。2005 年 7 月在新西兰贸易部、新西兰贸易与发展局、拉美—新西兰商业理事会和智利国家航空公司的赞助下，在奥克兰大学北方俱乐部举行题为"注视拉丁美洲：跨太平洋商业新机遇"会议，时任新西兰贸易部部长菲尔·戈夫(Hon Phil Goff)做了主题发言,并还组织了一场题为"新西兰、澳大利亚、亚太和拉美地区的区域一体化、民间团体与区域研究项目"研讨会。

2005年,中心在奥克兰校办企业奇思公司(Uniservices)的赞助下,完成教育部委托的"来自拉丁美洲的新西兰教育利益"的调研。

此外,中心还广泛参与新西兰贸易部与拉美各国驻新西兰使馆共同举办的会议。中心成员用实际行动支持政府"联合新西兰"的拉美战略,通过知识普及来加深民众对未来拉美重要性的认识。

主要拉美问题研究专家

马修·奥马尔博士,毕业于美国杜克大学,中心创始人之一,现任中心主任。重点研究新西兰与拉美关系及对比研究、新西兰与世界。近期主要研究成果有:《陆地与海洋的神话:1700~1900年间跨南太平洋游记》、《来自拉丁美洲的新西兰教育利益调研报告》、《国家、危机与对比:墨西哥、阿根廷、新西兰和智利》、《墨西哥与新西兰:关于外交政策与裁军、政治、经济与贸易、土著发展与当代文化双边论坛的报告》、《新西兰与智利》,等等。

凯思琳·莱曼博士,毕业于美国匹兹堡大学,现为奥克兰大学欧洲语言与文化学院资深讲师。重点研究拉美文化、女性、底层和土著研究。主要研究成果有:《失去的10年:1989~2001年阿根廷文化产出》、《阿根廷危机与媒体》、《立足全球化的十字路口:新西兰拉美研究》、《拉美文化与底层研究简介》、《阿根廷民族叙述中的地理与性别》、《文化抑塞与重建:阿根廷和军事进程》,等等。

2000年以来机构的主要代表性文章和论著

1. W. E. Murray, M. K. L. Mckenna, "Jungle Law in the Orchard:

Comparative Globalisation in the New Zealand and Chilean Fruit Industries", *Economic Geography*, No. 78, Apr. 2002.
2. K. Lehman, "The Gaucho as Contested National Icon in Argentina", in Michael Geisler (eds.), *Contested Ground: National Symbols and National Identity*, 2003.
3. M. O'Meagher, "Mexico and New Zealand: a Report on the Bi-National Seminar on Foreign Policy and Disarmament, Political Economy and Trade, Indigenous Development and Contemporary Culture", held at the University of Auckland, 17 Sep. 2002, Auckland, New Zealand Centre for Latin American Studies, 2003.
4. K. Lehman, "At the Crossroads in a Globalised World: Latin American Studies in New Zealand", *JCAS Occasional Paper*, No. 21, 2003.
5. W. E. Murray, E. R. T. Challies, "New Zealand and Chile: Partnership for the Pacific Century?", *Australian Journal of International Affairs*, No. 58, Jan. 2004.
6. W. Pino-Ojeda, "Memory and Mourning in Post-Authoritarian Chilean Rock", in Deborah Pacini, Héctor Fernández L'Hoeste, and Eric Zolov (ed.), *Las Américas: the Global Politics of Rock in Latino America Rockin*, Pittsburgh, 2004.
7. W. Pino-Ojeda, "Identidad, Arqueología e Industrias Transnacionales: la Música de Joe Vasconcellos", *Latin American Music Review*, No. 25, Jan. 2004.
8. G. Bankoff, G. Frerks and D. Hilhorst, *Mapping Vulnerability: Disasters, Development and People*, Earthscan Publications Ltd, 2004.
9. P. G. Buchanan, *With Distance Comes Perspective: Essays On Politics, Security and International Affairs*, DPG Press, Auckland, 2005.
10. R. Cicerchia, M. O'Meagher, *Tales of Land and Sea: Travel Nar-*

ratives of the Trans-Pacific South 1700 – 1900, Australian Humanities Press, 2005.

* 资料来源:http://www.nzclas.auckland.ac.nz

(作者:岳云霞,中国社会科学院拉丁美洲研究所;责任编辑:蔡同昌)

非洲地区

南非大学拉美研究中心
Unisa Centre for Latin American Studies, UCLAS

地址：Rooms 5-30 to 5-32, Theo Van Wijk Building, Unisa, PO Box 392, Pretoria, Unisa 0003
电话：27—12—4296674 或 27—12—4296674
传真：27—12—4293680 或 27—12—4293681
网址：http://www.unisa.ac.za/
E-mail：roeloz@alpha.unisa.ac.za 或 dplesch@unisa.ac.za

历史沿革与现状简介

南非大学拉美研究中心于1984年由南非大学西班牙语部建立。中心的宗旨和目标是：推动和提高南非政府和南非公众对拉美的兴趣和了解，增加南非各界对拉美的认识；推动南非和拉美国家之间的相互了解，促进双方的贸易和文化联系；为对拉美感兴趣的所有人提供有关拉美政治、经济、文化和生活的信息，以及相关服务。

研究重点与学术活动

南非大学拉美研究中心的研究范围较广，重点是有关拉美政治、经济、法律、贸易、发展、科技、金融、医疗、军事、文化和社会的研究，以及南非与拉美和加勒比国家的关系，等等。

中心的主要活动有：就感兴趣的领域开展研究工作；定期出版学术刊物；组织各种类型的研讨会；邀请拉美国家、南非和世界其他地区的专家、学者和政府官员为中心举办讲座和报告会；开展教学和文化活动(如拉美国家的艺术、电影、音乐、音像及其他展览活动等)。中心还开展一些特殊活动,其中包括:开展协议研究,按照协议的收费标准,接受委托研究(调查、市场调研、资料搜集等);提供专业的翻译服务;为拉美和南非公司之间的相互了解和贸易提供帮助;接受外来合同,为来自拉美地区的来访者提供包括会议安排等活动在内的服务;中心所属的信息中心和阅览室为中心成员提供阅览和剪报资料服务。中心的活动和出版物对所有成员开放。

组织机构、主要负责人及研究人员概况

南非大学拉美研究中心是南非大学人文学院的组成部分,是一个跨多学科的机构。中心设有顾问委员会(Advisory Committee)和工作委员会(Working Committee),它们是中心的监督和管理机构。中心的日常工作由中心主任直接领导。

顾问委员会和工作委员会由南非大学、人文学院、经济科学学院和法学院的管理委员会委员组成。本届顾问委员会由以下成员组成:南非大学校长巴尼·皮特亚那(Barney Pityana),主管学术研究工作的副校长斯旺内伯尔(C. F. Swanepoel),人文社会科学系主任曼德拉·梅克汉亚(Mandla Makhanya),外国法和比较法研究中心主任安德列·托马斯肖森(André Thomashausen),中心主任齐里亚·坎贝尔(Zélia Campbell),企业管理系的麦克尔·坎特(Michael Cant),公共管理和发展研究系的弗里克·德比尔(Frik de Beer),人类学、考古学和环境学系的麦克·德容(Mike de Jongh),政治学和哲学系的默里·富尔(Murray Faure),工作委员会代表、拉美研究中心的德翁·福里(Deon Fourie)。

中心的本届工作委员会由以下成员组成:主管学术研究工作的副校长斯旺内伯尔,应用人文科学协调员F.斯旺内伯尔(F. A. Swanepoel),工作委员会主席、拉美研究中心的齐里亚·坎贝尔,公

共管理系的瓦连特·科拉珀,工作委员会秘书、拉美研究中心的默特塞·迪普莱西(Moetsie du Plessis),拉美研究中心的德翁·福里,企业管理系的里卡多·马查多(Ricardo Machado),外国法和比较法研究中心主任克里斯蒂安·舒尔茨(Christian Schulze),人类学、考古学地和环境学系的克里斯范(Chris van Vuuren),政治学和哲学系的乔安谢(Jo‑Ansie van Wyk),南非国际问题研究所首席执行官汤姆·惠勒(Tom Wheeler),以及顾问委员会的一位代表。

中心主任是齐里亚·坎贝尔,她同时兼任工作委员会的首席执行官和主席;中心行政机构负责人默特塞·迪普莱西(Moetsie du Plessis),兼任中心刊物《南非大学拉丁美洲报告》编委会秘书。

按照拉美研究中心章程的规定,对拉美问题感兴趣的所有人都可成为中心的成员。

主要拉美问题研究专家

齐里亚·坎贝尔,南非大学拉美研究所所长,主要研究拉美社会、经济及南非-拉美关系问题。主要代表作有《巴西和南非:地区大国间关系的发展》《秘鲁的反贫困斗争》,等等。

对外合作

南非大学拉美研究中心与拉美地区和世界其他地区的许多研究机构、研究中心和大学建立了学术联系,进行出版物和信息的交流、人员互访等活动。

主要出版物

《南非大学拉丁美洲报告》(*Unisa Latin American Report*),半年刊,1985年创刊,主要刊登有关拉美研究的成果。办刊的目的是提高对拉美地区的学术研究水平,同时为公众提供有关拉美地区的一般信息。坚持非党派的办刊原则,文中的观点和资料的准确性由作者本人负责,并不一定反映杂志出版者和南非大学的观点。刊物的主要栏目有研究论文、评论、访谈、新闻报道、会议纪要、专题文章、研究报告和书刊评介等。《南非大学拉丁美洲报告》设有编辑委员会和编辑顾问委员会。除南非大学的学者以外,还分别邀请阿根廷、委内瑞拉、墨西哥、巴西、秘鲁、英国等国的著名高校和研究机构的知名学者,任这上述委员会的委员。

2000 年以来机构的主要代表性文章和论著

1. Zelia Roelofse-Campbell, "The Fight against Poverty in Peru", University of South Africa.
2. Zelia Roelofse-Campbell, "A First Directory of South African Latin-Americanists: A Preliminary Directory for Researchers in Latin American Studies", UNISA Centre for Latin American Studies.
3. Cristina Buarque de Hollanda, "The Problem of Control of Police Violence: A Comparison Between Brazil and South Africa", *Unisa Latin American Report*, Vol. 22, No. 1 – 2, 2006.
4. Suzanne Graham, "FARC: Colombia's Past, Present and Future?" *Unisa Latin American Report*, Vol. 22, No. 1 – 2, 2006.
5. Marcel Fortuna Biato, "Africa and Brazilian Foreign Policy", *Unisa Latin American Report*, Vol. 21, No. 2, 2005.
6. Dalbir Singh and Estela Valverde, "Argentina: Peronism at a Crossroad", *Unisa Latin American Report*, Vol. 21, No. 1, 2005.
7. Tom Wheeler, "South African Relations with Latin America and the Caribbean", *Unisa Latin American Report*, Vol. 19, No. 1, 2003.
8. Timothy Othieno, "Cuba's foreign policy in Angola", *Unisa Latin American Report*, **Vol. 21**, No. 2, 2005.
9. Greg Mills, "Chile and South Africa-Lessons and Opportunities from Political and Economic Transition", *Unisa Latin American Report*,

Vol. 18, No. 2, 2002.

10. Lyal White, "It's a Long Way to Mercosur", *Unisa Latin American Report*, Vol. 18, No. 2, 2002.

* 资料来源:http://www.unisa.ac.za

(作者:袁东振,中国社会科学院拉丁美洲研究所;责任编辑:刘维广)

亚洲地区

韩国对外经济政策研究院

Korea Institute for International Economic Policy, KIEP

地址: 서울시 서초구 양재대로 108 (137 – 747)
电话: 82—2—34601114
传真: 82—2—34601125
网址: http://www.kiep.go.kr
E-mail: webadmin@kiep.go.kr

历史沿革与现状简介

  韩国对外经济政策研究院（KIEP）是由韩国政府出资的研究机构，原为1989年8月3日成立的对外经济政策研究院，原属财团法人，当时成立这一研究院的目的在于，通过对对外政策及相关问题的调查、研究和分析，帮助国家制定对外经济政策。1989年12月9日，政府颁布《对外经济研究院法》；1990年1月17日，韩国对外经济政策研究院正式成立，改为由政府出资的特别法人。研究院致力于研究世界经济环境对韩国经济的影响，提出相应政策建议，为确立面向21世纪的韩国经济的国际化角色和地位服务。

  研究院的研究领域包括多边和双边贸易、国际金融合作、国际投资、海外主要国家和地区的经济问题及应对战略，对韩国制定对外经济政策起着重要作用。研究院对世界经济环境、国内经济社会状况和发展前景进行深层次研究，为韩国制定对外经济政策提供坚实的理论基础。与此同时，研究院还根据市场及不同群体的不同需求，采用多种研究方法，为其提供准确的和有说服力的研究成果。

组织机构、主要负责人及研究人员概况

院长和副院长总管研究院的所有业务活动,下设国际宏观金融室、贸易投资政策室、世界各地区研究中心、东北亚经济合作中心、研究调整室、知识情报室六个部门,另设北京办事处、APEC 研究企业集团事务局和韩国政府在华盛顿设立的非营利法人机构(KEI)三个相对独立的机构。

贸易投资政策室下设 WTO 研究组和 FTA 研究组;世界各地区研究中心分设中国组、日本组、欧洲组、美洲组、东西南亚组、中东地区研究组、国际开发合作研究组和地区研究合作研究组;东北亚经济合作中心下设统一国际合作研究组;知识情报室下设资料室、电子计算机室、出版室和宣传室;研究调整室下设经营革新研究组、总务研究组和预算会计研究组。

研究院主要负责人包括现任院长李景台(이경태)、副院长李昌在(이창재)以及世界地区研究中心美洲地区负责人李俊奎(이준규)。李景台毕业于华盛顿大学,获经济学博士学位,是国民经济咨询会议对外经济委员会委员。李昌在毕业于巴黎大学,获经济学博士学位。李俊奎毕业于美国南加州大学,获政治经济学和公共政策学博士学位。

研究院现有 80 多名研究人员,其中 40 多人拥有博士学位。

拉美研究概况

研究院有关拉美的研究范围广泛,举行各种学术活动、研讨会、专家论坛等;研究内容涉及拉美经济、贸易、政治、文化、娱乐、农业、服务业等领域,分析判断中美洲和南美洲国家社会经济发展现状。研究院认为,虽然拉美地区存在着犯罪率较高和政治局面较混乱等问题,但拉美经济增长快速,为韩国企业进军拉美各国和进行地区间的经济贸易合作提供了很多机会,巴西的广阔市场尤其值得重视。拉美市场已成为韩国代表性的出口盈利市场,过去几年韩国对拉美的出口增长率为33.4%,出口额迅速上升。研究院对促进韩国和拉美的经济政治文化交流等起了很大的促进作用,对韩国企业进军中美洲和南美洲市场及进行地区间的合作提出了很多好的政策建议。

主要拉美问题研究专家

权奇洙(권기수),韩国外国语大学国际学院国际通商部博士,这一学院的专职研究员,曾于1997～1999年兼任巴西21世纪委员会的事务干事,2002年3～9月兼任巴西利亚联邦大学特邀研究员。

金真梧(김진오),韩国外国语大学国际关系专业博士,这一学院的专职研究员,主要从事拉美经济和国际关系研究。

对中国的研究

研究院认为,近年来中国和拉美地区的经济贸易迅速发展,巴西、墨西哥、智利、阿根廷和巴拿马已成为中国的主要贸易对象国。同时,中国的贸易地位在巴西已上升至第三位,在墨西哥和智利已上升至第二位,在阿根廷已上升至第四位。中国积极广泛的外交,使中国对拉美国家的投资急剧增长,2004年以来,拉美地区已超越亚洲地区,成为中国最大的海外投资地区。研究院根据近年来两地区在正常外交下取得的各项成果分析,预计今后中国和拉美地区在经济、贸易、文化等各领域的合作将会得到进一步的加强和扩大。

研究院认为,中国对拉美地区政策的强化虽然带来了积极影响,但其负面影响也不容忽视。中国商品对拉美市场的大量出口,极有可能引起拉美国家对中国商品的抵制和拉美人对中国商品的反感情绪。中国和韩国的出口商品在拉美地区的竞争日益激烈，韩国在该地区的地位有逐渐下降的趋势。面对中国和拉美地区经济合作不断深化的局面，韩国方面应全力启动与拉美地区的政府间和民营企业间的对话窗口，积极促进与该地区自由贸易协定的缔结，强化贸易关系和对拉美地区的外交政策。

主要出版物

研究院的主要出版物有：《对外经济研究》(*JIES*)（下半年刊），《KIEP 世界经济》（月刊），《OECD 焦点》（隔月刊），电子期刊《今天的世界经济》，以及韩文版和英文版的《研究报告》《研究资料》和工作论文等。

＊资料来源：http://www.kiep.go.kr

（作者：王延红，青岛理工大学外国语学院韩语系；责任编辑：黄念）

韩国拉丁美洲和加勒比协会
Korean Council on Latin America and the Caribbean, KCLAC

地址: 서울시, 강남구, 역삼동 708 - 6 LIG, 손해보험, 강남빌딩, 14 층 (135 - 080)
电话: 82—02—5394871
传真: 82—02—5394872
网址: http://www.latinamerica.or.kr
E-mail: webmaster@latinamerica.or.kr

历史沿革与现状简介

进入20世纪90年代,拉丁美洲和加勒比地区成为除东亚以外的第二大经济快速增长地区,美洲自由贸易区(FTAA)和南方共同市场(MERCOSUR)的经济一体化发展迅速,经济发展潜力日益凸显。拉丁美洲和加勒比地区作为韩国的对外贸易市场、原料供给地及投资对象国的地位越来越重要,韩国对上述地区的关注度越来越大,经济交往日益扩大。

为了促进韩国与拉丁美洲和加勒比地区各国之间的相互理解和友好交流,为了持续稳定发展韩国与这些国家的关系,同时为了带动其经济、文化和学术等各领域的交流,1996年8月12日韩国拉丁美洲和加勒比协会成立。

协会通过开展援助拉丁美洲和加勒比各国的各种活动,促进这些国家与韩国国内的机关、团体、企业和个人间的合作交流。韩国已有的交流团体只是韩国与上述地区个别国家间的双边性质的合作交流,而协会把交流的对象扩展至拉丁美洲和加勒比各国,积极开展更广泛、更活跃的各项活动。协会以两地区的经济、医学、文化、学术等特定领域为中心，构筑韩国与上述交流团体间的纽带功能，支持并完善现存团体间的活动，积极推进相互间更广泛、更密切的情报交换和人员交流。

组织机构、主要负责人及研究人员概况

韩国拉丁美洲和加勒比协会设会长、副会长、裁定委员会、拉丁美洲和加勒比咨询团、事务局和计划委员会等职位，分别承担各自的职责。

名誉会长具斗会，LG 集团创业顾问，yesco 集团名誉董事长，墨西哥驻韩国名誉领事。会长具滋薰，LIG 保险公司及 LIG 文化财团董事长，前乌拉圭驻韩国名誉领事。

专职副会长郑珍浩，前驻秘鲁大使。副会长崔炳敏，韩国造纸有限公司董事长，韩国广播集团代表理事。郑圭浩，前韩国外国语大学教授及外国语大学拉美研究所第四任所长。副会长具本尚，LIG 集团代表理事。事务总长金元镐，韩国外国语大学国际研究生院院长，亚洲驻拉美地区协会的执行委员长，对外经济政策研究院世界地区研究中心前任研究委员。

首席顾问赵明行，现任智利协会事务总长，曾出任智利大使。顾问李福衡、姜雄植和朱进烨皆曾担任驻墨西哥大使；顾问申东琎曾担任驻巴拉圭大使，现任韩国—巴拉圭协会会长；顾问崔洋夫担任韩国—阿根廷协会会长。理事高惠仙为檀国大学教授；理事赵甲东曾担任驻哥伦比亚大使；理事金永湜曾担任驻哥斯达黎加大使；理事严勤燮现为韩国贸易协会咨询委员，曾担任驻巴拿马大使；理事沈国雄曾担任驻厄瓜多尔大使；理事张世敦和监事金玉洲曾担任驻萨尔瓦多大使；理事李进赫曾担任驻秘鲁的国防部长官。韩国外交通商部拉美地区协作科长历任该协会的监事委员。

研究重点与学术活动

韩国拉丁美洲和加勒比协会对拉丁美洲及加勒比地区各国有着广泛深入的研究，对韩国与拉美国家的经济、政治、文化、贸易等各方面的交流起着重大影响和积极的推动作用，2000年以来召开的国际论坛影响力颇广，意义深远。2000年召开"拉美地区投资环境及韩国—拉美地区经济合作关系"和"21世纪拉美地区发展课题及政治环境"国际研讨会，2001年召开"韩国—拉美地区贸易论坛"，2002年召开"韩国—拉丁美洲中美洲地区经济投资座谈会"，2003年召开"韩国—拉美地区IT产业合作论坛"、"2003年韩国—拉美地区商业论坛"和"韩国—拉丁美洲南美洲地区商务对话（智利、秘鲁和厄瓜多尔）"，2004年召开"第八届韩国—拉美地区合作论坛"，2005年召开"第九届韩国—拉美地区合作论坛"，2006年召开"拉美地区经济社会发展研讨会"、"第十届韩国—拉美地区贸易论坛"和"亚太地区—拉美地区经济商贸协议会议"，2007年召开"2007年IDB拉美地区经济报告研讨会"、"亚洲—大洋洲网络研讨会"、"亚洲—拉美文化研讨会"和"第十一届韩国—拉美地区贸易论坛"等，2008年召开"韩国—拉美地区经济合作国际论坛"等，2009年召开"第十三届韩国—拉美地区双边贸易论坛"等活动。在上述相关论坛及国际国内研讨会中，拉丁美洲和加勒比地区的国内外专家相聚一堂，对韩国与拉丁美洲和加勒比地区国家间的经济、政治、贸易、文化及社会各方面的发展问题进行交流，发表的文章和论著涉及各个领域，对韩国国内研究拉丁美洲和加勒比地区提供了参考，对韩国企业在拉美和加勒比地区的贸易发展提供了可供参考的有效信息支持，同时加深了韩国与拉美地区之间的相互了解，促进了官方及民间的交流、合作与发展。

拉美研究概况

韩国拉丁美洲和加勒比协会组织机构的主要负责人皆为前驻拉丁美洲及加勒比地区的大使级人员或者研究该地区的经济、政治、文化及学术等领域的教授或专家组成,他们对拉美及加勒比地区各国的国情、政治、经济、文化及资源等情况有详细透彻的观察、了解和研究。

为促进韩国与拉美和加勒比国家的更为广泛深入的交流,韩国拉丁美洲和加勒比协会教授西班牙语,为韩国民众和企业深入了解拉美地区的风土文化提供便利。协会定期邀请拉美和加勒比地区的研究专家举办各种讲座和研讨会,通过网络或者协会刊物及时发布拉美地区的各种信息。在经济贸易方面,协会开展对拉美和加勒比地区各国的经贸案例的分析、企业策划、商品进出口咨询等业务。在文化方面,协会定期在韩国举办拉美和加勒比国家的文艺演出,以及电影、饮食等各种文化展示会,以便于韩国人感受拉美地区的本土文化,提高韩国国民对该地区民俗文化的兴趣和关注度。

协会不定期举办韩国—拉美和加勒比地区合作论坛或国际研讨会,分析韩国在该地区各领域的发展现况、动向及未来趋势,增进韩国与拉美和加勒比国家的相互理解,力求建立更广泛的双边合作交流关系,注重强调这些活动对韩国经济、政治、文化、社会等各领域产生的良好效果。此外,协会还不定期举办拉美和加勒比国家的专题论坛,目前为止已经成功举办过 75 期的专题论坛,基本覆盖了韩国与拉美和加勒比地区所有国家的文化及贸易交流等各个领域。

主要拉美问题研究专家

副会长郑圭浩,前韩国外国语大学教授及外国语大学拉美研究所第四任所长,主要论著有《巴西的主要资源现况及前景》、《拉美洲的政治倾向及分析》、《巴西社会和文学特点》、《亚马孙开发计划及韩国进军方案》、《巴西的经济现况及展望》，等等。事务总长金元镐，担任韩国外国语大学国际研究生院院长，亚洲驻拉美地区协会的执行委员长，主要论著有《北美小巨人墨西哥的成长》、《拉美地区的新经济秩序和我国的经济协作方向研究》、《韩国—巴西21世纪战略合作课题》、《拉美地区经济融合现况及展望》、《国际金融危机后的拉美经济》，等等。协会理事高惠仙为韩国檀国大学西班牙语专业教授，主要论著有《韩—中南美协作方案研究》、《西班牙语言圈的韩国学研究》、《从人名及其象征意义看拉美文化》、《墨西哥革命后的社会政治现状研究》，等等。

对外合作

韩国拉丁美洲和加勒比协会组织机构的主要负责人皆为前驻拉丁美洲及加勒比地区的大使级人员，或者研究该地区的经济、政治、文化及学术等领域的教授或专家组成，他们对拉美及加勒比地区各国的国情、政治、经济、文化及资源等情况有详细透彻的观察、了解和研究，积极主持和参与韩国与拉美及加勒比地区各国的官方或者民间的各项友好交流活动，并且定期参与有关该地区的讲座和学术研讨会议，为韩国政府及韩国人民更好地了解认识拉美及加勒比地区各国，为地区间的民间友好交流牵线搭桥，以及为韩国政府与该地区国家间的宽领域、多层次的多元化发展起着积极的中流砥柱作用。

协会积极开展韩国与拉美国家间的官方和民间友好交流，邀请该地区包括总统在内的高级官员来韩国讲座，加强地区之间的友好交流，同时相互派遣访问学者，建立交流项目，并且对国内其他团体与拉美地区的互访合作提供经济援助和支持。

协会特别为韩国的中小企业进军拉美市场提供各种便利，为其在拉美市场的发展壮大提供信息支援和资金援助，为韩国中小企业对拉美市场的产品输出积极构建交流平台。韩国的中小企业和拉美及加勒比地区国家间的多领域多方面贸易交流和合作，不仅对韩国金融危机后的经济复苏，而且对韩国经济的长久可持续发展，对拉美及加勒比地区国家的经济发展都有积极的推动作用。

对中国的研究

韩国—拉丁美洲和加勒比协会专家在会刊及国际研讨会多次指出，作为韩国的近邻，中国与拉丁美洲在各方面的合作逐步加深，10年前中国对拉美各国的影响力还微乎其微，但是现在中国与拉丁美洲各国的贸易关系越来越紧密，中国已经取代美国成为巴西和秘鲁等拉美国家的最大贸易伙伴，并成为该地区许多国家经济增长的重要推动力。这对韩国与拉丁美洲和加勒比国家的贸易合作既是一种压力，同时也是一种动力，韩国企业在贸易发展方面应该取长补短，利用本国的贸易优势产业发展与拉美地区国家的合作和交流，稳步提高韩国对拉美及加勒比地区国家的影响力。

主要出版物

韩国拉丁美洲和加勒比协会发行月刊《拉丁美洲和加勒比情报》和《协会会报》，刊载有关拉丁美洲和加勒比地区的各种情报信息、韩国对该地区的贸易现状和未来发展方向以及成功案例分析等。

2000年以来机构的主要代表性文章和论著

1. 郑圭浩:《巴西的主要资源现状及前景》，载《韩国外国语大学拉美研究学报》2000年第10期。
2. 金元镐、李美淑著:《走遍拉美》，学民出版社，2001年10月。
3. 高慧仙:《从人名及其象征意义看拉美文化》，载《韩国西班牙学会》2003年第29期。

4. 全龙昱:《韩国—智利签署 FTA 后拉美市场进军战略》,载《韩国拉丁美洲和加勒比协会会报》2004 年第 11 期。
5. 郑圭浩:《巴西的经济现况及展望》,载《韩国拉丁美洲和加勒比协会会报》2004 年第 11 期。
6. 李镇辉:《韩国—拉美地区 IT 产业协作方案》,载《韩国拉丁美洲和加勒比协会会报》2006 年第 9 期。
7. 金元镐:《国际金融危机后的拉美经济》,载《韩国拉丁美洲和加勒比协会会报》2009 年第 10 期。
8. 米克尔·德尔比利亚尔(Miguel del Villar):《韩国—墨西哥 FTA 协商现状及前景展望》,载《韩国拉丁美洲和加勒比协会会报》2010 年第 3 期。

* 资料来源:http://www.latinamerica.or.kr webmaster@latinamerica.or.kr

(作者:王延红,青岛理工大学外国语学院韩语系;责任编辑:刘维广)

韩国外国语大学中南美研究所
Institute of Latin American Studies Hankuk University of Foreign Studies
한국 외국어 대학교 중남미연구소

地址: 89 Wangsan – riMohyun Chen – Gu Yongin – si, Kyounggi – do Korea
한국 용인시 처인구 모현면 왕산리 산89 한국외국어 대학교 중남미연구소

电话: 82—31—3304854

传真: 82—31—3304867

网址: http://www.ilas.kr/main/main.php

E-mail: latinamerica@hufs.ac.kr

历史沿革与现状简介

韩国外国语大学中南美研究所成立于1974年7月1日,是韩国最早研究拉美的机构之一,韩国很多研究拉美问题的专家都毕业于韩国外国语大学拉丁美洲系。20世纪70年代,韩国几乎还无人涉及拉美研究,因此,当时韩国外国语大学中南美研究所除进行学术研究、培养拉美研究专家以外,还通过一系列活动积极促进韩国与拉美国家的友好交往,增进韩国与拉美地区的经济交流,为韩国的经济发展作出贡献。经过30多年的发展,韩国外国语大学中南美研究所的研究领域由开始时的语言文学变得更加多样化,同时研究人员也增多,研究力量更加强大,与国内外相关研究机构的交流更加活跃,正在努力发展成为一个世界性的研究机构。不仅如此,韩国外国语大学中南美研究所还通过互联网等多种渠道展示研究成果。

研究所设在韩国外国语大学,藏书1000册左右,由学校图书馆统一管理。研究所计划在三年内把藏书扩大到2万册。

研究所日常工作经费由韩国外国语大学提供,经常承担各种学术财团及政府机构委托的研究项目。

组织机构、主要负责人及研究人员概况

研究所所长为韩国外国语大学西班牙语系主任申政桓教授。研究所另有12名运营委员会委员、1名责任研究员、9名外聘研究员和2名助教。

研究重点与学术活动

研究所主要从事如下工作。(1)研究拉丁美洲和加勒比地区的历史、文化、社会、政治和经济。(2)开设图书馆。研究所现已把796本图书资料、77件影像资料进行数字化处理并上网;正准备将有关拉美的论文、图书及影像资料进行数字化处理;出版介绍拉美的刊物(*Latin American Issue*)。(3)出版学术刊物《拉丁美洲和加勒比研究》。(4)建立国内外拉美研究网络。(5)面向普通市民开设教学课程。(6)申请和承担有关拉美研究项目。(7)为前往拉美的韩国企业和个人提供相关资料。

2000年以来研究所举办了下列学术会议:2000年5月举办了"观察拉美历史和文化的新视角"会议;2000年10月举办了"拉丁美洲的国际地位"会议;2000年12月举办了"韩国拉丁美洲协会学术大会";2001年5月举办了"拉丁美洲的音乐"会议;2001年12月举办了"墨西哥的壁画主义运动"会议;2002年11月举办了"理解拉丁美洲和加勒比社会与文化"会议;2003年4月举办了"今天的拉丁美洲:混沌与发展"会议;2003年11月举办了"理解西班牙与葡萄牙的社会文化"会议;2004年11月举办了"新自由

主义时代的拉美政治经济变化"会议;2005年5月举办了"通过葡萄牙语理解葡萄牙—巴西文化"会议;2006年11月举办了"后卡斯特罗时代的古巴"会议;2007年5月举办了"西班牙的力量"会议;2007年6月举办了"阿根廷总统选举及未来政治走向"会议;2007年6月举办了"第一次如何在中南美地区谋求收益"学术讨论会;2007年9月举办了"21世纪古巴的变化:世界化与革命"学术大会;2007年11月举办了"第二次如何在中南美地区谋求收益——中美与南美共同市场进入策略"学术讨论会;2008年2月举办了"充满机会的大陆:中南美:韩国加入IDB3周年纪念"学术讨论会;2008年5月举办了"第三次如何在中南美地区谋求收益——拉美的历史文化以及墨西哥、巴西市场进入策略"学术讨论会;2008年5月举办了"阿根廷克里斯蒂娜新政府的政策与发展前景"学术大会;2008年11月举办了"墨西哥文化讲演会";2008年11月举办了"世界知识产权诉讼以及对应策略"学术研讨会;2008年11月举办了"21世纪的拉美"学术研讨会;2008年11月举办了"外交官看21世纪中南美与美国的国际关系"报告会。

对重大国际问题的观点

在政治方面,研究所主要关注拉丁美洲和加勒比地区的左派活动、民众运动和民族主义。

拉美研究概况

(一)研究所的主要工作

在学术研究方面,研究所的研究领域偏重于经济和政治。2000年以后,研究所承担了韩国外交通商部、国家情报院、韩国对外经济政策研究院的多个研究项目,比较有代表性的研究成果有:北美自由贸易协定(NAFTA)的经济效果分析以及对韩国FTA的政策建议;对如何增进韩国在安第斯和加勒比的国家利益的方案研究;扩大韩国在中美洲和南美共同市场份额的方案。

上述研究成果或通过国家情报院被上报到青瓦台总统府,成为总统出访南美洲时的主要参考资料,或被外交部作为制定外交政策时的参考资料。2008年研究所受政府机关委托正在进行的研究项目有四个。

主要拉美问题研究专家

现任研究所所长申政桓,1984年毕业于韩国外国语大学西班牙语系,1986年获韩国外国语大学研究生院西班牙语系文学硕士学位,1996年获西班牙马德里孔普卢顿大学文学博士学位,主要研究文学。

对外合作

2006年研究所与联合国拉美经委会签署协议,于2008年3月在智利共同举办学术大会。

研究所与国外多所大学签署了交流协议,定期交换教授,共同举办学术大会和交换出版物。这些大学有墨西哥国立自治大学、墨西哥瓜达拉哈拉自治大学、哥伦比亚国立大学、阿根廷拉普拉塔国立大学、智利天主教大学和巴西圣保罗大学,等等。

对中国的研究

研究所对中国企业进入拉丁美洲和加勒比地区进行的经济活动的情况很感兴趣,但尚未对此进行专门研究。

主要出版物

研究所的主要学术刊物是《拉丁美洲和加勒比研究》,从1976年至今每年出版一期,刊载的论文涉及政治、经济、文化、文学、语言等方面。

2000年以来机构的主要代表性文章和论著

1.《后卡斯特罗时代的古巴》。
2.《21世纪古巴的变化:世界化与革命》。
3.《拉丁美洲和加勒比左派政权上台——其历史意义及韩国外交》。
4.《对韩国如何进入拉丁美洲和加勒比市场的研究》。
5.《对如何增进韩国在安第斯和加勒比国家利益的方案研究》。
6.《墨西哥作家塞尔西奥·皮托尔的研究》。
7.《21世纪哥伦比亚的社会和文化》。
8.《全球化时代的拉美政治经济变化》。
9.《韩国与葡萄牙语国家的社会交流与关系发展》。

* 资料来源:http://www.ilas.kr/aboutus/purpose.php;E-mail:latinamerica@hufs.ac.kr

(作者:王晓玲,中国社会科学院亚太所;责任编辑:高川)

韩国檀国大学亚洲和美洲研究所
Institute of Asian and American Studies
아시아 아메리카 문제 연구소

地址：한국 경기도 용신시 수지구 죽전동 126 번지 단국대학교 인문관327 호,우현번호448－701 126, Jukjeon–dong, Suji–gu, Yongin–si, Gyeonggi–do, 448–701 Dankook University, Sociology study Hall Rome 327

电话：82—31—80052664

传真：82—31—80052665

网址：http://www.aainst.com

E-mail：asiaamerica@dankook.ac.kr

历史沿革与现状简介

1999 年 10 月,时任拉丁美洲和加勒比地区驻韩国外交使团团长、萨尔瓦多驻韩国大使阿尔弗雷多·温戈(Alfredo Ungo)提出,应通过举办文化活动和学术活动向韩国介绍拉美国家。时任外交使团文化负责人、智利驻韩国大使向檀国大学西班牙语系的高慧仙教授提出了共同举办文化活动和学术活动的建议。当时檀国大学西班牙语、日语和历史专业的教授也有建立亚洲和美洲研究所以研究共同关心的一些问题的意向。因此,双方不谋而合。1999 年 12 月,由 10 人发起建立了檀国大学亚洲和美洲研究所。研究所的创始者认为,亚洲和美洲都属于"太平洋共同体",创立研究所的目的在于促进环太平洋国家之间的合作,研究范围为"太平洋共同体",尤其是东亚地区与拉丁美洲和加勒比地区的政治、经济、社会、文化和历史。2002年2月,有关建立亚洲和美洲研究所的提案通过学校的审批。目前,檀国大学亚洲和美洲研究所的主要研究员都是檀国大学的教授,研究重点大多集中于语言和文学。研究所除举办与讲西班牙语国家相关的学术研讨会和出版学术刊物以外,还经常与讲西班牙语国家的驻韩国使馆一起开展学术活动和文化艺术活动。

研究所现有藏书约700本,涉及东南亚、西南亚和拉美等地区,今后计划设立亚洲和美洲研究所图书馆。

研究所的日常经费源于檀国大学;举办学术会议和开展文化活动的资金大多来自檀国大学、韩国学术振兴财团、韩国国际交流财团、韩国文化翻译院和韩国文化观光部。

组织机构、主要负责人及研究人员概况

研究所设所长一名,专职研究员一名,干事一名。现任所长是檀国大学人文学院院长兼西班牙语系教授高慧仙;专职研究员是吴南勇;干事是行政职员。

研究重点与学术活动

研究所主要从事如下工作。(1)从亚洲的视角研究韩国。研究领域主要包括:从亚洲的角度研究韩国的语言、文化和历史、东亚的语言和历史及东亚文化。(2)从"太平洋共同体"的角度研究美洲地区,包括研究美洲地区的语言、文化和历史。(3)对亚洲和美洲一体化进程的研究(对亚洲和美洲的语言、文化和历史的比较研究、对政治合作关系的研究、对经济合作关系的研究、对文化合作关系的研究。(4)对在拉丁美洲和加勒比开展"韩国学"的方法的研究。

2000年以来研究所主要开展了如下学术活动和文化交流活动:2000年4月,举办"通过文学看拉丁美洲和加勒比"研讨会;

2000年10月,举办题为"21世纪拉丁美洲和加勒比发展问题与政治现实"国际学术大会;2001年4月,举办"通过舞蹈和音乐看拉丁美洲和加勒比"学术研讨会;2001年9月,举办题为"西蒙·玻利瓦尔的生平与思想"国际学术大会;2002年3月,举办"伊比利亚美洲的娱乐文化——以足球为中心"研讨会;2002年5月,举办"21世纪拉丁美洲和加勒比足球展望"座谈会;2002年10月,举办"纪念韩国与拉丁美洲和加勒比国家建交40周年"研讨会;2003年4月,举办"作为文化符号的饮食"研讨会;2003年11月,举办拉美学术大会;2004年5月,举办"以文化涵化现象(acculturation)为中心看亚洲和美洲"国际学术大会和"文化的现代性与世界性"国际文艺创作学术研讨会;2005年8月,举办"韩国向墨西哥移民100周年回顾与展望"国际学术会议。2006年4月,举办2006年亚洲和美洲研究学术会议。2006年8月,举办第一届韩国—秘鲁论坛。2006年10月,举办"阿尔泰语与美洲土著语言"国际学术会议。2007年11月,举办"世界神话传说"国际学术会议。2007年11月,举办第二次韩国秘鲁论坛。2008年6月,举办"中世纪东西洋诗歌交流"国内学术会议。2008年11月,举办"亚洲的Cesar Vallejo"国际学术会议。2009年学术活动还未上载。

此外,研究所还组织了各种丰富多彩的文化交流活动。如"拉丁音乐之夜"音乐会,阿根廷探戈舞蹈团演出,韩国小说家与西班牙语读者会面,韩国—墨西哥作家交流活动——"21世纪墨西哥文化",诗朗诵——聂鲁达诞生100周年纪念活动,委内瑞拉民俗舞蹈演出,韩国诗歌之夜,纪念墨西哥韩国移民100周年图片展,等等。

拉美研究概况

檀国大学亚洲和美洲研究所的专职研究员和参与项目的研究

员大都是该校西班牙语系教授,研究主要集中于西班牙语语言文学和讲西班牙语国家的文化领域。

亚洲和美洲研究所主办的学术刊物登载的论文大多是对美洲的语言、文学和文化的研究,或是对韩国与美洲的语言、文学和文化的比较研究。此外,研究所还受韩国一些学术财团和外交通商部的委托进行课题研究。2002~2003年,研究所受韩国学术振兴财团的委托,进行题为"如何通过专业合作发展地域联合专业"和"为在西班牙语文化圈开展'韩国学'进行基础资料调查分析"的研究;2003年受韩国外交通商部的委托,进行题为"韩国影像产业进军中南美的方案"的研究;2004年受韩国学术振兴财团的委托,进行题为"海外开设'韩国学'课程现状及改革方案"的研究;2005年受韩国学术振兴财团的委托,进行题为"对中世纪阿拉伯诗文化中的安达鲁斯与高丽歌谣的比较研究"的研究。这些研究成果都提交到韩国教育部和外交通商部,成为其政策参考。

主要拉美问题研究专家

现任所长:高慧仙博士,1973年毕业于韩国外国语大学西班牙语系,获学士学位;1978年在哥伦比亚卡罗·伊奎尔沃研究所(Colombia Instituto Caro y Cuervo)获中南美文学硕士学位;1992年在韩国外国语大学获西班牙语文学博士学位;1984年至今任檀国大学人文学院西班牙语系教授;2002年至今任韩国文学翻译院理事;2004年至今任韩国中南美协会理事。主要研究领域是中南美的文学与文化。

专职研究员:吴南勇博士,1994年毕业于马德里大学,专业为现代文学。他的主要研究领域是西班牙文学。

对外合作

为研究所提供资助的主要机构有:阿根廷、巴西、哥伦比亚、哥斯达黎加、智利、多米尼加、厄瓜多尔、埃塞俄比亚、危地马拉、洪都拉斯、墨西哥、巴拿马、巴拉圭、秘鲁、乌拉圭和委内瑞拉驻韩国大使馆,秘鲁利马天主教大学东方研究中心,墨西哥瓜达拉哈拉自治大学亚洲和拉丁美洲研究中心,阿根廷布宜诺斯艾利斯大学国际发展研究所,哥伦比亚波哥大大学卡罗·伊奎尔沃研究所。

2002年4月,研究所与阿根廷国际发展研究中心(Centro de Estudios Internacionales para el Desarrollo)签署合作协议。从2006年起,研究所与秘鲁天主教大学共同举办韩国—秘鲁论坛。

主要出版物

2001~2008年,研究所每年出版一本《亚洲和美洲研究》杂志,用韩语和西班牙语出版。

2000年以来机构的主要代表性文章和论著

1. 고혜선, *La Familia de Abe*, Pontificia Universidad Católica del Perú, Oct. 2001.
2. 고혜선, *Paraíso Cercado*, Nacional a la Mejor Labor, Dec. 2003.
3. 고혜선, *Canto del Oeste Coreano*, Trotta, Dec. 2004.
4. 고혜선, *El Canto de la Espada, Trotta*, Aug. 2005.
5. 고혜선, *Lo americano en la literatura coreana* 2006.
6. 고혜선,《中世纪的东西方诗歌》,2008。
7. 고혜선,《通过文学作品看拉美社会》,2009。

* 资料来源:http://www.aainst.com asiaamerica@dankook.ac.kr

(作者:王晓玲,中国社会科学院亚太所;责任编辑:张颖)

日本南山大学拉丁美洲研究中心
南山大学 ラテンアメリカ研究センター

地址：18 Yamazato-Cho, Showa-Ku, Nagoya 466-8673, Japan
电话：81—52—8323111
传真：81—52—8326825
网址：http://www.nanzan-u.ac.jp/LATIN/index.html
E-mail：cfls@ic.nanzan-u.ac.jp

历史沿革与现状简介

南山大学拉丁美洲研究中心成立于1983年，其前身是1964年成立的西班牙美洲研究所。1964年南山大学外语系的一名教师发起成立西班牙美洲研究所，以介绍拉美文化和搜集拉美资料。1983年4月，经调整充实，南山大学西班牙美洲研究所更名为拉丁美洲研究中心。它是日本中部地区唯一一个专门从事拉美研究的机构，其研究领域涉及30个拉美国家，重点研究墨西哥、阿根廷、巴西、秘鲁和委内瑞拉；其宗旨是开展跨学科研究和传播有关拉美的知识。中心以"从南山看世界"为出发点，致力于出版外文专业杂志。从2004年起，中心的外文专业杂志《拉美展望》开始在全球范围内征稿。读者可通过互联网浏览2004年之前出版的《拉美展望》。从2006年起，中心出版的《拉美研究系列》增加了日文版。中心图书馆现有藏书11128册，其中外文书籍9870册，日文书籍1258册，以及306种杂志（包括287种外文杂志和19种日文杂志）和视听资料45套。

组织机构、主要负责人及研究人员概况

中心有研究人员7人。主任加藤隆浩（Takahiro Kato）教授，主要研究拉美人类学、安第斯国家的文化和社会状况。木下登（Noboru Kinoshita）教授，研究西班牙哲学和西班牙思想史。富野干雄（Mikio Tomino）教授，研究巴西社会经济史和巴西人种问题。卡德纳斯·阿贝尔（Cardenas Abel）教授，研究西班牙语教学和近代外语教学。安原毅（Tsuyoshi Yasuhara）副教授，研究拉美经济。牛田千鹤（Chizuru Ushida）副教授，从事拉美教学研究。浅香幸枝（Sachie Asakao）副教授，研究拉美国际关系和文化。

研究重点与学术活动

2007年中心举办了多次学术活动，其中包括与南山大学地区研究中心联合举办的"民主化过程选举和投票行动的国际比较——从墨西哥尤卡坦州的选举看民主主义的落实"和"多样文化共存的各种状态"研讨会；与名古屋大学国际关系研究中心联合举办的"拉美的左倾化及其与美国的关系"研讨会，等等。

主要拉美问题研究专家

中心主任加藤隆浩，墨西哥伊比利亚美洲大学博士，南山大学西班牙拉美系教授，主要研究拉美文化人类学和民俗学；发表的文章和著作有《安第斯高原的双子英雄神话和美洲狮》《他们如何能取得堪称"奇迹"的发展？》《关于秘鲁北部"与魔鬼立约者"的解析》，等等。

主要出版物

《对拉美的各种展望》（ラテンアメリカの諸相と展望），2004年出版，日文版，南山大学拉丁美洲研究中心成立20周年纪念刊

物,刊登研究所成员近年来的研究成果。《拉美展望》论文集(*Perspectivas Latinoamericanas*),2004 年创刊,年刊,西文版,刊登世界各国拉美研究专家的论文成果。《拉丁世界》(*Cuadernos de Investigaciones del Mundo Latino*),1985 年创刊,西文版,年刊,到 2003 年为止已出版 25 期,主要刊登研究所成员的研究成果。此外,2007 年研究所还出版了《拉美研究系列》(ラテンアメリカ研究シリーズ),日文版。

2000 年以来机构的主要代表性文章和论著

1. Tsuyoshi Yasuhara, "Política Monetaria y la Cartera Vencida en México: un Enfoque Poskeynesiano", *Academic Journal*, No. 20, 2000.
2. Sachie Asakao, "Transnational Ethnicity: The 134-Year History of the Nikkei Diaspora (1868-2001)", *Bulletin of Universities and Institutes*, 2001.
3. Noboru Kinoshita, "El siglo 20 para el Pensamiento Español-En Torno a su Ûltima Conferencia", *Bulletin of Universities and Institutes*, 2001.
4. Mikio Tomino, "Racial Prejudice and Discrimination in Brazil", *Bulletin of Universities and Institutes*, 2002.
5. Chizuru Ushida, "New Directions for Bilingual Education in California: The Effectiveness of Two-way Bilingual Immersion Programs", *Academic Journal*, No. 28, 2002.
6. Sachie Asakao, "Cosmology in Folktales of Destiny and Prophecy in the Spanish-Speaking World", *Bulletin of Universities and Institutes*, 2002.
7. Chizuru Ushida, "Latino Immigrant Children and Bilingual Education in California: Toward a More Humane and Equitable Change in

a Diverse Society", Emigración Latinoamericana: Comparación Interregional entre América del Norte, Europa y Japón (Population Movement in the Modern World Ⅶ), *Bulletin of Universities and Institutes*, 2003.
8. Sachie Asakao, "Globalización y Japonismo", Acta del XI Congreso de FIEALC, 2004.

* 资料来源：http://www.nanzan-u.ac.jp/LATIN/index.html

（作者：李菡，中国社会科学院拉丁美洲研究所；责任编辑：高川）

日本上智大学伊比利亚美洲研究所

地址：7-1 Kioicho, Chiyoda-ku, Tokio 102-8554, Japón
电话：81—03-32383530　32383535
传真：81—03—32383229
网址：http://www.info.sophia.ac.jp/ibero/
E-mail：ibero@sophia.ac.jp

历史沿革与现状简介

上智大学伊比利亚美洲研究所于1964年在日本东京成立。它是一个联系日本和拉美的学术机构，其宗旨是开展人文和社会学领域的研究，介绍拉美情况。

组织机构、主要负责人及研究人员概况

研究所有研究人员13人，名誉研究员8人。现任所长掘坂小太郎（Kotaro Horisaka），上智大学拉美系和外语系教授，主要研究拉美政治和经济；副所长毛罗·内维斯（Mauro Neves），研究巴西、葡萄牙和日本的民间文化。其他研究人员中有研究拉美文学的S. J. 海梅·费尔南德斯（S. J. Jaime Fernández）、长谷川尼娜（Hasegawa Nina）、清水纪子（Shimizu Norio）和樋田久子（Toida Helena Hisako）；研究社会学的幡谷纪子（Hataya Noriko）、三田千代子（Mita Chiyoko）和田村里香（Tamura Rika）；研究经济学的今井惠子（Imai Keiko）和谷博之（Tani Hiroyuki）；分别研究政治学、玛雅历史及文学和语言学的岸川武（Kishikawa Takeshi）和小越翼（Okoshi Tsubasa）。

研究所图书室拥有购置拉美书籍的专项资金,现有藏书约3.6万册,报纸杂志819种,还有许多影音资料和地图。书刊内容涉及拉美历史、社会学、语言学、文学等;语言种类有西班牙语、葡萄牙语、英语和日语等。

研究重点与学术活动

研究所的研究领域包括拉美政治、经济、国际关系、社会和文化。1979~2008年,研究所从事的研究课题有:"天主教会的作用"、"中产阶级的政治作用和社会作用"、"拉美的贫困"、"拉美和日本的关系:日本全球化进程中的拉美"、"拉美人眼中的日本及日本人"、"拉美的诞生和形成"、"社会变化和社会阶层的两极分化"、"改变历史的拉美知识分子"、"1898年战争:美国的霸权与拉美"、"巴西500年:美洲的巴西和葡语国家中的巴西"、"对拉美结构调整政策的评价"、"亚洲和拉美发展中国家的人类安全比较"和"全球化时代的拉美研究"。

研究所经常举办各种学术会议。近几年举办的主要学术会议有:"鲁文·达里奥:通向21世纪的桥梁"(2004年10月);"21世纪的国际安全"(2004年10月);"南共市:日本的战略伙伴?"(2004年11月);"与拉美的新联系:经济一体化和地域安全"(2005);"什么是危害'人类安全'的新自由主义?"(2005);"对阿根廷民间音乐的思考"(2006年10月);"安第斯—亚马孙地区的世界观"(2006年12月);"前哥伦布时期中美洲的人口、医疗和营养"(2007年7月);"1995~2002年巴西消除贫困和社会不平等的社会政策"(2007年10月);"拉美的挑战:从经济到科技"(2008年1月);"对玛雅语及其研究介绍"(2008年5月),等等。

拉美研究概况

研究所主要从事拉美现状研究。在20世纪,拉美研究主要包括拉美的民族主义、80年代的拉美和拉美的一体化等。21世纪的研究主要集中在全球化与拉美、21世纪拉美的政治走向和巴西崛起等问题。

主要拉美问题研究专家

掘坂小太郎，毕业于国际基督教大学，现任上智大学拉美系和外语系教授，研究所所长。曾任日本国际发展研究中心助理、日本《金融日报》国际政治经济版记者和驻巴西记者。他撰写和发表近20多本著作，主要代表作有《处在十字路口的巴西：重建民主和经济》、《工业组织的变化》、《日本和拉美：失去的战略和政治意愿》、《东亚和拉美：希望渺茫的联盟》。

对外合作

研究所与西班牙美洲系、葡萄牙—巴西系合作培养本科生，与全球问题研究生学院合作培养研究生，同时与国内外拉美研究机构保持交流。

主要出版物

《伊比利亚美洲》(*Iberoamericana*)，半年刊，已出版30期。《拉美研究论文系列》(*Serie Investigaciones Latinoamericanas*)，已出版32期。

2000年以来机构的主要代表性文章和论著

1. Taku Kato, *Challenges to Governance in Latin America and the Pacific Rim: A Project Report*, 2000.
2. Kanae Tanahashi, "A Educação Comunitária no Brasil: A Análise Qualitativa da Atividade Educacional Pelas ONGs", *Serie Investigaciones Latinoamericanas*, No. 21, 2001.

3. Shigeru Minowa, "Democracia en México y Gobernabilidad: En Relación a las Transformaciones de las Elites Gobernantes", *Serie Investigaciones Latinoamericanas*, No. 22, 2002.
4. Kosuke Amino, "Más Allá de las Divisiones Arbitrarias entre 'Arte Moderno' y 'Arte Popular': El caso de lasArtesanías de San Pedro Ocumicho, Estado de Michoacán, México", *Serie Investigaciones Latinoamericanas*, No. 25, 2003.
5. Hiroyuki Yamazaki, "Eco - Turismo en la Zona al Ejada: El Caso de la Amazonía Ecuatoriana", *Serie Investigaciones Latinoamericanas*, No. 27, 2004.
6. Yuka Mizutani, "Tradición y Modernización en la Población Indígena en la Zona Frotenriza entre México y Estados Unidos: El Caso del Pueblo Indígena Pascua Yaqui", *Serie Investigaciones Latinoamericanas*, No. 29, 2006.
7. Chisa Choshi, "Decasségui em Português: O Estudo sobre a Mudança da Percepção sobre Decasségui na Sociedade Brasileira Através da Análise da Mídia Nacional", *Serie Investigaciones Latinoamericanas*, No. 30, 2006.
8. Keiko Imai, *La Percepción de Japón en los Periódicos Principales Argentinos desde los 1890 hasta los 1960*, 2006.
9. Atsuko Soinosawa, "Realidad y Posibilidad de la Privatización del Agua en los Países en Vías de Desarrollo: El Caso de Argentina", *Serie Investigaciones Latinoamericanas*, No. 32, 2007.

* 资料来源: http://www.info.sophia.ac.jp/ibero/

(作者:李菡,中国社会科学院拉丁美洲研究所;责任编辑:刘维广)

尼赫鲁大学加拿大、美国和拉美研究中心

Centre for Canadian, US and Latin American Studies at Jawaharlal Nehru University, CCULAS

地址: New Mehrauli Road, New Delhi, India
电话: 91—11—26742676
传真: 91—11—26742580
网址: http://www.jnu.ac.in/Academics/Schools/SchoolOfInternationalStudies/AmericanCenter.htm
E-Mail: webmaster@mail.jnu.ac.in

历史沿革与现状简介

早在1955年,尼赫鲁大学国际问题研究学院美洲历史和制度系就已开始关注拉美问题研究。由于需要深入研究美国与拉美—加勒比关系,国际问题研究学院加强了对拉美问题的教学和研究工作,其侧重点是加强西班牙语培训,建立从事拉美研究的图书馆。1965~1966年,国际问题研究学院邀请研究拉美史的一些美国知名学者来访。如邀请美洲大学著名拉美史学家哈罗德·戴维斯(Harold E. Davis)教授前来讲授拉美史和拉美政治等课程。20世纪六七十年代,由于拉美经济的快速发展及外交政策的变化,印度国内从事国际问题研究的学者对拉美问题研究的兴趣日益高涨。这些学者不仅开始重点研究阿根廷、巴西、墨西哥等拉美大国,而且也十分重视对安第斯地区和加勒比地区的研究。1971年,印度尼赫鲁大学加拿大、美国和拉美研究中心成立。

组织机构、主要负责人及研究人员概况

中心隶属于尼赫鲁大学国际问题学院,设有美国研究、拉美研究和加拿大研究三个研究方向,共有研究和教学人员六名。

研究重点与学术活动

中心肩负为硕士和博士学位研究生提供教学和研究的双重职责。在教学方面,除开设西班牙语和葡萄牙语等核心课程以外,还重点讲授巴西史、拉美经济、拉美政治、美国的拉美政策、拉美国家的外交政策。中心重点研究拉美一体化和全球化、拉美的贸易政策、民主选举与转型、印度与拉美国家的关系,等等。

拉美研究概况

中心对拉美问题的研究可分为经济、政治和外交三个方面。在拉美经济研究领域,主要研究拉美一体化和全球化、经济发展战略和结构性调整、外债管理、政府及其作用的变化、拉美的贸易政策、WTO与拉美国家,重点研究拉美经济一体化的过程和机制(如南方共同市场和北美自由贸易区)。在政治研究领域,主要关注拉美国家的宪法改革、民主选举与转型、民主机制构建、政党政治与社会运动、公民社会与政府能力、经济重建与社会安全、军人威权政治与安全、宗教的作用,等等。在外交研究领域,重点研究拉美大国的外交政策变化、拉美地区双边和多边关系、拉美与美洲国家组织和联合国的关系、拉美与不结盟运动的关系、拉美与亚洲和非洲的关系、核能与地区安全、印度与拉美国家的关系,等等。值得一提的是,中心较重视加勒比问题的研究,关注的问题主要是加勒比地区的宪法改革和政治参与、选举和政治进程中的种族问题、发展战略、文化教育,等等。

主要拉美问题研究专家

R. 纳拉亚南（R. Narayanan）教授是尼赫鲁大学拉美研究的推动者。从事拉美研究和教学 30 多年，是印度著名的拉美研究专家，代表作有《新兴世界的拉美：对印度的机遇》。曾在美国哥伦比亚大学和得克萨斯大学从事拉美研究，并在智利、巴西、古巴、秘鲁、阿根廷、墨西哥等拉美国家做过访问学者。

2000 年以来机构的主要代表性文章和论著

1. Abdul Nafey, *State and Society in Latin America: Challenges of Globalisation*, New Delhi, Commonwealth Publishers, 2000.
2. Abdul Nafey, *Latin America and the Emerging World Order: Opportunities for India*, New Delhi, D. K. Publishers 2000.

* 资料来源：http://www.jnu.ac.in/Academics/Schools/SchoolOfInternationalStudies/AmericanCenter.htm

（作者：孙洪波，中国社会科学院拉丁美洲研究所；责任编辑：蔡同昌）

淡江大学拉丁美洲研究所

地址:中国台湾台北县淡水镇英专路151号
电话:886—02—26215656
传真:886—02—26209903
网址:http://www2.tku.edu.tw/~tilx/

历史沿革与现状简介

在熊建成博士的筹备下,淡江大学拉丁美洲研究所于1989年8月成立,为目前台湾唯一从事拉美研究的机构。自成立以来,研究所致力于拉美地区政治、经济、社会和文化的研究和教学工作,成为台湾地区培养从事拉美新闻、经贸等专业人才的主要学术机构。

研究所历任所长为熊建成(1989~1993)、白方济(1993~1995)、王秀琦(1995~1997)、宫国威(1997~2003)、王秀琦(2003~2007)、陈小雀(2007~迄今)。

研究所注重理论与现实相结合,除强化教学内容以外,还鼓励研究生参与各种学术研讨会的筹备等事务,提高学生的外语水平,提供接触国际事务与学术交流的机会,使学生能及早为将来从事公职作准备,每年都有多名研究生和毕业生通过新闻、经贸等方面的考试。此外,积极拓展国际学术合作也是研究所的主要特色,如聘请拉美教授前来任教,派研究生赴墨西哥选修等,拉近研究所与中美洲和南美洲的距离,使研究所的师资和教学内容更加丰富多样,学生能更深入了解拉美。

组织机构、主要负责人及研究人员概况

研究所有七位专职教师,一位兼职教师,他们都是博士学位的获得者,其中两位教师是外籍教授。所长陈小雀为专职副教授,墨西哥国立自治大学拉美文学博士。王秀琦为专职副教授,西班牙马德里大学政治学博士。熊建成为专职教授,西班牙马德里大学拉美史博士。陈雅鸿为专职教授,西班牙马德里大学法学博士。白方济(西班牙籍)为专职教授,西班牙纳瓦拉大学哲学博士。宫国威为专职副教授,西班牙马德里大学政治学博士。韦淑珊(阿根廷籍)为专职副教授。向骏为兼职助教,系美国克莱蒙大学政治学博士。

研究重点与学术活动

除为学生开设各种课程以外,研究所还积极邀请岛内外专家学者来校作演讲,举行淡江讲座和名人讲座,定期召开国际性学术研讨会,并鼓励学生参加,以获得更多的学习渠道。

为加强台湾学界和政界对拉美国家的认识,每二年定期举行"台湾与拉美关系座谈会",邀请台湾各界相关专家学者,就经贸、文化交流等问题充分交换意见。此外,为强化国际学术交流,增进台湾与拉美国家间的相互了解,自1988年起,每二年定期举行"拉丁美洲国际学术研讨会"。1988年1月18~19日举行题为"中美洲和南美洲当前的政治经济形势"第一届学术研讨会。1991年3月23日举行题为"拉丁美洲政治经济及与台湾的关系"第二届学术研讨会。1992年4月16~18日举行题为"拉丁美洲现状与未来展望"第三届学术研讨会。1995年1月20~21日举行题为"拉丁美洲与亚洲的关系"第四届学术研讨会。1997年6月6~7日举行题为"拉丁美洲与亚洲太平洋地区合作关系与未来的展望"第五届学术研讨会。1999年5月20~21日举行题为"拉丁美洲

与台海两岸的互动关系"第六届学术研讨会。2001年4月3~4日举行题为"民主化、整合与合作的挑战"第七届学术研讨会。2003年10月15~16日举行题为"全球化浪潮下拉美与亚太地区所面对的政治及经社挑战"第八届学术研讨会。2004年11月8~9日举行题为"世界新格局与拉丁美洲:地区主义与全球主义"第九届学术研讨会。2006年3月10日举行题为"拉美现状与台中拉三面关系"第十届学术研讨会。2007年10月8日举行题为"不朽的英雄图像:切·格瓦拉逝世40周年纪念论坛"第十一届学术研讨会。

为拓宽师生学术交流的空间,研究所还积极开展与拉美各国大学间的学术交流活动。目前,研究所已与墨西哥国立自治大学、哥斯达黎加大学和智利大学签订了学术交流协议,保持密切的合作关系。在校方的鼓励下,研究所已建立起研究生在毕业前必须赴海外或所从事的研究地区进行短期研究的制度。为开拓学生的视野,2001年寒假期间由熊建成教授率领的20位研究生学术访问团,赴北京中国社科院拉美所及北京大学进行学术交流活动。2002年暑期由所长率领研究生访问墨西哥、危地马拉、哥斯达黎加等中美洲国家的院校和研究机构。

主要拉美问题研究专家

陈小雀,所长,专职副教授,专门从事拉美本土主义研究。她撰写的主要专著有:《加勒比海诸国史:海盗与冒险者的天堂》(2007);主要论文有:《魔幻写实与写实魔幻:论〈航向黄金国〉的历史书写》(2007)、《游击队员VS文学家——阅读切·格瓦拉》(2007);主要书评有:《介于历史与小说间的书写》(导读)(2006)、《海,大国崛起的摇篮,列强势力重整的竞技场》(导读)(2007)。

熊建成,专职教授,专门研究拉美的依附与发展、拉美区域政治经济学理论、拉美债务危机与经济改革、拉美经济发展战略与模式。他撰写的主要论文有:《跨越3世纪古巴华人之研究》(2004)、《切·格瓦拉:20世纪的唐吉诃德》(2007)。

2000年以来机构的主要代表性文章和论著

1. 熊建成:《贪污与贫穷——以拉丁美洲为例》,2001年第10届拉丁美洲及加勒比研究国际联合会会议论文。
2. 熊建成:《美洲经济统合:拉丁美洲新的乌托邦?》,2003年第11届拉丁美洲及加勒比研究国际联合会会议论文。
3. 熊建成:《委内瑞拉总统查韦斯:一位新民粹主义者?》,2005年第12届拉丁美洲及加勒比研究国际联合会会议论文。
4. 熊建成:《2006:拉丁美洲及加勒比总统大选年》,2006年台湾拉丁美洲论坛论文。
5. 熊建成:《拉美新兴左派崛起的原因》,2007年第13届拉丁美洲及加勒比研究国际联合会会议论文。
6. 《新航道:从福尔摩斯到拉丁美洲,遥远邻居之间的文化、经济与政治交流》,淡江大学拉丁美洲研究所、墨西哥国立自治大学拉丁美洲研究中心、墨西哥州立自治大学共同举办的第11届拉丁美洲国际学术研讨会论文集。
7. 淡江大学拉丁美洲研究所:《切·格瓦拉:一个理想主义者的故事》,论文集。

* 资料来源:http://www2.tku.edu.tw/~tilx/

(作者:蔡同昌,中国社会科学院拉丁美洲研究所)